Opere di Oriana Fallaci

I SETTE PECCATI DI HOLLYWOOD, 1958

IL SESSO INUTILE, 1961

PENELOPE ALLA GUERRA, 1962

GLI ANTIPATICI, 1963

SE IL SOLE MUORE, 1965

NIENTE E COSÌ SIA, 1969

QUEL GIORNO SULLA LUNA, 1970

INTERVISTA CON LA STORIA, 1974

LETTERA A UN BAMBINO MAI NATO, 1975

UN UOMO, 1979

INSCIALLAH, 1990

LA RABBIA E L'ORGOGLIO, 2001

LA FORZA DELLA RAGIONE, 2004

ORIANA FALLACI INTERVISTA SÉ STESSA ∞ L'APOCALISSE, 2004

UN CAPPELLO PIENO DI CILIEGE, 2008

Oriana Fallaci

INTERVISTA CON IL POTERE

Rizzoli

ISBN 978-88-17-03586-6

Prima edizione: novembre 2009

Le interviste di Oriana Fallaci a Ruhollah Khomeini e a Muammar Gheddafi sono state pubblicate dal «Corriere della Sera». Le restanti interviste sono comparse sull'«Europeo».

Nota dell'Editore

Qualche mese prima della sua morte, avvenuta il 15 settembre 2006 dopo una strenua lotta contro il cancro, Oriana Fallaci consegna al nipote, Edoardo Perazzi, una cartellina consumata ai bordi, dal colore ingiallito. L'intestazione, stampata, è «Corriere della Sera»; a mano, di proprio pugno, Oriana ha aggiunto: INT. CON LA STORIA II – KHOMEINI & GHEDDAFI.

Da qualche tempo la scrittrice andava discutendo con il suo editore di un volume che raccogliesse le nuove interviste ai grandi della Terra, realizzate come inviata dell'«Europeo» e del «Corriere della Sera» e tradotte dalle maggiori testate in Europa, negli Stati Uniti, in America Latina e nel continente asiatico: molti lettori gliele chiedevano, in Italia e all'estero, dopo il successo planetario di *Intervista con la storia*. Lei stessa aveva preparato un elenco: da Robert Kennedy, intervistato nel 1964, ad Ariel Sharon, nel 1982.

In quegli anni la Fallaci testimoniava con scritti memorabili, che hanno fatto scuola, i grandi sconvolgimenti della seconda metà del Novecento, recandosi sui fronti di guerra e interrogando i leader del mondo, coloro che avevano nelle proprie mani i destini dell'umanità. Oriana si appassionava ai difficili equilibri geopolitici, metteva in discussione le ideologie del suo secolo, registrava da pensatore laico l'influenza della religione islamica, guardava con preoccupazione a Israele.

Il lungo testo che affida al nipote prende spunto da un incontro casuale con il generale Loan, il terrore di Saigon, finito a fare il cuoco in un ristorante in Virginia, e va a completare il progetto della nuova raccolta includendo due tappe fondamentali nella sua esperienza giornalistica: l'intervista all'ayatollah Ruhollah Khomeini, che le viene eccezionalmente accordata a Qom nel settembre 1979, dopo che lo scià Reza Pahlavi aveva abbandonato l'Iran con la sua famiglia, e quella al colonnello Muammar Gheddafi, a Tripoli, nel novembre 1979. Il «Corriere della Sera» pubblica il pezzo il 2 dicembre 1979, con le foto della leggendaria tenda, lo stesso giorno dell'incendio dell'ambasciata americana a Tripoli, e lo completa il 3 dicembre con i passaggi mancanti e un approfondimento della Fallaci (in molti si chiesero se c'era un collegamento tra le dichiarazioni del colonnello all'intervistatrice e l'attacco all'ambasciata). L'articolo viene poi riproposto sul «Corriere della Sera» nell'aprile 1986 in una forma più ampia, arricchito da uno straordinario racconto che il lettore troverà nelle pagine che seguono.

Questa nuova opera si compone dunque di due parti: l'Intervista con il Potere, che dà il titolo anche al volume, presentata nella forma di una riflessione che ha inizio subito dopo la morte di Panagulis, quando Oriana si isola nella sua casa di campagna e assiste la madre Tosca, malata senza rimedio. Intanto lavora a *Un uomo*, che sarà pubblicato nel giugno 1979. I due viaggi in Iran e in Libia sono immediatamente successivi. Nella seconda parte, la raccolta delle Interviste in sequenza cronologica: Robert Kennedy (1964), James Farmer (1967), il Dalai Lama (1968), Rascida Abhedo (1970), Faruk El Kaddoumi (1970), Sandro Pertini (1973), Giovanni Malagodi (1974), Ugo La Malfa (1974), Giancarlo

Pajetta (1974), Enrico Berlinguer (1980), Deng Xiao-ping (1980), Lech Walesa (1981), Mieczyslaw Rakowski (1982), Ariel Sharon (1982). In Appendice, le note biografiche a cura della redazione Rizzoli. Le notizie sui personaggi intervistati non intendono essere esaustive ma solo ricordare al lettore il contesto di riferimento in cui si svolse l'intervista e fornire qualche informazione sugli eventi successivi.

Una segnalazione: ne *La Rabbia e l'Orgoglio* (2001), l'autrice ricorda il suo viaggio a Qom e l'episodio in cui lei e il suo interprete si trovano nella medesima stanza, circostanza vietata dal Corano se l'uomo e la donna non sono sposati: «Il mullah addetto al Controllo della Moralità irruppe strillando vergogna-vergogna, peccato-peccato, e v'era solo un modo per non finire fucilati: sposarsi... E io non volevo sposare nessuno. Tantomeno un iraniano con la moglie spagnola e nient'affatto disposta ad accettare la poligamia. Nel medesimo tempo non volevo finir fucilata ossia perdere l'intervista con Khomeini. In tal dilemma mi dibattevo e... Ridi, ne sono certa. Ti sembrano barzellette, queste. Aneddoti da raccontare a cena. Così il seguito di questo episodio non te lo racconto: ti lascio con la curiosità di sapere se lo sposai o no».

Il seguito di quell'episodio era già scritto, ora è a disposizione dei lettori di Oriana Fallaci.

Ottobre 2009

PARTE PRIMA
Intervista con il Potere

«Il problema del Potere si drizza oggi dinanzi allo spirito occidentale come una montagna enorme, dirupata, piena di crepacci, di ghiacciai, di valanghe, che sbarra la strada a tutta quanta l'umanità. Occorre valicare questo Himalaya della Storia, se si vuole sboccare un giorno nei fertili piani dell'avvenire.»

Guglielmo Ferrero, *Il Potere*

Prologo

Era morto l'uomo che amavo e m'ero messa a scrivere un romanzo che desse senso alla tragedia. Per scriverlo m'ero esiliata in una stanza al primo piano della mia casa in Toscana ed era stato come infilarsi in un tunnel di cui non si intravede la fine, uno spiraglio di luce. La stanza era in realtà un corridoio brevissimo, arredato con alcuni scaffali di libri, un tavolino, una sedia, e male illuminato da una mezza finestra che s'apriva su un campo di ulivi. Al bordo del campo e proprio sotto la mezza finestra, un pero su cui mi cadeva lo sguardo quando alzavo gli occhi in cerca di sole. Non uscivo di casa neanche per recarmi in giardino o alla piscina, non comunicavo nemmeno con le persone della mia famiglia. All'alba mi alzavo, sedevo al tavolino, ci restavo fino a notte inoltrata ammucchiando fogli scritti che a volte approvavo e a volte gettavo. Tutt'al più mi interrompevo per andare giù da mia madre che si estingueva come una candela in un letto, divorata da un invisibile mostro che chiamavano cancro. Con identici passi, identici gesti, scendevo le scale che portano al piano terreno, attraversavo il salone col grande orologio che ogni sessanta minuti suonava col rintocco della Westminster Bell, ed entravo nella camera dove lei giaceva con adirata rassegnazione: il bel volto sempre più smunto, le belle mani sempre più affilate. «Come stai?» «Male.» Parlavamo poco, quasi avessimo paura di dirci quel che pensava-

13

mo: «Ora te ne vai anche tu», «Ora me ne vado anch'io». Le pause che trascorrevo con lei erano un susseguirsi di movimenti che rubavo all'infermiera e che avevano l'unico scopo di mascherare il nostro silenzio: sollevarla in una posizione meno scomoda, aggiustarle i guanciali, controllare le bombole dell'ossigeno grazie a cui respirava. Esaurito il cerimoniale, lei bisbigliava una frase: quasi sempre la stessa. «Diventerai cieca su quel libro.» Io rispondevo scherzosa che mi sarei messa gli occhiali, posavo un timido bacio sulla fronte d'avorio, riattraversavo il salone, risalivo le scale, e tornavo al mio esilio privo di rapporti col mondo.

Dentro il tunnel lo spazio non aveva più spazio, il tempo non aveva più tempo, e la Storia non esisteva. Non vedevo mai nessuno, non rispondevo mai al telefono, non leggevo mai i giornali: il mio cervello era un muscolo, che agiva esclusivamente in funzione della fatica in cui mi stavo distruggendo, del fantasma a cui cercavo di ridare vita col ricordo e con la fantasia. Da qualche parte avevo udito che Mao Tse-tung s'era spento di vecchiaia a Pechino e giaceva imbalsamato nella piazza della Pace Celeste dove gli costruivano un mausoleo, che a Teheran lo scià Reza Pahlavi si trovava nei guai perché i mullah riempivano le moschee di popolo pronto alla rivolta, che a Managua il dittatore Somoza non sarebbe durato a lungo perché il movimento sandinista avanzava, che negli Stati Uniti Jim Carter era stato eletto presidente. Ma le notizie che in passato m'avrebbero acceso d'entusiasmo e condotto in Cina, in Iran, in Nicaragua, ricondotto a New York dove avevo un ufficio e una seconda casa, ora sfioravano la mia coscienza come echi soffocati e privi d'interesse. Ignoravo perfino il calendario. A raccontarmi il trascorrere d'una giornata c'era soltanto l'orologio del salone, il suo ripetere ogni sessanta minuti quei rintocchi ossessivi; a testimoniare l'alternarsi delle stagioni c'era soltanto il pero sotto la mezza finestra. Grondava pere quando m'ero messa al tavolino, sicché doveva essere estate, ma dopo un poco aveva ingiallito le foglie sicché doveva esser giunto l'autunno, dopo un poco le aveva perdute denudandosi in mezzo alla neve sicché doveva esser giunto l'inverno. E poi doveva essere inverno perché faceva freddo e pioveva e qualcuno parlava d'un Natale trascorso sebbene non rammentassi d'aver festeggiato il Natale, qualcuno parlava d'un Capodanno anch'esso trascorso sebbene non rammentassi d'aver festeggiato il Capodanno. Era stato forse la volta in cui ero rimasta con mia madre più a lungo e l'avevo aiutata a mangiare un dolce che non riusciva a inghiottire?

Una sera di gelo scesi a controllare le bombole dell'ossigeno, aggiustarle i guanciali, sollevarla in una posizione meno scomoda, e quando lei mosse le labbra non uscì alcun suono: l'invisibile mostro era salito fino alle corde vocali. Terrorizzata le suggerii la frase diventerai-cieca-su-quel-libro. Scosse la testa per rispondere no. Elencai una serie di domande che la aiutassero a farmi capire: aveva sete, voleva andare nel bagno, non sopportava il dolore? Ma ad ogni domanda scuoteva la testa per rispondere no, no, no. Ci volle un secolo prima che l'infermiera captasse il vocabolo prete, capisse che voleva il prete. E il prete venne, con la sua valigetta di flaconi contenenti acqua santa, olio santo, altri liquidi santi e brevettati per la guarigione dell'anima. Come uno stregone che si accinge a misteriosi esorcismi si addobbò con stole nere e ricamate d'oro e d'argento, brandì la croce, recitò litanie, spruzzò i suoi liquidi santi, la assolse dei peccati che non aveva mai commesso. Poi se ne andò e mi lasciò sola con lei che, sollevata all'idea d'esser stata assolta dei peccati mai commessi, mi indicò la poltrona accanto al letto. Lì sedetti, col cuore che mi scoppiava, e rimasi sei giorni e sei notti dimenticando il fantasma che mi aveva rubato a lei con un libro. La morte della madre non è paragonabile alla morte dell'uomo che amavi: è l'anticipo della tua morte. Perché è la morte della creatura che ti ha concepito, portato dentro il ventre, regalato la vita. E la tua carne è la sua carne, il tuo sangue è il suo sangue, il tuo corpo è un'estensione del suo corpo: nell'attimo in cui muore, muore fisicamente una parte di te o il principio di te, né serve che il cordone ombelicale sia stato tagliato per separarvi. Per rinviar quella morte che era un anticipo della mia morte, dunque, mi tenevo sveglia. Per tenermi sveglia la tenevo sveglia e parlavo, parlavo. Le raccontavo ciò che non le avevo mai raccontato e non avrei mai raccontato a nessuno, le mie ferite, i miei rimpianti, i miei dubbi, prezioso fardello tuttavia giacché era esso stesso vita, le dicevo che malgrado quelle ferite e quei rimpianti e quei dubbi mi piaceva tanto la vita, ero così contenta d'essere nata, e la ringraziavo in ginocchio d'avermi partorito. Perfino se non avesse fatto altre cose buone nella sua bontà, nella sua generosità, l'avermi regalato la vita sarebbe stato per me sufficiente a giustificar la sua vita. E io speravo che questa mia gratitudine la ripagasse di ogni dispiacere che potevo averle dato. Per rispondermi che la rendevo felice, fiera del bellissimo gesto che aveva compiuto, lei mi stringeva con forza le dita e mi spalancava addosso gli occhi nocciola. Poi, quando veniva mio padre, me lo indicava con l'indice e con un sorriso: quasi a ricordarmi che il dono veniva anche da lui.

La settima notte crollai e di colpo caddi in un sonno esausto da cui emersi scrollata dall'infermiera che strillava in preda al panico: «Si svegli, si svegli!». Mia madre non respirava quasi più e i suoi occhi improvvisamente celesti fissavano già il nulla. Se ne andò tra le mie braccia, come un uccellino intirizzito dal freddo, e per condurla al cimitero uscii finalmente di casa notando che le strade erano ancora strade, che la gente era ancora la gente. Ma la cosa non mi tentò e subito rientrai nel mio tunnel trasformando l'esilio in prigione. Scomparsa lei che mi strappava al tavolino e mi induceva a scender le scale, attraversare il salone con l'orologio, entrare nella camera ora chiusa a chiave ed evitata da tutti, non avevo più motivo di lasciare la stanza con la mezza finestra aperta sul campo di ulivi. E mentre il fantasma dimenticato per sei giorni e sei notti riprendeva possesso della mia esistenza, mentre il mio cervello tornava ad essere un muscolo, da usare esclusivamente in funzione del libro che stavo scrivendo, la stanza divenne una cella sopra il pero che sbocciava in una nuvola di fiori bianchi sicché doveva esser giunta la primavera, poi grondava di nuovo pere sicché doveva esser giunta un'altra estate, poi ingialliva di nuovo le foglie sicché doveva esser giunto un altro autunno, poi le perdeva di nuovo denudandosi in mezzo alla neve sicché doveva esser giunto un altro inverno, poi sbocciava una seconda volta in una nuvola di fiori bianchi sicché doveva esser giunta un'altra primavera che presto sarebbe scivolata in una terza estate e in un terzo autunno e in un terzo inverno. Il mondo, una memoria sempre più lontana. La Storia, una realtà da cui mi arrivavano echi sempre più soffocati. Più tardi avrei scoperto quasi con stupore che in Cina la Rivoluzione culturale era finita e la sua grande vittima Deng Xiao-ping aveva preso il posto di Mao Tse-tung, che in Iran lo scià Reza Pahlavi era fuggito lasciando il paese nelle mani di un vecchio prete chiamato Khomeini, che in Nicaragua il dittatore Somoza era stato travolto col suo esercito dai sandinisti. Come mia madre aveva previsto, ero diventata davvero cieca.

D'un tratto nel buio del tunnel apparve uno spiraglio di luce, e filtrò attraverso il sipario della mia cecità per portarmi la nostalgia del mondo che avevo sepolto con le due persone amate. Questo avvenne, credo, nel periodo in cui il pero sbocciò per la terza volta e il romanzo si avviò verso le ultime pagine. A ogni pagina, un risorgere di curiosità per gli avvenimenti che il mio delirio aveva ignorato, un bisogno di cancellare anche il ricordo di quel delirio, un'impazienza di tornare ai viaggi, alle avventure, alle scoperte, insomma alla vita di un tempo. Allora la cella in cui m'ero rinchiusa diventò insopportabile, l'eco dell'orologio che ogni sessanta minuti ripeteva i rintocchi della Big Ben diventò un incubo anzi una tortura. Con l'ira del prigioniero che s'avventa contro il suo carceriere, scesi nel salone e ne fermai il meccanismo. Poi raccolsi il mio lavoro, mi trasferii in un'altra ala della casa, mi sistemai in un'ampia stanza piena di finestre. L'indomani ripresi a leggere i giornali, a guardare la Tv, rispondere al telefono, uscii addirittura in giardino spingendomi fino alla piscina dove per due estati non m'ero mai tuffata, non avevo mai goduto un filo di sole. Mio padre stava strappando le erbacce che erano cresciute sui bordi. Sollevò la testa, mi avvolse in un'occhiata incredula, esclamò: «Redivivi te salutant!». Ed io scoppiai in una risata il cui suono mi spaventò: durante tutti quegli anni trascorsi in compagnia di un fantasma e d'un silenzio che parlava soltanto di morte, avevo perfino dimenticato come si fa a ridere ed era la prima volta che udivo me stessa ridere. Qualche settimana dopo il libro era finito e volavo a New York per affacciarmi all'uscita del tunnel con la riluttanza del prigioniero rimasto troppo a lungo nell'oscurità. Che farne di tanto spazio, di tanta luce? In che modo riprendere le abitudini perdute, le esperienze interrotte, l'esistenza di prima? Un libro appena finito, oltretutto, non restituisce alla libertà che ti tolse il giorno in cui lo concepisti. Come un figlio appena nato va guidato, difeso dalle insidie e dalle perfidie, e questo ti riconduce ai tormenti che ti divoravano mentre lo scrivevi. Insomma, sapevo bene che la fine della mia fatica m'avrebbe avviluppato in una nuova schiavitù resuscitando il fantasma da cui ero stata rubata a mia madre quando essa aveva bisogno di me.

* * *

«Non riesco a liberarmene» dissi all'amico che annunciando una sorpresa m'aveva invitato a cena e che, appena uscito dal centro di Washington, guidava sull'autostrada della Virginia. «Mi segue ovunque vada, qualsiasi cosa faccia, neanche fosse geloso del mio ritorno alla vita e volesse impedirmelo.» Pubblicato a giugno in Italia, *Un uomo* aveva sollevato un tumulto pari al suo successo e ciò che avevo temuto s'era avverato: l'incubo continuava. Quasi ciò non bastasse, presto sarebbe stato tradotto in quindici lingue, e in ogni paese si sarebbe rinnovato il soffocante cerimoniale del lancio, delle lodi e delle polemiche che rinverdivano la presenza del fantasma resuscitato. «Non ci riesco perché è un morto che non vuole morire.»

«Non può più morire ora che l'hai strappato all'oblio» rispose l'amico. «Non può più riposare, permetterti di dimenticarlo. Ti perseguiterà sempre. Lo avrai sempre al tuo fianco, nel tuo letto, nel tuo cervello. Ora non hai altra scelta che quella di imparare a viverci insieme senza permettergli di sequestrare la tua mente, la tua intelligenza. Smetti di parlarne, fai qualcos'altro. Riprendi a intervistare la Storia.»

Scossi la testa: «Intervistare la Storia significa intervistare il Potere, e ne ho abbastanza di scrivere sopra il potere. Quel libro non è forse sul potere, non racconta forse la fiaba di un uomo in lotta contro il potere e ucciso dal potere?».

«Sì, ma non dice tutto sopra il potere. Non dice ad esempio che cosa sarebbe diventato quell'uomo in lotta contro il potere e ucciso dal potere se fosse sopravvissuto e fosse andato al potere.»

«Si sarebbe comportato bene» replicai, offesa.

«Non ne sono certo, anche se mi piace pensarlo. Il potere è una malattia che contagia anche chi crede d'esserne vaccinato. È un diavolo che porta all'Inferno anche gli angeli del Paradiso. Se egli fosse sopravvissuto e un giorno fosse andato al potere, avrebbe perso tutta la sua innocenza, tutta la sua purezza. E avrebbe fatto quel che fanno gli altri: si sarebbe corrotto, sarebbe diventato malvagio. Non lo avresti più amato.»

«Non è possibile! Non è vero!»

Sorrise senza distogliere gli occhi dall'autostrada. «È possibile ed è vero. Succede qualcosa agli uomini e alle donne che arrivano in un modo o nell'altro al potere. Qualcosa che li imbruttisce, che li incattivisce, che li distrugge e li induce a distruggere anche se volevano costruire sulla Terra il Giardino dell'Eden. Lo sai quanto me. E così mentono anche se prima erano sinceri, diventano vanitosi anche se prima erano modesti, prepotenti anche se prima erano tolleranti. Uccidono anche se prima erano incapaci di schiacciare una mosca. Non si salva nessuno dal potere: a qualsiasi livello, in qualsiasi regime, nelle democrazie come nelle rivoluzioni. Guarda i rivoluzionari del nostro tempo: non si è salvato Lenin, non si è salvato Tito, non si è salvato Mao Tse-tung, non si è salvato Castro. Eppure all'inizio non erano mossi da intenzioni malvagie.»

«Erano mossi dall'idea di sostituire l'altrui potere col proprio potere!»

«No, erano mossi da un sogno. Il sogno di cambiare il mondo, renderlo migliore. E per quel sogno avevano sacrificato una vita tranquilla, magari agiata, avevano rischiato la vita, s'erano fatti perseguitare, arrestare, esiliare. Non avevano ambizioni personali, o non sempre. Non intendevano mentire, tradire, uccidere. Eppure, appena abbattuto il potere che mentiva, tradiva, uccideva, hanno incominciato a mentire e a tradire e a uccidere. Sono diventati tiranni. Quanto ai leader che nessuno oggi osa definire tiranni, come Churchill o Roosevelt o De Gaulle, potrei dimostrarti che fino a un certo punto furono tiranni anche loro. E comunque non li definirei campioni di innocenza e di purezza. Hanno tradito e mentito e ucciso quanto i tiranni riconosciuti.»

«Forse perché non erano puri, non erano innocenti neanche prima.»

«In alcuni casi no. In altri lo erano, invece. E hanno cessato d'esserlo appena si sono trovati al comando. Io ti dico che nemmeno Giovanna d'Arco, se fosse diventata regina di Francia, sarebbe rimasta pura e innocente. E non escludo che, come condottiero, non abbia commesso qualche infamia, o almeno alcune ingiustizie. Anche un capotreno diventa arrogante quando sa di amministrare i suoi passeggeri.»

«Dove mi porti?» tagliai corto, irritata. Da mezz'ora procedevamo nel buio senza vedere altro che alberi ai lati dell'autostrada e non riuscivo a capire perché avesse scelto un posto così lontano.

«In una cittadina chiamata Burke» rispose sibillino.

«Dev'essere un ristorante straordinario se vale la pena di un viaggio così lungo.»

«Più che straordinario, interessante» disse.

«E qual è il tipo di cucina che lo rende interessante?»

«La cucina non conta. Conta il cuoco» disse.

«È un cuoco famoso?»

«Lo era. Dico lo era perché nessuno ormai parla di lui.»

«Ma è ancora bravo o no?»

«Se è bravo o se lo sia stato, io non lo so. Non ho mai mangiato da lui.»

«Quindi stiamo andando in un ristorante dove non sei mai stato e dove cucina un cuoco di cui non sai neppure se è bravo» esclamai ancor più irritata. «Sai almeno se è francese o italiano o cinese?»

«Vietnamita» chiarì lui. E la faccenda mi incuriosì. Scomparso Ho Chi Minh che proprio un cuoco non era, bensì un pasticcere, non mi risultava che esistesse un famoso cuoco vietnamita. Quanto ai ristoranti vietnamiti, conoscevo solamente quelli di Saigon e l'unico di cui conservassi un buon giudizio gastronomico era la bettola che noi giornalisti frequentavamo alla fine degli anni Sessanta e nella prima metà degli anni Settanta. La chiamavamo Da Le Loi perché aveva l'ingresso in via Le Loi e ci piaceva perché era nel centro, vicino ai nostri alberghi e ai nostri uffici. Poi perché anche nei periodi in cui il cibo scarseggiava potevamo mangiarci cose squisite: aragoste e gamberi d'acqua dolce, cosce di pollo in salsa piccante, soufflé al cioccolato. Il padrone era un gigante cinico e misterioso che serviva con disinvoltura la peggiore feccia di Saigon: collaborazionisti, spie, prostitute al seguito degli americani, Berretti Verdi in licenza. E quando gli chiedevi un giudizio sulla guerra rispondeva ghignando: «Très bonne, la guerre. Très bonne. Beaucoup money avec la guerre. Molto buona, la guerra. Ottima. Si fa un mucchio di soldi con la guerra». Però i vietcong, sempre pronti a far saltare in aria i luoghi frequentati dai Berretti Verdi in licenza, dalle prostitute al seguito degli americani, dalle spie e dai collaborazionisti, non lo toccavano mai.

Lo raccontai all'amico che sorrise divertito: «Che fosse un vietcong anche lui?».

«Probabilmente sì. Infatti qualcuno m'ha detto che continua imperterrito a servire aragoste e gamberi d'acqua dolce, cosce di pollo in salsa piccante, soufflé al cioccolato. Unica differenza, la clientela che ora si compone di comunisti ricchi e la risposta che dà ai clienti quando gli chiedono un giudizio sulla pace: "Très bonne, la paix. Très bonne. Beaucoup money avec la paix. Molto buona, la pace. Ottima. Si fa un mucchio di soldi con la pace". A quanto pare, uno dei suoi aiutanti è fratello del vietcong che durante l'Offensiva del Tet il generale Loan giustiziò con un colpo di rivoltella dinanzi ai fotografi e agli operatori della Tv. Ricordi la foto di Loan che spara nella tempia di un giovanotto con la camicia a quadri e le mani legate? Era una foto tremenda anche perché il giovanotto era colto nell'attimo stesso in cui riceveva la pallottola e contraeva la faccia in una smorfia straziante.»

«Ricordo» disse l'amico.

Il terribile Loan, il terrore di Saigon. Mentre continuavamo a correr nel buio e tra gli alberi della Virginia, l'immagine del farabutto che con lo stesso cinismo faceva i soldi sulla guerra e sulla pace si dissolse per darmi quella di Loan come lo avevo conosciuto alla fine del 1967 nel suo ufficio di capo della polizia. Anche fisicamente, l'uomo più brutto che avessi mai visto. Era tanto brutto perché sul fragile corpo dove la pelle sembrava aderire priva di tessuti alle ossa si avvitava un testone di tartaruga, con un volto così torto che lo avresti detto composto da due mezzi volti diversi e incollati insieme da un chirurgo pazzo. Su tale mostruosità, una bocca sproporzionata che precipitava nel collo cancellando ogni traccia di mento. Lo guardavi e sentivi una specie di malessere, avrei scritto nel mio libro sul Vietnam. Un malessere che aumentava a vedergli accarezzare le rose: una a una, petalo per petalo, con estrema dolcezza.

«Accarezzava le rose quando entrai nel suo ufficio. Tre rose. E accarezzandole a quel modo mi spiegò di volerle sempre fresche sulla sua scrivania, con una perla di rugiada sui petali. Una sola. Le amava moltissimo. Le amava quanto Brahms e Chopin che ogni sera suonava sul suo pianoforte.

23

Però amava anche Parigi e Venezia e Firenze. Je suis un romantique, Madame, je ne peux pas vivre sans la beauté et la grâce. E quando penso che devo occuparmi di guerra, Madame... Moi, un militaire! Madame, moi je deteste les militaires!»

«Ricordo» disse l'amico. «L'ho letto nel libro.»

«E quando gli rinfacciai i suoi misfatti, le torture che imponeva ai prigionieri, si difese dicendo che non restavano mai sfigurati. Qualche pugno, Madame, qualche schiaffo: cosette. Sì, a volte era necessario usare qualche scarica elettrica, qualche asciugamano per soffocare i più riluttanti, ma perché si picchiano i bambini cattivi? Per farli diventare buoni, Madame. E i vietcong erano bambini cattivi cui bisognava insegnare a diventar buoni. Lo stesso i buddisti, ragazzacci drogati. Che non mi lasciassi commuovere da quelli che si davano fuoco: essendo drogati, non soffrivano affatto a bruciare. Vuol fare un esperimento, Madame? Prenda un cane vivo, lo cosparga di benzina e lo bruci. Subito si agita, scappa abbaiando di dolore. Ora prenda un altro cane vivo ma drogato, lo cosparga di benzina e lo bruci: vedrà che non batte ciglio, che sopporta eroico come un prete buddista.»

«Ricordo» disse l'amico. «Quel che non ricordo è in che modo fosse giunto al potere, e perché.»

«Per caso, sembra, e senza volerlo. Era figlio di un milionario e aveva studiato in Francia, all'accademia di Saint Cyr. Per un certo periodo aveva combattuto i francesi a fianco dei vietminh, dei comunisti, poi era passato dall'altra parte. Gli piaceva fare il pilota e Cao Ky gli affidava le missioni sul Nord. Un giorno era tornato da un volo su Hanoi e Cao Ky gli aveva chiesto di diventare il capo della polizia. Così aveva accettato per disciplina, ma detestava l'incarico. Lo giudicava volgare. Sono il più vecchio di undici figli, Madame, e il più cretino degli undici. Le mie tre sorelle son medici, due dei miei fratelli anche, altri tre sono farmacisti e due ingegneri. Io invece non sono che un generale, capo della polizia. Madame, quelle horreur.»

«E questo non suscitò in te nessuna indulgenza?»

«No, perché malgrado la sua affermazione si comportava come se gli piacesse. In tre anni aveva sterminato Dio sa quanti buddisti e vietcong, in quei giorni aveva arrestato due inviati dell'FLN, il Fronte di Liberazione Nazionale, che erano andati da lui per parlamentare, e stava per fucilarne altri tre sebbene gli americani cercassero di dissuaderlo spiegandogli che ciò avrebbe peggiorato le cose. Li fucilerò, Madame, che agli americani piaccia o non piaccia. E tre mesi dopo avrebbe giustiziato quel vietcong dinanzi ai fotografi e agli operatori della Tv. Giustiziato anzi assassinato così, sui due piedi, senza sapere chi fosse, senza chiedere in quali circostanze lo avessero catturato. Era il simbolo stesso della crudeltà, il generale Loan. E lo odiavo. Lo odiavo a tal punto che in quell'incontro rifiutai perfino la sua sigaretta. Ero rimasta col pacchetto vuoto, mi frugavo in tutte le tasche cercando qualcosa da fumare, e lui mi porse una Gauloise. Ma io la rifiutai. Seccamente.»

«Facesti male. Perché se al posto di quel vietcong e degli altri tre vietcong ci fosse stato lui, il vietcong e gli altri tre vietcong avrebbero fucilato lui. Nello stesso identico modo.»

«Lo so, e io avrei rifiutato la loro Gauloise. Nel 1969, a Hanoi, rifiutai molte sigarette.»

«Facesti male anche allora.»

«No. Feci benissimo, visto che s'erano rivelate carogne quanto Loan. E non c'era stato neanche bisogno di recarmi al Nord per scoprirlo: nell'offensiva di maggio avevano commesso cose atroci. Prima di ritirarsi da Hué, per esempio, avevano massacrato famiglie intere. Avevano marcato con una croce di vernice rossa le case di chi s'era rifiutato di aiutarli e avevano fatto una carneficina. Vecchi, donne, bambini. Ho le fotografie. Le scattai io, appena giunta a Hué.»

«Allora perché fosti così spietata con Loan?»

«Non fui spietata. Scrissi quello che mi aveva detto, come faccio sempre. Scrissi quello che avevo visto e udito, come faccio sempre.»

«Ci sono molti modi per riferire quel che si vede e quel che si ascolta.»

«No, ve n'è uno solo. Quello che dipinge i buoni come buoni e i cattivi come cattivi. E non mi convincerai mai del contrario.»

Scosse la testa e i fari della sua automobile illuminarono un cartello che annunciava la vicinanza di Burke. «Hai mai saputo dove sia andato a finire?»

«Sì. Sembra che sia morto. Tempo fa, in Italia, alcuni vietnamiti scappati con le barche mi dissero che era stato processato e fucilato. Comunque negli ultimi anni viveva in congedo, ignorato perfino dai suoi colleghi. Lo aveva rovinato la fotografia del vietcong e soprattutto la scarica di mitra che gli aveva maciullato la gamba sinistra durante l'offensiva di maggio. Quando lo rividi all'ospedale Grall, ferito e confinato in un letto, era un uomo distrutto. Piangeva, baciava un santino con l'immagine di Gesù Cristo, si chiedeva se le sue sofferenze fossero una punizione voluta da Dio. Sosteneva addirittura che gli sarebbe piaciuto parlare con Ho Chi Minh e Giap, dirgli facciamola finita, smettiamo di scannarci fra noi, troviamo un accordo. E niente più Brahms o Chopin: per distrarsi leggeva Topolino e Paperino.»

«Però neanche questo suscitò in te alcuna indulgenza.»

«No, mi suscitò soltanto pietà. Infatti non lo perdonai. E non l'ho perdonato neanche dopo aver saputo che era morto.»

«Ma non ti pesa negare perdono a qualcuno che è morto?»

«No. Se la morte bastasse ad annullare il male commesso, dovremmo perdonare anche Attila e Hitler e Stalin e tutte le belve che hanno afflitto l'umanità.»

«O forse se non avessero avuto il potere non sarebbero diventate belve.»

«O forse giunsero al potere proprio perché erano belve? Io non sono capace di vedere il potere come una malattia, come un diavolo che corrompe anche i santi. Ogni essere umano è responsabile di quello che fa, e Loan lo era più d'un vietcong ignorante che ammazza i bambini a Hué.»

«Ne riparleremo» disse l'amico. «Ora eccoci a Burke.»

All'improvviso gli alberi s'erano diradati per far posto alle case e sulla nostra destra era apparso lo shopping-center di Burke. Al limite dello shopping-center, e quasi al bordo dell'autostrada, un ristorante illuminato da lampadine multicolori che disegnavano la scritta Les Trois Continents. «È quello?» chiesi delusa. Più che un ristorante, infatti, sembrava una caffetteria per automobilisti frettolosi. «È quello» rispose l'amico parcheggiando la macchina. Entrammo e tutto avvenne molto alla svelta. Perché dietro la cassa, in maniche di camicia e occupato a registrare il conto di un cliente, scorsi immediatamente un omino bruttissimo, con un volto così torto che lo avresti detto composto da due mezzi volti diversi e incollati insieme da un chirurgo pazzo. Il generale Nguyen Ngoc Loan, il terribile Loan, il terrore di Saigon.

* * *

Vi sono momenti nella vita che non si riesce ad analizzare nemmeno quando risalgono alla memoria e ancor oggi non saprei dirmi quel che provai a rivedere Loan vivo, anzi dietro la cassa d'un ristorante in Virginia. Questo non tanto perché scoprivo che non era stato fucilato ma perché non riuscivo ad associare quell'omino in maniche di camicia e occupato a registrare il conto di un cliente col ricordo del generale in uniforme che nel suo ufficio di sterminatore m'aveva suggerito di bruciare un cane drogato per capire i buddisti che si davano fuoco. V'era qualcosa di allucinante nella scena che ora fissavo, qualcosa che lo umiliava anzi lo puniva più delle sofferenze cui avevo assistito all'ospedale Grall o, meglio, più della morte stessa. E lui doveva saperlo perché stava lì con una specie di rassegnazione stizzosa, intascava il denaro con gesti furtivi, accettava la mancia come se ne provasse vergogna. Il terribile Loan, il terrore di Saigon, il figlio di milionari, playboy ed enfant gâté. Madame, non crederà mica che abbia accettato di dirigere la polizia nazionale per lo stipendio con cui il governo crede di ricompensarmi? Venticinquemila piastre al mese, Madame! A me non bastano per pagare l'autista!

D'un tratto alzò la testa, mi riconobbe. E subito esplose in singhiozzi a paragone dei quali le lacrime all'ospedale Grall diventavano risate. «C'est vous, c'est vous, c'est vous! È lei, è lei, è lei!» A ogni «vous» un ululato che faceva sobbalzare i clienti e sollevare i loro bisbigli smarriti: che gli prende, si sente male? Poi, il volto bagnato di pianto, si alzò e zoppicando venne verso di me che lo guardavo in silenzio, paralizzata dallo stupore e dall'imbarazzo. Mi strinse in un abbraccio frenetico: «Vous n'êtez pas changée! Vous êtez bien! Non è morta! E io che la credevo morta!».

«Morta io, generale?»

«Oui, oui! Qualcuno a Saigon m'aveva detto che era stata uccisa al Messico!»

«Ma no, ero rimasta soltanto ferita! In compenso credevo che... mi avevano detto che... Insomma era corsa voce che lei fosse stato fucilato dai nordvietnamiti.»

Si irrigidì, si staccò da me, si ricompose in frasi di convenienza. Che lo scusassi, era un emotivo. Magari ero venuta soltanto per cenare e lui mi disturbava con la sua emotività. Il fatto è che gli dava tanta gioia rivedermi, si commuoveva sempre a incontrare chi lo riconduceva al passato. Il signore che mi accompagnava avrebbe mangiato con me? Très bien, bonsoir Monsieur, suivez-moi, je vous prie. E, sempre zoppicando, ci condusse a un tavolo, ci porse il menu. «Posso suggerirvi gli scampi al ginger? Sono particolarmente buoni, la ricetta è mia, e oggi li ha cucinati mia moglie. Per incominciare però sceglierei le crab au poivre et vinaigre. Ok, crab au poivre et vinaigre, scampi al ginger. E dopo? Bè, dopo mi direte se avete ancora appetito. Les Trois Continents serve grosse porzioni.» Si allontanò con la sua gamba zoppa che a ogni passo batteva sul pavimento come se fosse stata di legno e presto riapparve con le due porzioni di granchio all'aceto. Pulì il tavolo con una salvietta, accuratamente, vi posò sopra i piatti, delicatamente, e: «À votre service. Al vostro servizio». Sembrava che ci tenesse ad avvilirsi sottolineando il suo ruolo di oste premuroso.

Il granchio era ottimo, gli scampi eccellenti, ma il risentimento verso l'amico che m'aveva teso la trappola mi toglieva appetito. Invano lui si giustificava, diceva di non aver voluto farmi un dispetto bensì una sorpresa.

«Non mi piacciono certe sorprese. Sono dispetti.»

«Ma perché? È stato così gentile, così affettuoso, e ora ci tratta con lo zelo d'un cameriere perfetto. Visto come puliva il tavolo, ci posava i piatti?»

«Sì, ed è questo che mi disturba. Non è bello assistere all'umiliazione di un uomo. Chiunque egli sia.»

«Non si umilia. Fa un lavoro. E lo fa con dignità.»

«Dici così perché non lo conosci, perché non l'hai conosciuto quand'era al potere. Un intero paese era nelle sue mani, la sua autorità superava quella del primo ministro e del presidente, ed era l'unico che tenesse testa agli americani. Avrei preferito saperlo morto. Perché mi hai portato qui?»

«Per dimostrarti che ora è una persona diversa, normale, che perduto il potere uno torna ad esser normale.»

«Questo lo avevo già capito all'ospedale Grall.»

«No, all'ospedale Grall era ancora il generale Loan, cioè l'uomo più potente di Saigon. Il fatto che soffrisse in un letto non diminuiva la sua posizione di capo. Ora invece è un disgraziato che cucina gli scampi al ginger e che reclamizza le abbondanti porzioni del Trois Continents.»

«Anche Ho Chi Minh faceva il suo mestiere ma ciò non gli impedì di cambiare la Storia. Restituisci il potere a Loan e vedrai che torna ad essere la belva che era.»

«Ne dubito. Un uomo non passa attraverso simili terremoti senza cambiare, e Ho Chi Minh cuoceva le torte prima di andare al potere, non dopo. Ma anche se avessi torto, ciò proverebbe che è il potere a incattivire gli uomini e non viceversa.»

«No, proverebbe che gli uomini sono cattivi.»

Discutevamo così quando l'ultimo cliente partì e nel ristorante ormai vuoto Loan si avvicinò con la sua gamba zoppa. Avevamo mangiato bene? Molto bene, grazie. Le porzioni erano state abbondanti? Davvero abbondanti, grazie. Gradivamo un dessert? Niente dessert, grazie. Allora eravamo pronti per bere un bicchiere con lui, chiacchierare un po'. Volentieri, grazie. Avvicinò una sedia al tavolo, sedette accomodando la gamba zoppa cioè piegandola con entrambe le mani al ginocchio, poi: «Desidera vederla?». E senza attendere risposta sollevò il pantalone, la esibì di colpo, con un gesto da prestigiatore.

«La mia bella gamba. Voilà. Non è una bella gamba?»

Non era una bella gamba. Era la più orribile gamba artificiale su cui mi fosse mai caduto lo sguardo. Tornita come quella di una ballerina, polpaccio pieno e caviglia sottile, rozzamente conclusa alle articolazioni, e chissà perché verniciata d'un imprevedibile rosa shocking. Sai il rosa violento, detto rosa Schiaparelli, che negli anni Cinquanta piaceva alle attrici di Hollywood per gli abiti da sera e per l'arredamento. Colta alla sprovvista e turbata da quel colore più che dalla mutilazione che non sospettavo, rimasi a fissarla con smarrimento e ci volle qualche minuto prima che riuscissi a dire qualcosa.

«Non lo sapevo, Loan. Davvero... Non immaginavo. All'ospedale sembrava che gliela salvassero...»

«Invece me la tagliarono. Era andato in cancrena anche l'osso.»

«Ma non avrebbero potuto...»

«Sceglierla d'un altro colore e d'una forma meno ridicola? Lo dissi anch'io. Mi risposero che nella mia misura era l'unica gamba disponibile. In quei giorni, a Saigon, le gambe artificiali andavano a ruba. Gli uomini ne consumavano il doppio delle donne, e io non ero molto amato: ricorda?»

«Però dopo...»

«Dopo mi ci abituai. E ora mi ci sono affezionato. Funziona bene, perché sostituirla? Una buona gamba maschile, del colore della mia pelle, costa novecento dollari e passa. Con una cifra simile, sa quanto pesce e quante verdure compro per il mio ristorante?»

«Mi dispiace, Loan.»

«A me no. Non sono queste le cose che contano, e ho avuto dolori ben più gravi d'una gamba rosa da donna. Il dolore che mi dette lei, per esempio.»

«Io?»

«Sì, lei. Col suo libro, con la sua copertina. La copertina francese del suo libro sul Vietnam. L'ha dimenticata?»

Non l'avevo dimenticata. C'era la fotografia di Loan che spara al vietcong, su quella copertina. E per via di quella copertina avevo litigato in modo furibondo con l'editore francese. Gli avevo urlato che era una copertina ingiusta, una copertina che non corrispondeva al contenuto del libro perché il libro raccontava le infamie che in guerra avvengono da una parte e dall'altra, e la fotografia di Loan che spara al vietcong stigmatizzava invece le infamie d'una parte e basta. Tuttavia giudicavo eccessivo che egli mi accusasse d'avergli dato con essa un dolore ben più grave del dolore che si prova a perdere una gamba e vedersela sostituire con un oggetto grottesco. Non lo avevo ammazzato io il vietcong, e la fotografia non era un falso. Tantomeno si trattava d'una fotografia sconosciuta. Pubblicata e ripubblicata sui giornali di tutto il mondo, trasmessa alla televisione, usata per manifesti, era diventata il simbolo stesso della tragedia in Vietnam. E glielo dissi, adirata.

«Non la scelsi io, Loan. E chi la scelse, sbagliando o no, scelse una fotografia ormai famosa.»

«Però a Saigon non era mai stata vista. A Saigon diventò famosa grazie al suo libro. All'improvviso, nel 1971, l'edizione francese del suo libro invase la città. Si trovava ovunque: nelle librerie, nelle case, negli uffici. Ce l'avevano tutti, come un calendario. Non lo sapeva?»

No, questo non lo sapevo. Nel 1971 non ero stata in Vietnam, ero stata alla guerra indopakistana. E anche nel 1972 avevo speso la maggior parte dell'anno altrove: in India, in Pakistan, in Giordania. Soltanto verso Natale ero rientrata a Saigon per intervistare Thieu. E nessuno m'aveva informato che il libro era giunto fin lì.

Lui sorrise con amarezza: «Nessuno? Eppure ce l'avevano tutti, ripeto. Se non ce l'avevano, se lo prestavano. Se lo passavano anche se non sapevano leggere. Per la copertina. I vietcong lo sfruttavano per la loro propaganda, i miei nemici nel governo se ne servivano per dimostrare che un tipo così screditato non meritava incarichi di prestigio, che quindi dovevo lasciare l'esercito... Che fossi rimasto gravemente ferito in un combattimento al quale non avevo alcun obbligo di partecipare era un fatto che per loro non aveva importanza. E un giorno dettero il libro ai loro figli perché lo portassero a scuola. La scuola dove studiavano i miei bambini. E i miei bambini lo videro. E tornarono a casa sconvolti dicendo che a scuola non ci volevan più andare. Ma perché, chiese loro mia moglie. Perché a scuola c'è un libro dove si vede papà che ammazza un uomo, risposero, e gli altri bambini dicono che papà è un assassino. Papà non era un assassino, gli spiegò mia moglie, papà era un soldato: non si vergognavano ad ascoltare simili mostruosità? No, perché i soldati sparano a chi spara, e papà aveva sparato a un uomo che non sparava, un uomo con le mani legate, risposero i bambini. Si vedeva dalla copertina del libro. Dovetti toglierli da scuola, e ci volle molto per convincerli che non ero un assassino, che ero un soldato, che avevo sparato a un uomo che sparava. Non sparava in quel momento, sparava prima. Ci volle ancora di più per convincerli che se avevo commesso uno sbaglio a spararlo mentre non sparava, quello sbaglio l'avevo pagato e lo stavo pagando assai duramente. Oh, se lei mi dette un dolore!».

«Allora perché mi ha salutato piangendo di gioia ed abbracciandomi, Loan? Perché s'è mostrato così contento di scoprire che non ero morta?»

«Perché ero contento, perché lo sono. E perché le devo anche qualcosa: avermi indotto a capire di che cosa è capace una persona perbene. Sa, mentre stavo a casa con la mia gamba rosa, abbandonato da tutti, respinto da tutti, senza nulla da fare perché mi avevano tolto ogni incarico e costretto a lasciare l'esercito, rileggevo continuamente quel libro. E soprattutto il capitolo sul nostro incontro. Alla fine mi dissi: questa donna ha ragione. Chi comanda è sempre cattivo. Verso di me, oggi, non si comportano come io mi comportavo con gli altri quand'ero generale e capo della polizia? Che lei avesse ragione, del resto, lo compresi ancor meglio negli ultimi giorni di Saigon. Infatti coloro che avrebbero potuto aiutarmi non si curaron nemmeno di mandarmi a cercare, e mi respinsero quando li cercai io. Fu un vero miracolo che riuscissi a partire.»

Poi mi raccontò in che modo avesse lasciato Saigon, schiacciato dentro il magma umano che cercava di salire sugli elicotteri, impedito dalla sua gamba rosa, aggrappato alla moglie e ai bambini per non perdersi dentro la folla, non restarne schiacciato. Abbandonata la sua bella casa di milionario, lasciate dietro di sé tutte le sue ricchezze, i bei mobili, i bei vasi, i bei ricami su seta, il denaro depositato alla banca, si portava dietro soltanto una borsetta con lo spazzolino da denti e la biancheria: carico di vergogna al pensiero che lui era Loan, il generale Loan, l'uomo che aveva tenuto in pugno il Sud del Vietnam. Raccontando piangeva, di nuovo, singhiozzava senza ritegno, incurante di me, del mio amico, di sua moglie che a un certo punto era apparsa, silenziosa, per accarezzargli una spalla e guardarmi con ostilità. Io lo ascoltavo zitta, ormai incapace di provare nei suoi riguardi l'odio che mi aveva acceso per anni, e v'erano momenti in cui mi sembrava che le sue colpe non contassero più. Pensavo piuttosto alle colpe di chi aveva preso il suo posto e in nome del popolo, della patria, del comunismo, mentiva come lui aveva mentito, arrestava come lui aveva arrestato, fucilava come lui aveva fucilato, terrorizzava come lui aveva terrorizzato. Ciò significava forse che il mio amico sosteneva una tesi indiscutibile, che al posto di Loan e dei suoi successori io sarei stata una carogna identica a loro, che se l'uomo da me tanto amato fosse vissuto e andato al potere avrebbe commesso chissà quali malvagità, avrebbe comunque perduto ogni innocenza, ogni purezza?

Alle due del mattino dissi che me ne andavo. «Un istante, devo prima darle qualcosa» rispose Loan. E, allungata con entrambe le mani la gamba, si alzò. Andò alla cassa con quel passo che rimbombava sul pavimento. Dopo un poco lo udii tornare, ed era alle mie spalle quando un oggetto quadrato volò in aria per cadere sopra il tavolo con un piccolo tonfo. Poiché il ristorante era quasi immerso nell'oscurità, non vidi subito di che si trattava. Ma poi lo vidi. Ed era un pacchetto di Gauloises.

* * *

«Sei ancora arrabbiata con me?» chiese l'amico mentre correvamo lungo l'autostrada che da Burke riconduce a Washington DC.

«No» risposi girando tra le dita il pacchetto di Gauloises.

«Tornerai dunque a intervistare la Storia e il Potere?» aggiunse con l'aria di chi ha portato a termine una missione che gli premeva molto.

«Sì» risposi aprendo il pacchetto e accendendo una Gauloise.

«Sai, in fondo intervistare la Storia e il Potere è come intervistare la Vita» continuò con l'aria di volersi accertare che aveva proprio vinto.

«Questo lo so» risposi. «Quello che non so è che cosa ne verrà fuori, stavolta.»

«Perché?» chiese l'amico.

«Perché ormai l'ho capita, la vita, e sono una persona lacerata dai dubbi che vengono a capirla. Non è consolante

35

capire la vita, anzi è terrificante. Significa perdere riferimenti cui ci si appoggiava prima di capirla: il bene e il male, il vero e il falso, il giusto e l'ingiusto. Quando la vita era mistero, quindi ricerca, quei riferimenti costituivan certezze che permettevano di prendere una strada senza esitare, ed esprimer giudizi precisi. Quando invece t'accorgi che il bene e il male sono punti di vista come il vero e il falso, il giusto e l'ingiusto, ogni strada t'appare incerta e ogni giudizio arbitrario. Ti senti sicuro solo dei tuoi dubbi, e della tua solitudine. Non vorrei essere uscita da un tunnel per entrare in un altro tunnel più lungo e più buio.»

Non mi rendevo conto, quella notte in Virginia, d'aver toccato l'unica verità.

Capitolo Primo

Lo chiamavano il Libro Azzurro perché la copertina aveva uno smagliante sfondo azzurro cielo, ma il titolo esatto era *I comandamenti dell'ayatollah Khomeini*. Infatti conteneva le regole del vivere quotidiano che ogni buon sciita, secondo lui, doveva conoscere e osservare con scrupolo. L'ayatollah vi aveva lavorato per anni, poi ne aveva curato personalmente la stampa, e a Teheran lo vendevano anche sui marciapiedi: chiunque sapesse leggere ne aveva una copia. In Occidente invece era stato scoperto per caso e soltanto i giornali audaci osavano offrire la traduzione dei brani più orripilanti: «Un uomo che ha avuto rapporti sessuali con un animale, ad esempio una pecora, non può mangiarne la carne perché a mangiarla commette peccato mortale. Lo stesso se la pecora ha bevuto latte di maiale. In tal caso l'uomo non può avere nemmeno rapporti sessuali con lei». Oppure: «Se un uomo sposa una minorenne che non ha raggiunto i nove anni di età e ha rapporti con lei, non deve romperle l'imene altrimenti non può continuare i rapporti con lei». Oppure: «La madre o la figlia o la sorella di un uomo che ha avuto rapporti anali con un altro uomo non possono sposare quest'ultimo. Però se il matrimonio avviene prima che si svolga il rapporto anale tra il marito della sposa e il figlio o il padre o il fratello di lei, sicché i due uomini diventano parenti acquisiti, il matrimonio è valido». Oppure: «Se durante il digiuno del Ramadan un uomo si masturba fino a raggiunger l'orgasmo, il digiuno non è valido. Se però l'uomo ha una eiaculazione involontaria, non cade in peccato. Lo stesso se al risveglio si accorge d'aver avuto una eiaculazione dormendo. Il digiuno resta valido anche se, avendo una eiaculazione involontaria durante il giorno, l'uomo interviene per fermarla. Non resta valido invece quando un uomo e anche una donna vomitano di proposito, o si lavano la testa, o se la bagnano tutta».

Misi da parte il giornale che riportava quei brani insieme alle disposizioni sul matrimonio, il divorzio, le colpe coniugali, i peccati del mangiare o del bere, e cercai di ricordare come avevo reagito durante la mia stagione all'inferno a quel che succedeva in Iran. Era successo tutto così in fretta, e inaspettatamente. D'un tratto, mentre stavo nel mezzo del tunnel e a Teheran si ammucchiavano i morti delle sommosse contro lo scià, s'era preso a parlare di questo ayatollah Khomeini che a ottant'anni guidava la rivolta dal suo esilio alla periferia di Parigi. Ma ne avevo sorriso elencando a me stessa i motivi per cui la notizia mi divertiva e basta. Numero uno, gli americani non avrebbero mai accettato di perdere un alleato anzi un vassallo prezioso quanto Reza Pahlavi che non muoveva un dito senza il loro permesso e che oltre a cinquemila chilometri di confine con l'Urss, controllava il Golfo Persico e l'Oceano Indiano cioè le vie da cui passa il petrolio destinato all'Occidente. Numero due, essendo stato cacciato una volta Reza Pahlavi aveva imparato a difendersi. Ben armato e ben pagato, il suo esercito era in grado di reprimere qualsiasi tentativo di rivoluzione e la sua polizia segreta funzionava con sinistra efficienza arrestando torturando eliminando chiunque reclamasse un filo di libertà. Numero tre, e malgrado la sua follia di megalomane convinto d'essere l'erede di Serse, Reza Pahlavi non era uno sciocco.

Aveva capito che il mondo cambia e che anche quello mussulmano doveva cambiare, che cambiare è inevitabile e necessario, quindi il problema di ogni società è gestire il proprio cambiamento: accettarlo e allo stesso tempo impedire che sovverta troppo drasticamente l'ordine costituito. E, a modo suo, una rivoluzione l'aveva già fatta: la Rivoluzione Bianca. Aveva distribuito un po' di terra ai contadini, strappato ai feudatari il possesso delle foreste e delle sorgenti, aperto una campagna contro l'analfabetismo, introdotto la tecnologia. Ma soprattutto aveva tolto il velo alle donne, aveva loro spiegato che alle soglie del Duemila il chador è inammissibile, che dovevano strapparsi alla schiavitù familiare e studiare, scegliersi una professione, addirittura affrontare il servizio militare. Insomma tentava di inserire il paese nella realtà della nostra epoca, e non era vero che tutti lo odiassero. Soltanto chi conosceva il significato della parola democrazia e chiedeva qualcosa di più che un progresso regalato con la tirannia gli augurava di morire almeno di cancro. Gli altri, vale a dire la gran maggioranza, erano ben felici di intasare le strade e applaudirlo con frenesia quando cambiava moglie o gli nasceva un erede o rientrava dalle vacanze a Zermatt. Che un prete ottantenne si illudesse di rovesciarlo usando le moschee e le preghiere era un fatto contrario a ogni logica.

Poco dopo però lo avevo visto alla Tv: più che un prete un santone michelangiolesco, un arcigno Mosè con la barba candida e il turbante nero, gli occhiacci terribili del giustiziere che non perdona. Seduto a gambe incrociate su un tappetino, circondato da una corte di fedeli ossequiosi, malediceva a bassissima voce lo scià, sua sorella, i suoi figli, i futuri figli dei suoi figli, poi senza scomporsi spiegava perché l'infame sarebbe caduto, perché Allah lo avrebbe punito. E stavolta non avevo sorriso. Non si capiva bene che cosa volesse ma c'era qualcosa su quel volto spietato, vagamente scalognatore, che faceva paura al di là della sua espressione. Qualcosa, ecco, che non avevo mai notato sul volto di Reza Pahlavi: la stoffa del capo che sa tenere in pugno il potere prima di conquistarlo, la sicurezza del condottiero che non s'arrende neanche dinanzi all'impossibile, il pericoloso carisma dell'uomo che è mosso da un'incrollabile fede e sa manipolare le folle con l'arroganza di chi non sbaglia mai. Non a caso i suoi messaggi incisi su nastro e inviati in Iran bastavano a tenere viva una rivolta decimata dai massacri. Dopo aver ascoltato la sua voce gli insorti si eccitavano come se avessero mangiato un chilo di droga, e fieri di farsi ammazzare per lui si gettavano contro le mitragliatrici gridando: «Sparami, sparami!». Insieme a loro le donne che, gettati gli abiti occidentali grazie a cui erano uscite dal ghetto, partecipavano al suicidio infagottate dentro il chador: nascondendoci sotto le pietre e le molotov, reggendolo coi denti affinché non scivolasse, facendosi colpire e cadendo in piccoli tonfi di pipistrelli senz'ali. Ed erano le stesse, gli stessi, che prima intasavan le strade per applaudire lo scià quando cambiava moglie o gli nasceva un erede o rientrava dalle vacanze a Zermatt. Se riuscivo a mettermi in testa che non è la logica a scriver la Storia, che il fanatismo fa volare gli asini, che gli esseri umani seguono sempre chi li imbroglia meglio e magari in nome di Dio, quel Dio di cui non sanno fare a meno, dovevo considerare l'ipotesi che il diabolico vecchio vincesse.

Aveva vinto prima di quanto temessi. All'inizio del 1979, abbandonato dagli americani e ridotto a una larva ammalata, Reza Pahlavi era fuggito con la famiglia in Egitto. Allora l'esercito che avrebbe dovuto difendere cinquemila chilometri di confine con l'Urss e le vie da cui passa il petrolio s'era disintegrato e, accolto come un resuscitato Maometto, il diabolico vecchio aveva fatto ritorno a Teheran per proclamare la Repubblica Islamica. Qui, mentre i suoi mujahiddin fucilavano generali, ministri, funzionari, poliziotti, disgraziati spesso innocenti e gettati dinanzi al plotone di esecuzione senza processo, aveva presto chiarito che cosa volesse: il più allucinante balzo all'indietro che si fosse mai verificato sul nostro pianeta. In pochi giorni, messi al bando i laici che per anni avevano lottato contro la monarchia, eliminati i partiti e i gruppi che credevano nella democrazia, cancellata ogni libertà di stampa, di opinione, di sentimento, esploso il genocidio dei curdi che ogni giorno venivano trucidati nelle province, l'Iran s'era trasformato in una immensa mostruosa moschea dove mullah rozzi e ignoranti vegliavano sulla cieca osservanza di leggi scritte millequattrocento anni prima e sui regolamenti dettati dal Libro Azzurro di Khomeini. Rigorosa separazione tra uomini e donne sia in casa che negli uffici, nei cortei e sulla spiaggia. Obbligo per le donne di coprirsi dalla testa ai piedi col funereo lenzuolo che ha nome chador: anche in acqua, cioè per nuotare, e guai se dicevi che con sette metri di stoffa addosso non si può nuotare, si affoga. Esame ginecologico delle impiegate nubili onde accertare la loro verginità. Veto assoluto di bere bevande alcoliche, di ascoltare la musica, ballare, scambiarsi un bacio senza esser sposati, avere un qualsiasi rapporto fuori del matrimonio. Plotoni di esecuzione per chi disubbidiva. Fucilati i generali, i ministri, i funzionari, i poliziotti dello scià, la gente più o meno compromessa col passato regime, ora si sparava sulle adultere o le supposte adultere, sugli omosessuali o i supposti omosessuali, sui fidanzati sorpresi a scambiarsi qualche tenerezza, sulle ragazze che andavano a capo scoperto o parzialmente scoperto, sui distratti che bevevano una birra o un bicchiere di vino. I processi duravano quattro o cinque minuti, senza avvocati e senza facoltà di difesa, i condannati venivano giustiziati subito dopo la lettura della sentenza, e la fucilazione si alternava alla lapidazione: pena che consiste nel seppellire il reo o la rea fino al collo, poi nell'ucciderli a sassate in testa. Soltanto i più fortunati se la cavavano con la pubblica fustigazione dinanzi al bazaar: dalle cinquanta alle trecento frustate che riducevano la schiena in polpetta. E nessuno che si opponesse. Nessuno che si ribellasse ad alta voce, che dicesse basta, non ci siamo battuti contro lo scià per questo, non ci siamo fatti massacrare dalle sue mitragliatrici per questo.

Quanto all'Occidente, osservava in imbarazzato silenzio e chi aveva salutato con entusiasmo l'avvento dell'ayatollah confessava quasi a denti stretti il proprio errore o pentimento. La cosiddetta sinistra, quella sinistra per cui una rivoluzione va sempre assolta e chi non è d'accordo su questo è fascista, tentava addirittura di giustificare lo scempio. «Devi capire che la rivoluzione non è un invito a nozze.» «Pensa a Robespierre e alle migliaia di ghigliottinati durante il Terrore, pensa a Lenin e alle centinaia di migliaia liquidati con le Grandi Purghe.» «Non dimenticare che certi eccessi sono inevitabili e necessari. Non è la prima volta che la rivoluzione divora i propri figli.» Non avevano detto le stesse cose, del resto, quando la libertà era stata assassinata in Polonia e in Cecoslovacchia e in Ungheria e nella Germania dell'Est, quando i sogni erano stati traditi a Cuba e in Vietnam? Non s'erano forse macchiati della stessa malafede, gli ipocriti, non s'erano forse rifugiati dietro la stessa disonestà, lo stesso timore d'apparir reazionari? Lo sapevo ben io che fino al giorno in cui avevo raccontato le infamie viste a Saigon, le colpe degli americani e dei sudvietnamiti e dei Loan, me l'ero cavata benissimo: conquistando orde di ammiratori e di amici. «Gran giornalista, grande scrittrice, gran donna.» Però appena avevo raccontato le infamie viste a Hanoi, le

colpe dei nordvietnamiti e dei vietcong e dei Giap, ero stata
linciata sui loro giornali. E gli ammiratori s'erano trasforma-
ti in dispregiatori, gli amici in nemici: «Mascalzona, calun-
niatrice, serva del Pentagono. Ha offeso la rivoluzione!».

La rivoluzione. È dalla presa della Bastiglia che l'Occidente vive nella bugia chiamata rivoluzione. È da allora che questa parola equivoca ci ricatta come una parola santa, in
quanto tale ci viene imposta come sinonimo di libertà-ugua-
glianza-fraternità, simbolo di riscatto e progresso, speranza
per gli oppressi. È da allora che le stragi compiute in suo nome vengono assolte, giustificate, accettate, che i suoi figli
vengono macellati dopo aver macellato: convinti che essa sia
la cura di ogni cancro, la panacea di ogni male. Ma rispettosamente la pronunciamo, rispettosamente la studiamo a
scuola, rispettosamente la analizziamo nei trattati di polito-
logia e nei saggi di filosofia. Rispettosamente non osiamo
contestarla, rifiutarla, sbugiardarla sputando in faccia agli
imbecilli e ai violenti che se ne servono per far carriera. «Se
non si fa scoppiare qualche bomba, qui non si fa nemmeno
la rivoluzione» mi disse anni fa un rivoluzionario italiano
che anticipava le Brigate Rosse e che ora fa il banchiere a
Londra. E non serve a nulla che Mussolini chiamasse la sua
dittatura rivoluzione, e così Hitler, così i Papadopulos, così i
Pinochet. Non serve a nulla che la rivoluzione abbia fallito
in Francia, in Russia, ovunque si sia ripetuta strillando libertà, uguaglianza, fraternità, giustizia, progresso. Non serve a nulla che ovunque abbia versato e versi inutili fiumi di
sangue, che ovunque abbia distrutto e distrugga le cose da
salvare, le conquiste della civiltà, che ovunque abbia instaurato e instauri regimi dispotici e magari peggiori di quelli
abbattuti, addormentando le coscienze con la paura o il lavaggio cerebrale. Non serve a nulla. La presa della Bastiglia
rimane un evento da onorare, una data da festeggiare. E la

parola rivoluzione, una parola santa: un assioma su cui discutere è sacrilegio, un dogma più intoccabile della verginità di Maria.

Ancora una volta, dunque, bisognava dimostrare che la rivoluzione è una menzogna da cui nasce sempre un cambio di tirannia; un inganno cui da due secoli ci inchiniamo per pigrizia mentale o viltà o timidezza. La vera rivoluzione è pazienza, perseveranza, intelligenza. È un bruco che a poco a poco diventa farfalla per volare di fiore in fiore, nutrirsi di polline e non di sangue, allietare gli occhi di chi ammira geloso la sua libertà. Sai quanto tempo ci vuole, quanta calma, quanta tolleranza affinché un bruco diventi farfalla. Se lo disturbi con la tua fretta, se lo tormenti con le tue pretese, non diventa nemmeno crisalide. Ancora una volta bisognava capire perché la menzogna aveva funzionato, la cattiveria trionfato con l'aiuto della malafede, della cretineria. Insomma, bisognava andare a Teheran, intervistare questo Khomeini, chiedergli come osava chiamare rivoluzione la sua carneficina e in base a quale principio ascoltare la musica o tenere i capelli al vento è peccato, violentare una pecora è invece lecito purché dopo tu non la mangi. Esisteva un problema, però: arrivare fino a lui, persuaderlo a ricevermi. Non era mai successo che concedesse una vera intervista, a una donna per giunta; i suoi rapporti con la stampa erano stati finora brevi incontri con giornalisti di sesso maschile. Così restai pietrificata quando, essendomi messa a esplorare le probabilità di attuare il progetto, mi sentii rispondere: «Se c'è una persona che può sperare di intervistar Khomeini, questa sei tu. Perché in Iran sei una specie di eroe». «Io?! E da cosa deriverebbe il mio eroismo?» «Dalla tua intervista allo scià. Durante la rivolta i mullah la citavano come il Corano e gli insorti la sventolavano come una bandiera. Il libro che la contiene è tradotto in quattordici edizioni diverse, a

Teheran, e si vende perfino sui marciapiedi. Chiedine conferma alla giornalista Miriam Mafai che, scambiata per te a un comizio, fu portata in trionfo e costretta ad arringare la folla.»

La mia intervista allo scià! Mentre la memoria andava ai due pomeriggi trascorsi con Reza Pahlavi nel suo studio al Palazzo degli Specchi, quell'autunno del 1973, mi chiesi se non fossi stata un po' ingiusta con lui, se nel condannarlo così spietatamente non mi fossi lasciata intrappolare dal manicheismo grazie a cui avevo liquidato Loan. Eppure, dietro quel tavolo ingombro d'oggetti inutilmente preziosi, scatole d'oro massiccio con la lettera R composta dagli smeraldi più puri e più grossi che avessi mai visto, statuette incrostate di zaffiri, rubini, brillanti talmente perfetti che ciascuno di essi sarebbe bastato a fabbricare un gioiello costoso quanto una villa a Cannes, aveva tentato in ogni modo di strapparmi un po' di comprensione o un po' di simpatia. S'era confidato, spiegato, sforzato di vincere coi ragionamenti l'ostilità che gli opponevo: «Oh, me lo immagino cosa pensa lei sulla pena di morte eccetera. Ma, vede, certi giudizi dipendono dal tipo di educazione che s'è ricevuto, dalla cultura, dal clima, e non si deve partire dal presupposto che ciò che va bene in un paese vada bene in tutti i paesi. Prenda un seme di mela e lo pianti a Teheran, poi prenda un altro seme della stessa mela e lo pianti a Roma: l'albero che nascerà a Teheran non sarà mai uguale all'albero che nascerà a Roma». E quando la durezza delle mie domande lo aveva allarmato, sicché m'aveva chiesto se fossi sulla lista nera del suo governo e io avevo risposto può darsi perché io sono sulla lista nera di tutti, s'era lasciato andare a un sorriso indulgente: «Non importa... Io la metto sulla lista bianca del mio cuore». Io invece avevo fatto di tutto per tormentarlo, indurlo a dire sciocchezze. E Dio sa quante ne aveva dette. La storia delle visioni, ad esempio, dei santi che si materializzavano davanti ai suoi occhi per predirgli il futuro e confermargli la sua divina missione. A cinque anni gli era apparso anche il profeta Alì, e gli aveva salvato la vita. «Caddi contro una roccia. E lui mi salvò: si mise tra me e la roccia. La realtà materiale, mi spiego?» «... Maestà. Questa storia delle visioni, delle apparizioni... Non mi è chiara, ecco.» Mai che lo aiutassi a uscire dal ginepraio in cui lo cacciavo, mai che gli dessi una mano per fargli raccontare come a suo modo cercava di migliorare una società retriva e feudale. Odiavo troppo il suo assolutismo, le sue ricchezze, la sua pompa. Mi interessava soltanto darne il ritratto che avevo di lui: quello di un folle avvelenato dalla megalomania.

Il guaio è che nessuno è completamente cattivo e, se lo è, c'è sempre qualcuno che è più cattivo di lui. Ora quel ritratto che non teneva conto dei suoi lati positivi si vendeva in quattordici edizioni diverse a vantaggio di Khomeini, e per via di esso venivo considerata un'eroina da un regime cento volte peggiore del suo. V'era di che restarne sgomenti e cedere alla tentazione di inviare una letterina a Reza Pahlavi che, ridotto a una larva malata di cancro, respinto da tutti, vagava di paese in paese, dall'Egitto al Marocco, dal Marocco alle Bahamas, dalle Bahamas al Messico, dal Messico a Panama, da Panama al Texas, dal Texas a New York: in cerca d'un letto nel quale morire. «Egregia Maestà, sono quella che La trattò male nel 1973 e scrivo per chiederLe di perdonarmi. Lei era un vero figlio di cane, Maestà, un despota avido e crudele, però visto come vanno le cose dopo la Sua vile fuga, devo ammettere che Lei era anche il male minore. Tanto valeva che se ne restasse in Iran coi suoi smeraldi, i suoi rubini, i suoi zaffiri, le sue stupide apparizioni. Almeno, sotto di Lei, la gente aveva un sogno per cui battersi e una speranza a cui aggrapparsi: il sogno della libertà e la speranza di un futuro migliore. Con ciò voglia accettare i miei ossequi, devotamente Sua, etc. etc.» Invece non gli scrissi nulla. E cercai Miriam Mafai che mi confermò la sua avventura poi mi dette qualche consiglio. Arrivare a Khomeini? C'erano due laici che Khomeini ascoltava: il ministro dell'Economia Bani Sadr e il direttore della Tv Gotzadeq. Non mi sarebbe stato difficile chiederne l'intervento perché il loro tirapiedi era un giovanotto che si diceva traduttore dei miei libri in farsi: Baghèr Salami. Che gli telefonassi, ecco il numero. Gli telefonai e otto giorni dopo sbarcavo nel Regno della Paura.

* * *

Tutti i regimi dispotici si reggono sulla paura. La paura che abbiamo d'essere spiati, denunciati, minacciati, arrestati, sequestrati, torturati, puniti in un modo o nell'altro. La paura che abbiamo d'essere ghigliottinati, impiccati, decapitati, fucilati, lapidati. E ad alimentare questa paura sono i soldati, i poliziotti, i gendarmi del potere, insomma chiunque indossi un'uniforme e abbia in mano una rivoltella o un fucile o una spada. Del resto, lo stesso capo del regime dispotico veste di solito un'uniforme: pensa a Napoleone, a Hitler, a Mussolini, a Reza Pahlavi, a Castro, a Pinochet, a Gheddafi, a Idi Amin, a Bokassa. Se non veste l'uniforme, si copre di medaglie come i dittatori sovietici. Se non si copre di medaglie, ha un presente o un passato guerresco come Robespierre, Ho Chi Minh, e in ogni caso la paura che incute ci viene trasmessa attraverso uomini armati, vestiti da militare. Infatti basta guardar la loro uniforme per sentirsi in pericolo, anche se sopra di essa c'è un volto gentile. Non lo vedi il volto. Quando guardi un soldato o un poliziotto o un qualsiasi custode del potere, non vedi che l'uniforme; da quella passi direttamente al berretto o all'elmetto, saltando il volto e la testa. I soldati, i poliziotti, i gendarmi sono creature acefale con un copricapo su una testa invisibile. Solo al momento in cui muoiono o cadono feriti nel sangue, t'accorgi che erano esseri umani: quanto te vulnerabili, quanto te spaventati, quanto te vittime della prepotenza e del cinismo. E allora non li temi più, riesci perfino a pianger per loro, ma è ormai troppo tardi.

Ebbene, nell'Iran di Khomeini, la paura non si trasmetteva così. Malgrado esistessero uomini armati detti passdaran, essa si trasmetteva attraverso uomini disarmati, senza uniforme militare e anzi vestiti da preti: i mullah. Quei mullah al servizio di Khomeini, cioè d'un capo altrettanto disarmato, senza uniforme militare e senza medaglie, senza un presente o un passato guerresco, però in contatto diretto con Dio che l'aveva eletto suo rappresentante. Voglio dire, in Iran la paura veniva direttamente da Dio, da Allah. Era Allah che ti spiava, ti denunciava, ti minacciava, ti arrestava, ti sequestrava, ti torturava. Era Allah che ti fucilava, ti lapidava, ti eliminava castigando la tua anima insieme al tuo corpo, dannandola per l'eternità. Sicché tale paura, la paura d'esser dannato per l'eternità, si aggiungeva alle altre paure: le paure di veder straziare il tuo corpo. E in essa vivevi, qualsiasi cosa tu facessi, ovunque tu ti trovassi, ad esempio nel segreto di una stanza chiusa a chiave e priva di microfoni, o nel mistero della tua coscienza. Se per caso dimenticavi d'essere in ogni istante osservato dai divini occhi di Allah, ascoltato dalle divine orecchie di Allah, a ricordartelo interveniva Khomeini con la sua immagine onnipresente. E prima o poi finivi col tradirti, con l'esporre le tue colpe a qualcuno che le riportava a un mullah. Il mullah chiamava i passdaran che liquidavano la tua esistenza terrena ed ultraterrena.

Ecco la trovata diabolica del diabolico vecchio che aveva sostituito lo scià. Ecco l'incredibile forca del suo potere infinito. Per ritrovare una simile tirannia avresti dovuto tornare ai tempi del Medioevo più oscuro, quando la scienza delle scienze era la teologia e l'Inquisizione smembrava gli eretici, bruciava le povere ragazze sul rogo, umiliava Galileo Galilei facendogli dire che la terra non gira. E i re governavano col permesso del Papa. E la cultura e l'arte e la morale dipendevano dalla Chiesa. E i migliori talenti dovevano piegarsi al volere dei cardinali o dei frati, scolpire o dipingere soltanto Gesù Cristi o Santi o Madonne, costruire soltanto cattedrali o cappelle o conventi, comporre soltanto musica sacra. E tutto era peccato, si rischiava l'Inferno a mangiare una salsiccia di venerdì. Però c'era una differenza: quel teocratico dispotismo aveva in qualche maniera nutrito l'intelligenza e lo spirito, allargato il campo delle idee, prodotto splendide statue e affreschi e dipinti di Gesù Cristi, Santi, Madonne, e meravigliose cattedrali, squisite cappelle, straordinari conventi, sublimi canti gregoriani, insomma grazia e bellezza e civiltà. Il dispotismo teocratico di Khomeini, invece, non produceva che ottusità e bigotteria, avvilendo l'intelligenza, cancellando le idee, eliminando la bellezza e la grazia, soppiantando la civiltà con la barbarie, infine alterando il concetto stesso del peccato e riducendolo a un'ossessione del sesso: quasi che la vita non fosse che un fallo o una vagina o uno sfintere. Fu questa la prima scoperta che feci giungendo a Teheran.

«Spiacente, Allah non vuole» balbettò senza guardarmi in faccia l'impiegato dell'Iran Airlines cui avevo porto la destra per ringraziarlo d'esser venuto a ricevermi ai piedi della scaletta. E spaventato dalla mano tesa che aveva rischiato di stringer la sua, nascose entrambe le braccia dietro la schiena. Sai il gesto dei bambini sorpresi a toccare un oggetto proibito.

Ritirai svelta l'oggetto proibito, lo appoggiai sul petto per dimostrargli che mi scusavo, che non intendevo renderlo incinto, e subito compresi d'aver commesso un errore più grave del primo. Con la palma tesa e rivolta verso di lui, le mie unghie non si vedevano; con la palma appoggiata sul petto si rivelavano scandalosamente smaltate di rosso, sicché ora lui le fissava come le aveva fissate il secondo segretario dell'ambasciata quando m'aveva concesso il visto e ammonito: «Quelle unghie rosse! Non vorrà andar in Iran con quelle unghie rosse!».

«Mi dia il passaporto, lo presenterò io al controllo» disse infine ritrovando il controllo di sé e allungando il pollice e l'indice onde evitare contatti epidermici. Ma, proprio mentre lo aguantava, si decise a guardarmi in faccia. E vide i miei capelli lunghi che ondeggiavano al vento della sera.

«Oh, God! My God! Non ha un foulard per coprirsi la testa?»

«No.» Lo avevo, naturalmente. Chi avrebbe osato venire in Iran senza un foulard che sostituisse almeno fino al collo il chador? Per nulla al mondo, però, gli avrei fatto il favore di usarlo lì sulla pista.

«Pazienza. Capiranno che è straniera. E se qualcuno brontolerà lo stesso, gli ricorderò la sua intervista allo scià. Mi segua, prego.»

«Grazie.» Innervosita da tale approccio e da un gigantesco ritratto di Khomeini che dalla facciata del terminal accoglieva gli incauti in arrivo, lo seguii insieme ai pochi passeggeri sbarcati con me: due francesi, tre tedeschi, sei arabi del Kuwait, un americano che importava caviale fresco e che minacciava di revocare il contratto. «Non lo sanno più fare. Non sono più neanche capaci di chiudere le scatolette. Il poco che ricevo è quasi sempre marcio. Se continua così, lo compro dai russi.» Bè, a guardarsi intorno c'era da crederci. L'aeroporto che ai tempi dello scià era un capolavoro d'efficienza e di pulizia ora appariva irriconoscibile: muri sporchi di scritte e ditate, pavimenti sozzi di cartacce e sputacchi, e un via vai di mullah che non si capiva bene a cosa servissero, perché fossero lì. Quanto al recinto del lato arrivi era quasi deserto; quello del lato partenze, visibile dalla vetrata, era invece affollatissimo: centinaia e centinaia di persone che bivaccavano coi bambini e i fagotti sollevando un fracasso d'inferno. Nella speranza di lasciare il paese, mi disse l'americano, si ammucchiavano fin dalle prime luci dell'alba e per tutto il giorno continuavano ad implorare un posto su qualche aereo, non importa dove fosse diretto. Molte eran donne e i loro chador rendevano i miei capelli nudi ancora più nudi, il mio rifiuto a coprirli con un foulard ancora più temerario. Che ciò finisse per bloccarmi l'ingresso? La preoccupazione non durò a lungo: la maledetta intervista allo scià era davvero un lasciapassare prezioso. Al posto di polizia l'impiegato dell'Iran Airlines si vide timbrare il mio passaporto con velocità sorprendente e alla dogana, dove una dozzina di Khomeini più piccoli spaventavano chi era tanto sciocco da viaggiare con una copia di «Playboy» o una bottiglia di whiskey, non si curaron nemmeno di chiedermi se portavo alcool e materiale pornografico. E va da sé che ormai ero in salvo: sotto il nono Khomeini a sinistra mi aspettava un giovanottino occhialuto coi baffoni neri e il pizzo da antico persiano, insomma il Salami che si diceva mio traduttore e che d'ora innanzi sarebbe stato il mio custode. Munito d'un documento che sembrava risolvere qualsiasi problema, si faceva largo tra i mullah e, le braccia ben accostate ai fianchi onde evitare ogni stretta di mano, mi dedicava un impeccabile inchino poi mi salutava nella mia lingua.

«Allah è grande. Benvenuta a Teheran. La mia macchina è a sua disposizione per accompagnarla in città.»

La strada che conduce in città era un'allucinante sequenza di Khomeini che ti rincorrevano da ogni edificio, ogni vetrina, ogni crocevia, e il mio custode era l'ultima persona al mondo che avrei immaginato di trovarmi accanto in una simile impresa. Appariva tormentato da mille inquietudini, roso da mille bugie incominciando dalla bugia d'aver già ottenuto l'appuntamento con l'ayatollah, e si vergognava disperatamente del proprio cognome. «Non mi chiami Salami, la prego, mi chiami Baghèr. A tutti gli occidentali racconto che il mio cognome è Baghèr.» Il complesso di chiamarsi Salami gli era venuto a Firenze dove aveva studiato otto anni all'università per stranieri senza prender la laurea e dove lo avevano sempre irriso con toscana crudeltà: «Pane e salami, pane e salami! Salami di campagna, salami di cinghiale, salami alla cacciatora, salamino, finocchiona!». Però era religiosissimo, diceva Allah con un suono gutturale che gli usciva dalle labbra come un rutto e gli rientrava in bocca come un boccone da masticare, e mostrava per l'ayatollah un amore quasi isterico. «Non ayatollah, imam. Imam vuol dire santo.» Quanto alla rivoluzione cui aveva partecipato soltanto negli ultimi giorni raccattando qualche ferito, ne parlava con esaltato fervore. Sentimento comprensibile giacché in seguito ad essa aveva fatto carriera: era entrato nelle grazie di Bani Sadr e Gotzadeq, aveva ottenuto un posto di impiegato alla Tv. La giudicava una grande vittoria dell'umanità, l'inizio di un'epoca felice che avrebbe portato i principii dell'Islam fino ai più remoti angoli della terra, e ogni volta che alludeva ai mesi eroici della rivolta il numero dei morti cresceva. Al primo crocevia erano cinquantamila. Al secondo, sessantamila. E alle porte della città eran divenuti centomila: cifra che nei prossimi giorni sarebbe salita a centoventimila, poi centocinquantamila. Nei momenti di particolare euforia, perfino un milione.

«Ma non aveva detto cinquantamila?»

«Deve avermi capito male.»

In nome di quei morti che si moltiplicavano come i pesci alle nozze di Cana e che parevano morti soltanto per far rizzare il pene agli iraniani, ammetteva qualsiasi abuso, qualsiasi sciocchezza. Addirittura condivideva il biasimo dell'impiegato dell'Iran Airlines: «Non si stringe la mano a una donna», è mancanza di rispetto verso la Donna. «Non ci si tinge le unghie di rosso», è mancanza di rispetto verso l'Uomo. «Non si va in giro con la testa scoperta», e non v'era bisogno di illustrarne il motivo. Ci pensassi bene: qual è la parte anatomica che in una femmina attrae maggiormente il maschio? No, non un seno florido o un sedere tornito o un bel paio di gambe. Certi attributi contano dopo, nello sfogarsi della bestialità. Ciò che in una femmina attrae il maschio più d'ogni altra cosa, più degli stessi occhi e della stessa bocca, è la capigliatura. Soprattutto se è lunga e mossa dal vento. Dunque questa bisognava coprire per prima, e ciò spiegava perché a volte era consentito rimpiazzare il chador con un fazzoletto che nasconde la fronte e s'annoda al collo a mo' di soggolo. Però niente sostituisce il chador, perché niente solletica la fantasia quanto un chador. Se noti un bel volto incorniciato da un chador, ti ecciti tutto: subito ti chiedi che cosa c'è sotto. Se non vedi neppure il volto in quanto la donna è così devota a Dio da nascondere anche quello, perdi il ben dell'intelletto. Stamani era quasi impazzito a imbattersi in una pudica così pudica che camminava tenendo scoperto un occhio e basta. S'era messo a seguirla nel miraggio di vedere almeno il secondo occhio, e tutti i suoi sensi s'erano accesi nella domanda: sarà giovane o vecchia, grassa o magra, bella o brutta? «Voi occidentali, invece! Si sa subito tutto di voi: se siete giovani o vecchie, grasse o magre, belle o brutte. Non si prova nulla per voi. E più vi spogliate, meno si prova.»

Se lo dicesse per convinzione od opportunismo o paura non lo capivo bene. Però con lo stesso tono cantava le lodi dell'ayatollah, pardon, dell'Imam. Gran filosofo, gran condottiero, grande uomo di Stato, teologo. Senza di lui come ricordare agli immemori che l'Islam è legge, la legge di Allah e quindi l'unica legge, che soltanto i teologi conoscon la legge e possono amministrare la società, risolvere i problemi legislativi, esecutivi, amministrativi, che nessun governo d'un paese mussulmano è legittimo se a governarlo non sono i teologi? Come ripetere che al di fuori del Corano non v'è giustizia, non può esserci giustizia, che il Corano non è superato né decaduto, che ad esempio la legge sulle punizioni corporali rimane la più adatta a scoraggiare i predoni, gli ubriaconi, i drogati? E poi l'Imam era onesto, non era un ladro alla Reza Pahlavi. Non possedeva che un tappetino, il tappetino bianco e blu su cui si accovacciava a Neuilly-sur-Seine durante l'esilio, su cui si accovacciava ora nella città santa di Qom. E fu a questo punto che scoprii la bugia sull'appuntamento già fissato.

«A proposito, quando lo vedrò su quel tappetino?»

«Presto, presto. Non si preoccupi.»

«Mi preoccupo, invece. Devo prepararmi, no, andare a Qom.»

«A Qom ci andremo insieme. Una donna sola non può entrare a Qom.»

«Sì, d'accordo, ma la data qual è?»

«Non c'è data.»

«Visto che c'è un appuntamento, ci sarà una data. No?»

«Non c'è appuntamento.»

«Non c'è?!? Sta forse dicendo che m'ha fatto volare da New York a Teheran senza l'appuntamento che al telefono affermò d'aver già fissato? Sta forse dicendo che mi ha mentito?!?»

«Sì, le ho mentito. Se non le avessi mentito, non sarebbe venuta. Non avrebbe conosciuto questa grande rivoluzione, e per un mussulmano non è peccato mentire quando la menzogna serve all'Islam. Anzi, per il bene dell'Islam, mentire è un dovere. Una virtù.»

«Maledetto furfante, schifoso imbroglione, sporco ipocrita che corre dietro ai chador!»

«Non m'insulti. Ad Allah non piace che i suoi fedeli vengano insultati dagli infedeli. E poi vedrà Khomeini, giuro che lo vedrà. La conosce, ha la sua intervista allo scià. Intanto, perché non intervista Gotzadeq?»

«Io me ne frego del suo Gotzadeq!»

«Allora intervisti Bani Sadr.»

«Io me ne frego del suo Bani Sadr!»

«Sbaglia, sono entrambi uomini di cui il mondo sentirà molto parlare.»

«Il mondo sentirà parlare di lei se non mi fissa l'appuntamento con Khomeini, capito? Perché io la impiccherò col chador!»

Con questo grido lo lasciai dinanzi al mio albergo per sbattere il naso in un altro gigantesco Khomeini che quasi bloccava l'ingresso. Ma anche nella hall c'era un grosso Khomeini, anche alla portineria, alla cassa, al ristorante. E in camera il televisore era acceso per darmi un Khomeini in movimento e a colori, che arringava le folle da Qom. Lo spensi infuriata. Spalancai il frigorifero per bere qualcosa che mi calmasse, mi bagnasse la gola inaridita dagli urli. Il frigorifero mi paralizzò con un'orgia di limonate, aranciate, acque minerali. Naturalmente, neanche una birra. Allora fui colta da un desiderio spasmodico di birra, di vino, di liquori, di qualunque liquido che avesse un sapore di alcool. Io, che ho sempre bevuto con moderazione, che non sono mai stata ubriaca nella mia intera vita. E chiamai il cameriere, decisa a infranger la legge, a vendicarmi almeno così della beffa che quel bacchettone bugiardo m'aveva giocato. Avrei rischiato l'arresto, lo scandalo, le frustate al bazaar, pur di avere un goccio d'alcool.

«Voglio una birraaa!»

«No birra, no birra» rispose il cameriere scappando terrorizzato.

Allora chiamai il portiere che m'era parso un tipo disposto a tutto pur di mettere in tasca una mancia.

«Sono una straniera, come sa, e voglio una birra.»

«Spiacente, in Iran non si serve la birra» rispose il portiere riattaccando alla svelta il microfono.

Allora chiamai il direttore che m'aveva fatto un mucchio di feste e s'era detto pronto a esaudire ogni mio desiderio.

«La prego, mi faccia portare una birra.»

«Impossibile. Mi chieda la luna e gliela darò. Perché la luna c'è. Ma non mi chieda una birra. Perché la luna non c'è» rispose il direttore aggiungendo che la governante sarebbe venuta a spiegarmi.

La governante venne molto presto, con un sorriso preoccupato e la copia d'un mio libro. La testa appena coperta da un fazzoletto trasparente, gli occhi buoni e simpatici, sembrava pronta a sacrificarsi sul rogo pur di sedar la mia ira.

«Deve procurarmi una birra. Sia buona, mi trovi una birra.»

Subito il suo sorriso si spense e la copia del libro scivolò sul letto come se le sue mani non ce la facessero a reggerla.

«Lo so che vuole una birra. Lo sanno tutti ormai che vuole una birra. Ma nessuno può accontentarla.»

«Io non sono mussulmana. Quindi non ho alcun obbligo di obbedire a Maometto.»

«Qui non ha importanza. E anche se ne avesse, non servirebbe. Tutti i depositi di birra sono andati distrutti, e tutte le bottiglie di vino, di champagne, di cognac, di whiskey, di vodka, di qualsiasi liquore. Vennero i passdaran con i mullah e le frantumarono una ad una. Poi gli dettero fuoco: negli alberghi, nei ristoranti, nei negozi. Non si salvarono che le ambasciate. Ovunque guardasse, la città bruciava. Ovunque camminasse, il puzzo dell'alcool soffocava. E ora non è rimasto che quello per disinfettare negli ospedali. Però...»

«Però?»

Ritrovò il suo sorriso, ammiccando. Andò alla porta, la aprì per controllare che nessuno ascoltasse nel corridoio, poi la richiuse e tornò verso di me. Riprese a parlare ma a voce molto bassa.

«Io la ammiro tanto, sa? Anzi le voglio bene, anche senza conoscerla. Ho tutti i suoi libri, e quando ho saputo che stava per arrivare l'ho detto a mio marito che la legge quanto me. Quella copia è sua, se vuole autografarla. E mio marito ha risposto: bisogna farle un regalo. E mi ha dato un regalo perché glielo portassi. Sta giù, nel mio ufficio.»

«Oh, grazie! Cos'è?»

Andò di nuovo alla porta, di nuovo l'aprì, di nuovo controllò che nessuno ascoltasse nel corridoio. Di nuovo la richiuse e tornò verso di me per bisbigliare qualcosa al mio orecchio.

«Una bottiglia di champagne!»

«Una bottiglia di champagne?!?»

«Ssshht! Non gridi... Mio marito l'aveva salvata per il suo compleanno. Ma ha detto: portala a lei. Tanto noi non avremmo mai il coraggio di berla. Non è stato semplice, sa, portarla da casa all'albergo. Ho avuto tanta paura. Non sapevo dove nasconderla, poi ho fatto un pacco e l'ho nascosta sotto il chador. Ora il problema è portarla qui a lei e decidere dove la mette.»

«Dentro di me la metto: la bevo. Anzi la beviamo insieme.»

«No, questo no, mai. Mi sentirei in colpa. E dopo, comunque?»

«Dopo cosa?»

«Dopo che l'ha bevuta. Voglio dire, del vuoto che ne fa?»

«Lo butto via.»

«E se lo trovano? Se fanno indagini, se si accorgono che sono stata io? Neanche il direttore lo sa. Bisogna stare attenti. Le cameriere hanno l'ordine di controllare. È un ordine dei mullah. Ogni albergo è sotto la supervisione di un mullah e, quando un cliente esce, le cameriere vanno a frugare nella sua stanza. Vi sono stati anche casi di valige alle quali avevano spaccato il lucchetto.»

Sembrava quasi pentita della sua audacia, della sua generosità, sicché adesso ero io che cercavo di calmare lei.

«Non si preoccupi, toglierò l'etichetta dalla bottiglia. Con l'acqua calda, nel bagno.»

«Una bottiglia di champagne si riconosce anche senza etichetta.»

«La butterò dalla finestra, in mezzo alla strada.»

«Sarebbe peggio. Lo scoppio solleverebbe curiosità.»

«La lascerò a un altro piano, dinanzi alla camera di un khomeinista. Così accuseranno lui e ci divertiremo.»

La proposta le piacque. Se ne andò ridendo e dopo un poco tornò col suo temerario regalo, chiuso dentro una borsa, felice all'idea di disfarsene. Ma la bottiglia era calda e non potendola mettere nel frigorifero dove le spie dei mullah l'avrebbero trovata al mattino, la nascosi dentro lo sciacquone dove almeno sarebbe rimasta al fresco. Poi, rassegnata, presi un sonnifero e mi addormentai per svegliarmi al mattino con la mente confusa da una ridda di interrogativi, perplessità. E se fosse stato azzardato dire al-tempo-dello-scià-era-meglio, concludere che ancora una volta la rivoluzione aveva fallito, che anzi non si trattava nemmeno di rivoluzione bensì di involuzione, quindi tante creature eran morte per peggiorare le cose e basta? E se il mio cervello fosse stato obnubilato dagli schemi morali e ideologici in cui era cresciuto, se il mio culto del raziocinio e della libertà m'avesse accecato nella stessa misura in cui i mullah erano accecati dal culto di Allah e dei suoi comandamenti? D'accordo, quel che avevo esperimentato al mio arrivo era sconcertante quanto quello che avevo letto prima di partire, ma era lecito trarre giudizi definitivi da due o tre episodi minori? Era intelligente lasciarsi irrigidire da una rabbia o uno sdegno? Poteva anche darsi che fossi rimasta vittima di esempi sfortunati o che fossi stata influenzata dalle esagerazioni degli altri. Dopotutto l'Islam aveva dato qualcosa di buono alla civiltà: poeti raffinati, matematici geniali, filosofi eccelsi, e maestri del sapere come Averroè; le vette raggiunte dal pensiero mistico e religioso di questa terra non potevano essere eliminate dalla grettezza clericale del diabolico vecchio. Quanto a grettezza clericale, del resto, il mio mondo non aveva scherzato: i rigori del digiuno pre-eucaristico valevano quelli del Ramadan, la storia della salsiccia vietata il venerdì valeva la storia della birra proibita e la medioevale cintura di castità era più crudele del più crudele chador. Di che mi sorprendevo? Nella sua ipocrita prepotenza l'Occidente era giunto perfino a far le Crociate e a spacciarle come una nobile impresa, mai nessuno che ammettesse: furono una guerra coloniale, un genocidio. Sì, la nostra Inquisizione era antica di cinquecent'anni ma le streghe arse a Salem dai figli della Riforma erano abbastanza recenti e la paura del peccato in cui io avevo vissuto bambina risaliva a meno di quarant'anni fa: in fondo la differenza stava nelle date e nelle parole. Qui si diceva che è giusto mentire in nome del Corano, da noi si diceva che il fine giustifica i mezzi: quel Salami meritava davvero il mio disprezzo, i miei urli? Sembrava talmente convinto d'aver commesso un buon gesto a imbrogliarmi, talmente sicuro che avrei finito con l'apprezzare la loro rivoluzione. Insomma, dovevo tentar di vedere le cose con maggiore distacco ed elasticità. Dovevo tentar di capire. E a pensarci meglio era un bene che l'appuntamento con Khomeini non fosse stato ancora fissato: questo mi dava il tempo di controllare certe informazioni, superare lo shock del mio disgraziatissimo arrivo, affrontare con meno pregiudizi ed ubbìe l'intervista di Qom.

Fu così che dimenticando, anzi volendo dimenticare, le splendide statue e gli splendidi affreschi dei Gesù Cristi, delle Madonne, dei Santi, le stupende cattedrali, le squisite cappelle, gli straordinari conventi, i sublimi canti gregoriani grazie a cui il dispotismo teocratico s'era riscattato in Europa, giurai a me stessa di vivere quel soggiorno a Teheran con logica ed indulgenza. Ma avevo fatto i calcoli senza considerare l'istinto di ribellione che dal subconscio combatte i ragionamenti. Appena conclusa la generosa diatriba venni colta da un bisogno tanto spasmodico quanto il desiderio di birra che m'aveva travolto la sera prima: trovare un parrucchiere che mi lavasse la testa, scandalizzare il nemico con una capigliatura che sollevasse cento bramosie. Io che coi parrucchieri ho lo stesso rapporto ostile che ho coi dentisti e detesto i bigodini, le spazzole, nella stessa misura in cui detesto il trapano o il fresatore. Io che puntualmente vengo beffata da messe in piega incapaci di durare mezz'ora e passata la mezz'ora devo farmi un ciuffaccio legato con un elastico da pacchetti. E più mi ripetevo che si trattava d'una stoltezza, una perdita di tempo, un capriccio, più il bisogno cresceva: indomabile, irresistibile, accompagnato da scuse paradossali. Dovevo materializzare una sfida che superasse il possesso dello champagne al fresco nello sciacquone. Dovevo inventare qualcosa per punire quei pazzi astemi e ossessionati dai capelli come gli indiani che strappavan lo scalpo ai pionieri del Far West. Esibire i miei capelli ben puliti e ben pettinati nella loro peccaminosa anzi oscena nudità era un dispetto che andava al di là d'una vendetta: costituiva una presa di posizione politica, un atto di Resistenza.

Chiamai la mia amica governante, le chiesi se c'era un parrucchiere in albergo. Rispose che sarebbe salita da me e dopo qualche minuto eccola entrare con un'aria di complice affettuosa per dirmi che il telefono era sotto controllo e non bisognava farsi ascoltare su un argomento tanto delicato. Sì, il parrucchiere c'era e bravo. Però era un maschio e ai parrucchieri maschi era stato proibito l'esercizio del proprio mestiere. Dopo la nuova legge, cinquantamila coiffeurs pour dames erano finiti sul lastrico e quello dell'albergo poteva lavorare soltanto attraverso sua sorella che oggi era ammalata. Persuaderlo a disubbidire? Dubitava che ci riuscissimo. Comunque avremmo tentato, sussurrò guidandomi nel sottosuolo dove le porte del salon de beauté eran sbarrate e un uomo sui cinquant'anni sedeva con volto infelice nel reparto profumeria. Capì prima che aprissi bocca, e subito esplose in una scena di disperazione.

«Non me lo chieda, signora! Non me lo chieda! Se lo facessi, rischierei di venire arrestato, di vedermi bruciare il negozio! Sa quanti negozi di parrucchiere sono stati bruciati nelle ultime settimane?»

«Nessuno lo saprà. Nessuno lo vedrà. Non lo diremo a nessuno.»

«Potrebbero scoprirmi lo stesso, signora! Oh, la supplico, si lavi la testa da sé! Guardi, le presto l'asciugatore. Le regalo lo shampoo. Le do una spazzola nuova. Tutto, purché non mi induca a toccarle la testa. Un uomo può toccare la testa di una donna soltanto se questa donna è sua moglie.»

«Ma la signora è quella che intervistò lo scià. Ed ora è qui per intervistar Khomeini» intervenne la governante.

Di colpo la disperazione svanì ed egli s'illuminò d'una gioia quasi selvaggia, carica d'intesa e di disponibilità.

«Lo intervisterà davvero?»

«Entro quarantott'ore» mentii.

«Nello stesso modo in cui intervistò lo scià?»

«Nello stesso modo, non dubiti.»

«In tal caso... Mi lasci pensare. Forse potrei chiudere la profumeria e far credere che me ne vado, poi potrei rientrare dalla parte del garage e lavarle la testa a porte chiuse.»

«Mi sembra un'ottima idea.»

«Però avrei bisogno d'una testimone. Sa, come i dottori che tengono l'infermiera mentre visitano la paziente. Mi spiego? Una che in caso di disgrazia possa testimoniare che lavavo la sua testa da professionista, non con cattive intenzioni.»

«Rimango io» disse la governante.

«Coraggio, allora.» E con la cautela d'un cospiratore che si accinge a una riunione dalla quale dipenderanno i destini d'un paese, abbassò la saracinesca della profumeria. Se ne andò annunciando a tutti che ne aveva abbastanza, oggi faceva festa. Dieci minuti dopo riapparve dalla parte del garage, di soppiatto aprì le porte del salon de beauté, introdusse me e la governante, le richiuse alla svelta, e mi fece accomodare con la testa riversa sul lavandino. Però non aveva tenuto conto di Allah, il terribile Allah che può vedere e udire anche nel segreto di una stanza chiusa a chiave e senza microfoni, anche nel mistero di una coscienza, ed ora, sapendosi guardato dai suoi divini occhi, ascoltato dalle sue divine orecchie, avvertiva tutta la follia della sua decisione.

«Non posso. Oh, non posso! Mi perdoni, non posso!»

«Suvvia, ormai ho i capelli bagnati! Vorrebbe lasciarmi coi capelli bagnati? Prenderei il raffreddore.»

«Se li lavi da sé, se li asciughi da sé, io non posso, ho paura. È più forte di me... Cerchi di capire, la supplico.»

«No, aveva promesso. E poi c'è l'infermiera, voglio dire la testimone. Coraggio, vada avanti. Io non guardo.»

«Mi guarda Lui, mi guarda Lui!»

«Ma Lui lo sa che non facciamo niente di male. Lo sa che lei sta compiendo un lavoro! E poi il Corano non dice che bisogna tenersi puliti, che in un corpo sporco c'è un'anima sporca? La testa fa parte del corpo. Lavandola lei obbedisce a un comandamento di Allah.»

«No, no, no! Lei è una donna! È una donna!»

Ci volle un secolo perché si decidesse a versare lo shampoo. E quando finalmente si mise a massaggiarmi la cute, le sue mani tremavano come se stesse commettendo un sacrilegio. Per vincere il terrore parlava, parlava, e la sua voce tremava più delle sue mani: gli si rompeva in stecche, gli si strozzava in gola. Eppure non era stupido. Non era nemmeno ignorante. E aveva viaggiato, aveva fatto quel mestiere a Parigi. Parlava perfino un buon francese.

«Io non sento nulla, eh? Nulla. Per me è lo stesso che levare un'appendice. Un chirurgo mica si preoccupa se chi ha l'appendicite è un uomo o una donna. Tasta, incide, taglia e basta. Un chirurgo non può rifiutarsi. Se non può rifiutarsi un chirurgo, perché dovrebbe rifiutarsi un parrucchiere? È la mia professione. Ci ho dedicato una vita a questa professione, a quest'arte. Ho studiato anche da Alexandre, non è giusto che ora dimentichi quel che ho imparato. E sono certo che in questo momento Allah mi comprende, mi assolve. Sì o no?»

«Sì.»

«Allah è misericordioso, e non ama che si neghi misericordia. Oltretutto, il mio è un atto di misericordia. Aveva i capelli sudici e grazie a me presto li avrà puliti. E non sento nulla, ripeto, nulla. Neanche ad asciugarli. Certo, asciugarli è più compromettente perché fa piacere sentirli scivolare tra le dita puliti, leggeri, morbidi... Oh, no, che cosa ho detto? Oh, la prego, non mi fraintenda! Non intendevo pronunciar quelle parole! Deve credermi, mi crede?» Poi, in preda al panico, posò spazzola e asciugatore rifiutandosi di continuare. Dovetti finire la messa in piega da sola, con l'aiuto della governante.

Ma ormai l'atto di Resistenza era stato compiuto. E ondeggiando una massa di capelli che avrebbero fatto perder la testa a intere tribù di Apache e di Navaho, dello stesso Nuvola Rossa, dello stesso Toro Seduto, potevo mettermi al lavoro, studiare lo spaventoso pasticcio nel quale m'ero cacciata. Cioè guardar coi miei occhi la tragedia di un popolo che si autodistrugge.

* * *

Come una barca di naufraghi che priva di timone e di remi se ne va sbatacchiata dall'oceano in tempesta, a ogni ondata riempiendosi d'acqua che i suoi occupanti non si curano di ributtare in mare perché sono troppo impegnati a sbranarsi fra loro, nel migliore dei casi a pregare Iddio che li salvi, così il paese andava suicidandosi in un'anarchia senza rimedio. A parte terrorizzare col timor dell'Inferno, punire, ammazzare, alimentare il sospetto e la discordia reciproci, non si faceva altro che promuovere giganteschi cortei dove milioni di pazzi assordavano al grido di «Allah akbar, Dio è grande», mastodontici comizi dove preti col fucile in spalla berciavan minacce o chiedevano la restituzione dello scià sempre in cerca d'un letto nel quale morire. Ciò che costituisce il meccanismo di una nazione, il funzionamento di una società che pensa ed agisce era disfatto dal caos, dal disordine, dalla pigrizia. Non si pompava nemmeno più petrolio: quasi tutti i pozzi erano abbandonati e in quelli da cui si cavava ancora qualcosa non si provvedeva all'esportazione. Non si produceva nemmeno più il caviale: i salmoni risalivano il fiume col ventre gravido di uova che non sarebbero mai state raccolte, e i pochi che venivan pescati si deterioravano al sole per sbudellare una poltiglia putrefatta e inutile. Non si lavorava nemmeno più la terra e non si pascolavano nemmeno più i greggi: i rari legumi e i rari montoni che un pugno di volenterosi mettevano insieme per gli agglomerati urbani marcivano o morivano per mancanza di treni, autocarri, paralisi dei trasporti, sicché il cibo scarseggiava drammaticamente. La maggior parte delle fabbriche erano ferme per mancanza di materiale e di dirigenti, spesso fucilati o arrestati. L'ottanta per cento dei negozi eran chiusi perché non avevano nulla da vendere o perché i loro proprietari erano fuggiti all'estero. Le scuole non erano state riaperte perché il clero pretendeva che vi si insegnasse soltanto il Corano ma gli esperti in Corano, i mullah, preferivano la politica all'attività di maestri. Non erano state riaperte neanche le università in quanto c'era da risolvere la questione delle studentesse. Reza Pahlavi aveva indotto molte ragazze a modernizzarsi, iscriversi a medicina o architettura o ingegneria, ma il nuovo regime proibiva alle donne di frequentare i corsi. Si poteva forse permettere che maschi e femmine in età di concepire coabitassero nelle stesse aule, negli stessi laboratori? E concesso che aule o laboratori venissero separati, era forse ammissibile che fanciulle dabbene si dedicassero per esempio alla medicina cioè a una scienza che esigeva la vista e il contatto di corpi ignudi?

In altre parole, il crollo della legittimità e il disgregamento delle strutture avevano creato una voragine che la tirannia di Khomeini non bastava a colmare. Autoesiliatosi nella città santa di Qom, una specie di grosso villaggio quasi esclusivamente composto di moschee e accademie religiose, circondato dal deserto e lontano circa sei ore di macchina dalla capitale, l'Imam ignorava addirittura i problemi che bisogna affrontare per tenere in piedi un paese: se gli avessero chiesto in che cosa consiste una centrale elettrica o una rete ferroviaria, egli non avrebbe saputo rispondere. La sua sapienza si riduceva alle fantasie mistiche e morali, la sua guida si limitava all'imposizione di ordini relativi al sesso e al digiuno, e la sua attività principale si concentrava nella preoccupazione di proteggere il suo personale potere. Accovacciato sul tappetino che secondo Salami era il simbolo di infinita virtù e fedele al proverbio da lui stesso enunciato, «quando una gallina fa l'uovo rompe i timpani coi suoi coccodè», si dava un gran daffare per pubblicizzare la propria insostituibilità e accrescere il fanatismo da cui si sentiva sorretto. Sedava risse e conflitti tra i vari ayatollah, tirava le fila delle varie fazioni ottenendo compromessi e aizzando baruffe, recitava insomma il ruolo del Gran Burattinaio che fa ballare i suoi pupazzi, e pronunciava quotidiani discorsi che la televisione di Gotzadeq trasmetteva affinché i fedeli non dimenticassero quegli occhiacci spietati. Di conseguenza, e purché nessuno uscisse dagli schemi ideologici, ciascuno faceva quel che voleva. E non si capiva chi comandasse.

Esisteva un governo o qualcosa che assomigliava a un governo, ed era diretto dall'unico uomo intelligente che fosse emerso dalla rivoluzione: l'ingegnere Mehdi Bazargan. Settantaduenne, Bazargan era entrato in politica ai tempi di Mossadeq e aveva trascorso gran parte della vita in carcere. Praticamente, cioè salvo brevi intervalli, dal 1955 al 1978.

Stimato senza riserve per la sua onestà e la sua fermezza, chiunque lo considerava persona capace di mettere ordine nel caos: perfino lo scià era ricorso a lui quando, esplosa la rivolta, aveva compreso che bisognava tentare un compromesso. Gli aveva mandato il capo della Savak e: «Bazargan, Sua Maestà chiede che cosa vuoi per uscire da questa cella e accettare l'incarico di primo ministro». Ma lui non aveva ceduto e voltandogli le spalle aveva risposto: «Voglio che rinunci al trono e se ne vada». Religiosissimo al punto che una volta era stato visto fermare l'automobile sull'autostrada, scendere col tappetino, mettersi a recitare nel traffico le preghiere della sera, difendeva tuttavia i diritti del laicismo e rappresentava la sola diga in grado di frenare le melmose acque del clero. Non a caso si diceva che Khomeini lo rispettasse e lo tollerasse proprio perché sapeva tenergli testa. Però i suoi sforzi cadevan nel nulla e la sua frase preferita era: «Mi hanno messo in mano un coltello con l'impugnatura e basta. La lama di quel coltello la tengono gli altri». Non gli ubbidiva nessuno. Infatti passava le notti a scrivere lettere di dimissioni e inviarle a Qom dove il diabolico vecchio le respingeva con parole sempre uguali: «Si arrangi. Alzi la voce, si faccia ubbidire. E pubblicizzi meglio quello che fa. Quando una gallina fa l'uovo, rompe i timpani coi suoi coccodè».

Esisteva anche un Parlamento o qualcosa che poteva ricordare un Parlamento, ma la stragrande maggioranza dei suoi membri era composta da mullah ottusi e rissosi che sprecavano le sedute a litigare sull'applicabilità del Libro Azzurro. Se preparandoti al Ramadan ti trovi senza uno stecchino da denti e in buona fede credi di pulirli con l'unghia del mignolo ma una briciola rimane nella chiostra dentaria, il digiuno è valido oppure no? Se la pecora che hai sedotto viene macellata e venduta al mercato dove tua moglie l'acquista per cucinarti lo spezzatino, sicché non sai di mangiare la tua ex amante, commetti peccato oppure no? Esisteva anche una magistratura o qualcosa che avresti potuto definir tale, ma Khomeini l'aveva messa nelle mani del famigerato Khalkhali: un ayatollah che era stato rinchiuso tre anni in un ospedale psichiatrico perché si divertiva a strozzare i gatti. Si doveva a Khalkhali l'idea di abolire nei processi ogni forma di testimonianza e difesa onde ridurre un dibattimento alla lettura del capo d'accusa e della condanna a morte. Che fosse pazzo, del resto, lo si deduceva anche da altre stravaganze. Per esempio dal fatto che malgrado il suo corpo di nano panciuto e deforme si credesse bellissimo e si pavoneggiasse dinanzi ai fotografi urlando: «Non sono grazioso, delizioso, affascinante?». Esisteva, infine, una polizia o qualcosa che ne vagheggiava il concetto. Ma la sua gestione dipendeva dall'incompetenza e dalla ferocia dei passdaran che invece di imporre la disciplina civile commettevano ogni sorta di abusi e, riesumando le sevizie usate dagli sbirri dello scià, ricorrevano alla tortura per far confessare chi non aveva nulla da confessare. Unghie strappate, piedi spellati, genitali bruciati, peni mozzati o schiacciati.

L'esercito non esisteva, o era un miserando residuo della potenza militare costruita da Reza Pahlavi. Fucilati i generali e gli ufficiali di grado superiore, il novanta per cento dei soldati aveva gettato l'uniforme e s'era dato alla macchia vendendo i fucili. Nonostante ciò Khomeini s'era autoproclamato Capo Supremo delle Forze Armate e aveva invitato i disertori a punire i curdi che, dopo aver contribuito più di ogni altro gruppo etnico alla caduta della monarchia, chiedevano l'autonomia della loro regione. Quel che è peggio, l'appello aveva funzionato. Sequestrati tutti i taxi, i pullman, le motociclette, i camion disponibili, una valanga di cialtroni in borghese aveva raggiunto le città curde di Kermanshah,

Sanandaj, Mahabad, e in ciascuna di esse s'era formato un ingorgo così spaventoso che i rappresentanti del miserando residuo non erano stati capaci di respingerli o di arginarli. «Indietro, imbecilli! Chi vi ha mandato? Tornate a casa vostra, non intralciate le operazioni!» gridavano i capitani e i colonnelli sparando alla cieca nel mucchio. Ma quei poveretti restavano fermi a farsi colpire, a ripetere che avevano obbedito all'ordine del Capo Supremo, che nessun capitano o colonnello poteva annullare un ordine del Capo Supremo. Sicché c'era voluta un'eternità per liberarsene, e alcuni eran riusciti ugualmente a recuperar l'uniforme o un fucile per gettarsi alla caccia dei curdi: ogni giorno giungeva notizia di qualche massacro. Scossa dai singhiozzi, una ragazza fuggita a Teheran m'aveva raccontato l'assassinio dei suoi fratelli: uno di venticinque e uno di venti. Il primo ferito alla testa, il secondo alle gambe, s'erano rifugiati in una capanna dove i cialtroni giunti col taxi li avevan scoperti, portati fuori, gettati contro un muro per ammazzarli. E siccome il regolamento esigeva che fossero ammazzati in piedi, gli avevano intimato di mettersi sull'attenti. Quello ferito alla testa c'era riuscito, quello ferito alle gambe no, allora aveva chiesto al fratello di issarlo sulle sue spalle ed erano morti così, uno sopra l'altro, gridando viva la libertà.

Il solo che si opponesse a tale genocidio era l'ayatollah Talegani che per undici anni era stato in prigione, sei nella stessa cella con Bazargan, e che invece di adeguarsi alle infamie del nuovo potere le condannava facendo comizi col fucile in spalla, criticando Khomeini a faccia aperta, gridando che razza di rivoluzione è una rivoluzione che toglie la libertà, che non si cura dei poveri, degli analfabeti, che anzi li opprime con più ferocia dell'antico oppressore. Idealista sincero, formatosi sui testi del liberalsocialismo occidentale più che sulle pagine del Corano, Talegani comprendeva che la rivoluzione aveva fallito per lo stesso motivo di sempre, la tirannia che rimpiazza la tirannia, e cercava di salvare il salvabile con un risveglio delle coscienze. Però quella settimana era morto in modo misterioso: stava cenando e paf, era caduto secco sul piatto. Crisi cardiaca o veleno nella minestra? La versione ufficiale era che fosse stato stroncato dalla fatica, dai disagi passati, dai dispiaceri presenti, la voce insistente era che fosse stato liquidato per ordine di Khomeini che vedeva in lui un pericoloso rivale, e comunque la sua scomparsa aveva offerto il pretesto per un ennesimo corteo cui avevan partecipato a centinaia di migliaia, gli uomini da una parte e le donne in chador dall'altra, paralizzando la città dall'alba al tramonto. C'ero stata anch'io, con l'idea di mischiarmi al fiume nero dei pipistrelli senz'ali, ma anziché godere i trionfi della mia amica Miriam m'ero vista respingere come un'intrusa coi capelli nudi. E m'ero rifugiata sul terrazzo d'una casa dove lo spettacolo m'aveva fatto paura. Non tanto per il magma umano che si stendeva a sudario per chilometri di follia, quanto per il fragore che squarciava l'aria in un tuono da apocalisse: «Zandeh bad, Imam! Payandeh bad! Che tu viva in eterno, Imam! Che tu sia eterno!». Erano lì per pianger la morte d'un uomo che li aveva amati, che s'era sacrificato per loro, e invece auguravano vita perpetua a colui che forse lo aveva fatto ammazzare.

Allora avevo compreso che per affrontare la mia battaglia di Qom dovevo saperne di più: capir meglio chi fosse il diabolico vecchio, scoprire che cosa si nascondesse nel caos, almeno intuire come fossero giunti a tale catastrofe. E per saperne di più scelsi proprio quel Bazargan cui non obbediva nessuno.

* * *

Non che mi aspettassi di trovare un complice: dalle sue labbra non era mai uscita una critica contro Khomeini. E nemmeno che incontrarlo fosse facile impresa: in quarant'anni di politica non aveva mai parlato con un giornalista, lo stesso verbo intervistare lo indispettiva, e intorno a lui esisteva uno stranissimo vuoto, quasi una congiura di calcolato silenzio: quando tentavi di avvicinarlo, ti vedevi respingere con decisione. «No, Bazargan no.» Però se c'era un leader in grado di fornire un quadro illuminante della situazione, questo era Bazargan. E qualcuno m'aveva detto che Fareshteh, una delle sue figlie, era mia lettrice accanita: con molte probabilità lo avrebbe persuaso a vedermi. Telefonai dunque a Fareshteh e la mattina seguente lei mi richiamò: «Ci sono riuscita! L'appuntamento è per domani al palazzo del governo. L'accompagnerò io e le farò anche da interprete». Ventiquattr'ore dopo, la testa coperta da un giudizioso foulard, mi trovavo dinanzi a un vecchietto segaligno e scontroso che sembrava la copia di Pirandello: medesima testa calva e a pera, medesimo volto appuntito e allungato da un pizzetto candido, medesimi occhiali a stanghetta dietro cui sfavillavano due pupille cariche d'arguzia. E, sorpresa delle sorprese, mi sentivo stringer la mano mentre una voce chiara e tagliente diceva in farsi: «Sto per mettermi il cappio al collo, lo so. E mia figlia dovrà venir giudicata per parricidio indiretto. Ma se devo finire impiccato, tanto vale che muoia bene: mi chieda ciò che vuole. Qual è la prima domanda?».

La prima domanda non poteva essere che quella alla quale non avevo trovato risposta. Sedetti, avviai il registratore, e: «Signor primo ministro, quanto conta anzi non conta il governo di cui lei è capo?».

Si rabbuiò immediatamente ed emise un sospiro di rassegnazione: «Domanda legittima, risposta non facile, perché è come chiedermi chi comanda oggi in Iran. E se le dico che comando io non è vero, se le dico che comanda Khomeini da solo non è esatto, se le dico che comanda un mucchio di gente non è chiaro. Certo io conto poco. In parte perché qui è avvenuta davvero una rivoluzione, in parte perché Khomeini ha sul popolo un ascendente ineguagliabile: pensano allo stesso modo loro due, parlano lo stesso linguaggio. Un cenno e si capiscono. Così diciamo che da un punto di vista formale comanda il governo, da un punto di vista ideologico anzi pratico comanda Khomeini coi suoi comitati rivoluzionari, i suoi consigli rivoluzionari, le sue guardie rivoluzionarie cioè i suoi passdaran, il suo rapporto speciale con le masse. Poi ci sono i tribunali rivoluzionari, le autorità religiose che con la scusa di continuare la rivoluzione amministrano molte città combinando ogni sorta di guai... Non è una situazione comoda, no».

«Infatti lei non fa che minacciare le dimissioni.»

«Sì, e sebbene non abbia mai pensato di andarmene sul serio, la tentazione è forte. Lo è fin dall'inizio, dal momento in cui compresi che il governo non aveva autorità perché ci ficcavano le mani in troppi, lui per primo, e andai a Qom e gli dissi: "Così non posso lavorare, Imam. Se vuole che faccia il primo ministro, bisogna che queste interferenze cessino. E se intende dar ordini che mi scavalcano, deve prima consultarsi con me". Promise di farlo e poi continuò come prima. Due mesi fa lo stesso, con l'aggravante che le sue critiche divennero pesanti: che non guidavo un governo efficace, che non guidavo un governo rivoluzionario, che tutte le colpe eran mie... Gli scrissi una lettera. Gli ricordai d'aver assunto l'incarico dietro le sue insistenze, gli ripetei che non si può tenere in piedi un governo dove tutti fanno da padroni, e conclusi: se non è soddisfatto di me mi lasci andare, queste sono le mie dimissioni. Mi rispose di non aver nessun altro, mi chiese di rimanere, mi promise ancora una volta di non interferire, e invece...»

«Invece interferisce. E nei modi più imprevedibili, come quando s'è autoproclamato Capo Supremo delle Forze Armate. Non è il comportamento di un dittatore, questo? Non è una forma di fascismo?»

«No. Capisco che a un'occidentale possa dare questa impressione, ma non vuole essere un dittatore. Non vuole imporre le sue decisioni, i suoi desideri. Anche quando mi scavalca coi suoi ordini, anche quando mi bombarda coi suoi consigli imperiosi, cosa che fa troppo spesso, non ha intenzioni dittatoriali. Si comporta così inconsciamente, direi in buona fede: lei sbaglia a parlar di fascismo. Non lo paragonerei a un Mussolini, e nemmeno a un Napoleone, nemmeno a un De Gaulle. Bisogna conoscerlo per crederci, capire il suo carattere, il suo modo d'essere. In quel senso, Mossadeq era identico a lui. Diceva: avete ragione, certe decisioni spettano al Parlamento. Poi se ne dimenticava e faceva a modo suo, convinto d'agire per il bene del popolo. Eppure Mossadeq era stato educato in Svizzera, nel culto della democrazia. Khomeini crede d'agire per il bene del popolo.»

Rispondeva senza irritarsi. Nella sua voce chiara e tagliente non c'era la minima traccia di qualche emozione. E neppure sul suo volto, nei suoi gesti che del resto non esistevano. Dopo quell'abbuiamento e quel lungo sospiro s'era come irrigidito a pesar le parole, e sedeva ferrigno: la schiena ben dritta, le gambe ferme, le braccia immobili. Perfino le mani, posate sulle ginocchia, non avevano un fremito. Fareshteh invece appariva nervosa e tutte le volte che ponevo una domanda rabbrividiva, sollevava il bel visino liscio per puntarmi addosso due occhi supplichevoli, sicché dovevo incoraggiarla con un sorriso. La incoraggiai con un sorriso.

«Signor Bazargan, ho intervistato parecchi dittatori e non ne ho mai trovato uno che si definisse tale, che non dicesse o non credesse d'agire per il bene del popolo.»

«Anche questo è il discorso tipico di un'occidentale. Deriva dal concetto che voi occidentali avete della democrazia e della libertà. Qui non si può tracciare una linea retta e dire: se ti comporti così sei un democratico, se ti comporti così sei un fascista. A parte il fatto che vi sono casi in cui tocca a lui decidere, responsabilità che soltanto lui può prendere, lei deve mettersi in testa che Khomeini si considera una specie di padre, di capofamiglia. Vorrebbe che tutti partecipassero al governo della famiglia ma allo stesso tempo ritiene che comandare tocchi al padre e basta. Dimentica che alcune scelte spettano alla madre, altre ai figli, che insomma c'è un potere esecutivo e un potere legislativo e un potere politico. Però se glielo ricordi, se ne pente perfino con eccessiva rapidità. E se da una parte questo è un sollievo, dall'altra è un disastro perché un capo del suo rango non dovrebbe cambiare idea con tanta disinvoltura. Comunque queste non sono le caratteristiche di un dittatore.»

«Forse sono semplicemente le caratteristiche di un vecchio dispotico.»

«No, sono le caratteristiche di un uomo che non ha un passato di leadership politica. Khomeini non è mai stato un vero uomo politico, non è mai stato neanche un generale o un direttore d'azienda. Voglio dire, non ha mai fatto un tirocinio per affrontare le responsabilità manageriali che ora si trova sulle spalle. Infatti non s'intende di governo, non sa come si amministra tecnicamente un paese. In politica entrò quando incominciò a battersi contro lo scià e ci entrò in modo particolare, cioè da religioso e senza il proposito di guidare una rivoluzione. Io mi chiedo addirittura se avesse capito che stava per avviare una rivoluzione. Eppure è stato lui ad avviarla, anzi a scatenarla, e la Storia dovrà registrarlo. Guardi, da un lato Khomeini è un uomo rozzo e primitivo, dall'altra è un genio. Io non ho mai conosciuto nessuno che avesse la sua capacità di interpretare l'umore e il volere delle masse, che sapesse comunicare con loro attraverso una semplice occhiata o una frase detta a distanza. E il fatto straordinario è che non piace alle masse e basta, piace anche a molti intellettuali. Non sono pochi gli intellettuali che l'hanno seguito come orfanelli in cerca d'un padre, scolari in cerca d'un maestro.»

«Ma a lei piace o no?»

«Sì, malgrado i suoi difetti e il suo sconcertante mutar d'opinione. Non è possibile negar simpatia a un tipo simile. Mi piace e non riesco neppure a negargli il diritto di sentirsi più che un capo religioso, di considerarsi il tutore e il supervisore e il guardiano della rivoluzione. Perché non dimentico mai che è stato lui a farci cacciare il monarca più potente del mondo. Mi piace e anch'io piaccio a lui: se qualcuno va a sparlargli di me, non lo ascolta o mi difende tutto arrabbiato. Insomma, da un punto di vista umano, i nostri rapporti son buoni. Da un punto di vista politico, no. Andiamo avanti a forza di conflitti, divergenze. Le aprimmo il giorno in cui andai a Parigi per studiare insieme a lui la strategia da seguire nella lotta contro Reza Pahlavi. Io credevo alla strategia dello step by step, della gradualità. Ero convinto che dovessimo indurre gli Stati Uniti a mollare lo scià a poco a poco, facendo in modo che egli diventasse sempre più debole mentre il popolo diventava sempre più forte. Ne ero convinto perché gli iraniani sono sempre stati sotto il tallone di un despota, quindi abituati a ubbidire, e ogni volta che si son ribellati con la forza gli è andata male. Dicevo: il popolo non è pronto ad affrontare la libertà, bisogna abituarcelo, formarlo politicamente. Prendiamo il potere a piccoli passi, prima la scuola, poi la stampa, poi la magistratura, poi l'economia, poi l'esercito. Muoviamoci piano, altrimenti si affonda nel caos e magari ci capita un altro tiranno.»

«E lui?»

«Lui diceva tutto il contrario: niente gradualità, niente attesa, non bisogna perdere un giorno, un solo minuto, il popolo esige la rivoluzione immediata, ora o mai più. Voleva tutto e subito. Scoppiò quasi un litigio. Ma poi lo vidi tanto sicuro d'aver ragione, di vincere, e fui così sopraffatto dalla sua incrollabile fede che capitolai. E dissi va bene, buttiamoci, facciamo la rivoluzione.»

Pronunciò l'ultima frase con estremo distacco, neanche stesse raccontando l'epilogo d'un bisticcio avvenuto per una sciocchezza: la scelta d'un appartamento, che so, l'acquisto di un tappeto. Lo compriamo, non lo compriamo, lo paghiamo subito, lo paghiamo a rate, e va bene: compriamolo, paghiamolo in un colpo. Lì per lì, infatti, pensai d'aver capito male e chiesi a Fareshteh d'averne conferma.

«Vuol ripetere, prego?»

«Dissi va bene, buttiamoci, facciamo la rivoluzione. E lui non batté ciglio. Mi ordinò d'essere primo ministro nel governo che avrebbe assunto il controllo del paese dopo la vittoria. Però, e sebbene le cose si siano svolte come diceva lui, punto per punto, con esattezza raggelante, continuo a credere che la strategia giusta fosse la mia. Se avessimo seguito il sistema dello step by step, oggi non avremmo i problemi che abbiamo e il paese vivrebbe la sua riscossa in ben altro modo. Il tutto e subito è un vecchio vizio iraniano che si porta dietro un mucchio di guai.»

«Di guai e di morti, signor Bazargan. Per via del tutto e subito di Khomeini, decine di migliaia di creature furono mandate al macello. E ci vanno ancora. Non le sembra un prezzo troppo alto?»

«Le risponderò con una domanda: conosce una rivoluzione, non necessariamente una rivoluzione politica, ad esempio una rivoluzione scientifica, che sia avvenuta senza spargimento di sangue? Nessun despota lascia il trono perché gli si chiede di lasciarlo, perché lo si prega con le buone di rinunciare al potere. L'ultima parte del dramma è sempre un atto di guerra. Anche la mia strategia da ultimo avrebbe richiesto uno spargimento di sangue.»

«Ah, sì?... Però ha appena riconosciuto che se Khomeini fosse stato meno impaziente, oggi l'Iran vivrebbe in altro modo la sua riscossa. E, aggiungo io, il macello non continuerebbe.»

«Sì, devo ammettere che proprio a causa di una rivoluzione improvvisa e di una vittoria immediata il comando ora scappa di mano al governo. Pensi ai tribunali rivoluzionari, al deplorevole stato in cui si trovano l'esercito, la polizia, la gendarmeria: tutti organismi necessari a ristabilire la legittimità. Poiché il popolo li considera una diabolica proiezione del passato, un pericoloso avanzo del regime imperiale, non riusciamo a metterli in sesto. D'altronde i comitati rivoluzionari non possono sostituirli perché non ne sono capaci e litigano tra loro... La dispersione di potere è tale che non si sa nemmeno chi dirige il traffico.»

Si stava facendo tardi, e c'erano molte altre cose che volevo sapere. Così non lo interruppi per dire che il problema era proprio questo: l'umana incapacità di fare le rivoluzioni senza rivoluzione e imparare a volare come un bruco che diventa farfalla, il perenne errore di chi ha bisogno del sangue e del caos per cambiare le cose, cercare un mondo migliore. Del resto non lo avrebbe capito. Malgrado le sue pupille argute, la sua testa da Pirandello, la sua compostezza elegante, era uno di loro. A modo suo apparteneva anche lui alla stirpe lodata osannata glorificata dei Robespierre, dei Saint-Just, dei Danton, dei Lenin, dei Trotzky, dei Mao Tse-tung, dei Castro, dei supermen per cui il sacrificio degli agnelli è lecito anzi necessario: se il sangue non corre sull'altare dei sogni, se il caos non distrugge anche quel che c'è da salvare, gli ideali son mosci e i leader non hanno coglioni. Non aveva forse ammesso che perfino la sua strategia dello step by step avrebbe richiesto alla fine morte e dolore? Non aveva forse riconosciuto che Khomeini gli piaceva, non ne era forse un complice e un servitore? Quel che ora andava dicendo per giustificare l'inettitudine del proprio governo me ne forniva amara conferma. Si doveva tener conto dei nemici interni, diceva, della sinistra che sovverte e che brucia, che diffonde bugie calunniose, che provoca gli operai e gli impiegati con subdolo opportunismo. Senza contare gli ex collaboratori della Savak che aizzavan le donne già compromesse col passato regime e le spingevano a scender per strada con la testa scoperta, a manifestare contro il chador. Si doveva considerare l'astio degli oppositori i cui giornali erano stati chiusi e le cui tipografie erano state confiscate: nessuna rivoluzione può permettersi il lusso di tollerare la libertà di stampa o qualsiasi altra forma di libertà come noi occidentali la conosciamo nelle nostre società assestate. La rivoluzione mette al bando, tappa la bocca, punisce, e chi ne fa le spese si vendica. Quanto ai nemici esterni, cioè ai curdi, erano stati loro ad attaccare per primi. Sebbene si trattasse di radicali estremisti, Khomeini aveva accettato che avessero un'autonomia: che il governatore del Curdistan fosse curdo, che i soldati del Curdistan fosseri curdi, che gli uffici amministrativi delle città curde fossero retti da curdi. Ma poi era venuta la riforma agraria, la distribuzione delle terre appartenute allo scià, e i curdi avevan preteso di assegnare le terre curde ai curdi. Avevano preso a sassate i funzionari giunti da Teheran, organizzato cortei di protesta dove s'erano visti coltelli e spranghe, chiamato a raccolta i membri del partito democratico curdo che è nemico dell'Islam. Ed era stato necessario affrontarli militarmente, a volte fucilarli.

«E dei tribunali rivoluzionari cos'ha da dirmi, signor Bazargan?»

«Quello è un discorso diverso. I tribunali rivoluzionari non dipendono dal governo. Sono completamente al di fuori del mio controllo. Se dipendesse da me... In un messaggio alla nazione ho ben denunciato i loro abusi, la loro prassi di celebrare i processi senza testimoni e avvocati di difesa. Ho protestato, ho espresso il mio sdegno: cosa posso fare di più? Dovrebbero giudicare secondo la legge islamica e non si curano neanche di questo. Il Corano non ordina di fucilare le adultere, le prostitute, gli omosessuali. Nel caso delle adultere, non consente neppure il processo ammenoché non esistano prove inconfutabili e rare a ottenersi.»

«Il Corano dice che l'adulterio può essere dimostrato soltanto quando un filo di seta passa tra i due corpi senza trovar barriere. E poi dice che la prova dev'essere fatta in presenza di quattro testimoni. Almeno in questo siete d'una liberalità inaspettata.»

«Esatto, e di conseguenza non vedo come quei tribunali possano giustificare il loro operato. Chi gli assicura che l'atto sessuale sia stato veramente commesso? O meglio, chi gli dà l'autorità di giudicar cose simili? Maometto dice anche: meglio dieci colpevoli assolti che un innocente condannato. Però anche su queste fucilazioni voi occidentali calcate troppo la mano. Un gobbo, quaranta gobbi: come si dice in Iran. Conosce la storiella? Un tale entra in casa e dice alla moglie: "Fuori c'è un gobbo". E la moglie dice alla vicina: "Fuori ci sono due gobbi". E la vicina dice al fratello: "Fuori ci sono quattro gobbi". E il fratello dice all'amico: "Fuori ci sono otto gobbi!". Finché arrivano a quaranta e scappano tutti gridando: "Siamo invasi dai gobbi!". Ci trattate ingiustamente. Sugli aspetti positivi di questa rivoluzione non parlate mai, sugli sforzi che facciamo per ricostruire il paese non scrivete mai una parola. E appena accade qualcosa di brutto ve ne impadronite con avidità. Ai tempi dello scià questo non accadeva. Ma lui era bravissimo a farsi gli amici nella stampa straniera.»

«Io non ero sua amica, e lo sa.»

«Non lo era però anche lei esaspera le fucilazioni delle adultere. E magari non dirà una parola sui criminali fucilati perché violentano i bambini o costringono le bambine alla prostituzione. Non scriverà che la maggior parte delle fucilazioni avvengono per delitti politici.»

«Lo scriverò, stia tranquillo. Lo scriverò.»

«Con sdegno, ne sono certo. E senza ricordare che in confronto ad altre rivoluzioni, anche i fucilati per delitti politici qui sono pochi. Lo stesso rapporto che c'è tra una goccia d'acqua ed un lago.»

«Ne dubito, signor Bazargan. Ma ammesso e non concesso che lei abbia ragione, le dico: a volte anche una goccia d'acqua basta a descriverci una realtà. In questo caso, il dispotismo d'un clero ottuso e rabbioso che in nome di Dio manipola l'ignoranza e la povertà. Posso farle una domanda dura, molto dura, signor Bazargan?»

«Le ho già detto che può chiedermi tutto ciò che vuole.»

«Ecco qua, allora. I tribunali rivoluzionari sono in mano al clero, i comitati rivoluzionari sono in mano al clero, le guardie rivoluzionarie sono in mano al clero, il Parlamento è in mano al clero. E la debolezza del governo, ultimo baluardo dei laici, dimostra che per i laici non c'è posto in Iran. È questo che voleva quando accettò di mandare tutte quelle creature al macello?»

«No! E per quanto le suoni paradossale, nemmeno Khomeini. Io me ne resi conto fin da quell'incontro a Parigi. Tutto voleva eccetto che il clero finisse col governare il paese. Se non fosse stato così, non avrei accettato di fare il primo ministro. Sono un uomo molto religioso, questo è risaputo, ma la mia simpatia è sempre andata a persone come l'ayatollah Talegani il quale diceva che una religione imposta non è una religione valida. Le dirò di più: uno dei miei libri preferiti è sempre stato il libro dell'ayatollah Naini nel quale si spiega che i dispotismi da combattere sono sempre due: quello monarchico e quello religioso. Il fatto è che dopo la rivoluzione accadde qualcosa di imprevisto e di imprevedibile: il clero ci fece lo sgambetto e riuscì a prendere in pugno il paese.»

«Intende dire che avvenne una specie di colpo di stato all'interno della rivoluzione?»

«Non esattamente, visto che la rivoluzione s'era svolta secondo i principii dell'Islam e che il clero vi aveva avuto un ruolo così incontrastato e definitivo; intendo dire che il dominio del clero si impose proprio nel momento in cui i preti avrebbero dovuto esser sostituiti dai laici. Ma fu colpa nostra, di noi laici. Se fossimo stati più attenti, se invece di distrarci ci fossimo comportati come una forza politica, ciò che lei chiama colpo di stato non sarebbe successo. O avremmo potuto impedirlo. Ma eravamo talmente soverchiati dai problemi del paese, dall'urgenza di rimetterlo in piedi, di impedire gli eccessi, che non ci accorgemmo di perdere il treno. Sì, dopo la rivoluzione, tutti i partiti politici del gruppo islamico si addormentarono. E addormentandosi lasciarono l'iniziativa a un clero che forse non aveva neanche programmato di monopolizzare il potere e che si limitò a cogliere un'opportunità offertagli dalla Storia: riempire il vuoto lasciato da noi. Quanto ai partiti della sinistra, non avrebbero potuto far molto neanche se lo avessero voluto. In Iran non sono mai stati capaci di attrarre le masse, sono sempre rimasti ai margini della realtà.»

«E ora come ve ne libererete?»

«Eh! Prima o poi ce la faremo a scrollarci di dosso il loro dispotismo, dura da troppo l'odiosa faccenda. Oltretutto, specialmente nelle regioni lontane dalla capitale, il vuoto è stato riempito malissimo. Molti non sono neanche veri mullah, si presentano come tali perché l'abito e il copricapo di mullah induce al rispetto e all'obbedienza, commettono gli abusi tipici dell'ottusità. Però non bisogna esagerare, coinvolgere l'intero clero in quest'accusa. Esistono anche casi in cui il vuoto è stato riempito bene, con preti giovani e svegli che hanno fatto la resistenza contro lo scià. Talegani è morto lasciando discepoli colti, progressisti, moderni, e il suo pensiero rimane con radici profonde. No, non credo che una dittatura religiosa possa stabilizzarsi. Alla fine il popolo si ribellerebbe.»

Si mostrava così cauto, ora, così attento a tirare un colpo al cerchio e uno alla botte, a dire senza dire per non comprometttersi troppo, che sarebbe stato ingenuo chiedergli se Talegani era morto perché qualcuno gli aveva messo il veleno nella minestra. Mi limitai ad osservare che la dittatura del clero s'era ormai stabilizzata, che la gente non si ribellava perché aveva paura. Spinta dalla paura gremiva il recinto partenze dell'aeroporto e scappava col primo aereo diretto a un altro paese, non importa quale paese, alimentava un esodo paragonabile a quello dei boat-people in Vietnam. Ma insieme alla paura c'era la delusione, la stessa che aveva colpito noi occidentali quando c'eravamo accorti che lo scià rappresentava un male minore, c'era la rabbia d'essere stati beffati da coloro in cui avevan riposto speranza e fiducia, c'era il rifiuto di lasciarsi schiavizzare da un libro scritto millequattrocento anni fa, da un passato quasi ovunque sepolto. E allora perse la sua compostezza. Vibrando il pizzetto candido e battendo con l'indice secco sopra un ginocchio, rispose adirato che fuggivano gli ex collaboratori dell'antico

regime, i borghesi ricchi ai quali non piaceva il nuovo assetto economico, gli impazienti per cui era più facile morire in
battaglia che vivere nei sacrifici imposti da una società che
cambia, i rompiscatole cui non va mai bene nulla. Non era
vero che il movimento islamico fosse un'accozzaglia di reazionari incapaci di apprezzare la cultura moderna, la civiltà
del nostro tempo. Non era vero che l'osservanza del Corano
riesumasse leggi valide millequattrocento anni fa. Non era
vero che l'Iran di Khomeini volesse segregarsi nel passato.
Alcuni esageravano nel rigore, sì, ma dovevo capire che in
un ambiente disgregato come quello che scaturisce da una
rivoluzione qualsiasi teoria può esasperarsi e qualsiasi eccesso può verificarsi. E comunque la rivoluzione non è un invito a nozze.

Ci volle un po' di tempo perché ci riappacificassimo. E,
quando questo avvenne, l'intervista degenerò in un dialogo
stanco. Ci mettemmo a parlare del suo rancore per gli americani, della sua diffidenza per i sovietici, della sua antipatia
per Gheddafi che non aveva mai giustificato la scomparsa in
Libia dell'imam Moussa Sadr, e soltanto quando gli chiesi se
temeva d'essere ucciso mi regalò un sorriso: «Potrebbe succedere, sebbene non sia affatto disposto a farmi mangiare
dai lupi. Cosa vuole che le dica? La vita di ogni uomo è nelle mani di Allah». Io mi congedai dicendo che mi auguravo
la sconfitta dei lupi e uscii pensando che saperne di più non
diminuiva lo scoramento. Però mi rendeva pronta ad affrontare la battaglia di Qom.

* * *

Quando si sarebbe svolta? Nell'attesa i giorni passavano
lenti, la bottiglia di champagne restava nascosta dentro lo
sciacquone, la voglia di esibire capelli puliti si estingueva

sotto il foulard che ormai portavo anche a letto, e il mio orgoglio si frantumava in servaggi penosi. Voglio dire, essendomi alienata Bazargan con la frase sullo scià visto come un male minore, illudermi di giungere a Qom senza l'aiuto di un complice sarebbe stata follia; così cadevo sempre di più alla mercé del Salami che avevo maltrattato all'arrivo. Lo corteggiavo con calcolo abbietto, esigevo che mi desse del tu, mi fingevo offesa se non veniva a trovarmi coi suoi baffoni equivoci, le sue scuse bugiarde, i suoi inviti all'ottimismo: «L'Imam è malato, l'Imam è occupato, l'Imam tiene un corso di teologia. Abbi fiducia, presto ti riceverà». E pazienza se, incoraggiato dal mio incontro col primo ministro, tornava a propormi Gotzadeq e Bani Sadr che attraverso di lui si offrivano senza pudore, facendo capire che la loro disponibilità ad appoggiarmi presso Khomeini dipendeva dalla mia disponibilità a intervistarli; pazienza se ciò aggiungeva un problema ai problemi. Divisi da una gelosia furibonda, i due si detestavano all'ultimo sangue e non mi bastava concludere che intervistandone uno mi sarei procurata l'inimicizia dell'altro, intervistandoli entrambi mi sarei procurata l'inimicizia di entrambi, quindi dovevo tenermeli buoni con vaghe promesse ed evitar di conoscerli. Il trucco era facile con Bani Sadr, uomo ombroso e superbo, difficilissimo con Gotzadeq. Non si sfuggiva a Gotzadeq, alla sua smania di pubblicità. Scortato dalla guardia del corpo, ogni sera veniva al mio albergo per piazzarsi al ristorante dove la stampa occidentale cenava e qui riusciva immancabilmente ad agganciare un giornalista che gli desse spago. Se poi il giornalista era una donna, la faccenda si faceva drammatica. Col suo atletico corpo da bullo di periferia, la sua certezza d'essere irresistibile, la sua conoscenza dell'inglese che aveva imparato in quattr'anni di esilio a Washington, circuiva con un'esuberanza da cui non sapevi come liberarti. A me aveva mandato un mastodontico cesto di rose e un biglietto tanto caloroso che pur di non imbattermi in lui saltavo la cena o tormentavo la governante per ore.

«Scenda giù a vedere se c'è e se sta mangiando.»

«C'è e non ha ancora ordinato.»

«Vada a vedere di nuovo.»

«Ha ordinato però mangia lentamente.»

«Ci vada un'altra volta.»

«Ha finito ma resta lì a chiacchierare.»

«Ci torni, la prego.»

«Via libera!»

Se mi avessero detto che proprio grazie a Gotzadeq avrei ottenuto l'appuntamento con Khomeini, avrei risposto con una risata. Ma le strade del Signore sono imperscrutabili, e le conseguenze dell'odio che straziava i due rivali lo erano ancora di più. Una sera non venne. Allora scesi al ristorante quasi vuoto e avevo appena toccato il primo piatto che irruppe con la sua scorta per scegliere il tavolo accanto al mio. Sedette fingendo di non avermi notato, sollevò un volto da mastino protervo, anzi da pugile che ne ha date e ne ha prese, e ordinò ad altissima voce un hamburger con coca-cola. Infine si girò dalla mia parte e, senza perdersi in presentazioni, fece qualcosa che neppure oggi riesco a comprendere. Desiderio di stupirmi, scandalizzarmi? Astio per il modo con cui gli ero sfuggita? Esigenza di crearsi un alibi con qualcuno che stava ascoltando? Comunque fosse, senza alcun motivo apparente e senza spiegare perché si rivolgesse a me, si lanciò nella più feroce diatriba che abbia mai udito contro gli americani: assassini, criminali, nazisti del nostro tempo, spazzatura della Storia, vergogna del genere umano, che crepassero tutti di cancro. Poi, con la stessa rapidità con cui aveva incominciato, si chetò. Bevve a garganella la sua coca-cola, dette un gran morso al suo hamburger, e mi chiese un parere.

«Lei che ne pensa?»

«Penso» risposi con un sorriso «che un tal dispregiatore degli americani non dovrebbe mangiare gli hamburger e bere la coca-cola. Ancor meno avrebbe dovuto accettare la loro ospitalità per quattr'anni.»

E la cosa non gli piacque. Anzi lo travolse in un'ira incontrollata, selvaggia: la stessa che due anni dopo lo avrebbe condotto dinanzi al plotone di esecuzione. Gli hamburger e la coca-cola erano le sole cose buone che quel popolo infetto avesse inventato, si mise a gridare. Sull'ospitalità degli americani lui ci sputava e sarebbe crepato piuttosto che ringraziarli. Quanto a me potevo andare all'inferno con loro, tanto ero come loro, tutti gli occidentali erano come loro. E dopo aver emesso un gran rutto, se ne andò lasciandomi convinta di dover fare le valige alla svelta. Addio intervista con Khomeini.

Avevo dimenticato le imperscrutabili conseguenze dell'odio che straziava i due rivali. Pur di provare al suo Imam che Gotzadeq era uno scriteriato senza cervello, un ragazzaccio che non meritava la sua benevolenza, Bani Sadr si sarebbe tagliato un dito. Se ne sarebbe tagliati due per dimostrare a un'europea che v'era un solo uomo in grado di ottenere qualcosa dal Capo Supremo: il ministro dell'Economia, il futuro presidente della Repubblica Islamica. Così, appena venne informato della scenata, si recò a Qom per mio conto e neanche due giorni dopo un impacciato Salami irruppe nella mia stanza. Non che approvasse l'insolenza con cui avevo provocato il signor Gotzadeq, disse, non che si dissociasse dalle giuste opinioni di un rivoluzionario che oltretutto era suo superiore: gli americani non valevano nulla fuorché per la coca-cola e gli hamburger. Però era lieto di darmi la buona novella: il signor Bani Sadr aveva persuaso l'Imam a ricevermi presto. Domattina si partiva per Qom. Sì, domattina alle otto: l'appuntamento era alle tre del pomeriggio e per raggiungere la Città Santa ci volevano cinque o sei ore di macchina. Ero pronta? Disponevo degli abiti adatti? Gli abiti erano molto importanti: ricordassi bene che ero una donna, che l'Imam non s'era mai lasciato interrogar da una donna, che tale eccezione aveva il valore di avvenimento e guai a commettere errori.

«Ho portato un paio di pantaloni neri e una camicetta nera molto accollata, con le maniche lunghe.»

«Non basta.»

«Ho portato anche un foulard nero che mi copre fino alle spalle.»

«Non basta.»

«Ho portato anche una mantella nera che mi copre fino ai piedi.»

«Non basta.»

«Come non basta?»

«Ci vuole il chador.»

«Io il chador non ce l'ho.»

«Ti darò quello di mia moglie. E mi raccomando: niente unghie rosse. L'Imam se ne offenderebbe.»

«Naturalmente.»

«Niente cipria, niente rossetto. L'Imam se ne scandalizzerebbe.»

«Naturalmente.»

«Niente profumo, niente frivolezze di qualsiasi tipo. L'Imam le riterrebbe una provocazione.»

«Naturalmente.»

Ero così contenta che se mi avesse chiesto di raparmi a zero, l'avrei fatto. E rapita da quella contentezza, dimentica d'ogni prudenza, corsi allo sciacquone: presi la bottiglia di champagne per berla con lui. Ma lui rifiutò, inorridito, e propose di festeggiare con una bella fumata di oppio in casa di amici governativi. L'oppio era permesso, come l'hashish, stava scritto anche nel Libro Azzurro: «Bere vino o qualsiasi bevanda che produce ubriachezza è peccato. Non è peccato usare l'oppio o l'hashish anche se liquefatti». Dovetti accettare. Sicché trascorsi la Grande Vigilia a sbadigliar su un tappeto dove una decina di ipocriti che avrebbero denunciato la mamma per un bicchiere di birra si passavan con aria estasiata una lunga pipa d'avorio. Nel fornello della pipa, una pallina nera e gommosa che bruciava levando un insopportabile puzzo di sterco: premessa delle tristi avventure che avrei vissuto a Qom, luogo che chiunque dovrebbe conoscere per capir che tutto sommato il potere non è una cosa seria.

* * *

V'è una lacuna nei saggi sul potere: quella che non tiene conto della sua comicità. Esaminando gli orrori che il potere commette, le sofferenze che impone, le sudicerie di cui si macchia, gli storici e i politologi scordano sempre di sottolineare gli aspetti ridicoli dell'inevitabile mostro. Insomma il potere è sempre visto da loro come una cosa seria e mai come una cosa ridicola, è sempre raccontato da loro in termini di tragedia e mai di commedia. Intendiamoci, da una parte questo è legittimo perché sui principali ingredienti del potere, il dolore e la morte, c'è ben poco da ridere. Dall'altra invece è uno sbaglio perché a presentarne solo la tragedia si dà del mostro un'immagine distorta e incompleta, si impedisce di capire che oltre ad essere perfido è buffo. E che lo sia si vede anzitutto dagli uomini o dalle donne che lo rappresentano, anche quando si tratta di persone dignitose e corrette: evenienza comunque rarissima. Buffo il sussiego che esibiscono per farci credere che sono eccellenti e quindi meritevoli di guidarci o tiranneggiarci. Buffa la falsa modestia che recitano per giustificare il privilegio conquistato o ereditato. Buffo il rispetto che esigono dai sudditi che magari definiscon compagni. Buffo quindi il modo in cui siedono tutti contegnosi sullo scanno presidenziale o sul trono, in cui si muovono o parlano sapendosi osservati e credendosi davvero importanti. Buffa la loro inadeguatezza o la loro disinvoltura, buffe le loro uniformi stirate, le loro tonache preziose, i loro doppiopetti grigi e blu, le loro onorificenze inventate, le loro medaglie mai guadagnate. Tutto ciò a tal punto che viene spontaneo domandarci il motivo per cui dinanzi a costoro la gente si inchina o si ritrae intimidita anziché ridergli in faccia.

Un motivo che ha nome paura? La risposta non basta se rammenti che essi stessi hanno paura, e nella maggior parte dei casi hanno più paura di coloro ai quali incutono o vogliono incuter paura. Paura di perdere il posto, paura d'essere smascherati, sopraffatti, ammazzati, paura di trovarsi senza la paura di coloro a cui incutono o vogliono incuter paura. Un motivo che ha nome cecità o meglio bisogno di piegarsi a un capo che comandi? La risposta non regge se rammenti che il potere subìto non piace a nessuno e che spesso essi sono più detestati che amati. Un motivo che ha nome pigrizia o meglio rassegnazione al fatto che non si può fare a meno di loro, che qualcuno deve pur stare in cima alla piramide detta società? Forse. Ma per vincere quella paura, quel bisogno di piegarsi a un capo, quella pigrizia, quella rassegnazione, basterebbe guardarli con gli occhi del bambino che nella fiaba di Andersen punta l'indice e strilla: «Il re è nudo!». Basterebbe cioè considerarli nelle loro miserie di padroni che possono sì punire e rovinare e trucidare però possono anche finir puniti, rovinati, trucidati, e in ogni caso sono vulnerabili creature che vivono nell'incubo della propria pochezza. Per quel che mi riguarda, io li ho sempre osservati così, a volte immaginandoli addirittura senza mutande o in circostanze molto imbarazzanti. E ciò ha sempre funzionato in maniera egregia sebbene abbia aggiunto alla voglia di ridere una umana pietà: anticamera d'una pericolosa indulgenza. Ma è un fatto che quando essi perdono le uniformi stirate, le tonache preziose, i doppiopetti grigi e blu, le onorificenze inventate, le medaglie mai guadagnate, e peggio ancora quando diventano vittime di un potere avverso che li sostituisce, non sono più buffi. Le vittime non sono mai buffe.

La prova assoluta che il potere rende buffi o esaspera la buffonaggine che esiste in ciascuno di noi, è fornita dal particolare che più i suoi rappresentanti sono cattivi più sono buffi. Infatti i dittatori sono buffissimi, ridicoli anche in senso fisico. Pensa com'era ridicolo Hitler coi suoi baffetti a spazzolino, il suo ciuffetto vezzoso, il suo berciare isterico quando si arrabbiava o arringava le folle in Alexanderplatz. Pensa com'era ridicolo Mussolini col suo faccione borioso, il suo petto all'infuori, le sue mani sui fianchi e il suo scandire sciocchezze. Pensa com'era ridicolo Napoleone con quel broncio di superuomo che detta cinque lettere nello stesso tempo, quel dito sempre infilato dentro il panciotto, quelle gambette corte e quella pretesa di far l'imperatore al grido di Liberté, Égalité, Fraternité. E, tanto per fare un esempio d'oggi, pensa quant'è ridicolo Fidel Castro con la sua barbetta rada e la sua vocetta acuta, le sue ambizioni da Simon Bolivar, il suo eterno vestirsi da guerriero appena sceso dalla Sierra Maestra: scarponi da montagna, pistolone pronto a sparare, uniforme invernale in un'isola dove si crepa di caldo. Pensa all'uso faceto che i loro compari d'ogni razza e colore fanno ed hanno sempre fatto dell'autorità trasformata in parodia, caricatura di adunate oceaniche, archi di trionfo, berci volgari. E dimmi: com'è possibile che la gente li sopporti, li ammiri, li applauda? Com'è possibile che a sentirli berciare la piazza non sia mai esplosa in una gran sghignazzata? Dimmi, in che modo se la caverebbero se una piazza intera ridesse di loro? Massacrando tutti? D'accordo. E se invece di sparare ridessero anche i soldati addetti al massacro? Se ridesse il popolo intero?

Tuttavia esiste qualcosa che è ancor più ridicolo di un dittatore che bercia. E questo qualcosa è la forza dell'imbecillità, cioè delle norme cretine, dei regolamenti insensati, dei precetti assurdi su cui il potere si regge meglio che con le armi. È il rigore umoristico col quale i servi del potere applicano le norme cretine, i regolamenti insensati, i precetti assurdi causando situazioni a tal punto grottesche per chi le subisce da fargli rimpiangere il plotone di esecuzione. Se gli oceani di lacrime che il mostro ha fatto versare nella storia dell'uomo potessero venir misurati con le situazioni grottesche che la sua imbecillità ha provocato, nessuno avrebbe più dubbi sulla comicità del potere e sulla necessità di spiegarlo in termini di commedia anziché di tragedia. Specialmente in Iran. Prendi il chador. A colpo d'occhio sembra innocuo: un pezzo di stoffa che al massimo turba perché simboleggia un servaggio. Ma prova a cacciarti in un guaio che coinvolga il chador, prova a entrare nella cittadella del potere che ha partorito il chador, le leggi che stabiliscono i confini della donna, i rapporti tra i due sessi. E vedrai che ti capita. Può capitarti perfino di trovarti sposata col tipo che per caso si trova in quel momento con te. Davvero non immagini quel che può succedere per via d'un chador. A me successe tutto per via del chador che dovevo indossare dinanzi al diabolico vecchio.

Andò così. Dopo la fumata di oppio Salami era rientrato in casa per prendere il chador della moglie ma non lo aveva trovato perché la moglie non stava a Teheran e lui ignorava dove fosse riposto. Allora lo aveva chiesto alle mogli degli altri e la voce che Salami cercava un chador s'era diffusa insieme alla più logica delle domande: perché lo cercava? Da tale domanda era scaturita la più ovvia delle risposte: visto che Salami si occupava tanto di me, il chador non poteva servire che a me e ciò significava che mi accingevo a intervistar Khomeini. A questo punto la voce era diventata notizia, la notizia era giunta agli orecchi dei giornalisti, e una troupe televisiva aveva deciso di appostarsi nella hall dell'albergo per sorprendermi quando uscivo, seguirmi, partecipare al festino. Però Salami lo aveva saputo. Col chador prestato era venuto a prendermi prima delle otto, era corso ai ripari: «Sono giù che aspettano, e grazie a Dio ignorano che partiamo stamani. Bisogna passargli sotto il naso senza che lo capiscano: non puoi farti vedere vestita da cerimonia. Devi metterti in maglietta e blue-jeans». Accettato il consiglio, avevo dunque nascosto il sacro corredo nella borsa col registratore e coi nastri, ero sgattaiolata tra i colleghi in agguato con l'aria di chi va a comprare un pacchetto di sigarette, e nella fretta non m'ero posta gli interrogativi che all'improvviso tormentavano Salami. M'avrebbero lasciato entrare a Qom in maglietta e blue-jeans? Avrei trovato un albergo nel quale cambiarmi? Il primo problema appariva meno grave: potevo risolverlo con il chador sebbene non avessi avuto il tempo di provarlo e imparare ad usarlo. Il secondo si presentava invece preoccupante. A Qom esistevano pochissimi alberghi, diceva, e sempre stipati. Lo stesso le locande che affittavano i materassi. Infatti i pellegrini si portavano dietro la tenda. I gabinetti pubblici servivano agli uomini e basta; quanto a chiedere ospitalità in una casa, che non ci pensassi.

Lui non avrebbe mai osato. In conclusione, e per evitare cattive sorprese, sarebbe stato saggio che mi cambiassi prima d'arrivare. Ma dove? Avevamo lasciato Teheran da almeno cinque ore e per tutto il viaggio non avevamo scorto un solo centro abitato, un distributore di benzina, una capanna. La strada si snodava in mezzo a un deserto di sabbia e di sassi, al massimo qualche sterpaglia, qualche duna di erbacce, e neanche un albero dietro il quale fare pipì.

«E se mi spogliassi poi mi rivestissi qui in automobile?»

«Per Allah! Vuoi scherzare?»

La proposta lo sconvolgeva come se, approfittando della manovra, intendessi violentarlo. E ora che la città santa incominciava a delinearsi, un'accozzaglia di minareti grigi al centro del nulla, il problema si riproponeva in tutta la sua drammaticità. Anzi gonfiava di chilometro in chilometro perché il traffico aumentava spietatamente: perfino se egli avesse superato il pudore lasciandomi fare quel che suggerivo, non avrei più potuto. Voglio dire, m'avrebbero visto. E avrei rischiato il linciaggio.

«Se tornassimo indietro? Se mi acquattassi dietro una collinetta? C'era una collinetta mezz'ora fa.»

«È quasi l'una del pomeriggio. Faremmo tardi.»

«Allora andiamo avanti, coraggio.»

D'un tratto fummo alle porte della città: un ingorgo di camion, di cammelli, di pullman, di carovane straripanti fedeli giunti da ogni parte del paese per rendere omaggio al diabolico vecchio, guardarlo un attimo, esserne benedetti. Brulicavano come larve nel nido, insieme a orde di bambini spauriti, irritanti e strazianti quanto l'idea stessa dell'ignoranza e della miseria. E alcuni erano venuti a piedi portandosi dietro soltanto una capra e un tappeto, se ne stavano lì ammucchiati in un cumulo di corpi cenciosi e coperti di polvere, tuttavia felici e insensibili alla stanchezza, alla fame, alla brutalità di chi li maltrattava perché si spostassero, lasciassero passare gli automobilisti che in fila protestavano, maledivano, strimpellavano il clacson in un fracasso d'inferno. Veniva da piangere a osservarli e pensare che a decine di migliaia eran morti per questo.

«Copriti la testa» disse Salami, nervoso.

Mi coprii la testa.

«Abbassati un poco, non mostrarti troppo.»

Mi abbassai per non mostrarmi troppo.

«Tieni a portata di mano il chador.»

Agguantai il chador, pronta a indossarlo appena me lo avesse ordinato. E l'ordine venne quando fummo nella via principale di Qom: una stradina maleodorante, priva d'asfalto, gremita di venditori ambulanti e di casupole gialle. Tra quelle un edificio quasi pomposo che avrebbe potuto essere un albergo. Qui ci fermammo e scesi per coprire l'oltraggiosa maglietta, gli oltraggiosi blue-jeans, ma appena il pacco nero si sciolse me ne spaventai. Non era ciò che avevo sempre creduto: una specie di sciarpa da buttar sulle spalle e stringere intorno al volto. Era davvero un lenzuolo, lunghissimo, pesantissimo, una trappola di cui non capivi l'inizio e la fine, il davanti e il dietro.

«Mettilo, presto!»

«Come lo metto, dove lo metto?»

«Addosso lo metti!»

«Non mi riesce!»

Avevo provato a gettarmelo sulla testa a mo' di asciugamano, però subito cra sdrucciolato portandosi dietro il foulard e ora scivolava da ogni parte con la vischiosità di un'anguilla, se lo afferravo a destra sgusciava a sinistra, se lo afferravo a sinistra sgusciava a destra. Intanto i capelli restavano nudi sotto le occhiate dei passanti indignati e dalla mia bocca uscivano temerarie bestemmie.

«Accidenti al tuo Imam! Maledetto il Corano e chi lo legge!»

«Zitta, per carità!»

Alla fine lui capì dove stava il davanti e dove stava il dietro. Me lo sistemò alla meglio appoggiandomi un orlo sulla fronte poi calando i due lembi lungo il mio viso. M'accorsi che se stringevo i due lembi all'altezza del mento e pressavo la massa di stoffa all'altezza del cuore, potevo tenerlo per qualche minuto.

«Ce la fai?»

«Forse.»

«Possiamo andare?»

«Andiamo.»

Lo seguii inciampando: oltretutto la trappola infame mi veniva tra i piedi e a ogni passo rischiavo un ruzzolone. Entrai con lui nell'albergo e qualcuno mi spinse immediatamente all'indietro brontolando chissacché.

«Che dice? Che vuole?»

«Dice che le donne non sono ammesse.»

«Cosa significa non-sono-ammesse?!?»

«Significa che non sono ammesse. Non preoccuparti, ne troveremo uno dove sono ammesse.»

Risalimmo in macchina, facemmo un altro tratto di strada, ci fermammo dinanzi a un altro albergo, e stavolta Salami entrò da solo affermando che senza di me sarebbe stato più facile. Dopo un poco riapparve agitando trionfante una chiave.

«Ce l'ho fatta! E ho pagato in anticipo. Vai!»

Riprese l'operazione chador che nel frattempo era diventato un cencio che mi imbacuccava come la coperta di un naufrago issato su una scialuppa. Presi la chiave e con aria decisa passai dinanzi al portiere che non disse nulla. Ma non avevo fatto due metri che un mullah mi si sbarrò davanti.

«No ladies. Niente donne.»

«Ma ho la chiave, ho pagato!»

«No ladies. Out! Niente donne, fuori!»

Tornai da Salami sentendomi come la Madonna che insieme a san Giuseppe cerca un luogo qualsiasi per partorire. Mi sarei accontentata di molto meno che d'una stalla col bove e con l'asino.

«Se potessi trovare una toilette... Mi cambierei lì. Deve pur esserci a Qom un posto dove le donne vanno al gabinetto.»

«Tentiamo.»

Il terzo albergo era migliore degli altri due. Mi fu consentito di percorrere circa sei metri dall'ingresso e, insieme a Salami, riuscii perfino a discutere con un impiegato che parlava l'inglese. Gli dicemmo chi ero, di che cosa avevo bisogno, perché mi trovavo a Qom. Gli offrimmo di compensare l'accesso a una toilette col prezzo di un appartamento, gli facemmo balenare la prospettiva di una considerevolissima mancia, sottolineammo perfino la brutta figura che la rivoluzione stava facendo agli occhi di una straniera cui si impediva di andare al gabinetto. L'impiegato fu tanto gentile quanto irremovibile. M'aveva riconosciuto, rispose, la mia fotografia gli era nota come la mia intervista allo scià. Sperava che gli credessi quando affermava che, se avesse avuto una casa a Qom, l'avrebbe messa a mia disposizione. Ma abitava purtroppo in albergo dove il regolamento era ferreo, ad infrangerlo avrebbe rischiato un processo. Le donne non vi erano ammesse, e questo valeva anche per la toilette. Perché non ne parlavamo col sindaco? L'accesso delle donne alle toilette dei locali pubblici era un'antica questione che il sindaco non aveva risolto, e il mio autorevole caso sarebbe senza dubbio servito a riesaminare un'ingiustizia che sfiorava la mancanza di umanità. Gli voltai le spalle inviperita.

Erano quasi le due del pomeriggio, l'ora dell'appuntamento si avvicinava in modo preoccupante, e Salami appariva molto depresso, anzi incapace di togliermi dai guai. Ma, quando fummo in automobile, il suo volto si illuminò.

«Mi ha dato un'idea! Andiamo in municipio, dal sindaco.»

«Che sindaco e non sindaco! Cosa vuoi che m'importi dei cessi di Qom! Noi stiamo facendo tardi!»

In municipio il sindaco non c'era, però lo sostituiva un funzionario simpatico che capì al volo la situazione. Poteva darci la sala del trono, disse, da quando lo scià era fuggito non la usava più nessuno. Ci bastava la sala del trono? Ci bastava. Allora, via. Ghermimmo la borsa col sacro corredo, ci lasciammo scortare fino a una grande stanza arredata esclusivamente con una mastodontica sedia dorata, vi entrammo festosi, ci chiudemmo dentro, io rovesciai il sacro corredo sul trono, Salami si voltò dalla parte del muro per non vedermi spogliare. E quel che accadde dopo resta nella mia memoria come un incubo all'acceleratore. Accadde così in fretta, e in modo così imprevedibile. Le immagini si accavallano, nel ricordo, e i suoni, le sensazioni. Io che mi tolgo i blue-jeans pensando che sono già le due e venti, quindi c'è poco tempo da perdere. Io che mi tolgo la maglietta avvertendo una vaga minaccia di disastro cui non voglio dar peso, non è il caso di distrarsi. La porta che si schiude con un cigolio, un turbante grigio che si affaccia, la porta che si richiude subito con un tonfo. Salami che emette un gemito sordo, dolorosissimo. Sai il gemito degli animali feriti o delle creature che perdono ogni speranza.

«Oh, noooo!»

«Chi era?»

«Un mullah. E t'ha visto.»

«È grave?»

«Gravissimo. Devo parlarci. Tu continua a vestirti.»

Uscì sempre senza guardarci, seguitai a vestirmi con frenetica velocità. Pantaloni neri. Camicetta nera. Mantella nera. Foulard nero. Chador. Quando fui pronta, lo vidi rientrare in preda a un pallore mortale. Dietro di lui veniva uno zotico dagli occhi maligni, il mullah che m'aveva sorpreso coi blue-jeans calati ai ginocchi.

«Vuole guardare i tuoi documenti, vuole sapere se siamo sposati.»

«E tu digli di sì!»

«Gliel'ho detto ma non ci ha creduto.»

Bestemmiando gli porsi il passaporto. Lo zotico sfogliò le pagine con l'aria di non capirci molto, poi me lo restituì brontolando un lungo discorso nella sua lingua incomprensibile.

«Che brontola, che dice?»

«Dice che da questo passaporto non risulta che tu sia mia moglie perché il mio nome non c'è. Dice che due persone di sesso diverso non possono star sole nella medesima stanza se non sono sposate, e tantomeno una donna può spogliarsi a pochi passi da un uomo che non è suo marito. Dice che da qui non possiamo uscire prima che lui abbia deciso il da farsi.»

«Non possiamo uscire?!? Sono le due e trentacinque, maledizione! Spiegagli che alle tre abbiamo l'appuntamento con Khomeini!»

«Gliel'ho già spiegato. È stato peggio. Ha risposto che l'Imam non riceve gente impura.»

«Gente impura? Io esco. E tu esci. E mi porti da Khomeini, capito?»

«Impossibile. Ci fermerebbe. Dai miei documenti ha visto che sono sposato e teoricamente esistono gli estremi per un'accusa di adulterio.»

«Non è vero! Per provare l'adulterio ci vuole il filo di seta! Lo so! Me l'ha confermato anche Bazargan! Diglielo!»

«Non servirebbe a nulla. Però un rimedio, forse, ci sarebbe.»

«Un rimedio? Che rimedio?»

«Un matrimonio immediato, a scadenza. Tu non sei sposata e io, quale mussulmano, posso avere fino a quattro mogli.»

Guardai l'orologio. Presto sarebbero state le due e quaranta, e per raggiunger la casa di Khomeini ci voleva almeno un quarto d'ora. Senza contare i posti di blocco. Me l'aveva detto lui quando cercava il sindaco.

«Quanto tempo ci vuole per fare questo matrimonio immediato, a scadenza?»

«Un minuto. Basta una firma dinanzi a due testimoni.»

«E sposiamoci, accidenti! Facciamo presto!»

Parlottarono di nuovo fra loro, si allontanarono con gesti eccitati, tornarono portando un registro in farsi e un poveraccio spaventato. Firmammo tutti e quattro, lì in piedi, il mio nome ben chiaro tra quei geroglifici misteriosi, pagammo le spese per il disturbo. Infine raccogliemmo la maglietta e i blue-jeans, aggiustammo il chador che sopra la mantella di seta scivolava ancora di più, ed eccomi, sposata e infagottata come una mummia nera, sulla strada che conduce da colui che non riceve gente impura. È un pomeriggio assolato e il peso dei cenci che porto addosso mi opprime quanto quella firma ben chiara sul registro. Sudo, e non rifletto nemmeno sulle domande che porrò al tiranno: ciò che ho fatto mi preoccupa molto di più. Che cosa vorrà dire matrimonio a scadenza? Un contrattino valido per una settimana, un mese, un anno? Che valore avrà per la legga persiana? E per quella italiana? Esiste un accordo tra i due paesi, in materia coniugale? Rientrando a Teheran devo chiamare la mia ambasciata, chiarir la faccenda. Sembrava uno scherzo, mentre guardavo l'orologio, ma forse non lo è. E se non lo è, in che modo sfuggo? Non sfuggo. Mi trovo legata per chissà quanto a questo giovanottino coi baffi da assiro-babilonese che oltretutto m'è anche antipatico. Io, che al solo udire la parola matrimonio ho sempre rabbrividito, finisco con l'esser sua moglie. La signora Salami. E la sua prima moglie, la vera signora Salami, la prenderà bene o male? Male, ne son certa. So che è spagnola: le spagnole sono gelose. Sparano, usano il coltello. Oddio. Va a vedere che per intervistar Khomeini muoio accoltellata da una moglie spagnola e gelosa. Bella figura. Dopo, i miei lettori diranno: come morì la Fallaci? Colpita da una raffica di mitra in Vietnam, da una pallottola vagante nel Bangladesh, sotto un bombardamento di Beirut? No, accoltellata da una moglie spagnola e gelosa in Iran. Ammenoché lei non sia d'accordo: questo pasticcio potrebbe esser frutto di un diabolico piano. Supponiamo che Salami lo abbia organizzato a puntino, con lei. Supponiamo che la storia del chador non trovato sia una balla, e così la storia dei giornalisti decisi a seguirmi, della necessaria partenza in blue-jeans. Non lo sapeva, quel disgraziato, che a Qom le donne non possono entrare in albergo, non possono nemmeno andare al cesso? Non lo sapeva che il municipio è ovunque un luogo pericoloso, che in municipio la gente si sposa, che quindi bisogna tenersene sempre alla larga? Lo sapeva senza dubbio, e sapendolo ha architettato uno scenario degno di Agatha Christie. Infatti è rimasto nella sala del trono mentre mi spogliavo. Perché c'è rimasto, sia pure voltato con la faccia verso il muro? In automobile sembrava tanto pudico: ha perso di colpo la sua pudicizia? No, voleva farsi vedere dal mullah: anche il mullah c'entra nel complotto. Ma a che scopo sposarmi? Nessun uomo di buon senso può volere una cosa simile: contrarre matrimonio con me. Forse è stato davvero un caso, uno scherzo del destino, anzi del chador. Forse in questo istante il poveretto si angoscia quanto me e pensa all'annullamento. Che cosa dice Khomeini sull'annullamento? «Il matrimonio può essere annullato se un uomo, dopo il rito, scopre nella donna uno di questi difetti: pazzia, lebbra, cecità, malattie della pelle, azzoppatura evidente, tare sessuali. Può essere inoltre annullato se dopo la cerimonia la donna scopre che l'uomo è pazzo o manchevole di un organo genitale.» Bè, lui non ammetterà mai d'essere pazzo o di non avere un organo genitale, ed io non ho la lebbra né tare sessuali né malattie della pelle. Non sono nemmeno cieca. Però posso riconoscere d'essere pazza e un po' zoppa. Al Messico una pallottola mi colpì alla gamba e se piove zoppico visibilmente. Comunque devo rileggermi il Libro Azzurro che sull'argomento ha un capitolo abbastanza completo e...

«Siamo arrivati al quartiere dell'Imam» disse Salami. Poi parcheggiò l'automobile e subito dimenticai i miei guai: dinanzi a me c'era qualcosa di peggio che un matrimonio a scadenza e indesiderato. C'era una tal moltitudine di scalmanati urlanti che, in paragone, il brulichio di corpi visto alle porte della città diventava un assembramento sparuto. Urlando si spingevano, si calpestavano, si soffocavano. Soprattutto le donne, assai più numerose degli uomini e assai più fanatiche. Nel delirio qualcuna sveniva, e appena sveniva se la passavano sopra le teste come un oggetto ormai inutile. La buttavano su un camion dove i passdaran la innaffiavano con le sistole della polizia.

«Ma chi sono, che urlano?»

«Sono i pellegrini delle carovane. E non urlano, pregano.»

«Stanno sempre lì?»

«Sempre. Anche di notte. La notte aspettano seduti per terra.»

«Aspettano che cosa?»

«Che l'Imam salga sul tetto e li benedica.»

«E noi dobbiamo attraversar quell'inferno?»

«Sì, coraggio.»

Ci tuffammo e fu orrendo. La moltitudine ci respingeva, ci picchiava, ci impediva di raggiungere il primo posto di blocco cioè quello che sorvegliava la strada principale di accesso. Per raggiungerlo persi due volte il chador, tre volte le scarpe, una volta la borsa col registratore, e quando fummo lì i passdaran non volevano lasciarci passare. Invano Salami protestava che l'Imam ci stava aspettando, ne chiedessero conferma con la radio da campo. Ci volle molto prima che la conferma arrivasse e, di nuovo malmenati da una grandine di pugni spintoni pedate, ci aprissimo un varco fino al secondo posto di blocco che era tenuto da passdaran ancora più ostili. Ci volle altrettanto perché approdassimo al terzo ed ultimo sbarramento che prevedeva la perquisizione e il tremendo imbarazzo di frugare una donna che in accordo al Corano non può esser toccata, sicché successe un gran parapiglia: chi la tocca, chi la guarda, e pur di non commetter peccato finirono col fidarsi della mia parola. Il terzo sbarramento chiudeva un vicolo con una gallina che starnazzava e due miserandi edifici a un piano, spalmati di calce: a destra la casa, a sinistra l'ufficio di Khomeini. E qui le guardie pullulavano perfino sui tetti a terrazza, in piedi, l'uno accanto all'altro come nei film su Pancho Villa. Armati di rivoltelle, di fucili, di mitra, ti spiavano col dito appoggiato al grilletto e non ti perdevan di vista un istante. Un movimento brusco, un gesto sbagliato, e t'avrebbero scaricato addosso quintali di piombo. Bagnata di sudore, dolorante per le botte che avevo ricevuto, e il chador ormai ridotto a uno straccio giallo di terra, li sbirciavo in preda a un'attonita incredulità: era dunque tanto forte il rischio che l'amatissimo Imam fosse assassinato?

«I nemici della rivoluzione sono ovunque» sentenziò Salami cacciando la gallina che era venuta a beccargli un piede. Poi mi spinse verso l'edificio a destra per bussare a un portone sbarrato. Con un rumore di catenaccio il portone si aprì e fummo in un patio gremito di turbanti e di tonache, dal patio in un camerone dove altri mullah accovacciati su una stuoia bevevano il tè irrigiditi in un silenzio di chiesa. Tra i mullah un ometto con gli occhiali, vestito in borghese. La giacca spiegazzata ed aperta su una camicia senza cravatta, le braccia abbandonate sopra i ginocchi, sedeva tutto rannicchiato in sé stesso con la verecondia di una monaca posta sotto assedio da un branco di seduttori. E non si capiva chi fosse, perché si trovasse lì.

«È Bani Sadr. È venuto per accompagnarti dall'Imam e farti da interprete» bisbigliò Salami. «Ringrazialo. Parla francese.»

Attenta a non turbare quel silenzio di chiesa mi avvicinai al mio benefattore che levò un viso lungo, intriso di malinconia, inaspettatamente invirilito da un paio di baffi alla Charlot. Mi presentai con la mano tesa.

«Bonjour...» rispose lui esalando una vocina che sembrava un lamento e fingendo di non vedere la mia mano tesa.

Gli sedetti accanto, gli espressi la mia gratitudine per l'appuntamento e l'insperata presenza a Qom.

«C'est rien...» disse con la stessa vocina.

Gli spiegai quanto fossi onorata che mi facesse da interprete.

«Ça va...» rispose nel medesimo modo.

Tentai una conversazione più lunga accennando alle difficoltà che avevamo avuto passando attraverso i posti di blocco e la folla. E lui?

«L'hélicoptère!» piagnucolò quasi risentito all'idea che avessi potuto immaginarlo in una situazione indecorosa: non lo sapevo che le persone autorevoli viaggiano in elicottero? Poi si rannicchiò nuovamente su sé stesso, quasi che ad esalar quelle quattro parole si fosse consumato in uno sforzo immane. Il silenzio ricadde finché si udì un gran trambusto e un atletico giovanotto vestito da prete, collo taurino, spalle da giocatore di rugby, avanzò ciabattando in due sandali sporchi quanto i suoi piedi.

«È Ahmed, il figlio dell'Imam» balbettò Salami con la deferenza del vassallo introdotto a corte e schiacciato dall'onore.

«Good afternoon. Now Imam receive you three. One hour, not more. Buon pomeriggio, adesso l'Imam vi riceverà tutti e tre. Un'ora, non di più» declamò Ahmed in pessimo inglese. E attraverso il patio di prima, il portone di prima, ci riportò nel vicolo con la gallina. Inseguiti dalla gallina entrammo nell'edificio a sinistra per essere abbandonati in un ingresso spoglio che però offriva una panca. Qui aspettammo, soli, per un tempo interminabile: io sempre più stanca, Salami sempre più emozionato, Bani Sadr sempre più chiuso nel suo mutismo. Infine Ahmed riapparve, ci fece toglier le scarpe, ci introdusse in una stanzaccia priva di mobili e piena di tipacci barbuti. Nella stanzaccia, assiso con le gambe incrociate sul tappetino bianco e blu, immobile come una statua e coperto da una tunica di lana marrone, stava il padrone dell'Iran, il gran condottiero dell'Islam: Sua Eccellenza Santissima e Reverendissima Ruhollah Khomeini.

* * *

Era un vecchio molto vecchio. E appariva così remoto dietro la superbia, così vulnerabile, insieme solenne, da farti dubitare che avesse soltanto gli ottant'anni dichiarati secondo un calcolo approssimativo, comunque ipotetico, visto che lui stesso ignorava la sua data di nascita. Era anche il più bel vecchio che avessi mai incontrato. Volto intenso, scolpito ad arte, con quelle rughe che lo incidevano a colpi d'ascia in solchi legnosi, quella fronte altissima sul naso importante e ben disegnato, quelle labbra sensuali e imbronciate da maschio che ha molto sofferto a reprimere le tentazioni della carne o forse non le ha represse mai. E quella barba candida, compatta, davvero michelangiolesca. Quelle sopracciglia severe, di marmo, sotto le quali cercavi i suoi occhi con una specie di ansia. Gli occhi infatti non si vedevano perché teneva le palpebre semiabbassate, lo sguardo ostentatamente fisso sul tappetino, quasi volesse dirmi che non meritavo nessuna attenzione. O quasi che dedicarmi attenzione offendesse il suo orgoglio, la sua dignità. Traboccava dignità, questo è certo. Non potevi immaginarlo in mutande, attribuirgli il ridicolo che caratterizza i dittatori. Anzi, al posto di esso coglievi una misteriosa tristezza, un misterioso scontento che lo consumava come una malattia. E in tale scoperta registravi sbalordito i sentimenti che suscitava a osservarlo: un rispetto ineluttabile, una tenerezza inspiegabile, una scandalosa attrazione di cui provavi invano vergogna. Lo aveva scritto proprio lui il Libro Azzurro? Era stato proprio lui a scaraventare tutti nella catastrofe, dipendevano proprio da lui tante infamie, tanti obbrobri?

Sì, e che non me ne dimenticassi. Che non mi lasciassi distrarre dal suo enigmatico carisma, sedurre dal suo fascino di antico patriarca. E mentre Bani Sadr si insediava al suo fianco, Salami si sistemava a riguardosa distanza, mi accucciai dinanzi al nemico: decisa ad attaccarlo subito, ignara dell'altrui viltà che all'inizio avrebbe turbato il progetto.

«Imam Khomeini, l'intero paese è nelle sue mani. Ogni sua decisione, ogni suo desiderio è un ordine. E sono molti coloro che dicono: in Iran non c'è libertà, la rivoluzione non ha portato la libertà, semmai ha finito di ucciderla.»

Rimase con le palpebre semiabbassate, lo sguardo fisso sul tappetino, e con voce talmente fioca da sembrare l'eco di un sussurro compilò una risposta che Bani Sadr riferì in preda a uno strano imbarazzo.

«Conosciamo il suo lavoro e il suo nome. Sappiamo che lei ha viaggiato per molti paesi e molte genti vedendo guerre, interrogando uomini forti. La ringraziamo dunque degli omaggi che ci porge e delle sue condoglianze per la scomparsa dell'ayatollah Talegani.»

Stava prendendomi in giro oppure Bani Sadr non gli aveva tradotto la mia domanda? Mi rivolsi smarrita a Salami. Con un lieve cenno della testa, Salami mi fece capire che il vigliacco non aveva tradotto la domanda.

«Traducila tu!»

La tradusse, sia pure impallidendo. Ma le palpebre rimasero semiabbassate, le invisibili pupille continuarono a fissare il tappetino, e non un cenno di emozione incrinò la voce fioca che centellinava ogni parola.

«L'Iran non è nelle mie mani. L'Iran è nelle mani del popolo. Perché è stato il popolo a consegnare il paese al suo servitore, a colui che vuole il suo bene. Lei ha ben visto che dopo la morte dell'ayatollah Talegani la gente s'è riversata nelle strade a milioni e senza la minaccia delle baionette. E questo significa che in Iran c'è libertà, che il popolo segue gli uomini di Dio. E questo è simbolo di libertà.»

Bè, sapeva difendersi. Aveva perfino neutralizzato possibili provocazioni sulla natura di quella morte facendo per primo il nome di Talegani, quindi impedendo su tal soggetto un colpo alla mascella. Lanciai un'occhiataccia a Bani Sadr per avvertirlo di non combinare altri scherzi e continuai.

«No, Imam Khomeini: forse non mi sono spiegata bene.

Mi permetta di insistere. Volevo dire che siamo in molti, in Iran e fuori, a definirla un dittatore. Anzi il nuovo dittatore, il nuovo tiranno, il nuovo scià della Persia.»

Ma dalla risposta che Bani Sadr mi dette fu chiaro che anche stavolta aveva inventato una domanda innocua, e per questo era venuto a Qom, s'era imposto come traduttore: per manipolar l'intervista e non correre rischi.

«Sì, la sconfitta del tiranno ci ha portato un'epoca densa di valori e di moralità. Noi ce ne rallegriamo e ci sentiamo onorati di interpretar quei valori e tale moralità. Apprezziamo dunque la seconda domanda e...»

«Stop!» Zittii Bani Sadr e di nuovo mi rivolsi a Salami che di nuovo confermò il tradimento con un lieve cenno della testa. Allora mi chinai su Khomeini cercando di farmi capire in qualche lingua al di fuori del farsi.

«No, Imam, no! Il signor Bani Sadr non mi traduce. Il ne me traduit pas. He does not translate me. Understand, comprì? Ho detto che oggi è lei il dittatore, il tiranno, lo scià. Aujourd'hui c'est vous le dictateur, le tyran, le nouvel shah. Vous. Comprì? Today it is you the dictator, the tyrant, the new shah. Understand?»

Capì. O almeno intuì. Infatti le sue palpebre si sollevaron di colpo, e mentre un lampo feroce mi trafiggeva con la violenza di una coltellata vidi finalmente i suoi occhi: intelligentissimi, duri, terrificanti. Però fu un attimo, e passato quello tornarono a concentrarsi sul tappetino. Fissando il tappetino sibilò a Bani Sadr qualcosa che doveva esser tremendo perché il visuccio malinconico diventò grigio, i baffetti parvero vibrare di panico, e rivoli di sudore presero a colare giù per le tempie, le guance, il collo. Poi una mano michelangiolesca come la barba si levò con sdegno a indicargli che era destituito dall'incarico e un indice imperioso ordinò a Salami di sedergli accanto per sostituirlo. Tremando d'emozione Salami si alzò e sedette alla sua destra.

«Non aver paura, traducigli quello che ho detto. E chiedigli se ciò lo addolora o lo lascia indifferente» lo incoraggiai.

Salami tradusse coraggiosamente. Khomeini restò imperterrito.

«Da una parte mi addolora, sì, perché chiamarmi dittatore è ingiusto e disumano. Dall'altra invece non me ne importa nulla perché so che certe cattiverie rientrano nel comportamento umano e vengono dai nemici. Con la strada che abbiamo intrapreso, una strada che va contro gli interessi delle superpotenze, è normale che i servi dello straniero mi pungano col loro veleno e mi lancino addosso ogni sorta di calunnie. No, non m'illudo che i paesi abituati a saccheggiarci e divorarci si mettano zitti e tranquilli. Oh, i mercenari dello scià dicono tante cose: anche che Khomeini ha ordinato di tagliare i seni alle donne. Dica, a lei risulta che Khomeini abbia commesso una simile mostruosità, che abbia tagliato i seni alla donne?»

«No, non mi risulta, Imam. E io non l'ho accusata di tagliare i seni alle donne. Però anche senza tagliare i seni alle donne lei fa paura. Il suo regime vive sulla paura. Hanno tutti paura e fanno tutti paura. Anche questa folla che la invoca fa paura. La sente?»

Dalla finestra alle sue spalle giungeva il frastuono degli scalmanati dietro il primo e il secondo posto di blocco. «Zandeh bad, Imam! Payandeh bad!» E spesso soffocava le nostre voci.

«Lo sento eccome. Lo sento anche di notte.»

«E che cosa prova a sentirli gridare così anche di notte? Che cosa prova a sapere che per vederla un istante si farebbero ammazzare?»

«Ne godo. Non si può non goderne. Sì, godo quando li

ascolto e li vedo. Perché il loro grido è lo stesso con cui cacciarono l'usurpatore, perché sono i medesimi che lo cacciarono, e perché è bene che continuino a bollire in quel modo. Finché i nemici interni ed esterni non saranno domati, finché il paese non si sarà assestato, bisogna che bollano. Devono essere accesi e pronti a marciare quand'è necessario. E poi il loro è amore.»

«Amore o fascismo, Imam? A me sembra fanatismo, e del genere più pericoloso. Cioè quello fascista. Chi potrebbe negare che oggi esiste in Iran una minaccia fascista? E forse un fascismo s'è già consolidato.»

«No, il fascismo non c'entra. Il fanatismo non c'entra. Io ripeto che gridano così perché mi amano. E mi amano perché sentono che voglio il loro bene, che agisco per il loro bene, per applicare i comandamenti dell'Islam. L'Islam è giustizia, nell'Islam la dittatura è il più grande dei peccati, quindi fascismo e islamismo sono due contraddizioni inconciliabili.»

«Forse non ci comprendiamo sulla parola fascismo, Imam. Io parlo del fascismo come fenomeno popolare, per esempio del fascismo che gli italiani avevano al tempo di Mussolini quando le folle applaudivano Mussolini come ora applaudono lei. E gli obbedivano come ora obbediscono a lei.»

«No, quel fascismo si verifica da voi in Occidente, non tra i popoli di cultura islamica. Le nostre masse sono masse mussulmane, educate dal clero e cioè da uomini che predicano la spiritualità e la bontà, quindi quel fascismo sarebbe possibile soltanto se tornasse lo scià oppure se venisse il comunismo. Gridare il mio nome non significa esser fascisti, significa amare la libertà.»

Ora che le mie domande gli venivano riferite, l'attacco era facile. Però a ciascuna si difendeva meglio, con la bravura di un campione che riesce a schivare qualsiasi colpo cattivo o imprevisto, la resistenza di un incassatore che non si piega nemmeno se gli tiri un pugno nel basso ventre, e faceva questo usando due tecniche rare: l'imperturbabilità e la sincerità. Dopo avermi trafitto con quel lampo feroce non aveva più alzato gli occhi e, senza mai staccare lo sguardo dal tappetino, senza mai muovere un dito o un muscolo, senza mai cambiare il tono della sua voce fioca, rispondeva a ogni accusa o insolenza. Non riuscivo a scomporlo. E non ci riuscivo perché, ecco il punto, credeva fermamente in ciò che diceva: credendoci, non aveva bisogno di ricorrere alle furbizie o alle bugie con cui si difendono sempre gli uomini di potere. Quasi ciò non bastasse, gli piaceva il duello con la straniera che aveva viaggiato per molti paesi e per molte genti ma ora se ne stava ai suoi piedi ingoffata da chili di cenci a lei estranei, e in segreto gioiva dei suoi assalti. Salami invece no. Appena chiedevo qualcosa mi lanciava un'occhiata straziante e traduceva col cuore in gola. Quanto al povero Bani Sadr, era rimasto paralizzato nella posa che aveva al momento della destituzione e sudava.

«Allora parliamo della libertà, Imam Khomeini. In uno dei suoi primi discorsi lei disse che il nuovo governo avrebbe garantito libertà di pensiero e di espressione. Tuttavia questa promessa non è stata mantenuta e basta che uno vada contro i suoi precetti perché lei lo maledica e punisca. Per esempio, chiama i comunisti Figli di Satana, le minoranze curde Male sulla Terra...»

«Lei prima afferma e poi pretende che io spieghi le sue affermazioni. Addirittura pretenderebbe che io permettessi i complotti di chi vuol portare il paese alla corruzione. La libertà di pensare e di esprimersi non significa libertà di congiurare e corrompere. Per più di cinque mesi io ho tollerato coloro che non la pensano come noi, ed essi sono stati liberi di fare ciò che volevano, ciò che gli concedevo. Attraverso il signor Bani Sadr qui presente ho perfino invitato i comunisti a dialogare con noi. E in risposta essi hanno bruciato i raccolti di grano, hanno dato fuoco alle urne elettorali, hanno reagito con armi e fucili, riesumato il problema dei curdi. Così quando abbiamo capito che approfittavano della nostra tolleranza per sabotarci, quando abbiamo scoperto che erano nostalgici dello scià, ispirati dall'ex regime nonché dalle forze straniere che mirano alla nostra distruzione, li abbiamo messi a tacere.»

«Imam Khomeini, ma come può definire nostalgici dello scià uomini che contro lo scià si sono battuti, che dallo scià sono stati perseguitati e arrestati e torturati, che insomma hanno tanto contribuito alla sua caduta? I vivi e i morti a sinistra, dunque, non contano nulla?»

Finalmente uscendo dal suo stato di catalessi, Bani Sadr si mosse. Si levò la giacca e mostrò una camicia così intrisa di sudore che sembrava fosse stata inzuppata in un secchio d'acqua. Lui invece non batté ciglio.

«Non contano nulla perché non hanno contribuito a nulla, non hanno servito in nessun senso la rivoluzione. Non hanno né combattuto né sofferto, semmai hanno lottato per le loro idee e basta, i loro scopi e basta, i loro interessi e basta. Non hanno pesato per niente sulla nostra vittoria, non hanno avuto nessun rapporto col movimento islamico, non hanno esercitato alcuna influenza su di esso. Anzi, gli hanno messo i bastoni fra le ruote. Durante il regime dello scià erano contro di noi quanto lo sono ora, e ci odiavano più dello scià. Non a caso l'attuale complotto ci viene da loro e il mio punto di vista è che non si tratti nemmeno di una vera sinistra ma di una sinistra artificiale, partorita e allattata dagli americani per lanciare calunnie contro di noi e per distruggerci.»

«In altre parole, quando parla di popolo, lei si riferisce soltanto ai suoi fedeli. E secondo lei questa gente s'è fatta ammazzare per l'Islam, non per avere un po' di libertà.»

«Per l'Islam. Il popolo s'è battuto per l'Islam. E l'Islam significa tutto, anche ciò che nel suo mondo viene chiamato libertà e democrazia. Sì, l'Islam contiene tutto, l'Islam ingloba tutto, l'Islam è tutto.»

«Non capisco. Mi aiuti a capire. Che cosa intende per libertà?»

«La libertà... Non è facile definire questo concetto. Diciamo che la libertà è quando si può scegliere le proprie idee e pensarle quanto si vuole senza essere costretti a pensarne altre... E anche alloggiare dove si vuole... Esercitare il mestiere che si vuole...»

Bè, incominciava a barcollare e con un po' di sforzo si poteva forse colpirlo alla mascella.

«Alloggiare dove si vuole, fare il mestiere che si vuole, e nient'altro. Pensare quanto si vuole ma non esprimere e materializzare quello che si pensa. Ora capisco meglio, Imam. E per democrazia cosa intende? Perché, se non sbaglio, indicendo il referendum per la repubblica lei ha proibito l'espressione Repubblica Democratica Islamica. Ha cancellato l'aggettivo Democratica, ha ridotto l'espressione a Repubblica Islamica, e ha detto: "Non una parola di più, non una di meno".»

Si riprese subito.

«Per incominciare, la parola Islam non ha bisogno di aggettivi. Come ho appena spiegato, l'Islam è tutto: vuol dire tutto. Per noi è triste mettere un'altra parola accanto alla parola Islam che è completa e perfetta. Se vogliamo l'Islam, che bisogno c'è di aggiungere che vogliamo la democrazia? Sarebbe come dire che vogliamo l'Islam e che bisogna credere in Dio. Poi questa democrazia a lei tanto cara e secondo lei tanto preziosa non ha un significato preciso. La democrazia di Aristotele è una cosa, quella dei sovietici è un'altra, quella dei capitalisti un'altra ancora. Non potevamo quindi permetterci di infilare nella nostra Costituzione un concetto così equivoco. Poi per democrazia intendo quella che intendeva Alì. Quando Alì divenne successore del Profeta e capo dello Stato Islamico, e il suo regno andava dall'Arabia Saudita all'Egitto, e comprendeva gran parte dell'Asia e anche dell'Europa, e questa confederazione aveva ogni tipo di potere, egli ebbe una divergenza con un ebreo. E l'ebreo lo fece chiamare dal giudice. E Alì accettò la chiamata del giudice. E andò, e vedendolo entrare il giudice si alzò in piedi. Ma Alì gli disse, adirato: "Perché ti alzi quando io entro e non quando entra l'ebreo? Davanti al giudice i due contendenti devono essere trattati nel medesimo modo". Poi si sottomise alla sentenza che gli fu contraria. Chiedo a lei che ha viaggiato per molti paesi e per molte genti: può fornirmi un esempio di democrazia migliore?»

«Sì. Quella che permette qualcosa di più che alloggiare dove si vuole, fare il mestiere che si vuole, e pensare senza esprimere ciò che si pensa. E questo lo dicono anche gli iraniani che, come noi stranieri, non hanno capito dove vada a parare la sua Repubblica Islamica.»

«Se non lo capiscono certi iraniani, peggio per loro. Significa che non hanno capito l'Islam. Se non lo capite voi stranieri, non ha importanza. Tanto la cosa non vi riguarda. Non avete nulla a che fare con le nostre scelte.»

Menomale: l'atmosfera incominciava a riscaldarsi. Quindi non era impossibile fargli perdere le staffe. Bastava tener testa alla sua resistenza di incassatore. Rincarai la dose.

«Forse la cosa non ci riguarda, Imam, però il dispotismo che oggi viene esercitato dal clero riguarda gli iraniani. E, visto che siamo qui per parlare di loro, vuol spiegarmi il principio secondo cui il capo del paese dev'essere la suprema autorità religiosa e cioè lei? Vuol spiegarmi perché le decisioni politiche devono esser prese soltanto da coloro che conoscono bene il Corano e cioè da voi preti?»

«Il Quinto Principio sancito dall'Assemblea degli Esperti nella stesura della Costituzione stabilisce ciò che lei ha detto e non è in contrasto col concetto di democrazia. Poiché il popolo ama il clero, ha fiducia nel clero, vuol essere guidato dal clero, è giusto che la massima autorità religiosa sovrintenda l'operato del primo ministro e del futuro presidente della Repubblica. Se io non esercitassi tale sovrintendenza, essi potrebbero sbagliare o andare contro la legge cioè contro il Corano. Io oppure un gruppo rappresentativo del clero, ad esempio cinque saggi capaci di amministrare la giustizia secondo l'Islam.»

«Ah, sì? Allora occupiamoci della giustizia amministrata da voi del clero, Imam. Cominciamo con le cinquecento fucilazioni che in questi pochi mesi sono state eseguite in Iran. Mi dica se lei approva il modo sommario con cui vengono celebrati questi processi senza avvocato e senza appello.»

Bani Sadr mugolò un lamento che avrebbe commosso una pietra. Salami tirò un sospiro che parve svuotarlo tutto. Ahmed guardò l'orologio e i bruti nella stanza grugnirono in modo minaccioso. Ma lui, niente.

«Evidentemente voi occidentali ignorate chi erano coloro che sono stati fucilati. O fingete di ignorarlo. Si trattava di persone che avevano partecipato ai massacri, oppure di persone che avevano ordinato i massacri. Gente che aveva bruciato le case, torturato i prigionieri segandogli le braccia e le gambe, friggendoli vivi su griglie di ferro. Avremmo dovuto forse perdonarli, lasciarli andare? Quanto al permesso di rispondere alle accuse e difendersi, glielo abbiamo concesso: potevano replicare ciò che volevano. Una volta accertata la loro colpevolezza, però, che bisogno c'era dell'avvocato e dell'appello? Scriva il contrario, se vuole: la penna ce l'ha in mano lei. Si ponga le domande che desidera: il mio popolo non se le pone. E aggiungo: se non avessimo ordinato quelle fucilazioni, la vendetta popolare si sarebbe scatenata senza controllo. E i morti, anziché cinquecento, sarebbero stati migliaia.»

«Lo saranno, di questo passo, Imam. E comunque io non mi riferivo ai torturatori e agli assassini della Savak. Mi riferivo alle vittime che con le colpe del passato regime non avevano nulla a che fare. Insomma, le creature che ancora oggi vengono giustiziate per adulterio o prostituzione o omosessualità. È giustizia, secondo lei, fucilare una povera prostituta o una donna che tradisce il marito o un uomo che ama un altro uomo?»

«Se un dito va in cancrena, che cosa si deve fare? Lasciare che vada in cancrena tutta la mano e poi tutto il corpo, oppure tagliare il dito? Le cose che portano corruzione a un popolo devono essere sradicate come erbe cattive che infestano un campo di grano. Lo so, vi sono società che permettono alle donne di regalarsi in godimento a uomini che non sono loro mariti, e agli uomini di regalarsi in godimento ad altri uomini. Ma la società che noi vogliamo costruire non lo permette. Nell'Islam noi vogliamo condurre una politica che purifichi. E affinché questo avvenga bisogna punire coloro che portano il male corrompendo la nostra gioventù. Che a voi occidentali piaccia o non piaccia, non possiamo permettere che i cattivi diffondano la loro cattiveria. Del resto voi occidentali non fate lo stesso? Quando un ladro ruba, non lo mettete in prigione? In molti paesi, non giustiziate forse gli assassini? Non lo fate perché, se restano liberi e vivi, infettano gli altri ed allargan la macchia della malvagità? Sì, i malvagi vanno eliminati: estirpati come le erbacce.»

Aveva detto questo con la solita imperturbabilità. Era venuta anche una mosca, mentre parlava, ed era andata a posarsi sulla sua mano sinistra: grattandosi il capino con le zampette e abbandonandosi a ogni sorta di capriole e di danze. Ma lui non aveva neanche fatto il gesto di liberarsene, le aveva addirittura permesso di salire fino alla sua barba dove ora giocava tutta contenta fra i peli bianchi. E mi faceva impazzire perché mi distraeva e perché stava diventando il simbolo della mia impotenza. Possibile che non barcollasse almeno un poco, che non si arrabbiasse almeno per un secondo? L'unico segno di cedimento era il respiro che di risposta in risposta diventava più fievole denunciando la debolezza del vecchio che ogni tanto ha bisogno di un sonnellino. Sicché, oltre all'irritazione, c'era l'angoscia che mi si addormentasse sotto il turbante. Bisognava impedirlo.

«Imam Khomeini, come osa mettere sullo stesso piano una belva della Savak e un cittadino che esercita la sua libertà sessuale? Prenda il caso del giovanotto che ieri è stato fucilato per pederastia...»

«Corruzione, corruzione. Bisogna eliminare la corruzione.»

«Prenda il caso della diciottenne incinta che poche settimane fa è stata fucilata per adulterio.»

«Bugie, bugie. Bugie come quelle dei seni tagliati alle donne. Nell'Islam non accadono queste cose, non si fucilano le donne incinte.»

«Non sono bugie, Imam. Tutti i giornali iraniani hanno parlato di quella ragazza incinta e fucilata per adulterio. Alla televisione c'è stato anche un dibattito sul fatto che al suo amante fosse stata inflitta soltanto una pena di cento frustate sulla schiena.»

«Se a lui hanno dato cento frustate e basta, vuol dire che meritava le frustate e basta. Se a lei hanno dato la pena di morte, vuol dire che meritava la pena di morte. Io che ne so.

Lo chieda al tribunale che l'ha condannata. E poi basta parlare di queste cose: libertà sessuale eccetera. Non sono cose importanti. Uhm! Libertà sessuale. Che cosa significa libertà sessuale. Tutto questo mi stanca. Basta!»

Ecco, succedeva. Si addormentava.

«Allora parliamo dei curdi che vengono fucilati perché vogliono l'autonomia, Imam. Parliamo...»

«Quei curdi non sono il popolo curdo. Sono sovversivi che agiscono contro il popolo come quello che ieri ha ammazzato tredici soldati. Io quando li catturano e li fucilano ne provo un gran piacere. Basta. Non voglio parlare neanche di questo, basta. Sono stanco. Voglio riposare.»

Intervenne Ahmed, con l'aria del principe ereditario cui spetta applicare i desideri del re.

«L'Imam ha ripetuto basta. L'Imam è stanco e vuole riposare. L'Imam non vuole più parlare di queste cose.»

«Allora parliamo dello scià.»

«No, deve salutarlo e lasciar che riposi. L'ora è passata da almeno mezz'ora. Lo saluti e se ne vada.»

Ma la parola «scià» era giunta ai divini orecchi. E aveva ottenuto quello che neanche la mosca sulla mano poi sulla barba era riuscita a ottenere con le sue danze e le sue capriole. Inaspettatamente l'immobile turbante si mosse e gli immobili occhi dimenticarono il tappetino per posarsi su Salami.

«Ha detto scià?»

«Sì, Eccellenza Santissima e Reverendissima.»

«Che cosa vuol sapere dello scià?»

«Ha chiesto che cosa vuoi sapere dello scià» sospirò Salami con espressione preoccupata.

«Questo, Imam. Qualcuno ha ordinato di ammazzare lo scià all'estero e ha chiarito che il giustiziere verrà considerato un eroe. Se poi morirà nell'azione, andrà in Paradiso. È lei quel qualcuno?»

«No! Io non voglio che sia giustiziato all'estero. Io voglio che sia catturato e riportato in Iran e processato in pubblico per cinquant'anni di reati contro il popolo, inclusi i reati di tradimento e di furto. Furto di capitali. Se muore all'estero, quel denaro va perduto. Se lo processiamo qui, ce lo riprendiamo. No, no: io lo voglio qui. Qui! Lo voglio tanto che prego per la sua salute come l'ayatollah Modarres pregava per la salute dell'altro Pahlavi, il padre di questo Pahlavi che era fuggito anche lui portandosi dietro un mucchio di soldi. So che è malato. Me ne dispiace perché potrebbe morire di malattia. Guai se morisse di malattia e mentre sta all'estero.»

«Ma se vi desse quei soldi, lei smetterebbe di pregare per la sua salute?»

«Se ci restituisse il denaro, quella parte del conto sarebbe saldata. Ma resterebbe il tradimento che egli ha commesso contro l'Islam e contro il suo paese. Resterebbe il massacro del Venerdì Nero, il massacro del 15 Kordat cioè di sedici anni fa, e non si può perdonargli i morti che ha lasciato dietro di sé. Soltanto se i morti resuscitassero io mi accontenterei di riavere il denaro che lui e la sua famiglia hanno rubato.»

«Intende dire che l'ordine di catturarlo e riportarlo in Iran vale anche per la sua famiglia?»

«Colpevole è colui che ha commesso il reato. Se la famiglia non ha commesso reati, non vedo perché dovrebb'essere condannata. Appartenere alla famiglia dello scià non è un crimine. Non mi risulta ad esempio che il figlio Reza si sia macchiato di colpe verso il popolo, quindi non ho nulla contro di lui. Può rientrare in Persia quando vuole e viverci come un normale cittadino. Che venga.»

«Io dico che non viene.»

«Se non vuol venire, non venga.»

«E Farah Diba?»

«Per lei deciderà il tribunale.»

«E Ashraf?»

«Ashraf è la gemellaccia dello scià, ladra e traditrice come lui. Per i crimini che ha commesso dev'essere processata e condannata come lui. Sì, voglio anche la gemellaccia.»

«E l'ex primo ministro Bakhtiar? Bakhtiar dice che ha già pronto un governo per sostituire il governo di Bazargan. E aggiunge che presto tornerà.»

«Che torni, che torni. Magari a braccetto del suo scià. Così in tribunale ci vanno insieme. Se Bakhtiar dev'essere fucilato o no, ancora non posso dirlo. Però so che dev'essere processato, e devo ammettere che mi piacerebbe molto vedermelo riportare insieme allo scià, mano nella mano. Lo aspetto.»

«A morte anche Bakhtiar, dunque. A morte Ashraf la gemellaccia, a morte Farah Diba, a morte tutti. Imam Khomeini mi permetta una domanda che naturalmente esula dalla morale di una rivoluzione: è noto che le rivoluzioni non perdonano, non conoscono la pietà. Lei come uomo, anzi come prete, ha mai perdonato nessuno? Ha mai provato pietà, comprensione per un nemico?»

«Che cosa, che cosa?»

«Ho chiesto se sa perdonare, provar pietà, comprensione. E, visto che ci siamo, le chiedo anche questo: ha mai pianto?»

«Io piango, rido, soffro. Sono un essere umano. O crede che non lo sia? Quanto al perdono, ho perdonato la maggior parte di coloro che ci hanno fatto del male. E quanto alla pietà, ho concesso l'amnistia ai poliziotti che non avevano torturato, ai gendarmi che non s'eran resi colpevoli di abusi troppo gravi, ai curdi che hanno promesso di non attaccarci più. Ma per coloro di cui abbiamo parlato non c'è perdono, non c'è pietà, non c'è comprensione. Ora basta. Sono stanco. Basta.»

119

Sembrava irritato, e davvero deciso a congedarmi. Tentai di trattenerlo.

«La prego, Imam. Ho ancora molte cose da domandarle. Su questo chador, per esempio, che lei impone alle donne e che mi hanno messo addosso per venire a Qom. Perché le costringe a nascondersi sotto un indumento così scomodo e assurdo, sotto un lenzuolo con cui non si può muoversi, neanche soffiarsi il naso? Ho saputo che anche per fare il bagno quelle poverette devono portare il chador. Ma come si fa a nuotare con il chador?»

E allora i terribili occhi che fino a quel momento mi avevano ignorato come un oggetto che non merita alcuna curiosità, si levarono su di me. E mi buttarono addosso uno sguardo molto più cattivo di quello che m'aveva trafitto all'inizio. E la voce che per tutto quel tempo era rimasta fioca, quasi l'eco di un sussurro, divenne sonora. Squillante.

«Tutto questo non la riguarda. I nostri costumi non riguardano voi occidentali. Se la veste islamica non le piace, non è obbligata a portarla. Il chador è per le donne giovani e perbene.»

«Prego?»

Credevo d'aver capito male. Invece avevo capito benissimo.

«Ho detto: se la veste islamica non le piace, non è obbligata a portarla. Il chador è per le donne giovani e perbene.»

Poi rise. Una risata chioccia, da vecchio. E rise Ahmed. Rise Bani Sadr. Risero, uno ad uno, i bruti con la barba: sussultando contenti, sguaiati. E fu peggio che consegnarmi a Khalkhali perché subito i tormenti e le umiliazioni e gli insulti che m'avevan ferito in quei giorni vennero a galla per aggrovigliarsi in un nodo che comprendeva tutto: la birra negata, il dramma del parrucchiere, la via crucis di Maria Vergine che cerca con san Giuseppe un albergo, una stalla dove partorire, fino alla carognata del mullah che m'aveva costretto a firmare un matrimonio a scadenza. E il nodo mi strozzò in un'ira sorda, gonfia di sdegno.

«Grazie, signor Khomeini. Lei è molto educato, un vero gentiluomo. La accontento sui due piedi. Me lo tolgo immediatamente questo stupido cencio da medioevo.» E con una spallata lasciai andare il chador che si afflosciò sul pavimento in una macchia oscena di nero.

Quel che accadde dopo resta nella mia memoria come l'ombra di un gatto che prima se ne stava appisolato a ronfare e d'un tratto balza in avanti per divorare un topo. Si alzò con uno scatto così svelto, così improvviso, che per un istante credetti d'esser stata investita da un colpo di vento. Poi, con un salto altrettanto felino, scavalcò il chador e sparì.

* * *

Colti di sorpresa da quella sparizione e da quell'agilità di ginnasta ventenne, tutti eran rimasti seduti sulla stuoia a interrogarsi con gli occhi. Sicché l'unico suono che ora si udisse era il rintronar delle grida intorno al quartiere e, nel silenzio della stanza, la mia domanda scoppiò con lo schianto di una fucilata.

«È andato a fare pipì?»

Lo pensavo veramente. I vecchi a volte son presi da un subitaneo bisogno di fare pipì e quando questo succede non si perdono in complimenti. Si alzano e corrono al gabinetto. Magari senza dir nulla.

«No» rispose Ahmed. «È andato via.»

«Via?!? Via dove?»

«In camera sua, a riposare.»

«Ma l'intervista non è finita.»

«Sì, è finita. Lei deve uscire.»

«Neanche per sogno. Io di qui non mi muovo finché l'intervista non è finita. Glielo riferisca.»

«Le ripeto che è in camera sua a riposare. Forse dorme già.»

«Se dorme si sveglierà. Io aspetto.»

«Questo non è possibile. E poi ha avuto due ore, il doppio di quanto avevamo stabilito. Sia cortese, si alzi.» E allungò una mano per aiutarmi.

«Non mi tocchi!»

La mano si ritirò, Salami si fece avanti con volto supplice.

«Ha ragione. Due ore son molte. Non aveva mai parlato due ore di fila. Con nessuno. Neanche coi suoi ministri. Chiedilo a Bani Sadr.»

Ma Bani Sadr non c'era. Se l'era squagliata alla chetichella dopo la domanda sulla pipì. Senza salutare, senza fare commenti.

«Non me ne importa nulla di Bani Sadr. Io non mi alzo. Tanto non potete toccarmi. La vostra religione ve lo impedisce. E se mi toccate racconto che noi due ci siamo sposati.»

«Per l'amor di Dio! Vuoi rovinarmi?» gemette Salami.

«Io non ti rovino. Io aspetto. Prima o poi tornerà.»

«Non tornerà. È arrabbiato.»

«Sono arrabbiata anch'io. Mi ha dato di scostumata e di vecchia. Però devo finire un lavoro e lo finirò. Dillo ad Ahmed.»

Sospirando di rassegnazione Salami si mise a parlottare con Ahmed che a un certo punto spalancò le braccia e si allontanò. Passato qualche minuto riapparve.

«Ha detto che non viene. Né ora né dopo. Ha detto che non ha nulla da aggiungere, che ha sonno e che vuole dormire.»

«E lei gli spieghi che dormirò anch'io. Qui.»

«Signora, lei mi mette in una situazione difficile. Mi costringe a chiamare le donne perché la portino via.»

«Ci provi, e vedrà. Scriverò che Khomeini mi ha fatto cacciare con la violenza, mi ha fatto picchiare dalle sue donne. Sarà uno scandalo. Internazionale. Glielo riferisca.»

Schiacciato dal ricatto, Ahmed si allontanò di nuovo. Ma riapparve nel giro di pochi secondi, quasi che suo padre lo avesse respinto come un pallone.

«Non riesco a convincerlo. Ora è adirato anche con me. Signora!»

«No.»

Non si trattava tanto di finir l'intervista quanto di vendicar quella frase e quella risata. Per nulla al mondo le avrei lasciate impunite, per nulla al mondo me ne sarei andata senza saldare il conto. E poi, siamo onesti, mi divertivo troppo. Quell'Ahmed che ciabattava su e giù per andare a svegliarlo e farsi respingere come un pallone. Quello smarrimento che ormai contagiava anche i bruti, quell'impotenza che cresceva di minuto in minuto mentre sotto la finestra il coro dei fedeli si mischiava allo starnazzare della gallina, ai suoi coccodè. E io lì, seduta anzi incollata alla stuoia, sorda alle proteste di Salami che si raccomandava con le lacrime in gola.

«Ma ti rendi conto di ciò che stai combinando?»

«Naturalmente. Cerco di capire se ha fatto l'uovo.»

«Chi?!?»

«La gallina.»

«Che gallina?!?»

«La gallina per strada.»

«Non c'è nessuna gallina per strada!»

«Sì che c'è. E credo che abbia fatto l'uovo. Ascolta.»

«Sei pazza, sei pazza!»

Alla fine Ahmed decise di chiedere aiuto a sua madre, una donnina dal volto avvilito e dolcissimo che per un attimo si affacciò alla porta, mi osservò con rimprovero, poi si dileguò. Insieme svegliarono il mio nemico per la terza volta e tutto si risolse nel modo che volevo.

«Ha detto che se si alza e va via, domani pomeriggio le dà un'altra mezz'ora.»

«Me lo giuri.»

«Glielo giuro.»

«Non lei, lui. Deve giurarlo lui. Sul Corano.»

«Sul Corano?!?»

«Certo. Noi occidentali giuriamo sulla Bibbia. Lui giurerà sul Corano.»

«La prego. Lasci giurare me.»

«Sul Corano?»

«Portatemi un Corano!»

Glielo portarono. Giurò. In inglese, in francese, e in farsi.

«Ora se ne va?»

«Sì.»

Raccolsi contenta il chador, uscii con Salami nel vicolo della gallina, e ignoravo che le due ore trascorse col diabolico vecchio m'avessero lavato di qualsiasi colpa, vizio, scelleratezza, quindi trasformato in una specie di sacro talismano o ampolla d'acqua miracolosa. Chiunque lo avvicinasse, infatti, partecipava della sua santità diventando un veicolo di purezza e di grazia, un individuo capace di erogare fortuna, buona salute, accesso al Paradiso, e bastava tastarlo per esserne benedetti. In alcuni casi, per liberarsi d'una sventura o di una malattia. Per questo i ministri che egli riceveva in udienza evitavano i contatti con la folla, viaggiavano con l'elicottero. Ma io l'elicottero non ce l'avevo, e la notizia che la straniera era stata con l'Imam s'era sparsa per la città facendo impazzire le donne che, in quanto donne, erano autorizzate a tastarmi. Me le trovai addosso quasi immediatamente. E lì per lì non capivo perché mi tendessero con tanto fervore le mani, perché mi acclamassero con gioia selvaggia. Poi

Salami mi spiegò quel che stavano urlando, e fu come precipitare in un incubo popolato di lupi affamati. «Benedicimi, santa! Guarisci mio figlio! Portami in cielo con te!» strillavano le sciagurate allungando le avide dita per accarezzarmi, palparmi, succhiare i miei poteri angelici. E presto le carezze, i palpeggiamenti si fecero impetuosi, degenerarono in una grandine di botte che mi martellava la testa, le spalle, i fianchi: un linciaggio. Invano cercavo di proteggermi, di indicare Salami supplicando tastate lui, c'è stato anche lui, lui è meglio perché è un mussulmano, io sono un'eretica. Lui non lo guardavan neanche. E, poiché si guardava dal tradurre le mie implorazioni, appena fummo in automobile ne nacque un litigio quasi coniugale. Gli rinfacciai di non avermi difeso, di non avere almeno detto che la sua fede nell'Islam lo rendeva più benedetto di me, mi chiusi in un mutismo che provocò il suo mutismo e avvelenò il ritorno a Teheran.

Era notte inoltrata quando rientrai in albergo, e la tensione delle troppe avventure m'aveva tolto il sonno, quel litigio quasi coniugale aveva riesumato l'angoscia per le nozze indesiderate. Aspettai dunque l'alba cercando nel Libro Azzurro un cavillo che ne incrinasse la validità. Ma più leggevo più mi convincevo che le speranze di trovarlo eran poche. «È peccato il matrimonio con la propria madre, con la propria sorella, con la propria suocera» diceva il capitolo sul divorzio e sull'annullamento. Ed io non ero né la madre né la sorella né la suocera di mio marito. «L'uomo che ha avuto rapporti con la propria zia non può sposarne la figlia» continuava. Ed io non ero la figlia di nessuna zia che si fosse o non si fosse portato a letto. Non potevo nemmeno servirmi del comandamento che vietava a un mussulmano di sposare un'eretica; infatti ad esso seguiva questa classificazione: «Tuttavia un mussulmano può intrattenere concubinaggio con una donna cristiana o ebrea e, se desidera, può averla come seconda moglie». L'unico comma in mio favore era quello sulla verginità: «Se prima del matrimonio il marito esige che la moglie sia vergine e poi scopre che non lo è, il matrimonio può essere annullato». Però mio marito non aveva espresso tale pretesa e c'era da dubitare che il mullah testimoniasse il contrario. Insomma non mi restava che la scappatoia già considerata: ammettere che ero pazza, accusa che egli aveva già espresso dopo il battibecco sull'uovo, e confessare che ero un po' zoppa. Domani avrei provveduto.

* * *

Ripartii vestita di nero come una monaca. Pur di non rimettere piede in quel municipio mi sarei fatta seguire da cento troupe televisive, e comunque quella mattina non c'erano giornalisti in agguato: neanche il più sospettoso avrebbe previsto una duplice udienza. Non portavo il chador. Dopo quel che era avvenuto, presentarmi con il chador avrebbe costituito un insulto alla mia dignità, e poi la cosa faceva parte della mia rappresaglia. Il viaggio fu triste. Ancora offeso dal mutismo che gli avevo opposto anziché ringraziarlo delle sue gentilezze e della sua bravura a tradurre, Salami non aprì bocca fino alle porte di Qom quando mi informò che oggi Bani Sadr non ci sarebbe stato e mi rivolse alcuni avvertimenti. Che non esigessi più di trenta minuti: anche Ahmed s'era raccomandato. Che non rivolgessi domande irrispettose altrimenti si sarebbe alzato prima del tempo. Che non chiedessi più nulla sul chador, che non pronunciassi neanche quella parola: come avevo ben capito, il tema era delicatissimo e lo turbava parecchio. Promisi di osservare i primi due avvertimenti, rifiutai di impegnarmi sul terzo. E che non venisse meno al coraggio con cui aveva umiliato Bani Sadr, gli dissi, perché la battaglia non era conclusa. Per questo tornavo senza il chador.

«Non hai preso il chador?!?»

«No. Chi non ama la veste islamica non è tenuto a portarla.»

«Sembrerà un atto di ostilità!»

«Appunto.»

«E poi dobbiamo attraversare Qom, camminare per strada!»

«La mantella sarà sufficiente. E il foulard.»

E così, il mio onore protetto soltanto dalla mantella e il foulard, mi rituffai dentro la calca del giorno precedente, di nuovo tastata accarezzata palpata dalle donne che mi riconoscevano, però ai posti di blocco le cose andarono meglio, i passdaran mi consideravano ormai di casa, e non dovetti neanche aspettare nell'anticamera colma di mullah. Dal vicolo della gallina fummo direttamente portati nella stanzaccia dove oggi non c'era che lui: assiso sul suo tappetino e protetto da Ahmed. Qui mi accovacciai sulla stuoia e subito slacciai la mantella, tirai un po' indietro il foulard: per chiarire le cose.

«Sono lieta di rivederla, Imam. Spero che sia riposato.»

Al solito rimase immobile, con la testa china. Però i terribili occhi si alzarono, e videro che non portavo il chador, e lampeggiando m'avvolsero in un lungo sguardo che parve spogliarmi.

«Siamo riposati finché non ci vengono poste domande che stancano. Le sue domande ci stancano.»

«Quella che sto per porle non la stancherà, Imam: la farà arrabbiare. Riguarda il chador. Mi è stato chiesto di non pronunciare la parola chador. Ma io la pronuncio perché ieri non abbiamo completato il discorso sul chador.»

Sulle labbra inquietanti guizzò l'ombra di uno strano sorriso.

«Siamo pronti a completarlo.»

«Bene, ecco qua. Ieri le ho chiesto: perché costringe quelle povere donne a nascondersi sotto un indumento così scomodo e assurdo, un lenzuolo sotto cui non si può muoversi, neanche soffiarsi il naso? Oggi aggiungo: eppure anche qui le donne hanno dimostrato d'essere uguali agli uomini. Come gli uomini si sono battute, come gli uomini sono state imprigionate e torturate, come gli uomini hanno fatto la rivoluzione.»

Lo strano sorriso scomparve. Le labbra inquietanti si indurirono.

«Le donne che hanno fatto la rivoluzione erano donne con la veste islamica, non donne eleganti e truccate come lei, donne che se ne vanno in giro tutte scoperte trascinandosi dietro un codazzo di uomini. Le civette che si truccano ed escono per strada mostrando il collo e i capelli e gli orecchi e le forme non hanno combattuto lo scià. Non hanno mai fatto nulla di buono, quelle. Non hanno mai saputo rendersi utili, né socialmente, né politicamente, né professionalmente. E questo perché, mostrando il collo e i capelli e gli orecchi e le forme distraggono gli uomini. Li turbano. E distraggono e turbano anche le altre donne.»

Mi indurii anch'io.

«Imam Khomeini, e a lei chi l'ha detto che io vado in giro trascinandomi dietro un codazzo di uomini? Non vedo nessun codazzo di uomini dietro di me.»

«Però distrae, distrae.»

«Vestita così, come una monaca? Imam, ieri lei mi ha detto che io sono una vecchiaccia poco perbene, o almeno ci è andato vicino. Me lo ha detto sebbene il mio collo e i miei capelli e i miei orecchi fossero ben coperti dal chador, e anche il resto del corpo. Però è vero che di solito questo non accade, ed è vero che io sono sempre vissuta con gli uomini.

Sono stata anche alle guerre con gli uomini. E al fronte ho dormito accanto ai soldati. Secondo lei, questo significa che sono una donna immorale?»

«Questo lo sa la sua coscienza. Lo sa lei. Io non lo so che cosa ha fatto lei coi soldati alla guerra. E poi io non giudico i casi personali, non posso sapere se la sua vita è morale o immorale, se coi soldati si comporta bene o no. Però so che nella mia lunga vita ho sempre avuto conferma delle cose che dico. Quando le donne scoprono il collo e i capelli e gli orecchi, e portano vesti che rivelano le forme, e si mischiano agli uomini, e stanno in promiscuità con loro, finiscono sempre col turbare loro e sé stesse. La veste islamica impedisce questo disastro. Senza la veste islamica le donne non possono lavorare in modo utile e sano. E nemmeno gli uomini. Le nostre leggi sono valide leggi.»

«Imam, ma io non mi riferisco soltanto a un indumento chiamato chador. Mi riferisco anche e soprattutto a ciò che esso rappresenta: la segregazione in cui le donne sono tenute da queste leggi valide. Il fatto che non possano studiare all'università, per esempio. Il fatto che non possano esercitare una professione o un mestiere come gli uomini o a fianco degli uomini. Il fatto che non sia loro permesso di prendere il sole su una spiaggia o di fare il bagno in mare...»

«Le ho già detto ieri che ciò non la riguarda. Queste sono le nostre usanze, le nostre leggi. E sono usanze valide, leggi valide.»

«Sono leggi e usanze che risalgono a millequattrocento anni fa, Imam. Non le pare che il mondo, nel frattempo, sia andato avanti? Mi parli della legge che consente a un uomo di prendersi quattro mogli.»

«La legge delle quattro mogli è una legge molto progressista. È stata scritta per il bene delle donne in quanto le donne sono più numerose degli uomini: nascono più donne che uomini, e le guerre uccidono più uomini che donne. Una donna ha bisogno di un uomo, e che cosa dobbiamo fare dal momento che al mondo vi sono più donne che uomini? Preferisce che le donne in avanzo diventino puttane oppure che sposino un uomo con più mogli? Non mi sembra giusto che le donne sole diventino puttane perché mancano gli uomini. E dico: questa legge è meglio della monogamia. Lo è anche se pone condizioni molto difficili all'uomo. Perché un uomo con due o tre o quattro mogli deve impegnarsi a trattar le sue mogli in maniera identica: dar loro il medesimo tempo e il medesimo affetto. E questo è difficile perché... Lei ricomincia a stancarmi. Le sue domande mi stancano.»

Ahmed guardò l'orologio. Salami mi supplicò con gli occhi. Ma io finsi di non notarlo.

«Anche la legge che ha riesumato il divieto della musica e dell'alcool è una legge progressista, Imam? Mi spieghi: perché bere un bicchiere di vino o una birra è peccato? Perché ascoltare la musica è peccato? I nostri preti, in Occidente, bevono e cantano. Anche il Papa beve quando ha sete e canta quando ne ha voglia. Ciò significa che il Papa è un peccatore?»

«Le regole dei vostri preti non mi interessano. L'Islam proibisce le bevande alcoliche e basta. Le proibisce in modo assoluto perché fanno perdere l'intelletto e impediscono di pensare in modo sano. Anche la musica appanna la mente perché porta in sé godimenti ed estasi uguali alla droga. La vostra musica intendo. Sì, la vostra musica non esalta lo spirito: lo addormenta. E distrae i nostri giovani che ne risultano avvelenati e non si occupano più del loro paese.»

«Anche la musica di Bach, Beethoven, Verdi?»

«Chi sono questi nomi io non lo so. Se non appannano la mente non saranno vietati. Alcune delle vostre musiche non sono vietate: ad esempio le marce e gli inni per marciare. Noi vogliamo musiche che ci esaltino come le marce, che

facciano muovere i giovani anziché paralizzarli, e li induca-
no a preoccuparsi del loro paese. Sì, le vostre marce sono
permesse. Se quei nomi hanno scritto marce, noi non li proi-
biremo. E le sue domande mi stancano. Le ho detto che mi
stancano. Che cos'altro vuole sapere da me?»

«Questo, Imam Khomeini. Lei si esprime sempre in termini duri o cattivi con l'Occidente. Da ogni suo giudizio risulta che lei ci vede come campioni di qualsiasi bruttezza,
qualsiasi perversità. Eppure l'Occidente l'ha accolta in esilio, ed ha accolto anche tanti dei suoi collaboratori che in
Occidente hanno addirittura studiato. Magari gratis, con le
borse di studio. Non le pare dunque che ci sia qualcosa di
buono in noi?»

Colpito in mezzo al petto, abbassò la testa fino ad appog-
giare il mento sullo sterno e nella mossa il turbante ruzzolò
sul tappetino rivelando un cranio lucido e giallo come avorio antico. Ma subito lo raccolse e se lo rimise con gesto adirato. Anzi stizzoso.

«Qualcosa c'è. C'è. Però quando il serpente ci ha morso,
temiamo anche uno spago che da lontano assomigli a un serpente. E voi siete un serpente che ci ha morso troppo. In noi
avete sempre visto un mercato e basta. Le cose buone, come
il progresso materiale, ve le siete tenute per voi. Sì, abbiamo
ricevuto molto male dall'Occidente, molte sofferenze, e ora
abbiamo tutti i motivi per temervi e impedire ai nostri giovani di avvicinarsi a voi, di farsi ulteriormente influenzare
dall'Occidente. A me non piace che i nostri giovani vengano
a studiare in Occidente dove ce li corrompete con l'alcool,
la musica che impedisce di pensare, la droga e le donne scoperte. Potete tenervele le vostre borse di studio. Tanto non
servono che a fabbricare ignoranti. Ai vostri giovani il diplo-
ma non lo date se non hanno studiato. Ai nostri invece glielo date anche se sono ignoranti.»

«Questo è vero, Imam. Anche coi suoi collaboratori siamo stati di mano larga, abbiamo ecceduto in ospitalità: nessuno può dubitare del fatto che hanno appreso pochissimo nelle nostre università. Spesso, neanche la lingua nella quale avrebbero dovuto studiare. Non è vero, invece, che vi abbiamo negato il nostro progresso materiale. L'aereo col quale lei è rientrato in patria è un prodotto dell'Occidente, non dell'Islam. Il telefono col quale comunica da Qom è un prodotto dell'Occidente, non dell'Islam. I nastri su cui incideva i discorsi da spedire in Iran per alimentare la rivolta contro lo scià erano un prodotto dell'Occidente, non dell'Islam. La televisione con la quale si rivolge quasi ogni giorno al paese è un prodotto dell'Occidente, non dell'Islam. E anche il condizionatore d'aria che le permette di starsene al fresco malgrado la calura del deserto è un prodotto dell'Occidente, non dell'Islam. Se siamo così corrotti e così corruttori, perché usa i nostri strumenti del male?»

Ero veramente arrabbiata. Avevo alzato perfino la voce e ora mi accorgevo che il povero Salami doveva fare uno sforzo più eroico di sempre per tradurmi. A ciascuna frase esitava, si tirava un baffo per farsi coraggio, e veniva voglia di chiedergli scusa, spiegargli che arrabbiarmi non rientrava nelle mie intenzioni. Tornando a Qom volevo semplicemente offrire al vecchiaccio una corda con la quale impiccarsi da solo, e volevo far questo con civiltà. Ma lo stillicidio di sciocchezze, di insulti gratuiti, di malignità dettate da un fanatismo putrido e cieco, m'aveva proprio esasperato. E non m'importava più che egli si dicesse stanco, che Ahmed guardasse l'orologio, che entrambi fossero impazienti di cacciarmi. Non m'importava nemmeno di porgli le altre domande che prima mi incuriosivano: se avesse una o due o tre o quattro mogli, perché fosse diventato prete, e com'era da bambino. Mi importava soltanto di andarmene, strapparmi dalla memoria quel volto che al primo sguardo m'aveva quasi intenerito, sedotto. Lo capì. E mentre sulle labbra inquietanti tornava lo strano sorriso, mi avviluppò in un'occhiata pregna di insperato rispetto. O era insperata simpatia?

«No, le cose che ha elencato non sono i vostri strumenti del male. Sono le cose buone dell'Occidente. Infatti noi non ne abbiamo paura e le usiamo. No, noi non temiamo la vostra scienza, la vostra tecnologia: temiamo le vostre idee, i vostri costumi. E li respingiamo perché vogliamo che il nostro paese sia nostro, perché esigiamo che non interferiate più nella nostra politica, nella nostra economia, nelle nostre usanze, nelle nostre faccende. E d'ora innanzi andremo contro chiunque le tenterà nuovamente, a destra e a sinistra, di qua e di là. Ma ora basta davvero, basta. Sono stanco. Via, via!»

Mi riallacciai la mantella, mi riabbassai sulla fronte il foulard, pronta a congedarmi.

«Me ne vado, Imam. Però me ne vado portando dietro l'immagine di un paese scontento, in preda al disordine, al caos, all'infelicità, e spesso a una discordia che secondo alcuni è presupposto di guerra civile o colpo di stato. Me ne vado dopo aver avuto conferma che la sua rivoluzione non ha dato i buoni frutti che la gente aspettava, anzi non ha portato niente di ciò che aveva promesso. Meno che mai, la libertà. Tutto qui va alla deriva per acque molto oscure, Imam. C'è molto buio in Iran. Ed è un buio senza risposta.»

Il dito imperioso si levò a impedire che mi alzassi. Il turbante nero vibrò cancellando quel guizzo di possibile simpatia. Il sussurro fievole divenne tuono.

«La risposta esiste, invece! Noi siamo un neonato di sei

mesi. La nostra rivoluzione ha soltanto sei mesi. Ed è una rivoluzione avvenuta in un paese mangiato dalle disgrazie come un campo di grano infestato dalle cavallette: siamo all'inizio della nostra strada. Che cosa volete da un neonato che viene al mondo in un campo di grano infestato dalle cavallette, dopo duemilacinquecento anni di cattivo raccolto e cinquant'anni di raccolto velenoso? Quel passato non si può cancellare in pochi mesi, neanche in pochi anni. Abbiamo bisogno di tempo. Chiediamo tempo. E lo chiediamo soprattutto a coloro che si definiscono democratici. O comunisti o diosacché. Perché sono loro che ci attaccano, sono loro che ci calunniano, che mettono in giro le chiacchiere sulle guerre civili e i colpi di stato che non accadranno! Sono loro che alimentano il caos e la discordia e l'infelicità! Loro! Voi! E con ciò la saluto, addio. Via, via! Insciallah.»

Si alzò col suo balzo di gatto, si allontanò prima che potessi restituirgli l'addio. Ma non per correre a farsi un sonnellino, stavolta: per andare sul tetto a benedire la moltitudine che lo invocava. Sicché l'ultima immagine che ho di lui è una figura fragile e nera che non so come è salita sul tetto e con l'aiuto di Ahmed s'arrampica sopra una sedia, si erge in piedi affinché lo vedano anche da lontano. Qui barcolla per qualche secondo, oscilla paurosamente rischiando di cadere a capofitto nel vicolo, e allora Ahmed lo afferra per le gambe, lo rimette in equilibrio, insieme a tre guardie lo puntella reggendolo ai fianchi e alle ascelle. In questa posizione ridicola, la stessa dei bambini che issati sulle spalle del babbo guardano una parata, egli leva un debole braccio e ondeggia la mano destra in un gesto che sembra dire: «Ciao, ciao». Proprio il gesto dei bambini che issati sulle spalle del babbo strillano «ciao» alla parata. Agli occhi della folla però si tratta d'una benedizione, e l'atroce boato si leva in tutto il suo fragore, scuote il cielo con l'impeto di una tempesta: «Zandeh bad, Imam! Payandeh bad!». Gridano le donne che ieri mi hanno malmenato, gridano gli uomini che si son portati dietro la capra, gridano i mullah che sono venuti qui per un'udienza, gridano i passdaran che dovrebbero impedire un attentato e, dimentichi dei fucili, sollevano il pugno della vittoria. Quanto a lui, se la gode nel modo che ha detto quando gli ho chiesto che cosa si prova a sentirsi oggetto di tale idolatria. Mugola di piacere, ridacchia smascherato da un'immodestia che annulla le sagge parole con cui ha chiuso l'intervista. E assomiglia in modo bizzarro allo scià. No, il potere non ha bisogno di muscoli o di gioventù. E neanche di ricchezze o di orpelli.

Lo osservo in preda all'amarezza, e la domanda che non gli ho posto torna a solleticare la mia curiosità: com'era da bambino? Ma dura poco perché la risposta ce l'ho. Era com'erano da piccoli Adolfo, Benito, Giuseppe, Mao, Muammar, Fidel, Idi, Napoleone, Gengis: cioè Hitler, Mussolini, Stalin, Mao Tse-tung, Gheddafi, Castro, Amin, Bonaparte, Gengis Khan, o i vari despoti che hanno fatto e fanno e faranno sempre disperare l'umanità. Tondi, lisci, commoventi quando ridevano perché avevano mangiato bene, irritanti quando piangevano perché s'erano fatti la cacca addosso. Bambini identici agli altri. Anche lui era un bambino identico agli altri. Prendendolo in braccio per calmare le sue bizze, la mamma gli diceva: «Ruhollah, Ruhollah, sarai così birbone da grande?». Oppure gli chiedeva: «Ruhollah, Ruhollah, che cosa farai da adulto?». E lui le rispondeva succhiandosi il dito, agitando i piedini grassi, fissandola con gli occhioni innocenti. Era un bambino molto buono, Ruhollah. Anche quando imparò a camminare restò un bambino molto buono, anche quando imparò a parlare. Diventò cattivo dopo, crescendo. Un giorno qualcuno mi spiegò che gli uomini non nascono cattivi: lo diventano crescendo, a capire che la vita premia chi ha in uggia la bontà. Dimenticò di spiegarmi che niente attrae i cattivi quanto il potere, niente perfeziona la loro cattiveria quanto il potere. Dunque la domanda che avrei dovuto porre al diabolico vecchio non era quella del bambino. Era quando aveva scoperto d'essere abbastanza cattivo da diventar Khomeini. Ma non me l'avrebbe detto. Non ne sarebbe stato nemmeno capace. Perché, ecco il punto, lui non si giudicava cattivo. E, in certo senso, ciò lo rendeva simpatico.

* * *

«Soddisfatta? Hai saputo tutto ciò che volevi sapere?» chiese Salami mentre, con l'aria di chi è appena scampato a un disastro, guidava lungo la strada che riconduce a Teheran.

«Più o meno,» risposi «sebbene la maggior parte delle cose che ho saputo le sapessi già. E comunque quelle che non ho saputo non sono importanti.»

«Per esempio?»

«Per esempio, quante mogli ha.»

«Questo posso dirtelo io: una sola, la madre di Ahmed. Non ne ha mai sposate altre, lui.»

E fu questa battuta a ricordarmi il pasticcio coniugale in cui m'ero cacciata grazie alle ridicole leggi del potere. Perbacco, bisognava tornare indietro: recarsi in municipio per dichiarare che ero pazza e zoppa, insomma per chiedere l'annullamento o il divorzio. Glielo dissi, eccitata. Continuò a guidare, tranquillo.

«Non ne abbiamo bisogno. Sul registro la mia firma non c'è.»

«Vuoi dire che non sono sposata?!»

«Con me, noddavvero.»

«Con chi lo sono, allora?!?»

Mi guardò sottecchi, prese tempo.

«Bè, è successa una cosa... Una cosa di cui il mullah non s'è accorto.»

«Che cosa?!?»

«Bè, vedi, ricordi quando ha firmato lui? Bè, vedi, sì: nella fretta ha commesso un errore. Ha firmato dove avrebbe dovuto firmare lo sposo. Io me ne sono accorto e, zitto zitto, ho firmato dove avrebbe dovuto firmare lui. Poi lui ha chiuso il registro, noi siamo corsi via, e...»

«Vuoi dire che sono sposata col mullah?!?»

Rise in modo odioso.

«Eh, sì. Teoricamente sì. Quindi per ottenere l'annullamento o il divorzio dovresti rivolgerti a lui. Io non lo farei. Perché scoprirebbe l'errore, ci sposerebbe davvero, e saremmo daccapo. Senza contare che il matrimonio con te potrebbe piacergli, perciò negarti l'annullamento e avanzare pretese.»

Oddio. Io sposata a un mullah. A uno schifoso mullah cui il matrimonio con me avrebbe potuto piacere. Era troppo. Se lo avessi raccontato, non mi avrebbe creduto nessuno. Maledetto Salami. Ecco perché sembrava così calmo, dopo. E mica me lo aveva detto. Nemmeno accennato, il farabutto.

«Non volevo turbarti» si giustificò. «Dovevi prepararti, concentrarti, e l'intervista era più importante, no? Del resto, non ce ne sarebbe stato il tempo. Siamo arrivati subito a quella piazza e...»

«Ma dopo! Dopo!»

«Dopo, l'intervista non era finita. E anche se avessi voluto, t'eri arrabbiata perché non t'avevo protetto dalle donne che ti toccavano. Non mi hai rivolto la parola per ventiquattr'ore, fino a quando siamo rientrati a Qom.»

«È necessario fare qualcosa. Come si chiama questo mullah?»

«A essere onesto, non lo so. Non l'ho neanche notato. Ero così nervoso.»

«Sicché sono sposata a un mullah di cui non so neppure il nome e...»

«Sposata con un matrimonio a scadenza.»

«E quanto dura il matrimonio a scadenza?!?»

«Finché il marito vuole. Un mese, sei mesi, un anno.»

«E se il marito tace, se non dice basta?»

«Per sempre. Ma non preoccuparti. Era a Qom di passaggio, chissà dove vive, e non controllerà mai quel registro. Al tuo posto non ci penserei più.»

Era una bella notte di fine settembre, e il sollievo d'aver concluso una difficile impresa mi immunizzava dalle inutili angosce. Sì, in qualche villaggio o città dell'Iran esisteva un mullah di cui ero la moglie a scadenza e in sostanza per sempre, uno schifosissimo mullah che in qualsiasi momento avrebbe potuto avanzare pretese coniugali e lapidarmi per adulterio o che so io, ma ciò era meno grave che finire accoltellata da una spagnola gelosa e comunque non dovevo pigliarmela troppo: entro poche ore sarei partita, avrei messo un continente e un oceano tra me e il mio sposo. Chiunque egli fosse. Rinunciai dunque ad ogni rimprovero o risentimento verso Salami e da quell'istante decisi di guardarlo con occhi diversi. Dopotutto era stato lui a ottenere l'intervista, e nell'intera faccenda s'era comportato con generosità. M'aveva fatto da segretario, da autista, da interprete. Aveva tradotto le mie domande con audacia e con precisione. E a pensarci bene non era neanche antipatico com'era parso all'inizio. Era semplicemente un bigotto che rifiutava di vedere le conseguenze del fanatismo, un opportunista che si legava al carro del vincitore di turno, e non più di quanto lo fossero i Salami dell'Occidente. Anzi, non più di quanto lo fossero stati i Salami vissuti al tempo dell'Inquisizione. Dimenticavo forse che per secoli la cristianissima Europa, culla del progresso e della cultura e dell'arte, faro di civiltà, aveva arso roghi contro cui nessuno osava muovere un dito? Dalla Spagna all'Inghilterra, dalla Francia alla Germania e all'Italia, centinaia di migliaia di creature erano state macellate da una giustizia che si definiva divina, sacrificate in processi a paragone dei quali gli abusi dei Khalkhali diventavano simboli di correttezza. Ganasce di ferro che stritolavan le gambe e le braccia, tenaglie roventi che strappavan la lingua e i genitali, chiodi negli occhi, un'orgia di corpi sgozzati, smembrati, profanati da turpitudini cui seguiva, se sopravvivevi, la pira fumante. Dopo la bolla papale *Ad Extirpanda* chiunque poteva venir accusato di cospirare col diavolo, essere una strega o uno stregone. Per riconoscere una strega, diceva Giacomo Primo re d'Inghilterra, bastava farla piangere infilzandola di aghi dalla testa ai piedi oppure gettarla in uno stagno. In caso di innocenza, annegava. In caso di colpevolezza, restava a galla e diventava pronta per la tortura poi il rogo. Ebbene, non era soltanto Sua Maestà a istigare tanta ferocia. Non erano soltanto i pontefici a far straziare le vittime con quei supplizi terrificanti, a farle bruciare sulle pire o nei forni, spesso insieme ai loro bambini. Erano anche i Salami dell'epoca: con la loro viltà, il loro silenzio, la loro bigotteria, il loro opportunismo, il loro crocifisso in mano. Bisognava dunque assolverlo questo giovanottino baffuto alla cui fede neanche gli otto anni trascorsi a Firenze avevano torto un capello. E bisognava ringraziarlo per aver reso possibile il mio scontro col Torquemada di turno. Lo ringraziai. Gli chiesi che cosa potevo fare per lui.

«Qualcosa che non oso dire perché equivarrebbe a tentar di annullare la benedizione che ora ti avvolge e ti avvicina ai santi» rispose.

Che tentasse, replicai, che non avesse scrupoli. I miei rapporti coi santi andavano così male che nessuna benedizione avrebbe potuto migliorarli. Su, avanti: cosa desiderava?

«Uno degli indumenti che indossavi dinanzi all'Imam. Vorrei regalarlo a mia moglie. Quegli indumenti sono cimeli miracolosi, e purtroppo il chador non apparteneva a lei.»

Gli consegnai tutto: mantella, camicetta, foulard. Gli detti perfino la reliquia delle reliquie, il costoso registratore con cui avevo inciso la fievole voce. E spogliata d'ogni sacramento, lavata d'ogni santità, mi recai all'aeroporto dove ci salutammo come due commilitoni che sono stati insieme in trincea: reciprocamente giurandoci perpetua amicizia, gratitudine eterna. Ma, quando pubblicai l'intervista, tutto cambiò. Infatti non servì a nulla che il furfante se la fosse già venduta ai giornali di Teheran in una versione inventata e nella quale definivo il suo Imam «luce delle mie pupille», «speranza dell'umanità». Il diabolico vecchio non la bevve. Si procurò il testo originale, lo lesse, poi dagli altoparlanti di Qom pronunciò contro di me un discorso che avrebbe suscitato l'invidia di Innocenzo III, Gregorio IX, Alessandro IV, i grandi nemici dell'eresia. Ero andata da lui per accusarlo di tagliare i seni alle donne, disse, e invano lui mi aveva risposto di non averne mai tagliato uno, di essersi sempre comportato con misericordia. Ero andata da lui per insultare la veste islamica e invano lui mi aveva spiegato le virtù del chador: io me l'ero tolto e glielo avevo buttato in faccia. Questo dimostrava che i nemici della rivoluzione si nascondevano ovunque: anche fra coloro che avevano mal giudicato lo scià. E Salami si prese una paura terribile. Dimentico dell'amicizia perpetua, della gratitudine eterna, degli stessi vantaggi che aveva ricavato a conoscer Khomeini ed essere fotografato al suo fianco, mi tradì nel modo più inatteso: alleandosi con le redattrici del giornale «Zane Ruz» e scrivendo una requisitoria da sentenza capitale. Avevo sfruttato la buona fede di chi m'aveva accolto, avevo avvicinato l'Imam con l'unico scopo di propagandare la causa delle prostitute, delle adultere, degli omosessuali, dei curdi ribelli. Ero un'agente dello scià, una spia dei controrivoluzionari, una femmina corrotta e corruttrice. Dovevo essere punita se rimettevo piede in Iran ed anche se non ce lo rimettevo e: «Magari ti avessimo incontrata prima della tua partenza! Avremmo fatto subito i conti». Accanto alla requisitoria, firmata con un nome di donna, la mia fotografia: strappata nel mezzo per indicare che alla prima occasione bisognava tagliarmi in due, smembrarmi come una strega.

Di solito l'arma migliore contro gli sciocchi è l'indifferenza, il silenzio. Niente li scoraggia e li umilia con altrettanta forza. Però è molto difficile resistere alla tentazione di dare del cretino a un cretino, e commisi l'errore. Replicai con un telex nel quale ricordavo che la prima caratteristica dei fascisti, siano essi laici o religiosi, di destra o di sinistra, è l'imbecillità. La seconda è l'ignoranza che si appella all'ignoranza, la terza è il bisogno di menar le mani contro chi la pensa in modo diverso. E l'articolo scritto dal salame che nascondeva i suoi baffi dietro uno pseudonimo femminile era la fusione di quei tre elementi. Lo sapevano tutti che ero dalla parte delle prostitute, delle adultere, degli omosessuali, dei curdi fucilati in Iran. Se ciò mi causava l'odio dei fucilatori non potevo che rallegrarmene: essere amata da chi non ama la libertà era per me un affronto. Quanto alle minacce, attuarle non sarebbe stato difficile: non avevo guardie del corpo, non mi celavo sotto un chador, e il mio volto era noto, così i miei indirizzi di cui comunque non avrebbero avuto bisogno perché sarei tornata in Iran. Se ne offesero a morte. Presero la fotografia strappata nel mezzo, ne fecero centinaia di manifesti, li incollarono sui muri della città. E qui li avrei trovati nel mese di marzo quando avrei attuato la mia sfida sconsiderata: una specie di taglia simile a quelle che all'inizio del secolo venivano affisse nei saloon del Far West per Calamity Jane e i fuorilegge da catturare o sparare a vista.

Circa un mese dopo le squadracce di Khomeini irruppero nell'ambasciata americana di Teheran e sequestrarono i diplomatici che per oltre un anno avrebbero tenuto in ostaggio col pretesto di volere lo scià e i miliardi di dollari da lui depositati alla Chase Manhattan Bank. Allora Bazargan rinunciò finalmente a presiedere un governo che non esisteva e i tre personaggi che nella mia commedia avevan recitato un ruolo di comparse si trovarono catapultati sul palcoscenico della Storia. Gotzadeq fu nominato ministro degli Esteri, Salami divenne suo braccio destro e poi ambasciatore in Italia. Bani Sadr fu eletto presidente della Repubblica Islamica. Né importa che queste corone d'alloro fossero destinate a trasformarsi in un cappio che avrebbe strangolato ciascuno dei tre facendoli precipitare nella tragedia o nella vergogna, come vedremo. Dal momento in cui gli ostaggi furono catturati, il mondo parve subire una svolta che raddoppiava la sua infelicità. E il viaggio che avevo intrapreso per sfuggire al mio tunnel, scrollarmi di dosso il dolore, divenne un altro tunnel: una trappola dentro la quale era vano cercare una via d'uscita, una speranza. Ovunque posassi lo sguardo bruciava una minaccia di guerra o una guerra, e la follia imperava, e la libertà moriva. Quell'anno fu l'anno che finì con l'invasione dell'Afghanistan, e anche l'anno che vide incominciare la campagna contro l'Occidente: all'improvviso fonte di ogni male e d'ogni disgrazia, simbolo d'ogni peccato e d'ogni infamia. Dalla Siria all'Iraq, dal Kuwait al Qatar, dallo Yemen del Nord allo Yemen del Sud, dall'India al Bangladesh, dalla Turchia al Pakistan, erano le ambasciate americane a venir assaltate e arse o devastate, ma l'odio si estendeva a chiunque parlasse inglese o francese o tedesco o italiano o spagnolo o fiammingo. Avresti detto che tutta la nostra cultura e la nostra civiltà si trovassero sotto processo per esser travolte, in una crociata all'inverso, dai figli di Allah.

E in tale crociata trionfava, insieme al diabolico vecchio, il presuntuoso impostore che da un decennio ci ricattava coi suoi miliardi, col suo petrolio, istigando e finanziando e addestrando il terrorismo internazionale, provocando o alimentando conflitti in qualsiasi parte della terra, proteggendo qualsiasi farabutto che si definisse rivoluzionario. Insomma il rivale di Khomeini: l'allora trentottenne padrone della Libia, colonnello Muammar Gheddafi. Così decisi di andare a cercare anche lui nel terribile tunnel nel quale m'ero cacciata per sfuggire al mio tunnel. Mi sarebbe servito, oltretutto, a capire un po' meglio due delle parole su cui si regge l'imbroglio che ha nome Potere: la parola Capo e la parola Rivoluzione.

Capitolo Secondo

Se l'irrazionalità e la violenza e l'inganno non costituissero i principali ingredienti del gran minestrone che chiamano Storia, se non sapessimo che i pazzi e i bruti e i mascalzoni sono quasi sempre gli artefici del nostro destino, ci sarebbe di che scandalizzarsi a rilevare un'altra bugia della parola rivoluzione: la maggior parte di quelle che vengono contrabbandate come rivoluzioni sono infatti banalissimi colpi di stato, cioè furti di potere commessi da un'esigua banda di ladri in uniforme che si muovon nel buio con la furtività di rapinatori notturni. Peggio: se l'intelligenza e la cultura e il talento non fossero quasi sempre estranei all'esercizio del potere conquistato o rubato, se non sapessimo che a decidere e a comandare sono quasi sempre gli ottusi e gli ignoranti e gli sciocchi, ci sarebbe di che indignarsi a notare che quei ladri in uniforme sono puntualmente avventurieri privi di qualsiasi intelletto o virtù. Svaligiare una banca presenta maggiori problemi o imprevisti che rubare il potere attraverso il colpo di stato, e ciò spiega perché a svaligiare le banche son pochi ma a compiere i colpi di stato son molti: tre quarti dei regimi esistenti su questo pianeta son frutto d'un colpo di stato. Ecco la prima cosa che dovevo mettermi in testa recandomi dal presuntuoso impostore che rivaleggiava con Khomeini nella Crociata contro l'Occidente.

Le doti necessarie per compiere un colpo di stato son

scarse, e tutte di pessima qualità. Basta essere militari con un grado superiore a quello di sergente, esser capaci di sfruttare l'altrui debolezza o ingenuità, di tradire l'altrui fiducia o stima, infine uccidere gli avversari nel sonno. Il resto è superfluo. Non serve ad esempio il carisma di cui il capo ha bisogno nelle vere rivoluzioni perché i golpisti agiscono senza l'appoggio del popolo che anzi non sa nulla e non deve saperne nulla. Non serve la fatica e l'audacia che ci vogliono a fare un furto normale perché lo strumento a cui i golpisti ricorrono esiste già ed è una macchina ben oliata, pronta a scattare appena la metti in moto: l'esercito. Non serve la fantasia e la capacità organizzativa che sono richieste nei delitti ordinari perché la tecnica del colpo di stato non cambia mai. Consiste nel mettere insieme un gruppo di ufficiali ambiziosi, nel preparare psicologicamente le unità di cui essi dispongono, nel mantenere il segreto e agir di sorpresa nel cuore della notte o alle prime luci dell'alba. Quanto all'azione vera e propria, lo schema è altrettanto monotono e lo si trova perfino nei manuali che insegnano a realizzare un colpo di stato: con la stessa disinvoltura con cui si insegna a guidare l'automobile o ad usare il computer. A una certa ora si esce dalle caserme prescelte e, in attacchi simultanei, si occupano i posti chiave del potere: il palazzo del governo, la centrale della polizia, l'ufficio delle poste, la radio, la televisione, i giornali. Poi si arrestano o si ammazzano tutti coloro che potrebbero opporsi, e si chiudono le frontiere, si indice il coprifuoco, affinché nessuno possa scappare o chiedere aiuto.

La viltà del colpo di stato e la menzogna del colpo di stato che si definisce rivoluzione sta qui. Voglio dire: non solo le vere rivoluzioni sono capovolgimenti cui partecipa almeno una parte del popolo, ma nelle vere rivoluzioni c'è un certo fair play guerresco. Io ammazzo te e tu ammazzi me. Nel colpo di stato che si definisce rivoluzione, come in qualsiasi colpo di stato, si ammazza invece da una parte e basta: quella dei ladri in uniforme che si muovon nel buio con la furtività dei rapinatori notturni. Infatti ci sarebbe da chiedersi perché militari addestrati a battersi, sparare a chi spara, non rifiutano mai di eseguire gli ordini dell'esigua banda che ha deciso il colpo di stato. Ma non se ne accorgono di uccidere persone inermi, gli stessi concittadini che dovevan difendere contro il nemico esterno? Non si vergognano a comportarsi da codardi, a vincere senza rischiare nulla? Ammettiamo pure che all'inizio ignorino quel che stanno facendo perché non glielo hanno spiegato o perché sono stati raggirati col lavaggio psicologico: nel momento in cui assaltano i posti chiave del potere e sparano o arrestano i loro concittadini, magari i loro parenti e i loro amici, devono pur capirlo che non stanno combattendo con un invasore. Lo capiscono, certo. Ma non gliene importa. O se gliene importa, non osano neanche pensare a un rifiuto o a un ammutinamento. Eseguiscono gli ordini e basta; l'obbedienza cieca e assoluta a chi ha un grado superiore è l'unico concetto che occupi il loro cervello. Glielo hanno distillato per mesi, per anni, per secoli, fino a spengere in essi ogni impulso all'iniziativa o alla critica o all'eresia. Signorsì, signor comandante. Subito, signor comandante. Senza contare che in caso contrario il castigo arriva fino al plotone di esecuzione, a sua volta composto di soldati così ubbidienti, così disciplinati, che anziché al nemico sparano a un loro compagno. Mirano bene il bersaglio, cercandogli il cuore e la testa, e quando gli comandano di fare fuoco essi fanno fuoco. Gli sparano al cuore e alla testa, lo ammazzano: il loro compagno. Ch'io sappia, non è mai successo che un soldato rifiutasse d'essere incluso in un plotone di esecuzione e di fucilare un proprio compagno. Nel colpo di stato è lo stesso. Ecco perché i soldati che realizzano il colpo di stato sono ladri al servizio di ladri, traditori al servizio di traditori, vigliacchi al servizio di vigliacchi, ed è la cosa meno rivoluzionaria che esista.

Tuttavia, quando il colpo di stato è riuscito, viene letto un proclama che non prescinde mai dalla parola rivoluzione. Applicando quello schema che è sempre lo stesso, i golpisti vanno alla radio: e in nome del Popolo o della Patria o di Dio, o magari dei tre, informano la gente che il regime cattivo è stato abbattuto, che i buoni hanno preso il potere, che la rivoluzione porterà ordine e legge, giustizia e libertà, uguaglianza e progresso, e altre bellissime cose. Né importa che tacciano di quale rivoluzione si tratta, che ignorino il significato di questo vocabolo su cui nessuno si trova d'accordo e del quale si fa un uso arbitrario come del vocabolo amore: io amo la mia mamma, io amo il gelato, io amo la pace, io amo le giacche a vento. Nel proclama, per rivoluzione s'intende ciò che i più intendono con la parola amore e cioè una cosa nobile e santa, un simbolo di bene, una garanzia di felicità che investirà chiunque nello straordinario futuro che è già incominciato. Infatti, e per gli stessi motivi, esso non rinuncerà all'uso dei vocaboli controrivoluzione, controrivoluzionari. Termine con cui vengono indicate le vittime arrestate o ammazzate e spesso torturate prima d'essere ammazzate: gli eroi che hanno rifiutato o rifiutano di riconoscere quei vincitori a sbafo. Dacché mondo è mondo non s'è mai visto un usurpatore che dicesse: io del Popolo e della Patria e di Dio me ne frego, questo trono me lo son preso pei miei sporchi interessi e la mia vanità. E da Bonaparte in poi non s'è mai visto un golpista che si presentasse nei panni di reazionario, che si dichiarasse contrario ai sacri diritti dell'Uomo. Lui è sempre un padre generoso, disinteressato, un idealista che agisce per l'ordine e la legge, la giustizia e la libertà, l'uguaglianza e il progresso: la rivoluzione. Perfino Mussolini chiamò la sua Marcia su Roma, in realtà un colpo di stato, rivoluzione. Perfino Papadopulos, quando abbatté la democrazia in Grecia, chiamò il suo delitto rivoluzione. Perfino Pinochet, quando rovesciò il regime di Allende, chiamò la sua carneficina rivoluzione. Perfino Idi Amin, e Bokassa, e il gruppo dei dodici ufficialetti che nel 1969 s'eran presi la Libia senza storcersi caviglia, senza rompersi un'unghia.

Anche il loro colpo di stato aveva seguito lo schema che ho detto ed era nato dallo stesso cinismo codardo, dalla stessa mancanza di fantasia. Perché disturbarsi a svegliare un popolo, educarlo, indurlo a intraprendere la rivoluzione del bruco che diventa farfalla e che vola? Sono imprese scomode queste, lente, pericolose: non solo si rischia di lasciarci la pelle ma richiedono un mucchio di tempo e di ingegno. Servirsi dell'esercito era così facile invece, e più che mai in Libia: inerte paese che non era mai stato un vero paese e nel quale per secoli chiunque aveva scorrazzato a suo piacimento, sterminata distesa di sabbia che soltanto tredici anni prima l'ONU aveva trasformato in nazione. Su quella distesa di sabbia vasta quanto l'Europa non c'erano che due milioni di abitanti, due o tre città, qualche villaggio ai limiti della preistoria, un paio di porti e i pozzi di petrolio pompato dagli stranieri. Al comando un vecchio re mite e distratto: l'ottantenne re Idris al quale non piaceva regnare e che ogni giorno minacciava di andarsene. Non a caso tutti volevano farglielo il colpo di stato: i parenti avidi, i cortigiani corrotti, i militari di alto grado. C'era una tale abbondanza di colpi di stato in arrivo che non se ne teneva nemmeno il segreto e se andavi a cercare alleanze ti sentivi rispondere: «No, grazie, sto lavorando al mio». Per non fallirlo bastava arrivare un istante prima degli altri, e non c'era bisogno di rispondere a un tocco d'originalità. Fin nei particolari i dodici ufficialetti avevan copiato un esempio già collaudato: il golpe con cui nel

1956 i militari iracheni avevano assunto il potere a Bagdad. Tre battaglioni corazzati che con regolare permesso escono dalle caserme per una supposta esercitazione notturna, e nessuna Bastiglia da prendere, nessun Palazzo d'Inverno. I prigionieri politici quasi non esistevano e re Idris si trovava in Turchia a fare le cure termali con la moglie Fatima, la figlia Salima, e il suo seguito. Superata la sorpresa, se ne sarebbe andato ad Atene dicendo che in futuro avrebbe gradito rientrare in patria come turista: nient'altro. Così i dodici ufficialetti avevan letto indisturbati il loro proclama di menzogne retoriche. «Popolo di Libia, interpretando la tua libera volontà, ascoltando i tuoi incitamenti, rispondendo ai tuoi appelli incessanti, esaudendo i tuoi voti più cari, le tue Forze Armate si sono scelte il compito di rovesciare il regime reazionario e corrotto il cui fetore ci soffocava e la cui vista ci inorridiva. Da questo momento la Libia è una repubblica libera e sovrana che avanza sul cammino della libertà, dell'unione, della giustizia sociale, garantendo il diritto all'uguaglianza, eccetera.» E naturalmente s'erano definiti Comitato Rivoluzionario. Naturalmente, in nome della rivoluzione, avevano arrestato e ammazzato e confiscato e requisito e messo al bando i partiti politici, i sindacati, le associazioni. Infine, condannato a morte il mite vecchietto che dal suo esilio continuava a dire quanto gli sarebbe piaciuto rientrare in patria come turista.

Ma com'era successo che Muammar Gheddafi avesse poi fagocitato il comando della cosiddetta rivoluzione, ne fosse diventato il profeta e il messia? Ecco la domanda che mi tormentava mentre mi recavo da lui. Ed era la stessa domanda che m'aveva tormentato ogni volta in cui m'ero trovata dinanzi a un presuntuoso impostore, a un babbeo vestito da dittatore, da profeta, da messia: ma come ha fatto a riuscirci questo cretino? Non sa neanche parlare, neanche incuter paura: è un poveraccio qualsiasi, senza cervello e senza carisma. In più è buffo. Come ha fatto, mioddio, come? Poi mi tornò in mente quel che Pietro Nenni m'aveva risposto il giorno in cui gli avevo narrato la fiaba del Re Nudo, la storia di una bambina che guarda Hitler e Mussolini.

* * *

Una volta, da bambina, avevo visto Hitler e Mussolini. Era stato a Firenze, l'estate in cui Hitler era venuto in Italia, e avevo potuto vederli grazie a una zia che era sposata a un fascista. Colpa per cui in famiglia la rimproveravano tutti, incominciando da mio padre che la salutava a fatica, e l'unica persona che le mostrasse indulgenza era mia madre per la quale essere sposati a un fascista non era una colpa bensì una disgrazia come avere il cancro: si può forse maltrattare chi ha il cancro? In nome di tale indulgenza capitava perfino che mia madre mi prestasse a lei per alleviare la sua solitudine dovuta alla mancanza di figli, sicché spesso mi veniva a prendere e mi portava in luoghi tanto insopportabili quanto inadatti all'infanzia. «Dove andiamo, zia?» «A sentire un concerto di musica da camera.» «Dove andiamo, zia?» «A portare i crisantemi sulla tomba di mio suocero.» Mai che andassimo a mangiare la panna o a fare un giro in giostra, e mai che qualcuno glielo facesse osservare. L'importante era che non mi parlasse di Hitler e di Mussolini. In casa i nomi dei due dittatori venivano pronunciati insieme a insulti terribili, maledizioni da accapponare la pelle, e quell'estate ero stata biasimata aspramente perché avevo detto duce. «Duce di chi, di che? Chi ti ha insegnato questa parola?» «La maestra.» «La tua maestra è una fascista e questa parola è una parolaccia, capito? Guai a te se la ripeti.» Comunque quel pomeriggio la zia non m'aveva condotto né al concerto né al

151

cimitero, bensì in una piazza con tribune alle quali si accedeva con un biglietto. E la novità m'aveva incantato. «Zia, perché siamo qui?» «Per vedere una cosa.» «Che cosa?» «Una cosa.»

Non ricordo molto dell'antefatto fuorché un gran sole bollente, il rumoreggiar della folla eccitata, i piccioni che svolazzavano tra le bandiere, e il fiocco nero che la zia aveva tolto dalla borsa per annodarmelo in testa. «Perché nero, zia?» «Perché lo zio ha detto nero per rispetto al Führer e al Duce!» Ma ricordo bene la paura atroce che m'aveva intirizzito a udir quella frase, capire che la «cosa» erano Hitler e Mussolini. Che cosa sarebbe successo se i miei genitori avessero scoperto che avevo commesso il peccato di venire a guardarli? Ed anche se non lo avessero scoperto, quale malattia mi sarei presa a guardarli? Una malattia agli occhi, certo, e alla paura s'era presto aggiunta una gran voglia di piangere per gli abusi che stavo subendo: il fiocco nero, il peccato cui ero costretta, la cecità che m'avrebbe mutilato. Con quella voglia di piangere m'ero messa a cercare una via di salvezza e l'avevo trovata nell'unica soluzione possibile: al passaggio dei due avrei chiuso gli occhi. Ciò m'avrebbe impedito di diventar cieca e di non mentire se avessi dovuto giurare: «Io non li ho guardati». Che bisogno ne avevo, del resto? I loro volti li conoscevo. Mussolini lo vedevo sempre a scuola dove stava sotto il crocifisso, nella fotografia accanto a quella del re. Era un tipo gonfio, antipatico, con la bocca arrabbiata e l'elmetto in testa. Hitler lo vedevo sul giornale o al cinematografo. Era un tipo altezzoso, con due baffetti a spazzolino da denti, e portava un ciuffo a coda di lucertola sulla tempia sinistra. Entrambi mi incutevano un grande disagio e, se pensavo alla loro importanza, anche il dubbio che i miei genitori sbagliassero: che cioè si trattasse di due persone eccezionali, straordinarie, uniche al mondo. Il ritratto che la mia maestra ne dava.

Però quando la folla esplose in un urlo estasiato e la zia strillò arrivano, arrivano, i miei buoni propositi si dissolsero nella tentazione, e la curiosità di guardarli divenne talmente acuta, irresistibile, che anziché chiudere gli occhi li spalancai. E vidi, senza diventar cieca. Perché non vidi ciò che i miei genitori dicevano o ciò che la mia maestra affermava. Vidi due uomini uguali a tanti, uno grasso e uno magro, che non assomigliavan per niente alla loro fotografia. Il grasso sorrideva bonario, tenendo le braccia sui fianchi come una lavandaia sguaiata, e anziché l'elmetto portava un bel cappellino con una piuma bianca nel mezzo: civettuola, identica a quelle delle signore a teatro. E questo lo rendeva così divertente, dunque innocuo, che veniva voglia di invitarlo a giocare per chiedergli a cosa servisse la piuma: a misurare il vento, a cacciare le mosche? Il magro invece levava un visuccio che non faceva né caldo né freddo, e i suoi baffetti a spazzolino sembravan piuttosto un cerotto appiccicato sotto il naso per nascondere un graffio. Di conseguenza non suscitava in me lo spavento che di solito provavo dinanzi agli adulti coi baffi, dinanzi al mio gelataio per esempio, che li aveva immensi, severi, con le punte all'insù, e che quando esitavo tra la vaniglia e la cioccolata, il pistacchio e lo zabaglione, ruggiva: «Su avanti, che vuoi? Non pretenderai mica di tenermi qui fino a sera?». Allora tremavo tutta e sceglievo un gelato a casaccio. Con Hitler questo non sarebbe successo. Aveva un'aria troppo gentile, con quel cerotto appiccicato sotto il naso per nascondere il graffio. Mi sarebbe piaciuto moltissimo averlo per gelataio. Lui non m'avrebbe ruggito, ne ero sicura. Avrebbe atteso paziente che mi decidessi per la vaniglia o per la cioccolata, per il pistacchio o per lo zabaglione, e magari avrebbe accettato di mischiarmeli tutti nello stesso cono: cortesia che il mio gelataio non mi faceva mai. Infatti non capivo perché la mamma sostenesse che era un brav'uomo, un anarchico: gli anarchici sono sempre bravi e buoni. Ma soprattutto, in quella piazza dove la folla impazzita invocava Duce-Duce, Führer-Führer, non capivo perché sia lei che mio padre ce l'avessero tanto con Mussolini e con Hitler, e li accusassero d'ogni delitto o catastrofe, li chiamassero mostri, delinquenti, assassini. Non capivo nemmeno perché la maestra ne fosse invaghita, e li trovasse eccezionali, straordinari, unici al mondo, diversi da noi. Che ci fosse un equivoco? Che non fossero loro? Mi rivolsi alla zia: «Sono proprio loro, zia?». La zia rispose di sì e questa è la storia che trentacinque anni dopo avrei raccontato a Nenni, mentre cenavamo nella sua villa di Formia, e lui annuiva commentando che aveva vissuto la fiaba di Andersen. La fiaba del Re Nudo.

«Eppure non me ne do pace, Nenni. Perché anche ora che ci ripenso, che cerco di filtrare attraverso l'innocenza di una bambina, rivedo quello che vidi: una lavandaia sguaiata con un asprit sul cappello e un gelataio gentile con un cerotto sotto il naso.»

«Certo» rispose Nenni. «Certo.»

«Non c'era niente che li rendesse diversi: né come dicevano i miei genitori, né come diceva la mia maestra.»

«Certo» rispose Nenni. «Certo.»

«Eran due omini dall'aria qualsiasi, anzi innocua. A parte la piuma bianca e il cerotto, avrebbero potuto mischiarsi alla folla senza che nessuno si accorgesse di loro, si voltasse a guardarli.»

«Certo» rispose Nenni. «Certo.» E poi aggiunse: «Nel caso di Hitler le credo per ragionamento perché Hitler non l'ho mai visto, io, da vicino. Nel caso di Mussolini, invece, le credo per esperienza. Eravamo amici prima che diventasse il Duce, e le giuro che niente in lui denunciava il futuro dittatore. Non si intravedeva neanche il capo carismatico. Era un giovanotto come tanti: un po' esaltato sì, ma pieno di complessi e di debolezze. Per esempio aveva paura del buio e di notte non voleva mai camminar per strada da solo: cercava sempre qualcuno che lo accompagnasse al portone di casa. Se qualcuno m'avesse detto, a quel tempo, che Mussolini sarebbe diventato il Duce, gli avrei dato di scemo».

«Ma allora perché lo divenne? Perché ci riuscì?»

«Perché chiunque può diventar dittatore» rispose Nenni. «Anche lei, se lei lo volesse. Anch'io, se io lo volessi.»

Guardai il suo volto di mummia millenaria, il suo corpo stanco e infagottato dentro i buffi pantaloni che gli salivano fino allo stomaco come i pantaloni di Charlot, e tutto era così dolce in lui, così civile, che mi ribellai.

«No, Nenni! No, questo no.»

«Sì, invece. Sì. Perché un dittatore non è mai un predestinato. Un dittatore s'inventa. Basta che lui lo voglia, ripeto, o che qualcuno ne abbia bisogno. E aggiungo: non è nemmen necessario che sia molto intelligente o geniale. Di solito, più cretino è e meglio è. Le persone molto intelligenti, del resto, non vogliono diventar dittatori. E quelle geniali hanno altro da fare.»

«Anche Alessandro Magno era un dittatore, e non risulta che fosse un cretino. Così Gengis Khan, Giulio Cesare, Oliver Cromwell.»

«Tempi diversi, casi diversi. Perché il mondo era piccolo, allora, le comunicazioni che rendon possibile la macchina pubblicitaria non esistevano, e un condottiero doveva esser degno di questo nome. Doveva emergere per i propri meriti, avere molte virtù. Nel mondo moderno, no. E io parlo del dittatore moderno, del capo che si impone o viene imposto alle masse attraverso la macchina pubblicitaria. Quello, le dico, si inventa.»

«Ma se scelgono lui anziché un altro, e lui lo vuole fino a riuscirci, deve avere qualcosa. Qualcosa di diverso, Nenni, e forse qualcosa di più.»

«Vuol dire il carisma?» sorrise Nenni. «Anche il carisma s'inventa. Perlomeno si costruisce. Coi miei ottant'anni le dico che da Napoleone in poi non esiste un leader carismatico che non sia stato inventato. E poi il leader carismatico non ha bisogno di vero carisma.»

Qui si concluse il discorso, e sul fatto che il carisma si possa costruire non credo che Nenni avesse ragione. Il carisma è come l'intelligenza, il talento: o c'è o non c'è. Però sul fatto che il leader carismatico non abbia bisogno di vero carisma, di ragione ne aveva da vendere. E quando diceva che nel mondo moderno il dittatore s'inventa, il leader carismatico si costruisce, le sue parole erano sacrosante. Nel caso del dittatore che emerge dal colpo di stato, ad esempio, succede così. E così era successo con Muammar Gheddafi.

* * *

Fu proprio il ricordo di Nenni che mi parlava scotendo il dolce volto di mummia millenaria, insieme ad esso il ricordo della bambina sbalordita a scoprire che il re era nudo, a fornirmi la chiave tanto a lungo cercata e a darmi la spiegazione dell'ascesa gheddafiana. Con quella chiave in mano non ci voleva molto a capirla, del resto. Bastava tener presente una realtà amara e valida in ogni clima, in ogni cultura: gli eroi sono pochi, e gli eroi che dopo un colpo di stato rifiutano di piegarsi sono ancora meno. La gran maggioranza è paralizzata dalla paura, sconvolta dall'incertezza del domani, e vuole soltanto sapere chi è colui al quale dovrà d'ora innanzi amore e rispetto e ubbidienza. Chiede un capo, insomma, un re che rimpiazzi il re spodestato, un re che esaudisca lo spregevole eterno bisogno che gli uomini hanno di un re. I dittatori non sono forse re? I presidenti della Repubblica non sono forse re? Dai re con la corona e lo scettro si differenziano esclusivamente per la faccenda dell'erede e del tempo che durano. Se sono stati eletti col voto, durano finché scade il mandato; se si sono imposti con la violenza, durano finché la morte li prende per tirannicidio o per malattia; né gli uni né gli altri possono metter sul trono i loro figli o nipoti. Ma la pompa che li circonda è la stessa, e l'arroganza con cui comandano, la boria che esibiscono, il servilismo di cui sono oggetto, e i privilegi, le lusinghe, le scappellate degli imbecilli che non sanno esistere senza un re e appena gli taglian la testa vorrebbero riappiccicargliela. Siccome è impossibile riappiccicargliela, vivono nel rimpianto di ciò che hanno distrutto e non hanno pace finché il re morto è sostituito da un re vivo, chiunque egli sia, comunque si definisca: Führer, Guardiano della rivoluzione, Caudillo, Imam, Capo Supremo, signor Presidente, Mister President, Monsieur le Président. La storia del mondo è la conferma di questo, e una delle menzogne più antiche è la menzogna che ha nome repubblica. Soltanto Tito cercò di superarla, morendo, lui che era stato più re d'un re. E comunque, eliminato il re viva il re. La repubblica cerca un re. Il popolo vuole un re. Ci sia dato un re che si chiami o non si chiami re. Se non c'è, lo si inventi. Lo si costituisca.

È a questo punto che il capobanda dei ladri in uniforme esce allo scoperto per dichiarare il suo nome e la sua qualifica di salvatore, cioè per farsi re. Oppure è a questo punto che i ladri in uniforme scelgono fra di loro colui che si assumerà la qualifica di salvatore, cioè che farà il re. In entrambi i casi, il procedimento è lo stesso: grosso modo, quello che i produttori cinematografici usano per lanciare un'attricetta o un ballerino privi di talento. Fotografie, articoli, interviste televisive, ruoli sempre più lunghi e più frequenti in film sempre più costosi e importanti, pubblicità martellante finché il pubblico si abitua a quel nome, quel volto, e se ne innamora e concede la patente di divo o di diva che il produttore cercava nella sua malafede e cinismo. La maggior parte dei divi e delle dive, si sa, sono creature insignificanti: se tu le incontrassi in treno o per strada ignorando chi sono, non le guarderesti nemmeno. Ma quando il loro nome e il loro volto diventan famosi, da creature insignificanti si trasformano in esseri eccezionali: interessante e poi seducente e poi affascinante quel naso che in realtà è troppo grosso e un po' gobbo. Insolito e poi delizioso e poi irresistibile il suo difetto di pronuncia o il suo ancheggiare scomposto. L'attricetta bruttina e il ballerino incapace sono sbocciati in artisti bellissimi, bravissimi, e quale personalità straordinaria: conosci la storia della loro vita? Di solito la loro vita è una storia senza storia, ma ciò non importa perché anche il passato s'inventa, anche il presente si costruisce, comunque si può sempre dire che il suo passato è misterioso e che il suo presente si circonda di privacy. Tanto il successo è potere, e il potere riempie qualsiasi lacuna, riscatta qualsiasi nullità.

Ma sì: per diventare il salvatore della patria, il profeta della rivoluzione, il re della repubblica che aveva cacciato il re, il capobanda dei ladri in uniforme aveva semplicemente seguito il copione di sempre e imitato lo schema che il cinema usa per lanciare una nullità. Il primo settembre 1969 nessuno sapeva che costui esistesse. A malapena s'era sparsa la voce che gli ufficiali golpisti eran dodici giovanotti devoti a Maometto e a Nasser, ostili al capitalismo e al comunismo, tuttavia pronti a trattare con l'Oriente e l'Occidente, con gli Stati Uniti e l'Unione Sovietica. Però alla fine del mese la lieta novella era giunta, portata con l'oro e l'incenso e la mirra dai re Magi cioè dai giornalisti: alleluja, il re era nato, il Messia era giunto. I dodici apostoli avevano eletto il loro Gesù Cristo. Si chiamava Moammer el Kozzafi, no, Muammer el Kazzafi, no, Omar Kazafi, no, Omar Maomer el Khadazi, no, Muammer el Khadafi, Qaddafi, Gheddafi: colonnello ventisettenne già degradato al rango di capitano per indisciplina e ora restituito al ruolo di colonnello che nobilmente respinge altre promozioni. Quale storia straordinaria la sua. Si trattava di un beduino venuto al mondo sotto una tenda della fiera tribù dei Kozzafi o Kazzafi o Kazafi o Khadazi o Khadafi o Qaddafi o Gheddafi o come diavolo si scrivesse. Qui aveva trascorso l'infanzia insieme ad alcune capre, un cammello, un padre, una madre, tre sorelle e il Corano. A undici anni era stato mandato alla scuola elementare del vicino villaggio e in quattro anni aveva finalmente imparato a leggere e a scrivere. A quindici non aveva dissertato fra i dottori ma era entrato alle medie e ascoltando la radio aveva scoperto Nasser nonché i tempi gloriosi in cui gli arabi andavano alla conquista della Sicilia, dell'Italia, della Spagna per schiacciare i cani infedeli. Allora insieme a dieci coetanei e a un tipo svelto di nome Jalloud, qualche anno più vecchio, aveva fondato una cellula rivoluzionaria e capito che per conquistare il potere ci voleva il colpo di stato. A tal scopo aveva convinto i suoi amici a entrar nell'esercito, diventare ufficiali. Che altro? Era alto e magro, bello quanto un attore, religioso al punto di considerarsi un mistico e un asceta, negli anni trascorsi a preparare il colpo non aveva mai ceduto ai peccati della carne. Niente alcool, niente divertimenti, niente donne. E meraviglia delle meraviglie: era vergine. Neanche quando l'esercito lo aveva inviato, ventiquattrenne, a fare un corso di sei mesi in Inghilterra, egli aveva rinunciato alla sua verginità. Ed era il 1966, Mary Quant aveva appena lanciato le minigonne, Londra era un covo di tentazioni cui nemmeno san Francesco avrebbe resistito.

V'è una sola differenza tra il lancio di un divo e quello di un leader carismatico: tanto il primo può fregiarsi di scandali e di bizzarrie, tanto il secondo deve esaltare la sua purezza e il suo rigore morale; tanto il primo può esibire la sete di successo, tanto il secondo deve nasconderla. Infatti si regala alle folle come una puttanella che adesca un corteggiatore, ora offrendosi e ora negandosi, ora sorridendo e ora voltando le spalle, e l'inizio dell'adescamento è appunto il ritrattino biografico che getterà le basi del mito. Ad esso seguono discorsi al balcone, comizi, altre pubbliche civetterie, onde il popolo possa ammirarlo da vicino e convincersi che non è un miraggio: anzi è il più intelligente, il più lungimirante, il più coraggioso, il più capace. Poi la fase della ritrosia, o periodo durante il quale vuol farci credere che si è sacrificato per il bene del prossimo non certo il suo e che non mira a fare il re: non ci tiene, non gli piace, la sua modestia glielo impedisce. Intanto però bombarda i futuri sudditi con la sua presenza inimitabile e insostituibile, la sua voce entra nelle case e sotto le tende del deserto, la sua immagine invade le strade, le caserme, gli uffici, le aule universitarie, qualsiasi luogo dove esista un muro per attaccare il ritratto del salvatore, un interruttore per infilare la spina dell'apparecchio televisivo e vederlo tra i bambini, i vecchi, gli ammalati. In passato gli avventurieri decisi a diventar dittatori avevano bisogno degli archi trionfali, dei giornali, degli intellettuali sciocchi o venduti; oggi se la cavano con i fotografi, i cameramen, le transistor. Specialmente nei paesi dove non si sa leggere né scrivere. E nel 1969, in Libia, la percentuale dell'analfabetismo toccava il novantacinque per cento della popolazione, i giornali quasi non esistevano, gli intellettuali erano una minoranza superflua. Non c'era niente e nessuno, insomma, a contestare l'immagine del bel cavaliere senza macchia e spiegare ad esempio che la leggenda della sua verginità monacale era inquinata dalle voci sul suo amore per Jalloud: quindi non aveva proprio alcun diritto di precedere Khomeini nella campagna contro gli omosessuali. Vero è che a rivoluzione avvenuta egli s'era sposato in quattro e quattr'otto con la figlia di un alto ufficiale monarchico, sicché la faccenda s'era messa a posto.

Certo, un divo del cinema impiega molto più tempo a raggiungere la gloria e quando l'ha raggiunta non fa male che a sé stesso. A un dittatore invece bastano pochi mesi, e quando l'ha raggiunta son lacrime per tutti. In meno di un anno aveva già liquidato i suoi apostoli fuorché due fidi e il diletto Jalloud: aveva arrestato cioè due terzi del Consiglio Rivoluzionario, i compagni di scuola grazie a cui aveva potuto rubare il potere. E s'era autoeletto capo spirituale, politico, militare, religioso. Qualsiasi cosa dipendeva da lui, perfino l'osservanza al Corano: le ore della preghiera, il digiuno del Ramadan, il veto degli alcolici, le punizioni corporali. E naturalmente dipendeva da lui l'assetto economico, la favolosa ricchezza del petrolio, la politica estera che si basava sull'odio per Israele, l'ostilità all'Occidente, la nostalgia dei tempi in cui i mussulmani andavano alla conquista della Sicilia, dell'Italia, della Spagna per schiacciare i cani infedeli. Morto Nasser, s'era arrogato la guida del mondo islamico e rompeva le scatole ai paesi confinanti, in particolar modo all'Egitto, con le sue pretese e le sue prepotenze: era giunto perfino a servirsi d'un sottomarino egiziano per tentar d'affondare il transatlantico Elizabeth II che trasportava a Haifa duemila pellegrini ebrei. Inoltre era entrato nell'Olimpo dei leader mondiali e li trattava a tu per tu, li ricattava col greggio e col raffinato, con l'amicizia o l'inimicizia di un paese che per la sua posizione strategica aveva sempre fatto gola a molti e ora più che mai ai russi e agli americani. Come una prostituta che va a letto con chi la paga meglio, fornicava con gli uni e con gli altri: agli uni presentandosi nei panni dell'anticapitalista, agli altri nei panni dell'anticomunista, dagli uni comprando le armi pesanti, dagli altri le armi leggere. E va da sé che pesanti o leggere le comprava anche dai francesi, dagli italiani, dai pakistani, dagli inglesi, dagli svedesi, da chi gliele offriva e senza discutere il prezzo: tanto per lui i miliardi erano sabbia. Per le armi aveva rivelato una passione quasi sessuale: avrebbe venduto la mamma per possedere un'atomica, e non trovando chi gliela vendesse aveva mandato Jalloud da Ciu En-lai. Quel saggio lo aveva cacciato ma ugualmente la Libia pullulava di carri armati, cannoni, aerei da caccia, elicotteri, gioielli della tecnologia bellica che nessun libico sapeva usare e che quindi non si capiva a che cosa servissero. Pullulava anche di fucili mitragliatori, rivoltelle col silenziatore, lanciarazzi, bazooka, esplosivi, ordigni micidiali come i soprammobili al plastico e nemmeno questi si capiva a che cosa servissero.

Ma poi s'era capito. Servivano a portare il terrore nell'Occidente e ovunque a lui facesse comodo. Servivano a fare attentati, rapimenti, massacri, omicidi su commissione, a seminare incertezza e discordia e paura fuori dei suoi confini. Col pretesto di aiutare i fratelli palestinesi egli equipaggiava e finanziava e fomentava il terrorismo di qualsiasi indirizzo o colore. Nei campi di addestramento che aveva aperto nel Sirte, l'arte di uccidere veniva insegnata come l'arte del restauro a Firenze e il bel canto a Milano. Chiunque poteva studiare assassinio in quella Sorbona del sangue: gli italiani delle Brigate Rosse, gli italiani delle Brigate Nere, i tedeschi della Baader Meinhof, i mussulmani delle Filippine, i kamikaze giapponesi, i fidayin palestinesi. Gli istruttori eran russi, cecoslovacchi, bulgari, cubani, americani. Tra gli americani, certi Berretti Verdi che in Vietnam si divertivano a tagliare la testa ai vietcong poi a strappargli il pene e ficcarglielo in bocca. Però ci trovavi anche mercenari ricercati dall'FBI come Edwin Wilson e Frank Terpil, e Carlos: l'Einstein della delinquenza mondiale. Era stato George Habash, il folle capo del Fronte Popolare per la Liberazione della Palestina, a presentargli Carlos. E a lui era piaciuto tanto che gli passava uno stipendio fisso, una villa al mare, e un milione di sterline per le imprese speciali. Ad esempio, il sequestro di Yamani e degli altri ministri del petrolio riuniti a Vienna per la conferenza dell'Opec. Risultato, dal 1970 in poi non c'era stato un solo massacro, un solo attentato, un solo rapimento politico dietro il quale non si nascondesse lo zampino del colonnello o almeno i suoi soldi. Strage all'aeroporto di Fiumicino, di Atene, di Lodz, di Zurigo, alle Olimpiadi di Monaco, alla Banca dell'Agricoltura a Milano: tanto per fare qualche esempio. La disinvoltura con cui saltava tra gli interessi e le ideologie più contrastanti era un capolavoro di doppio anzi triplo anzi quadruplo gioco, e a Tripoli il traffico delle armi era allucinante quanto il via vai delle spie che sapevano tutto e anziché smascherarlo lo aiutavano. Nel 1976 non erano stati i servizi segreti italiani e americani a informarlo che uno degli apostoli scampati alla purga iniziale, Omar el-Meheishi, stava tentando di rovesciarlo con l'esercito libico? E non era stato per via di quella spiata che i ventitré ufficiali del complotto erano stati condannati a morte e fucilati?

Quanto alle armi pesanti, gli servivano per attuare il suo espansionismo da neo Mussolini del Mediterraneo e tormentare i paesi confinanti che gli tenevano testa. Anzitutto l'Egitto dove Sadat gli era diventato apertamente nemico, poi la Tunisia dove Burghiba lo disprezzava, poi il Marocco dove re Hassan non gli era molto grato dei continui colpi di stato con cui tentava di assassinarlo. Infine il Ciad di cui rivendicava parte del territorio e che avrebbe invaso per annettersi una bella fetta. Però gli servivano anche per ficcare il naso in paesi lontani come l'Uganda dove, al tempo della guerra con la Tanzania, aveva inviato ad Amin cinquecento uomini del suo corpo di spedizione. E pazienza se per stanarli dai carri armati eran bastati ai tanzanesi due o tre spruzzi di insetticida, pazienza se Idi Amin il cannibale aveva perduto ignominiosamente. L'Africa Nera restava per il colonnello un impero da conquistare agitando nobili intenti, una colonia da convertire in un'altra crociata all'inverso. Voleva recuperarla all'Islam, indurre all'abiura anche le nazioni che di Maometto non volevan saperne, e a tal scopo aizzava le minoranze mussulmane, provocava colpi di stato o rivolte nel Niger, nel Mali, nel Senegal, nel Gambia, nel Camerun, nel Ghana, nell'Alto Volta, in Nigeria. Quasi ciò non bastasse, teneva a Tripoli i capi di quelle minoranze e col pretesto di dargli ospitalità li trattava come ostaggi da ricattare. Per il Niger teneva l'ayatollah Mohat Moussa, per il Mali l'ayatollah Medina Sunbuni, per il Senegal l'ayatollah Khalifa Moussa. E chissà che non stesse facendo lo stesso con l'imam Moussa Sadr, capo degli sciiti libanesi, la cui scomparsa turbava tanto i suoi rapporti con l'Iran. Dicendo di voler ristabilire le relazioni diplomatiche interrotte dallo scià, in realtà per stringere con Khomeini un'alleanza simile al Patto d'Acciaio che nel 1940 Mussolini aveva stretto con Hitler, egli aveva infatti tentato più volte di recarsi a Qom. Ma ogni volta era stato respinto, s'era visto addirittura proibire di mettere piede a Teheran. Motivo di tale rifiuto, la scomparsa a Tripoli di Moussa Sadr che Khomeini amava al punto di avergli dato in moglie la sua più cara nipote.

* * *

Sì, era una gran bella storia questa storia di Moussa Sadr detto anche l'Imam dagli Occhi Azzurri per via dei suoi occhioni color pervinca. E meglio di altre illustrava la follia del gran minestrone che chiamano Storia, il pasticcio nel quale m'ero cacciata. Ecco qua. Nell'agosto del 1978 Moussa Sadr s'era recato a Tripoli per incontrare Gheddafi e da quel momento s'era dissolto nel nulla. Arrestato, rapito, ucciso? Alcuni dicevano che l'incontro si fosse risolto in un litigio sul progetto che i due stavano studiando: trasformare il Libano in una roccaforte islamica organizzando gli sciiti libanesi in un movimento di guerriglia che ripulisse il paese dai cristiani filosionisti e filo-occidentali, e dagli stessi occidentali. Altri dicevano che il litigio non era esploso per questo bensì per la piantagione di droga che Moussa Sadr possedeva vicino a Beirut e il cui prodotto smerciava attraverso la Libia versando a Gheddafi una percentuale che il primo giudicava eccessiva e il secondo insufficiente. In entrambi i casi, Moussa Sadr non era rientrato in albergo e nessuno l'aveva mai più trovato né vivo né morto. Altri ancora dicevano che il litigio non era avvenuto e neanche l'incontro. Offeso da quel ribaldo che veniva sempre a mendicar soldi e in compenso rifiutava di accettare consigli, Gheddafi aveva ordinato di prelevarlo all'arrivo e di chiuderlo un paio di giorni in caserma affinché meditasse sulla sua insolenza prima di avvicinarlo. Ma, per un tragico errore, invece di portarlo a meditare in caserma, lo avevano messo al muro e fucilato. Infine c'era una terza anzi una quarta versione alla quale pochi credevano e che tuttavia molti non volevan scartare: incontro o no, litigio o no, Moussa Sadr non era stato fucilato. Stava in qualche remota località del deserto dove Gheddafi lo teneva in ostaggio come gli ayatollah dell'Africa Nera, per costringerlo a impartire ai suoi adepti a Beirut ciò che lui gli comandava. Ed anche per mercanteggiarne la restituzione il giorno in cui Khomeini avrebbe accettato di firmare il Patto d'Acciaio e guidare con lui il Risorgimento sciita libanese.

Comunque fosse andata, tutte le voci accusavano il colonnello e inutilmente egli si difendeva sostenendo che Moussa Sadr era andato a Tripoli ma n'era ripartito a bordo di un aereo di linea italiano per sbarcare a Roma dove era stato ucciso da agenti sionisti. Neanche un cane gli credeva. Dopo le indagini condotte dai suoi servizi segreti e dalla sua polizia, il governo italiano aveva dimostrato che l'imam libanese non era mai sbarcato in Italia e non si era mai imbarcato su un aereo diretto a Roma. Quanto al governo iraniano, aveva confermato quel fatto. Lo sapevo ben io che sull'argomento avevo rivolto a Bazargan una domanda molto precisa: «È vero o non è vero che i rapporti diplomatici tra la Libia e l'Iran non sono stati ristabiliti per la scomparsa a Tripoli di Moussa Sadr?». E con voce tagliente Bazargan m'aveva risposto: «È vero. La scomparsa dell'imam Moussa Sadr è un fattore molto importante nella nostra mancanza di rapporti diplomatici con la Libia, e il governo italiano ha ragione di sostenere che Moussa Sadr non è mai sbarcato in Italia. Io lo ripeto. Infatti abbiamo chiesto a Gheddafi di ricevere una commissione di inchiesta che cerchi Moussa Sadr in Libia e non riapriremo nessuna ambasciata in quel paese, né permetteremo a quel paese di aprire alcuna ambasciata nel nostro, finché non sarà avvenuto ciò che vogliamo». E quando gli avevo detto che in quei giorni il figlio dell'ayatollah Montazeri, Sheik Montazeri, era andato a Tripoli e s'era fatto fotografare con Gheddafi e Arafat, poi aveva dichiarato che Moussa Sadr era stato ucciso da agenti sionisti in Europa, Bazargan aveva perso tutta la sua compostezza. Pallido in volto, col pizzetto candido che gli vibrava di sdegno, aveva battuto una mano sul tavolo e: «Sheik Montazeri è un anormale che ha bisogno d'esser curato da uno psichiatra, e tutto ciò che dice o fa riguarda lui e basta!».

Che Sheik Montazeri fosse un anormale era esatto. Nel caos iraniano soltanto il fucilatore Khalkhali poteva competer con lui in perfidia e imbecillità. Del resto i due si assomigliavano anche fisicamente: stessa statura di nano deforme, stesso volto ripugnante, stesso agitarsi ululando risate di ghiaccio. E per dimostrare quanto avesse bisogno di uno psichiatra bastava rilevare che si vestiva da mullah senza essere mullah, inoltre pretendeva di imbarcarsi sugli aerei senza biglietto e senza passaporto. «Queste son regole capitalistiche e imperialistiche!» gridava puntando la rivoltella contro chi gli faceva notare che il biglietto ci voleva e, se andava all'estero, anche il passaporto. Poi: «Io ti sparo in nome della rivoluzione! Viva la rivoluzione!». E sparava provocando scene di panico e disperazione perché bene o male suo padre era un uomo importante, lo si diceva il rivale e forse l'erede di Khomeini, e nelle rivoluzioni avere un padre importante conta come nei regimi conservatori. Che il suo comportamento riguardasse lui e basta, era invece inesatto: proprio grazie a lui Gheddafi aveva trovato il modo di avviare l'alleanza che cercava in Iran. A Tripoli infatti Sheik Montazeri non era andato soltanto per scagionarlo sulla scomparsa di Sadr ma per proporre a lui e ad Arafat un piano di azione congiunta in Medio Oriente. Vale a dire l'invio a Beirut di mille kamikaze iraniani che in attacchi suicidi via terra e via mare e via aria perseguitassero anzi distruggessero il nemico sionista e i suoi alleati occidentali o filo-occidentali. I mille erano già pronti, aveva giurato Montazeri, e si sarebbero installati nei campi palestinesi oppure tra gli sciiti. Tra loro si trovavano anche alcune donne che sapevano come nascondere l'esplosivo sotto il chador.

Ad Arafat il piano non era piaciuto: in Libano aveva già abbastanza guai per potersi permettere anche i mille kamikaze di un pazzo. Così aveva declinato l'offerta, cosa che avrebbe pagato con la cacciata dell'OLP dalla Libia, e s'era fatto fotografare con lui per pura cortesia. Gheddafi però se n'era mostrato entusiasta, e non solo aveva promesso di finanziare l'impresa, fornire gli esplosivi di cui avrebbe avuto bisogno, ma s'era anche impegnato ad aggiungere duecento libici della sua Brigata Islamica. La notizia veniva dallo stesso Sheik Montazeri che al ritorno aveva convocato metà dei suoi mille e li aveva condotti all'aeroporto per imbarcarli, senza biglietto e senza passaporto ma armati di fucili e bazooka, su due aerei diretti a Beirut. Naturalmente era successo un bordello. Bazargan aveva proibito di farli partire bloccandoli coi passdaran, e il governo libanese aveva dichiarato che non avrebbe consentito ad alcun aereo iraniano di atterrare a Beirut. Allora Sheik Montazeri aveva convocato la stampa, e in preda all'isteria aveva berciato che in Libano sarebbe andato ugualmente: passando dalla Siria e installandosi nella vallata della Bekaa. Gheddafi avrebbe risolto gli ostacoli. Come ridevano, tutti, ascoltando quelle parole. Ridevo anch'io. Non esisteva una sola persona, a Teheran, che prendesse sul serio quei propositi garibaldini. Peccato. Perché due anni e mezzo dopo, nel luglio del 1982, i mille kamikaze sarebbero giunti davvero: insieme a duecento libici. E passando dalla Siria si sarebbero installati davvero nella vallata della Bekaa, e non agli ordini di un anormale cui serviva uno psichiatra bensì di qualcuno che sapeva il fatto suo. Di lì, infatti, sarebbero partiti i camion suicidi che l'anno seguente avrebbero fatto strage tra gli americani e i francesi delle Forze Multinazionali. E, dopo tale strage, quasi ogni tumulto o attentato o assassinio che avrebbe martoriato la moribonda Beirut sarebbe stato voluto da loro, realizzato dagli sciiti che sventolavano il ritratto di Khomeini. Spesso, anche il ritratto di Moussa Sadr. Ancor più spesso, il ritratto di Moussa Sadr tra due ritratti di Khomeini.

Ma questo non potevo saperlo, nessuno poteva saperlo, mentre il mio aereo scendeva su Tripoli ed io mi preparavo ad affrontare il colonnello pensando che alla mia analisi mancava qualcosa. Che cosa?

* * *

«Spiacente, in Libia non esiston facchini» disse il giovanotto che avvolto in un patetico barracano marrone e coi piedi nudi dentro i sandali rotti m'aveva ricevuto all'aereo presentandosi come Albuker Giuma, funzionario del regime e addetto alla mia scorta.

«E perché non esiston facchini?»

«Perché i facchini fanno un lavoro da schiavi e la rivoluzione li ha aboliti.»

«Capisco. Mi cerchi un carretto, la prego.»

«Non ne vedo, non ce ne sono.»

«Allora mi aiuti, per cortesia.»

«Non posso, ho male alla schiena.»

«Anch'io, purtroppo.»

Imprecando sollevai il mio valigione, lo trascinai sotto gli occhi del colonnello che dalle fotografie sorrideva in alta uniforme, e non chiesi se lui si portava il bagaglio. Tantomeno chiesi chi portava quello dei vecchi, degli zoppi, delle donne incinte che avevano la sventura di scendere all'aeroporto di Tripoli. Però questa faccenda del lavoro da schiavi mi incuriosiva e appena fummo in automobile, diretti in città, cercai di saperne di più.

«E quali sarebbero gli altri lavori che sono stati aboliti in quanto lavori da schiavi?»

«Quello di lustrascarpe» rispose Giuma con malcelata fierezza. «Sì, anche i lustrascarpe sono stati aboliti.»

«E gli spazzini, sono stati aboliti anche loro?»

«No, gli spazzini no.»

«E i camerieri, le domestiche, i manovali, i proletari in genere?»

«No, ma sono pochissimi i libici che fanno gli spazzini, i camerieri, le domestiche, i manovali, i proletari in genere. In pratica nessuno. Questo è un paese davvero socialista.»

In ogni caso, pensai, doveva essere un paese nel quale era stato risolto uno dei maggiori problemi dell'umanità: quello del lavoro che umilia o affatica. Negli Stati Uniti, cioè nella società che più di ogni altra ha sostituito la servitù fisica con la tecnologia, i facchini esistevano. E i lustrascarpe. E i camerieri, le domestiche, i manovali, i proletari in genere, sebbene non si considerassero tali e a dirgli che facevano un mestiere da schiavi c'era da farsi rompere il naso. Lo stesso nell'Unione Sovietica e nei paesi comunisti dove si dicevano fieri d'esser proletari. L'unica volta in cui m'era venuto il dubbio che non lo fossero per niente era stato quando i russi avevan lanciato lo Sputnik e un giornale satirico di Mosca aveva pubblicato la vignetta di una spazzina che spazzava la Piazza Rossa guardando in cagnesco la luna. E diceva: «Ora mi tocca spazzare anche quella». Bè, se in Libia ciò non accadeva, bisognava riconoscere che almeno in questo il colonnello era stato bravo.

Mi congratulai con Giuma: «Perbacco!».

«Mi meraviglio che lei si meravigli» rispose Giuma. «Non ha letto il Libro Verde? Non conosce le basi del socialismo islamico? Nessuno qui soffre la fame come da voi in Occidente.»

Il Libro Verde non lo avevo ancora letto. Dopo i traumi del Libro Azzurro me n'era mancata la forza e lo avevo messo in valigia contando di leggerlo qui. Ma era consigliabile che lui non lo sapesse.

«E chi le ha detto che da noi in Occidente si soffre la fame?»

«Sono stato in Italia, ho imparato l'italiano all'università per stranieri di Urbino. E sono stato anche a Parigi.»

«E a Urbino, a Parigi, ha visto la gente morire di fame?»

«Proprio di fame no, però né a Urbino né a Parigi ho visto il benessere che c'è in Libia. Guardi!» esclamò lasciando il volante e allargando entrambe le braccia.

Guardai ma non si capiva bene che cosa dovessi guardare. Erano quasi le dieci di sera e procedevamo nel buio di un viale dove non si vedevan che palme.

«Le catapecchie non esistono in Libia» proseguì. «Tutti hanno una casa o un appartamento, e ne son proprietari. Tutti hanno un'automobile e due o tre televisori e una transistor a testa. E tutti hanno un conto in banca.»

«Siete ricchi» ammisi. E l'impazienza di conoscere quel regno del Bengodi si fece bruciante. Tripoli doveva essere una città stupenda con le strade lastricate d'oro e i grattacieli più belli che a New York, mi dissi. E ovunque gente satolla che essendo stata liberata dal giogo della servitù poteva dedicarsi all'arte, alla scienza, alle altre imprese dell'intelletto. Sfido io che il colonnello voleva portare la sua rivoluzione in ogni angolo della terra e rompeva le scatole a chiunque coi suoi colpi di stato, i suoi attentati terroristici, i suoi sequestri, i suoi omicidi. Il suo non era imperialismo, era generosità!

«La ricchezza non c'entra. C'entra la distribuzione della ricchezza» rispose lui, polemico. «Deve capire che qui tutto è gratuito: praticamente anche il cibo perché costa pochissimo. Sono gratuite le scuole, le università, gli ospedali, e l'uguaglianza è assoluta. Negli ospedali ad esempio non vi sono corsie di seconda o di terza classe: chi si ammala va in una cameretta privata e, se ha bisogno di recarsi all'estero per un intervento speciale, lo Stato gli paga una camera di lusso in una clinica di lusso. Lo Stato qui ha cura del cittadino: non lo ha letto nel Libro Verde? Gli dà perfino uno stipendio a vita, qualsiasi cosa faccia o non faccia. Nei paesi capitalisti ciò non succede. E nemmeno in quelli comunisti.»

«Eh, no» ammisi. E la faccenda dei mestieri aboliti tornò a tormentarmi. Se tutti vivevano così bene, protetti dalla culla alla tomba, chi faceva il lavoro che umilia e affatica? Chi spazzava le strade, chi serviva nei ristoranti, chi puliva gli edifici e le case, chi scaricava nei porti, chi seppelliva i cadaveri, addirittura chi pompava il petrolio? Forse, grazie al loro petrolio, alla loro opulenza, avevano inventato robot straordinari, simili a quelli che ci vengon descritti nei racconti di fantascienza dove umanoidi robustissimi e intelligentissimi provvedono ai bisogni degli umani o dove basta pigiare un bottone per rifarsi il letto e vendemmiare.

«Sono proprio curiosa di arrivare in città» conclusi.

«Siamo quasi arrivati» rispose Giuma, e presto fummo nel centro della capitale. A occhio e croce, una squallida cittadina come se ne trovano nel Sud più povero dell'Italia: qua e là un casermone tirato su da farabutti senza coscienza né gusto, qua e là un vecchio edificio umbertino o una villetta lasciata dagli italiani, e poi casupole spalmate di calce come a Qom. Scarse le luci, poche le automobili, e niente grattacieli stupendi, niente strade lastricate d'oro. Anzi, ora che uscivamo dal centro, non erano nemmeno asfaltate e la terra battuta era colma di buche più profonde di quelle che affossano i viottoli di campagna.

«Ecco il Lybia Palace» disse Giuma scansando una voragine e fermandosi dinanzi a un orribile albergo vicino al mare. Scaricammo il bagaglio e subito un inserviente ossequioso afferrò la mia valigia. Ma non era un umanoide di plastica, era un essere umano con una giacchettina cenciosa che faceva piangere a guardarla.

«Libico?» gli chiesi incredula.

«Egiziano» rispose.

Entrammo nella hall dove un altro disgraziato lucidava il pavimento.

«Libico?» gli chiesi perplessa.

«Pakistano» rispose.

Salii in camera, anzi nel vasto appartamento che Giuma aveva riservato per stupirmi, e subito una cameriera dal visuccio triste venne ad offrirmi i suoi servigi.

«Libica?» le chiesi con un po' di speranza.

«Tunisina» rispose.

Il cameriere che m'avrebbe portato il caffè era invece turco. E come avrei scoperto nei giorni seguenti, era assolutamente vero che i libici non si avvilivano a fare i facchini, gli spazzini, le domestiche, i camerieri, i manovali, i proletari in genere. Loro eran tutti burocrati o militari o commercianti o studenti o fannulloni. Il lavoro che umilia e affatica, da essi ritenuto volgare e disdicevole, era sempre fatto da egiziani o pakistani o tunisini o algerini o turchi o sudanesi o altri africani, e anche da europei dell'Est e dell'Ovest. Mai da un libico. Perfino nelle imprese edilizie, nei porti, nei pozzi di petrolio, la quasi totalità degli operai era straniera. Circa settecentomila per una popolazione di due milioni e mezzo. Ben pagati, sì, ma esiliati ai margini della società e condannati a un'esistenza che escludeva ogni conforto, ogni diritto, ogni divertimento, ogni piacere incluso il piacere di bere un bicchiere di vino o una birra e andare a letto con una donna.

Anatre da ingozzare e basta. E questa era la gran trovata del Gran Rivoluzionario che come un'Evita Peron, o un capomafia teso a proteggere la sua «famiglia», corrompeva il popolo con elemosine in appartamenti e case gratis, cliniche di lusso, automobili, televisori a colori, transistor; inoltre gli toglieva l'orgoglio di lavorare fornendogli servi cui era negato addirittura il sollievo di ubriacarsi o baciare una ragazza. La rivoluzione vista come elemosina e come sostituzione di schiavi con altri schiavi.

«Tutto bene?» chiese Giuma raggiungendomi nell'appartamento, ansioso di accertarsi che le cose procedessero secondo gli ordini del colonnello e anche di aggiungere qualche altra lode prima dell'intervista fissata per l'indomani.

«Benissimo, grazie.»

«La cameriera è stata sollecita?»

«Molto sollecita, grazie.»

«Il caffè gliel'hanno portato?»

«Me l'hanno portato, grazie.»

«Nel frigorifero ci sono le aranciate, i succhi di frutta, le pepsicole, le acque minerali semplici e gassate. Può scegliere a volontà.»

«Grazie.»

«Niente alcolici, però. In Libia sono proibiti.»

«Lo so, grazie.»

«In compenso c'è la Tv» disse accendendo l'apparecchio che si illuminò per dare l'immagine a colori del colonnello col berretto a visiera e la giacca grondante di nastrini, onorificenze, medaglie: la stessa che mi guardava mentre trascinavo il valigione all'aeroporto. Ma presto sparì per essere sostituita da una folla di scalmanati che levava il pugno e scandiva: «Ghed-da-fi! Ghed-da-fi! Ghed-da-fi!».

«Che cos'è, Giuma? Un comizio?»

«No, un semplice omaggio, che viene dato negli intervalli fra le trasmissioni.»

«E perché?»

«Perché il popolo lo vuole! Perché egli lo merita! È davvero un grand'uomo, sa? E poi simpatico, intelligente. Un pensatore. Se ne accorgerà, domani, se non se n'è già accorta leggendo il Libro Verde.»

«A che ora lo vedrò?»

«L'ora è da stabilire, ma certo sarà di sera. Forse di notte.»

«Di notte?!»

«Sì, lui riceve spesso di notte. Perché ha tanti impegni, di giorno, e non può permettersi di sottrarre tempo alle faccende di stato. Specialmente in questo periodo, con quel che succede in Iran. È sempre a telefono con Teheran.»

«Credevo che non esistessero i rapporti diplomatici tra la Libia e l'Iran.»

«Si sono appena ristabiliti. Egli ammira moltissimo la rivoluzione iraniana. E ha una stima profonda per Khomeini.»

Sullo schermo la folla degli scalmanati s'era dissolta per cedere il posto a un'altra immagine del colonnello, stavolta a cavallo e ammantato in un candido burnus dai bordi d'oro come il bel cavaliere che nella leggenda dei beduini giunge sul suo destriero per premiare i buoni e punire i cattivi. Poi anche questa era scomparsa per far tornare gli scalmanati che levavano il pugno e scandivano: «Ghed-da-fi! Ghed-da-fi! Ghed-da-fi!».

«Non dovrò mica mettermi il chador?»

«Oh, no! Qui non si porta il chador, lo avrà notato. Qui le donne non sono neanche tenute a coprirsi la testa. Godono d'una tale uguaglianza con gli uomini che fanno perfino il servizio militare.»

«Davvero?»

«Certo. Dai quattordici ai diciotto anni, come gli uomini.

Il servizio di leva dura cinque anni per entrambi i sessi. E scaduti quelli, anche le donne possono fare il militare professionista: basta che si impegnino a non sposarsi prima dei venticinque anni.» Levò un ditino scherzoso: «Domani lei non avrà occasione di gettare il chador in faccia a nessuno».

«Prego?»

«Lo sanno tutti che con Khomeini è stata cattiva, che gli ha buttato il chador in faccia.»

«Chi le ha detto questa sciocchezza?»

«C'era sui giornali. Lo ha letto anche Gheddafi.»

«Se avesse letto una cosa simile, non sarei qui.»

«Al contrario. Lei è qui anche per quello. Egli adora le sfide. A parte il fatto che è sicuro di piacerle molto più di quanto le è piaciuto Khomeini. Lui piace a tutti, uomini e donne, ma alle donne in modo particolare. Molte, intervistandolo, si innamoran di lui.»

«Non mi dica!»

«Glielo dico. E aggiungo: se ne innamorerà anche lei. Però mi raccomando: rilegga il Libro Verde. Non può fare una buona intervista se non conosce bene il Libro Verde.» E con questa frase se ne andò, lasciandomi dinanzi allo schermo dove gli scalmanati s'erano dissolti e di nuovo per cedere il posto a un filmato nel quale il colonnello appariva in tenuta sportiva: tuta blu e scarpe da football. Così vestito giocava, solo, contro un'intera squadra che non riusciva mai a mettere in porta e inutilmente dribblava, attaccava, lanciava. Lui, invece, ogni volta che toccava il pallone faceva gol. Cosa che raddoppiava le grida, Gheddafi, Gheddafi, Gheddafi.

Spensi il televisore pensando che per oggi ne avevo viste o udite abbastanza. Buon'ultima, la notizia che i rapporti con l'Iran s'erano ristabiliti in seguito al sequestro degli ostaggi americani. Ora dovevo riposarmi, fare una bella dormita per essere in forma domani e dimostrare a Giuma quanto mi fosse impossibile innamorarmi del suo padrone. Ma il fatto di non aver letto il Libro Verde mi preoccupava fino a togliermi il sonno perché, all'improvviso, m'era sorto il dubbio o meglio il sospetto che il qualcosa invano cercato fosse proprio lì. Il caso del leader carismatico non si esaurisce col suo trionfo di despota. Esplode e si solidifica quando egli si presenta nella veste del gran pensatore, rivelando al mondo la formula della felicità cioè l'ideologia grazie a cui ha potuto vincere la rivoluzione e portare il Paradiso in terra. E tale formula, tale ideologia, è quasi sempre espressa attraverso un Libro Azzurro o un Libro Rosso o un Libro Verde o giallo o viola nel quale si nasconde il segreto della sua psiche. Ignorarlo è come giocare a calcio senza pallone. Bisognava levarlo dalla valigia, dunque. Bisognava frugarci dentro e trovare ciò che fino a quel momento non avevo trovato. Tanto non ci avrei impiegato molto: anziché d'un vero libro si trattava di due libriccini che avevano le dimensioni d'un pacchetto di sigarette, e l'esiguo testo era diluito in colonne così smilze che ogni pagina conteneva un massimo di ottanta parole. Neanche trenta cartelle dattiloscritte il primo e neanche venti il secondo. Soltanto il titolo era minaccioso: *La Base Politica della Terza Teoria Universale* e *La Base Sociale della Terza Teoria Universale*. Poi, il verde della copertina: colore dell'Islam e tinta per cui egli aveva una vera passione, mi avevano detto.

Mi feci coraggio. Incominciai a leggere *La Base Politica della Terza Teoria Universale*. Bè, non aveva niente in comune col Libro Azzurro di Khomeini. Non parlava di pecore da sedurre, bambine da stuprare, cibo da vomitare, e nemmeno di rapporti anali fra parenti maschi. La democrazia, diceva, è una dittatura. Perché in democrazia la lotta politica si risolve con la vittoria di un candidato o di un partito che ha ottenuto la maggioranza dei voti, e questo significa che la minoranza è governata dalla maggioranza cioè che la maggioranza abusa della minoranza. Il sistema parlamentare è un'impostura. Andava bene ai tempi dei sultani e dei capi tribù, quando il popolo aveva bisogno d'essere rappresentato. Nell'era delle masse e delle repubbliche è scandaloso che il popolo sia rappresentato dai parlamenti perché questi sono composti dai deputati e non dal popolo. Il popolo deve abbatterli con le rivoluzioni. Le elezioni sono assurde, e anche i referendum. Perché permettono di scegliere deputati offerti dai partiti oppure dire sì e no. Nient'altro. Ma ora, grazie a Dio Onnipotente, c'era il Libro Verde che annunciava ai popoli di tutta la terra la soluzione d'ogni problema: la democrazia diretta e senza parlamenti, senza deputati, senza processi elettorali, senza referendum, il potere al popolo che non ha bisogno d'essere rappresentato da nessuno. E per descrivere tale miracolo mai immaginato nella storia del pensiero, neanche concepito negli sforzi mentali di quei frivoli che si definivan filosofi, da Aristotele a Emanuele Kant, da Karl Marx a Benedetto Croce, il colonnello ricorreva a un disegnino a forma di piramide. Alla base della piramide, una striscia verde su cui era scritto Popolo. Sopra la striscia verde, cinque rettangolini su cui era scritto Congressi Popolari di Base. Sopra i cinque rettangolini, quattordici linee che terminavano in cinque palline, cinque quadratini, e quattro frecce dirette all'apice della piramide dove si ergeva un'altra striscia verde con le parole Congresso Generale del Popolo. Tale Congresso esprimeva il superamento del comunismo e del capitalismo col socialismo islamico che garantisce a tutti una casa, un'automobile, tre televisori eccetera, ed era appena l'inizio di un glorioso cammino che si sarebbe concluso con l'abolizione delle procedure legali e amministrative, il principio del profitto, l'uso della moneta. Sicché a quel punto l'Uomo sarebbe stato finalmente libero di dedicare tutto il suo tempo ad Allah, e inutile aggiungere che la Terza Teoria Universale avrebbe vinto ovunque perché l'Uomo è uguale ovunque.

No, il qualcosa non era qui. Il primo libriccino, dimostrava soltanto che il colonnello era scemo, e questo lo avevo capito. Che il segreto della sua psiche si trovasse nel secondo? Presi a leggere *La Base Sociale della Terza Teoria Universale* che praticamente era tutto sulle donne e si riassumeva in un capitolo che incominciava così: «È un fatto indiscutibile che l'uomo e la donna sono esseri umani. Una donna mangia come un uomo, ama e odia come un uomo, addirittura può pensare come un uomo. Infine, vive e muore come un uomo. Come un uomo, quindi, una donna ha bisogno di alloggio e di vestiti e di mezzi di trasporto. Allora perché esistono l'uomo e la donna? Perché Allah non ha creato un mondo di soli uomini o di sole donne? Deve esserci una ragione. E questa ragione è la differenza che esiste tra l'uomo e la donna: il particolare che l'uomo sia di sesso maschile e la donna sia di sesso femminile!». Davvero: incominciava proprio così. E continuava: «Secondo i ginecologi, la donna menstrua e si indebolisce ogni mese. A volte non menstrua, e se non menstrua vuol dire che è incinta: cosa che la indebolisce anche per un anno. L'uomo invece non menstrua. Non è sottoposto a quella debolezza e non deve nemmeno allattare. Da ciò se ne deduce che l'uomo e la donna non sono uguali, non possono essere uguali, e che il loro ruolo nella società deve essere diverso. Il ruolo della donna è quello di partorire figli. Se non partorisse figli, la razza umana finirebbe. E se non vuole partorire figli, la donna non ha che un'alternativa: uccidersi. Però la donna ha anche un altro ruolo: quello di allattare i suoi figli e crescerli come la gallina cresce i pulcini. Anche se si rifiuta di allattarli e crescerli, la donna non ha che un'alternativa: uccidersi». Davvero: diceva proprio così. E poi diceva: «C'è una cospirazione oggi nel mondo che mira ad allattare i figli artificialmente e a metterli negli asili. Separare i bambini dalle loro madri e stiparli nei nidi è un crimine perché trasforma i bambini stessi in un prodotto simile ai polli di allevamento. Gli asili, i nidi infantili, non sono che allevamenti di polli. E anche i polli, come tutti i membri del regno animale, hanno bisogno della mamma. Anche crescere i polli negli allevamenti è un crimine contro la natura. Neanche la carne dei polli cresciuti negli allevamenti è più carne naturale: diventa una specie di carne sintetica che non ha più sapore e che è molto meno nutriente della carne dei polli che vivono all'aperto, sotto l'ombra protettrice della loro mamma. La carne degli uccelli selvaggi, per esempio, è più saporita e più nutriente della carne dei polli di allevamento perché gli uccelli selvaggi crescono liberi insieme alla loro mamma».

Se i bambini dovessero crescere allattati dalla mamma, altrimenti la loro carne perdeva sapore e non nutriva abbastanza, se insomma i bambini servissero ad essere mangiati come i polli e gli uccelli, non era molto chiaro malgrado la sua amicizia per Idi Amin e Bokassa. Ancor meno era chiaro perché le donne libiche venissero costrette a fare il soldato per anni, visto che il loro dovere era partorire o ammazzarsi. Comunque il qualcosa che cercavo non stava neppure lì, anche il secondo libriccino dimostrava soltanto che il colonnello era un mentecatto. Il segreto della sua psiche, lo sentivo, si nascondeva altrove. E per scoprirlo, dunque, non avevo che l'intervista.

* * *

Ero fortunata, il grande incontro sarebbe avvenuto alle sei del pomeriggio, disse Giuma arrivando coi piedi ridotti a due blocchi di mota e i pantaloni incrostati di porcherie fino al ginocchio. La notte aveva piovuto, e poiché in dieci anni il colonnello non s'era mai curato di costruire le fogne, la strada intorno all'albergo non esisteva più. Al suo posto c'era un torrente di melma che insieme alla terra trascinava ogni tipo di immondizia: sterco umano, sandali rotti, pannolini insanguinati, foglie di cavolo marcio, e anche oggetti meno ripugnanti, sedie, biciclette. Per attraversarlo ed entrare al Lybia Palace bisognava fare un giro dalla parte in cui quel disastro si placava in un solido stagno, e chi ci provava si riduceva come il povero Giuma. Lo mandai a fare una doccia e poi ascoltai le sue raccomandazioni. Che non chiedessi di rinunciare all'interprete: Gheddafi conosceva le lingue occidentali e in particolare l'inglese, lui conosceva tutto, ma il patriottismo gli impediva di usare una lingua diversa dall'arabo. Che non perdessi tempo in domande personali e a lui sgradite: tanto era noto che avesse divorziato dalla prima moglie da cui aveva avuto un'unica figlia e si fosse risposato con un'infermiera che di figli gliene aveva dati cinque. Che non dimenticassi d'essere italiana perché, se era vero che con l'Italia egli aveva rapporti commerciali e industriali e infatti possedeva parte della Fiat, era anche vero che con gli italiani aveva un conto da regolare. Eravamo stati cattivi in passato. Avevamo invaso la Libia, e ucciso, massacrato, sfruttato in mille modi: se a Tripoli le strade non avevano fogne, si poteva ringraziar gli italiani che non le avevano costruite. Sì, per via di loro s'era tutto bagnato e insozzato. Arrivederci alle cinque, quando sarebbe venuto a prendermi e a Dio piacendo il torrente sarebbe scomparso.

Fra i tre discorsini il più interessante era senz'altro quello che mi attribuiva la colpa delle fogne non costruite. Se a suggerirlo era stato il colonnello, dovevo dedurne che egli era meno scemo di quanto credessi. Non è facile per un italiano recarsi a cuor leggero in paesi come la Libia e l'Etiopia, perché non è facile cancellare dalla memoria ciò che gli italiani hanno fatto in Libia e in Etiopia. E se per l'Etiopia possono cavarsela dando l'intera responsabilità a Mussolini, per la Libia non se la cavano affatto. Non fu lui il primo a metterci gli occhi. Furono i bravi democratici dell'era giolittiana: gli uomini di cultura, gli scienziati, i missionari, i liberali che si giudicavano progressisti e illuminati, e tuttavia cianciavano di «quarta sponda», «storico destino», «spazio vitale». Mentre Pascoli componeva scempiaggini sulla «grande proletaria che si risveglia per ritrovar la grandezza», e gran parte della sinistra applaudiva, furono loro a mandare trentacinquemila soldati a Bengasi e a Tripoli bel suol d'amore. E così i colonizzatori piombarono come avvoltoi sulle popolazioni cenciose: per derubarle della terra fertile, del bestiame, dell'acqua, e bloccarne una ricerca di maturità. Mussolini non avrebbe fatto che perfezionare ed espandere la rapina, poi aggiungere le turpitudini: per cui saremmo arrossiti di generazione in generazione. A smentire la favola degli italiani brava gente sempre pronta a farsi amare, basterebbe ricordare che i campi di concentramento li inventò il generale Badoglio quando deportò in Cirenaica ottantamila libici. E tre quarti vi morirono di sete e di malattie. Oppure basterebbe ricordare la ferocia del generale Graziani e delle sue truppe. I villaggi cui davano fuoco con gli abitanti dentro, le impiccagioni, le fucilazioni in massa. I mitragliamenti compiuti dagli aviatori di Italo Balbo che poi scrivevano nei loro libercoli: «Nessuno di noi voleva essere il primo a rientrare, dopo il mitragliamento, perché avevamo preso gusto a quel giuoco nuovo e divertentissimo». E anche: «Dopo, i più contenti erano gli sciacalli che trovavano di che calmare la loro fame». Infine basterebbe ricordare le torture cui venivano sottoposti i guerriglieri catturati, e l'esecuzione del coraggioso capo della Resistenza Omar el Muktar: impiccato dinanzi a ventimila indigeni per dare l'esempio.

Però lasciarsi intimidire da quel passato, e peggio ancora trarne indulgenza per il colonnello, avrebbe significato cedere a un ricatto inaccettabile quanto il ricatto che commettono gli israeliani quando ti buttano in faccia l'Olocausto per giustificare le loro scelleratezze. Checché ne pensino alcuni, il martirio dei nonni non paga i crimini dei nipoti. E così come Anna Frank non è un lasciapassare per gli avvoltoi di Gerusalemme, Omar el Muktar non era un lasciapassare per l'avvoltoio di Tripoli. In ogni caso, s'era vendicato benino. Perché gli italiani li aveva cacciati tutti, perfino quelli che in Libia eran nati, che coi delitti di Badoglio o di Graziani o di Balbo non c'entravano nulla, e alla Libia davan l'amore dovuto a una seconda patria. Li aveva cacciati in quattro e quattr'otto, permettendogli di partire con una valigia e basta, maltrattandoli e umiliandoli fino al momento in cui eran saliti sulle navi o sugli aerei. E aveva fatto questo non solo dopo avergli confiscato le terre e le case e i conti in banca, ma anche le scuole e i ristoranti e le cliniche e le farmacie e le automobili e le macchine agricole e gli animali inclusi gli animali domestici, e perfino le chiese. Aveva abbattuto i crocifissi, scardinato gli altari, buttato via le campane, sostituito le immagini di Cristo e della Madonna col proprio ritratto, e poi le aveva trasformate in moschee o in garage o in depositi per la merce. Inoltre aveva fatto di peggio. Aveva distrutto i cimiteri dov'eran sepolti i soldati caduti nel 1911 e nella Seconda guerra mondiale, le vittime di El Alamein, di Tobruk, di Giarabub, e rifiutandosi di restituire le salme alle famiglie che le invocavano, aveva mandato sulle tombe i bulldozer. Aveva schiacciato le ossa e le aveva mischiate alla terra per concimarla. Con le lapidi rimaste intatte aveva lastricato alcune cafeterie dove ora camminavi calpestando i nomi dei morti.

Davvero la sua furbizia sbagliava a ricattarmi con le fogne mai costruite né dalla sua inettitudine né dalla leggerezza dei miei connazionali, e senza complessi di colpa mi accinsi ad aspettare che Giuma tornasse. Il torrente di melma era ormai defluito. Ma al suo posto restava la mota con lo sterco umano e i sandali rotti e i pannolini insanguinati e le foglie di cavolo marcio, sicché il poveretto dovette infilare stivali di gomma e prendermi in braccio e depositarmi a mo' di fagotto nell'automobile che ci avrebbe portato a Bab el Azizia: la caserma dove il colonnello viveva e dove l'imam Moussa Sadr era stato probabilmente ammazzato.

* * *

La protezione di cui Khomeini veniva circondato a Qom era un gioco, in confronto. Anche un bambino, entrando nella caserma di Bab el Azizia, avrebbe concluso che il colonnello aveva una paura tremenda d'essere ucciso. Oltrepassato l'ingresso, c'era un posto di blocco ogni cento metri e a ogni posto di blocco un carro armato col cannone o la mitraglia pesante. Intorno al carro armato, un branco di bruti che ti puntavano addosso il fucile. Inutilmente Giuma mostrava le sue credenziali e forniva la prova che eravamo attesi: agitando il fucile loro ci costringevano a scendere e non ci permettevano di proseguire se non veniva il permesso via radio. Fummo fermati almeno otto volte prima che giungessimo al quartier generale, un lussuoso palazzo al centro del fortino e a sua volta vigilato da un incredibile spiegamento di forze. In cima alla scalinata del palazzo, una ventina di soldati che subito ci catturarono come se fossimo attentatori, ci spinsero dentro una stanza e ci perquisirono fino ai capelli. Chi se la cavò peggio fu Giuma che in seguito alle sue proteste venne condotto in uno sgabuzzino e spogliato nudo, addirittura privato di una penna a sfera che sollevava sospetti. Però a me esaminarono bene il registratore che pretendevano di smontare per cercarvi un possibile ordigno, e al fotografo che mi accompagnava smontarono tutte le macchine rovinandone una per sempre. Dopo questo allontanarono Giuma la cui penna a sfera andava analizzata, io e il fotografo fummo scortati in un'altra parte dell'edificio dove il pavimento di marmo era così lucido da farti chiedere chi lo pulisse: erano ammessi gli schiavi a Bab el Azizia? Qui ci introdussero in una specie di biblioteca tappezzata con decine di vecchi *Who is Who* e fummo abbandonati a noi stessi per oltre tre ore. Alle nove di sera, infatti, il colonnello non era ancora giunto e nessuno s'era degnato di darci una spiegazione o di portarci un caffè o di informarsi se avevamo bisogno di fare pipì. Anzi, quando alle otto m'ero ribellata ed ero uscita in cerca d'una stanza da bagno, i soldati a bada del corridoio m'erano piombati addosso e mi avevano minacciato con la rivoltella. Poi, verso le nove e un quarto, ci raggiunse un tipo in borghese che disse di chiamarsi Ibrahim ed esser l'interprete di lingua inglese. Poco dopo egli irruppe, insieme alla sua guardia del corpo, e senza scusarsi del ritardo, senza salutarmi, senza degnarmi d'un'occhiata o mostrare in qualche modo d'aver notato la mia presenza, si buttò a sedere sopra un divano e si sprofondò nella lettura di un foglio.

Lo osservai con calma. Nell'aspetto fisico, non suscitava nemmeno la curiosità che la bambina col fiocco nero aveva provato per Hitler e Mussolini o il professionale interesse che un giornalista avverte dinanzi a un personaggio bene o male entrato nella Storia. Non era neanche piacevole come certi sostenevano. Aveva un testone sproporzionato al resto del corpo, una gran massa di capelli ricciuti, e i soli particolari che attraessero lo sguardo erano la fronte eccessivamente bassa e il mento eccessivamente lungo, inoltre appesantito da mascelle polpose, antipatiche. Difetto che nelle fotografie o alla televisione non risulta troppo perché, conoscendolo, lui alza il capo e tende i muscoli del collo. Più di questo, tuttavia, colpivano i suoi stivaletti: nuovi di zecca, bellissimi. Anzi, a pensarci meglio, i suoi stivaletti erano l'unica cosa degna d'attenzione. Pelle sottile, morbida, d'un buon marrone caldo. Modello affusolato, privo di cuciture, impreziosito alle caviglie da due graziosi cinturini con la fibbia d'oro. Roba costosa, insomma, da vanesio che si preoccupa perfino dei suoi piedi. Infatti sarebbero passati anni prima che rivedessi stivaletti così, e immagina a chi: a Fidel Castro sebbene quelli di Fidel Castro non siano impreziositi dalla fibbia d'oro ed abbiano un tacco normale, da uomo. Quelli di Gheddafi invece avevano un tacco da donna, alto almeno sette centimetri. E doveva piacergli molto perché, dopo avere accavallato la gamba destra sulla gamba sinistra, non faceva che rimirarselo. Lo roteava, lo rizzava, lo esibiva, e a volte se lo portava sopra il ginocchio per accarezzarlo e lasciarmi interdetta: possibile che, nello stesso tempo, riuscisse a leggere il foglio per cui mi aveva ignorato? Passati dieci minuti, però, smise di leggerlo o fingere di leggerlo. Si rivolse a me con sussiego, levò una voce morbida e studiata, da attore.

«Ho cattive notizie. C'è movimento nelle basi americane in Europa, in Grecia, in Turchia. Gli americani stanno addestrando i paracadutisti e armeggiano coi missili, i gas, le bombe al neutrone. Una cosa seria. Se questo è l'inizio della Terza guerra mondiale, dovrò usare tutte le mie forze per evitare che le cose precipitino. Sto cercando di convincere gli iraniani a rilasciare gli ostaggi. È giunta da me una delegazione iraniana composta di uomini molto vicini a Khomeini. Uomini che Khomeini ascolta. Consegnerò loro un messaggio personale per chiedere all'Imam di rilasciare gli ostaggi. Questa faccenda sta diventando pericolosa. Naturalmente, se succedesse qualcosa all'Iran, noi libici non resteremo neutrali. Gli iraniani sono nostri fratelli, insieme a loro possiamo comporre un fronte molto vasto contro l'America.» E, mentre Ibrahim traduceva, mi avvolse in uno sguardo indagatore per accertarsi che la sua capacità di far rilasciare gli ostaggi ed evitare la Terza guerra mondiale m'avesse impressionato nella misura che desiderava. Ma non mi parve il caso di accontentarlo.

«Questo mi sorprende un po', colonnello. Perché a metà settembre, quando ero a Teheran, in Iran c'era molta ostilità per la Libia e particolarmente per lei. Insomma, non la consideravano affatto un fratello. Suppongo che ne conosca il motivo.»

«No, non lo conosco» disse accarezzando il suo tacco.

«Allora glielo ricordo. Era la scomparsa dell'imam Moussa Sadr, capo degli sciiti libanesi e marito d'una nipote di Khomeini. Molti affermavano che fosse stato lei a farlo ammazzare, qui a Tripoli.»

Non rispose e continuò ad accarezzare il tacco.

«Nel corso della mia intervista col primo ministro Mehdi Bazargan, si parlò a lungo di questo. E Bazargan mi spiegò che la scomparsa a Tripoli di Moussa Sadr era il motivo per cui i rapporti diplomatici con la Libia non erano stati ristabiliti. Poi aggiunse che il governo italiano aveva ragione a sostenere che, contrariamente alle sue affermazioni, Moussa Sadr non era mai giunto a Roma. E Khomeini la pensava nello stesso modo.»

Di nuovo non rispose, e continuò ad accarezzare il tacco.

«Guardi, colonnello. È scritto anche qui.»

Mi alzai e gli porsi il numero del «New York Times Magazine» dove la mia intervista con Bazargan era pubblicata.

Lui non lo prese, però. Non lo guardò neanche. E continuò ad accarezzare il tacco.

«Non mi risponde, colonnello?»

Abbandonò finalmente il tacco.

«Posso risponderle che le relazioni diplomatiche tra la Libia e l'Iran ora sono più che ristabilite. Posso risponderle che il rapporto tra le due rivoluzioni è sempre stato ben più profondo di quello che esiste tra due normali rappresentanze. E questo specialmente dopo la cacciata dello scià, dopo il successo della rivoluzione iraniana. Posso risponderle che la riapertura delle reciproche ambasciate non è stata che l'atto conclusivo di quel rapporto, l'ovvia conseguenza di una amicizia già collaudata.»

«Capisco. Allora come si spiega la scomparsa in Libia di un leader caro alla rivoluzione iraniana quanto Moussa Sadr?»

Silenzio.

«E come si spiega che, ristabilendo i rapporti diplomatici con lei, Khomeini sia passato sopra a tale scomparsa?»

Silenzio.

«Perché, ripeto, egli teneva molto a quel nipote acquistato.»

Silenzio. Poi una risatina chioccia, sgradevolissima.

«Vi sono molti uomini del mio tipo nella rivoluzione iraniana. Uomini che sanno usare l'esercito per aprire la strada alle masse.»

«E i suoi rapporti sono con loro, non con Khomeini: esatto?»

«Questo argomento non mi interessa. Gli americani stanno armeggiando coi missili e le bombe al neutrone, ho detto. Ho cattive notizie, ho detto, e lei non vuol parlarne.»

«Sì, invece. Tanto più che anch'io ho cattive notizie, colonnello. L'ambasciata americana di Teheran è stata minata e i cinquanta ostaggi rischiano di saltare in aria da un momento all'altro. Quella di Islamabad è stata devastata e bruciata e sei dei suoi funzionari sono morti tra le fiamme. Altri attacchi alle ambasciate americane stanno avvenendo in India, in Bangladesh, in Turchia...»

«Rivoluzione internazionale! Rivoluzione internazionale contro l'America!» strillò. E di nuovo rise quella risatina chioccia, sgradevolissima.

«Rivoluzione o provocazione, colonnello?»

«Rivoluzione! Queste cose accadono perché la gente odia l'America, perché sta scoppiando l'odio verso l'America! Tutti odiano l'America, tutti! Se a Carter questo non piace, non ha che da restituire a Khomeini lo scià.»

«Colonnello... Se l'Uganda le chiedesse di restituire Idi Amin, lei lo restituirebbe?»

«Se Idi Amin fosse qui, potrei accettare il paragone e meditare sulla risposta da darle. Poiché non è qui, il paragone non regge e non ho nessuna risposta da darle.»

«Colonnello, il paragone regge perché Amin è qui: suo gradito ospite. Abita alla periferia di Tripoli, in una villa con parco e piscina. Vi abita insieme a due delle sue numerose mogli e a dieci dei suoi numerosissimi figli. In questa villa è stato intervistato da un giornalista filippino che, per punizione, lei ha fatto arrestare.»

«Forse quel giornalista lo ha intervistato durante una visita.»

«Macché visita, colonnello. Se vogliamo chiamarla visita, anche lo scià è in visita a New York. Ripeto la domanda: se l'Uganda reclamasse Amin come l'Iran reclama lo scià, lei glielo consegnerebbe?»

«Ecco... Ogni individuo ha diritto di chiedere asilo politico a chi vuole, in qualsiasi paese e in qualsiasi parte del mondo, sicché penso che anche lo scià abbia diritto a farsi ospitare in America o altrove. Allo stesso tempo, però, gli iraniani hanno diritto di reclamare lo scià che spero finisca nelle loro mani e... Non capisco questa domanda su Amin.»

Lo guardai scoraggiata. Che fosse stanco, che si sentisse male? Ma no, appariva sveglio e in ottima salute. Che Ibrahim gli traducesse male le mie domande, che addirittura ne cambiasse il senso? Ma no, anche senza Ibrahim egli capiva perfettamente l'inglese. Che fosse colpa mia, che avessi sbagliato l'approccio e dovessi ricominciare daccapo? Sì, forse bisognava ricominciare daccapo: provocandolo meglio, e di più.

«Colonnello, giochiamo a carte scoperte. Io vorrei farle il ritratto, e vorrei farglielo attraverso un piccolo processo: una piccola requisitoria che aiuti a capire perché lei sia così antipatico a tutti, così poco amato e...»

«Io non sono amato da coloro che agiscono contro le masse e contro la libertà, sono amato da coloro che lottano per le masse e per la libertà» mi interruppe con voce gelida.

«Sì, sì, ma mi lasci chiarire perché ho posto quella domanda su Amin: perché ho scelto Amin come simbolo delle sue cattive amicizie. Tutti sanno che Amin è un criminale, un sanguinario che per anni ha trucidato il suo popolo, e la gente si chiede: come mai questo Gheddafi si sceglie sempre individui simili e...»

«Il fatto che si dica come-mai-questo-Gheddafi-si-sceglie-individui-simili dimostra l'alto concetto che la gente ha di me. Perfino la gente che mi odia. Comunque i suoi giudizi su Amin sono falsi, tutto ciò che lei dice su Amin è falso: frutto della propaganda sionista. Lei non sa nulla, voi occidentali non sapete nulla. Invece di sparlare su Amin fareste meglio a condannare Nyerere che oggi occupa l'Uganda. Che c'entro, io, col governo di Amin? Avevo forse il diritto di interferire sul modo in cui governava Amin? Io non interferisco nelle faccende altrui.»

«Invece sì, colonnello. Con la scusa di aiutare i popoli oppressi, che poi sono oppressi soltanto quando fa comodo a lei, interferisce continuamente nelle faccende altrui: l'Uganda non è che un caso fra tanti. Prendiamo il Ciad...»

«Il popolo del Ciad è contro le truppe francesi! Noi abbiamo il diritto di interferire nel Ciad per aiutare quel popolo a battersi contro le truppe francesi! Lo stesso diritto che avevamo di interferire in Uganda durante la guerra di Nyerere che avanzava per conquistarlo!»

Lo guardai ancora più scoraggiata.

«Colonnello, lei si contraddice continuamente: prima dichiara di non interferire nelle faccende altrui, poi ammette di averlo fatto in Uganda e di farlo nel Ciad. Prima sostiene che Amin è una persona perbene, poi e sia pure indirettamente, riconosce che non lo è. In nome della coerenza, posso ricordarle che era amico di Amin assai prima che egli entrasse in guerra con la Tanzania?»

«Perché Amin era ed è contro Israele. Perché Amin era e resta il primo presidente africano che abbia osato cacciare gli israeliani dal suo paese. Perché Amin è mussulmano e la politica interna di Amin non mi interessa, le dico. Sono un realista, io. Ha mai sentito parlar di realismo?»

«Sì, molte volte. Ma lasciamo perdere Amin, colonnello: ci stiamo concentrando troppo su di lui e le ripeto che avevo scelto Amin solo per fare un esempio. Con lo stesso criterio avrei potuto sceglier Bokassa oppure...»

«Chi?»

«Bokassa. Quello che mangia i bambini arrosto.»

«Bokassa è lo stesso caso di Amin. La personalità privata di Bokassa e di Amin può anche non piacermi, la loro politica interna può anche trovarmi in disaccordo, però le interferenze della Francia e della Tanzania mi piacciono di meno. E soprattutto non mi piace l'appoggio che voi occidentali date a Israele. Chiaro?»

«No. Che c'entra Israele con Bokassa che mangia i bambini arrosto?»

«C'entra. Perché è l'atteggiamento di voi occidentali che porta i palestinesi a morire. È il vostro dare le armi a Israele, il vostro rifiutar di comprendere che siete voi a far della guerra mondiale l'unica soluzione possibile. Del resto siete sempre voi che ci massacrate.»

Mioddio. Era come andare alla deriva in un fiume che non si sa dove porti, e nel frattempo raccogliere tutte le scorie che vi galleggiano per trascinarsele dietro. Attraverso quale processo mentale era giunto da Bokassa ai palestinesi? E per quale disattenzione avevo tirato fuori Bokassa dopo Amin? Possibile che la sua mancanza di logica m'avesse contagiato al punto di non riuscire più a controllar l'intervista? Possibile che non riuscissi a cavargli una risposta sensata, una frase intelligente? Bisognava tener duro, tentar di penetrare il segreto della sua psiche. Perché non bastava concludere che avevo dinanzi un cretino. A volte non sembrava un cretino e, se lo era, la sua cretineria nascondeva un difetto peggiore. Ma quale? E in che modo identificarlo? Forse proprio lasciandosi andare alla deriva, cioè accettando quel dialogo dissennato.

«Chi vi massacra, oggi, colonnello?»

«Eh!» disse tornando a occuparsi del suo tacco da donna e poi ripetendo la sua risatina chioccia. «Fu la Libia a invadere l'Italia o fu l'Italia a invadere la Libia?»

«Fu l'Italia, settant'anni fa.»

«Ma oggi è lo stesso, anche se ci aggredite con sistemi diversi e cioè sostenendo Israele, opponendovi all'unità araba e alle nostre rivoluzioni, guardando in cagnesco l'Islam. Abbiamo avuto fin troppa pazienza con voi, abbiamo sopportato fin troppo a lungo le vostre provocazioni: se non fossimo stati saggi, vi avremmo mosso guerra mille volte. Il fatto è che siamo saggi, e sempre dalla parte della civiltà. Non siamo stati noi a civilizzarvi, nel Medioevo, voi occidentali? Eravate poveri barbari, creature primitive e selvagge, non sapevate nulla. La scienza di cui ora vi servite è quella che vi abbiamo insegnato noi, la medicina con cui ora vi curate è quella che vi abbiamo dato noi. E così l'astronomia, la matematica, la letteratura, l'arte...»

«Intende dire che Giotto e Dante Alighieri, Sant'Agostino e il Petrarca, poi Michelangelo e Leonardo da Vinci e Galileo Galilei avevano studiato a Tripoli?»

«Bè, Gesù Cristo non era romano.»

«No, era ebreo. Ma visto che la Libia ci regalò tutti quei laureati in fisica e in matematica, in belle lettere e in scultura, posso rivolgerle una domanda legata al tema della civiltà?»

«Dica pure» rispose, magnanimo.

«Perché ha espulso le ossa dei soldati italiani sepolti in Libia?»

«E voi perché avete espulso dall'Italia gli arabi che erano sbarcati duecentocinquant'anni prima per portare la luce della civiltà? Perché li avete espulsi dalla Spagna dove erano rimasti ottocento anni con lo stesso scopo? Perché si trattava di invasori, mi risponderà. Ecco, abbiamo espulso gli italiani morti perché erano invasori.»

«Da morti?»

«Certo. E tuttavia, malgrado le nostre abitudini, ci siamo comportati con gran civiltà. Mi spiego. Poiché molti cimiteri italiani, come molti cimiteri islamici, impedivano il piano edilizio che avevo programmato dopo la rivoluzione, andavano disfatti. Ma perché non si prendesse la cosa come un atto di violenza, dissi all'Italia che se voleva i resti dei suoi soldati poteva venire a riprenderseli: altrimenti sarebbero stati spazzati via dai bulldozer. E l'Italia se li riprese.»

«E le lapidi dove finirono?»

«Non so.»

«Mi sbaglio o lei ordinò di usarle come materiale per la costruzione di una cafeteria?»

«Superficialità, menzogne. Queste sono le tipiche notizie che nascono dall'odio che gli occidentali hanno per l'Islam.»

«Eppure qualcuno le ha fotografate, queste menzogne, proprio mentre venivano usate per il pavimento della cafeteria.»

«Allora la informo che altri corpi di italiani verranno espulsi dalla Libia. A ostacolare il piano edilizio della rivoluzione ci sono anche le tombe dei vostri soldati morti a Bengasi e a Tobruk durante la Seconda guerra mondiale. E molte si trovano proprio nei punti in cui sorgeranno le strade, le autostrade, i parcheggi. Se quei corpi non saranno dissepolti, i nostri bulldozer li spazzeranno via» rispose con voce beffarda.

Sì, il dialogo dissennato funzionava: se non altro, serviva a dimostrare la sua crudeltà. Però mancava ancora ciò che cercavo per penetrare il segreto della sua psiche. Se almeno fosse successo qualcosa: un disastro, che so, un incidente che me ne fornisse la chiave! Se ad esempio Ibrahim mi avesse aiutato! Sorrisi con amicizia a Ibrahim. Povero Ibrahim. Era un ometto di mezz'età, dal visuccio mite e servile: chissà quale bizzarro destino lo aveva condotto in quella caserma a rischiare l'infarto cardiaco ogni volta che doveva riferire le mie domande. Coraggio, Ibrahim: perdonami.

«Colonnello, mi permetta di continuare la mia piccola requisitoria e citare uno dei motivi per cui è così poco amato nel mondo: il suo hobby di finanziare ogni terrorismo che affligga il nostro tempo...»

«Questo è un giudizio non suffragato da prove. Un giudizio che nasce dall'odio coltivato contro di me dalla propaganda sionista e dal fatto ch'io sostenga la causa palestinese.»

«No, colonnello, non mi riferivo all'aiuto che dà ai palestinesi. Mi riferivo a quello che dà a chiunque abbia voglia di sparare e uccidere: irlandesi, baschi, fascisti... Ma, visto che ha citato i palestinesi, occupiamoci anche di loro. Per esempio attraverso il massacro che fecero a Fiumicino.»

«Dove?»

«A Fiumicino, l'aeroporto di Roma in cui morirono tanti italiani. Non ricorda? Eppure è voce comune che sia stato lei a finanziare quel massacro e a benedirlo.»

Rise la sua risatina chioccia, levò il lunghissimo mento, e sbuffò.

«Non conosco. Non ricordo.»

«Non conosce, non ricorda? Eppure dovrebbe. Lo sanno tutti che fu lei a pagare e a benedire quel massacro. Ma prendiamo un altro esempio: quello delle Olimpiadi di Monaco, condotto da Carlos. Neanche in questo caso si trattò di terrorismo voluto e pagato da lei?»

Altra risatina chioccia, altra levata di mento, altro sbuffo.

«Si trattò di una reazione al terrorismo israeliano. Non ricorda quando gli israeliani abbatterono un aereo della Lybian Airlines?»

«No, non ricordo. Lei non ricorda il massacro di Fiumicino e io non ricordo l'aereo della Lybian Airlines. Però ricordo le Brigate Rosse e mi chiedo se lei ne abbia mai sentito parlare» incalzai cercando in borsa una biro. M'era venuta in mente una domanda cattiva e volevo segnarla per non dimenticarmene.

«Certi fenomeni sono tipici dell'Occidente, del capitalismo. Sono movimenti che esprimono il rifiuto di una società da abbattere: sia che si chiamino Brigate Rosse sia che si chiamino Beatles o Figli di Dio. E io non voglio occuparmi di ciò che essi fanno» sentenziò.

«Tuttavia si occupa delle Brigate Rosse. Le fornisce di armi, le finanzia, le addestra attraverso i palestinesi» replicai trovando la biro per segnar la domanda. E fu a questo punto che il qualcosa accadde. Perché, proprio mentre stavo per chinarmi sul taccuino, dalla sua bocca uscì un rantolo di animale eccitato.

«Green! Green! Green! Verde, verde, verde!»

«Prego?» dissi rivolta con aria interrogativa a Ibrahim.

«Sta notando che la sua biro è verde» rispose con estremo imbarazzo Ibrahim.

In effetti era verde. Nella borsa avevo biro d'ogni colore e, per l'appunto, ne avevo presa una verde.

«Sì, è verde» ammisi, sempre senza capire.

«Verde come la bandiera dell'Islam, come il Libro Verde» spiegò, con doppio imbarazzo, Ibrahim. Intanto il colonnello continuava a rantolare sempre più eccitato.

«Verde! Verde! Verde!»

«La vuole?» esclamai preoccupata.

Allungò il braccio e l'afferrò con l'avidità di un bambino che aggranta un giocattolo molto desiderato. Poi tolse dalla tasca della giacca un fazzoletto verde e ne paragonò il verde al verde della biro.

«È lo stesso verde» ansimò. «Il *mio* verde!»

«La tenga.»

«No.»

«Gliela do volentieri.»

«No!» E come un bambino bizzoso la gettò sul divano dove rimase ficcata tra due cuscini. Poi si mise a contemplarla in silenzio.

E ora? Lanciai un'occhiata nervosa a Ibrahim.

«È molto tardi. Credo che il colonnello sia esausto» balbettò Ibrahim.

«Lo credo anch'io. Potremmo continuare domani?»

«Glielo chiedo.»

Si avvicinò cauto al divano, tossì tre o quattro volte per tentar di interrompere la contemplazione della biro ficcata tra i due cuscini. Al quarto colpo ci riuscì e il colonnello girò un volto pallido, assente. Parlottarono in arabo per qualche minuto.

«Dice che va bene domani sera alle sei» tradusse infine Ibrahim. «Ma domanda se ci sarà il fotografo.»

«Perché?»

«Perché in tal caso vuole sapere se lei lo preferisce col burnus o con l'uniforme.»

«Che burnus?»

«Un burnus di lino bianco filettato d'oro» chiarì Ibrahim. «Riesce molto bene in fotografia.»

«Vada per il burnus di lino bianco filettato d'oro.»

«Qui in biblioteca o sotto la tenda?»

«Che tenda?»

«Il colonnello ha una tenda da beduino, qui a Bab el Azizia, con la sabbia portata apposta dal deserto del Sirti dov'è nato» spiego Ibrahim. «Anche quella riesce molto bene in fotografia.»

«Vada per la tenda con la sabbia del deserto.»

Ormai dimentico della biro verde, il colonnello parve assai soddisfatto per le mie scelte. E quasi avessimo avuto l'incontro più cordiale del mondo mi strinse la mano con un festoso arrivederci. Poi se ne andò lasciandomi con un interrogativo: era pazzo? E, se era pazzo, fino a che punto lo era?

* * *

Il guaio è che l'aggettivo pazzo è così vago, ambiguo. Che cosa significa essere pazzo? Se lo chiedi a uno psichiatra lui ti risponde che con questo termine viene indicata una qualsiasi forma di alterazione mentale, un qualsiasi tipo di anomalia che si manifesti attraverso azioni sconsiderate o troppo stravaganti o comunque fuori del normale. Poi aggiunge che siamo tutti un po' pazzi, ogni nostra ossessione o superstizione o mania è un fenomeno contrario alla normalità. Però quando gli chiedi che cosa significa essere normale o anormale, risponde che essere normali significa agire all'interno della realtà e riconoscerne l'ambivalenza di buono e di cattivo; essere anormali significa agire al di fuori della realtà e non riconoscerne l'ambivalenza, cioè scinderla in modo drastico rifiutando i dubbi. E il discorso lascia perplessi perché, se la salute del cervello consiste nell'avere buon senso e accettare i dubbi, la stessa fede è follia: è pazzo chiunque insegua un sogno estraneo alla realtà che lo circonda, chiunque sostenga un'idea o una dottrina giudicata utopistica, chiunque formuli un principio morale o scientifico che ignori le correnti definizioni di bene e di male, di attuabile e di inattuabile. Pazzo Socrate, pazzo Platone, pazzo Mosè, pazzo Gesù Cristo, pazzi anche Karl Marx e Sigmund Freud e Albert Einstein e coloro che vagheggiavano il viaggio alla Luna. In particolare, pazzo colui che comanda: il leader che detiene il potere. Infatti, politico o religioso che sia, il leader non può prescindere da una drastica scissione del bene e del male, né può permettersi dubbi su ciò che egli predica o impone, su ciò che egli è o rappresenta. Dopo aver sposato la sua verità, deve attenersi ad essa con un rigore che esclude ogni incertezza o ripensamento. A maggior ragione, se è un dittatore, un tiranno.

Ma allora il dittatore, il tiranno, è automaticamente pazzo: più pazzo del pazzo che pretende di raccogliere un liquido con la forchetta, più pazzo del pazzo che sgozza i figli come Medea, e inutile chiedersi se sono i malvagi a esercitare il potere o se è il potere che rende malvagi. Il pazzo ha forse colpa della sua malvagità? Nei casi in cui va contro la legge e diventa omicida, i tribunali non lo assolvono forse per incapacità di intendere e di volere? In nome della logica dovremmo assolverli tutti, da Caligola a Gengis Khan, da Amin a Bokassa, da Khomeini a Gheddafi. E dovremmo far questo dicendo poverini, erano malati, sono malati: non sanno che cosa significa agire all'interno della realtà, riconoscerne l'ambivalenza cioè distinguere tra il buono e il cattivo elaborando i dubbi. Troppo comodo, e anche inesatto perché il dittatore, il tiranno, sa benissimo che cosa significa agire nella realtà. Lo fa ogni giorno, ogni istante. Conosce benissimo la differenza che esiste tra il buono e il cattivo: se ne serve con quotidiano cinismo. Dunque la sua follia o presunta follia non è quella di chi raccoglie un liquido con la forchetta o sgozza i figli come Medea. Non è nemmeno quella di Ofelia che si annega dentro lo stagno, e le sue colpe non possono esser disgiunte dalla responsabilità che conduce un normale assassino all'ergastolo o nella camera a gas. Insomma, chiedersi se il colonnello era pazzo o fino a che punto era pazzo, non lo assolveva per niente. Serviva soltanto ad acuire lo scontro finale che si sarebbe svolto sotto la tenda.

Rintracciai il povero Giuma rimasto tutto quel tempo in balia dei suoi persecutori, e mentre mi portava in albergo mi misi a riflettere su quel che era successo prima dell'incredibile scena causata dalla mia biro verde. Per incominciare, quell'attesa di tre ore e un quarto, o meglio quel sequestro che m'aveva addirittura impedito di uscire nel corridoio e recarmi al bagno. Poi quell'irrompere nella stanza senza salutarmi, senza giustificare il ritardo, senza neanche guardarmi in faccia. Perché? La semplice villania o la protervia del despota sordo alle più banali regole della buona creanza? Impossibile. Un capo di Stato, per quanto rozzo, non si comporta in tal modo a casaccio, ed entrambi gli episodi dimostravano un calcolo molto sottile: una precisa intenzione di offendermi. Il motivo andava dunque cercato altrove, ad esempio in ciò che m'aveva detto Giuma: «Lo sanno tutti che lei è stata cattiva con Khomeini. Lo sa anche Gheddafi, e lei è qui anche per questo. Egli adora le sfide». Mi aveva sfidato. E lo aveva fatto con la furbizia di chi per non essere aggredito aggredisce, per non essere rimproverato d'aver aggredito assume un atteggiamento sprezzante. Allora perché questa furbizia non aveva avuto un seguito? Perché, durante l'intera intervista, non era stato capace di mettere insieme una frase ragionevole, una risposta accettabile? Che cosa lo aveva indotto a rifugiarsi dietro quelle risatine sciocche, quei silenzi sdegnosi, quelle bizze insensate? Chiaro, il mio errore. Avevo commesso un errore: lo avevo aggredito a mia volta con la storia di Moussa Sadr poi di Amin, lo avevo impegnato dal primo momento in una guerra che non sapeva condurre. E lui aveva reagito opponendomi un'inerzia mentale, un'apatia quasi letargica, cioè rinunciando a difendersi. In seguito a ciò era esplosa la crisi, il delirio della biro verde? Certo sì. Non ci voleva molto a concludere che il verde del suo Libro Verde, il verde dell'Islam, era il simbolo del suo potere insultato dalla straniera nemica. Sicché al solo vederlo aveva perso il controllo di sé e vi s'era aggrappato come a un arbusto che frena la caduta del precipizio. «Verde, verde, verde!» Ma questo non era forse il ritratto del paranoico?

Il paranoico, si sa, non è un pazzo da legare con la camicia di forza. È una persona apparentemente sana la cui psiche è inquinata da un delirio che gli fa perdere a tratti il contatto con la realtà. È un malato sostanzialmente lucido la cui mente è afflitta da una mania di grandezza che a volte si manifesta in modo innocente, ad esempio con l'illusione di poter costruire la macchina del moto perpetuo o distillare l'elisir dell'eterna giovinezza, a volte si manifesta in modo pericoloso: ad esempio con la pretesa di dominare il mondo grazie a un diritto che gli deriva dal suo ruolo messianico. E guai a dubitare della sua superiorità, della sua infallibilità: si tratta d'un megalomane ombroso, subdolo, diffidente, d'un persecutore che si crede perseguitato e più si crede perseguitato più perseguita. Quando non perseguita, si chiude in mutismi sprezzanti che sembrano dire: miserabile, che ne sai tu della mia macchina del moto perpetuo, del mio elisir dell'eterna giovinezza, che ne sai tu del mio diritto a dominare il mondo? Infatti non si cimenta mai con le altrui opinioni, non sostiene mai un dialogo aperto, un dibattito da cui rischierebbe di uscire sconfitto, e pretende d'esser sempre riverito applaudito ammirato. Non sentendosi tale, vive tormentato da mille paure. La paura d'essere incompreso, criticato, oltraggiato. La paura d'essere tradito, avvelenato, ammazzato dai suoi stessi amici, dai suoi stessi seguaci. La paura cioè della morte che vede ovunque e che invano combatte col suo ritenersi guidato da una forza soprannaturale. E questo specialmente nei casi in cui detiene il potere. Nei panni del leader è un vile che delega agli altri le sue vendette e le sue fantasie di violenza. È anche un molle che nasconde la sua mollezza dietro un atteggiamento da maschio deciso e, inutile dirlo, è un esibizionista terribile: un vanesio che sguazza nel narcisismo. Infine è spesso un onanista oppresso da strane turbe carnali, bizzarri feticci, e un omosessuale latente che odia le donne e nel medesimo tempo le invidia. Alla base della paranoia, sostengono gli psichiatri, sta un impulso di omosessualità: basti citare Hitler, paranoico per eccellenza.

«A che cosa sta pensando?» chiese Giuma interrompendo il silenzio.

«A Hitler» risposi.

«Che c'entra Hitler?» esclamò allarmato.

«C'entra perché mi sarebbe piaciuto intervistarlo» risposi.

«Non vorrà mica dire che Gheddafi ha qualcosa in comune con Hitler?!» gridò Giuma, ora più che allarmato, indignato.

«No, no» lo tranquillizzai.

E invece sì. Una volta avevo letto la psicanalisi di Hitler, e tutto coincideva: anche nei particolari in apparenza meno importanti. Quei carri armati ai posti di blocco, quei bruti in uniforme e pronti a sparare, quelle perquisizioni esagerate ed estese ai propri funzionari non dimostravano forse la sua paura d'essere ammazzato? Quell'ansia di farsi fotografare col burnus bianco filettato d'oro non dimostrava forse il suo esibizionismo ipertrofico, la sua vanità di narciso? E quel lussurioso accarezzarsi le scarpe col tacco da donna non era forse una prova delle sue strane turbe carnali, dei suoi bizzarri feticci da onanista? Secondo la psicanalisi, certi tipi vedono nelle scarpe il riflesso dei propri genitali e nel tacco un'estensione del pene, perciò... Scoppiai in una risata.

«Mi fa piacere vederla ridere. È contenta?» disse Giuma.

«Contentissima» mentii.

«Dev'essere andata proprio bene» disse Giuma.

«Benissimo» mentii.

«Domani andrà ancora meglio» disse Giuma.

«Ne sono certa» risposi, stavolta senza mentire. Perché ormai non avevo dubbi sul fatto che tra poche ore il colonnello si sarebbe impiccato con le proprie mani. L'unica incertezza riguardava lo scenario nel quale avrebbe commesso il suicidio.

* * *

202

Era lo scenario più divertente che mi potessi augurare, conclusi quando tornai a finir l'intervista. La tenda si trovava al centro di un cortile chiuso, fissata all'asfalto, e aveva un aspetto talmente assurdo, irreale, che sembrava di trovarsi sul set de *Lo sceicco*: il film che negli anni Venti lanciò Valentino. Non mancava che la troupe con le macchine da presa, i cavi elettrici, i riflettori e il regista che grida infuriato: «Chi vi ha detto di rizzarla qui?!?». Sulla soglia sfavillavano due bracieri accesi, accanto a quelli appassivano tre cespugli di rose, e l'interno ricordava proprio la sequenza in cui Rudi seduce la sua partner cantando: «Io sono il re del deserto / il tuo cuore mi appartiene / quando sarai addormentata / verrò da te per baciarti». Per terra un tappeto di sabbia candida e fine su cui si stendevano graziose stuoie, al soffitto e alle pareti un'imbottitura di bella stoffa dai disegni geometrici, lungo ogni lato un divano coperto da gusci gonfi e invitanti, sui tavolini lampade di alabastro che diffondevano una luce da garçonnière. E al centro un'orrenda poltroncina di plastica, identica a quelle che i divi del cinema usano nelle pause della lavorazione. Sulla poltroncina, lui: ammantato nel suo burnus di lino bianco e puntuale come un attore in attesa del ciak. S'era scelto una posa regale. Spalle dritte, gambe unite, mani appoggiate ai braccioli e naso all'insù. Però non riusciva a tenerla e, senza accorgersi che lo stavo guardando, ogni poco si aggiustava un drappeggio o si accomodava una piega e si lisciava lo strascico. Si ammirava anche gli stivaletti che oggi erano neri, col tacco assai alto, e i suoi gesti avevano un che di ambiguo: quasi una civetteria da ermafrodita che corteggia sé stesso. Chiaro che vestito da beduino si piaceva moltissimo, si sentiva bello, e avrebbe fucilato chiunque gli avesse detto il contrario.

«Buonasera, colonnello.»

Riprese la posa regale e, forse indispettito a scoprirsi osservato, non si alzò per ricevermi. Tuttavia mosse il testone di riccioli neri in qualcosa che poteva assomigliare a un saluto e dischiuse le labbra in qualcosa che poteva assomigliare a sorriso. Poi ingiunse a Ibrahim di informarsi se il fotografo fosse contento, e ottenuta la risposta levò l'indice destro a indicarmi la sedia di fronte. Sedetti e subito gli porsi il cappio sperando che il suicidio fosse lento.

«Colonnello, lei è molto ricco. Compra terreni in ogni parte del mondo occidentale e tra le altre cose possiede una parte della Fiat. Quindi mi chiedo: ma come fa Gheddafi ad essere così amico dei terroristi che vogliono abbattere la società capitalista e poi a impiegare miliardi in quella società, aver rapporti di affari coi suoi esponenti, ad esempio Gianni Agnelli?»

«Gianni chi?» disse accavallando le gambe per far volteggiare il burnus.

«Gianni Agnelli, il presidente della Fiat.»

«La Fiat? Oh, la Fiat! La mia azienda, la mia company.»

«Sì, la sua azienda, la sua company. Gianni Agnelli.»

«Non lo conosco.»

«Non conosce Gianni Agnelli, il suo socio?»

«No. Non è affar mio conoscerlo. È una faccenda che riguarda i miei funzionari, gli impiegati della mia banca, la Lybian Foreign Bank.»

Naturalmente mentiva. Lo sapevano tutti che i due si conoscevano, che s'erano incontrati anche a Mosca dove erano stati fotografati insieme. Anzi la Lybian Foreign Bank aveva investito una cifra iniziale di quasi mezzo miliardo di dollari proprio dopo quell'incontro.

«Colonnello, non sa nemmeno chi è questo Agnelli?»

«No, non lo so.»

«Mai visto la sua fotografia, mai udito il suo nome?»

«Mai. E perché dovrei? Non mi interessa, non mi riguarda. Ho altre cose da fare, io, che conoscere i nomi dei miei soci o della gente che appartiene al mondo delle banche.»

«Ho capito, sta scherzando.»

«Nientaffatto. Io non sono un ministro, non perdo tempo in queste piccolezze. Io mi interesso della teoria, della libertà, della lotta, del mio Libro Verde. Credevo che volesse rivedermi per parlare del mio Libro Verde, e invece non fa che chiedermi cose senza importanza: l'Iran, le ambasciate, i diplomatici in ostaggio, Amin, Gianni Agnelli, la Fiat. Francamente, certi argomenti mi annoiano. Non voleva farmi il ritratto?»

«Glielo sto facendo, colonnello.»

«Se vuol farmi il ritratto, deve chiedermi del Libro Verde. Della rivoluzione e del Libro Verde.»

«Dopo, colonnello, dopo. Anche questi argomenti che la annoiano tanto servono a farle il ritratto. Perché lei si riferisce sempre all'Occidente come a un mondo corrotto, agli Stati Uniti come a una nuova Germania di Hitler, ed è giusto notare che in quel mondo corrotto e in quella nuova Germania di Hitler lei ci investe i miliardi.»

«Noi arabi siamo sotto la dominazione americana, l'imperialismo americano. Chi è sotto la dominazione degli altri paesi, parlerà per gli altri paesi. Il Vietnam parlerà ad esempio contro la Cina. E lei deve chiedermi del Libro Verde» rispose imperterrito.

«Ma che c'entra il Vietnam, che c'entra la Cina? E poi in Vietnam, ora, ci sono i sovietici!»

«Le mie esperienze con l'Unione Sovietica non sono negative. Se l'Unione Sovietica tenesse verso la Libia un atteggiamento imperialista, chiamerei imperialista l'Unione Sovietica. E io non voglio parlare dell'Unione Sovietica, della Cina e del Vietnam. Voglio parlare del mio Libro Verde, della rivoluzione.»

«Signora, la prego...» disse Ibrahim lanciandomi un'occhiata supplichevole.

«E va bene. Parliamo della rivoluzione. Ma che cosa intende, lei, per rivoluzione?»

«La rivoluzione... La rivoluzione è quando le masse fanno la rivoluzione. La rivoluzione popolare. Ma anche se la rivoluzione la fanno gli altri a nome delle masse e cioè esprimendo ciò che vogliono le masse, allora è rivoluzione. Perché ha l'appoggio delle masse e interpreta la volontà delle masse. Chiaro?»

«No. Mi faccia un esempio.»

«Libia. Iran. Vietnam.»

«Ma quello che avvenne in Libia nel settembre del 1969 non fu mica una rivoluzione. Fu un colpo di stato, ricorda?»

«Sì, però dopo divenne rivoluzione. Io ho fatto il colpo di stato e i lavoratori hanno fatto la rivoluzione occupando le fabbriche, diventando soci anziché salariati, eliminando l'amministrazione monarchica e formando i comitati popolari di cui parlo nel mio Libro Verde. Sicché oggi, in Libia, conta il popolo e basta. Credevo che se ne fosse accorta.»

«Invece non me ne sono accorta. Perché ovunque posi lo sguardo vedo soltanto il suo ritratto, la sua fotografia. Perfino sulla facciata di quella che fu la cattedrale cattolica di Tripoli ora c'è il suo ritratto inciso.»

«Io che c'entro? Che posso fare per impedirlo? È il popolo che vuole così» rispose tutto compiaciuto. E allungando la mano accese un apparecchio televisivo che in quella penombra da garçonnière non avevo notato. Lo schermo si illuminò per dare la solita folla vociante che da tre giorni mi perseguitava in albergo: «Ghed-da-fi! Ghed-da-fi! Ghed-da-fi!».

«Vede? Non posso farci nulla. Non posso impedirlo.»

«Proibisce tante cose, colonnello, figuriamoci se non potrebbe proibire anche questo.»

«Ma le masse mi amano! Mi amano troppo!»

«Senta, colonnello: se le masse la amano tanto, perché si difende da loro? Tutti quei carri armati col cannoncino puntato, quei soldati pronti a sparare... Sono stata fermata un'infinità di volte prima di giungere a lei. Sono stata perquisita fin dentro i capelli, dentro le scarpe. E ciò avviene con chiunque osi avvicinarsi a Bab el Azizia.»

«Vedo che continua a rinviare il discorso sul mio Libro Verde. Comunque le risponderò con una domanda: come interpreta tale cautela?»

«Col fatto che lei ha una gran paura d'essere ammazzato, colonnello. E non posso darle torto. Ci hanno provato tante volte!»

«Questo è un altro aspetto della propaganda ridicola che l'Occidente fa contro di me e di cui posso soltanto sorridere. Ma, anche se quegli attentati fossero avvenuti, come li spiegherebbe?»

«Col fatto che anche nel suo paese lei non è affatto amato, colonnello, e che la applaudono per paura.»

Ghignò con sarcasmo, volteggiò un lembo del burnus, e spense la televisione restituendo la tenda alla sua penombra di garçonnière. Poi, schioccando le dita, ordinò a un servo appollaiato sulla soglia di attizzare il fuoco dentro i due bracieri e si aggiustò il nodo scorsoio intorno al collo.

«Mi sembra una deduzione ben strana, la sua. Come quella ch'io sia un dittatore.»

«Che lei sia un dittatore non gliel'ho ancora detto. Ma glielo dico ora.»

«Lo ha detto anche a Khomeini.»

«È vero.»

«E poi gli ha detto che le masse sostenevano Hitler e Mussolini.»

«È vero.»

«Si tratta di un'accusa essenziale che richiede una risposta essenziale. Cioè questa. Lei non capisce la differenza che c'è tra me e Hitler o Mussolini, tra Khomeini e Hitler o Mussolini. Non la capisce perché non ha letto il mio Libro Verde. Hitler e Mussolini sfruttavano l'appoggio delle masse per governare il popolo, noi rivoluzionari usiamo l'appoggio delle masse per aiutare il popolo a governarsi da solo. Io dico al mio popolo: se mi amate, ascoltatemi, governatevi da soli. Ed è tutto il contrario di Hitler che alle masse diceva: a voi ci penso io, farò tutto per voi.»

«Colonnello, ma paragonarla a Hitler o a Mussolini per lei è un'offesa o no? Glielo chiedo perché non se ne mostra scandalizzato e di loro parla con un certo rispetto.»

«Io... Io non sono un dittatore» rispose dopo un lungo, lungo silenzio.

«E allora cos'è?»

«Il leader della rivoluzione. Ah, come si vede che non ha letto il mio Libro Verde!»

«Ma io l'ho letto, colonnello.»

«Tutto?»

«Certo, tutto. Non ci vuole neanche tanto: un quarto d'ora al massimo. È così piccolo. Sarà che noi occidentali siamo abituati alla mole della Bibbia e del *Capitale*, ma non le sembra di avere scritto un libro molto piccolo?»

«Lei parla come Sadat quando dice che il Libro Verde sta sul palmo di una mano.»

«Ci sta. Ma quanto tempo ha impiegato a scriverlo?»

Il nodo scorsoio dette un primo strattone, e il suicidio vero e proprio incominciò.

«Molti anni. Prima di trovare la soluzione definitiva ho dovuto meditare molto sulla storia dell'umanità, sui conflitti del passato e del presente.»

«Capisco. E com'è giunto alla conclusione che la democrazia è un sistema dittatoriale, il Parlamento è un'impostura, le elezioni sono un imbroglio? È una tesi, questa, che mi lascia un po' perplessa.»

«Perché non mi ha studiato bene. Lei dovrebbe restare qualche tempo qui in Libia e approfondire l'esame di un paese dove non esiste governo né Parlamento né scioperi e tutti sono felici perché è Jamahiriya.»

«Jamaché?»

«Jamahiriya! Comando del popolo, congresso del popolo, no? Allora lei non mi ha letto per niente! Non ha capito niente, non capisce niente!»

«Però ci provo, colonnello. Sono qui per imparare, mi spieghi.»

«E sia.» Prese un foglio e sospirando si mise a disegnare le palline, i quadratini, le frecce su cui mi ero tormentata la prima notte. Con qualche variazione, però. Nel suo schema infatti le palline componevano un cerchio e le frecce inserite nei quadratini si irradiavano verso una palla più grossa che chiudeva tutto.

«Ecco qua, mi segua. Le palline sono i congressi popolari che decidono tutto, anche la guerra o la pace, i quadratini sono i comitati popolari. Ogni quadratino deve rispondere alla sua pallina di quello che fa. Ora vediamo se ha finalmente capito: il governo dov'è? Qual è?»

«La palla più grossa.»

«No, no, no! Le ho detto che il governo non esiste! Le ho detto che sono i congressi popolari, le palline, a decidere tutto! Le ho detto che il governo non c'è!»

«E allora la palla grossa a che serve?»

«È il congresso generale del popolo che una volta all'anno si riunisce per discutere le decisioni dei congressi popolari! Non può decidere nulla, il congresso generale! Non conta nulla!»

«Se non conta nulla, perché si riunisce?»

«Per discutere, gliel'ho detto. Per contribuire.»

«E chi elegge le palline, chi elegge i quadratini?»

Il nodo scorsoio dette un secondo strattone e il cervello gli divenne cianotico. Incominciavo a provare quasi un senso di pena.

«Nessuno. Nella Jamahiriya non si elegge nessuno. Non ci sono elezioni, ripeto, non c'è rappresentanza. Ah, che tradizionalisti siete voi occidentali! Capite soltanto la democrazia, la repubblica, le anticaglie! Non siete pronti per la nuova era, l'era delle masse. Mi lasci ricapitolare, vediamo se riesce a seguirmi: prima c'era la monarchia, d'accordo? È stato il primo stadio dell'umanità, d'accordo? Poi la lotta del popolo ha portato la repubblica coi suoi governi e i suoi parlamenti e i suoi presidenti, d'accordo? E questo è stato il secondo stadio, d'accordo? Bene, ora l'umanità ha superato anche il secondo stadio. E ha creato la Jamahiriya che è la soluzione finale.»

«Finale?!?»

«Sì, perché con la Jamahiriya l'autorità del popolo è raggiunta. Il sogno dell'Uomo è realizzato. La lotta è finita.»

«Lei non è umile, vero, colonnello?»

«No, non lo sono. Perché posso resistere agli attacchi del mondo intero, io. E perché col mio Libro Verde ho risolto i problemi dell'Uomo, i problemi della società. L'America può anche farci la guerra, l'Occidente può anche tormentarci: il mondo ha ormai il Libro Verde. E per difenderci a noi basta il Libro Verde.»

«Ma l'opposizione dov'è?» chiesi vincendo quel senso di pena.

«Quale opposizione? Che c'entra l'opposizione? Quando tutti fanno parte del congresso del popolo, che bisogno c'è dell'opposizione? L'opposizione si fa al governo. Se il governo scompare e il popolo si governa da solo, a chi vuole opporsi?»

«A lei.»

«A me?»

«Sì, perché questa storia delle palline e dei quadratini non mi va. Non mi convince. E mi oppongo.»

«In nome di che?»

«In nome della libertà.»

«Che libertà? La libertà si chiama Jamahiriya. È quella l'unica, vera libertà. Quindi non c'è nulla o nessuno a cui opporsi.»

«E io mi oppongo lo stesso. E dico: se rifiuto la sua Jamahiriya, lei che mi fa? Mi arresta, mi fucila, mi impicca?»

«Ma lei non può rifiutarla! La Jamahiriya è il destino del mondo! È la soluzione finale!»

«I quaranta ufficiali che l'anno scorso lei fece fucilare la rifiutavano. Gli altri cinquantacinque che lei fece fucilare nel 1977 la rifiutavano. E anche i dieci studenti che alcuni mesi fa ha fatto impiccare sulla pubblica piazza di Bengasi!»

«Menzogne. Calunnie dell'Occidente. Ecco le cose che mi inducono a perdere fiducia per voi. Ma perché dite queste cose di me?»

«Per invidia, suppongo, gelosia. In ogni caso mi dica: ma lei è proprio sicuro che questo suo libriccino cambierà il mondo?»

Allora il nodo scorsoio dette un ultimo, definitivo strattone. E mentre quel povero cervello malato penzolava giù dalla corda come un corpo privo di vita, il delirio esplose di nuovo: così tremendo, stavolta, così spaventoso che la crisi del giorno prima diventava in confronto uno starnuto. Lentamente si alzò, lentamente levò le braccia ammantate di lino bianco, e tuonando una voce da Messia impazzito cominciò ad urlare la sua risposta in inglese.

«E le masse prenderanno il potere: grazie al Libro Verde! E i salariati si trasformeranno in partner: grazie al Libro Verde! E i poveri diverranno ricchi: grazie al Libro Verde! Perché il giorno della rivoluzione mondiale è arrivato: grazie al Libro Verde! E la guida della rivoluzione sarà il Libro Verde. Il mio Libro Verde! Il Libro Verde è la bussola dell'emancipazione umana. Il mio Libro Verde! Il Libro Verde è il nuovo Vangelo. Il Vangelo del futuro, della nuova era. Il Libro Verde è il Verbo! In principio era il Verbo, dicono i vostri Vangeli. Il Libro Verde è il Verbo, il mio Verbo! Una sua parola può distruggere il mondo, farlo saltare in aria. Una sua parola può redimerlo e mutare il valore delle cose. Il loro peso. Il loro volume. Ovunque e per sempre! Perché io sono il Vangelo. I am the Gospel.»

Continuò almeno un minuto a ripetere: «I am the Gospel, io sono il Vangelo». Senza fermarsi, senza prender respiro. «I am the Gospel. I am the Gospel. I am the Gospel. I am the Gospel.» Ibrahim appariva terrorizzato, il fotografo addirittura sconvolto. Gli occhi spalancati e le dita rattrappite sulla Leica, balbettava: «Di qui non si esce vivi. Questo ci ammazza tutti». Quanto a me, non sapevo che dire: «Colonnello, la prego! Colonnello, si calmi!». Alla fine si calmò. E pallido, sudato, si abbatté sulla poltroncina di plastica dove rimase a fissare una parete della tenda.

Forse avrei dovuto mostrare un po' di generosità, e andarmene in punta di piedi. Ma ormai lo odiavo talmente che avrei dato la vita pur di colpirlo con un'ultima coltellata.

«Colonnello, posso farle un'ultima domanda?»

«Sì, ma breve» rispose. «La delegazione iraniana mi aspetta. Devo far liberare quegli ostaggi.»

«Lei crede in Dio?»

«Ovvio che credo in Dio! Perché mi chiede una cosa simile?»

«Perché credevo che Dio fosse lei, colonnello.»

Mi guardò senza capire.

PARTE SECONDA
Interviste

Robert Kennedy

L'appuntamento era all'hotel Carlyle dove abita quando è a New York (la sua casa è a Long Island, non a Manhattan) e ad aprirmi la porta era stata la sua guardia del corpo: due tipi armati lo seguono ovunque, per strada uno gli sta davanti e uno dietro, nei luoghi chiusi gli siedono accanto, anche se sei un giornalista restan lì fermi a guardarti con inimicizia, sospetto, e con l'aria d'essere pronti per nulla a far fuoco. Una segretaria altrettanto gelida e ostile m'aveva informato che il senatore era corso dal medico perché gli faceva male un ginocchio, ciò m'avrebbe rubato mezz'ora ma difficilmente avrei recuperato il tempo perduto: quel giorno era il compleanno del nipotino John-John, il figlio di Jack e Jacqueline, e se il senatore tardava alla festa, John-John avrebbe pianto. In tal malcelata intolleranza dunque aspettavo e anziché in una stanza d'albergo sembrava d'essere in chiesa: fotografie di famiglia coprivano come candele ogni tavolo. Fotografie di lui con i figli, di lui col fratello Ted, di lui col fratello morto. Fotografie del fratello morto. La più grande, in una cornice d'argento, era del fratello morto e sfiorando quella apparì: più giovane dei suoi trentanove anni eppure già vecchio, mingherlino in confronto agli altri e indifeso, triste. La testa incassata dentro le spalle, lo sguardo abbassato sulla cravatta, avanzava timidamente, esitando, e la sua mano narrava da sola il sacrificio che gli costa affrontare la gente: cercava la mia come se sperasse di non trovarla mai. Quando la trovò la strinse senza entusiasmo, lampeggiò un'occhiata distante, scontrosa, e arrossì fino ai capelli biondi che a sinistra ricadono in un ciuffo ricciuto, il ciuffo dei Kennedy. Riusciva difficile esaminarlo e convincersi che questo era con molte probabilità un futuro presidente degli Stati Uniti, e anche l'uomo più amato e più odiato d'America, giudicato da alcuni «insensibile duro vanitoso arrogante impetuoso senza scrupoli furbo incapace di perdere», da altri invece «senza paura deciso esuberante veloce competitivo aggressivo capace solo di vincere». Soprattutto riusciva difficile credere ai ritratti che si leggon su di lui. Quello che ne fa il padre: «Fra tutti i miei figli Bobby è il figlio che mi assomiglia di più: sa odiare come me. Jack era uno che usava persuadere la gente a fare le cose, Bobby è uno che ordina alla gente di fare le cose». Quello che ne fa la madre: «Bobby è il settimo di nove figli, quattro maschi e cinque femmine. Crebbe nell'ombra di Joe, il maggiore, e di Jack: accanto alle sorelle ed a Ted, il più piccolo. Era il più basso e il più magro, temevamo che venisse su una fanciullina viziata. Ci accorgemmo presto che non c'era da preoccuparsi per questo, al contrario». Quello che ne fa la sorella Jean: «Bobby è un vulcano, neanche Jack era un tale vulcano. Ma Jack aveva molto viaggiato nella regione del dubbio e Bobby quella regione non l'ha mai esplorata. Le sue parole d'ordine sono competizione e vittoria». Quello che ne fa la moglie Ethel: «Il mondo per lui è diviso in cappelli bianchi e cappelli neri. I cappelli bianchi sono con noi e i cappelli neri sono contro di noi. Bobby vede solo i buoni e i cattivi, le cose buone e le cose cattive. Le cose buone per lui sono la virilità, il coraggio, il movimento, la collera. Non ha pazienza coi deboli e con gli incerti». Quello che egli fa di sé stesso quando affronta il gangster Joe Gallo e gli dice: «Lei crede d'essere un duro ma non è un duro: mi piacerebbe fare a pugni per dimostrarglielo», e quando affronta un gruppo di deputati e gli grida: «Siete un branco di donnaccole». Quella scontrosità silenziosa, quel rossore pudico portavan più a credere chi lo definisce «un Savonarola in calzoncini, un adulto nei panni di un boy-scout», e ne descrive la passione per i gelati di cioccolata con la cioccolata liquida sopra, l'abitudine a giocare in ogni momento a palla, l'eleganza composta da «chierichetto», un vago senso di colpa pei troppi soldi che ha (la sua fortuna personale ammonta a 12 miliardi), l'amore puritano per la famiglia composta da ben otto figlioli (il nono è in arrivo) e la moglie Ethel, un tipo gaio e sempliciotto che dice: «Cosa volete farci, mi piacciono film come *South Pacific*, gli spettacoli teatrali come *My Fair Lady*, i libri come *The King Must Die*, noi non ci sentiamo a nostro agio con gli intellettuali e di musica non si capisce un fico», poi disinvoltamente racconta: «Conobbi Bob a sciare quand'ero compagna di collegio di Jean. Bob mi frequentò qualche settimana poi si innamorò di Pat, mia sorella. Due anni dopo però Pat sposò un architetto irlandese e Bobby tornò a me, grazie a Dio». Del resto non lo avevo visto così un mese prima, quando lo seguivo nella sua campagna elettorale a New York, e rigido, composto, educato parlava alla folla come se ripetesse una lezione imparata a memoria? Mai una piega nei calzoni o negli occhi, si lasciava andare così raramente al sorriso che al minimo scostare di labbra i flash dei fotografi lampeggiavano come in un temporale, alzava così raramente la voce che al minimo mutare di tono la gente faceva uno scossone e pensavo assomiglia, sì, a suo fratello: ma nei lineamenti e nient'altro. Poi alzò il capo, le palpebre, e il rossore finì: fu chiaro che gli assomigliava in molto di più. Il volto ossuto, virile, aveva la stessa energia. I denti bianchi, a scoiattolo, avevan lo stesso contagio. Le pupille azzurre, implacabili, avevano la medesima forza: ti guardavano fin dentro il cervello e di colpo capivi perché nei comizi di Harlem, di Brooklyn, la gente rischiava di farsi schiacciare per vederlo, ascoltarlo, perché al ministero della Giustizia lo temevano tutti, perché non avendo calore né savoir faire né oratoria, riesce simpatico agli uomini e fa innamorare le donne. Perché è un Kennedy dal ciuffo biondo alle scarpe e c'è qualcosa in quei Kennedy che supera il loro sex-appeal, la loro ricchezza, il loro magico nome: la capacità di vincere, sempre, costi quello che costi, a dispetto dell'odio, dell'antipatia, della maledizione che grava su di essi come in una tragedia greca, attraverso morti, assassinii, malattie, disastri aerei. Perché fra tutti i Kennedy egli è forse il più Kennedy; dicono che non voglia mai esser secondo, che non rinunci mai ad imporsi, che disprezzi gli sconfitti, che faccia bene tutto quello che fa, si tratti di giocare a palla, o a tennis, o a golf, si tratti di far la politica, scrivere libri, procreare bambini, e una cosa comunque è sicura: non ho mai conosciuto un timido che riesca a intimidire chi non è timido come vi riesce Robert Kennedy. Non sono timida, io: però mi piegai immediatamente al suo gioco che era quello di dire il più possibile attraverso il meno possibile, senza rivelarsi, senza confessarsi, senza scendere dal suo piedistallo di pudore e di dignità. Lo stesso per cui dice «il presidente Kennedy» e mai «mio fratello».

Frasi brevi, secche, impersonali e, in fondo ad ogni frase, un punto che chiudeva per sempre l'argomento affrontato: senza offrire pretesti a ritornarci su. Raramente, intervista fu più faticosa, difficile. Durante i trentacinque minuti che essa durò, non desiderai in fondo al cuore che questo: che mi congedasse. Mica fosse scortese: al contrario. Era garbato, paziente, gentile: non dava mai segni di insofferenza, non respingeva mai nessuna domanda, neanche la più brutale, crudele, indiscreta. Ma più il tempo passava più lui si chiudeva, si irrigidiva sopra quel piedistallo malinconico e freddo, senza mutar posizione, spalle appoggiate, gambe accavallate, mani incrociate, senza cambiare la voce che ha il tono squillante e monotono di una sirena inceppata, senza indulgere a un attimo di cordialità, di fiducia. «È sempre così?» chiesi alla sua guardia del corpo quando a un certo momento si alzò per rispondere a una telefonata. «Oh, sì. Sempre» rispose la guardia del corpo. «Non lo sapeva? Cavargli una parola di bocca è più duro che cavare un dente. Bisogna strappargliela con le tenaglie.» L'ultima domanda era la più delicata: riguardava le voci secondo le quali Bob Kennedy mirerebbe per il 1972 alla presidenza degli Stati Uniti. Vi rispose con sincerità disarmante e con una chiarezza che credo non abbia mai usato, poi alzò quello sguardo timido e insieme implacabile, di nuovo arrossì e sussurrò: «Ora mi lascia andare?».

Se mi avesse cacciato con un urlo, non mi sarei alzata più in fretta. In fretta lo ringraziai, lo salutai, mi diressi all'ascensore che a pianterreno si spalancò, vedi caso, sul volto più aperto e gioviale d'America: quello di Humphrey, il vicepresidente. «Salve, signor Humphrey! Come sta? Complimenti!» esclamai, non lo avevo mai visto, Humphrey, ed egli ignorava naturalmente chi fossi. Mi rispose con una affettuosa manata sulle spalle, mi chiese da dove venivo, mi fece un discorsino sulle bellezze d'Italia, mi ringraziò: e anche questo, insieme all'intervista che segue, dipinge il ritratto di Robert Kennedy.

ORIANA FALLACI. *C'è una frase, senatore, che suo fratello fece incidere su una scatola da sigarette che le regalò anni fa, e questa frase dice: «A Bob. Quando avrò finito io, perché non incominci tu?». Così io meditavo su quella frase mentre lei si batteva in novembre per diventar senatore, ci medito ora che ha vinto, ci meditano in molti del resto, e una domanda sorge spontanea: pensava già allora, da sempre, di prendere un giorno il suo posto? Insomma di farsi eleggere, in un modo o nell'altro, al posto di lui?*

ROBERT KENNEDY. No. No, non ci pensavo. O non ci pensavo molto: allora. Di certo non ci pensavo da ragazzo, o quand'ero molto giovane. Da ragazzo pensavo soltanto che mi sarebbe piaciuto lavorare per il governo e dopo, quando il presidente Kennedy era vivo, avevo tanto da fare con lui, per lui, come ministro della Giustizia, che non consideravo l'opportunità di essere eletto. O meglio: non la consideravo molto. Cominciai a pensarci molto, anzi insistentemente, dopo che lui morì: come mezzo per continuare quello che lui aveva incominciato, anzi quello che io e lui avevamo incominciato insieme. Vede: non solo il presidente ma noi tutti eravamo coinvolti in certi compiti, in certi sogni. E lui voleva portarli in fondo, attuarli. E all'improvviso lui non ci fu più. E all'improvviso decisi, compresi che toccava a me portarli in fondo. Attuarli. Così mi presentai alle elezioni, per conquistare il seggio di senatore dello Stato di New York. Quella frase comunque non voleva dire esattamente prendi il mio posto. La fece incidere subito dopo la campagna elettorale e voleva dire piuttosto tu cosa farai quando io avrò finito... tu come essere umano...

Molti ritengono che la spinta definitiva a una tal decisione gliel'abbia data, l'estate scorsa, il rifiuto di Johnson a considerar lei un probabile candidato alla vicepresidenza degli Stati Uniti. E chiunque sa che lei non ama perdere, che fu ferito da quel rifiuto.

Sì. Certo. Quando ciò accadde... dovetti meditare assai a fondo, decidere cosa avrei fatto della mia vita. Continuare a lavorare nell'esecutivo del governo, restare in politica, oppure no? Volevo restare in politica ma, per restarci, dovevo essere eletto: stavolta. Decisi quindi che volevo, che dovevo essere eletto.

Sapendo tuttavia che lei non è molto amato dagli americani. Lei si rende conto, senatore Kennedy, di quanto poco sia amato? L'ostilità che esiste nei suoi riguardi mi ha quasi sorpreso.

Sì. Oh, sì! Sì, ne sono consapevole. Lo so tanto bene di non essere amato da molti che la cosa, ormai, non mi sorprende nemmeno più, non mi disturba più, e non me ne importa neanche più. Capisco, al contrario, il perché: sono stato troppo direttamente coinvolto in troppe battaglie, in troppe lotte. Però c'è anche gente che mi vuol bene: mi hanno eletto, del resto, sì o no? La gente povera mi vuole bene. I negri, i portoricani, ad esempio. I respinti insomma. Loro sono con me, lo so. E poi sono con me quelli che capirono il presidente Kennedy, la nostra amministrazione durante quei due anni e mezzo, e non mi aspettavo che fossero così numerosi. Non mi aspettavo che fossero i più. Così gli altri dicano ciò che vogliono. Oh! So cosa dicono di me.

Dicono che è un duro, un arrogante, un inflessibile, un impulsivo, un furbo, un...

Un uomo senza scrupoli. Già. Così dicono: senza scrupoli. Cosa vuole che risponda? Non sono obbiettivo sull'argomento, ho pregiudizi. Il pregiudizio che non sia affatto vero. La certezza. Ma non sarò io a psicanalizzarmi. Ci pensano già abbastanza gli altri: sembra che tutti siano impegnati a psicanalizzare me, i Kennedy. È un angelo o un demonio? Un santo o una tigre del Bengala? Chi ha votato per me evidentemente non pensava che fossi un demonio.

E poi dicono che lei si sia servito e si serva del nome del fratello, che per lui è stato eletto. E poi dicono che non le bastava un Kennedy al Senato, cioè Ted, e che due fratelli senatori son troppi...

Avere mio fratello Teddy al Senato mi riempie di gioia: quando seppi che anche lui ce l'aveva fatta, fui quasi più felice per lui che per me. Voglio molto bene a Teddy. Non ho lavorato con Teddy nella misura e nel modo in cui lavorai per il presidente Kennedy: ma gli sono molto vicino lo stesso. Noi fratelli Kennedy siamo assai legati. La nostra è una famiglia molto unita, una famiglia dove tutti si amano, direi che questo affetto e questa unità sono alla base della nostra forza, almeno una delle nostre forze: e non mi turba per niente che due fratelli seggano accanto al Senato. Non è un fatto usuale, d'accordo: ma non è nemmeno un fatto senza precedenti. È la seconda volta che si verifica nella storia degli Stati Uniti: l'altra volta accadde centocinquanta anni fa. Quanto al particolare che sia stato eletto per il presidente Kennedy, certo che l'essere fratello del presidente Kennedy mi ha aiutato moltissimo. Non v'è dubbio su ciò. Chiamarsi

Kennedy provoca molti ostacoli ma offre anche molte più opportunità. Ma non mi sono servito di lui... L'ho ricordato: sempre, continuamente. Ricordarlo non fa parte forse dello scopo per cui mi batto? Non mi batto forse per continuare ciò che facemmo insieme?

E poi dicono... ecco, dicono che lei vuol fare una dinastia della famiglia Kennedy. Una monarchia. E citano, non so se è vero, un episodio: una fotografia che lei avrebbe. È una fotografia di suo figlio David alla Casa Bianca e dietro John Kennedy ha scritto: «Un futuro presidente degli Stati Uniti ispeziona la sua futura...».

... proprietà. È vero. La fotografia esiste realmente. Sta sulla mia scrivania. E dietro c'è scritto come dice. Al che io avrei risposto, ho risposto, «ciò prova che esiste una dinastia». E con questo? Che prova? Prova solo che i più non hanno senso di humour. Nessuno con un po' di senso di humour giudicherebbe una simile frase come la dimostrazione di una minaccia, di un pericolo. Arrivino tutti alle conclusioni che vogliono: i Kennedy hanno senso di humour, in abbondanza. Ed hanno anche il gusto della politica. Quando lei mi chiede se mi piacerebbe avere un giorno mio figlio o i miei figli nella politica io le rispondo sì, mi piacerebbe. Non farei nulla per spingerli, influenzarli, però mi piacerebbe. La politica può molto ferire: ma ci sono tanti altri modi per esser feriti, nella vita. E allora tanto vale esser feriti qui.

Eppure ho avuto l'impressione che questo mestiere le pesasse, senatore. L'ho seguita due o tre giorni durante la campagna elettorale e m'è sembrato che le costasse un gran sacrificio mostrarsi alla gente, parlare alla gente...

Oh, no! Mi piaceva moltissimo, invece. Direi che mi divertivo. Qualche volta, si capisce, diventava un po' peso: ma nella maggior parte dei casi l'ho fatto volentieri. Forse sembrava che non mi piacesse perché non ero abituato a stare dalla parte di chi dev'essere eletto. L'altra volta condussi la battaglia elettorale per il presidente Kennedy, stando nell'ombra, lavorando per lui, questa volta invece lavoravo per me stesso. Però posso dire che questa volta mi è piaciuto assai più che l'altra volta. Mi sono divertito di più, a lavorare per me stesso. Mi sono appassionato di più perché era più difficile, più...

... rischioso. Già. Quella folla che le si stringeva d'attorno, come una morsa, e lei nel mezzo: indifeso. Era terrificante, ho avuto spesso paura per lei. Senatore, scusi una domanda brutale: non aveva paura che potessero ammazzare anche lei? Non ha paura che possano ammazzare anche lei?

No. Mai. Non avevo quella paura: mi si stringevano intorno da amici, erano amici. Non ho quella paura. Nessuno vuole ammazzarmi.

Però deve andare in giro con una guardia del corpo.

Non ho guardia del corpo.

Quel signore che ci siede vicino è una sua guardia del corpo.

No. È un amico...

Come preferisce chiamarlo, senatore. A questo punto tuttavia le chiedo lo stesso ciò che mi son chiesta più volte: se la tentazione di abbandonar tutto le viene, ogni tanto. Lei è così ricco,

*senatore, potrebbe vivere in pace con i suoi miliardi: ci sarà
pure un momento in cui sogna, come un sollievo, di starsene
in pace a prendere il sole, di volare, non so, ad Acapulco. Perché, invece... perché?*

Mi è difficile dire perché. Uno rischia di far della retorica. E
poi mi imbarazza parlar di me stesso. Non ci sono abituato,
non mi piace, non voglio. Tutti questi articoli che ha con sé,
per esempio: non ci ho mai contribuito. Io, quando mi rivolgono le domande sulla mia persona, non so rispondere. Dicono ad esempio che fra tutti son quello che assomiglia maggiormente a mio padre. Non so. In certo senso, forse. Magari. Anche lui non era tipo da riposarsi ad Acapulco. Posso
dirle soltanto che preferisco far questo che riposarmi ad
Acapulco, che ficcarmi nei guai come lei dice per me non è
un sacrificio. Al contrario, mi dà gioia. Questa è la vita che
voglio e non rinuncio a nulla facendola. Trovo perfino il
tempo per riposarmi: stasera vado a casa e resto con mia moglie e i miei figli per quattro giorni. Dedico molto tempo a
mia moglie, ai miei figli: anche quando ero ministro della
Giustizia tutte le sere cenavo coi miei. Spesso quando viaggio mi porto dietro mia moglie, i miei figli maggiori. Con loro sono stato in Europa, in Asia, mi sono fermato in Polonia
e a Berlino, quel viaggio bellissimo durante il quale la gente
applaudiva come non si applaude ad un diavolo, loro non
sembravano pensare che sono un diavolo, un duro privo di
scrupoli... L'anno prossimo, quando mia moglie avrà partorito il nono figlio, ho intenzione di portarla in Italia, fermarmi un po' a Napoli. No, non mi costa alcun sacrificio: direi
anzi che per me è l'unico modo interessante di vivere. Una
sfida continua. Ciò che voglio fare e vorrò sempre fare. La
ragione della mia esistenza.

*E se avesse perduto? So che questa parola non le piace, che dif-
ficilmente la accetta. So che lei ama i vincitori, sempre, e non
gli sconfitti. Ma se avesse perduto, senatore?*

Mi sarei messo a insegnare. Lo dissi, del resto. Ed era vero.
Mi piace stare coi ragazzi, coi giovani: essi sono il mio ambiente naturale, non a caso ho ben otto figli e ne avrò presto nove, sì, credo che, per un certo periodo almeno, sarei
stato insegnante. Per un certo periodo. Non sempre. No,
non credo che mi sarei ritirato per sempre. Ad esser sincero, comunque, non ho mai esaminato fino in fondo la possibilità di perdere e quindi il problema di quel che avrei
fatto se avessi perso. Come i giovani, come i ragazzi, non
esaminavo un futuro lontano, i molti anni a venire, tanto
meno come sconfitto. Mi ponevo altri problemi: da risolvere solo come vincitore. Il problema dell'educazione, ad
esempio, della povertà che affligge il popolo americano.
Gli altri paesi non si rendono conto della povertà che c'è
in America: non necessariamente o non solo una povertà
finanziaria. Una povertà educativa. Gente che abbandona
lo studio, rinuncia alla cultura per guadagnare, far soldi
presto. E poi il problema della responsabilità che noi abbiamo verso il resto del mondo. Gli americani non si rendono conto di come gli altri paesi guardino all'America,
nel bene e nel male, per imitarci: la nostra è dunque una
pesante responsabilità. E pensavo che dovevo vincere per
queste cose, per correggere ciò che non va bene, perché io
credo al progredire del bene, come ci credeva il presidente
Kennedy. E pensavo che dovevo diventare senatore dello
Stato di New York, altro che diventare insegnante, continuare in qualche modo ciò che lui...

Il ricordo di lui la perseguita: vero, senatore? La memoria di suo fratello non la abbandona un minuto: vero, senatore? Queste fotografie di lui, dappertutto. Questo...

No. No, non è vero. Non mi perseguita: non è come lei crede. Non mi ossessiona, non ci penso sempre o molto. Ci sono fotografie di lui, sì, ma ci sono anche fotografie degli altri miei familiari: di Teddy, guardi, dei miei figli, guardi, dell'intera famiglia, guardi. E poi non voglio parlare di questo. Non voglio entrare in un tale argomento. Mi scusi. Ormai non entro più in quell'argomento. Da tempo. Da molto tempo. Ormai... Io mi rendo conto che questo è ciò che deve chiedermi, che la gente vuole sapere: se penso spesso di lui, se... Però non me lo chieda. Dimentichiamo. Ad ogni modo non importa. Vada avanti. OK.

OK, senatore. Ma ciò che sto per chiederle non è meno grave: anche se è assai meno doloroso. Riguarda la possibilità che lei possa continuare fino in fondo, un giorno, il lavoro di suo fratello: come dice la frase che sta scritta sulla scatola da sigarette che lui le donò. La possibilità che un giorno lei governi il paese. La possibilità che lei diventi, voglia diventare presidente degli Stati Uniti. Posso parlarne?

Sì.

Bene. Fino ad oggi lei non ne ha mai voluto parlare.

No.

Ha sempre respinto la domanda come se costituisse una vergogna, una colpa. Perché?

Perché volevo diventare senatore: non presidente. Perché volevo concentrarmi nell'area che mi interessava in quel momento, lavorare su quella: il Senato. Anche attualmente non voglio che quello: esser senatore. Attualmente non lavoro sull'area della presidenza. Oggi come oggi, diventar presidente non è il problema che mi preoccupa. Quell'area, quel problema, sono al di là dei miei programmi immediati. Molto al di là: nel futuro. Il presente è il Senato. Il futuro... è il futuro. Il futuro avrà cura di sé stesso. The future will take care of itself.

Certo. Lei è molto giovane, senatore.

Sì.

Ha molto tempo dinanzi a sé.

Sì.

Tutto il tempo per diventar presidente.

Grazie.

E quando il suo mandato di senatore sarà scaduto, nel 1970, cosa farà dunque?

Concorrerò di nuovo per essere rieletto senatore. Non v'è dubbio.

Le elezioni per la presidenza degli Stati Uniti saranno nel 1972. Un senatore può concorrere, vero?, alla presidenza degli Stati Uniti.

Sì. Certo. Certo che un senatore può concorrere alla presidenza degli Stati Uniti. Naturalmente!

Suo fratello era senatore, infatti. Bè, senatore: c'è gente anche in Europa cui piace pensare che lei sarà un giorno presidente degli Stati Uniti.

Grazie. Sì. Grazie.

New York, dicembre 1964

James Farmer

Tre giorni dopo la morte di John Fitzgerald Kennedy, verso le sette di domenica sera, James Farmer ricevette una telefonata da Washington. Farmer si trovava nel suo appartamento a New York, ed era di pessimo umore. Chiese senza cordialità: «Chi mi vuole da Washington?». Una voce dall'accento inequivocabilmente texano rispose: «Il presidente, signor Farmer. Sono Lyndon Johnson, il presidente». Seguì un lungo silenzio. Che in un momento simile Johnson gli telefonasse, sembrava a Farmer alquanto bizzarro. O uno scherzo. Ma non era uno scherzo e la voce continuò: «Volevo ringraziarla, signor Farmer, dell'aiuto che mi dette quand'ero alla vicepresidenza. E così stasera mi son detto: Lyndon, ma perché non lo chiami?». «Molto gentile, signor presidente.» «Caro Farmer, questo è un momento grave per il nostro paese.» «Sì, signor presidente.» «Avrò grande, grande bisogno del suo aiuto, Farmer.» «Sì, signor presidente.» «Me lo darà?» «Certo, signor presidente. Se sarà dalla parte giusta, signor presidente.» «Farmer, perché non viene a trovarmi quando capita a Washington?» E ciò fu l'inizio di una serie di telefonate, di incontri, che andarono avanti per circa due anni. Ogniqualvolta Johnson temeva una complicazione razziale, chiamava Farmer a New York. Spesso, anche tre volte in un giorno.

Non a sproposito: già a quel tempo Farmer, un omone tra i quaranta e i cinquanta, insegnante di sociologia alla Lincoln University in Pennsylvania, era tra i leader negri più ascoltati del ghetto. Ma se allora il suo prestigio induceva un presidente a chiedergli aiuto in modo così confidenziale, oggi la sua autorità è tale che molti dicono:

«Se un negro potesse andare alla Casa Bianca, la scelta non cadrebbe su Martin Luther King. Cadrebbe su Farmer». Agli occhi dei giovani negri, Farmer ha preso il posto di Luther King, le sue credenziali di leader son ricche. Nel 1942 fondò il CORE (Congress of Racial Equality), l'associazione per l'uguaglianza razziale che raccoglie il maggior numero di iscritti. Tutte le sommosse, sia al Sud che al Nord, lo hanno visto in prima linea. È stato in prigione. Il Ku Klux Klan lo ha condannato a morte. Infine, ha rotto i ponti con Johnson e ha abbracciato la tesi della rivolta violenta. Ex moderato, lo si può includere ormai fra gli estremisti sebbene anche come estremista sia un tipo assai particolare. Sua moglie è bianca. Una delle sue due bambine è bionda. Il libro che legge con più diletto è la *Divina Commedia*. E alla *Divina Commedia*, cioè al nostro passaporto italiano, dobbiamo questa intervista: la prima che un leader negro abbia dato a un giornalista bianco dacché la Conferenza per il Potere nero ha deciso di rifiutare con la stampa bianca ogni dialogo. La offriamo come un documento prezioso a capire il dramma razziale che da alcune settimane brucia gli USA.

ORIANA FALLACI. *Signor Farmer, una voce ormai diffusa sostiene che la rivolta dei negri in America sia guidata, o aiutata, dai comunisti. In particolare, da Castro e dai cinesi. È vero?*

JAMES FARMER. Vi sono pochissimi comunisti negri. In genere i negri hanno abbastanza problemi a essere neri per potersi permettere anche d'essere rossi. La rivoluzione negra non è una rivoluzione comunista, è una rivoluzione nazionalista, voluta e condotta da radicali indigeni che non hanno mai letto Marx. Se qualcuno per caso l'ha letto non ci ha messo molto a capire che il marxismo a noi negri non serve. Marx racconta al povero negro che il povero bianco è il suo naturale alleato. A un tale discorso il negro più analfabeta risponde: «Sei pazzo». In America i negri non sono né alleati con l'Est né alleati con l'Ovest, e tentano di costituire una forza politica internazionalmente neutrale. Però si trovano nella stessa posizione degli asiatici e degli africani, vale a dire dei popoli che combattono il colonialismo; accettano l'aiuto da dove viene. Quando c'è una guerra, e i negri americani si considerano ormai in stato di guerra, non si sta a guardare per il sottile. Se l'Occidente ti volta le spalle, e l'Oriente ti porge una mano, tu guardi a Oriente. Ciò non include i russi, tra i negri americani non c'è nessuna simpatia per i russi. Anzitutto perché i russi sono bianchi, poi perché i russi sono razzisti: chiunque sa come si comportano e si son sempre comportati verso gli ebrei. Coi giovani negri americani, hanno avuto e hanno più successo i cinesi. E la ragione è evidente: i cinesi possono lavorare meglio perché non sono bianchi.

E Castro? Uno dei vostri giovani più rappresentativi, Stokely Carmichael, è andato a Cuba da Castro.

Non c'è andato perché sia comunista, c'è andato per chiedergli aiuto e perché sapeva che Castro è pronto a dargli aiuto. Tutti i giovani negri sanno che a Cuba, prima di Castro, c'era la discriminazione razziale e che ora non c'è più. Sanno che Castro è la testa di un movimento di rivolta nell'America Latina, un continente composto in massima parte di gente di colore: ma ciò non li rende comunisti. Ripeto che l'estremismo della rivolta negra non è un estremismo politico, è un estremismo razziale. Esiste, è vero, un terreno assai fertile per l'estremismo politico: la povertà. Ma i movimenti più a sinistra si basano su minoranze non troppo ascoltate. I mussulmani neri stanno diventando sempre di più un partito religioso, i Mau-Mau di Harlem si contano sulla punta delle dita. L'unico gruppo da prendere in maggiore considerazione è il RAM, Revolutionary Action Movement. Esso ha le radici a Cuba e in Cina. Ne è a capo Robert Williams, un negro del Nord Carolina che fu anche uno dei primi a predicare la violenza: «Possiamo impedire i linciaggi solo se noi linciamo i bianchi». Sei anni fa gli trovarono in casa un arsenale di armi e molti negri che se n'erano serviti in una sommossa furono arrestati. Allora Williams rapì una coppia di bianchi che stava passando per il ghetto e minacciò di ucciderli se i negri non venivano scarcerati. Fu accusato di kidnapping, non fu mai arrestato. Riuscì a scappare con la moglie e i figli a Cuba dove chiese asilo politico a Castro. A Cuba rimase fino al marzo scorso quando accusò anche Castro d'essere razzista e andò a Pechino dove si trova attualmente.

Anche il CORE, la sua associazione, è ormai abbastanza estremista.

Se per estremisti intende i giovani militanti del ghetto, sì. Quando la fondai era una associazione rivolta alle classi medie: reclutavamo la gente nelle chiese, nelle scuole, mai nel ghetto tra i cosiddetti «giovani turchi». Ora invece ho dato ordine di entrare nelle parti più basse del ghetto e di reclutare i «giovani turchi» con ogni mezzo, compresi gli altoparlanti. Proprio come si reclutano i volontari da mandare alla guerra. Non possiamo più permetterci la sola partecipazione dei medici, degli avvocati, degli intellettuali. Sono i giovani, e i poveri, che fabbricano le bottiglie Molotov e rispondono con fucilate alle fucilate della polizia.

Signor Farmer, l'aspetto più interessante delle sommosse è dato dalla quasi simultaneità con cui esse avvengono da una parte all'altra del paese. È chiaro insomma che la rivolta ne-

gra è esplosa su scala nazionale. Fino a che punto è da voi organizzata?

L'organizzazione interviene solo dopo che la sommossa è esplosa. Ci preoccupiamo cioè di allargarla e continuarla, non di incominciarla. In altre parole nessuno di noi siede a un tavolo per ordinare una ribellione a Detroit o Newark o New York. Essa scoppia da sola in seguito a un incidente, e da sola si propaga alle altre città in seguito a un altro incidente. Il quale, ogni volta, viene provocato dalla polizia. Perché la polizia? Perché è il solo simbolo visibile del potere bianco che opprime la popolazione nera: sono i poliziotti che indossano l'uniforme e portano la rivoltella alla cintura. Né serve a niente che fra loro vi siano dei negri: i poliziotti negri sono spesso più brutali dei poliziotti bianchi perché sono pronti a tutto pur di farsi accettare nel club. L'unico vantaggio che il ghetto ricava dai poliziotti negri è che essi non sparano sulle donne e i bambini: potrebbero essere le loro donne e i loro bambini. È importante ricordarsi che la rivolta in atto è una rivolta delle classi povere, non ha nulla a che fare con la rivolta di dieci anni fa messa in atto dalle classi medie. A quelle interessava l'integrazione, cioè entrare nei buoni alberghi, nei buoni ristoranti, nelle buone università riservati ai bianchi. Ai negri del ghetto tale integrazione importa ben poco perché non hanno soldi per un buon albergo, un buon ristorante, una buona università.

Neanche i bianchi poveri li hanno: la miseria non è una particolare disgrazia dei negri. Nella regione di Appalachia i bianchi poveri vivono mille volte peggio che i negri nel ghetto.

Sì, ma i bianchi di Appalachia hanno un grande vantaggio sui negri del ghetto: sono bianchi. Hanno lo stesso colore di chi li tiene oppressi, e non bisogna dimenticare che i più cupi antagonisti dei negri poveri sono i bianchi poveri: l'uomo ha sempre bisogno di disprezzare chi è più infelice di lui, per consolarsi della propria infelicità. Inoltre lo sfruttamento dei negri poveri non è nemmeno paragonabile allo sfruttamento dei bianchi poveri. Nel ghetto il cibo si paga il quindici per cento di più che nel resto della città, ed è il peggiore della città: il rifiuto di tutti i mercati. Nel ghetto i mobili si vendono a rate ma il soprapprezzo rateale è così mostruoso che il debito dura anche un'intera vita. E basta saltare una rata, una sola, per vedersi riprendere tutto senza la restituzione delle rate versate. Durante i moti di Watts, a Los Angeles, parlai con una donna che aveva saccheggiato sette televisori. Era una vecchia mite, di quelle che vanno alla Messa. Le chiesi: perché sette? Rispose: io non so leggere e mio figlio s'è accorto che comprando a rate il televisore mi ero impegnata a pagare il prezzo di sette televisori. Ora, chi fa quei contratti rateali? I bianchi. A chi appartengono i negozi? Ai bianchi. Economicamente il ghetto è nelle mani dei bianchi: di milionari negri ne esistono pochi e non hanno mai niente a che fare col ghetto. Sicché quando mi si chiede: «Perché i negri bruciano le loro stesse case, i loro stessi negozi?», rispondo: non sono le loro case e i loro negozi, sono le case e i negozi dei bianchi.

Sta dunque dicendo che le condizioni economiche sono solo strumento, pretesto di questa rivolta?

Mettiamola così: in America il negro, oltre a essere povero, è negro. La qual cosa significa che è discendente di schiavi. La sua povertà dunque è una povertà doppia, particolare. Anche i quartieri irlandesi, italiani, polacchi, ebrei sono quartieri poveri. Ma non si portano addosso il marchio di un passato umiliante, la sensazione di essere inadeguati o inferiori. Italiani, irlandesi, polacchi, ebrei non vennero qui da schiavi ma da emigrati, da uomini liberi. Un discorso che vale anche per i gialli. Anche i gialli hanno un problema di colore, e sono spesso respinti, ma il colore giallo è più vicino al bianco. E i giapponesi, i cinesi, non furono mai schiavi. Un giallo può comprarsi un appartamento in Park Avenue, un negro no. Neanche se è milionario. Vi sono salsicce da quindici centesimi che quindicimila dollari di un negro non possono comprare. L'integrazione è fallita. Su di essa hanno concentrato l'enfasi dei diritti civili ma v'è molta più segregazione oggi di dieci o venti anni fa. A quel tempo, nelle città del Nord i negri potevano abitare dove volevano: eran pochi. Ora vigono regolamenti che proibiscono ai negri di uscire dall'area stabilita: l'emigrazione in massa dal Sud ha creato i ghetti. Ma i ghetti non bastano: strizzati lì dentro, i negri si incattiviscono. Specialmente se la disoccupazione li affama. La disoccupazione fra i negri è raddoppiata e a Washington la popolazione negra è del sessanta per cento, a Cleveland e a Baltimora del quaranta per cento, a Chicago del cinquanta per cento, a New York del trenta per cento...

In altre parole i negri americani sono eminentemente condensati nelle città, non stanno più nelle campagne, e ciò favorisce la rivolta.

È così. Sono scappati dalle piantagioni del Sud alle città del Nord: avevano sentito dire che al Nord c'è più libertà. E nelle città, non nelle campagne, scoppiano le rivolte. Da un punto di vista strategico l'emigrazione ha servito moltissimo.

Signor Farmer, insieme alla integrazione è fallito anche il concetto della non-violenza. Dobbiamo concludere che la vio-

lenza sarà d'ora innanzi lo strumento necessario alla rivoluzione negra?

Non direi necessario, direi inevitabile. I negri non sono pacifisti: hanno imparato la violenza dalla società americana dove il culto del pugno forte ha sempre prevalso. Non solo, la violenza è sempre stata usata contro di loro, ed essi hanno sempre avuto sete di restituirla. Perfino quando Martin Luther King si mise a predicare la non-violenza, i giovani negri la accettarono come tecnica passeggera e non come filosofia. E oggi i giovani tra i sedici e i ventun anni dicono: «Non sono uno di quei negri non-violenti di Martin Luther King. Basta col porgere l'altra guancia». Io sono un amico personale di Luther King e gli voglio bene: però devo ammettere che la sua autorità sulle masse è precipitata oltre ogni previsione. Ci aspetta un. futuro di enorme violenza, e tale violenza aumenterà quando i giovani torneranno dal Vietnam. Ci sono troppi negri nel Vietnam. E lì vengono quotidianamente allenati alla violenza, imparano a sparare senza sciupare il colpo. Quando anziché ai vietcong spareranno ai bianchi, alla polizia, non sarà facile domarli. E vedremo dolorosissimi eccessi. Ma quando mai una rivoluzione è avvenuta senza eccessi? I tipi come Rap Brown, sobillando la folla, non fanno che tradurre in parole un'ovvia realtà.

Rap Brown è un razzista. E il lato più sconsolante della rivoluzione negra è il razzismo che la nutre. Un razzismo identico, spesso, a quello dei nazi. Il Congresso per il Potere nero, tenuto nei giorni scorsi a Newark, ha avuto momenti da svastica.

Che i negri siano razzisti è fuor di dubbio. Ma v'è un razzismo che chiamerei primario, quello dei nazi e del governatore dell'Alabama, e un razzismo che chiamerei secondario, quello dei negri. Più che razzismo io lo chiamerei, insieme a Sartre, negritudine: negrezza. Cioè un razzismo antirazziale, un razzismo per finire il razzismo. Ma ammettiamo pure che sia razzismo puro, cioè condannabile: ciò non significa che sia ingiustificato o gratuito. Perché lo sostiene un risentimento sacrosanto, un odio alimentato dall'odio. La cosa non rallegra nessuno ma nessuno può farci nulla: e io non credo che la situazione cambierà finché sono vivo. Forse le mie figlie faranno in tempo a vederla finire, ma oggi come oggi sperare che i negri e i bianchi d'America si trattino da fratelli è pura utopia. Perciò bisogna capire anche i risultati del Congresso per il Potere nero, l'atmosfera razzista in cui il congresso s'è svolto. Il boicottaggio delle Olimpiadi non è un capriccio, è un gesto politico. Il boicottaggio delle creme per schiarire la pelle e lisciare i capelli non è una sciocchezza, è un suggerimento nobile. Significa: non dovete vergognarvi d'essere negri, furono i bianchi a insegnarvi che i capelli cresputi e la pelle nera sono un insulto alla bellezza. Non autorespingetevi! Ci hanno sempre insegnato ad autorespingerci. Domandi a un bambino negro di disegnare la faccia di un uomo: non disegnerà mai una faccia col naso largo e i capelli cresputi, cioè sé stesso. Disegnerà sempre una faccia coi lineamenti caucasici e i capelli lisci. Perché quello è l'uomo, secondo i libri di scuola che impongono i bianchi.

Signor Farmer, cosa significa Potere nero?

Potere nero, Black Power, è come la parola Amore. Vuol dire cose diverse a persone diverse in momenti diversi di circostanze diverse e luoghi diversi. Per me significa anzitutto coesione etnica, autorità morale, potenza economica e politica. Quest'ultima è molto importante: politicamente abbiamo la massa numerica e nessun peso. I politici ci ignorano, al Senato abbiamo un solo rappresentante che non si interessa dei negri perché è stato eletto dai bianchi: eppure i voti dei negri, uniti ai voti dei bianchi liberali, potrebbero cambiare i risultati di una elezione. L'anno prossimo, senza dubbio, li cambieranno. Se i repubblicani trovano una persona degna da opporre a Johnson, e scartano Nixon, Johnson non sarà rieletto. E di ciò potrà ringraziare i negri. La popolazione negra va crescendo: il giorno in cui ci sarà un presidente degli Stati Uniti negro non è molto lontano. Prima dicevo quaranta, quarantacinque anni. Ora dico venti, venticinque. Ma sono convinto che se Martin Luther King si presentasse candidato, avrebbe molte probabilità d'essere eletto anche prima. Per una questione di colore lo voterebbero anche i negri che non credono più in lui, per una questione di fiducia lo voterebbero i bianchi esasperati dai Johnson, dai Nixon.

Però è stato Johnson a passare la legge sui diritti civili.

Conosco Johnson da molto prima che mi facesse quella telefonata e, dopo quella telefonata, l'ho frequentato parecchio. Dopo quella telefonata andai anche a trovarlo: mi stringeva la mano come se avesse voluto spaccarmi tutte le ossa, con la sinistra mi teneva il gomito e me lo agitava, me lo tirava. Dondolavo e scricchiolavo come un albero squassato dal vento. Il tipico trattamento Johnson, col saluto alla texana. «Jim, posso chiamarti Jim?» «Certo, signor presidente.» «Tu puoi chiamarmi Lyndon, perbacco!» «Grazie, signor presidente.» «Da che parte del Texas vieni, Jim?» «Marshall, signor presidente.» «Per tutti i diavoli, Jim, ti rendi conto che sei nato nella stessa città di Lady Bird? Devi conoscere Lady

Bird, è una brava donna, sai.» Se conosco Johnson! Quel giorno mi tenne più di due ore, ogniqualvolta mi alzavo mi ributtava a sedere dicendo quanto fosse divino chiacchierare con me. E gli credevo, Dio se gli credevo quando diceva che andare nel Sud gli faceva «venire le lacrime agli occhi»! «Il Sud, Jim, il Sud! Non hai idea di quanto sia difficile passar quella legge!» Poi mi si aprirono gli occhi. Johnson passò quella legge perché non poteva farne a meno, i suoi impegni politici erano quelli, e inoltre aveva bisogno dei voti dei negri per ripresentarsi candidato alla presidenza. Ma non credeva ai diritti civili. La sua intera carriera è sempre stata contro la legislazione dei diritti civili, nel 1957 votò con un bel no, dal 1965 ha fatto marcia indietro. Io non ce l'ho con Johnson per aver mandato le truppe federali a Detroit: meglio l'esercito che la Guardia nazionale. Essa è composta interamente di bianchi, di ragazzi impauriti che sparano a occhi chiusi. L'esercito, almeno, è integrato e non spara a casaccio. Io ce l'ho con Johnson perché mi sono accorto che i negri li odia. E niente gli si addice come la storiella che i negri raccontan su di lui. Quella in cui scappa tutto solo in Alaska, e su una slitta tirata dai cani corre, corre per piste deserte, poi d'un tratto si ferma, si accerta che intorno non vi sia altro che neve, e grida con tutto il fiato che ha in gola: «Nigger! Nigger!». Il termine spregiativo per i negri.

Signor Farmer, cosa c'è di serio nel progetto di quelli che vorrebbero dividere l'America in due e darne metà ai bianchi e metà ai negri?

Sono una minoranza senza peso. E il progetto è ingiusto in quanto i negri son solo il dieci per cento della popolazione americana, inattuabile in quanto anche se ai negri si desse uno Stato anziché mezza America, ben pochi vorrebbero andarci. La comunità negra è sparsa in tutti gli Stati e chi vuole abbandonare la sua casa? È più serio parlare dell'unità etnica cui alludo io: la stessa che cementa gli italiani, i cinesi, gli ebrei. Più d'un negro è venuto da me dicendo: «Bisogna controllare le nostre comunità come facevano gli italiani, cioè con la mafia. Una mafia negra anziché una mafia bianca». Perché no, in fondo?

Alcuni negri americani vanno più in là: parlano di un ritorno all'Africa. E in questo cosa c'è di serio?

Teoricamente c'è del serio. Ma non è un concetto nuovo tra i negri d'America. Cominciò negli anni Venti con Marcus Garvey, il primo nazionalista nero degli Stati Uniti. Il movimento si chiamava, appunto, «Ritorno all'Africa», e da un punto di vista numerico resta il più grosso mai organizzato negli Stati Uniti. Garvey mise insieme milioni di dollari, affittò navi, fondò addirittura una linea marittima, la Black Star Line, per riportare i suoi fratelli là da dove eran venuti. Le navi erano pronte nei porti, non partirono mai. Il governo giudicò Marcus Garvey e il suo sogno come qualcosa di pericoloso, Garvey fu arrestato con un pretesto e finì in un penitenziario. Quando ne uscì, era un uomo finito. Gli imposero di lasciare l'America, la lasciò e morì poco dopo. Però l'idea del ritorno all'Africa continuò e se ne parla ancor oggi: teoricamente, ripeto. È un'idea irrealizzabile. Cosa significa infatti andare in Africa? Quale parte dell'Africa? Nessun paese laggiù può accettare una emigrazione in massa. L'Africa è un continente grandissimo e ricco, sì, ma le sue risorse non sono sviluppate e la sua economia è in continuo stato di lotta. Inoltre buona parte dei negri americani non hanno nessuna voglia di tornare in Africa perché sentono che la loro patria è l'America.

Eppure io conosco molti negri che affermano di non sentirsi affatto americani.

Sì, è un atteggiamento che va sviluppandosi tra i giovani più estremisti. Non si sentono più americani nel senso che non vogliono essere più assimilati dall'America bianca, dalla sua cultura ormai decadente e basata su valori a loro ostili o estranei. E ripetono insieme a James Baldwin: chi vuol stare in una casa che brucia? Io non lo dico ma il mio caso è complesso, come i miei sentimenti. Io sono stato fortunato, sono nato nella classe media, mio padre era uno studioso che insegnava greco, latino, ebraico, parlava tedesco, francese, russo, armeno. Ho una laurea, scrivo libri, insegno nelle università, sono sposato a una donna bianca. Pur avendo reazioni contrastanti, sono nella sostanza un vero americano. Ma non tipico, quindi, della popolazione nera. Il negro tipico è un ragazzo di diciassette anni, nato nel ghetto, cresciuto nel ghetto, che siede senza lavoro nel suo slum brulicante di topi in un pomeriggio afoso d'estate. Ma neanche lui, credo, vuol tornare in Africa. All'Africa egli guarda solo con speranza, avvertendo un profondo legame. Sentì quel legame quando gli africani si rivoltarono al colonialismo e combatterono i bianchi cancellando l'immagine hollywoodiana che i bianchi avevan di loro: vale a dire un gruppo di selvaggi che danzano intorno a una pentola dove bolle un missionario. Anche i negri del resto vedevano l'Africa così. Io ricordo che quand'ero bambino e andavo a vedere i film di Tarzan non mi identificavo mai coi selvaggi, mi identificavo con Tarzan: un bianco. E davo di gomito a mio fratello e dicevo: non è mica vero che noi veniamo di lì. Respingevamo l'Africa. Con la nascita delle nuove nazioni africane, invece, abbiamo incominciato ad amare l'Africa, a esserne fieri, a chiamarci afroamericani. Non più negri. E molte negre america-

241

ne ora si lasciano i capelli corti, cresputi, molti uomini indossano il mantello africano: quasi che, anche esteticamente, avessero ritrovato le radici della loro cultura.

A quale cultura si riferisce? Purtroppo non c'è una storia alle vostre spalle, essa si è dispersa insieme alla vostra lingua, i vostri riti. Parlate inglese, studiate la storia d'America. Ignorate da quale parte dell'Africa giunsero i vostri antenati, su quale costa o in quale villaggio i vostri capi vi vendettero ai bianchi.

Giustissimo, siamo i soli americani che non hanno radici nel passato. Gli italiani vennero dall'Italia con la loro cultura italiana e bene o male mantennero quella cultura attraverso la lingua, la musica, la cucina, i rapporti epistolari. E così i cinesi, gli irlandesi, i giapponesi, i polacchi, i russi, gli austriaci. Noi no. La nostra lingua, la nostra cultura, si spense in trecentocinquanta anni di schiavitù e lo smembramento delle nostre famiglie che di proposito venivan divise. Però qualcosa è rimasto. La vera lingua dei negri, ad esempio, non è l'inglese: è la lingua del ghetto, cioè un insieme di inglese e di derivazioni africane. Essa assomiglia un poco allo swahili, non a caso il problema dei negri che appartengono alla classe media è comunicare con quelli del ghetto. Quando parli inglese ti guardano con grandi occhi vuoti come a chiedersi: che vuole, che dice? In quella lingua si raccontano storie pressoché identiche alle storie africane: diresti che sono le medesime storie di trecentocinquanta anni fa, tramandate a voce, di padre in figlio. E poi c'è il jazz, che non è stato inventato da Gershwin; e anche quello vuol dire cultura. Ci sono gli spirituals, e alcuni antropologi come Herskowitz sostengono che i negri non li svilupparono dalle loro esperienze ma dalla loro cultura. Gli spirituals erano spesso canzoni di protesta, ce n'è uno che dice: «Steal away, steal away

the Jesus» (Ruba Cristo, rubalo), che gli schiavi delle piantagioni cantavano come parola d'ordine ogni volta che c'era
da riunirsi in chiesa per organizzare una rivolta. E poi ci sono le nostre danze che assomigliano molto alle danze bantù.
I giovani che fabbricano le bottiglie Molotov e incendiano
gli edifici e sparano ai poliziotti sanno queste cose. Gliele
abbiamo dette noi affinché smettessero di respingere sé stessi e ritrovassero il rispetto di sé stessi. E gli abbiamo anche
detto che in un passato molto remoto in Africa fiorirono vere civiltà, culturalmente assai sviluppate: dagli scavi archeo-
logici in Africa vengono alla luce rovine paragonabili a quelle di Atene e di Roma. Ma non le lasciarono i greci e i romani. Esaminando gli scheletri fossilizzati dei re e dei guerrieri,
gli antropologi si sono accorti che si trattava di uomini neri.
E saper queste cose, in guerra, serve più di tutti gli aiuti che
possono darci Castro o Mao Tse-tung. Per sparare bene ci
vuole anzitutto la fede.

New York, agosto 1967

Dalai Lama

Lo ascolto incredula, sbalordita, e intanto lo frugo con le pupille: neanche ciò potesse aiutarmi a spiegare quello che dice. Visto così, è un giovanotto come tanti altri: dai lineamenti appena un po' asiatici, la pelle appena un po' gialla. Mettigli un paio di blue-jeans, una maglietta, e lo prendi per uno studente di Yale, forse perfino uno hippy che grida contro la guerra in Vietnam. Non ha certo l'aria di un monaco. Indossa la toga di monaco, invece. Color rosso ruggine, drappeggiata con sapienza prolissa intorno al corpo alto e magro. Secondo l'uso dei monaci, la sua testa è rasata. Il volto è composto, direi impenetrabile. Ma, sotto le lenti d'oro, gli occhi a mandorla sono intelligentissimi e allegri. I gesti sono disinvolti, forse un poco sdegnosi. Siede sulla poltrona di legno come se sedesse ancora su un trono di pietre preziose. Accanto a lui c'è un monaco vecchio, ieratico, che non dice mai nulla e lo guarda con venerazione. Poi un monaco giovane, premuroso, che gli fa da interprete e sembra così preoccupato di compiacerlo. Nei loro riguardi, scommetto, si comporta ancora con l'autorità che esibiva nella reggia di Pothala. E siamo in una semplice villa di Dharamshala, cittadina del distretto di Kangra. Questi boschi verdissimi e freschi sono già l'Himalaya, così quelle montagne coperte di neve, dalle cime aguzze come coltelli. A nord di esse è la Cina, a ovest l'Unione Sovietica. Il paesaggio ricorda il Tibet. Ma qui siamo in India, il Tibet è laggiù. È al di là dei ghiacciai azzurrini attraverso i quali il giovanotto fuggì quasi dieci anni or sono, inseguito dai comunisti cinesi, coperto di umiliazione e sconfitta, affamato, malato. Lui che era un dio vivente ed un re, un sacro bambino che un popolo intero adorava chinandosi fino a toccare con la fronte la terra. È l'ultimo dei Dalai Lama, la fine di una fiaba che è morta per non rinascer mai più. Ed io lo ascolto incredula, sbalordita, perché mi sta dicendo che gli piacerebbe fare il meccanico e che, quanto a idee, bè, sì, almeno a metà sembra uno strano maoista.

Seguimi indietro di trentatré anni e capirai il mio stupore. Nel Tibet è l'Anno dell'Uccello dell'Acqua, e il tredicesimo Dalai Lama è morto. A Lhasa, la capitale, governa un reggente e la folla piange ammassata lungo le sacre mura. Quanto tempo passerà prima che i Saggi trovino il nuovo Dalai Lama? Egli dev'essere la reincarnazione del vecchio: un bambino nato quando lui è morto. I Saggi devono cercarlo per tutto il paese, visitando ogni villaggio, ogni capanna: ma perché ciò avvenga ci vuole un'indicazione. Bisogna che una serie di prodigi li guidi, e che il primo prodigio sia compiuto dal morto. Rivestito d'oro e d'argento, il tredicesimo Dalai Lama è stato assiso un'ultima volta sul trono. Lì se ne sta, puntellato, intirizzito, da giorni, e la testa gli cade in avanti: cioè a sud. Ma d'un tratto egli è scosso da un brivido, da un soffio di vita, e la testa si volta a nord-est. Nello stesso momento strane nuvole appaiono nel cielo terso, e vanno verso nord-est. Poi un fungo a forma di stella si forma sopra un pilastro del tempio a nord-est e il reggente ha una visione. Sulle acque del lago dove sta meditando, si è formata a nord-est l'immagine di un monastero col tetto di giada e di oro; accanto, l'immagine di una casa con le tegole color turchese. I Saggi partono, diretti a nord-est.

Per mesi e mesi viaggiano fermandosi in ogni villaggio, in ogni capanna, e son quasi trascorsi due anni quando scorgono un monastero col tetto di giada e di oro. È il monastero di Karma Rolphai Dorje, nel distretto di Amdo, e non lontano da quello è una casa con le tegole color turchese. È una casa di contadini. I Saggi si travestono da mendicanti ed entrano chiedendo pietà. I contadini, marito moglie e sei figli, li ricevono con gentilezza. I Saggi stanno mangiando quando irrompe un bambino che dice di chiamarsi Kondun e di avere due anni. L'età è giusta, i Saggi lo sottopongono immediatamente all'esame. Essi portano con sé due rosari identici, due bastoni identici, due tamburi identici. Ma uno dei rosari e uno dei bastoni e uno dei tamburi apparteneva al vecchio Lama: solo la reincarnazione del vecchio Lama può riconoscerli, oltre a loro. «Scegli» dicono al bambino. E il bambino sceglie il rosario giusto. Il bastone giusto, il tamburo giusto. Poi esclama: «Voi non siete mendicanti, io voglio venire con voi». I Saggi si gettano ai suoi piedi, agli allibiti genitori rivelano che la loro ricerca è conclusa: il figlio che hanno partorito è il quattordicesimo Dalai Lama.

Passeranno ancora due anni prima che essi possano condurlo a Lhasa. Il governatore di quella provincia è cinese, odia i tibetani e pretende un riscatto per far partire Kondun: è necessario recarsi a cercare il denaro. Ma alla fine dell'Anno della Lepre di Terra, la carovana si forma: trecentocinquanta fra muli e cavalli, cinquanta persone. Fra queste è la famiglia di Kondun, strappata alla casa dalle tegole color turchese: la regola impone che i genitori e i fratelli del Dalai Lama vivano a Lhasa. Il viaggio dura tre mesi e tredici giorni, attraverso valli e montagne prive di sentieri, di strade. Il bambino è portato a braccia, oppure su una palanchina. Malgrado i disagi, non dà mai segno di stanchezza o di noia. Capita a volte che il corteo si fermi presso un centro abitato e che la folla corra a circondarlo danzando, suonando cimbali e flauti, bruciando incenso di rose: ma neanche allora lui piange o ride, o si comporta come un bambino. Resta lì solenne a ricever gli omaggi e lo stesso accade quando giunge alle porte di Lhasa dove decine di migliaia di fedeli lo aspettano: insieme ai membri dell'Assemblea Nazionale, i centosettantacinque monaci che governano il Tibet, i rappresentanti della Cina, del Butan, del Nepal, del Sikkim. Lo stesso quando egli entra nella reggia di Pothala, quando viene trasferito nella residenza estiva di Norbulingka, quando lo presentano nella cattedrale. L'investitura avviene il quattordicesimo giorno del primo mese dell'Anno del Drago di Ferro, in un fasto allucinante e interminabile. Per ore e ore il bambino deve restar composto sul suo altissimo trono, schiacciato sotto i pesanti drappeggi d'oro e d'argento, ad ascoltare inni sacri, preghiere, discorsi, poesie, ad accettare l'offerta di gioielli, di fiori, di frutta, a guardare le danze sacre e i noiosissimi riti. Ma non si abbandona mai a uno sbadiglio, a un errore.

È un bambino eccezionale, d'una intelligenza quasi sconcertante per la sua età. E i suoi tutori sono pazienti quanto spietati. A sei anni egli impara già l'astrologia, la poesia, la composizione e la musica. A dieci studia già il sanscrito, la dialettica, la metafisica, l'arte di guarire e la psicologia della religione. Una minima parte della giornata gli viene concessa per il riposo e pei giochi: dall'alba fino a notte inoltrata egli sta chino sui libri e presto la vista ne soffre: è necessario fargli spedire dall'India un paio di occhiali. Con quegli occhiali e quella sapienza egli cresce, adorato come un dio e sacrificato come un prigioniero, ignorando tutto di ciò che avviene al di fuori della fiabesca gabbia in cui vive. Più che una reggia, Pothala è un magazzino di paradossali ricchezze. Contiene tutti i fantastici doni degli imperatori mongoli e cinesi, le sontuose eredità dei tredici lama, i tesori degli antichi re: brillanti e rubini della grandezza di un uovo, sacre pergamene scritte con inchiostro di polvere d'oro, arazzi millenari, enormi statue di giada, vasellame prezioso, opere d'arte che risalgono al duemila avanti Cristo. I mausolei dei Dalai Lama morti sono in lastre d'oro massiccio, alte nove metri. Le biblioteche contengono tutti i documenti della civiltà tibetana. I musei, tutte le armi della sua storia militare. Per visitare tutto, centinaia di saloni, di cappelle, di stanze, di chiese, ci vogliono anni. E, poiché il bambino deve visitarli, non esce mai da Pothala. Di lì va solo a Norbulingka dove è accecato da un identico sfarzo. Norbulingka significa Parco Gioiello: tempietti, palazzette, giardini curati fino all'esasperazione, pieni di uccelli rari, di fiori strani, di noia più pesa del piombo. La noia d'essere non solo il capo spirituale del Tibet ma il capo temporale e, con ciò, dover sostenere gli impegni del governo, la continua minaccia dell'invasione cinese. Da secoli la Cina invade il Tibet: per poi abbandonarlo con qualche trattato e invaderlo ancora.

Il sapiente ragazzino con gli occhiali aveva appena compiuto i sedici anni che gli oracoli dei conventi cominciarono a rivelare cattivi presagi. Il capitello del pilastro su cui s'era formato il magico fungo andò improvvisamente in frantumi. Da una testa di drago del tempio principale sgorgarono gocce d'acqua che certo eran lacrime. Animali mostruosi vennero alla luce da bufali e vacche, terremoti inghiottirono interi villaggi. E gli astrologi dissero che l'antica profezia secondo la quale «una grande potenza del Nord avrebbe conquistato il paese distruggendone la religione e imponendo la sua egemonia al mondo intero» stava per avverarsi. Dopo pochi giorni, era l'ottobre del 1950, le truppe di Mao Tse-tung attaccavano in sei punti diversi il confine e Mao Tse-tung annunciava la decisione di restituire il Tibet alla madrepatria. Difendersi era naturalmente impossibile. Tutto l'esercito consisteva in ottomilacinquecento fra soldati e ufficiali, duecentocinquanta mortai, duecento mitragliatrici leggere, cinquanta pezzi di artiglieria arrugginita. E, sebbene nel 1912 il Tibet avesse dichiarato l'indipendenza, quest'atto non era stato sanzionato dinanzi a nessuna nazione: da secoli il paese viveva nell'isolamento totale, le sue frontiere erano chiuse al resto del mondo, i suoi rapporti diplomatici erano inesistenti. Basti pensare che in quel periodo vi abitavano solo sei occidentali: un missionario e due radioperatori inglesi, un russo e due austriaci fuggiti da un campo di concentramento indiano. Però, mentre i monaci si affrettavano a spedire in India una parte del tesoro statale, polvere d'oro e sbarre d'argento, il sapiente ragazzino fece qualcosa di più: anziché fuggire, chiese aiuto all'Inghilterra, agli Stati Uniti, ai paesi di cui aveva appena sentito parlare. E, quando n'ebbe un rifiuto, si rivolse all'ONU: un organismo di cui non gli avevano mai detto nulla. L'ONU negò ogni intervento, nella primavera del 1951 i primi reparti cinesi entravano in Lhasa alzando enormi ritratti di Mao Tse-tung e Ciu En-lai. Ma nemmeno allora lui capitolò. Mandò una delegazione a Pechino, intavolò trattative coi generali cinesi e, loro prigioniero, assunse tutte le possibili responsabilità di un re.

Fu per nove anni un buon re. Provocò e attuò riforme, si barcamenò con astuzia, si recò perfino in Cina a parlare con Mao Tse-tung. Studiò Marx e l'inglese. Tentò, tutto solo, a un'età in cui di solito si gioca a pallone, di penetrare un mondo che per lui era più lontano della Luna e di Marte. Un mondo dove si predicava l'uguaglianza sociale, si andava in treno e in aereo, si rideva della favola in cui egli era fino a sedici anni vissuto. La sua libertà si restringeva sempre di più, di tutta quella reggia disponeva ormai di soli cinque locali e lì gli giungevan notizie di monasteri distrutti, conventi saccheggiati, lama torturati e uccisi, inutili rivolte di contadini armati solo di zappe. Affacciato alle finestre da cui aveva ammirato le processioni fastose, scorgeva gli accampamenti cinesi e i cartelli dove Buddha veniva tacciato di reazionario. Non era più padrone di nulla. Un giorno si ammalò e un medico andò a visitarlo; lui lo ringraziò con un pezzo di giada ma, quando il medico uscì, la giada gli fu presa da un ufficiale maoista il quale disse che apparteneva al popolo cinese. Vasi e statue d'oro venivano fusi per ricavarne lastre da inviare a Pechino. Gli arredi sacri erano fatti a pezzi per diventare costumi teatrali. Bruciate le pergamene millenarie, le immagini sacre, le immagini religiose, di Pothala non restavano ormai che le mura. E in tale catastrofe ecco giungere il marzo 1959, l'Anno della Tigre dell'Acqua.

Il Dalai Lama è ormai un giovanotto di ventidue anni e ha appena preso la laurea in metafisica discutendola coi vecchi tutori nel corso di una cerimonia squallida, quasi segreta. Arriva un messo e lo informa che nel campo cinese al di là del Fiume di Pietra c'è uno spettacolo cui egli è rigorosamente invitato senza guardia del corpo e senza scorta armata. Il Dalai Lama sa cosa vuol dire. Quattro lama hanno già ricevuto l'invito e non sono tornati. Si sparge la voce che la sua vita è in pericolo, col pretesto di volerlo proteggere trentamila tibetani circondano il palazzo gridando: «Il Tibet ai tibetani». È la rivoluzione, il massacro. Se i cinesi hanno le armi automatiche, i tibetani hanno solo bastoni e coltelli. Stavolta è proprio necessario che il Dalai Lama tenti di fuggire. Promette quindi che presenzierà allo spettacolo al di là del Fiume di Pietra, ma quando scende la sera si traveste da soldato, si toglie gli occhiali per non essere riconosciuto, e brancolando nel buio, nella sua miopia, si allontana da palazzo. Lo seguono solo i membri della famiglia e pochi fedeli, travestiti anche loro. Insieme a loro attraversa i giardini dove non cresce più nulla, passa dinanzi ai mausolei scortecciati delle lastre d'oro, ai templi vuoti, ai musei saccheggiati, supera le sacre mura e si tuffa dentro la folla, fra le truppe cinesi, raggiunge i cavalli che subito scattano galoppando nel buio. Di villaggio in villaggio, di montagna in montagna, di ghiacciaio in ghiacciaio, per settimane, braccato da un aereo cinese che ogni tanto si abbassa e allora bisogna correre dentro un cespuglio o dentro una caverna, finché raggiunge il confine con l'India dove il Pandit Nehru gli ha promesso asilo e protezione. E qui saprà che, mentre lui fuggiva, Pothala è stata distrutta, la città bombardata: della fiaba sontuosa nella quale è cresciuto non rimangono che alcune macerie e migliaia di cadaveri con un bastone in mano, un coltello.

Com'è dunque che, uomo educato nel culto della poesia e delle superstizioni, ora manifesti una comprensione così strana per la civiltà che ha disfatto la sua civiltà e per la tecnologia che gli ha distrutto il paese? Dal 1959 al 1968 egli è rimasto come un recluso in questa villetta su un monte di Dharamshala. Dal monte è sceso soltanto una volta per andare in Giappone e una volta per andare in Thailandia: in entrambi i casi invitato per l'inaugurazione di congressi vegetariani. Altre cinque o sei volte, per recarsi a Nuova Delhi dov'è un ufficio del suo governo in esilio. A Dharamshala egli passa gran parte della giornata in preghiera: per meditare si alza alle cinque. Di gente ne riceve pochissima: per lo più i profughi tibetani che stanno al villaggio, ovviamente anticomunisti e attaccati in ogni senso al passato. A parte loro, non vede che i monaci e i membri della sua famiglia: la madre, le due sorelle, un fratello son qui. Teme d'essere ucciso, o rapito. Quando passi i cancelli del suo rifugio vieni perquisito, interrogato, e ti tolgono perfino i fiammiferi: neanche tu andassi lì per dargli fuoco. Il suo unico pasto, che si svolge a mezzogiorno, è un pasto solitario. Le sole parentesi che rompono il rigore della sua vita monastica sono la radio e i giornali americani: il «National Geographic Magazine», «Time», «Newsweek». Non ha alcuna speranza di tornare nel Tibet, è prigioniero di un passato che lo strangola senza pietà: nel suo piccolo cosmo tutto, in fondo, è come prima: gli stessi cerimoniali, le stesse tradizioni, la stessa obbedienza agli oracoli. Eppure, misteriosamente, inesplicabilmente, egli è un uomo del nostro tempo: moderno, liberale, turbato da problemi che sono i nostri problemi, da esigenze che sono le nostre esigenze, da errori che sono i nostri errori. Sogna i grattacieli e il viaggio alla Luna, paragona il dramma del Tibet a quello della Cecoslovacchia, discute il marxismo. Libero da ogni complesso, da ogni timore, da ogni schiavitù di pensiero e di gusto. Cos'è stato? Cos'è? Non certo il suo incontro con Mao Tse-tung, dopo i piaceri che costui gli ha fatto. Non certo i due viaggetti per partecipare ai congressi vegetariani. Non certo i giornali americani e la radio: il suo inglese oltretutto è limitatissimo. Che sia l'esercizio mentale cui fu sottoposto a Pothala, lo studio inumano che aprì il suo cervello a ogni possibile scelta? Forse. Ma io credo che il vero motivo sia un altro: quel qualcosa che a ogni momento storico si forma nell'aria e come il seme di una pianta vola, portato dal vento. Non si sa mai dove può cadere un seme portato dal vento: può cadere perfino dentro la reggia di una civiltà chiusa, nella testa di un bambino-dio reincarnato.

Ascoltiamo dunque questo hippy vestito da monaco sullo sfondo dell'Himalaya: che uno sia o non sia d'accordo con lui, egli resta un gran personaggio. È una mattina d'autunno, il suo giardino è fiorito di rose, e nel tempietto una tromba lunghissima chiama a raccolta i fedeli con un cupo ululare. Lui invece ha una bella voce squillante, e una risata cordiale. Ride quasi su ciascuna risposta come se gli sembrasse inutile averla data: quale altra poteva dare? Ovvio che Mao Tse-tung vorrebbe vivere in un grattacielo, ovvio che mi darà un colpo di telefono se viene a New York. Salutandomi, fermerà un mio tentativo di inchino e mi tirerà una gran botta sopra la spalla: a mo' di saluto. Ma dove l'avrà visto? Chi glielo avrà insegnato? Ecco l'intervista.

ORIANA FALLACI. *Santità, se per un miracolo o un improvviso capovolgimento politico le fosse concesso di tornare nel Tibet e viverci così com'è oggi, accetterebbe di governare un paese ormai comunista?*

SUA SANTITÀ IL DALAI LAMA. Naturalmente. Che leader sarei se volessi impedire il corso delle cose? C'è a chi piace fumare e a chi non piace fumare: il fatto che io non fumi non mi pone contro quelli che fumano. I giovani tibetani sono cresciuti nell'ideologia comunista: per questo non dovrei governarli? Non mi preoccupa affatto che il Tibet sia comunista. Il comunismo del resto diventa un male quando passa al servizio di un imperialismo, come il comunismo cinese. Sicché il nemico del Tibet è il comunismo cinese dietro cui si nasconde l'imperialismo cinese. La Cina ha sempre voluto conquistare il Tibet e ciò che accade oggi fra la Cina e il Tibet non è che la ripetizione di qualcosa che è già successo nei secoli. Sicché il mio compito non è agitare l'anticomunismo dei tibetani, è tenerne vivo il nazionalismo: ricordare loro che possono essere comunisti ma non dimenticare che sono anche tibetani e anzitutto tibetani.

È una risposta che non mi aspettavo, Santità.

È l'unica che posso dare: sono un uomo che appartiene al proprio tempo, non un fossile del passato. Sono un uomo innamorato di tutte le idee rivoluzionarie, sono sempre stato in favore dei rinnovamenti. Il comunismo cinese produce armi nucleari, e ciò è male. Mira alla conquista del mondo, e ciò è male. Non beneficia di conseguenza le masse, e ciò è male. Però, e malgrado questo male, ha raggiunto alcuni risultati. Perfino nel Tibet. Tenga presente che la democrazia non esisteva nel Tibet, o esisteva soltanto nel sistema monastico per cui un ragazzo poteva accedere a cariche importanti venendo da qualsiasi classe sociale. Non dimentichi che sono figlio di un contadino.

Santità, come poteva esserne consapevole lei che a quel tempo era un bambino chiuso a chiave nella reggia di Pothala?

Ne ero consapevole invece: perché ero un bambino e poi un giovane saggio. Un Dalai Lama viene educato per trovar la saggezza: io la trovai molto presto e attraverso di essa vedevo e capivo. I tesori più inutili affollavano i templi e le cantine di Pothala, delle case dei ricchi, mentre la mia gente veniva sfruttata dai raccoglitori di tasse. Certo che sapevo. E non avrei avuto bisogno dei cinesi per fare riforme. Prima ancora che i cinesi piombassero sopra di noi io vagheggiavo una rivoluzione sociale. Ma una rivoluzione buona, adatta al Tibet, alla nostra storia, alla nostra religione: non una rivoluzione che fosse la cattiva copia di quella cinese. I cinesi per noi non sono mai stati apportatori di idee rivoluzionarie, sono sempre stati conquistatori e basta. Incominciai le riforme, le più necessarie, quando avevo sedici anni. E per nove anni mi battei coi cinesi spiegando loro che volevamo seguire la nostra strada e non quella di Pechino. Ma la parola rivoluzione per loro era una parola e basta: essi volevano farci diventare una colonia della Cina e nient'altro. Lo spiegai anche a Mao Tse-tung. Mi sembrava che avesse capito. Ma ai suoi generali non interessava l'espansione del credo marxista. Ai suoi generali interessava il dominio. E fu contro quel dominio che nel 1959 scoppiò la rivolta. Una rivolta popolare, non una rivolta borghese. Fu come se una massa di insetti soffocati da una coperta fuggissero di sotto la coperta per pungere chi ci stava sopra. Il mondo non lo sa perché il mondo non si è mai occupato del Tibet ma degli aspetti fiabeschi del Tibet: dei suoi tesori, delle sue processioni, dei suoi Dalai Lama. Neanche oggi il mondo sa che, se un fatto favorevole si presentasse, il Tibet comunista si ribellerebbe alla Cina. Né più né meno come sta accadendo in certi paesi dell'Europa orientale, ad esempio la Cecoslovacchia.

Santità, qual è la sua posizione verso il comunismo?

Ne trovo interessante, diciamo, una metà. Apprezzo il senso di colpa che il marxismo ti dà verso l'ingiustizia. Per medicare un taglio a una mano e guarirlo, bisogna anzitutto che il corpo sia consapevole di aver quel taglio: altrimenti come fa a medicarlo e guarirlo? Però debbo dire che apprezzo anche alcuni aspetti del capitalismo. In molti paesi il capitalismo ha portato un indubbio progresso economico e un buon passo in avanti nell'uguaglianza: pensi all'America. E poi la competizione in campo economico deve esistere: nel comunismo essa è praticamente impossibile. Il fatto è che oggi non si può più pensare in termini di comunismo e anticomunismo, capitalismo e anticapitalismo: bisogna pensare alla soluzione che beneficia di più un popolo in particolari circostanze economiche, storiche, culturali. Vi sono paesi, come l'America, dove penso che il comunismo sia inapplicabile e inutile.

Santità, che cosa pensa di Mao Tse-tung?

Quando andai in Cina, dopo l'occupazione cinese, parlai più volte con lui. Mi rivelò molte cose. Deve capire che malgrado la mia precoce saggezza io non sapevo molto di ciò che accadeva fuori del mio paese. A Lhasa le notizie arrivavano lente e rarefatte, i miei tutori seppero della Seconda guerra mondiale quando essa era scoppiata da tempo. Lo seppero attraverso un vecchio giornale indiano. Quando aprivo il mio atlante geografico, non avevo la minima idea di come fosse la vita nelle nazioni che toccavo col dito. Per me esse erano una immagine geografica e basta: una nazione fatta a forma di foglia, una fatta a forma di pesce, una fatta a forma di drago e via dicendo. Non conoscevo le idee che le agitavano, che le avevano formate. Il giusto e l'ingiusto io lo conoscevo solo attraverso il buddismo che ancora oggi è il credo alla base di ogni mio ragionamento. Parlando con Mao Tse-tung ebbi modo di mettere a confronto il comunismo e il buddismo. Ora, secondo me, il buddismo va ideologicamente un po' più lontano del comunismo. Infatti, sia secondo il buddismo che secondo il comunismo, è la realtà materiale che regola tutto. Ma come viene a esistere la realtà materiale? Per creazione divina? No certo: per creazione dell'Uomo, per il lavoro fisico dell'Uomo. E, a questo punto, comunismo e buddismo si identificano. Dopo questo punto, però, il buddismo va oltre. Perché il buddismo spiega che l'Uomo crea la realtà grazie alla sua mente, e perché il buddismo offre un perché sull'esistenza della mente. Questo perché è il Principio, e il Principio è Dio. Quanto abbiamo discusso io e Mao Tse-tung su tale argomento. Il fatto è che quando io approdavo alla mia conclusione, scoppiava un litigio. Perché io dicevo: sì, hai ragione, tutto vero, tutto giusto, ma l'Uomo non è Dio; e Dio c'è. Lui invece diceva: non c'è.

Mi pare che fossero discussioni interessanti, Santità. Che altro può dire di Mao Tse-tung?

Non si usciva mai indifferenti da un incontro con lui. Fisicamente non saprei come descriverlo: aveva sempre le scarpe sudice e indossava sempre quell'uniforme uguale a quella degli altri. Respirava male, aveva sempre l'affanno: non era sano. Malgrado ciò non faceva che fumare, anche parlando. Una sigaretta dopo l'altra: le accendeva una sull'altra. Parlava lento e piano, pesando ogni parola. Non diceva mai una sciocchezza. V'era un che di triste, in lui, e spesso era strano. Una volta arrivò all'improvviso e mi disse che il buddismo era una buona religione: pur essendo un principe, Buddha aveva fatto molto per migliorare le condizioni dei poveri. Poi, inaspettatamente com'era venuto, se ne andò. Con me era sempre affettuoso. Come quando mi diceva che la religione è l'oppio dei popoli perché impedisce il progresso. Subito dopo, comprendendo di avermi addolorato, mi batteva una mano sulla spalla e mi raccomandava di avere cura della mia salute.

Non riesce a vederlo come un nemico. Vero, Santità?

No. Parlando da buddista, non mi è possibile accettare la parola nemico. Parlando da tibetano... è possibile che i nemici di oggi siano gli amici di domani. Ho sofferto molto a causa di Mao Tse-tung, e il mio popolo ha sofferto più di me. Ma ciò non significa che non sia pronto a dimenticare. Mao Tse-tung non è furbo e non è diplomatico. Io glielo raccontavo quel che in Tibet facevano i suoi generali, e lui lo capiva. Forse non poteva impedirlo. O forse dopo è cambiato. Non riesco a conciliare il Mao Tse-tung che conoscevo io con il Mao Tse-tung di oggi. Gli dev'essere presa come una pazzia, un invecchiamento. Quella faccenda della Rivoluzione culturale ad esempio. Il nome è bello ma la sostanza è priva di significato: è la follia di un vecchio. Non lo ritrovo in questa follia.

Santità, in Cina lei conobbe altri capi comunisti. La influenzarono anche loro?

No certo. Ciu En-lai ad esempio non m'è mai piaciuto. Troppo astuto. Lo capisci da quegli occhi che si muovono sempre e cercano tutto, vedono tutto. La sua intelligenza è enorme, però è infida. Krusciov mi sembrò meglio. A vederlo Krusciov sembra un grosso porco. Si muove e respira come un porco. Però è un porco intelligente, cordiale e simpatico. Voglio dire che anche con Krusciov puoi diventare amico, con Ciu En-lai invece no. Io ho trovato solo un altro comunista odioso quanto lui: Bulganin. È a causa di gente come lui che quel mio viaggio in Cina fu così duro. Ero andato per chiedere la salvezza del Tibet, ci rimasi un anno. In quell'anno non riuscii mai a parlare con quelli che volevo. Volevo ad esempio parlare coi russi, sapevo che avrebbero potuto aiutarmi. Ma i miei progetti non si materializzarono mai. Una volta l'ambasciatore russo riuscì a fissare un appuntamento a quattr'occhi. All'ultimo momento glielo cancellarono.

E degli americani cosa pensa, Santità?

Non li conosco da vicino come i russi e i cinesi. Ne ho incontrati pochi. Presi a uno a uno mi sembrano franchi, cordiali, moderni. Ma presi tutti insieme, in politica voglio dire, mi sembrano molto conservatori. Insomma in politica non applicano la loro franchezza e la loro modernità. Forse, per giudicarli meglio, dovrei andare in America. Del resto l'America mi incuriosisce. Dappertutto senti parlare di questa America, leggi di quest'America: l'America è ovunque, perfino su queste montagne dove si va ancora vestiti come mille anni fa. L'America è una zanzara che entra sotto le pieghe della tua tonaca, e ti punge, ti provoca, finché non l'hai cercata. L'America è un'ossessione che il mondo si porta addosso: non puoi ignorarla. Però le ragioni per cui l'America mi incuriosisce non sono ideologiche. Voglio dire, come profondità di idee l'America non ha molto da offrirmi. Sono, ecco, tangibili. Mi interessa la sua tecnologia, le sue macchine, il suo viaggio alla Luna. Pensi alla Luna e non pensi alla

Russia, pensi all'America. Non so cosa darei per andar sulla Luna. Non per l'avventura di sbarcare lassù ma per il piacere di guidare la grande macchina che porta lassù. Io amo molto le macchine. Io se potessi scegliermi un mestiere farei il tecnico. Anzi il meccanico. L'ho sempre pensato. Fin da bambino.

Santità, questo è straordinario. Ricorda come incominciò, e perché?

Credo che sia incominciato con quell'automobilina. Quand'ero bambino mi giungevano molti regali, da ogni parte del mondo. Ma in massima parte erano oggetti preziosi, e non mi interessavano. Poi, un giorno, arrivò quell'automobilina. È la cosa che ricordo meglio della mia infanzia, il resto è così confuso. Ricordo ad esempio le cerimonie e le danze che seguivo dietro una cortina di garza. Ricordo un vago desiderio di stare coi bambini, non vedevo mai bambini. Ricordo un inconfessato bisogno della mamma; non vedevo la mamma che velocemente, una volta al mese o ogni due mesi. Ricordo che la reggia di Pothala non mi piaceva e preferivo quella di Norbulingka perché c'erano i pesci e gli uccelli e poi c'era un orto dove si coltivavano cavoli immensi e ravanelli giganti. Io mi divertivo a correre intorno ai cavoli. Ma su tutto questo si alza, vittorioso, il ricordo di quella automobilina. Quando la vidi non sapevo neppure cosa fosse, a cosa servisse. Ma sentii che era bella, più bella dei cavoli, dei ravanelli giganti, e con lei non avevo più bisogno degli altri bambini e della mamma. Camminava da sé. Cominciai a chiedermi come funzionasse, e perché. La disfeci e poi la rifeci. Da allora tutte le volte che mi capitò una cosa meccanica, sentii il bisogno di disfarla e rifarla. Le cose meccaniche per me furono sempre una favola. Anzi, furono la mia favola.

Ebbe altre favole dopo quella automobilina?

Sì, perché si seppe che amavo le favole e così presero a inviarmi le favole. Un giorno mi giunse una favola ancor più misteriosa: un aeroplanino. A caricarlo, volava. Disfeci anche quello, non riuscii più a farlo volare e ne piansi. Allora mi giunse una favola lunga che faceva anche un suono: un trenino elettrico. Mi giunse dentro una scatola con le istruzioni, bisognava montarlo. Ordinai che nessuno lo toccasse: lo avrei montato da me. Ce la feci, e quello fu il primo treno della mia vita: sarebbero passati molti anni prima che vedessi un treno vero. E poi un altro giorno mi giunse un orologio da polso. Sarebbe stato l'unico orologio da polso di Lhasa. Disfeci anche quello per vedere come funzionava. Poi lo rimisi insieme e, credere o no, funzionava ancora. E poi scoprii in un magazzino di Lhasa quelle tre automobili vere. Erano state inviate in dono al mio predecessore che credo non le usasse mai. Erano due Baby Austin del 1927, una celeste e una rossa e gialla, poi una Dodge del 1931, color arancione. Giacevano lì arrugginite. Trovai un giovane tibetano che aveva fatto l'autista in India e col suo aiuto rimisi insieme la Dodge. Poi, mischiando i pezzi delle due Austin, riuscii a mettere insieme anche una Austin. Per me fu più eccitante di una discussione di dialettica. Il giovanotto mi insegnò anche a usarle: fu una grande felicità quando riuscii a muovere per la prima volta un'automobile. Ma la favola più bella per me è sempre stata l'elettricità. Avevamo un generatore elettrico a Norbulingka. Si rompeva sempre e credevano che si rompesse per disgrazia. Invece ero io, che lo rompevo per accomodarlo. Sarei stato un grande meccanico e anche un grande elettricista se il destino fosse stato diverso con me.

Ciò le provoca molto rimpianto, Santità? In altre parole, sente un disagio e un rancore per essere un re in esilio, un Papa spodestato, infine un monaco?

No, perché escluso il mestiere di meccanico non so immaginare un altro genere di esistenza per me. La mia vita è stata e ancora è così condizionata da un sentiero tracciato prima di me che anche volendo non potrei e non avrei potuto sfuggirvi. Infatti è vero che non scelsi io questo destino, che esso mi fu imposto quando avevo due anni. Ma non sento rancore per tale imposizione. Vede, io ho cercato spesso di ricordare come reagii da bambino quando mi resi conto che ero stato strappato alla mamma, ai miei fratellini e alle mie sorelline, e posato su quel trono di cuscini per comportarmi come un vecchio. Ma la memoria non mi ha aiutato a trovare un momento di rabbia. Forse perché i miei ricordi precisi incominciano con l'adolescenza. Però, quando fui adolescente, il possibile rancore infantile non esisteva più in quanto ero ormai un monaco da molto tempo. E non sapevo immaginare di poter essere qualcos'altro fuorché un monaco. Ero insomma contento d'essere un monaco. Ne sono contento ancora, sebbene la mia mente non sia purificata del tutto. Perché ho accantonato i miei dubbi, e i miei desideri, e la vita monastica non mi appare come un sacrificio. Essa mi impone limitazioni, è vero, ma in compenso mi dà una pace dello spirito che gli altri non hanno e che inutilmente cercano. E mi toglie molte paure, ad esempio la paura della morte. Gli uomini sono così spaventati all'idea di morire. Io no, perché so che la morte è solo il trasferimento da un corpo a un altro corpo. Nel mio precedente corpo...

Santità, lei crede davvero d'essere la reincarnazione del Dalai Lama che la precedette?

Alla reincarnazione, sa, o ci si crede o non ci si crede. Essa non è dimostrabile, essa è un atto di fede. Io ho quella fede. Può sembrare un anacronismo, lo so, perché sono un uomo moderno e si suppone che un uomo moderno non creda alla reincarnazione. Io ci credo invece come a qualcosa di indiscutibile, come alla vita e alla morte: insomma non come a un mistero. Fatta questa premessa aggiungo qualcosa che la stupirà: non sono affatto convinto d'essere la reincarnazione del tredicesimo Dalai Lama. O non necessariamente. Forse sono la reincarnazione di un qualsiasi lama, o di un contadino. Che importanza ha? Non va bene lo stesso? Crediamo alla democrazia, sì o no?

Un'ultima domanda, Santità. Quando lei sarà morto, come faranno a scegliere il suo successore? Sarà possibile, nel Tibet d'oggi, andare alla ricerca del bambino che nacque quando lei morì, insomma il nuovo Buddha vivente?

Ovvio che non sarà possibile. I cinesi hanno distrutto i nostri templi, sterminato i nostri monaci, messo fuori legge la nostra religione: perfino l'uso del rosario è proibito. I monaci che son riusciti a fuggire si trovano sparsi in India, nel Nepal, nel Sikkim. E, se tornassero indietro, i giovani della nuova generazione non gli crederebbero più. Alla mia morte nessuno potrà ricercarmi in un altro corpo. Bè, il problema non è immediato, visto che ho solo trentatré anni e tutte le intenzioni di restare a lungo nel presente corpo. Quando il problema si porrà... pazienza. Può darsi benissimo che io sia l'ultimo dei Dalai Lama. Pazienza. Non sarà una tragedia per nessuno. Stia sicura che il mondo non ne piangerà. E neanche ne soffrirà.

Dharamshala, settembre 1968

Rascida Abhedo

Sembrava una monaca. O una guardia rossa di Mao Tse-tung. Delle monache aveva la compostezza insidiosa, delle guardie rosse l'ostilità sprezzante, di entrambe il gusto di rendersi brutta sebbene fosse tutt'altro che brutta. Il visino ad esempio era grazioso: occhi verdi, zigomi alti, bocca ben tagliata. Il corpo era minuscolo e lo indovinavi fresco, privo di errori. Ma l'insieme era sciupato da quei ciuffi neri, untuosi, da quel pigiama in tela grigioverde, un'uniforme da fatica suppongo, di taglia tre volte superiore alla sua: quella sciatteria voluta, esibita, ti aggrediva come una cattiveria. Dopo il primo sguardo, ti apprestavi con malavoglia a stringerle la mano, che ti porgeva appena, restando seduta, costringendoti a scendere verso di lei nell'inchino del suddito che bacia il piede della regina. In silenzio bestemmiavi: «Maleducata!». La mano toccò molle la mia. Gli occhi verdi mi punsero con strafottenza, anzi con provocazione, una vocetta litigiosa scandì: «Rascida Abhedo, piacere». Poi, rotta dallo sforzo che tal sacrificio le era costato, si accomodò meglio contro la spalliera del grande divano in fondo al salotto dove occupava il posto d'onore. Dico così perché v'erano molte persone, e queste le sedevan dinanzi a platea: lei in palcoscenico e loro in platea. Una signora che avrebbe fatto da interprete, suo marito, un uomo che mi fissava muto e con sospettosa attenzione, un giovanotto dal volto dolcissimo e pieno di baffi, infine Najat: la padrona di casa che aveva organizzato l'incontro con lei.

Come lei, essi appartenevano tutti al Fronte Popolare, cioè il movimento maoista che da Al Fatah si distingue per la preferenza a esercitare la lotta coi sabotaggi e il terrore. Però, al contrario di lei, eran tutti ben vestiti, cordiali e borghesi: invece che ad Amman avresti detto di trovarti a Roma, tra ricchi comunisti à la page, sai tipi che fingono di voler morire per il proletariato ma poi vanno a letto con le principesse. La signora che avrebbe fatto da interprete amava andare in vacanza a Rapallo e calzava scarpe italiane. Najat, una splendida bruna sposata a un facoltoso ingegnere, era la ragazza più sofisticata della città: in una settimana non l'avevo mai sorpresa con lo stesso vestito, con un accessorio sbagliato. Sempre ben pettinata, ben profumata, ben valorizzata da un completo giacca-pantaloni o da una minigonna. Non credevi ai tuoi orecchi quando diceva: «Sono stanca perché ho partecipato alle manovre e mi duole una spalla perché il Kalashnikov rincula in modo violento». Stasera indossava un modello francese e il suo chic era così squisito che, paragonata a lei, la monaca in uniforme risultava ancor più inquietante. Forse perché sapevi chi era. Era colei che il 21 febbraio 1969 aveva fatto esplodere due bombe al supermercato di Gerusalemme, causando una carneficina. Era colei che dieci giorni dopo aveva costruito un terzo ordigno per la cafeteria della Università Ebraica. Era colei che per tre mesi aveva mobilizzato l'intera polizia israeliana e provocato Dio sa quanti arresti, repressioni, tragedie. Era colei che il Fronte custodiva per gli incarichi più sanguinolenti. Ventitré anni, ex maestra di scuola. La fotografia appesa in ogni posto di blocco: «Catturare o sparare». La patente di eroe. Al suo tono strafottente, provocatorio, ora s'era aggiunta un'espressione di gran sufficienza: la stessa che certe dive esibiscono quando devono affrontare i giornalisti curiosi.

Mi accomodai accanto a lei sul divano. Lasciai perdere ogni convenevole, misi in moto il registratore: «Voglio la tua storia, Rascida. Dove sei nata, chi sono i tuoi genitori, come sei giunta a fare quello che fai». Alzò un sopracciglio ironico, tolse di tasca un fazzoletto. Si pulì il naso, lenta, rimise in tasca il fazzoletto. Si raschiò la gola. Sospirò. Rispose.

RASCIDA ABHEDO. Sono nata a Gerusalemme, da due genitori piuttosto ricchi, piuttosto conformisti, e assai rassegnati. Non fecero mai nulla per difendere la Palestina e non fecero mai nulla per indurmi a combattere. Fuorché influenzarmi, senza saperlo, coi loro racconti del passato. Mia madre, sempre a ripetere di quando andava a Giaffa col treno e dal finestrino del treno si vedeva il Mediterraneo che è così azzurro e bello. Mio padre, sempre a lagnarsi della notte in cui era fuggito con la mia sorellina su un braccio e me nell'altro braccio. E poi a dirmi dei partiti politici che c'erano prima del 1948, tutti colpevoli d'aver ceduto, d'aver deposto le armi, ma il suo era meno colpevole degli altri eccetera. E poi a mostrarmi la nostra vecchia casa al di là della linea di demarcazione, in territorio israeliano. Si poteva vederla dalle nostre finestre e penso che questo, sì, m'abbia servito. Prima di andare a letto la guardavo sempre, con ira, e a Natale guardavo gli arabi che si affollavano al posto di blocco per venire dai parenti profughi. Piangevano, perdevano i bambini, i fagotti. Erano brutti, senza orgoglio, e ti coglieva il bisogno di fare qualcosa. Questo qualcosa io lo scoprii nel 1962 quando entrai a far parte del Movimento nazionale arabo, il Fronte Popolare di oggi. Avevo quindici anni, non dissi nulla ai miei genitori. Si sarebbero spaventati, non avrebbero compreso. Del resto si faceva poco: riunioni di cellula, corsi politici, manifestazioni represse dai soldati giordani.

ORIANA FALLACI. *Come eri entrata in contatto con quel movimento?*

A scuola. Cercavano adepti fra gli studenti. Poi venne il 1967: l'occupazione di Gerusalemme, di Gerico, del territorio a est del Giordano. Io in quei giorni non c'ero, ero nel Kuwait: insegnavo in una scuola media di una cittadina sul Golfo. C'ero stata costretta perché nelle scuole della Giordania c'era poca simpatia pei maestri palestinesi. L'occupazione di Gerusalemme mi gettò in uno stato di sonnolenza totale. Ero così mortificata che per qualche tempo non vi reagii e ci volle tempo perché capissi che agli altri paesi arabi non importava nulla della Palestina, non si sarebbero mai scomodati a liberarla: bisognava far questo da soli. Ma allora perché restavo in quella scuola a insegnare ai ragazzi? Il mio lavoro lo amavo, intendiamoci, lo consideravo alla stregua di un divertimento, ma era necessario che lo abbandonassi. Mi dimisi e venni ad Amman dove mi iscrissi subito al primo gruppo di donne addestrate dall'F-PLP. Ragazze tra i diciotto e i venticinque anni, studentesse o maestre come me. Era il gruppo di Amina Dahbour, quella che hanno messo in prigione in Svizzera per il dirottamento di un aereo El Al, di Laila Khaled, che dirottò l'aereo della TWA, di Sheila Abu Mazal, la prima vittima della barbarie sionista.

La interruppi: anche questo nome m'era familiare perché ovunque lo vedevi stampato con l'appellativo di eroina e sui giornali occidentali avevo letto che era morta in circostanze eccezionali. Chi diceva in combattimento, chi diceva sotto le torture.

Rascida, come morì Sheila Abu Mazal?

Una disgrazia. Preparava una bomba per un'azione a Tel Aviv e la bomba scoppiò tra le sue mani. Perché?

Così. Raccontami degli addestramenti, Rascida.

Uffa. Eran duri. Ci voleva una gran forza di volontà per

compierli. Marce, manovre, pesi. Sheila ripeteva: bisogna dimostrare che non siamo da meno degli uomini! E per questo in fondo scelsi il corso speciale sugli esplosivi. Era il corso che bisognava seguire per diventare agenti segreti e, oltre alla pratica degli esplosivi, prevedeva lo studio della topografia, della fotografia, della raccolta di informazioni. I nostri istruttori contavano molto sulle donne come elemento di sorpresa: da una ragazza araba non ci si aspettano certe attività. Divenni brava a scattar fotografie di nascosto ma specialmente a costruire ordigni a orologeria. Più di ogni altra cosa volevo maneggiare le bombe, io sono sempre stata un tipo senza paura. Anche da piccola. Non m'impressionava mai il buio. I corsi duravano a volte quindici giorni, a volte due mesi o quattro. Il mio corso fu lungo, assai lungo, perché dovetti anche imparare a recarmi nel territorio occupato. Passai il fiume molte volte, insieme alle mie compagne. A quel tempo non era difficilissimo perché gli sbarramenti fotoelettrici non esistevano, ma la prima volta non fu uno scherzo. Ero tesa, mi aspettavo di morire. Ma presto fui in grado di raggiungere Gerusalemme e stabilirmici come agente segreto.

Dimmi delle due bombe al supermarket, Rascida.

Uffa. Quella fu la prima operazione di cui posso rivendicare la paternità. Voglio dire che la concepii da sola, la preparai da sola, e da sola la portai fino in fondo. Avevo ormai partecipato a tanti sabotaggi del genere e potevo muovermi con disinvoltura. E poi avevo una carta di cittadinanza israeliana con cui potevo introdurmi in qualsiasi posto senza destare sospetto. Poiché abitavo di nuovo coi miei genitori, scomparivo ogni tanto senza dare nell'occhio. L'idea di attaccare il supermarket l'ebbi quattro giorni dopo la cattura di Amina

266

a Zurigo, e la morte di Abdel. Nella sparatoria con l'israeliano, ricordi, Abdel rimase ucciso. Bisognava vendicare la morte di Abdel e bisognava dimostrare a Moshe Dayan la falsità di ciò che aveva detto: secondo Moshe Dayan, il Fronte Popolare agiva all'estero perché non era capace di agire entro Israele. E poi bisognava rispondere ai loro bombardamenti su Irbid, su Salt. Avevano ucciso civili? Noi avremmo ucciso civili. Del resto nessun israeliano noi lo consideriamo un civile ma un militare e un membro della banda sionista.

Anche se è un bambino, Rascida? Anche se è un neonato?

Gli occhi verdi si accesero d'odio, la sua voce adirata disse qualcosa che l'interprete non mi tradusse, e subito scoppiò una gran discussione cui intervennero tutti: anche Najat, anche il giovanotto col volto dolcissimo. Parlavano in arabo, e le frasi si sovrappovevan confuse come in una rissa da cui si levava spesso un'invocazione: «Rascida!». Ma Rascida non se ne curava. Come un bimbo bizzoso scuoteva le spalle e, solo quando Najat brontolò un ordine perentorio, essa si calmò. Sorrise un sorriso di ghiaccio, mi replicò.

Questa domanda me la ponevo anch'io, quando mi addestravo con gli esplosivi. Non sono una criminale e ricordo un episodio che accadde proprio al supermarket, un giorno che vi andai in avanscoperta. C'erano due bambini. Molto piccoli, molto graziosi. Ebrei. Istintivamente mi chinai e li abbracciai. Ma stavo abbracciandoli quando mi tornarono in mente i nostri bambini uccisi nei villaggi, mitragliati per le strade, bruciati dal napalm. Quelli di cui loro dicono: bene se muore, non diventerà mai un fidayin. Così li respinsi e mi alzai. E mi ordinai: non farlo mai più, Rasci-

267

da, loro ammazzano i nostri bambini e tu ammazzerai i loro. Del resto, se questi due bambini morranno, o altri come loro, mi dissi, non sarò stata io ad ammazzarli. Saranno stati i sionisti che mi forzano a gettare le bombe. Io combatto per la pace, e la pace val bene la vita di qualche bambino. Quando la nostra vera rivoluzione avverrà, perché oggi non è che il principio, numerosi bambini morranno. Ma più bambini morranno più sionisti comprenderanno che è giunto il momento di andarsene. Sei d'accordo? Ho ragione?

No, Rascida.

La discussione riprese, più forte. Il giovanotto dal volto dolcissimo mi lanciò uno sguardo conciliativo, implorante. V'era in lui un che di straziante e ti chiedevi chi fosse. Poi, con l'aiuto di alcune tazze di tè, l'intervista andò avanti.

Perché scegliesti proprio il supermarket, Rascida?

Perché era un buon posto, sempre affollato. Durante una decina di giorni ci andai a tutte le ore proprio per studiare quando fosse più affollato. Lo era alle undici del mattino. Osservai anche l'ora in cui apriva e in cui chiudeva, i punti dove si fermava più gente, e il tempo che ci voleva a raggiungerlo dalla base segreta dove avrei ritirato la bomba o le bombe. Per andarci mi vestivo in modo da sembrare una ragazza israeliana, non araba. Spesso vestivo in minigonna, altre volte in pantaloni, e portavo sempre grandi occhiali da sole. Era interessante, scoprivo sempre qualcosa di nuovo e di utile, ad esempio che se camminavo con un peso il tragitto tra la base e il supermarket aumentava. Infine fui pronta e comprai quei due bussolotti di marmellata. Molto grandi, da cinque chili l'uno, di latta. Esattamente ciò di cui avevo bisogno.

Per le bombe?

Sicuro. L'idea era di vuotarli, riempirli di esplosivo, e rimetterli dove li avevo presi. Quella notte non tornai a casa. Andai alla mia base segreta e con l'aiuto di alcuni compagni aprii i bussolotti. Li vuotai di quasi tutta la marmellata e ci sistemai dentro l'esplosivo con un ordigno a orologeria. Poi saldai di nuovo il coperchio, perché non si vedesse che erano stati aperti e...

Che marmellata era, Rascida?

Marmellata di albicocche, perché?

Così... Non mangerò mai più marmellata di albicocche.

Rascida rise a gola spiegata e a tal punto che le venne la tosse.

Io la mangiai, invece. Era buona. E dopo averla mangiata andai a dormire.

Dormisti bene, Rascida?

Come un angelo. E alle cinque del mattino mi svegliai bella fresca. Mi vestii elegantemente, coi pantaloni alla charleston, sai quelli attillati alla coscia e svasati alla caviglia, mi pettinai con cura, mi truccai gli occhi e le labbra. Ero graziosa, i miei compagni si congratulavano: «Rascida!». Quando fui pronta misi i bussolotti della marmellata in una borsa a sacco: sai quelle che si portano a spalla. Le donne israeliane la usano per fare la spesa. Uh, che borsa pesante! Un macigno! L'esplosivo pesava il doppio della marmellata. Ecco perché negli addestramenti ti abituano a portare pesi.

Come ti sentivi, Rascida? Nervosa, tranquilla?

Tranquilla, anzi felice. Ero stata così nervosa nei giorni precedenti che mi sentivo come scaricata. E poi era una mattina azzurra, piena di sole. Sapeva di buon auspicio. Malgrado il peso della borsa camminavo leggera, portavo quelle bombe come un mazzo di fiori. Sì, ho detto fiori. Ai posti di blocco i soldati israeliani perquisivano la gente ma io gli sorridevo con civetteria e, senza attendere il loro invito, aprivo la borsa: «Shalom, vuoi vedere la mia marmellata?». Loro guardavano la marmellata e con cordialità mi dicevano di proseguire. No, non andai dritta al supermarket: dove andai prima è affar mio e non ti riguarda. Al supermarket giunsi poco dopo le nove. Che pensi?

(Pensavo a un episodio del film *La battaglia di Algeri*, quello dove tre donne partono una mattina per recarsi a sistemare esplosivi su obiettivi civili. Una delle tre donne è una ragazza che assomiglia straordinariamente a Rascida: piccola, snella, e porta i pantaloni. Passando ai posti di blocco strizza l'occhio ai soldati francesi, civetta. Chissà se Rascida aveva visto il film. Magari sì. Bisognava che glielo chiedessi quando avrebbe finito il racconto. Ma poi me ne dimenticai. O forse volli dimenticarmene per andarmene via prima).

Pensavo... a nulla. Cosa accadde quando entrasti nel supermarket, Rascida?

Entrai spedita e agguantai subito il carry-basket, sai il cestino di metallo dove si mette la roba, il cestino con le ruote. Al supermarket c'è il self-service, ti muovi con facilità. La prima cosa da fare, quindi, era togliere i due bussolotti di marmellata dalla mia borsa e metterli nel carry-basket. Ci avevo già provato ma con oggetti più piccoli, non così pesanti, coi bussolotti grandi no e per qualche secondo te- metti di dare nell'occhio. Mi imposi calma, perciò. Mi im- posi anche di non guardare se mi guardavano altrimenti il mio gesto avrebbe perso spontaneità. Presto i bussolotti furono nel carry-basket. Ora si trattava di rimetterli a po- sto ma non dove li avevo presi perché non era un buon punto. Alla base avevo caricato i due ordigni a distanza di cinque minuti, in modo che uno esplodesse cinque minuti prima dell'altro. Decisi di mettere in fondo al negozio quello che sarebbe esploso dopo. L'altro, invece, vicino al- la porta dove c'era uno scaffale con le bottiglie di birra e i vasetti.

Perché, Rascida?

Perché la porta era di vetro come le bottiglie di birra, come i vasetti. Con l'esplosione sarebbero schizzati i frammenti e ciò avrebbe provocato un numero maggiore di feriti. O di morti. Il vetro è tremendo: lanciato a gran velocità può de- capitare, e anche i piccoli pezzi sono micidiali. Non solo, la prima esplosione avrebbe bloccato l'ingresso. Allora i su- perstiti si sarebbero rifugiati in fondo al negozio e qui, cin- que minuti dopo, li avrebbe colti la seconda esplosione. Con un po' di fortuna, nel caso la polizia fosse giunta alla svelta, avrei fatto fuori anche un bel po' di polizia.

Rise divertita, contenta. E ciò le provocò un nuovo accesso di tosse.

Non ridere, Rascida. Continua il tuo racconto, Rascida.

Sempre senza guardare se mi guardavano, sistemai i due bussolotti dove avevo deciso. Se qualcuno se ne accorse non so, ero troppo concentrata in ciò che stavo facendo. Ricordo solo un uomo molto alto, con il cappello, che mi fissava. Ma pensai che mi fissasse perché gli piacevo. Te l'ho detto che ero molto graziosa quella mattina. Poi, quando anche il secondo bussolotto fu nello scaffale, comprai alcune cose: tanto per non uscire a mani vuote. Comprai un grembiule da cucina, due stecche di cioccolata, altre sciocchezze. Non volevo dare troppi soldi agli ebrei.

Cos'altro comprasti, Rascida?

I cetriolini sottaceto. E le cipolline sottaceto. Mi piacciono molto. Mi piacciono anche le olive farcite. Ma cos'è questo, un esame di psicologia?

Se vuoi. E li mangiasti quei cetriolini, quelle cipolline?

Certo. Li portai a casa e li mangiai. Non era un'ora adatta agli antipasti e mia madre disse, ricordo: «Da dove vengono, quelli?». Io risposi: «Li ho comprati al mercato». Ma che te ne importa di queste cose? Torniamo al supermarket. Avevo deciso che l'intera faccenda dovesse durare quindici minuti. E quindici minuti durò. Così, dopo aver pagato uscii e tornai a casa. Qui feci colazione e riposai. Un'ora di cui non ricordo nulla. Alle undici in punto aprii la radio per ascoltar le notizie. Le bombe erano state caricate alle sei e alle sei e cinque, affinché scoppiassero cinque ore dopo. L'esplosione sarebbe dunque avvenuta alle undici e alle undici e cinque: l'ora dell'affollamento. Aprii la radio per accertarmene e per sapere se... se erano morti bambini nell'operazione.

Lascia perdere, Rascida. Non ci credo, Rascida. Cosa disse la radio?

Disse che c'era stato un attentato al supermarket e che esso aveva causato due morti e undici feriti. Rimasi male, due morti soltanto, e scesi per strada a chiedere la verità. Radio Israele non dice mai la verità. La verità era che le due bombe avevan causato ventisette morti e sessanta feriti fra cui quindici gravissimi. Bè, mi sentii meglio anche se non perfettamente contenta. Gli esperti militari della mia base avevano detto che ogni bomba avrebbe ucciso chiunque entro un raggio di venticinque metri e, verso le undici del mattino, al supermarket non contavi mai meno di trecentocinquanta persone. Oltre a un centinaio di impiegati.

Rascida, provasti anzi provi nessuna pietà per quei morti?

No davvero. Il modo in cui ci trattano, in cui ci uccidono, spenge in noi ogni pietà. Io ho dimenticato da tempo cosa significa la parola pietà e mi disturba perfino pronunciarla. Corre voce che ci fossero arabi in quel negozio. Non me ne importa. Se c'erano, la lezione gli servì a imparare che non si va nei negozi degli ebrei, non si danno soldi agli ebrei. Noi arabi abbiamo i nostri negozi, e i veri arabi si servono lì.

Rascida, cosa facesti dopo esserti accertata che era successo ciò che volevi?

Dissi a mia madre: «Ciao, mamma, esco e torno fra poco». La mamma rispose: «Va bene, fai presto, stai attenta». Chiusi la porta e fu l'ultima volta che la vidi. Dovevo pensare a nascondermi, a non farmi più vedere neanche se arrestavano

273

i miei. E li arrestarono. Non appena il Fronte Popolare assunse la paternità dell'operazione, gli israeliani corsero da quelli che appartenevano al Fronte. Hanno schedari molto precisi, molto aggiornati: un dossier per ciascuno di noi. E tra coloro che presero c'era un compagno che sapeva tutto di me. Così lo torturarono ma lui resistette tre giorni: è la regola. Tre giorni ci bastano infatti a metterci in salvo. Dopo tre giorni disse il mio nome, così la polizia venne ad arrestarmi ma non mi trovò e al mio posto si portò via la famiglia. Mio padre, mia madre, mia sorella maggiore e i bambini. Mia madre e i bambini li rilasciarono presto, mio padre invece lo tennero tre mesi e mia sorella ancora di più. Al processo non ci arrivarono mai perché in realtà né mio padre né mia sorella sapevano niente.

E tu cosa facesti, Rascida?

Raggiunsi una base segreta e preparai la bomba per la cafeteria dell'Università Ebraica. Questo accadde il 2 marzo e purtroppo io non potei piazzare la bomba, che non ebbe un esito soddisfacente. Solo ventotto studenti restaron feriti, e nessun morto. In compenso le cose peggiorarono molto per me: la mia fotografia apparve dappertutto e la polizia prese a cercarmi ancor più istericamente. Fu necessario abbandonare la base segreta e da quel momento dovetti cavarmela proprio da me. Mi trasferivo di casa in casa, una notte qui e una notte là, per strada mi sembrava sempre d'esser seguita. Un giorno un'automobile mi seguì a passo d'uomo per circa due ore. Esitavano a fermarmi, credo, perché ero molto cambiata e vestita come una stracciona. Riuscii a far perdere le mie tracce e, in un vicolo, bussai disperatamente a una porta. Aprì un uomo, cominciai a piangere e a dire che ero sola al mondo: mi prendesse a servizio per carità. Si commosse, mi assunse e rimasi lì dieci giorni. Al decimo, giudicai saggio scomparire. Ero appena uscita che la polizia israeliana arrivò e arrestò l'uomo. Al processo, malgrado ignorasse tutto di me, fu condannato a tre anni. È ancora in prigione.

Te ne dispiace, Rascida?

Che posso farci? In carcere ce l'hanno messo loro, mica io. E io ho sofferto tanto. Tre mesi di caccia continua.

Ci credo, avevi fatto scoppiare tre bombe! E come tornasti in Giordania, Rascida?

Con un gruppo militare del Fronte. Si passò le linee di notte. Non fu semplice, dovemmo nasconderci molte ore nel fiume e bevvi un mucchio di quell'acqua sporca. Sono ancora malata. Ma partecipo lo stesso alle operazioni da qui e l'unica cosa che mi addolora è non poter più mettere bombe nei luoghi degli israeliani.

E non vedere più i tuoi genitori, averli mandati in carcere, ti addolora?

La mia vita personale non conta, in essa non v'è posto per le emozioni e le nostalgie. I miei genitori li ho sempre giudicati brava gente e tra noi c'è sempre stato un buon rapporto, ma v'è qualcosa che conta più di loro ed è la mia patria. Quanto alla prigione, li ha come svegliati: non sono più rassegnati, indifferenti. Ad esempio potrebbero lasciare Gerusalemme, mettersi in salvo, ma rifiutan di farlo. Non lasceremo mai la nostra terra, dicono. E se Dio vuole...

Credi in Dio, Rascida?

No, non direi. La mia religione è sempre stata la mia patria. E insieme ad essa il socialismo. Ho sempre avuto bisogno di spiegare le cose scientificamente, e Dio non lo spieghi scientificamente: il socialismo sì. Io credo nel socialismo scientifico basato sulle teorie marxiste-leniniste che ho studiato con cura. Presto studierò anche *Il Capitale*: è in programma nella nostra base. Voglio conoscerlo bene prima di sposarmi.

Ti sposi, Rascida?

Sì, tra un mese. Il mio fidanzato è quello lì.

E additò il giovanotto dal volto dolcissimo. Lui arrossì gentilmente e parve affondare dentro la poltrona.

Congratulazioni. Avevi detto che nella tua vita non c'è posto per i sentimenti.

Ho detto che capisco le cose solo da un punto di vista scientifico e il mio matrimonio è la cosa più scientifica che tu possa immaginare. Lui è comunista come me, fidayin come me: la pensiamo in tutto e per tutto nel medesimo modo. Inoltre v'è attrazione fra noi ed esaudirla non è forse scientifico? Il matrimonio non c'impedirà di combattere: non metteremo su casa. L'accordo è incontrarci tre volte al mese e solo se ciò non intralcia i nostri doveri di fidayin. Figli non ne vogliamo: non solo perché se restassi incinta non potrei più combattere e il mio sogno più grande è partecipare a una battaglia, ma perché non credo che in una situazione come questa si debba mettere al mondo bambini. A che serve? A farli poi morire o almeno restare orfani?

Allora si alzò il fidanzato, che si chiamava Thaer, e con l'aria di scusarsi venne a sedere presso di me. Guardandomi con due occhi di agnello, parlando con voce bassissima, dolce come il suo viso, disse che conosceva Rascida da circa tre anni: quando lei insegnava nel Kuwait e lui studiava psicologia all'università. «Mi piacque come essere umano, pei suoi pregi e i suoi difetti. Dopo la guerra del 1967 le scrissi una lettera per annunciarle che sarei diventato fidayin, per spiegarle che l'amavo, sì, ma la Palestina contava più del mio amore. Lei rispose: "Thaer, hai avuto più fiducia in me di quanta io ne abbia avuta in te. Perché tu m'hai detto di voler diventare fidayin e io non te l'ho detto. Abbiamo gli stessi progetti, Thaer, e da questo momento mi considero davvero fidanzata con te".» «Capisco, Thaer. Ma cosa provasti a sapere che Rascida aveva ucciso ventisette persone senza un fucile in mano?» Thaer prese fiato e congiunse le mani come a supplicarmi di ascoltarlo con pazienza. «Fui orgoglioso di lei. Oh, so quello che provi, all'inizio la pensavo anch'io come te. Perché sono un uomo tenero, io, un sentimentale. Non assomiglio a Rascida. Il mio modo di fare la guerra è diverso: io sparo a chi spara. Ma ho visto bombardare i nostri villaggi e mi sono rivoltato: ho deciso che avere scrupoli è sciocco. Se invece d'essere uno spettatore obbiettivo tu fossi coinvolta nella tragedia, non piangeresti sui morti senza il fucile. E capiresti Rascida.»

Certo è difficile capire Rascida. Ma vale la pena provarci e, per provarci, bisogna avere visto i tipi come Rascida nei campi dove diventano fidajat: cioè donne del sacrificio. Lunghe file di ragazze in grigioverde, costrette giorno e notte a marciare sui sassi, saltare sopra altissimi roghi di gomma e benzina, insinuarsi entro reticolati alti appena quaranta centimetri e larghi cinquanta, tenersi in bilico su ponticelli di corde tese su trabocchetti, impegnarsi in massacranti lezioni di tiro. E guai se sbagli un colpo, guai se calcoli male il salto sul fuoco, guai se resti impigliato in una punta di ferro, guai se dici basta, non ce la faccio più. L'istruttore che viene dalla Siria, dall'Iraq, dalla Cina, non ha tempo da perdere con le femminucce: se hai paura, o ti stanchi, ti esplode una raffica accanto agli orecchi. Hai visto le fotografie. Ch'io sappia, neanche i berretti verdi delle forze speciali in Vietnam, neanche i soldati più duri dei commandos israeliani vengono sottoposti ad addestramenti così spietati. E da quelli, credi, esci non soltanto col fisico domato ma con una psicologia tutta nuova. Dice che in alcuni campi (questo io non l'ho visto) le abituano perfino alla vista del sangue. E sai come? Prima sparano su un cane lasciandolo agonizzante ma vivo, poi buttano il cane tra le loro braccia e le fanno correre senza ascoltarne i guaiti. Dopo tale esperienza, è dimostrato, al dolore del corpo e dell'anima non badi più.

Al campo Schneller conobbi una fidajat che si chiamava Hanin, Nostalgia. La intervistai e mi disse d'avere venticinque anni, un figlio di sei e una figlia di due. Le chiesi: «Dove li hai lasciati, Hanin?». Rispose: «In casa, oggi c'è mio marito». «E cosa fa tuo marito?» «Il fidayin. Oggi è in licenza.» «E quando non c'è tuo marito?» «Qua e là.» «Hanin, non basta un soldato in famiglia?» «No, voglio passare anch'io le linee, voglio andare anch'io in combattimento.» Poi ci mettemmo a parlare di altre cose, del negozio di antiquariato che essi possedevano a Gerusalemme, del fatto che non gli mancassero i soldi eccetera. La conversazione era interessante, si svolgeva direttamente in inglese, e io non mi curavo del lieve sospiro, quasi un lamento, che usciva dalle pieghe del kaffiah. I grandi occhi neri erano fermi, la fronte era appena aggrottata, e pensavo: poverina, è stanca. Ma poi l'istruttore chiamò, era giunto il turno di sparare al bersaglio, e Hanin si alzò: nell'alzarsi le sfuggì un piccolo grido. «Ti senti male, Hanin?» «No, no. Credo soltanto d'essermi slogata un piede. Ma ora non c'è tempo di metterlo a posto, lo dirò quando le manovre saranno finite.» E raggiunse le compagne, decisa, col suo piede slogato.

Per capire Rascida, o provarci, bisogna anche avere visto le donne che hanno fatto la guerra senza allenarsi: affrontando di punto in bianco la morte, la consapevolezza che la crudeltà è indispensabile se vuoi sopravvivere. In un altro campo conobbi Im Castro: significa Madre di Castro. Im essendo l'appellativo che i guerriglieri palestinesi usano per le donne, e Castro essendo il nome scelto da suo figlio maggiore: fidayin. Im Castro era un donnone di quarant'anni, con un corpo da pugile e un volto da Madonna bruciata dalle intemperie.

Acqua, vento, sole, rabbia, disperazione, tutto era passato su quei muscoli color terracotta riuscendo a renderli più forti e più duri anziché sgretolarli. Contadina a Gerico, era fuggita nel 1967 insieme al marito, il fratello, il cognato, due figli maschi e due femmine. Qui era giunta dopo Karameh e qui viveva sotto una tenda dove non possedeva nulla fuorché una coperta e un rudimentale fornello con due pentole vecchie. Le chiesi: «Im Castro, dov'è tuo marito?». Rispose: «È morto in battaglia, a Karameh». «Dov'è tuo fratello?» «È morto in battaglia, a Karameh.» «Dov'è tuo cognato?» «È morto in battaglia, a Karameh.» «Dove sono i tuoi figli?» «Al fronte, sono fidayin.» «Dove sono le tue figlie?» «Agli addestramenti, per diventare fidajat.» «E tu?» «Io non ne ho bisogno. Io so usare il Kalashnikov, il Carlov, e queste qui.»

Sollevò un cencio e sotto c'era una dozzina di bombe col manico. «Dove hai imparato a usarle, Im Castro?» «A Karameh, combattendo col sangue ai ginocchi.» «E prima non avevi mai sparato, Im Castro?» «No, prima coltivavo grano e fagioli.» «Im Castro, cosa provasti ad ammazzare un uomo?» «Una gran gioia, che Allah mi perdoni. Pensai: hai ammazzato mio marito, ragazzo, e io ammazzo te.» «Era un ragazzo?» «Sì, era molto giovane.» «E non hai paura che succeda lo stesso ai tuoi figli?» «Se i miei figli muoiono penserò che hanno fatto il loro dovere. E piangerò solo perché essendo vedova non potrò partorire altri figli per darli alla Palestina.» «Im Castro, chi è il tuo eroe?» «Eroe è chiunque spari la mitragliatrice.»

Le guerre, le rivoluzioni, non le fanno mai le donne. Non sono le donne a volerle, non sono le donne a comandarle, non sono le donne a combatterle. Le guerre, le rivoluzioni, restano dominio degli uomini. Per quanto utili o utilizzate, le donne vi servono solo da sfondo, da frangia, e neanche la nostra epoca ha modificato questa indiscutibile legge. Pensa all'Algeria, pensa al Vietnam dove esse fanno parte dei battaglioni vietcong ma in un rapporto di cinque a venti coi maschi. Pensa alla stessa Israele dove le soldatesse son così pubblicizzate ma chi si accorge di loro in battaglia se non sono una figlia di Moshe Dayan. In Palestina è lo stesso. Dei duecentomila palestinesi mobilitati da Al Fatah, almeno un terzo son donne: intellettuali come

Rascida, madri di famiglia come Hanin, signore borghesi come Najat, contadine come Im Castro. Però quasi tutte sono in fase di riposo o di attesa, pochissime vivono nelle basi segrete, e solo in casi eccezionali partecipano a un combattimento. È indicativo, ad esempio, che tra i fidayin al fronte non ne abbia incontrata nessuna e che l'unica di cui mi abbian parlato sia una cinquantaquattrenne che fa la vivandiera per un gruppo di Salt. È indiscutibile, inoltre, che l'unica di cui si possa vantare la morte sia quella Sheila cui scoppiò una bomba in mano. Ad usare le donne nella Resistenza non ci sono che i comunisti rivali di Al Fatah i quali le impiegano senza parsimonia per gli atti di sabotaggio e di terrorismo.

La ragione è semplice e intelligente. In una società dove le donne hanno sempre contato quanto un cammello o una vacca, e per secoli sono rimaste segregate al ruolo di moglie di madre di serva, nessuno si aspettava di trovarne qualcuna capace di dirottare un aereo, piazzare un ordigno, maneggiare un fucile. Abla Taha, la fidajat di cui si parlò anche alle Nazioni Unite per gli abusi che subì in prigione sebbene fosse incinta, racconta: «Quando mi arrestarono al ponte Allenby perché portavo esplosivo, gli israeliani non si meravigliarono mica dell'esplosivo. Si meravigliarono di scoprirlo addosso a una donna. Per loro era inconcepibile che un'araba si fosse tolta il velo per fare la guerra». La stessa Rascida, del resto, spiega che al corso di addestramento le donne venivano incluse come «elemento di sorpresa». Il discorso cui volevo arrivare, comunque, la morale della faccenda, non è questo qui. È che la sorpresa su cui gli uomini della Resistenza palestinese contavano per giocare il nemico, ha colto di contropiede anche loro. «Tutto credevamo,» mi confessò un ufficiale della milizia fidayin «fuorché le donne rispondessero al nostro appello come hanno fatto. Ormai non siamo più noi a cercarle, sono loro a imporsi e pretendere di andare all'attacco.»

«E qual è la sua interpretazione?» gli chiesi. L'ufficiale non era uno sciocco. Accennò una smorfia che oscillava tra il divertimento e il fastidio, rispose: «Lo sa meglio di me che l'amore per la patria c'entra solo in parte, che la molla principale non è l'idealismo. È... sì, è una forma di femminismo. Noi uomini le avevamo chiuse a chiave dietro una porta di ferro, la Resistenza ha aperto uno spiraglio di quella porta ed esse sono fuggite. Hanno compreso insomma che questa era la loro grande occasione, e non l'hanno perduta. Le dico una cosa che esse non ammetterebbero mai in quanto è una verità che affoga nel loro subcosciente: combattendo l'invasore sionista esse rompono le catene imposte dai loro padri, dai loro mariti, dai loro fratelli. Insomma dal maschio». «E sono davvero brave?» «Oh, sì. Più brave degli uomini, perché più spietate. Abbastanza normale se ricorda che il loro nemico ha due facce: quella degli israeliani e la nostra.» «E crede che vinceranno?» «Non so. Dipende dal regime politico che avrà la Palestina indipendente. Capisce cosa voglio dire?»

Voleva dire ciò che dice, silenziosamente, Rascida. La società araba non è una società disposta a correggere i suoi tabù sulla donna e sulla famiglia. Le tradizioni mussulmane sono troppo abbarbicate negli uomini del Medio Oriente perché a scardinarle basti una guerra o il progresso tecnologico che esplode con la guerra. Finché dura l'atmosfera eroica, lo stato di emergenza, può sembrare che tutto cambi: ma, quando sopraggiunge la pace, le vecchie realtà si ristabiliscono in un battere di ciglia. Lo si è visto già in Algeria dove le donne fecero la Resistenza con coraggio inaudito e dopo ricaddero svelte nel buio. Chi comanda oggi in Algeria? Gli uomini o le donne? Che autorità hanno le Rascide che un tempo piazzavano le bombe? Perfino gli ex guerriglieri hanno quasi sempre sposato fanciulle all'antica, senza alcun merito militare o politico. Maometto dura: dura più di Confucio. Sicché tutto fa credere che i palestinesi, pur essendo tra gli arabi più europeizzati e moderni, commettano in futuro la stessa scelta o ingiustizia degli algerini: «Brave, bravissime, sparate, aiutate, ma poi via a casa». Ma, sotto sotto, le loro donne lo sanno e, poiché la Storia non offre solo l'esempio dell'Algeria, corrono fin da ora ai ripari. Come? Buttandosi dalla parte di coloro che abbracciano l'ideologia della Cina maoista: cioè il Fronte Popolare di George Abash. In Cina le donne non sono mica tornate a lavare i piatti; stanno anch'esse al potere, hanno vinto. Per vincere è necessario annullare ogni sentimento, incendiare le case dei vecchi, gli ospedali dei bambini, il più innocuo supermarket? E va bene. Per vincere è necessario imbruttirsi, sacrificare i genitori, credere nel socialismo scientifico, rendersi odiose? E va bene. Ciò che conta è non ricadere nel buio come le algerine, quando la pace verrà. Ciò che conta è non rimettere il velo quando gli uomini saranno in grado di cavarsela, come sempre, da soli.

Può sembrare un paradosso, e forse lo è. Ma vuotando quei due bussolotti di marmellata e ficcandoci dentro esplosivo, Rascida non fece che comprarsi il domani. In fondo le ventisette creature che essa maciullò a Gerusalemme morirono perché lei si togliesse per sempre il velo e lo trasferisse sul volto dolcissimo del suo fidanzato, l'ignaro Thaer.

Amman, marzo 1970

Faruk El Kaddoumi

D'un tratto me lo trovai davanti, che ascoltava in silenzio le mie domande a un altro. Non ricordavo di averlo visto entrare, accomodarsi su quella sedia, e se ne stava lì come apparso dal nulla: una specie di Buddha in pantaloni, giacca e kaffiah. Remoto come un Buddha, non spostava neanche lo sguardo: fisso ironicamente su me. L'unico movimento con cui rompeva l'immobilità era una lenta carezza sul pomo di un bastone nero, stretto fra le sue gambe. Osservai per prima cosa il bastone: v'era in esso un che di insidioso. Poi salii al viso: v'era in esso un che d'inquietante. Occhi gelidi e grigi, naso piccolo e tondo, labbra sottili e aspre. Niente baffi e niente che assomigliasse ai tratti somatici del palestinese, dell'arabo. Lo avresti detto semmai un europeo, però non era questo a colpirti: era la sua espressione insieme arguta e crudele, bonaria e spietata, la sua sicurezza di sé. Emanava da lui l'indefinibile fluido dell'uomo eccezionale, del capo. Da capo lo trattavano tutti del resto, circondandolo in modo rispettoso. Si presentò da sé. Disse: «Mi chiamo Abu Lotuf. Significa Delicatezza. Padre Delicatezza. La prego di sentirsi a suo agio, di chiedermi quello che vuole». Aveva una voce liscia e robusta, quasi un nastro di seta che ti avvolge il collo per strozzarti, e parlava un inglese perfetto. Tra frase e frase lasciava cadere pause tanto lunghe che ascoltarle era come guardare un film girato sott'acqua e proiettato col rallentatore. Nell'attesa bruciavi d'impazienza e pensavi: "Chi è? Ma chi è?"».

Lo conobbi così, dopo una telefonata che mi ingiungeva di correre subito alla sede di Al Fatah: «Non possiamo dirle perché. Ma possiamo dirle che lei ha molta, molta fortuna». Era una delle mie prime sere ad Amman, e non avevo la minima idea di chi andassi ad incontrare. Non solo: ignoravo perfino che egli esistesse. I palestinesi infatti non lo citano mai, non lo espongono mai, e lui non consente di venire fotografato. Per scoprire il suo vero nome avrei dovuto avvicinarlo più d'una volta e insistere fino alla nausea. Quando lo seppi esclamai: «Ma gli israeliani la conoscono, no?». «Oh, yes! Very much so! Assolutamente sì.» «Dunque possiamo fotografarla, no?» «Questo, voglia scusarmi, è impossibile. L'ultima fotografia che gli israeliani hanno di me risale a vent'anni fa. Nel frattempo sono assai cambiato.» Allora gli chiesi se potevo pubblicare il suo vero nome e, con un sorriso affettuosamente beffardo, rispose: «Cosa devo dirle? Go ahead, faccia pure». Quel nome è Faruk El Kaddoumi. Tenetelo in mente, lo leggerete di nuovo. Perché Faruk El Kaddoumi, alias Abu Lotuf, cioè Padre Delicatezza, è il cervello di Al Fatah. Come dire il cervello della resistenza palestinese.

Il cervello ha quarant'anni, sebbene ne dimostri di più: le responsabilità danno rughe. Figlio di ricchi borghesi, anche lui, nativo di Giaffa, era poco più di un ragazzo all'epoca in cui si gettò nella lotta. In quel periodo, sembra, avvicinò Arafat con cui litigò presto e non andò mai d'accordo: il loro armistizio è recente, risale alla formazione di Al Fatah. Nel 1948, costretto a fuggire con la famiglia, raggiunse il Libano dove si iscrisse all'Università americana di Beirut, studiò psicologia, storia, sociologia, e si laureò in scienze economiche. La laurea gli offrì un buon impiego presso una compagnia petrolifera e l'occasione di viaggiare in Europa e in Asia. Fu più volte in Italia, in Spagna, in Germania, in Francia, in Inghilterra, in Svizzera: assorbendone un certo occidentalismo che traspare nel suo modo di esprimersi e in una disinvoltura che negli altri non c'è. Ma poi fu in India, in Cina, qui incontrò Mao Tse-tung, e ciò lo riportò in un mondo più adatto al suo sangue, al suo genere di sofisticazione mentale. «Un rivoluzionario non può fare a meno di definire Mao Tse-tung un grand'uomo. Non era facile fondere Confucio con Lenin e Marx. Sì, la Cina mi piace molto.» Pausa. «E tuttavia, tuttavia, se mi chiede qual è il paese che preferisco...» Pausa. «Le rispondo la Spagna, la

Germania, l'Italia. Della prima mi piace il calore umano, la passione. Della seconda, la voglia di lavorare e l'orgoglio. Della terza, l'indisciplina e il talento. Sono un uomo complicato.» Non andò mai in America e in Russia, né lo desiderò. «America e Russia non c'è bisogno di visitarle per dire: le conosco fin troppo.»

I suoi viaggi si allentarono nel 1961 quando, insieme a un gruppo di intellettuali, si mise al lavoro per creare Al Fatah. «Eravamo tutti sui trent'anni. Ingegneri, economisti, architetti, e poi anche un filosofo. La necessità di avviare la lotta con un movimento di massa noi l'avevamo compresa fin dal 1956, l'autunno in cui gli israeliani ci presero Gaza. Ma i preparativi seri non ebbero inizio che nel 1961 e solo nel 1965 si riuscì a costituire il primo nucleo di Al Fatah. Nei paesi arretrati, sa, il livello della coscienza è un po' basso. E la gente si sentiva troppo delusa, troppo sconfitta.» Altri moti nazionalistici stavano allora sorgendo ma li guidavano elementi dispersi e senza quattrini. Da esperto in economia, Faruk El Kaddoumi fu il primo a comprendere che per fare una rivoluzione ci vogliono soldi e che i soldi non li possono dare che i ricchi. Ma per avere i soldi dai ricchi non bisogna spaventarli con sospetti di comunismo: Al Fatah nacque quindi con le premesse di non averci nulla a che fare e lui poté presentarsi agli amici petrolieri per battere cassa. Dei vietcong, inoltre, imitò il sistema di tassazione: ogni palestinese fornito di denaro avrebbe versato ogni mese una sostanziosissima cifra. E se le ideologie di Al Fatah risultarono vaghe, il portafoglio risultò subito pieno. «Eh, sì, un'impresa difficile. Dovetti abbandonare il mio mestiere per dedicarmi solo ad Al Fatah. Se mi dispiacque? Certo. Ero abituato agli agi, rinunciai a tutto. Oggi è Al Fatah che provvede alla mia famiglia, è Al Fatah che mi compra ogni tanto un paio di scarpe o una camicia.»

La sua famiglia è composta dalla moglie e due bambini. Della moglie parla con tenerezza: «No, non partecipa alla lotta. O solo di riflesso, emotivamente direi». Dei bambini parla con orgoglio mostrando la fotografia di due bei marmocchi vestiti con ricercatezza, uno di sei e uno di nove anni. «Non li trova splendidi? Splendidi.» Poi aggiunge che li vede assai poco, è sempre in giro nelle basi fidayin, o in altri paesi: se ha un'ora di tempo la impiega per studiare le teorie sioniste o per rileggersi Adam Smith e Karl Marx. Entrambi non lo convincono e li confuta senza retorica, magari con un certo cinismo. V'è in lui il seducente cinismo dell'idealista senza illusioni. Durante il primo incontro gli chiesi: «Abu Lotuf, perché porta quel bastone?». Rispose: «Perché è bello. Perché me l'ha regalato un amico. Indiano. E perché dentro c'è questo». Sfilò il pomo e apparve un lungo stiletto. «Abu Lotuf, va alla guerra con lo stiletto?» «No, questo è per gli amici. Pei nemici ho qualcos'altro.» Mise mano alla tasca e mi mostrò un rivoltellone cinese.

Il nostro primo incontro durò tre ore, il secondo un'ora e mezzo. L'intervista che segue è quindi il condensato di una seduta in due tempi. Contiene tutto ciò che è necessario sapere sul dramma che brucia il Mediterraneo, resta il documento più prezioso che abbia raccolto in quei giorni difficili.

ORIANA FALLACI. *Abu Lotuf, la tragedia incombe sui rapporti dei fidayin con re Hussein. La Giordania è il paese che ospita quasi tutte le vostre basi ma qui voi avete instaurato, ammettiamolo, uno Stato dentro lo Stato. Dove intendete arrivare?*

ABU LOTUF. A liberare la Palestina tenendo le nostre basi in Giordania. Punto e basta. Hussein è un re arabo e non può non essere con noi perché i suoi interessi coincidono coi nostri: la riva sinistra del fiume Giordano, che fa parte del suo paese, come egli dice, è occupata da Israele. Inoltre, se analizzo Hussein, non dimentico che suo nonno era un leader della rivoluzione araba: egli non può essersene dimenticato. Tuttavia esistono divergenze molto profonde tra noi e Hussein, divergenze che si riassumono in un fatto preciso: lui crede a una soluzione pacifica e noi vogliamo la guerra. Lui insiste nella sua politica e noi nella nostra. È inevitabile che le due politiche si scontrino fino a un conflitto armato? A tale domanda, e malgrado gli ultimi incidenti, né io né Hussein possiamo darle risposta perché la risposta non la conosciamo noi stessi. Sappiamo entrambi che tante cose possono cambiare: un giorno sembriamo sull'orlo della rottura e un giorno ci mettiamo d'accordo. La nostra alleanza con Hussein è solo uno stadio della nostra lotta: noi non abbiamo né amici permanenti né nemici permanenti. I nostri amici di oggi possono diventare i nostri nemici di domani, e viceversa. Hussein è fra questi e non solo Hussein. Altri paesi arabi credono a un accordo pacifico e si contenterebbero di vedere applicata la soluzione del Consiglio di sicurezza che ordina agli israeliani di ritirare le truppe dal territorio occupato. Chiunque accetti tale soluzione è per noi un nemico o sulla strada di diventare un nemico. Sia egli arabo o russo o americano. Con Hussein siamo già stati nemici, un anno fa, quando egli non voleva più i fidayin in Giordania e fu necessario sparare per le strade. Sparammo con tale decisione addosso ai suoi soldati che egli dovette rimangiarsi la minaccia di mandarci via. Stavolta non abbiamo sparato ma egli sa che siamo pronti a farlo e con forze che crescono di giorno in giorno. Egli sa che le autorità non ci interessano: ci interessa soltanto stare qui per compiere le nostre operazioni di guerra.

Abu Lotuf, ragioniamo. A voi interessa stare qui ma a lui no. Perché ogni volta che i fidayin compiono un attacco, la rappresaglia degli israeliani si scatena sulla Giordania. E Hussein deve preoccuparsi del suo popolo, no? È un suo diritto e un suo dovere proteggerlo, no?

Ovvio che sul piano della logica io capisco anche lui. Nessun dubbio che Israele bombardi la Giordania per rispondere ai nostri attacchi. Ma se in guerra ci mettiamo a fare considerazioni logiche o umane, non si combatte più. La nostra lotta è molto difficile: noi non abbiamo una base come il Nord Vietnam, noi non possiamo muoverci nel nostro paese come fanno i vietcong. Ci è indispensabile appoggiarci a un altro paese, e questo paese è la Giordania. D'altra parte, la maggioranza della popolazione giordana è palestinese: quindi esigere che quei palestinesi combattano non è prepotenza. Sicché, se Hussein non può permettersi il lusso di tenerci, noi non possiamo permetterci il lusso di andare via. Quindi resteremo, che a lui piaccia o no.

Abu Lotuf, è vero che la Giordania è in gran parte abitata dai palestinesi. Ma quei palestinesi ormai sono cittadini giordani.

Avere preso la cittadinanza, o avergliela concessa, non cambia il fatto che essi sono palestinesi.

Abu Lotuf, lei dice che la fragile alleanza con re Hussein costituisce solo uno stadio della vostra lotta. Intende con ciò alludere al fatto che i palestinesi non reclamano solo il territorio occupato da Israele ma anche la Cisgiordania?

Ciò che lei chiama Cisgiordania, cioè la vallata a est del Giordano, la West Bank, è Palestina. E noi vogliamo tutta la Palestina. Ma non credo che vi saranno problemi per questo quando il momento verrà. Hussein sa benissimo che la West Bank e Gerusalemme e Gerico appartengono alla Palestina. Ed è pronto a riconoscere ai palestinesi della West Bank il diritto di riavere la West Bank. Il problema non è il futuro, è il presente. Il problema è che Hussein vuole convincerci ad accettare la risoluzione dell'ONU, la pace. Chi parla di pace con noi non ha capito nulla di noi. E il discorso vale per Hussein, per la Russia, per l'America, per l'Europa, per

chiunque. Niente pace. Pace per noi significa distruzione di
Israele e ricostituzione della Palestina. Non combattiamo
per il gusto di combattere: combattiamo per vivere. E non
abbiamo nulla da perdere perché abbiamo già perso tutto.
A chi ha perso tutto è inutile dire: sii ragionevole.

*E col Libano come la mettiamo, Abu Lotuf? Col Libano avete
raggiunto un accordo che vi consenta di tenere le vostre basi?*

No. Ma ce le teniamo lo stesso. E ci staremo. Sparando su
chi vuole cacciarci se necessario.

*Se sparate ai vostri stessi amici, agli stessi che vi ospitano, la
vostra è una situazione ben disperata. Non potrete dichiarare
la guerra a tutto il mondo, Abu Lotuf.*

Lei si sbaglia perché dimentica che sulla popolazione possiamo contare. Le difficoltà ci vengono sempre dalle autorità, mai dalla popolazione perché ormai essa si identifica
con noi. Anche se non è palestinese. Prima ciò non accadeva, è vero. Ma prima quei problemi esistevano perfino con
la nostra gente che non credeva in noi e ci guardava come se
fossimo pazzi, ci negava ogni sostegno. Sa quanti fidayin armati avevamo all'inizio del 1965? Ventisei. Ho detto ventisei. Gli uomini c'erano, ma le armi no. Poi vennero le armi,
potemmo dimostrare che la nostra strategia era la giusta, e
oggi lei trova almeno un fidayin in ogni casa palestinese.
Non esiste casa palestinese che non sia fornita almeno di un
fucile o di un mitra. Ciò all'interno e all'esterno del territorio occupato. Ma parliamo della popolazione non palestinese: cioè delle masse libanesi, giordane. Esse sono con noi dal
1967, e sa perché? Perché l'avanzata degli israeliani gli ha
messo spavento, li ha fatti pensare. Se continuano a occupa-

re territorio, si sono detti, invadono anche noi. Quindi bisogna mettersi coi fidayin che sono i soli a opporsi senza riserve a Israele.

Abu Lotuf, poco fa lei ha detto che anche i palestinesi dentro il territorio occupato, insomma dentro Israele, sono armati. Ho capito bene?

Certo, perché se ne stupisce? Scusi, se ci mancasse l'appoggio della popolazione all'interno del territorio occupato, come faremmo a passare dall'altra parte e restarci? Come faremmo ad attaccare gli israeliani nella terra che lei chiama Israele? Viene sempre un momento in cui dobbiamo nasconderci, cercare protezione. E ciò è possibile solo con gli arabi della cosiddetta Israele. Coi contadini delle campagne, con gli abitanti delle città. Ma ho un'altra notiziola da darle: vi sono perfino ebrei israeliani che collaborano con noi.

Ammettiamolo, Abu Lotuf. E passiamo a esaminare la natura disperata della vostra lotta. Incominciando da un particolare che a me sembra evidente: la Palestina non è il Vietnam, cioè non è il paese più adatto alla guerriglia. La complicità della natura vi manca.

Non è detto che la guerriglia si possa fare soltanto dove c'è la giungla. Il bisogno è la madre degli eventi e, quando non esistono giungle, si inventano altre tattiche. I luoghi per nasconderci ci sono, anche se non sono verdi. Il problema non è mai stato grave per noi. Ha richiesto e richiede, semmai, una maggiore dose di coraggio fisico. Ma il coraggio lo abbiamo. Come la determinazione, è una dote frequente in chi non ha più nulla da perdere. Inoltre possiamo permetterci di morire perché siamo tanti. Ecco una realtà che non si applica a Israele. Gli israeliani non possono permettersi di perdere uomini perché ne hanno pochi. Troppo pochi. Gli ebrei di Israele sono poco più di un milione e mezzo, gli arabi di Israele sono più di un milione. Al di qua delle linee i palestinesi sono quasi due milioni, a parte cento milioni di arabi. Per ogni israeliano che muore, devono ammazzarne dieci dei nostri. E poi ammazzarcene tanti a che serve? Un uomo morto è un uomo morto anche dinanzi a dieci nemici morti: e, quando è morto, bisogna aspettare almeno 17 anni per procurarsene un altro e mandarlo alla guerra. Oppure bisogna importarlo da altre parti del mondo: un problema che per Israele diventa sempre più difficile. Ora tiriamo le somme: forse la natura del terreno non è favorevole alla nostra guerriglia. Ma la guerriglia per noi resta facile in quanto possiamo permetterci di perdere gli uomini.

Quanti ne avete persi fin oggi, Abu Lotuf?

Non molti. Le fornisco una cifra che non abbiamo mai fornito a nessuno: eccola qui su questo grafico che, inutile dirlo, è un grafico molto privato. Dal gennaio del 1965 al settembre del 1969 abbiamo perso 624 fidayin.

Torniamo alle vostre difficoltà, Abu Lotuf. Che dire della potenza tecnologica di Israele?

Oh, quella stabilisce lo stesso rapporto che c'è tra gli americani e i vietcong in Vietnam. La tecnologia è una bellissima cosa, nessuno l'apprezza più di me: credo d'essere un uomo moderno. Ma nel risultato di una battaglia, l'uomo resta il fattore determinante. Soprattutto quando chi ha in mano la tecnologia ha una eccessiva preoccupazione di non perdere materiale umano. Anche questo è stato dimostrato in Vietnam dove uomini male armati tengono in scacco l'esercito più potente del mondo. Inoltre la tecnologia serve poco quando deve combattere la guerriglia. Che te ne fai dei Mirage se io mi muovo di notte e non puoi vedermi? Che te ne fai dell'artiglieria se non sai esattamente dove mi trovo? Quando col favore del buio e della mobilità io ti salto addosso e ti ammazzo, la tua tecnologia non serve a nulla. La tecnologia ha due facce: da una parte ti aiuta e dall'altra ti immobilizza.

Parliamo di un'altra cosa allora: del fatto che gli israeliani combattono bene.

Sì, ma con l'eccessiva preoccupazione di morire. Pei motivi che le ho detto prima. Combattono bene nella guerra normale, perché nella guerra normale un milione di sionisti e cento milioni di arabi si uguagliano. Vince chi è più svelto e chi è armato meglio. Prima che cento milioni si siano mobilizzati, il milione ha già vinto. E ciò è stato abbondantemente dimostrato dagli israeliani. Però essi non combattono bene nella guerriglia e, scusi, se non fosse così perché avremmo scelto la tattica della guerriglia? Non ce l'ha mica ordinato il dottore di fare i fidayin. Abbiamo creato i fidayin perché abbiamo capito che per sconfiggere Israele non ci voleva una guerra dove vince chi è più svelto ma una guerra in cui vince chi dura più a lungo. E chi dura più a lungo: noi o gli israeliani? Noi, ovvio. Non solo per ragioni militari ma per ragioni psicologiche e soprattutto economiche. Glielo dimostro coi numeri. Nel 1968 Israele dovette pagare quasi un miliardo di lire al giorno per fronteggiare la nostra resistenza. Nel 1969 questa cifra s'è raddoppiata e Israele ha speso due miliardi di lire al giorno. Il 1968 si concluse per Israele con un deficit di 350 milioni, il 1969 s'è concluso con un deficit di 450 milioni. Se dura così, ogni metro quadrato di Israele verrà a costare più dell'intera California. E gli israeliani, che non sono certo insensibili alle questioni di soldi, dovranno pensarci. Dovranno concludere che i fidayin rischiano di rovinargli l'intera economia.

Sono ricchi, Abu Lotuf. E a proposito di questo: sembra che anche Al Fatah sia molto ricco.

Diciamo ricco senza il molto. Certo, paragonati agli altri movimenti di resistenza, siamo ricchi. È un'antica verità: ci vogliono soldi per fare una rivoluzione! Le rivoluzioni sono cose da ricchi.

Si dice anche che la maggior parte di questi soldi vengano forniti proprio dai governi e dalle persone che voi volete abbattere: per esempio da certi pozzi di petrolio dell'Arabia Saudita.

Perché no? Ho capito, lei vuole sapere se davvero non siamo comunisti. Non lo siamo. Noi non abbiamo nulla contro i pozzi di petrolio, noi ce l'abbiamo con Israele. Noi non miriamo a distruggere il capitalismo, noi miriamo a distruggere il sionismo in tutte le sue forme. Onde stabilire in Palestina uno Stato libero, democratico, e non basato su confessioni religiose. Chiunque ci aiuta a fare questo è il benvenuto.

Lo so, Al Fatah dichiara d'essere un movimento nazionalista e basta. Tuttavia ho conosciuto molti comunisti fra voi.

Chi appartiene a Al Fatah non dovrebbe essere comunista. Forse è più esatto dire che ha conosciuto gente convinta dell'ideologia marxista. Ciò è normale, tra noi vi sono combattenti di ogni credo politico: se lei fosse comunista e volesse entrare a far parte di Al Fatah, sarei ben lieto di darle un fucile. Detto ciò, bisogna rispondere anche a coloro che ci accusano d'essere a destra. Non ci siamo. Stiamo tentando di effettuare una rivoluzione completa tra le nostre masse. E cioè non solo militare ma anche economica, sociale, educativa. Un fidayin non è solo un soldato, è una cellula viva della rivoluzione. Quindi, solo un terzo del suo tempo è impiegato in attività militari: gli altri due terzi sono impiegati in attività politiche. Cerchiamo di educare le masse, di renderle consapevoli dei loro diritti, di gettare insieme a loro le basi di una giustizia sociale. Il problema sociale ci interessa quanto il problema militare, oggi non si può più pensare di costruire una società basata sull'ingiustizia del capitalismo.

Lei è socialista, Abu Lotuf?

Certo. Non si aspetterà che vada d'accordo con Adam Smith quando dice che «mani invisibili spingono gli individui a servire il generale interesse del popolo». Certe teorie liberali io le ho superate da tempo. Ma fra questo e l'essere comunisti v'è qualche differenza. Al Fatah, ripeto, non è comunista.

Mi permetta di insistere, Abu Lotuf: forse i suoi capi no, ma i suoi membri sì: per la gran maggioranza. Come si spiegherebbe altrimenti che quasi tutti i fidayin da me intervistati fossero comunisti e che nelle basi si leggesse soltanto Mao Tsetung, Ho Chi Minh, Fidel Castro e il generale Giap?

La minaccia comunista è una minaccia isolata nella nostra società. I comunisti in Arabia non sono pericolosi. Sicché, chi vuole essere comunista lo sia: quel problema, se esiste, lo affronteremo dopo avere liberato la Palestina. Non mi preoccupa, creda, perché la realtà sociale della Palestina è completamente al di fuori degli schemi forniti dalle vecchie teorie marxiste. Per esempio, se lei mi chiede: «Ci sono più fidayin tra i borghesi o tra i proletari», io le rispondo così: «Cosa significa la parola borghese, cosa significa la parola proletario?». Esse si applicano a una società e a una storia che non ha nulla a che fare con la nostra: con l'esodo dei palestinesi è sorta una nuova classe di cui Marx e Lenin non hanno tenuto conto perché non sapevano neanche immaginarla. La classe dei profughi. Tale classe è composta di gente che ha perso la sua terra e perciò vive come un branco di pecore: in quel branco di pecore, non c'è più differenza tra proletari e borghesi. Insomma il concetto della lotta di classe non è valido per noi in quanto si è annullato con l'esodo. E la nostra rivoluzione sociale sta tutta qui: nell'armonia tra la borghesia e il proletariato, nel fatto che il ricco palestinese e il povero palestinese vivano entrambi la tragedia di avere perso tutto. Se Marx fosse qui dovrei dirgli: «Amico, avevi ragione per gli altri ma non per noi». Io quando vado pei campi dei profughi non posso mica gridare: «Compagni, il feudalesimo è il vostro nemico, il capitalismo è il vostro nemico!». Mi guarderebbero allibiti e risponderebbero: «Ma di che diavolo parli, che storie vai raccontando? Il sionismo è il mio nemico». Ah, se la nostra rivoluzione nascesse da soli problemi economici, sarebbe tutto più semplice. Ma è una rivoluzione, questa, diversa da tutte le altre. E ciò le spiega perché unisce i paesi arabi che hanno governi così diversi: il Libano capitalista, la Siria socialista.

Abu Lotuf, tutto ciò è intelligente. E forse vero. Però resta il fatto che le armi ve le fornisce l'Unione Sovietica e che gli istruttori vanno in Cina e nel Nord Vietnam.

«Anche» in Cina, «anche» in Nord Vietnam. E anche in Siria, anche in Algeria, anche in tanti paesi comunisti esperti della guerriglia. Ma non solo lì, ecco il punto. Sarebbe molto sorpresa se le rivelassi che abbiamo amici anche in Italia? Ce li abbiamo. Quanto alle armi, noi le compriamo da chi ce le vende. Poiché la Russia ce ne vende di più, dalla Russia ne compriamo di più. Ma ne compriamo anche da tanti altri paesi: dalla Cecoslovacchia, dall'Inghilterra, dalla Francia, dalla Bulgaria, dalla Germania, dalla Svezia, dall'Italia. Sì, anche dall'Italia: sia pure con qualche difficoltà.

Abu Lotuf, ho sentito dire che la Russia spesso vi vende armi senza munizioni e comunque senza pezzi di ricambio.

Non è vero. I nostri amici russi si comportano molto correttamente per ciò che riguarda il commercio delle armi. Sono quelli che ci forniscono la maggior quantità di munizioni. Perché non dovrebbero, del resto? Paghiamo bei soldi.

E la Cina, Abu Lotuf?

La Cina ci aiuta in tutto.

Non ho visto armi cinesi nelle basi dei fidayin di Al Fatah.

Non si combatte solo con le armi. L'amicizia non si compra coi soldi. La Cina è contro la soluzione di pace offerta dal Consiglio di sicurezza dell'ONU e l'Unione Sovietica invece la favorisce!

Ma torniamo ai soldi, Abu Lotuf. È noto che voi di Al Fatah passate un salario ai fidayin e corre voce che molti divengano fidayin per questo.

Non lo chiamerei salario perché non è una cifra fissa: spesso un semplice combattente prende più di un ufficiale. Dipende dal bisogno del fidayin. Comunque sì, può darsi che alcuni vengano da noi per questo: io non mi faccio illusioni. So che solo una parte di loro affronta il sacrificio per motivi ideali, o per andare in Paradiso. Una buona percentuale lo fa per bisogno: per mangiare. Ma da cosa è spinto un essere umano? Glielo dico io: dal bisogno elementare di nutrirsi e di sopravvivere. E così, all'inizio, uno può diventare fidayin per la fame. Ma solo all'inizio. Perché subito noi lo cambiamo: ne facciamo un uomo con motivi ideali. Cosa c'è di male a servirsi della fame come incentivo? Per fare un'automobile ci vuole il materiale grezzo, sì o no? L'uomo che ha fame e che è disposto a morire per un pezzo di pane è un materiale grezzo come il ferro che serve a costruire un'automobile. Noi lo plasmiamo con motivi ideali e ne facciamo un'automobile.

Abu Lotuf, applica questo cinico idealismo anche alla loro morte?

Mah! Sono un mediterraneo, noi palestinesi siamo mediterranei. Una vita per noi ha valore e io non la penso come Giap quando alza le spalle e dice: «Ogni minuto muoiono al mondo centomila persone e una di più non fa differenza». Però la morte è il prezzo che si paga sempre per costruire una società e, in guerra, la morte ha la stessa utilità della vita. Perché la morte di uno serve a fare combattere quelli che restano vivi. La parola fidayin significa «votato al sacrificio», cioè candidato alla morte. Cioè eroe. Per tradizione, la nostra società apprezza molto chi muore combattendo: un soldato morto, per noi, è automaticamente un eroe. E va in Paradiso. Mi permetta di giudicare utilissima questa tradizione. Tanto utile che bisogna tenerla viva. E noi la teniamo viva. Quando un fidayin muore, noi andiamo dai suoi genitori e gli spieghiamo la vittoria che lui ha riportato morendo. I genitori diventano così fieri di lui che subito offrono un altro figlio per il sacrificio. E il figlio viene, contento di essere guardato come un eroe. O un futuro eroe. Siamo fatti così, noi arabi. Ciò la disturba?

Sì, tanto. Sta parlando con una persona che giudica la guerra la più grossa manifestazione di imbecillità umana. Abu Lotuf, le pongo una domanda già posta ad altri ma rimasta sempre senza risposta: quanti fidayin ci sono?

Onestamente, non lo sappiamo neanche noi. Direi molte decine di migliaia per ciò che riguarda i combattenti nelle basi in Giordania e nel Libano. Però a questi bisogna aggiungere i fidayin che agiscono nel territorio occupato da Israele e coloro che contribuiscono alla lotta senza combattere. O non ancora. Tra quelli che non combattono ancora ma che sono armati bisogna includere anche i rifugiati dei campi profughi. Davvero non so risponderle. Calcolando d'avere mobilizzato il dieci per cento di una popolazione di circa due milioni, concluderei che all'incirca 200.000 palestinesi combattono con Al Fatah. Ma i fidayin veri e propri li ridurrei a un terzo. Voglio dire quelli bene equipaggiati, bene allenati, in grado di sostenere battaglie con le truppe israeliane. Se non fossero così numerosi non potremmo effettuare tante operazioni.

Abu Lotuf, è esatto o no che Al Fatah non include mai in queste azioni i sabotaggi nei paesi stranieri, il dirottamento degli aerei eccetera?

Esatto. Quella è roba da scimmie e noi l'avversiamo con sdegno. Sono altri gruppi che non hanno nulla a che fare col nostro, a rendersi colpevoli di tali gesti scimmieschi. Ma dove vogliono arrivare, a che serve? Gliel'ha chiesto lei? Mi dica quel che le hanno risposto. Ma non capiscono quanto è pericoloso di fronte all'opinione pubblica mondiale? A cosa serve ammazzare i vecchi, i bambini, i viaggiatori negli aeroporti? Se in guerra non si segue un minimo di principii umanitari, non si è più soldati: si diventa assassini. Bisogna sceglierlo il campo di battaglia, e noi di Al Fatah lo abbiamo scelto: il nemico lo uccidiamo al fronte o in casa sua. Purtroppo l'essenza della guerra è uccidere, ma quando si torna dal fronte bisogna dimenticarci d'aver usato il fucile. Lo scriva che noi non c'entriamo con quella roba. L'opinione pubblica a noi preme.

L'opinione pubblica è molto perplessa, Abu Lotuf. Senza dubbio incomincia a comprendervi ma i sentimenti che prova verso di voi assomigliano, inevitabilmente, a quelli che prova e provò verso gli ebrei. Inoltre è difficile farci accettare l'idea di spazzar via Israele. Perché noi identifichiamo Israele con gli ebrei.

Qui sta il vostro errore. Israele non è gli ebrei: è uno Stato artificiale inventato dal sionismo per l'interesse degli imperialisti. Non è un senso di giustizia che ha creato Israele, dare una patria agli ebrei eccetera, è un volgare interesse dei paesi colonialisti ed ex colonialisti. La politica angloamericana non voleva abbandonare il Mandato sulla Palestina senza mantenere un aggancio nel Medio Oriente, e questo aggancio lo mantenne servendosi del sionismo e fondando Israele: un pezzo di Europa dentro il Medio Oriente. Fu facile: eran tutti d'accordo. E divenne sempre più facile grazie alle lacrime che persone come lei versavano e versano sul popolo ebreo. Inutile dire che i sionisti si servono delle vostre lacrime con intelligenza: tutta la loro propaganda è psi-

cologicamente basata sul vostro senso di colpa verso gli
ebrei. Sia chiaro: io capisco perfettamente i vostri sentimenti nei loro riguardi: ne avete ben donde, considerando ciò
che avete fatto agli ebrei. Ma questo è un problema vostro!
E noi non siamo affatto disposti a subirne le spese.

*Ha ragione, Abu Lotuf. Ma Israele è ormai una realtà storica.
A torto o a ragione essi sono ormai lì e non possono non restarci.*

E noi non ce li vogliamo. Che siate d'accordo o no voi europei. Quanto alla sua affermazione che Israele sia ormai una
realtà storica, non mi è difficile dimostrarle il contrario. Ho
detto poco fa che è uno Stato artificiale. Ma anche la sua società è artificiale: non si inventa un paese in vent'anni, una
società in vent'anni. Non si può prendere alcune migliaia o
decine di migliaia di persone, trasportarle in un punto della
terra, e dire: ecco un popolo. Ci vogliono secoli per fare un
popolo, e dopo trecent'anni questo è ancora il problema degli Stati Uniti. Gli ebrei sostengono che essi erano già un popolo. Io sostengo di no: che sono una religione, una razza, e
nient'altro. Non li unisce che la religione, la razza: gli ebrei
che vennero qui erano da secoli inseriti in altri paesi e facevano parte di altri popoli. Avevano caratteri somatici diversi,
abitudini diverse, parlavano lingue diverse. Erano russi, cecoslovacchi, polacchi, inglesi, francesi, italiani, americani: e
tali anche in fondo al cuore e alla mente. L'esperimento di
Israele è fallito per questo.

Fallito, Abu Lotuf?

Fallito, Israele è fallito per un particolare semplicissimo: per
il numero esiguo di ebrei che emigrò in Palestina. Esistono

al mondo ben quindici milioni di ebrei: come spiega che in Israele, dopo decine d'anni di emigrazione e prolificazione, vi sia solo un milione e mezzo di ebrei? Vivono più ebrei a New York, due milioni, che nell'intera Israele. Perché? Perché quei due milioni di ebrei sono rimasti a New York? Perché quei quindici milioni di ebrei sono rimasti sparsi nel mondo? Israele non fa che chiamarli, disperatamente, e loro non ci vanno. Preferiscono restare in America, in Russia, in Germania, in Cecoslovacchia, in Polonia, in Italia, in Francia. Io dico: se questa necessità di ricostruire un popolo ebreo esisteva, se questa giustizia di rimetterli insieme era vera, perché solo alcune centinaia di migliaia vennero qui? Rispondo io alla domanda: perché quel popolo non era un popolo, faceva ormai parte di altri popoli. Era inserito fino alle radici in altri popoli. Neanche per gli emigrati Israele è la vera patria.

Abu Lotuf, il suo punto di vista potrebb'essere valido per le vecchie generazioni, non per le nuove. I giovani di Israele sono ormai lavati di tale problema perché in Israele sono nati e cresciuti. E sono loro che dovrete affrontare in questa guerra che volete lunga.

Lo sappiamo benissimo: sul campo di battaglia li affrontiamo di già. Ma questi giovani non sanno nemmeno che noi fummo cacciati, massacrati, e che ora viviamo in campi di profughi simili ai campi di concentramento. Un giorno questi giovani dovranno pur chiedersi: perché questi arabi ci combattono? Che vogliono? E dovranno sapere che viviamo sotto le tende, circondati dal filo spinato, e dovranno concludere: come ci finirono? E dovranno scoprire che ci finirono per colpa dei loro padri emigrati dalla Cecoslovacchia, dalla Russia, dalla Germania, dall'Italia. Emigrati per rubare la terra a un popolo che era un popolo vero, che è un popolo vero: anche se a voi non piace perché porta i baffi. Dietro i nostri baffi c'è una civiltà mica male, se ne ricorda? Certo che se ne ricorda, ma lei pensa a quel milione e mezzo di ebrei ormai trasferiti in Palestina. E replica: che ne facciamo? Li buttiamo ai pesci come dice Nasser? Certo che no. Su questo punto noi siamo molto precisi. Diciamo: quando Israele sarà distrutta, potremo vivere insieme agli ebrei. Saranno padroni di restare in Palestina, mangiare con noi, sposarsi con noi: come facevano i loro bisnonni.

Via, Abu Lotuf! Un uomo pratico come lei, lucido come lei! Sa bene che questa è un'utopia. Sa bene che quando ci si è fatta o rifatta una bandiera, non la si butta via.

Le utopie sono spesso il principio della realtà. Ma ammettiamo che lei abbia ragione, che tale convivenza risulti impossibile, e che la bandiera dei sionisti debba esser piantata da qualche parte. Sa cosa facciamo? Gli diciamo di piantarla altrove. Per esempio a casa sua.

Una volta ce l'avete già piantata voi, a casa nostra, Abu Lotuf. Neanche la vostra coscienza è pulita, per quello.

Vecchi tempi, vecchi tempi.

Amman, marzo 1970

Sandro Pertini

L'uomo non ha bisogno di presentazioni. Si sa tutto su Sandro Pertini, presidente della Camera. Si conosce il suo bel passato di antifascista condannato all'ergastolo e a morte, il suo bel presente di socialista privo di fanatismi e di dogmi, il suo coraggio, la sua onestà, la sua dignità, la sua lingua lunga. Nessun segreto da svelare su questo gran signore che della libertà ha fatto la sua religione, della disubbidienza il suo sistema di vita, del buon gusto la sua legge. Nessuna scoperta da annunciare su questo gran vecchio dilaniato dalle dolcezze e dai furori, collerico, impertinente, elegante di dentro e di fuori, con quelle giacche sempre impeccabili, quei pantaloni sempre stirati, quel corpo minuto, fragile, che nemmeno le legnate degli squadristi riuscirono a frantumare. È noto che ama la moglie, i quadri d'autore, le poesie, la musica, il teatro, la cultura, che è un uomo di cultura e uno dei pochissimi politici di cui possiamo andar fieri in Italia.

È anche un uomo che ha tanto da dire, senza esser sollecitato. Infatti non si intervista Sandro Pertini. Si ascolta Sandro Pertini. Nelle sei ore che trascorsi con lui, sarò riuscita sì e no a piazzare quattro o cinque domande e due o tre osservazioni. Eppure furono sei ore di incanto.

SANDRO PERTINI. Sicché gli ho detto: «Senta, la politica se non è morale non m'interessa. Io, se non è morale, non la considero nemmeno politica. La considero una parolaccia che non voglio pronunciare». E lui: «Ma caro Pertini! In politica, fare i morali è un'ingenuità!». E io: «Senta, mi dia pure del sentimentale o dell'ingenuo. Tanto non me ne offendo, per me anzi è un onore. Ma non esiste una moralità pubblica e una moralità privata. La moralità è una sola, perbacco, e vale per tutte le manifestazioni della vita. E chi approfitta della politica per guadagnare poltrone o prebende non è un politico. È un affarista, un disonesto». Gli ho detto proprio così, cara Oriana, e aggiungo: se li esamina bene, questi che affermano in-politica-essere-onesti-è-un'ingenuità, scopre che sono disonesti anche nella vita privata. Ladri di portafogli. Oh, la politica io l'ho sempre vista come una missione da assolvere nell'interesse del popolo, al servizio di una fede. L'ho scelta come una fede, come un lavoro, nello stesso spirito dei preti che dicono «Sacerdos sum in aeternum». Lo capiva anche mia madre. Mia madre non condivideva le mie idee: era una cattolica, lei, una credente. Però era fiera di me e ripeteva: «Ah, se il mio Sandro fosse stato un soldato di Cristo, che bel soldato di Cristo sarebbe!». E aveva ragione. Perché io non avrei fatto il parroco o il cardinale. Avrei fatto il missionario, il...

ORIANA FALLACI. *Non a caso c'è quella sua frase: «Se mi volto a guardare la strada che ho percorso, posso dire di aver speso bene la mia vita».*

Sì. E posso dirlo in coscienza, Oriana. Io ho fatto una scelta da giovane e, se per un prodigio tornassi indietro, rifarei la stessa scelta. Perché era una scelta giusta. Vede, io di solito non vado ai ricevimenti. Preferisco stare con mia moglie, la sera, o leggermi un libro o recarmi a teatro. Ma a volte capita che debba andare ai ricevimenti e allora vedo quei professionisti ricchi e provo una tale pena per loro. Hanno conquistato il denaro, sì. Hanno conquistato il successo e il potere. Eppure sono frustrati perché si sono accorti di aver avuto una vita vuota. Non vorrei essere al posto loro quando viene l'ora dei lupi. Ingmar Bergman la chiama l'ora dei lupi, cioè l'ora antelucana, l'ora in cui ci troviamo soli anche se accanto c'è la compagna della nostra vita, e non possiamo mentire a noi stessi. La mia ora dei lupi è alle cinque del mattino, quando mi sveglio magari per riaddormentarmi, e nella penombra analizzo ciò che ho fatto il giorno prima. Ne esce un esame di coscienza che si allunga nel tempo, nel passato, e deve credermi, Oriana: non ci trovo errori. Oh, non che possa negare d'aver commesso errori. Chi cammina talvolta cade. Solo chi sta seduto non cade mai. Però i miei errori sono frange che invariabilmente nascono dal mio caratteraccio. Non sono errori sostanziali. Il mio caratteraccio... Sono sempre stato un passionale, un impetuoso. Anche da giovane e prima di finire in carcere, sa? Non posso darne la colpa al carcere, alle sofferenze, e anzi ora son migliorato. Questa mia carica, se non altro, ha servito a imbrigliare un poco le mie impazienze. A impormi un po' di self-control. Oh, quante persone ho investito con le mie ire improvvise, i miei atteggiamenti rigidi, le mie interruzioni! Compagni di partito, colleghi. Perfino come presidente della Camera, sa? Chi è stato investito da me non immagina certo quanto me ne rammarichi, quanto me ne sia sempre rammaricato. A mia discolpa posso dire soltanto che la mia passionalità è sempre stata morale e non fisica, la mia violenza è sempre stata verbale e non materiale. Non ho mai fatto a pugni. Ho preso tante legnate dai fascisti e non gliele ho mai restituite. E sebbene ritenga giusto che un uomo di fede abbia violenze perché, quando una cosa è stonata, l'uomo di fede deve dirlo con violenza, dopo me ne dispiace. Così all'ora dei lupi brontolo: accidenti, ho fatto male a lasciarmi trascinare dall'ira con quel mio compagno, con quel mio collega. Oggi gli offro un caffè e cerco di farmi scusare. Io sono umano, Oriana. Ecco perché sono un cattivo politico.

Un cattivo politico?

Sì. In politica bisogna essere freddi, bisogna essere cinici. Io non sono né freddo né cinico e di conseguenza... Le racconto una cosa sola. Nel 1929 mi denunciò un fascista: Icardio Saroldi. Mi riconobbe per strada, mi fece seguire, arrestare, e fu in quell'occasione che rimasi dentro quindici anni. Tutta la mia giovinezza, cara Oriana. In carcere ci sono andato coi capelli neri e ne sono uscito coi capelli grigi. Ebbene, nel 1945, subito dopo la liberazione di Milano, giunge un corriere politico da Savona e mi dice: «Icardio Saroldi è stato preso e stanno per fucilarlo». «Per quale ragione stanno per fucilarlo?» chiedo. «Perché ti ha denunciato nel 1929» risponde. «Ah, no! Se è per questo, no. Mi oppongo. Sarebbe una vendetta personale e di vendette personali io non ne ho mai volute. Io la lotta l'ho sempre vista nel suo complesso, non come lotta al singolo.» Poi do ordine di liberarlo e, qualche tempo dopo, costui manda sua moglie a ringraziarmi. Esauriti i ringraziamenti, questa moglie mi dice: «Posso chiederle un altro favore?». «Prego, signora, si figuri.» «Ecco, le dispiacerebbe farmi una dichiarazione dove afferma che mio marito non la denunciò?» Mi arrabbiai. Gridai: «No, signora, no, io sono buono ma due volte buono significa imbecille». La mandai via e... poi Saroldi entrò nel Movimento sociale. Mi spiego? Un altro non se la sarebbe presa come me, non si sarebbe meravigliato. Io invece ne soffro e mi irrigidisco... Un po' la storia del questore Guida. Lei sa che al presidente della Repubblica, della Camera, del Senato, spetta viaggiare col saloncino, che poi è una vettura speciale attaccata al treno. Sicché vado a Milano e, quando il saloncino è fermo su un binario morto perché sto facendo colazione, il mio segretario dice: «Il questore Guida ha chiesto di ossequiarla, signor presidente». E io rispondo: «Riferisca al questore Guida che il presidente della Camera Sandro Pertini non intende riceverlo». Mica perché era stato direttore della colonia di Ventotene, sa? Non fosse stato che per Ventotene, avrei pensato: ormai tu sei questore e voglio dimenticare che hai diretto quella colonia, che vieni dal fascismo, che eri un fascista. Perché su di lui gravava, grava, l'ombra della morte di Pinelli. E a me basta che Pinelli sia morto in quel modo misterioso quando Guida era questore di Milano perché mi rifiuti di accettare gli ossequi di Guida. Oriana, io non sono capace di far compromessi!

Per questo non ha mai voluto diventare presidente della Repubblica?

Eh! Eh! Non mi sarei proprio sentito a mio agio, lì al Quirinale! Infatti ogni volta che qualcuno tentava di farmi eleggere, io appoggiavo un altro candidato. L'ultima volta ho appoggiato Leone. E non me ne pento. È un uomo che ha una grande carica umana e tra i democristiani non è un clericale, è un laico vero. Inoltre non si dà arie, non è presuntuoso, ed è un gran giurista. Il che giova a un capo di Stato. È un uomo giusto al posto giusto, sì. E gli sono amico sebbene abbia avuto molti scontri con lui, ma io mi chiedo chi non abbia avuto scontri con me. E sono felice di non trovarmi al suo posto perché... Oriana, parliamoci chiaro: io non me la sarei sentita di mandar telegrammi gentili a certi capi di Stato. Non me la sarei sentita di stringer loro la mano. Io, quale presidente della Camera, mi son rifiutato di ricevere il presidente del Sud Africa, l'ambasciatore greco, l'ambasciatore spagnolo, l'ambasciatore portoghese. Eh! Non hanno messo piede, quei signori, qui dentro! Non ce lo mettono. Si rivolgono al mio segretario, come il questore Guida, spiegano di voler rendere omaggio al presidente, e io gli fo rispondere che il presidente non gradisce affatto il loro omaggio: il presidente non li riceve. Al Quirinale ci sarei costretto sennò dovremmo rompere le relazioni diplomatiche, scoppierebbe una guerra: qui invece! Qui al massimo dichiarano guerra a Pertini, come l'ambasciatore sovietico. Sapesse che diverbio ho avuto con l'ambasciatore sovietico pei fatti di Praga! Voi ristabilite l'ordine coi carri armati, gli ho detto, proprio alla maniera dei fascisti che lo ristabilivano con le baionette. Voi volete l'ordine che c'è nelle galere, nei cimiteri! Ci siamo lasciati male. Così male che non è più venuto da me e io non sono più andato da lui. Però anche con Nixon mi lasciai freddamente: «Buongiorno, buongiorno». Eh! Lui pronunciò quell'espressione pace-nella-sicurezza, e io replicai: «No, no, presidente. Io ho detto pace e basta. Pace tout-court». Eh! Lo sapevo ben io cosa intendeva, Nixon, con la parola sicurezza. C'era anche Kissinger, io non sapevo che fosse Kissinger ma lo guardavo perché mi fissava e intanto suggeriva le cose a Nixon. Non so cosa gli suggerisse. Forse gli diceva che m'ero opposto al Patto atlantico e alla guerra in Vietnam. E si comportava con la stessa freddezza di Nixon. Io, con altrettanta freddezza. Figuriamoci, dunque, se sto al Quirinale a ricevere le credenziali di quello e di quell'altro!

D'accordo, però...

Non mi sembrò un tipo umano, Nixon. Mi sembrò molto arrogante, molto pieno di sé. Uh, quella mascella! Non mi piace proprio, quella mascella. E quei lineamenti da bulldog. Non mi piacciono proprio. Denunciano una prepotenza. Intendiamoci: fino al momento in cui ci scontrammo, con me non fu arrogante. All'inizio, anzi, fu quasi cordiale. Disse che conosceva il mio passato, che mi faceva onore, che anche gli ufficiali americani avevano elogiato il mio coraggio... Ma quando chiarii che ero per la libertà di tutti i popoli e che certi focolai di guerra mi sdegnavano, tutto cambiò. E durò tre quarti d'ora, il colloquio. Infatti fuori c'era Fanfani che scalpitava. Forse temeva che gli portassi via il suo turno.

Insomma, Pertini, lei è ancora l'uomo che fece pianger sua madre perché aveva chiesto la domanda di grazia.

Lo stesso uomo, lo stesso! Se una cosa va contro la mia coscienza, io non ci sto. Per esempio, quando ci fu da firmare il telegramma dei presidenti delle assemblee europee alla giunta cilena. Era un telegramma duro ma finiva con le parole: «Vogliate-credere-ai-sentimenti-della-nostra-alta-considerazione». Saltai su e: «Cos'è questa storia?». «Non vuol dire nulla, si tratta di politesse française» risposero. E io: «C'è anche la politesse italienne. Io non firmo». Allora telefonò Edgard Faure, il mio collega francese. Uomo spiritoso, simpatico, scrittore di romanzi gialli. «Pertini, quella formula.» E io: «No, caro collega, no. Io l'alta considerazione non gliela do a quegli assassini che hanno ammazzato Allende, a quei criminali che hanno dimenticato perfino cos'è un giuramento per gli ufficiali d'onore». «Ma noi teniamo alla sua firma, Pertini.» «Se ci tenete, togliete l'alta considerazione.» Bè, la tolsero. Il telegramma partì come volevo io. E qui dentro mi comporto nello stesso modo. Perché, mi ascolti, Oriana: finché sono presidente lo sono nei termini voluti della mia coscienza e, se cercano di costringermi a fare qualcosa che non mi convince, me ne vado. Do le dimissioni. Subito. Io nel mio discorso di insediamento ho parlato della Resistenza e ho detto le cose chiaro e tondo: dinanzi ai fascisti. Durante le interrogazioni sul Cile ho commemorato Allende con un discorso assai forte: dinanzi ai fascisti. Dopo i fatti di Praga ho commemorato Jan Palach: dinanzi ai comunisti. Ho anche reso omaggio ad Alessandro Panagulis quando i colonnelli lo hanno condannato a morte. E ho detto cose per cui si sono alzati tutti in piedi: dai comunisti ai fascisti. Lo stesso per Palach. Lo stesso per Allende... Sì, Oriana: sono ancora l'uomo che fece piangere sua madre perché aveva presentato domanda di grazia.

Pertini, si è pentito mai di averla fatta piangere?

Oh, sì! Se penso che le scrissi: «Io ti considero morta per ciò che hai fatto...». Se penso che la tenni due mesi senza posta... Ero esasperato ma commisi ugualmente una crudeltà. Me ne resi ben conto il giorno in cui la censura lasciò passare una lettera dei miei amici di Savona. Era una lettera in cui mi dicevano: Sandro, tu la stai ammazzando questa povera vecchia. Lei non è colpevole, Sandro: fummo noi a cercarla e chiederle di domandare la grazia. Lei rispondeva no, non devo farla la domanda di grazia perché il mio Sandro non vuole, gliel'ho promesso, gliel'ho giurato, voglio esser degna di lui. Ma noi insistemmo: signora, suo figlio sta morendo, solo lei può salvarlo. E una madre, pur di salvare il figlio, si aggrappa a un ferro rovente. Appena seppi la verità, le scrissi e... L'avrei rivista nel 1943, la mia mamma. Per pochi giorni. E poi non l'avrei rivista più... Dice che i tedeschi avevano occupato la casa dove lei viveva sola. Dice che dormivano lì e lei ne soffriva tanto. Si ribellava, diceva: «Mi fate le prepotenze perché non c'è mio figlio! Ma verrà, mio figlio, a mettervi a posto!». Si ammalò, in quel periodo. Cadde da una sedia e si ammalò. I compagni di Milano lo sapevano e me lo tennero nascosto. Temevano che corressi ad abbracciarla e così mi facessi arrestare dai tedeschi. E io non la rividi più, la mia mamma. Morì nel 1945, lo seppi durante la Liberazione. Il destino. Mia moglie entrò nel mio studio con una compagna e disse: Sandro... Oh! Mi scusi, Oriana... Ma io ho amato così immensamente mia madre... Dice che stava sempre seduta sul muricciolo... C'era un muricciolo dinanzi a casa mia... E la gente passava e le diceva: «Cosa fa, signora Gin, cosa aspetta?». Perché la chiamavano signora Gin. E lei rispondeva: «Aspetto il mio Sandro». Per anni e anni e anni. Tutti gli anni che son stato in galera...

Pertini, non le capita mai di maledire gli anni passati in galera?

Senta, sarebbe da spavaldi dire sono-contento-di-aver-vissuto-quindici-anni-in-prigione. Parliamoci chiaro, Oriana: la mia giovinezza s'è esaurita nella rinuncia. Ero un giovane ardente, esuberante: lo sapevano tutti a Savona. Così quella rinuncia ha pesato su me. Oh, se ha pesato! Però non li maledico quegli anni, non maledico il fatto di aver pagato quel prezzo. Un uomo di fede non può sfuggire ai sacrifici e deve pagar di persona. Altrimenti non è un uomo di fede. Io, in carcere, pensavo: non sono qui dentro per un reato comune ma per aver difeso la mia fede. E la fierezza compensava la rinuncia. D'accordo, ogni tanto v'era un cedimento. Quella mattina ad esempio in cui udii le campane di Ventotene e aprii la finestra e mi investì la primavera, un profumo di fiori... Sa, i fiori che sbocciano la notte e all'alba spandono il loro profumo... E mentre ascoltavo quelle campane, mentre aspiravo quel profumo, giunse l'eco di un canto d'amore. Un canto che si levava da una barca di pescatori. E mi prese come un capogiro, come un dolore per questa vita che entrava dalla finestra e che io non potevo toccare... Si ridestarono in me tutti i desideri, tumulti di desideri... Può immaginarli, Oriana, i desideri di un giovane che non ha ancora trent'anni. Ma io mi strinsi la testa tra le mani, mi buttai un po' d'acqua fredda sul volto e mi dissi: «Non fare il cretino, Sandro, non lasciarti cogliere dalle nostalgie». Oriana, se io fossi stato in carcere per un reato comune, per bancarotta fraudolenta, che so, per un assegno a vuoto, che so, io... mi sarei suicidato. Perché, se ci stai per un reato comune, la galera è orrenda. Se invece ci stai per una fede politica e sai di rappresentare un simbolo, ecco: la tua giornata ha un senso e la tua cella non è più buia. Io non sono credente ma in carcere ho letto la storia dei primi cristiani e ho capito quel che mi raccontava mia madre quand'ero bambino. Li ho capiti i martiri che, per rifiutarsi d'accendere due granelli d'incenso sotto la statua di Cesare, si lasciavano sbranare dai leoni. E ho capito Cristo, ho ammirato pazzamente la vita di Cristo. Perché è la vita di un uomo di fede, è la vita di un uomo. Un uomo è un uomo quando vince il dolore e non tradisce la propria idea. Io non l'ho mai tradita, Oriana.

Lo so. Lo sanno tutti. Infatti nessuno parla male di Pertini. Nemmeno gli avversari, i nemici.

Sì, ed è una consolazione come il giorno in cui Leto... Leto, il capo dell'OVRA. Molto intelligente, molto preparato, anche se era il capo dell'OVRA: lo dica pure. Del resto nessuno è più informato di lui sugli uomini politici italiani. Ebbene, il giorno in cui mi consegnò i documenti che ho usato per il mio libro *Sei condanne e due evasioni*, Leto ci appoggiò le mani sopra ed esclamò: «Pertini, bisogna dire che non c'è mai stata un'oscillazione nella sua condotta. Non c'è proprio nulla da dire contro di lei, non c'è un neo in tutta la sua vita». Però ho pagato così duramente, Oriana. Ho pagato anche con la morte di due fratelli... No, non ho alcuna difficoltà a parlare di quello che s'era iscritto al Partito fascista. Lo amavo tanto... Eravamo due amici prima che due fratelli... Avevamo fatto insieme la Prima guerra mondiale e... Pippo era molto diverso da me. Era estroverso, cordiale, e non capiva nulla di politica. Nulla. Sa perché si iscrisse al Partito fascista, nel 1923? Perché, durante una manifestazione, si vide sputare addosso dagli operai. Faceva l'ufficiale di carriera e... Il destino. Ci togliemmo reciprocamente il saluto. Se per caso ci incontravamo per strada, io guardavo da una parte e lui dall'altra. Se io andavo da mia madre, lui non ci andava. Se lui andava da mia madre, io non ci andavo. Per non vederci. Gli riparlai soltanto nel 1925, dopo che ero stato arrestato e processato a Savona. Ormai libero, facevo di nuovo l'avvocato. E Pippo venne al mio studio e, piangendo come un bambino, confessò che almeno tre volte s'era avvicinato al carcere per visitarmi. Non aveva avuto il coraggio di presentarsi per timore che lo rimproverassi. Poi andai in Francia. Poi tornai, fui arrestato di nuovo, processato di nuovo, condannato di nuovo, stavolta all'ergastolo e allora... Allora lui uscì dal Partito fascista e a quarantun anni morì. Di crepacuore.

Cosa significa morto di crepacuore?

Significa morto di crepacuore. Di dolore. Di strazio. Era sano, lo colse un infarto cardiaco. E il pensiero di non essermi riconciliato con lui mi schiantò in modo tale che in breve tempo diventai canuto. Una sera il direttore del carcere mi osserva sbalordito ed esclama: «Cosa è successo, Pertini?». «Perché?» rispondo. «Perché avete i capelli bianchi, Pertini.» Ecco la storia di mio fratello Pippo. E se Pippo ha commesso un errore, ha pagato. E io con lui... Io con lui... E poi avevo un altro fratello che si chiamava Eugenio. Tra me ed Eugenio c'erano solo due anni di differenza. Così crescemmo insieme: al collegio insieme, al ginnasio insieme. Poi lui andò in America e, quando tornò, io ero in carcere da tanto tempo. Ho ricostruito per caso la sua via crucis. L'ho ricostruita dopo la Liberazione, attraverso un maresciallo dei carabinieri di Genova. Venne da me e mi chiese: «Lei è parente di Eugenio Pertini?». «Sì, è mio fratello.» «Ah! Ora capisco tutto.» E mi raccontò che un giorno del 1944 aveva incontrato Eugenio e gli aveva rivolto la stessa domanda: «Lei è parente di Sandro Pertini?». «Sì, è mio fratello.» «Ah! Devo darle una brutta notizia. Suo fratello è stato fucilato a Forte Boccea l'altra mattina.» Glielo aveva detto convinto che fosse vero: io ero stato condannato a morte, con Saragat, e la notizia della mia evasione non era giunta in Liguria. Così Eugenio era caduto su una poltrona, come svenuto, e... Vede, allo stesso modo in cui Pippo non capiva nulla di politica, Eugenio non aveva mai fatto della politica. Oltretutto era un po' claudicante. Ma dopo quella notizia si iscrisse al Partito comunista e si abbandonò a una attività sfrenata. Fu arrestato mentre attaccava manifesti contro i nazisti. Fu picchiato selvaggiamente, poi condotto al campo di Bolzano dove gli chiesero di nuovo: «Sei parente di Sandro Pertini?». «Sì, era mio fratello.» «Era?» «Me l'hanno fucilato.» «Macché fucilato! Dirige la Resistenza.» E lui si mise a piangere di gioia, m'hanno raccontato, e da quel momento si comportò ancora meglio. Lo portarono a Flossenbürg e... Questo è il destino, cara Oriana, il destino! Perché sono stato a Flossenbürg, e ho fatto i calcoli, e ho scoperto che nello stesso momento in cui alla testa dei partigiani inneggiavo alla libertà riconquistata in Milano... alla stessa ora dello stesso giorno... 25 aprile 1945... mio fratello veniva fucilato nel campo di Flossenbürg... Mio fratello Eugenio e... prima Pippo e poi Eugenio e... Oriana... mi creda... abbiamo pagato... Oddio!

Pertini, mi perdoni, Pertini. Mi perdoni d'averla lasciata parlare di questo.

Non importa. Non bisogna aver paura di piangere. Non bisogna frenare le lacrime quando vogliono uscire. Un uomo deve saper piangere. Ma lei deve capire perché uso così spesso il verbo pagare.

E la parola destino.

Il destino. Lo chiami destino, le chiami coincidenze, però le coincidenze della mia vita sono coincidenze eccessive per sembrare solo coincidenze. Pensi al mio incontro con Mussolini, poco prima della liberazione di Milano. Vengo a sapere che i rappresentanti del CLN Alta Italia sono riuniti da Schuster, così mi precipito all'arcivescovado, salgo su per una rampa della scalinata, e giù per l'altra rampa vedo scendere un vecchio in uniforme circondato da gerarchi. Un vecchio molto pallido, molto scavato. Resto un po' incerto e poi dico a me stesso: "Ma quello è Mussolini!". Era proprio Mussolini che s'era appena recato da Schuster per dire che era pronto ad arrendersi purché nei suoi confronti fossero applicate le norme dei Diritti delle Genti. Quando Schuster parlò di Diritti delle Genti io risposi: «Se si arrende, sarà consegnato al CLN. Il CLN lo affiderà a un tribunale del popolo e giustizia sarà fatta». Allora intervenne il prefetto di Milano, e disse che io non avevo assolutamente a cuore le sorti di Milano: se Mussolini fosse morto, i tedeschi avrebbero messo la città a ferro e fuoco. E a lui risposi: «Senta, è dal 1922 che io ho a cuore non solo le sorti di Milano ma di tutta l'Italia. La ruota dell'insurrezione ha già incominciato a girare. Non saremo né io né lei a fermarla». Oh, io non ebbi mai dubbi sul fatto che Mussolini dovesse arrendersi al CLN e venir fucilato. Dovevamo impedire che finisse nelle mani degli alleati che lo volevano vivo. Sul fatto di impedire che finisse nelle mani degli alleati, del resto, ci mostrammo tutti intransigenti. Non a caso, quando sapemmo che Mussolini era tornato in prefettura, volevamo prenderlo lì. Ma la prefettura era presidiata dai carri armati tedeschi e, quando arrivammo, lui era già partito per il suo destino. Cioè Dongo. Chiariamo bene questo punto: Mussolini non fu fucilato per iniziativa personale di nessuno. Non è vero, ad esempio, che Walter Audisio ricevette l'ordine da Cadorna. Lo ricevette dal Comitato di Liberazione Nazionale. Scritto. Il documento esiste: firmato da me per il Partito socialista, da Leo Valiani per il Partito d'azione, da Longo e Sereni per il Partito comunista, da Arpesani per il Partito liberale, da Marazza per la Democrazia cristiana, e da Cadorna. Esiste, si può trovare, si può pubblicare. Da esso risulta che il CLN si assume l'intera responsabilità per la morte di Mussolini e dà ordine di fucilarlo.

Lei personalmente gli avrebbe sparato, Pertini?

Oriana, devo dirle la verità. Io ho sempre sparato poco, e non credo di aver ammazzato nessuno. Neanche nella Prima guerra mondiale dove, sebbene la avversassi, mi comportai con grande senso di responsabilità. Avevo diciannove anni quando andai a quella guerra. Ero sottotenente mitragliere e, un giorno, sulla Bainsizza... Vedo arrivare uno con le mani alzate. Fermi, dico, si dà prigioniero. Lui viene avanti, cade nella trincea, e ha il volto a pezzi. Una maschera di sangue. Sa cosa feci, allora? Buttai via il caricatore della mia rivoltella e non ce lo rimisi mai più. Da quel giorno, andai sempre all'assalto con una rivoltella senza caricatore. Così Mussolini... Poiché Mussolini doveva essere giustiziato, io non so cosa avrei fatto se fosse scappato dinanzi ai miei occhi. Penso che gli avrei sparato, sì. Ma, eccettuato quel caso, gli avrei fatto sparare da un plotone di esecuzione. Sono un uomo spiritualmente violento, le ripeto, non fisicamente violento. Quando mi dissero che il cadavere di Mussolini era stato portato a piazzale Loreto, corsi con mia moglie e Filippo Carpi. I corpi non erano appesi. Stavano per terra e la folla ci sputava sopra, urlando. Mi feci riconoscere e mi arrabbiai: «Tenete indietro la folla!». Poi andai al CLN e dissi che era una cosa indegna: giustizia era stata fatta, dunque non si doveva fare scempio dei cadaveri. Mi dettero tutti ragione: Salvadori, Marazza, Arpesani, Sereni, Longo, Valiani, tutti. E si precipitarono a piazzale Loreto, con me, per porre fine allo scempio. Ma i corpi, nel frattempo, erano già stati appesi al distributore della benzina. Così ordinai che fossero rimossi e portati alla morgue. Io, il nemico, lo combatto quando è vivo e non quando è morto. Lo combatto quando è in piedi e non quando giace per terra. Però, Oriana, bisogna anche capirlo il popolo. Bisogna capirla la plebe che ha sofferto infamie e miserie e prepotenze e, appena può, infila in una picca la testa della contessa di Lamballe. Bisogna allargare le braccia e dire: «Te lo sei voluto, contessa di Lamballe». Succederà lo stesso in Spagna quando si desteranno. Succederà lo stesso in Grecia, in Cile. È la nemesi della storia. E quando io parlo di socialismo...

Pertini, cosa significa per lei la parola socialismo?

Significa libertà. E libertà significa giustizia. Perché non può esserci libertà senza giustizia sociale e non può esserci giustizia sociale senza libertà. Io sono socialista da cinquantacinque anni, cara Oriana, e mi sono sempre battuto per le riforme perché l'essenza del socialismo è nelle riforme. Però, se mi offrissero la più radicale delle riforme al prezzo della libertà, io la rifiuterei. Oh, non c'è nulla che può essere barattato con la libertà! Nulla. Io alla libertà non rinuncerò mai, mai! Detto questo, tuttavia, aggiungo: io non posso contentarmi di una libertà in senso astratto, cioè della libertà di parlare e di scrivere. Anche prima del fascismo avevamo la libertà di parola e la libertà di stampa: ce l'avevan concessa i regimi liberali. Ma per migliaia di contadini e di poveri quelle due libertà si risolvevano nella libertà di imprecare, morire di fame. Insomma, erano libertà così insufficienti che il fascismo ce le portò via alla prima ventata di reazione. Perché la libertà sia una conquista solida, bisogna che abbia un contenuto sociale. Bisogna che affondi le sue radici in seno alla classe lavoratrice. Bisogna che effettui le riforme, che annulli le sperequazioni... Ma come è possibile che certi dirigenti statali vadano in pensione con un milione e mezzo al mese mentre altre categorie ci vanno con trenta e anche quindicimila lire? Che me ne faccio della libertà con quindicimila lire al mese?

Poco.

Mi permetta di continuare. Quando parlo di classe lavoratrice vorrei che lei mi intendesse bene, Oriana. Io non parlo solo di classe operaia. Fare dell'operaismo è una demagogia respinta dallo stesso Lenin. Quando parlo di classe lavoratrice io parlo anche dei ceti medi. Quei ceti medi che non capiscono come i loro interessi non coincidano con gli interessi dei grandi industriali, dei grandi capitalisti: coincidono con gli interessi degli operai, dei contadini! Non capirlo è, da parte dei ceti medi, ripeter l'errore commesso dalla media borghesia in Cile, in Grecia, e nell'Italia del 1922. Quando, nel 1922, gli squadristi si scagliavano contro di noi, i rappresentanti della media borghesia restavano indifferenti e magari dicevano: «Eccoli messi a posto questi sovversivi, questi disturbatori dell'ordine pubblico». Cominciarono a capire il fascismo solo quando il fascismo si scagliò contro liberali come Piero Gobetti e Giovanni Amendola, contro sacerdoti come don Minzoni. Ogni volta che i ceti medi credono di far coincidere i loro interessi con gli interessi dell'alta finanza, essi vengono colpiti dalla dittatura. Guardi il Cile. In Cile la Democrazia cristiana ha assecondato il golpe nella speranza che, dopo, i militari le offrissero il governo su un piatto d'argento. E invece Pinochet ha detto no, il governo me lo tengo.

In Cile hanno sbagliato anche gli operai.

Sì. Contro Allende hanno commesso gli stessi estremismi infantili che avevano commesso in Italia nel 1922. Ma io continuo a credere negli operai. Ci credo anche quando sbagliano perché essi sono la mia famiglia. E non si condanna la propria famiglia, non si abbandona la propria famiglia quando sbaglia. Del resto un socialista che si stacca dalla classe operaia e contadina cessa d'essere un socialista: io non mi staccherò mai da loro, Oriana. Mai! I contadini di Bitonto non sanno cosa volle dire per me la loro stretta di mano nel 1949. Quando ebbi finito il comizio, mi vennero incontro per stringermi la mano. Avevano calli alti due dita, calli che raccontavano la fatica di anni, di secoli. E, afferrando con quei calli la mia mano bianca, dissero: «Sì, tu sei uno dei nostri». E io fui felice di una felicità che dura ancora oggi, che mi dà ancora oggi le lacrime agli occhi. I metalmeccanici di Torino non sanno cosa ha voluto dire per me parlargli nel comizio per il Cile. La loro coscienza internazionale è così grande, così profonda. E il loro senso della libertà. Hanno capito meglio di tanti intellettuali quel che è successo in Cile, quel che è successo in Cecoslovacchia, quel che succede nell'Unione Sovietica con Sacharov. Se ne sono offesi più di tanti intellettuali. Gli intellettuali... Oriana, io non ho mai perdonato agli intellettuali d'essere vili. Salvo una minoranza, la classe intellettuale in Italia è stata così vile! S'è adattata così presto al fascismo! Dopo s'è coperta il capo di cenere: ma prima! Oriana, io non perdono all'uomo di cultura di tradire la causa della democrazia non combattendo. Perché se la cultura è solo nozionismo, io la respingo. Cultura significa anzitutto creare una coscienza civile, fare in modo che chi studia sia consapevole della dignità. L'uomo di cultura deve reagire a tutto ciò che è offesa alla sua dignità, alla sua coscienza. Altrimenti la cultura non serve a nulla.

Pertini, ho una brutta domanda da porre. È deluso dall'Italia d'oggi?

Ah! Io direi amareggiato. Crede che non sia motivo di amarezza per me che ho lottato cinquantacinque anni in nome della libertà vedere questi rigurgiti di neofascismo? Crede che non sia motivo di amarezza sapere che tanti uomini politici, anche nel mio partito, non pensano che al loro tornaconto? Crede che non sia motivo di amarezza assistere a certi arrivismi, a certi personalismi, agli scandali che restano impuniti, alla corruzione che dilaga? Io non mi sono battuto per questo. Io non mi sono battuto per incontrare in Parlamento i rappresentanti dell'antico fascismo. Io non mi sono battuto per questa democrazia qui, così priva di contenuto e di forza. E la capisco la sua domanda, Oriana. Anzi glielo leggo negli occhi ciò che mi vorrebbe dire e non mi dice:

«Pertini, la delusa son io. Perché da bambina vi consideravo uomini eccelsi, mi aspettavo tanto da voi, e voi mi avete tradito». Ha ragione. Sì. Anche tanti giovani vengono qui e mi dicono: «Ci avete deluso». Si direbbe che la classe politica uscita dalla Resistenza abbia dato il meglio di sé in vent'anni di lotta e che poi si sia messa a sedere, esaurita, incapace di mantener le promesse. Dove sono le riforme che ci eravamo impegnati a fare quindici o vent'anni fa? Dove sono i risultati delle leggi che abbiamo varato in Parlamento? Dove sono le risposte al malcontento? Perché è inutile che mi si venga a dire: bisogna-sciogliere-il-Movimento-sociale. Non serve a nulla: sciolto il Movimento sociale, sorge un altro movimento fascista. Non è tagliando le foglie della gramigna che ci si libera della gramigna. La gramigna va estirpata alle radici, dopo essersi chiesti perché nasce e su quale terreno. Nasce per il malcontento, sul terreno del malcontento. Questo malcontento che noi, classe dirigente, nutriamo. E mi ci metto anch'io, sebbene io non abbia responsabilità dirette. E dico: abbiamo fatto un cattivo uso del potere.

Oppure vi siete lasciati sfuggire il potere, vi siete lasciati rubare il potere? A me non sembra che la classe dirigente italiana sia proprio quella uscita dalla Resistenza.

È vero anche questo. In fondo non c'è riuscito tenere il potere: per un complesso di ragioni anche internazionali. Siamo caduti nella zona di influenza americana: Piano Marshall, Patto atlantico, NATO. Gli americani temevano una rivoluzione e ci hanno impedito di fare ciò che avremmo dovuto. Ci hanno rimesso in mano i vecchi arnesi del fascismo, i questori Guida, sicché è un po' successo in Italia ciò che successe in Francia dopo la Rivoluzione francese: quando tornarono a galla i vecchi arnesi del vecchio regime. La sua domanda è giusta. Non si può certo dire che, perfino nel dopoguerra, la classe dirigente italiana fosse quella che aveva condotto la lotta contro il fascismo. Almeno in buona parte era composta da coloro che erano stati responsabili del fascismo o che avevano tenuto a balia il fascismo. Come Orlando, come Bonomi. De Gasperi no, perché De Gasperi aveva tenuto un atteggiamento fiero, preciso. Però tenga presente che, nel 1947, De Gasperi sbarcò dal governo noi socialisti e si tenne solo i socialdemocratici e fece piazza pulita degli antifascisti che avevamo messo nelle prefetture, ad esempio, nella polizia. Noi avevamo creato elementi nuovi: questori non usciti dal fascismo o addirittura antifascisti, sa? Questori e prefetti che eran stati partigiani, su al Nord. Ma lentamente, lentamente, il governo centrale di Roma ce li tolse. E rimise i vecchi arnesi, senza che noi riuscissimo a impedirlo.

E il risultato è che oggi la polizia italiana è in gran parte fascista.

Oriana, non è che voglia fare il difensore d'ufficio. Ci mancherebbe altro. Ma la colpa non è tutta dei poliziotti e dei carabinieri. La colpa è di chi non gli ha mai spiegato che non devono considerarsi al servizio della classe padronale, che la classe padronale non rappresenta l'ordine. Io gliel'ho detto in tanti comizi, invece: «Non dovete considerare malfattori i lavoratori che scendono in piazza. A parte il fatto che quel diritto gli è concesso dalla Costituzione, essi non sono malfattori. Sono lavoratori che protestano per difendere le loro famiglie. E quindi anche le vostre. Perché anche voi siete figli di contadini, anche voi siete figli di operai. Non lo capite che la classe padronale non scende in piazza perché non ne ha bisogno?». E agli operai ho detto: «Non dovete considerare i carabinieri e gli agenti di pubblica sicurezza come nemici da combattere. Non sono vostri nemici, sono figli di operai e contadini come voi!». Il guaio è che i nostri carabinieri e ancor più i nostri poliziotti si mettono sull'attenti appena vedono un padrone. Sono rimasti al tempo in cui l'autorità era rappresentata dal parroco, dal feudatario, dal maresciallo dei carabinieri e tutti gli altri eran sudditi. Però com'è che, quando gli spiego certe cose, capiscono? Com'è che a Rimini un colonnello di pubblica sicurezza mi ha detto: «Lei ha parlato come si deve parlare, senza asprezza né settarismo. Permetta che le stringa la mano». Com'è che a Saluzzo un maresciallo dei carabinieri ha pianto per la commozione? Io conosco un dirigente della polizia che dice: «Tocca a noi rieducarli, presidente. Da soli non possono rendersi conto che a spingere in piazza gli operai sono i padroni. Abbiamo avuto una polizia borbonica, poi una polizia papalina, poi una polizia fascista. Farli diventare democratici è un lavoro lento, faticoso, ma non impossibile». Oriana, non sono tutti fascisti. Non sono tutti Guida. E lo stesso discorso vale per l'esercito. Non bisogna dimenticare i seicentomila soldati e ufficiali che finirono nei campi di concentramento, i trentamila che vi morirono insieme a settemila carabinieri, la divisione Acqui che combatté a Cefalonia e a Corfù contro i tedeschi, la divisione Sassari che si batté a Porta San Paolo contro i tedeschi, il generale Perotti che fu fucilato insieme a due operai a Torino, gli alpini che andarono coi partigiani di Cuneo. Non devono dimenticarlo nemmeno loro. E, se lo dimenticano, bisogna ricordarglielo!

Pertini, parliamo ancora dell'Italia che l'amareggia. Cosa ne pensa della lista nera compilata dalla Rosa dei Venti per ammazzare milleseicento antifascisti, tra cui lei?

Penso che in questa storia si debba risalire ai mandanti, alla sorgente. Ovunque essa sia e anche se, come temo, essa non è in Italia. Esiste una ondata di reazione nel mondo: guardi cosa accade in Cile, in Bolivia, in Brasile, in Uruguay. Guardi cosa accade in Grecia, nella stessa Francia dove non funziona più il Parlamento e la libertà. Abbiamo il diritto di sapere chi sono i mandanti. Abbiamo il diritto di sapere chi ha spinto i colonnelli in Grecia, chi ha spinto i generali in Cile, chi ha triplicato gli agenti segreti prima del colpo di stato. Chi sono i mandanti? Cercateli, i mandanti. Però non vorrei che, una volta trovati i mandanti, si restasse lì paralizzati in un atteggiamento reverenziale. O addirittura balbettando: «Spiacenti, non possiamo parlare». Non mi induca a dire quali sono le potenze straniere cui alludo, Oriana. Nella mia qualità di presidente della Camera non mi è permesso far nomi, ma sappiamo bene di chi sto parlando perché i dubbi d'un tempo sono diventati certezza. Sì, più degli sciagurati che volevano ammazzarci a me interessano i mandanti: non è possibile che le piste rosse si trasformino sempre in piste nere! Strage di piazza Fontana: il questore Guida annuncia subito la pista rossa, Pinelli e Valpreda, poi viene fuori che è una pista nera. Bomba in via Fatebenefratelli: idem. Episodi di Padova: idem. Ora sono a Padova e non è possibile che si tratti di episodi isolati, indipendenti l'uno dall'altro. C'è dietro un'organizzazione che assomiglia tanto a quelle di altri paesi. Ma è così chiaro che si vuol turbare l'ordine pubblico per ristabilire con la forza l'ordine pubblico! Come coi colonnelli in Grecia, coi generali in Cile. E noi non vogliamo che l'Italia diventi una seconda Grecia, un secondo Cile.

Scusi, Pertini...

Cosa c'è? Cosa vuole? Vuole un caffè?

No, no. Io...

Mi permetta di continuare, di spiegare. Perché vede, Oriana, io sono veramente costernato per quanto avviene in America con lo scandalo del Watergate. Però in America non l'hanno messo a tacere: hanno cercato di andare a fondo. Con il Congresso, la stampa, la televisione... Qui invece! Si parla dello spionaggio telefonico. Poi non se ne parla più. Ma come?!? Di una cosa simile non se ne parla più? E perché? Perché non si viene a sapere chi vuole le intercettazioni e chi le paga? Tom Ponzi? Ma Tom Ponzi non è che una pedina, poi è libero ora e non parla di certo! Oh, è una cosa che urta la coscienza civile. Giorni fa mia moglie telefona a un'amica e questa, dopo un poco, le dice: «Guarda, Carla, ti lascio perché è chiaro che il tuo telefono è controllato». Allora si inserisce una voce e: «Me ne vado, signora, me ne vado. Così loro parlano tranquillamente. Tanto devo smontare». Capisce?!? E non creda che sia controllato soltanto il telefono del mio appartamento in Montecitorio: anche il telefono di questo mio ufficio è controllato. Né mi stupirei se nella stanza ci fosse un microfono. E lei crede che il controllo non sia legato ai fatti di cui discutevamo prima?

Ovvio che lo è! Pertini, lei non teme un colpo di stato in Italia?

È una domanda che mi hanno posto in molti. Oriana, può darsi che mi illuda... Può darsi che il futuro mi smentisca perché prevedere la storia è difficile e fare il profeta è rischioso... però la mia convinzione gliela devo dire. E la mia convinzione è che un colpo di stato in Italia non possa avvenire perché, se avvenisse, ogni piazza d'Italia diventerebbe una piazza di guerra. Oriana, ad Atene cinquemila studenti hanno incitato la popolazione a insorgere. E i politici non hanno risposto. In Italia risponderebbero, eccome. Centinaia di uomini politici si metterebbero alla testa dei giovani e avrebbero con sé gli operai di Genova, Torino, Milano, Firenze, Bologna, perfino Roma, sì! Io li ho visti alla manifestazione di Torino per il Cile. Una manifestazione organizzata dai metalmeccanici. C'erano tutti: anche i contestatori. Centocinquantamila persone, e quattromila erano giunte dalla Francia. No, io non credo a un colpo di stato in Italia. Che qualcuno pensi di farlo non v'è dubbio: ma una cosa è pensarci, una cosa è attuarlo. Non si dimenticano tanto presto vent'anni di esperienza antifascista e due anni e mezzo di lotta armata. E poi il movimento operaio, quando è compatto, è una barriera di ferro. In Italia è compatto. Ha tre sindacati formidabili. E non mi venga a dire che contro i carri armati non si fa nulla, che i golpisti avrebbero le armi e noi no. Le armi si trovano. Si dà l'assalto alle caserme e si prendono le armi, come abbiamo fatto nella Resistenza. Oh, sarebbe più che lecito assaltare le caserme per difendere la libertà. Sarebbe un dovere! E poi guardi: a mio parere, gli ufficiali del nostro esercito sono fedeli. Ci sono i paracadutisti, lo so, forse ci sono anche alcuni sbandati pronti a farsi trascinare. Ma, nella gran maggioranza, gli ufficiali del nostro esercito non dovrebbero tradire il loro giuramento.

Pertini, forse mi sbaglio ma penso che il pericolo maggiore non stia negli americani, nella CIA, nella NATO, nei paracadutisti eccetera. Sta negli italiani che si augurano sempre l'uomo forte. Pertini, non le viene mai l'atroce dubbio che gli italiani siano in fondo al cuore fascisti?

No! Non sono del suo parere, no! Che in Italia il terreno qualunquista, così vicino al terreno fascista, sia un terreno fertile, è vero. Che alcuni italiani siano tanto cretini da augurarsi l'uomo forte è altrettanto vero. Come se non lo avessero già avuto, l'uomo forte. Come se ora non ce l'avessero in Grecia e in Cile. Come se ignorassero a cosa conduce: alle fucilazioni, alle prigioni zeppe, al terrore, all'inflazione... Sì, anche all'inflazione: in Cile i prezzi sono aumentati del cinquecento per cento da quando c'è Pinochet. E chi ha pagato, chi paga, per l'inflazione, se non la piccola borghesia che era contro Allende e sempre si illude di avere interessi in comune con il grosso capitale? Sì, gli italiani qualunquisti ci sono, i cretini ci sono, ma queste verità marginali io non le considero quando mi tuffo nel popolo e tra la gioventù. Non vivo in una torre d'avorio: la realtà la conosco. Il popolo non è fascista: è sano. La gioventù non è fascista: è sana. Perché basarsi su una minoranza per cui il fascismo non è stato una lezione? Perché temere i nostalgici e i figli di papà? I più sono con noi e, anche se non hanno fatto la Resistenza, hanno assorbito gli ideali della Resistenza. Mi capiscono bene quando grido: «Non permetteremo la libertà di uccidere la libertà». Quando gli ho parlato a Perugia gridavano: «Presidente, difenderemo la libertà, stia sicuro che la difenderemo!». Quando gli ho parlato a Torino, sprizzavano libertà da tutti i pori della pelle. E se domani succedesse qualcosa in Italia, non ci sarebbero solo i metalmeccanici nelle piazze, mi creda, non ci saremmo solo noi antifascisti dai capelli bianchi, ci sarebbero anche i giovani. Lasci perdere gli stupidi, gli scervellati, i provocatori che si abbandonano alla violenza materiale per portare acqua al mulino dei fascisti. Lasci perdere i...

Pertini, io temo che gli italiani non sappiano vivere nella libertà.

Ah, questa frase! Meno brutalmente me l'ha detta anche l'ambasciatore inglese. E io le rispondo ciò che ho risposto a lui: in Inghilterra la libertà dura da secoli, in Francia se la sono conquistata attraverso tre rivoluzioni, e noi... Cosa abbiamo avuto noi al posto di Cromwell e delle rivoluzioni francesi? L'unità d'Italia ci venne solo nel 1870 quando annullammo lo Stato pontificio. Il suffragio universale ci venne solo nel 1910. Al Parlamento i socialisti cominciarono a entrarci solo quando ci entrò Pietro Chiesa. E in più ci sono stati vent'anni di fascismo, cioè di diseducazione politica. Alla libertà vera il popolo italiano si affacciò solo nel 1945. Ma son passati venticinque anni, replicherà lei. Oriana, cosa sono venticinque anni per educare un popolo alla libertà? Cosa sono di fronte ai secoli di libertà in cui sono stati educati gli inglesi e anche i francesi? Non v'è dubbio che il popolo italiano abbia ancora incrostazioni fasciste. Non v'è dubbio che le incrostazioni fasciste siano nella polizia. Sono perfino nella magistratura, nella scuola. E i ragazzi che escono da tale scuola, i ragazzi che crescono in tale società, non possono certo risultare uomini liberi e ben formati. Ci vuole pazienza, perbacco! Lei è troppo impaziente. Vedrà che le nuove generazioni saranno più capaci di vivere nella libertà. Ah, io credo nei giovani. Ne ho ricevuti trentamila da quando son presidente della Camera e il mio giudizio su loro non è avventato. Una volta sono venuti in trecento, qui. Sono rimasti tre ore e mezzo a parlare con me e il loro preside, quel Lo Cascio, ripeteva: «È stanco, presidente?». Sicché a un certo punto mi sono arrabbiato e gli ho detto no, sarà stanco lei, vada nel mio ufficio e si faccia offrire un aperitivo e la smetta di sollecitarmi a concludere questa conversazione!

Scusi, Pertini...

In un altro salone c'erano due ambasciatori che aspettavano per entrare e, a momenti, combino un incidente diplomatico. Ma io non volevo lasciarli, quei trecento giovani. Una bella figliola m'aveva chiesto se potevan sedersi per terra, così s'erano seduti per terra...

Scusi, Pertini...

Cosa c'è? Cosa vuole? Desidera un caffè?

No, no. Io...

Non le ho offerto nemmeno un caffè! Che brutta figura! Dio, che sbadato!

No, Pertini. Mi chiedevo, le chiedevo... Sono quattro ore che parla e non vorrei che stavolta fosse stanco davvero.

Stanco?! Stanco io?!? Sarà stanca lei. Come Lo Cascio.

Io non sono Lo Cascio!

Però mi chiede la stessa cosa!

E va bene. Continuiamo. Ho una domanda sul Partito sociali- sta e...

Ah! Il Partito socialista! Oriana, io mi pento sempre d'essermi lasciato trascinare da un'ira. Ma non mi pento per le ire cui mi sono abbandonato in certi congressi del mio partito perché erano ire sante. Sante! Perbacco, eravamo il secondo partito d'Italia. Superavamo il Partito comunista. Contrariamente alle previsioni, il corpo elettorale ci aveva dato tutti quei voti e... Contrariamente alle previsioni, Oriana! Perché, siamo onesti: noi socialisti eravamo così pochi in carcere! Così pochi al confino! A parte quelli del Partito d'azione, erano quasi tutti comunisti. Su settecento confinati, a Ponza, cinquecentocinquanta erano comunisti. Su ottocento, a Ventotene, settecentocinquanta erano comunisti. E le formazioni partigiane non erano quasi tutte comuniste? A competere, in fondo, trovavi solo le brigate del Partito d'azione. Io lo ricordo Ernesto Rossi quando, al confino, mi diceva: «Non riuscirete più a mettere insieme il Partito socialista!». Lo ricordo quando ripeteva: «Il Partito socialista di domani è il Partito d'azione. Dopo la guerra voi non esisterete più». Ci credeva chiunque. Solo io rispondevo: «Vi sbagliate. Dimenticate che la tradizione del Partito socialista, in Italia, ha profonde radici. Risorgeremo dalla tradizione, malgrado gli errori commessi». E fu così. Fu un po' come dice Renan quando afferma che il cristianesimo vive nel cuore degli uomini nonostante i preti. Il socialismo visse nel cuore degli italiani nonostante i socialisti. E il partito ebbe una valanga di voti, e noi...

Voi rispondeste subito con le scissioni.

Sì. E quanto mi sono battuto contro le scissioni, Oriana! Quanto mi sono arrabbiato coi socialdemocratici nel 1947 e con quelli del PSIUP nel 1964! Quante volte ho gridato non-solo-queste-scissioni-tornano-a-danno-del-socialismo-ma-del-movimento-operaio-e-del-paese! Pensi cosa rappresenteremmo oggi in Italia se non avessimo fatto le scissioni! E pensi cosa abbiamo provocato invece: l'indebolimento del socialismo, la delusione del popolo italiano... Sicché tutti, ora, ci guardano con diffidenza. E ce lo meritiamo perché abbiamo mancato al nostro compito. Noi socialisti, quando non sappiamo cosa combinare, ci dividiamo. Se domani tre socialisti finiscono naufraghi in un'isola deserta, sa cosa fanno? Prima issano un cencio bianco perché una nave li veda, poi strappano il cencio in tre parti e formano tre correnti del Partito socialista. È la nostra maledizione. Da cosa viene tale maledizione io non lo so. Forse da una radice anarchica. Sì, un po' di Bakunin c'è. Senza dubbio. I miei compagni non vogliono che lo dica ma, se non siamo un po' anarchici, siamo troppo individualisti. D'accordo: democraticamente è una cosa buona. In un partito democratico si deve discutere e non accettare la rigida disciplina del Partito comunista. Nella disciplina il Partito comunista condensa la sua forza ma anche la sua debolezza: essa lo tiene compatto ma allo stesso tempo gli impedisce di far circolare le idee. Però, accidenti: noi socialisti paghiamo un prezzo troppo alto per far circolare le idee. Dico: una cosa sono le correnti di pensiero e una cosa sono le correnti organizzate che diventano fazioni organizzate, un partito nel partito. Bisticciai in questi termini con Saragat. Poi andai a Palazzo Barberini e cercai di convincerlo a non fare la scissione. Non m'ascoltò. Andai anche da quelli del PSIUP, anni dopo. Non mi vollero ascoltare nemmeno loro. Io non sono mai riuscito a farmi ascoltare. Solo dopo hanno detto: «Aveva ragione Sandro».

Anche Nenni? Io mi son sempre chiesta quali fossero, in realtà, i suoi rapporti con Nenni.

Rapporti di amicizia e di stima reciproca, anche se spesso abbiamo dissentito violentemente. Ma definire dissensi le nostre dispute è perlomeno inesatto perché si è trattato di dispute gravi, gravi... Nel 1948, ad esempio, quando Nenni volle a ogni costo la lista unica coi comunisti. Per me era un errore grossolano. Così, al congresso dell'Astoria, mi battei come una tigre contro di lui. Sostenni che dovevamo presentarci da soli perché eravamo noi a interpretare la tradizione socialista: presentarci in lista unica sarebbe servito soltanto a portare acqua al mulino socialdemocratico. Saragat non ci aveva forse accusato, un anno prima, d'essere fusionisti? Non s'era forse staccato da noi servendosi di quell'accusa? La lista unica coi comunisti gli avrebbe dato ragione e avrebbe rischiato di portarci chissà dove. Prima la lista unica, poi il gruppo unico alla Camera, e infine il partito unico. Com'è mio costume, non feci l'anticomunista ma Nenni vinse ugualmente e io ne soffrii. Eppure non persi il mio affetto per lui. Non l'ho mai perduto. Ho sempre voluto bene in modo fraterno a quest'uomo con cui mi litigavo. Non ho mai potuto dimenticare che anche lui ha dedicato la vita alla causa della libertà, della democrazia, della classe lavoratrice. Ma lui ne ha abusato, sa? Ne ha abusato eccome. Sapeva che gli volevo bene e se ne approfittava. Diceva: «Tanto ho l'appoggio di Sandro! Lui si urta con me e poi, all'ultimo momento, sta con me. È così legato al partito!». Capito? Il peggio è che ha ragione: al partito ci sono legato. Non lo lascerò mai. Come la politica. Mi spengerei.

E con Saragat?

Lo stesso. O quasi. Certo, quando Saragat è diventato socialdemocratico, mi sono molto staccato da lui. Anche in senso affettivo. L'ho aggredito aspramente nei comizi. L'ho trattato senza peli sulla lingua ma vede... ecco... insomma: non è che Saragat mi sia meno simpatico di Nenni, però io ho sempre sentito un maggior affetto per Nenni. E non solo perché Nenni è sempre stato fedele al partito ma perché Nenni ha una carica umana che Saragat non ha. Oh, io la carica umana ce l'ho più di Nenni. Voglio dire: tutti e due abbiamo una forte carica umana ma la mia è superiore a quella di Nenni e...

Via, lo dica.

Lo dico, lo dico! Dico: considerata quella carica umana, è strano che il grande legame non sia tra Nenni e me, bensì tra Nenni e Saragat. Uh, c'è un tale affetto tra i due! Sono come due amanti che si ripetono: «Nec sine te nec tecum vivere possum. Né con te né senza di te posso vivere». Sa, la poesia di Catullo e di Lesbia. Si amano di un odio-amore quei due. Si amano così fin dal tempo in cui erano fuorusciti in Francia. Non ha capito perché la riunificazione del Partito socialista andò così male? Perché fu un affare privato tra Nenni e Saragat: non un'operazione di base ma un incontro al vertice. Non poteva che finire in malora, infatti io lo avevo previsto che sarebbe finita in malora. Oriana, posso raccontarle una storia che spiega benissimo i rapporti tra Nenni e Saragat. È la storia della mia evasione da Regina Coeli. Dunque, nell'inverno 1943-44, io ero a Regina Coeli. E c'era anche Saragat. E tutti e due eravamo condannati a morte dai tedeschi. Lo sa come facevano i tedeschi: condannavano a morte anche senza processo, in via amministrativa. Poi pescavano da quel pozzo di San Patrizio e fucilavano per rappresaglia. Io e Saragat stavamo nel braccio tedesco insieme a quattro ufficiali badogliani. E i nostri preparavano la fuga. Ci pensava Giuliano Vassalli che era al tribunale militare italiano, Alfredo Monaco che era il direttore del carcere, sua moglie Marcella, Filippo Lupis, Giuseppe Gracceva. La prima parte dell'operazione consisteva nel trasferirci dal braccio tedesco al braccio italiano e a questo provvide Vassalli. Poi Gracceva mi mandò a dire che dovevo prender contatto con Monaco fingendo un attacco di appendicite, e ubbidii. Una notte mi metto a urlare oddio-sto-male-chiamate-d'urgenza-il-medico, così arriva Monaco, finge di visitarmi e intanto mi sussurra di stare pronto: si prepara la mia fuga e quella di Saragat. «No» rispondo. «No. Io e Saragat soltanto, no. Ci sono anche gli altri quattro. O tutti e sei o nulla.» Monaco riferisce ai compagni, badate-che-Pertini-sta-puntando-i-piedi, i compagni riferiscono a Nenni, e Nenni dice spazientito: «Ma fate uscire Peppino! Sandro il carcere lo conosce, c'è abituato. Peppino no, poveretto. Per lui è la prima volta. Pensate a Peppino, poi penseremo a Sandro». Bè, mi andò liscia ugualmente: Vassalli fabbricò i fogli di scarcerazione, Ugo Gala li fece trovare sul tavolo del direttore insieme alla posta del mattino, e uscimmo tutti e sei. Ma appena vidi Nenni glielo dissi: «Pietro, cos'è questa storia del fate-uscire-Peppino-pensate-a-Peppino-tanto-Sandro-al-carcere-c'è-abituato? E che? Siccome c'ero abituato, ci dovevo morire?».

Pertini, sono quasi le due del pomeriggio e lei non ha ancora mangiato. È sicuro di non sentirsi stanco?

Le ho detto di no! È stanca lei?

No, no. Continuiamo. Cosa provò quando la condannarono a morte?

Vede, Oriana: io non ho mai avuto paura della morte. Me la son vista addosso tante volte, alla guerra e sotto i fascisti, che non mi ha mai impressionato. Non solo: non ho mai conosciuto la paura fisica. Mica che sia un merito, eh? La paura fisica è un fatto nervoso contro cui si reagisce male anche se si è persone intimamente coraggiose e fiere. È come un mal di denti che c'è o non c'è. Alcuni sopportano il mal di denti e altri no. Infatti le persone che ammiro non sono quelle che ignorano la paura: sono quelle che avendo paura vanno avanti lo stesso. Così, quando seppi d'essere stato condannato a morte, io avvertii solo il bisogno di scrivere il mio testamento politico e di nasconderlo dentro le scarpe perché, dopo la fucilazione, lo dessero ai compagni. Del resto anche Saragat si comportò bene. Niente lacrime, niente nervosismi. Oddio: non poteva certo saltare di gioia. Infatti fu colto da una giusta preoccupazione per la famiglia eccetera. Però si comportò bene, con tranquillità. E quando lasciai Roma per andare al Nord e proseguire la lotta armata... Lasciai Roma perché il Papa aveva fatto sapere a De Gasperi che i tedeschi l'avrebbero evacuata se le formazioni partigiane non avessero attaccato e Nenni mi disse: «Guarda, non si fa più l'insurrezione, abbiamo deciso di non correre questo rischio, tanto i tedeschi se ne vanno». Lui e Saragat rimasero lì. Ma il mio posto non era più lì. Era dove bisognava combattere i tedeschi e i fascisti.

Pertini, è vero che non ha amici nel campo politico?

No, non è vero! Ne ho molti, invece. Anche nel campo avversario. Semmai posso dire di averne un maggior numero nel campo avversario perché... Aveva ragione Gramsci quando diceva che per esser compagni non c'è bisogno d'essere amici, e si può essere amici anche senza esser compagni. «Non t'illudere, Sandro. Io ho un'esperienza in proposito.» Ce l'ho anch'io, Oriana. Con tanti compagni di partito non mantengo nessun legame affettivo, e tanti avversari invece li considero davvero amici. Gente su cui posso contare. Per esempio, ho sempre voluto un gran bene a Ignazio Silone che uscì dal partito. E ho provato affetto, oltreché enorme stima, per Antonio Gramsci. Un profondo legame l'ho avuto con Giorgio Amendola, Luigi Longo, Emilio Sereni, Giancarlo Pajetta: comunisti. E anche con Leo Valiani del Partito d'azione. Sì, sono un uomo che tiene molto alle relazioni umane. Per l'amicizia ho un culto. Glielo spiegherebbe bene mia moglie che è il mio primo amico. Infatti, se mia moglie vuol vincermi, non deve dirmi: «Tu sei mio marito». Deve dirmi:

«Allora non siamo più amici, Sandro?». E qui mi lasci dire un'altra cosa, Oriana: io voglio molto bene a mia moglie. Molto bene. Carla è la mia unica fonte di serenità. Ci sposammo nel 1946, dopo essere stati per due anni compagni di lotta. E io non volevo sposarla, sa? Non volevo perché era troppo più giovane di me e un fallimento matrimoniale sarebbe stato un dramma per me. Avrebbe incrinato la mia psiche per sempre. Io non capisco quelli che si separano e vanno per la loro strada. L'altro giorno è venuto un amico carissimo e m'ha detto ridendo: «Sai, mi sono diviso da mia moglie». Ridendo! Sì! Ho sentito un brivido ghiaccio.

Pertini, io la mando a mangiare. Sennò sua moglie...

Oh, mangio così poco, io. È il segreto della mia salute. Un po' di carne, un po' d'insalata e via. La sera, un po' d'insalata e basta. Non sono goloso. L'alcool non lo tocco. Se c'è un brindisi, porto il bicchiere alle labbra e non bevo. Solo quando vado in campagna prendo un goccio di vino e lo allungo con molta acqua. Piaceva a mia madre...

Grazie, Pertini. Grazie con tutto il cuore.

Grazie a lei, cosa dice? Sapesse che sollievo è per me confidarmi a chi mi capisce e non mi fa arrabbiare. Un'evasione, un sollievo che mi concedo così raramente. Perché a me non piace mettermi in vetrina. Lo sanno anche quelli della televisione che mi chiamano sempre e io non ci vado mai. E poi la Tv rovina gli uomini politici: meno ci si fa vedere e meglio è. Per altri mettersi in vetrina è un onore. Ma gli onori io li trovo così fastidiosi. Infatti questa carica non l'ho cercata: me l'hanno affibbiata e la tengo per un senso di responsabilità. Fare il presidente della Camera è una tale responsabilità. È più difficile che fare il presidente della Repubblica, creda. Tenere a bada seicentotrenta deputati, uh! Vi sono giorni in cui se ne esce stremati. Come in quella seduta che durò centocinque ore e alla fine mi venne un bel collasso che mise in disperazione la Carla. Ma lei è stanca, Oriana. È stanca, poverina. Si vede. Forse vuole andarsene. Vada... Ma torni, eh? Torni a farmi visita. Io spero di non averle dato impressioni sbagliate. Soprattutto nella faccenda delle amarezze e degli scoraggiamenti. Ne ho. Quando assisto a quell'ondata di reazione mondiale, ad esempio, o quando guardo a certi paesi socialisti che non hanno libertà. Mi prende un'angoscia, un dolore... E dico, ma come, se in cinquant'anni di socialismo non sono stati capaci di dare la libertà, allora che socialismo è? Il socialismo non vuol dire soltanto liberarsi dal giogo delle catene economiche, vuol dire liberarsi dal giogo di ogni catena confessionale e ideologica... Però io non dispero dell'avvenire del popolo italiano, Oriana. Perché non dispero della gioventù. Io so bene che anche la mia generazione ha avuto una classe politica che ha lasciato venire in Parlamento tanti imbecilli. Tanta gente debole, fiacca, che non ha saputo resistere al fascismo. Eppure abbiamo trovato la nostra strada. La gioventù d'oggi troverà la sua strada. È una gioventù in gamba: non si lasci spaventare dagli scervellati, dagli sciagurati che si abbandonano alla violenza materiale, che a bordo delle loro spider vanno a disturbare gli operai della Mirafiori in sciopero, e definiscono crumiri i tre o quattro che sono rimasti a bada della centrale termoelettrica. Quelli son provocatori, glielo ripeto. La gran maggioranza dei giovani, creda, sta dalla parte della libertà. E si comporterà bene. Io lo so! Lo so perché sono un uomo di fede. E un uomo di fede non deve mai disperare. Deve credere sempre nell'avvenire.

Roma, dicembre 1973

337

Giovanni Malagodi

Lo definiscono lucido, razionale, freddo, intransigente, arrogante, e molte altre cose che non sarebbe giusto ripetere perché non sono vere o perché sono sgarbate. Lui non è mai sgarbato. Osserva rigorosamente le regole del gentiluomo galante con le donne, rispettoso con gli uomini, civile con tutti. Con distacco, s'intende. Con la condiscendenza squisita e impalpabile di colui che è contento di sé, sicuro di sé, grazie a una conquistata superiorità. Non puoi arrabbiarti con lui come ti arrabbi coi comunisti. Non te lo permette. Anche quando t'offre il suo whiskey irlandese, resta al di là di un invisibile infrangibile muro che lo isola dal mondo affinché il mondo non lo impolveri, non contamini la sua eleganza britannica, la sua compostezza aristocratica, la sua cultura e la sua sapienza. Non-so-se-ha-letto-il-libro-tale. No? Quel horreur! Suppongo che Giovanni Malagodi non vada incontrato nel suo ufficio al Partito liberale, come feci io, ma nella sua tenuta dell'Aiola dove possiede una biblioteca di seimila libri. Sono pronta a scommettere che se li è letti tutti. E questo è il suo grande limite. La vita non è fatta di libri. I libri non sono che un complemento della vita. La vita è fatta di esperienze vissute, sofferte. Ad esempio di paura, di dubbi, di lacrime. E io temo che di lacrime lui ne abbia versate poche. Perché è nato bene. Temo che di dubbi ne abbia avuti pochi. Perché non li ammette. Temo che la paura non l'abbia provata. Perché l'ha evitata. Come le tragedie quotidiane, come le scomodità. Il brutto, il volgare, il triste non gli appartengono. È figlio del senatore Olindo Malagodi. S'è allattato al verbo di Croce e di Einaudi. Viene dalla banca dove non ha mai cambiato assegni.

Ha sempre vissuto agiatamente. E così può sognare la meravigliosa utopia di un mondo dove tutti son cavalieri e si battono solo per libertà astratte. A pensarci bene, suscita invidia. Gelosia.

Ma è una parte e un momento dell'Italia. Una parte e un momento del pensiero. È una scelta politica, intellettuale, morale. Ed è un antifascista, un democratico. Quindi va ascoltato, rispettato, compreso: con educazione e con curiosità. Ecco la mia intervista che durò dalle cinque del pomeriggio alle dieci e mezzo di sera. E dopo, gentile, mi accompagnò perfino alla stazione.

GIOVANNI MALAGODI. Io, come le dicevo, fin da giovanetto consideravo che il mestiere normale per un uomo rispettabile fosse la politica. Magari incominciando dal giornalismo. Gli amici di mio padre, capisce, erano tutti politici o letterati. Ma poi venne il fascismo e ciò mi tolse ogni possibilità di intraprendere quella carriera. Ricordo bene il giorno in cui mio padre disse: «Tu, bisogna che fai qualcos'altro. Magari una cosa non lontana dalla politica, come la banca. Così impari e, quando avrai cinquant'anni e il fascismo sarà finito e avrai messo da parte qualche soldo di liquidazione, potrai entrare in politica». E fu una previsione giusta perché diventai deputato a quarantanove anni, mia gentile... Devo chiamarla signora o signorina?

ORIANA FALLACI. *Mi chiami come vuole, tanto è lo stesso. Di solito, mi chiamano Oriana.*

Eh! Oggigiorno si danno tutti del tu, si chiamano tutti col primo nome. Senza neanche conoscersi, magari, si danno del tu e si chiamano col primo nome. Tale abitudine io non l'approvo. Vogliamo ricorrere a un compromesso? Vogliamo chiamarci col cognome e basta? Va bene?

Sì, sì. Per me va benissimo.

Avevo quarantanove anni, mia gentile Fallaci. Ora ne ho sessantanove e quattro mesi. La mia memoria risale a tempi antichi. E, più guardo indietro, più mi accorgo che la vocazione politica è sempre stata in me. Pensi al mio primo comizio, nel 1953, quando mi fecero aprire la campagna elettorale con Mario Paggi e Luigi Davide Grassi. La sera avanti Scalfari mi dice: «Ma tu hai già parlato, vero?». E io: «Io? Io no». Giacché, in realtà, il mio solo discorso pubblico era stato una conferenza presso l'Associazione bancaria sul tema della moneta europea. A parte la mia relazione economica al congresso del PLI. Con successo notevolissimo, devo dire. Infatti m'avevano eletto consigliere nazionale all'unanimità. Eppure, salvo un crac iniziale, quel mio primo comizio andò benissimo. Il secondo, invece, lo tenni in Brianza. C'era questa piazzetta quadrata, leggermente in pendio, e come podio avevo un carro da fieno. Umberto I, in bronzo, mi volgeva la schiena. Nella piazzetta c'eran soltanto un vecchio, un bambino, e due carabinieri. Poi, per qualche minuto, mia moglie che era venuta per curiosità e che, dinanzi a tanta desolazione, fuggì. Però, fuggendo, sboccò in un'altra piazza dove due o trecento persone ascoltavano dagli altoparlanti. Capisce: gli altoparlanti trasmettevano il mio discorso e loro fingevano d'esser lì per caso. V'era una tale paura dei preti, in Brianza! E così parlai. Senza urlare, come sempre. Io non urlo mai. Non cerco mai le frasi ad applauso. Mi sforzo sempre di fare un discorso che abbia un filo chiaro...

Posso interromperla, Malagodi?

Voglia perdonarmi, gentile Fallaci. Prima, gradirei fornirle questo scheletro esterno. Perché gli ignari pensano: la banca che c'entra? Ebbene, la banca è un mestiere che si avvicina assai alla politica. Se la si fa a un certo livello, s'intende, non se si sta dietro un vetro a cambiare gli assegni. Ma io l'ho sempre fatta a un certo livello. Mi son sempre occupato di affari generali. Ho sempre avuto mansioni direttive. Guardi, Fallaci: l'aspetto parapolitico dell'attività bancaria mi saltò agli occhi appena mi mandarono a Parigi come condirettore della Banca Francese Italiana, poi a Buenos Aires come capo di ben cinque succursali dell'America Latina. Quel dover giudicare le cose nel loro complesso cogliendo l'equilibrio tra le varie parti, quella responsabilità immensa e accresciuta dal fatto che fosse scoppiata la guerra e mi trovassi tagliato fuori... Poi, nel 1947, tornai in Italia. Alla Banca Commerciale. Ero molto amico di Raffaele Mattioli. Rapporti davvero fraterni. E qui feci un altro passo verso la politica perché mi chiesero se volevo sostituire un tale della delegazione italiana del Piano Marshall a Parigi. E vi andai credendo di restare qualche giorno, invece vi restai cinque anni. E diventai «esperto del governo italiano per gli Affari economici internazionali». Non solo con titoli altisonanti ma con responsabilità serie. In quel periodo scrissi anche qualcosetta, indegnamente, di carattere più o meno teorico, facendo albeggiare l'idea di un'Europa globale...

Scusi se la interrompo, Malagodi. Io volevo incominciare dal fatto che lei esca molto dallo schema dell'uomo politico italiano perché...

Questa è una leggenda dovuta al fatto che io non mi metta in maniche di camicia e non urli. Ebbene: conosco uomini politici di molti paesi e posso assicurarle che ve ne sono di ogni specie anche altrove. In Inghilterra, ad esempio, vi sono tromboni e demagoghi che battono tutti i tromboni e demagoghi italiani. In America v'è qualche oratore ragionato dentro una massa di urlatori in maniche di camicia. Io, devo ammetterlo, mi son messo in maniche di camicia solo una volta. Fu a La Spezia, durante un comizio di mezzogiorno. Faceva un caldo terribile, e prima di me parlava Saragat. Saragat si levò la giacca, non per ragioni demagogiche ma per il caldo, così lo imitai. Tenga presente che avevo fatto l'ufficiale nel periodo in cui era stata introdotta l'uniforme estiva senza la giacca: quindi ero abituato anche a comandare la truppa, senza la giacca. Sì, guardi: gli italiani sono meno tromboni degli inglesi e degli americani. Pensi a Kennedy che parla a quel gruppo di pastori protestanti del Texas... Non so se conosce i due libri di White e in particolare *The Making of a President*. Pensi a Goldwater contro Johnson. Il nostro difetto, semmai, è fare le elezioni su una moltitudine di temi che non hanno un riferimento reale o un tema preciso. Difetto ch'io cerco di non avere. E per concludere dico: io mi sento estremamente italiano. Estremamente! Appartengo a una minoranza che ha tentato di riagganciare l'Italia a un certo modo di ragionare e...

Sì, sì, ma io alludevo piuttosto a un'altra cosa. Alludevo al fatto che quasi tutti gli uomini politici italiani della sua generazione siano maturati attraverso circostanze drammatiche o in modo drammatico: il fascismo, la guerra. I migliori, poi, addirittura attraverso la prigione, l'esilio, la Resistenza. Lei no. Lei viene come da un limbo. Non ha sofferto la guerra, non ha vissuto il fascismo, non ha partecipato alla lotta antifascista e... Non le dispiace?

Io credo che tutto quello che uno ha fatto o non ha fatto sia un limite. E nessuno può aver fatto tutto. Però non mi sembra di esser giunto da un limbo, come dice lei. Dati i miei antecedenti familiari e culturali, non posso dire d'esser sem-

342

pre stato lontano da certe esperienze. Sono stato a lungo via dall'Italia, è vero. Sono stato in Germania, in Inghilterra, in Grecia, negli Stati Uniti. Ma, prima di andare in Argentina, sono rientrato e sono stato qui fino al 1936: dunque il fascismo l'ho visto. Del resto, mio padre non ebbe un'esperienza molto felice sotto il fascismo. Fu picchiato, privato del suo lavoro: da direttore de «La Tribuna» si trovò a fare il corrispondente del giornale argentino «La Nación». Grazie a mio padre, appartenevo a un ambiente dove nessuno era fascista e... Ciascuno fa la parte che la provvidenza gli affida. Io seguivo un sistema di lavoro che era il sistema di Benedetto Croce: l'opposizione culturale. Cioè l'opposizione che consiste nel fare bene le cose per tener viva una certa tradizione. Ad esempio, la banca.

Oh, Croce! Me l'ha raccontato anche Amendola. Dice che andava da Croce in cerca di consigli per combattere il fascismo ma Croce, dandogli del voi, rispondeva: «Studiate, studiate! Non c'è altro da fare!».

Infatti, se Amendola avesse studiato un poco di più, gli avrebbe fatto bene. E magari oggi sarebbe liberale invece d'esser comunista.

Oppure non sarebbe stato l'antifascista che è stato. Non vorrei apparire scortese, Malagodi, ma se tutti gli oppositori al fascismo si fossero limitati a studiare sui libri, oggi non saremmo qui a parlare in libertà.

Potrei risponderle così: uno è ciò che è. E per questo ha vantaggi legati a inconvenienti. L'aver sofferto il fascismo a mio modo mi dà una certezza di antifascismo maggiore. In altre parole, io non sono antifascista perché mi sono battuto con le armi ma perché il fascismo l'ho guardato e paragonato e capito. Ho capito a quali radici storiche si rifaceva, a quali mancanze di entrambe le parti. E la persuasione profonda cui sono giunto attraverso lo studio m'offre un vantaggio: quello di non fare un antifascismo strumentale. Rovescio la questione e le chiedo: cosa sarebbe stato l'antifascismo italiano senza Einaudi, senza gli uomini di cultura che stavano intorno a lui?

Un antifascismo di pensiero e basta. Del resto, in prigione, sotto il fascismo, c'erano anche uomini di cultura. Anzi, soprattutto uomini di cultura. E, ripeto, se tutti avessero fatto soltanto ciò che diceva Croce...

Io non credo che Croce abbia mai detto a nessuno di non fare le cose: egli ha semplicemente insistito sull'importanza essenziale della resistenza spirituale e culturale di cui era indubbio protagonista. Posso dirlo perché ho conosciuto bene Croce. Negli anni in cui ero studente liceale e universitario, veniva spesso a casa nostra. E ricordo quella sua intraducibile mescolanza di estrema serietà e di capacità umoristica, la passione che trapelava da ogni suo discorso, l'umanità cui non rinunciava nemmeno quando sfotteva il prossimo. Ma soprattutto ricordo quel suo impegno a difendersi con la cultura. E va da sé ch'io non avevo bisogno di tali incoraggiamenti, come Amendola. In casa nostra, raccomandazioni simili erano superflue. Sia mio padre che io eravamo molto impegnati in un'opera di perfezionamento culturale e spirituale. Nel nostro ambiente era ovvio fare un certo tipo di lavoro. Guardi, verso Croce la mia generazione ha un debito immenso. Però la mia adesione a Croce non è mai stata acritica: la mia modestissima tesi di laurea era già una polemica con lui. Non a caso egli sentì il bisogno di rispondervi contestando l'importanza dei valori morali nella politica. Lui li negava, io li affermavo. Poi, dopo, li affermò anche lui: da una concezione della politica come pura forza passò a una concezione della politica come fatto etico. Lo dimostrano le due valutazioni che egli dette di Catone Uticense, il suicida per la libertà. Nel primo periodo, Croce considerava Catone come un uomo troppo piccolo per capire che la storia lo superava. E concludeva che egli aveva fatto un suicidio inutile, esibizionistico. Dopo l'esperienza fascista, invece, scrisse che Dante lo aveva messo giustamente a guardia del Purgatorio, cioè del regno da cui si entra nel Bene. Scrisse che il cadavere di Catone gettato tra le gambe di Cesare si ritrovava sempre tra le gambe dei dittatori, anche geniali e lungimiranti come Cesare. Ma io vorrei offrirle qualcosa, così ci rinforziamo. Un whiskey? Un caffè?

Un caffè, grazie.

Guardi che questo è whiskey irlandese: buonissimo. Non è più forte di quello scozzese e ha il vantaggio di non nascondere un sapore di cloro. Lo provi.

Grazie. Senta, Malagodi, io lo chiedo a tutti: ma la politica, per lei, cos'è? Pertini mi ha risposto che è moralità, Amendola mi ha risposto che è cultura...

Amendola ha detto così?! Ah! Bè! Guardi, io mi permetto di citare nuovamente Croce e rispondere: l'uomo d'azione, cioè il politico, è il figlio del filosofo. È un uomo che, essendo permeato e persuaso di determinati valori di civiltà, lavora nella realtà quotidiana per trasmettere a questa realtà le cose in cui crede. Ciò non significa che la politica possa prescindere da una difesa di posizioni sociali ed economiche: significa che tale difesa va collegata a una intuizione fondamentale la quale... Non le piace il mio whiskey irlandese?

Ottimo. Ma per me tutto il whiskey sa di medicina.

Di cloro, dico io. Ma non il whiskey irlandese. La sua bevanda preferita qual è?

Il vino, direi. Vede che campagnola!

Come produttore di vino non posso che applaudire. Come sa, ho una piccola cosa nel Chianti che amo immensamente. E ne cavo vino rosso. Peccato che l'uva bianca scarseggi da noi. Una volta si trovava alla Verdea, la Verdea del Boccaccio. Ora non più. Ma, come le dicevo, la politica è azione attiva. Quindi, passione. È anche conoscenza. Quindi, passione. Certo non è scrivere saggi filosofici sebbene, talvolta, scrivere saggi sia l'inizio di tutto. Pensi da quali libri è nato il Risorgimento. Pensi alla preparazione di Cavour. Pensi anche a Giolitti di cui si diceva che fosse un puro burocrate e invece... Non so se ha letto le *Memorie* di Giolitti. Nooo?!? Oh, qui la rimprovero. Io le conosco molto bene, ho anche corretto le bozze di una nuova edizione. E c'è un saggio di mio padre, poi un piccolo saggio mio a un libro di caricature di Giolitti... Non lo beve quel whiskey?

Oh, mi perdoni, ma è così forte!

Allora lo bevo io, se permette.

Prego! Io bevo il caffè e col caffè passo all'argomento che mi preme di più. Certo lei non rifiuta la qualifica di uomo di destra. Quindi...

Invece la rifiuto. E non per un pregiudizio sulla parola destra ma perché tale parola non la giudico esatta per me. In Italia, oggi, essere di destra significa essere neofascista. Non mi pare che ciò si possa dire di me. Se poi lei intende ch'io sia un conservatore, rispondo che non sono un conservatore perché reputo che un liberale sia conservatore d'una cosa sola: la possibilità di cambiare ordinatamente. Mi definisco uomo di centro e credo d'esserlo. Guardi, io son troppo orgoglioso per esser vanitoso ma una vanità ce l'ho: quella d'aver reso un servizio al liberalismo non solo italiano ma internazionale con la Dichiarazione di Oxford. Quella che scrissi nel 1967, per il ventesimo anniversario dell'Internazionale liberale, e che fece seguito al Manifesto di Oxford del 1947. Il Manifesto era stato una riesposizione in termini contemporanei, ma classici, dei principii fondamentali del liberalismo. La Dichiarazione, invece, fu molto di più. Siamo nel mezzo di una rivoluzione delle cose umane, diceva, nella quale agiscono forze che non conducono alla libertà ma alle illibertà: cominciando dalle armi nucleari. Il compito del liberalismo non è quello di restar fermo ma di affrontare certi problemi per dirigerli a libertà. Un discorso tutt'altro che conservatore, insomma. Un discorso riformatore. Certo, non riformatore alla marxista. E, del resto, i marxisti io li considero reazionari. Nella mia Dichiarazione di Oxford, il concetto che non può esistere libertà senza giustizia è espresso con massimo rigore. E anche nella disputa sulle congiunture e sulle riforme non ho forse detto di non poter concepire un risanamento delle congiunture se non si fanno le riforme? Io, pur non andando d'accordo coi socialisti sul loro modo di affrontar le riforme, vado d'accordo con la tesi socialista sulla necessità delle riforme.

Via, Malagodi! Non venga a dirmi che il Partito liberale sta dalla parte degli operai!

Noi non siamo né dalla parte degli operai né dalla parte dei datori di lavoro. Siamo difensori e propugnatori di un complesso di strutture sociali ed economiche che, secondo noi, giovano anche agli operai. Nella sostanza, siamo molto più popolari di quanto si riesca a far capire. Abbiamo votato anche per lo Statuto dei lavoratori, sebbene contenesse sbagli, perché era un documento che mirava ad affermare una maggiore dignità del lavoratore vis-à-vis del datore di lavoro. Il che è nella tradizione liberale. Quanto alla partecipazione dei lavoratori ai profitti delle aziende e alla gestione delle aziende, ne facciamo un punto fondamentale. E non c'è nessun altro in Italia che osi fare questo discorso: i sindacati non vogliono e i datori di lavoro non ci tengono. Suvvia, chi cerca di dare realtà intanto concettuale e poi possibilmente politica a un'economia di mercato moderna con una programmazione flessibile? E serve meglio chi fa questa azione o chi cerca di distruggere l'economia di mercato senza poterla sostituire, chi fa demagogia e urla chiacchiere? Lei mi sembra leggermente succuba di un pregiudizio, di una mitologia. La mitologia marxista della divisione inevitabile tra borghesi e proletari, della loro guerra a morte, dell'impoverimento progressivo dei proletari, dell'arricchimento dei borghesi, dell'urto finale dopodiché vivremo tutti felici e contenti nel Walhalla. E, se c'è un principio del marxismo che la storia ha smentito, è proprio quello. In un secolo è successo esattamente il contrario di ciò che Marx aveva previsto.

Lo so benissimo, Malagodi. Infatti non sono marxista. Né stavo difendendo i marxisti. Stavo portando il discorso sulla vostra mancanza di progressismo. Lo sappiamo tutti che il Parti-

to liberale fu in passato una componente progressista della storia d'Italia, ma sappiamo anche che oggi non lo è più.

Ed è questo che mi permetto di contestare, gentile Fallaci. Perché, senza volerlo, lei fa una confusione tra progressismo e marxismo. Sì, uno dei trionfi semantici del comunismo è stato proprio quello di accoppiare l'idea del progresso con l'idea della sinistra marxista: perfino la socialdemocrazia, che dovrebbe essere un socialismo purgato del marxismo, si rifiuta di rifiutare il marxismo. Io al marxismo do un solo valore: quello di avere servito come appello all'autocoscienza e alla dignità dei proletari. In quel senso sì che è stato un grande fatto storico. Ma, se guarda quel che il marxismo cerca di fare nella realtà, è un vero disastro e... Non so se ha letto un libro uscito da poco, *Cattolicesimo Liberalismo Socialismo*, per cui il cattolicesimo è la teologia vera e il socialismo è una teoria diabolica e il liberalismo è il vero nemico perché non è una teologia...

Oh, Dio ci salvi dagli uomini eruditi!

Non sono molto erudito e sono profondamente offeso dal suo aggettivo erudito. È un po' un insulto perché erudito è colui che ha ingoiato una gran quantità di cose senza digerirle, colui che se le tiene nello stomaco per riversarle via via alle larve. Io credo di saper poco ma di aver digerito quello che so. Quindi, non vorrei sembrar presuntuoso con le mie citazioni ma... Non so se ha letto il libro appena uscito dei fratelli Rosselli. Sì? Ebbene, esso chiarisce perfettamente il concetto per cui un partito davvero preoccupato della sorte dei diseredati deve per prima cosa abbandonare il marxismo e sposare il liberalismo. A quel socialismo io non ho nulla da obbiettare ma...

Ma allora perché scinde la parola socialismo dalla parola libertà?

Perché una volta Einaudi ha scritto una bellissima e inutile predica intitolata *Discorso elementare sulle differenze tra uomo liberale e uomo socialista*, dove per socialista intende il socialista democratico. Perché sono due aspetti diversi di un certo modo di guardare la realtà, anche se storicamente possono apparire complementari. Nell'uno infatti prevale il senso dell'individuo, dell'autonomia, della capacità creatrice dell'individuo, nell'altro il motivo ugualitario. Il filone è duplice. E va da sé che quei due rami rappresentano ciò che la civiltà europea ha di più bello. Va da sé che né l'uno né l'altro possono scomparire, che l'uno e l'altro sono due componenti a tempo indeterminato di ogni società progredita. Sì, il socialismo purgato del marxismo può anche starmi bene, però rimane sempre una cosa diversa dal liberalismo. Così come il liberalismo rimane sempre una cosa diversa dal socialismo. C'è una differenza di fondo tra le due dottrine: lei ha di fronte due figure umane, due figure politiche molto diverse. E, per concludere, io non sono socialista: neanche in senso purgato. I socialisti non sono liberali: neanche in senso purgato. E fanno bene perché, se lo purgano troppo, questo socialismo italiano, poi muore. Eh!... Muore per eccesso di purga!

Senta, Malagodi: lei crede che gli uomini nascano uguali?

Anch'io son figlia di Dio, diceva la farfalla alla vispa Teresa. Se lei la butta in quel senso lì, non le rispondo. Se me lo domanda seriamente, le dico che gli uomini nascono uguali in dignità e che ciascuno di loro ha un diritto inerente di organizzare una società dove chiunque possa esplicare le sue doti. Una società che sia al tempo stesso garantita contro gli azzardi esterni dell'esistenza, in modo da non essere schiavi di necessità e preoccupazioni.

Posso riprovarlo quel whiskey irlandese? Sa... per rinforzarmi un po'.

Prego, con piacere.

Grazie. Uhm... Serve. Ha ragione lei: serve. Senta, Malagodi: ma lei è mai stato tentato dal socialismo?

Guardi, io sono figlio di un uomo che al liberalismo giunse dal socialismo democratico. Da giovane, mio padre era stato grande amico di Massarenti: il socialista umanitario romagnolo che organizzò Molinella. Era stato anche amico di Turati e di Treves, ricordo bene d'aver visto Treves e Turati con la Kuliscioff. Mio padre ruppe con loro per una ragione curiosissima, forse la goccia che fa traboccare il vaso. Incaricato di scrivere una recensione su *La débâcle* di Zola, allora l'idolo della sinistra europea, criticò ciò che considerava un brutto libro. In particolare criticò l'episodio del contadino che continua ad arare quando arriva la pattuglia dei dragoni francesi, poi quella degli ulani tedeschi, poi i due battaglioni di cacciatori, poi il grosso dell'artiglieria, poi i due eserciti che scatenano la battaglia. Scrisse che era un episodio ridicolo, non simbolico, e ciò gli valse la rottura coi socialisti che non ammettevano di anteporre alla propaganda politica una libera critica letteraria. Poi, in Inghilterra, mio padre venne a contatto con la vita inglese e diventò liberale. Io invece... Io, guardi: dal socialismo democratico sono stato tentato, intellettualmente, solo alla fine della guerra e al principio del dopoguerra. Mi sembrava che potesse combinare una necessità di libertà con una necessità di programmazione. Ma poi mi resi conto che risentiva troppo fortemente di residui marxisti per essere conciliabile col bisogno di libertà. Più che di tentazione, dunque, si trattò di interessamento.

Capisco. Mica cattivo, in fondo, questo whiskey. Scuote, scuote... Senta, Malagodi, cosa risponde a coloro che l'accusano o l'accusavano di essere l'uomo della Confindustria?

Ne ho sempre riso perché è una cosa talmente lontana dalla realtà che non vale nemmeno la pena di arrabbiarsi. Balle. Io considero gli industriali come una parte necessaria all'economia di mercato. E se ho da rimproverare qualcosa agli industriali, è di non fare abbastanza la loro parte, di scoraggiarsi. No, non sono mai stato l'uomo della Confindustria. Dal tempo della banca conosco un certo numero di industriali ma le mie idee sono le mie e le loro sono le loro.

Infatti, spesso, essi hanno maggior stima dei comunisti che di voi liberali.

Da noi, nel Chianti, la parola stima ha un doppio significato. Stima è anche la valutazione di quanto si può pagare una cosa. In molti industriali v'è l'illusione di poter pagare i comunisti. E dico deliberatamente «illusione» perché non si paga un movimento così serio e uomini così seri come i comunisti. Sono soldi buttati via, illusioni buttate via. Guardi, è vero ciò che si dice oggi in Italia: i-comunisti-sono-gente-seria. È vero. I comunisti sono sempre seri. Anche la Russia è estremamente seria. Anche Stalin era estremamente serio. Ricordo quel che diceva l'ambasciatore Quaroni narrando la prima volta in cui aveva visto Stalin al Cremlino. Lo aveva visto di schiena ed era rimasto colpito dalla serietà della sua nuca. Oh, anche Breznev è uomo serissimo: lo chieda ai suoi avversari interni. Una delle forze del movimento comunista internazionale è proprio questa serietà o seriosità. Una serietà, una seriosità davvero teologica.

Ma a lei fanno più paura i preti rossi o i preti neri?

È una risposta da non dare in poche parole. Però, sul piano ideale, mi sento più vicino al cristianesimo che al marxismo nelle sue versioni totalitarie.

È religioso?

Lasciamolo giudicare a nostro Signore.

Risposta molto precisa, anzi affermativa.

Io credo che la realtà non si esaurisca in ciascuno di noi e che le cose buone abbiano un valore assoluto.

Salvo poi stabilire quali sono le cose buone. Ma riprendiamo il discorso su voi liberali e... Oh, non vorrei apparirle sgarbata. Non vorrei turbare con la crudeltà questo civilissimo colloquio ma... Insomma, visto che lei rifiuta la patente di conservatore, a cosa serve ormai il PLI?

Se lei mi permette, questo discorso non è neppure sgarbato: è banale. Lo fanno tutti, lo scrivono tutti. Paradossalmente, quando ci attaccano, è per dirci che ormai non c'è più bisogno di noi perché ormai sono liberali anche loro. È un altissimo riconoscimento, sì, anche se non è vero o è vero solo in parte. Non tra i neofascisti, ovvio, non tra i comunisti e in misura equivoca tra i socialisti che sono equivoci in tutto.

Oggi esistono forti infusioni di liberalismo. Però ogni pseudoliberale adultera, nel senso chimico della parola, i motivi liberali. E sa cosa le dico? L'Italia ha tanto più bisogno del liberalismo quanto meno se ne rende conto. Io non so se lei ha letto uno dei più bei libri moderni di dottrina politica: *L'avventura interminabile*. La politica è un'avventura interminabile dove lo stesso tema viene continuamente riproposto. Ma, più di ogni altro, viene riproposto il tema della libertà. Così alla domanda «quanto conta oggi il Partito liberale» rispondo: molto e poco. Poco perché non siamo numerosi. Molto perché rappresentiamo un filone di cultura e di volontà che non si possono eliminare.

Posso chiederle cosa intende per libertà?

Quello che hanno inteso tutti da Pericle in poi. E cioè la facoltà di ogni cittadino d'essere un cittadino pieno, in grado di esplicare la sua libertà sentendosi liberamente limitato dalla libertà altrui. L'ideale delle città greche, l'ideale dei comuni italiani dove non c'erano più schiavi né servi, né feudatari né vassalli, né sudditi né re assoluti, e chiunque poteva essere cavaliere. Certo non intendo ciò che intendono i radicali italiani i quali non sono liberali ma pericolosissimi anarchici. Quindi, genitori di governi totalitari. L'anarchia non ha nulla a che fare con la libertà. L'anarchia è distruzione della libertà: la strada per arrivare a un punto in cui la società, per sopravvivere, si butta in braccio a un poliziotto. Oh, essendo liberale io lo so benissimo che l'anarchia è il liberalismo diventato pazzo. Un tumore.

Scusi, Malagodi: ma se le cose stanno come dice lei, come si spiega che i missini abbiano tentato ripetutamente di unirsi a voi liberali?

Perché speravano che fossimo diversi da quel che siamo. Perché speravano che ci lasciassimo tentare dalla prospettiva di uno schieramento per dargli la copertura democratica che, in altri modi, inseguono anche i comunisti. Noi abbiamo sempre respinto tali avances. Anche di recente, quando Almirante ci ha scritto una lettera per proporre una mozione di sfiducia al governo dando a noi la prima firma nonché la facoltà di redigere il testo, gli abbiamo risposto subito no. Però, a questo punto, devo spiegarle perché siamo antifascisti. O almeno perché lo sono io, sebbene creda che tali idee siano comuni a molti miei amici del partito. Guardi. Il nostro paese è stato oppresso dalla metà del '500 fino alla metà abbondante dell'800, quando una minoranza eroica ha fatto l'Italia. Tra il 1860 e il 1912 la classe dirigente italiana ha avuto il merito di aprire le porte del potere politico alle varie classi sociali, pur sapendo che ciò le avrebbe causato immense difficoltà. Il tutto è culminato nel suffragio quasi universale del 1912. Poi, con le elezioni del '20 e del '21, c'è stata l'irruzione delle masse cattoliche e socialiste in Parlamento. E si sono avviate le premesse per un processo di autoeducazione degli italiani. A quel punto però il fascismo è intervenuto con la violenza, e ha interrotto il processo, e ci ha ributtato indietro di vent'anni. Dunque in Italia siamo veramente responsabili di noi stessi solo dal 1946 e, se dovessimo avere un'altra parentesi totalitaria, dovremmo ricominciare daccapo. Ma il «dopo» quando verrebbe stavolta? Solo la libertà educa alla libertà e...

Lei teme che una nuova parentesi totalitaria possa venire?

Chi ama, teme. Il pericolo c'è. Su due fronti. Come volume, il pericolo è maggiore da parte comunista. E, in politica, il volume conta. Contano anche i rapporti internazionali e non v'è dubbio che il Partito comunista ne abbia di forti: il compromesso storico si inserisce chiaramente in una operazione russa di finlandizzazione dell'Europa. Operazione in cui noi e la Francia saremmo una delle vittime predestinate. L'altro pericolo, non voluminoso ma immenso, è il pericolo fascista. E io temo l'uno e l'altro in uguale misura; sono convinto che si debba combattere l'uno e l'altro in uguale misura. L'unica differenza è che le dittature fasciste nel Mediterraneo si riducono alla Grecia, alla Spagna, al Portogallo. E, se si contrappongono quei tre paesi a ciò che v'è dall'altra parte...

Malagodi, io non so quanto sia giusto mettere i comunisti sullo stesso piano dei fascisti. In galera, sotto il fascismo, ci sono stati parecchi comunisti.

In compenso, in Russia, ci sono perfino i comunisti in galera sotto i comunisti.

Sì, ma noi non stiamo parlando della Russia: stiamo parlando dell'Italia. E, in Italia, la resistenza ai fascisti l'hanno fatta in grandissima parte anche i comunisti. Ne sono morti parecchi, sa?

Si battevano per cosa? Per il comunismo. Morivano per cosa? Per il comunismo.

Io direi che si battevano per la libertà, che morivano per la libertà. Non si può mica fingere di dimenticarlo se si è onesti.

Guardi, io ho il massimo rispetto verso coloro che si battono per le proprie idee e così facendo rischiano la vita. Però, se giudico politicamente, trovo pericoloso chiunque cerchi di interrompere il processo di autoeducazione del popolo italiano. E, da questo punto di vista, sia i comunisti sia i gruppuscoli che gravitano intorno ai comunisti e agli stessi socialisti sono pericolosi nella misura in cui è pericoloso l'MSI. Come volume, ripeto, è certamente maggiore il pericolo comunista: il compromesso storico lo vogliono i comunisti, mica i missini. L'operazione internazionale cui alludevo prima viene dai comunisti e dall'altra parte non ha equivalenti.

Non ha equivalenti?!?

Io attacco da una parte e dall'altra. E mi ascolti bene: non sarei un liberale se non credessi che, vivendo in un mondo libero, alla lunga i comunisti dovranno cambiare anche loro. Non il comunismo, i comunisti. Ma il presupposto di ciò è una battaglia assolutamente intransigente per la libertà. E dare per scontato qualcosa che non è ancora avvenuto, in nome di una compiacenza ideale, ha l'effetto di rallentare il processo. Il suo giudizio contiene quella compiacenza ideale, quindi un punto molto pericoloso: lei pensa che il comunismo non sia una minaccia per la libertà.

Io non penso affatto quello che lei dice. Se lo pensassi, sarei comunista. Io dico che la dittatura sotto la quale son nata era una dittatura fascista e che questa dittatura fascista l'ho vista combattere, e bene, anche dai comunisti. Quindi a cena con un comunista ci vo: magari litigandoci a morte. Ma con un fascista non ci bevo neanche un caffè. E lei?

Io non vado a cena né con l'uno né con l'altro. Io non ho amici né dall'una né dall'altra parte.

Non ha mai bevuto un caffè con Almirante, lì al bar di Montecitorio?

No. Mai.

Inutile chiederle se lo ha mai bevuto con Togliatti o con Berlinguer.

No. Neanche con Togliatti purtroppo. Dico «purtroppo» perché Togliatti era un uomo notevole e avvicinarlo mi avrebbe interessato come fenomeno storico. E a proposito di Berlinguer: conosce la battuta che si attribuisce a Pajetta su Berlinguer? Non vorrei nuocere a Pajetta ma contiene abissi di verità politiche. «L'onorevole Berlinguer, di nobile famiglia sarda, si iscrisse giovanissimo alla Direzione Centrale del Partito comunista italiano.»

Bellina. Bellissima. Ma torniamo ai fascisti. Lei pensa che sia stato un errore permettere la formazione dell'MSI?

No, non lo è stato. Visto che certe forze esistono, è meglio portarle alla superficie perché tutti vedano di cosa si tratta. Il sudicio non si butta sotto il tappeto. Noi abbiamo votato alla Camera per il processo contro Almirante e pensiamo che, quando le cose vanno oltre i limiti della legge, spetti alla magistratura giudicarle. Ma non facciamoci illusioni: alla magistratura spetta anche giudicare quel che fanno gli altri, magari più abili nel tenere in piedi strutture più grosse di quelle fasciste. Io torno sempre su questo punto. E quando vedo la leggerezza con cui ci si appresta a subire errori dinanzi a cui il centro-sinistra diviene una bronchitella...

Parla del compromesso storico?

E di che altro? Tra il compromesso storico e il centro-sinistra v'è la stessa differenza che passa tra un cancro al polmone e

358

una bronchite. Bè, diciamo una polmonite. Guardi, mettendomi nei panni dei comunisti io capisco perfettamente la proposta che del resto non è nuova. Mettendomi nei panni democristiani, invece, osservo che tale operazione sarebbe un
suicidio non solo per la DC ma per tutte le forze cattoliche.
Certo, il Vaticano potrebbe dire: «Ormai i barbari hanno invaso l'impero e, per sopravvivere, bisogna mettersi d'accordo
coi barbari. Tanto, tra un secolo o cinque, li convertiremo».
Però i barbari che invasero l'impero romano erano già in parte cristiani, e in parte desiderosi di assimilare la civiltà della
Chiesa. Questi barbari invece sono volutamente nemici, volutamente anticristiani nel senso più profondo della parola. E,
in breve tempo, vedremo il Papa ridotto alle condizioni del
patriarca di Mosca. Lei replicherà che a un laico ciò potrebbe
anche far piacere. Sì, ma siccome noi saremmo ridotti anche
peggio... Noi e gli altri. Oh, i socialisti dovrebbero rendersi
conto che così sarebbero distrutti! Invece, almeno in pubblico, fingono di ignorarlo e si presentano come la cerniera indispensabile. Legga le dichiarazioni di Bertoldi. Sì, lo so a cosa
pensa lei. Pensa che Nenni conosce il pericolo. Ma Nenni è
l'uomo che, al tempo di Praga, disse in piena Camera che la
libertà non è né borghese né proletaria ma umana. Ed io non
credo che il Partito socialista sia pronto a dire la stessa cosa.
Così se i comunisti arriveranno al compromesso storico, ne
usciremo tutti schiacciati: liberali, socialisti, socialdemocratici, repubblicani, democristiani contrari...

D'accordo. Però, quando ci si sposa, la colpa è da dividersi in
due. Perché i suoi strali non colpiscono, almeno in questo ca-
so, anche la DC?

La DC ha responsabilità enormi. Ad esempio, quella di non
aver fatto o di aver fatto male durante gli ultimi trent'anni,

sebbene avesse i quattro quinti del governo. La DC è, fra tutti i partiti democratici, quello che ha maggiormente bisogno di educarsi alla democrazia. La sua cauta sperimentazione non è mai stata né sperimentazione né cauta. Il suo evitare i problemi ha controbilanciato gli effetti educativi del sistema democratico. Però colpi del genere ci sono venuti anche dagli altri che pretendono di essere la coscienza critica del popolo e...

E se la colpa non fosse né dei comunisti né dei democristiani né dei socialisti né dei liberali: se la colpa fosse semplicemente degli italiani? Questi italiani che non sanno esser seri, non possono essere governati, tendono sempre al fascismo brontolando «a-noi-ci-vuole-il-bastone»?

No! Gli italiani non sono fascisti, sono anarchici. E questo, come ho detto, favorisce le soluzioni totalitarie. Però esiste una giustificazione storica della loro anarchia, una giustificazione che va indietro di secoli. Quando noi ci scannavamo tra Siena e Firenze, gli altri paesi vivevano in formazioni unitarie grandiose e... Oh, io torno sempre al Rinascimento, così indispensabile per capire gli italiani. Nel Rinascimento ci fu una crisi religiosa che Croce definisce, giustamente, una caduta di entusiasmo morale. E in seguito a quella ci piegammo allo straniero, ci sdraiammo sotto il giogo della Spagna e dell'Austria senza reagire. La classe aristocratica divenne una classe di parassiti, incapace di giustificarsi agli occhi del popolo. Il signore divenne un essere inutile che pigliava le rendite e non amministrava neanche. Solo nella Valle Padana qualcuno faceva opera di cultura sui campi e sulle menti. Poi ci crollò addosso l'oppressione spirituale della Chiesa cattolica, e si appesantì sempre di più malgrado il sottilissimo strato di cultura che era rimasto. Se legge bene i sonetti del Belli lo capisce: questo popolano miscredente, bigotto, caustico, imbroglione, incapace di credere a qualcosa... Non parliamo poi del Mezzogiorno. Al Centro e al Nord avevamo avuto la civiltà comunale e cittadina, ma nel Mezzogiorno! Sono queste le cose che ci hanno reso irresponsabili, e queste cose non si guariscono in una generazione. Quando si è stati malati per secoli si può anche guarire: ma lentamente, lentamente. E poi guardi: non è che gli altri siano molto più seri di noi. A paesi come l'Inghilterra e la Germania, i fenomeni di corruzione erano ignoti: e invece ora! Quando lo Stato interviene economicamente le democrazie di massa resistono male. Ancora un goccetto?

Ma sì. Ci aiuta a concludere. Ho ancora due o tre cose da chiederle e lo farò alla svelta: citandole e basta. Così: referendum sul divorzio.

Noi liberali abbiamo preso una posizione molto precisa e faremo di tutto perché il divorzio vinca. La legge è una legge civile, giusta. E, sebbene contenga alcuni difetti, offre un divorzio serio. Non un divorzio alla Reno. Inoltre riasserisce la piena sovranità dello Stato in materia matrimoniale, ed è stata dichiarata costituzionale due volte. Va difesa! Ma pensi che dramma se dovesse essere abrogata! Quando si abroga una legge, non è che le vecchie norme rivivono automaticamente. Quindi sul matrimonio si dovrebbe fare una legge nuova e... Se la immagina la discussione di una nuova legge, in Parlamento, in simili condizioni? Quanto al referendum vero e proprio, noi lo abbiamo combattuto perché è come mettere in mano a un orologiaio un martello da fabbro. È la democrazia sotto la quercia. Non a caso esiste soltanto in Svizzera come un resto medievale. In Francia è stato usato come strumento di paradittatura, in Danimarca e in Norvegia è stato fatto per decidere l'entrata nella Comunità europea e ha sconvolto l'intero mondo politico. Ma come?! Alla Camera, per rovesciare una legge, ci vogliono mille commissioni e qui bastano cinquecentomila firme?! Cinquecentomila firme sono appena un settantesimo del corpo elettorale! E per un partito di massa, per la Chiesa, che ci vuole a trovare cinquecentomila firme? Senza contare la divisione anomala del paese: i democristiani schierati coi missini, i partiti democratici schierati coi comunisti, gli uni e gli altri decisi a trasformare il referendum in una campagna politica generale...

Austerity.

Qualcuno, alla Camera, dice «osteritì». Ma perché non chiamarla austerità? Comunque, più che di austerità, io parlerei di crisi economica. Una crisi che in parte è dovuta a colpa nostra ma in parte è dovuta a motivi internazionali. C'è il disavanzo cronico della bilancia dei pagamenti che ha inondato il mondo di dollari. C'è un grosso aumento nei prezzi di molte materie prime che a volte è accompagnato da fenomeni di scarsità genuina, ma a volte da scarsità fittizia. C'è una pressione della popolazione mondiale sulle risorse energetiche e... L'aspetto monetario non dovrebbe essere conosciuto solo dai tecnici! Tanto più che è semplice da capire. Tutto sommato, si riduce a questo: avendo aumentato enormemente il prezzo del petrolio, gli arabi si trovano a incassare somme enormi che non sono in grado di spendere. Verso l'Occidente, perciò, essi maturano crediti cui non corrisponde una contropartita economica. E questo esercita una forte pressione inflazionistica, crea problemi politici gravissimi. Cosa faranno i paesi del Golfo Persico, l'Arabia Saudita, la Libia? Si accontenteranno di au-

362

mentare i saldi senza incassarli o vorranno incassarli subito? Se vorranno incassarli subito, in cosa vorranno incassarli? Non possiamo dare loro tutte le merci che, peraltro, non saprebbero utilizzare. E allora? Vogliamo dargli armi e basta? La Francia lo sta già facendo, ed è una follia. Quindi nasce un altro pericolo: quello che gli arabi si accingano a spendere i loro soldi in terre, banche, industrie, case, nei paesi occidentali. Ma fino a che punto possiamo permetterlo? C'è dietro lo zampino della Russia che tende a creare il massimo imbarazzo nell'Occidente per dissolvere la Comunità europea...

Europa.

Come liberale, e anche come signor Giovanni, ritengo che questo sia un punto essenziale. Lo è sempre stato per me. All'Europa d'oggi manca la Penisola Iberica e la Grecia, com'è giusto finché quei paesi saranno governati da dittature. Mancano i paesi della valle del Danubio e della valle della Vistola. Eppure, se riuscissimo a unificare politicamente i nove paesi della Comunità, faremmo un gran passo avanti verso un equilibrio mondiale e quindi la pace. Anche nostra, interna. Il progresso economico-sociale passa attraverso l'unità politica dell'Europa. Non un'unità napoleonica, ovvio: un'unità federalista. Sì, lo so che è difficile guidare una federazione composta da duecentocinquanta milioni di abitanti che parlano lingue diverse eccetera. Ma non è impossibile: ricordiamoci che, tutti insieme, siamo la prima potenza commerciale del mondo, la seconda potenza industriale del mondo. Io l'Europa l'ho sempre concepita come un blocco capace di difendersi insieme dal punto di vista culturale, monetario, politico, militare. E non arriveremo mai a nulla se non ci stringeremo in un grosso patto politico, se non dimostreremo che si può essere progrediti economicamente e allo stesso tempo liberi culturalmente, politicamente. Anche fuori del marxismo, v'è oggi una tentazione alla dittatura come condizione di progresso economico. Spetta agli europei fornire la prova che solo la libertà è condizione di progresso economico, e non la tirannide politica. Detto questo, mi lasci concludere che tale Europa non è concepibile senza la NATO, senza una stretta collaborazione con gli Stati Uniti.

Malagodi! Non le sembra un po' troppo generoso, oggi come oggi, concedere agli americani la patente di difensori della libertà?

Non più di quanto sia generoso per gli europei. Guardi: tra europei e americani, siamo peggio noi europei. Le dico una cosa off-records. Noi europei siamo come... (*censura*) che si fanno pagare... (*censura*) e poi concedono i loro favori il meno possibile... (*censura*) dietro la schiena.

A volte le puttane sono donne molto intelligenti, Malagodi.

Ma non buone da frequentare, a quanto mi dicono.

E qui mi fermerei. Ora la saluto, la ringrazio del tempo concessomi, del whiskey irlandese, e vado a scrivere che lei rifiuta la definizione di bieco reazionario.

I biechi reazionari sono i fascisti, i comunisti, e una parte dei democristiani. Ah, questa cretinata del bieco reazionario! Questa leggenda. Una leggenda come la leggenda che a casa mia si parli svedese e latino. Lo svedese io non lo so. Il latino non lo parlo correttamente. E con ciò la saluto anch'io. Bacio le mani, gentile Fallaci, e mi metto a sua disposizione se avrà bisogno di un ritocchino qua e là. Mi telefoni pure.

Grazie, Malagodi. Lo farò.

* * *

Pronto, Malagodi. Ho trascritto l'intervista e non ho bisogno d'altro. Se però lei vuole aggiungere qualcosa...

Guardi, non so se lei ha visto una certa fotografia nel mio ufficio. Ma non credo perché è seminascosta in un angolo. Ebbene, nel mio ufficio vi sono le fotografie di mio padre, di Einaudi, di Cavour, di Mattioli, e poi v'è questa fotografia ch'io mi feci regalare da «Life» dopo che l'ebbe pubblicata nel numero dedicato al centenario della fotografia. Me la feci regalare perché è un'opera d'arte, un capolavoro che vale un ritratto del Tiziano, ed anche un reminder di ciò contro cui s'è protestato in nome della libertà. Rappresenta infatti un eyemaster francese stabilitosi in Inghilterra per costruire navi. Nel fondo, dall'alto in basso, pendono colossali catene d'ancora. Dinanzi, come un carceriere-prigioniero, v'è un signore col cilindro, il sigaro in bocca, vestito male, tutto sporco, con un viso straordinariamente duro ed efficiente. Sì, proprio il cavaliere dalla trista figura di cui parla Marx. Proprio il simbolo di una classe che aveva tutti i meriti e allo stesso tempo tutti i difetti dei creatori. E tale fotografia rende bene l'idea di quanto sia stato efficiente il socialismo, il momento di liberazione del socialismo. Un merito che al socialismo non si può disconoscere anche se bisogna combatterne la dottrina.

Bene, Malagodi. Grazie. C'è altro?

No, purché risulti chiaro che la minaccia alla libertà non viene da una parte sola, che bisogna stare vigili e attenti...

E fare qualcosa contro questi figli di cani che in questo momento ci stanno ascoltando perché controllano il mio telefono, o il suo, o tutti e due...

Guardi, se ci stanno ascoltando... Gentile Fallaci, solo il rispetto che ho per lei mi impedisce di fare una bella pernacchia.

Malagodi!

Bacio le mani, gentile Fallaci. Bacio le mani.

Roma, febbraio 1974

Ugo La Malfa

Lui parlava con quella voce ironica, fredda, un po' gutturale, da siciliano che non s'è mai liberato delle «b» raddoppiate, e la mia memoria rotolava al giorno in cui lo avevo conosciuto. Ero una bambina a quel tempo. Ed ero innamorata della politica perché la politica era una cosa bella, a quel tempo, pulita, lucida di speranze e di moralità. Si veniva dalla Resistenza. Si viveva la meravigliosa avventura della libertà ritrovata, riconquistata. E le persone in cui credevo appartenevano a un gruppo chiamato Partito d'azione. A un'assemblea del Partito d'azione, un giorno, giunse quest'uomo magro e sprezzante e afflitto da un paio di occhiali che sembravano nati con lui. Attraversò nervosamente la sala, sedette al tavolo del direttivo, e lì rimase a fissarci con pupille remote che nuotavano dietro le lenti, una smorfia amara che gli piegava le labbra scontente all'ingiù. Faceva pensare, ecco, a una locusta: sai, quegli insetti verdi, eleganti, che saltano in scatti improvvisi e poi si bloccano di colpo a incuterti una misteriosa paura. O tristezza? D'un tratto chiese la parola. Avvicinò il microfono al volto triangolare, asimmetrico, e, invece di dire «compagni», mitragliò una risatina dolorosa. Sinistra. «Eh, eh! Eh, eh, eh!» Mi turbò. Domandai: «Chi è?». Mi risposero: «È La Malfa. E, se c'è lui, c'è buriana». In Toscana buriana significa litigio, rissa.

Non posso affermare se la rissa ci fu: di quel periodo mi restano impressioni nebbiose, accese solo qua e là da immagini nette. Ma certo accadde qualcosa perché il ricordo seguente è uno spostare irato di sedie, un defluire di gente che se ne va bestemmiando, un iscritto che grida: «Non è mai contento, mai! Non gli va mai bene nulla! Finirà col disfare il partito!». Poi un altro che replica: «È più intelligente di te! È più intelligente di tutti! Non siete degni nemmeno di allacciargli le scarpe, voi imbottigliatori di fumo!». Infine un terzo che conclude: «Personalmente non lo posso soffrire. Si diverte a fare l'uccello del malaugurio e non è un socialista. Al massimo è un liberale di sinistra. Però le cose le capisce. E gli eventi gli danno sempre ragione». Quando il Partito d'azione morì, si disse che ad ammazzarlo fosse stato lui. Specialmente lui. E così verso di lui mi rimase un rancore infantile, un'antipatia mai temperata dal riconoscimento del suo valore, della sua coerenza. Accettando un marxismo prima rifiutato, la maggior parte degli azionisti erano finiti nel PSI e lì s'erano lasciati assorbire col loro talento senza portare niente di nuovo. Lui invece aveva scelto il Partito repubblicano, lo aveva trasformato, scosso, e ne era diventato il re. Potevi approvarlo o detestarlo per questo. Ma restava il fatto che, più degli antichi compagni, egli aveva inciso e incideva sulla vita del paese.

Fermai la memoria. Rientrai nel 1974: nella clinica dove lo incontravo di nuovo, a Milano. (Una settimana avanti era stato operato di una cataratta). Lo osservai. Faceva pensare ancora a una locusta, aveva ancora quel tono sprezzante e quella smorfia amara che gli piegava le labbra scontente all'ingiù. Mitragliava ancora quella risatina dolorosa, sinistra: «Eh, eh! Eh, eh, eh!». Gli mancavano solo gli occhiali e in compenso l'occhio sinistro era accecato da una garza bianca. La garza era fissata con due strisce di nastro adesivo, lucente, che gli colavano lungo la guancia come due lacrime assurde: in un annuncio di guai. No, non era cambiato. Però ero cambiata io. Ormai donna e priva di illusioni, potevo affrontarlo senza paura, senza rancori. Addirittura con simpatia. Potevo scherzare con lui, provocarlo. La sua fredda intelligenza, di natura quasi crudele, comprendeva l'altrui crudeltà. Anzi la sollecitava in un gioco seducente e civile.

Si sa tutto su Ugo La Malfa: non è tipo che si nasconda, che si neghi alla stampa. Si sa che gli piacciono le donne, i dolci, le partite a scopone, le Dolomiti. (La sua scalata del Monte Rosa, a sessantasett'anni, sfiorò i fasti della nuotata di Mao Tse-tung nello Yang-

Tse). Si sa che è un mediterraneo innamorato del Nord, delle nevi e del freddo del Nord, dove la miseria è meno volgare, meno nera di mosche. (Darebbe molto per illudersi che nacque tra i cactus per un'imperdonabile svista del Padreterno). Si sa che è antifascista da sempre, con coraggio e razionalità. Si sa che ama la politica d'un amore struggente, in fondo romantico: «La politica è un modello di società che uno vuole realizzare. La politica è... un sogno». Si sa che è uno stratega spietato, ai limiti del cinismo. Si sa che è un pessimista cupo, ai limiti della tragedia (il suo senso del dramma della vita è, in fondo, mazziniano). Ma chi ha capito che ciò non si deve a un vezzo, bensì a un'inesorabile lucidità? Ascoltiamo con orecchi aperti la sua analisi disperata e disperante dell'Italia d'oggi. A fare i sordi potremmo ritrovarci come i cittadini di Troia che non prendevano sul serio Cassandra e, una brutta mattina, si svegliarono con Ulisse dentro le mura.

ORIANA FALLACI. *Non credo che con lei sia il caso di invocare Dio, onorevole La Malfa. Però, che Dio ce la mandi buona. Con la sua fama di Cassandra specializzata nel predire sciagure e annunciare disgrazie, io non oso pensare a quel che verrà fuori da questa conversazione. Eccolo... ride. Io vorrei proprio sapere perché, quando si parla di disgrazie, lei ride.*

UGO LA MALFA. Eh, cara amica! Eh, eh! Eh, eh, eh! Un minimo di umorismo ci vuole. Un minimo di speranza. La speranza è lotta, cara amica, e in qualsiasi condizione uno deve lottare. Eh! Anche se capisce che lottare non serve a niente, non porta a niente. Anche se prevede che, comunque vada, va a finir male. Eh, sì, cara amica: male. È tanto che lo dico: badate, qui va a finir male. Il paese è malato, il sistema è in crisi, la situazione si aggrava, la democrazia è in pericolo, le conseguenze possono essere fatali, qui si rischia di tornare al passato...

Visto? Avevo ragione? Ma da cosa le viene questo pessimismo?

Eh, cara amica! Eh! Sarà pessimismo o valutazione delle cose reali, giudicate senza illusioni? Io sono realista, cara amica. Realista! E sono siciliano, cioè abituato alle scomode verità. Eh! Io me la porto nel sangue la sofferenza del Sud, la tristezza del Sud. Esiste un paese più triste della Sicilia? Pensi alle pagine del *Gattopardo*, a quella luce solare che è tutta una tristezza, tutto un pessimismo... Io non conosco che la Russia per paragonare alla Sicilia. Ricordo quando andai a Mosca, come capo della delegazione per il trattato di pace con l'Unione Sovietica. Arrivai e dissi: «Ma questo è il mio paese! Questa è la Sicilia!». Così depressa, così triste. Mica la capiva il piemontese Togliatti, la Russia. La capivo io, siciliano.

Ma se ci ha vissuto così poco, in Sicilia!

Eh, cara amica! Eh! Diciott'anni ci ho vissuto. Diciotto. Fino a quando sono andato a Venezia per studiare. E non mi è piaciuto vivere in Sicilia, no. Quella vita grama, quella fatica per raggiungere una posizione, qualsiasi posizione, quell'infanzia dura, con mio padre sottufficiale di polizia, mia madre che veniva da una famiglia borghese ma caduta in povertà... Scappammo tutti. Anche mio padre, mia madre, mio fratello, mia sorella, tutti. E non ci tornammo più stabilmente. Mai più. Quattro anni a Venezia, dieci anni a Milano... Il meridionale ama il Nord, cara amica. Essendo l'espressione di una civiltà perduta e non di un paese sottosviluppato che si affaccia alla ribalta della Storia, lui guarda all'Occidente. Ama il Nord. E se io...

E se lei potesse spingerla un poco più su quest'Italia affogata nel Mediterraneo, lo farebbe subito: vero?

Non me lo faccia dire! Se io potessi non dico rovesciar lo stivale ma comprimerlo in direzione del Nord, delle Alpi, dell'Europa... Che vuol farci, sono un tipo così. Quando mi chiedono qual è il paese dove vivrei più volentieri, rispondo subito: l'Inghilterra. Mi piacciono gli anglosassoni. E hanno un bel dirmi che Roma è bella. Sì, sì: bellissima. Ma io preferisco Milano. Vede? Dovevo farmi l'operazione agli occhi e sono venuto a Milano. C'è un senso svizzero, qui: europeo, mitteleuropeo. La Mitteleuropa incomincia qui, ammettiamolo. È un'altra cosa qui, via. Anche se le cose si sono guastate anche qui. Infatti ha ragione Sciascia che, pessimista come me, dichiara: «Volevo lasciare Palermo per trasferirmi a Torino. Ma ci ho rinunciato perché, ormai, è la stessa cosa».

Venezia, no...

Venezia, no. Ah, l'eleganza, la civiltà di Venezia! Ah, la sofferenza che mi dette Venezia quando l'abbandonai! Ah, quei canali, quei cortili, quelle donne con lo scialle e col cinguettio di quel delizioso dialetto! Cinguettavano... Piazza San Marco, che sogno. La Biblioteca Ca' Foscari sul Canal Grande, che incanto. Inconcepppibbbile! Indimenticcabbbile! Mi restò una tal nostalgia di quel mondo. Altro che Sicilia! Del resto, maturò a Venezia il mio antifascismo, mica in Sicilia. Era il 1921 e, a Venezia, i fascisti si chiamavano Cavalieri della Morte. Vestiti di nero, sinistri, occupavano piazza San Marco e ci impedivano di passare di lì. Se noi antifascisti ci passavamo, ci buttavano dentro il canale. Anche esteticamente, questo mi disgustò. Mi fece capire dove saremmo finiti. E nel 1924, quando andai a Roma con una borsa di studio, feci un discorso in cui prevedevo anni difficili. Un discorso in cui dicevo ba-

371

date, qui va a finir male, il paese è malato, il sistema è in crisi, la democrazia è in pericolo, le conseguenze possono essere fatali...

Oddio!

E Giovanni Amendola ne prese atto in un intervento in cui disse cose molto lusinghiere per me. M'ero legato al gruppo di Giovanni Amendola, l'Unione nazionale democratica, ed ero diventato amico di suo figlio Giorgio. Volevo bene a Giorgio, ma Giovanni mi suggestionava. Intanto era bellissimo, l'uomo più bello che avessi mai visto. Alto, severo, sembra un pastore anglicano. Poi emanava da lui una tale forza morale. Ebbi un gran dolore quando morì. E ce l'ebbi anche quando, nel 1930, Giorgio ci abbandonò dicendo solo-il-comunismo-ci-può-salvare. Eh! Tanti, fra i migliori, se ne andarono coi comunisti. In quegli anni rimasi quasi solo: una cosa straziante. Del resto non v'era scelta: o si andava coi comunisti o si restava sulle posizioni di Giustizia e Libertà, il futuro Partito d'azione.

Il Partito d'azione. Io penso che non si possa capire La Malfa se non ci si rifà al Partito d'azione.

È vero. Perché io, guardi, sono rimasto azionista. Io nel Partito repubblicano ho cercato di portare il Partito d'azione. Bel partito, il Partito d'azione. Bello, bello. Così moderno, così giusto. M'è rimasto nel cuore il Partito d'azione. Si riscopre ogni giorno il Partito d'azione.

Per questo lo ammazzaste, voi azionisti?

Non lo ammazzammo noi. Fu ucciso da un'esperienza prematura e anche dalla ostilità degli altri. Era scomodo a tutti, il Partito d'azione, indigesto a tutti. Sia a destra che a sinistra ci odiavano tutti. Ci aiutarono tutti a morire. E sa perché? Perché, in fondo, eravamo dei protestanti. Nei paesi di Controriforma come l'Italia, i protestanti sono sempre odiati. Eravamo per le riforme, noi, e in Italia il concetto di riforma è considerato un concetto protestante perché la riforma comporta uno spirito severo, antipopolare, antidemagogico. Nel nostro paese, invece, lo spirito severo non c'è. Il coraggio d'essere antipopolari non c'è. Alla gente si è abituati a raccontar frottole. E poi, come i veri protestanti, non avevamo le masse dietro di noi. Come i veri protestanti, avevamo mandato e mandavamo i quadri al massacro: pensi all'assassinio dei fratelli Rosselli, pensi ai dirigenti fucilati, pensi a tutti i miei amici ammazzati alle Fosse Ardeatine, scomparsi in combattimento. Oh, l'Italia non capì mai il Partito d'azione, il suo fascino, la sua modernità. Forse lo capirebbe oggi. E sa cosa le dico? In fondo non importa nemmeno che sia morto, il Partito d'azione, ma che ci sia stato. E, in fondo, non è morto. Perché non è morto l'azionismo come concezione moderna delle sinistre.

Scusi, La Malfa, ma è proprio sicuro che il Partito d'azione sia stato ucciso dagli altri e non dalla vostra confusione ideologica, dalle vostre risse di uomini intelligenti, sì, ma disgregatori?

Questo accadde dopo, come conseguenza della crisi che si aprì nel partito quando Ferruccio Parri divenne presidente del Consiglio: cosa che io non volevo. Ma io non sono mai creduto e a niente vale che i fatti mi diano poi ragione. Ed ecco la storia. Liberata Roma, noi azionisti avevamo vinto una grande battaglia: quella contro Badoglio. Infatti, appoggiati dall'intero Comitato di Liberazione, eravamo riusciti a imporre Bonomi al posto di Badoglio e anche a ottenere l'impegno di indire l'Assemblea consultiva e la Costituente. (Cosa per cui Churchill s'era preso un'arrabbiatura folle. Churchill voleva Badoglio e non sopportava che egli avesse accettato le nostre richieste. Ancor meno sopportava che il rappresentante alleato, un generale inglese che poi divenne deputato laburista, avesse ratificato la faccenda). Dopo questo grande successo, però, Bonomi cominciò a ripiegare su vecchie posizioni. E allora noi azionisti iniziammo la lotta contro Bonomi. Lo facemmo ritirandoci dal governo coi socialisti e lasciando i comunisti soli con la DC. Eh, eh! Eravamo terribili, noi azionisti. Eravamo proprio bravi... Mi segue?

La seguo.

Poi viene la liberazione del Nord. E arrivano i rappresentanti del Nord e, quale candidato alla successione di Bonomi, portano una brava persona che però è un uomo di paglia: il liberale Artesani. L'idea, infatti, non è quella di dare ad Artesani la presidenza del Consiglio: è di darla a Nenni. Altro punto cui mi oppongo per le ragioni che spiegherò. Nasce la lotta tra socialisti e cattolici. De Gasperi ha paura che Nenni diventi subito capo del governo, e non perché abbia paura di Nenni: perché ha paura del blocco Nenni. De Gasperi ignora, infatti, quali forze possa esprimere il Partito comunista attraverso il blocco Nenni. Lo scontro si risolve con un compromesso: la candidatura di Ferruccio Parri. E io mi ci oppongo come alla candidatura Nenni. I motivi sono quelli che espongo a Nenni: «Meglio mandare al governo De Gasperi. Meglio non bruciarci assumendo ora responsabilità così gravi. Meglio controllare la situazione da sinistra. Meglio ripetere la strategia che è riuscita con Badoglio e con Bonomi. Non abbiamo distrutto Badoglio con quella, non abbiamo distrutto Bonomi?». In altre parole, io miravo a raggiungere il controllo della situazione gradualmente; non in modo veloce e violento. Ero attendista. Lo ero per Nenni in quanto capivo che era saggio esporre un moderato per risparmiare Nenni. Lo ero per Parri in quanto sapevo che il Partito d'azione doveva farsi le ossa e non poteva bruciarsi affrontando subito responsabilità troppo grosse. Perché dare a De Gasperi le armi per liquidarci? Perché non liquidare De Gasperi? Ma, come sempre, non mi ascoltarono. Come sempre, non ebbi successo: io sono davvero il politico delle cause perdute. E...

De Gasperi liquidò voi.

Esattamente. Parri accettò la presidenza e così espose tutto il Partito d'azione. Lo so ben io che ero ministro dei Trasporti e dicevo: «Sono un ministro dei Trasporti che va a piedi». Era tutta distrutta l'Italia: per andare da Roma a Milano con la commissione alleata impiegai quattro giorni. Quasi ciò non bastasse, Nenni lanciò l'idea della Costituente a ottobre, e il Partito d'azione la fece propria sebbene io ripetessi no, no, no! Non eravamo pronti per le elezioni. Poi gli alleati suggerirono di fare prima le elezioni amministrative, cosa per cui eravamo ancor meno pronti, e Parri rispose: «Va bene». Così spalancando le porte agli altri partiti, in particolare alla DC. Poi ci fu la crisi scatenata dai liberali su Parri. E il Partito d'azione ne subì tutte le conseguenze. Bruciato Parri, l'uomo della Resistenza, ci bruciammo tutti. Le divisioni tra noi divennero più fonde, le crepe si allargarono e si manifestarono al congresso. Nell'intento di vedere in termini meno ideologici e più concreti la società del futuro, noi azionisti avevamo preso uomini provenienti da diverse tradizioni del pensiero: socialisti, repubblicani. Ed avevamo cercato di dare una struttura omogenea alle diverse correnti. Ma Lussu volle sciogliere il comitato delle correnti, cominciò a dire che io ero un liberale di sinistra e non un socialista. La rissa aggravò la crisi apertasi con la disavventura governativa, il partito si disfece, e De Gasperi poté vincere definitivamente la battaglia del post-fascismo.

Suvvia! Solo per questo? Per uno scivolone degli azionisti?!

Eh, cara amica, eh! La politica è come la guerra: spesso basta una battaglia per decidere tutto. La sorte dell'Italia fu decisa tra il 1945 e il 1948, anzi tra il 1945 e il 1946 perché il 1948 non fu che una conseguenza dei nostri errori commessi nel '45 e nel '46. Eh, sì, perdemmo proprio per uno scivolone: come Napoleone a Waterloo. Fu la Waterloo della democrazia come la intendevamo noi... E cioè come laicismo, come modernità. Fu una Waterloo che continuiamo a pagare e che pagheremo per chissà quanto tempo ancora: lasci perdere le analisi concettose sull'Italia cattolica e reazionaria. Se c'è un'Italia cattolica, reazionaria, bisogna porsi il problema di vincere con una strategia adeguata: sì o no? Dunque, o si faceva la rivoluzione (cosa che nessuno aveva voglia di fare, cominciando dai comunisti) o si sceglieva una strategia. Quella che io proponevo. Loro non l'accettarono, e così vinse De Gasperi.

Senta, La Malfa: lei è un uomo brillante e senza dubbio informato. Però mi convince poco. La storia di un paese non è un gioco di scacchi ed è mai possibile che, per una mossa sbagliata, ci si sia rotti il capo per sempre? Perbacco, son passati quasi trent'anni!

Ma la vittoria riportata dalla DC tra il 1945 e il 1948 è una vittoria storica, cara amica! È una battaglia storicamente vinta da De Gasperi e storicamente perduta da noi! Le dirò di più: la mia strategia includeva il centro-sinistra nel 1944-45. Secondo me quello era il punto che avrebbero dovuto affrontare tutti i socialisti dell'Europa del dopoguerra. Ma, quando lo esposi a Nenni, lui mi rispose che non poteva accettarlo perché restava-fedele-all'unità-della-classe-operaia. Non volle sganciarsi dai comunisti, lui che a quel tempo aveva a sua disposizione il maggior partito italiano, il maggior numero di voti. Che errore! Ma insomma: il centro-sinistra avrebbe funzionato meglio nel '45, quando la Democrazia cristiana non era molto forte, o nel '63, quando la Democrazia cristiana era ormai fortissima? Se Nenni si fosse reso indipendente dai comunisti, il Partito d'azione non sarebbe morto: io calcolavo di poter raggiungere una sessantina di deputati. E, se il Partito d'azione non fosse morto, la sinistra italiana non avrebbe fatto una così brutta figura dinanzi alla storia: il destino dell'intero paese sarebbe cambiato. Cara amica, guardiamoci negli occhi: perché non ha funzionato la sinistra in Italia?

Già, perché?

Perché da una parte ha ereditato le concezioni leniniste e cioè legate all'esperienza rivoluzionaria avvenuta in un paese diverso come la Russia, dall'altra ha ereditato il socialismo tradizionale e cioè un riformismo concettualmente poco qualificato e mai rinnovato. Non ci si è mai preoccupati, in Italia, di conoscere il pensiero sociale come s'è evoluto nei paesi anglosassoni. Non ci si è mai curati di studiare l'esperienza fatta nei paesi più avanzati dell'Occidente: l'Inghilterra laburista, la Scandinavia, la stessa America rooseveltiana. Queste cose sono completamente uscite dalla nostra cultura che al marxismo ha saputo opporre soltanto l'idealismo crociano. Solo il Partito d'azione aveva intuito cosa dovesse essere la sinistra in Italia, come si dovesse stare a sinistra in un paese occidentale. Solo il Partito d'azione aveva capito che bisognava sganciarsi dagli schemi ideologici tradizionali, che bisognava esser socialisti in modo diverso dai socialisti. Io dicevo attenzione, guai a presentarsi come socialisti tradizionali: non ci sarebbe spazio per noi, non esiste già il Partito socialista? Dobbiamo essere azionisti, dicevo, non socialisti. Dobbiamo offrire soluzioni diverse da quelle dei socialisti e dei comunisti: la programmazione, l'economia a doppio settore, cioè pubblica e privata, le riforme fatte con realismo, la redenzione del Mezzogiorno fatta con modernità... Ma non mi ascoltarono, non mi ascolta mai nessuno, e questa sinistra intelligente che nel Partito repubblicano ora c'è...

C'è?!?

Sì, c'è. Perché ce l'ho portata io.

Lei si considera uomo di sinistra?

Scusi, lei considerava il Partito d'azione un partito di sinistra?

Il Partito d'azione, sì.

E io non sono uomo del Partito d'azione?

Lei era un uomo del Partito d'azione. E non certo tra i più rivoluzionari, La Malfa. Ricorda...

Io non sono mai stato un rivoluzionario. Mai. Nemmeno da ragazzo. Non sono mai stato comunista, marxista, non ho mai amato le soluzioni rivoluzionarie. Ho sempre capito benissimo che in una società come quella zarista si dovesse fare quel tipo di rivoluzione marxista, ma ho sempre detto che in una società come quella italiana si dovessero fare le riforme e basta. Quanto al Partito repubblicano, ammetterà che il mio concetto di sinistra moderna vi esiste più di quanto esista nella socialdemocrazia, che in tutti questi anni non è riuscita a esprimere nulla. Eh! Eh, eh! Solo sul vecchio tronco di quel nobile Partito repubblicano io potevo trasferire il mio Partito d'azione e, allo stesso tempo, restar fedele ai valori risorgimentali cui ho sempre creduto. Eh, sì: secondo me, anche la lotta del Partito d'azione si rifaceva alla tradizione risorgimentale. Io, se dovessi caratterizzare il mio personaggio, direi: sono l'uomo che più ha rispettato e rispetta la tradizione risorgimentale.

La Malfa, ho una curiosità. Il Partito repubblicano era un feudo di Pacciardi. Ma come fece a liquidare Pacciardi?

Eh, cara amica! Eh, eh! Una battaglia terribile è stata. Terribile. Dieci anni ci ho impiegato, dieci anni. Mi ci volle l'aiuto di Oronzo Reale, un altro azionista. A parte il fatto che il Partito repubblicano viveva accendendo lumicini a Mazzini e non era facile dire: badate Mazzini è morto, Mazzini era moderno al suo tempo ma oggi è morto, imporsi costituiva un'impresa perché Pacciardi v'era così radicato. Era un osso duro perché aveva un notevole passato di antifascista e... Bè, durante la Resistenza lui era negli Stati Uniti, però durante la guerra di Spagna s'era comportato assai bene e io non potevo non rispettare questo. Anche se avevo l'impressione che fosse pericoloso, che mirasse a una svolta autoritaria. Ci teneva troppo a presentarsi come l'uomo forte del regime democratico. Si opponeva troppo all'apertura che io invocavo verso i socialisti. Mi rimproverava troppo d'esser rimasto legato a Riccardo Lombardi, di mirare al centro-sinistra, di credere alla programmazione, di credere ai socialisti. Mi rivolgeva attacchi d'una violenza estrema. Arrivammo al punto di non parlarci più, non salutarci più, e guardarci in cagnesco.

Ma è vero che a Ravenna lei comprò i voti di quelli che lo misero fuori gioco e...

No, no. Effettivamente qualcuno mandò qualcuno e ci fu... Ma io lo ignoravo, come poi s'è dimostrato al processo. Del resto, fino al 1964 lui partecipò con noi alle elezioni politiche e fu deputato. Solo dopo uscì e fondò quella «Nuova repubblica» di tipo gollista che confermava l'esattezza del mio giudizio nei suoi riguardi. Eh, sì. Fu lui il primo a portare l'idea di una repubblica presidenziale di tipo gollista. Anzi, a mio avviso, ci sperava. A quel tempo era molto amico di un ambasciatore francese che era un pezzo grosso del movimento gollista.

Ed è vero che, una volta, lei minacciò di prenderlo a schiaffi?

Mi faccia pensare... Può darsi. Ora che me lo ricorda, dev'esser successo in una riunione tumultuosa e durante la quale lui disse: «Qui si arriva agli schiaffi». E io risposi: «Considerati già schiaffeggiato da me». Sì, dev'esser successo con lui.

Glielo chiedo perché m'hanno detto che lei ha un gran brutto carattere: al punto di menar le mani, diventare violento. Quella volta, ad esempio, in cui prese a pugni un repubblicano di Reggio Calabria e...

Non era un repubblicano, era un azionista. E non fu a Reggio Calabria, fu a Cosenza durante il primo congresso del Partito d'azione: nel 1944. Eravamo pieni di furori a quel tempo, e io ero un giovane acceso. Oggi sono più calmo. Per esempio, in una recente arrabbiatura, ho agguantato un posacenere molto robusto e l'ho scagliato per terra rompendolo. Sono passato dagli uomini ai posacenere, insomma, e ciò denota un notevole miglioramento. Però sarebbe inesatto affermare che ho un carattere angelico, dolce.

Oh, non è il solo! Io ho notato un fatto curioso avvicinando voi politici: siete spesso nevrastenici, se non isterici. E più parlate di libertà, di tolleranza, di altre bellissime cose, meno le applicate nel vostro piccolo cosmo e nella vita di tutti i giorni. In privato, insomma, siete dei dittatori.

Lei deve considerare che incontra solo esponenti politici i quali hanno responsabilità molto gravi e... bè: per guidare un partito ci vuole grinta. Ci vuole durezza. Guai ad allentare le briglie: i partiti si liquefanno. In altre parole, non è la politica che rende nervosi: è la responsabilità. Quanto all'accusa che nel PRI io sia un dittatore, direi che la rifiuto. Non sono un dittatore, sono l'uomo che ha tirato su il partito. Presi la segreteria nel 1965 quando il PRI era sceso a quattrocentotrentamila voti e lei sa che a trecentomila voti si muore. Il dilemma era... Eh, eh! Se sarei stato il segretario della ripresa o il segretario della fine. Per vincere avevo bisogno di grinta. Con un carattere angelico non avrei potuto spengere quei lumicini a Mazzini, spiegare che Mazzini era un grand'uomo al suo tempo ma bisognava smetterla di pensare come un secolo fa. Non fu un successo facile, neanche questo, sa? Non è facile guadagnarsi un elettorato con posizioni non ideologizzate. E non è facile resistere oggi: il giorno in cui non riuscirò più a tenere sulla scena il partito, non si faccia illusioni: i repubblicani mi decapiteranno.

Come? Non daranno lo scettro a suo figlio?

Ma no. Guardi, mio figlio... Intanto io ho sempre sconsigliato mio figlio d'entrare in politica. Gli ho sempre detto: «Fai il professore, lascia perdere la politica!». È libero docente con un incarico all'università di Milano, ha potuto studiare nelle università inglesi e americane, lui, e mi sarebbe piaciuto avere un figlio professore e basta. Io, se avessi avuto una vita normale, se non fossi entrato in politica, quello avrei fatto: il professore di economia. Giorgio non mi ha ascoltato e... pazienza. Però non sarà il mio erede: la successione è apertissima nel partito. Io a Giorgio riconosco un merito, tuttavia: l'aver portato avanti una tematica sul terreno economico. Una tematica che ha contraddistinto il partito e...

Donat Cattin lo chiama «l'onorevole Gesù Bambino». Lo sa, vero? Perché-è-il-figlio-del-Padre-Eterno.

Eh! Eh, eh! Eh, eh, eh! Donat Cattin dice certe cose... D'altronde lo capisco perché, quand'era ministro del Lavoro, l'ho attaccato in modo così violento. Come ministro del Lavoro era un tale disastro, un tale massacratore dell'economia italiana. Invece, come ministro della Cassa del Mezzogiorno, s'era impegnato bene. Con passione, con concretezza. Faceva cose giuste, era l'uomo giusto. Non capisco proprio perché l'abbiano...

E poi Donat Cattin dice che il PRI rappresenta i banchieri italiani.

Queste sono cose che riflettono la grossolanità del giudizio nel nostro paese. Ma come si fa a dire una scempiaggine simile? Se fossimo al servizio dei banchieri, saremmo ricchi.

E che? Non lo siete?

No, cara amica, no. Siamo poveri quanto lo sono io che non ho mai posseduto nulla eccetto un appartamento comprato a rate in una casa quasi popolare, a Roma. Io non ho nemmeno la villetta al mare, io, come tanti. Ce l'ha mia figlia. D'estate io mi riposo in uno stabilimento balneare di Ostia. Guardi, siamo così poco ricchi, noi repubblicani, che io passo metà della mia vita a chiedere soldi. Li chiedo a tutti. A tutti! Scrivo lettere: «Il mio partito è questo, il mio giornale è questo, se vi sta bene aiutatemi», e mi firmo: «Ugo La Malfa, segretario». Chi mi dà ventimila, chi un milione, chi dieci milioni, chi centomila. E io piglio con un bel grazie. Solo dai petrolieri non ho avuto nulla fuorché una volta. Ero sulla loro lista, lo so per certo da un petroliere che me l'ha raccontato, però non mi arrivava nulla. Solo per le elezioni del maggio 1972 mi giunsero centoventi milioni. E li presi. Lo confesso. Li presi. L'ho detto anche al giudice. Sono andato dal giudice e gli ho detto: «Li ho presi, li ho dati al partito, e ne rispondo io perché il segretario del partito sono io». Sì, la storia dei finanziamenti esiste. Ed è penosa. Ma, finché non si arriva al finanziamento pubblico che tutto sommato è il minore dei mali, non se ne può fare a meno. Perché un partito senza mezzi finanziari muore. L'importante è non accettare condizionamenti. Io non ne ho mai accettati e sapesse le proposte che ho avuto durante la mia carriera ministeriale! Parlo di centinaia di milioni, sa? Centinaia! Ma io, quando gli industriali mi aiutano...

Certo, agli industriali, voi repubblicani non fate certo paura.

Può darsi. Ma perché dovremmo fargli paura? Non vogliamo mica una società comunista che li liquidi e amen. Siamo una sinistra non rivoluzionaria, miriamo a una società diversa e agli industriali chiediamo soltanto di fare il loro dovere sociale. Invitare un imprenditore a produrre non significa mica volerlo distruggere. Al contrario. Ah, io non posso sopportare la sinistra che abbaia contro gli imprenditori, gli dice: «Ti-voglio-distruggere», e poi conclude: «Però-devi-aumentare-la-produzione». È la sinistra che disprezzo, la sinistra che ignora quale tipo di società voglia creare. È la sinistra che ha dimostrato di non avere alcuna coerenza riformatrice. È la sinistra che si abbandona sempre ad esperienze occasionali: non rette da una filosofia, non rette da una metodologia, non rette da una logica. Ma insomma! Io la capisco la filosofia di uno Stato collettivista, io la capisco la logica di una società scandinava, ma questa società in cui viviamo da anni in Italia non la capisco proprio. Cos'è? Che vuole? Nemmeno i democristiani sanno quale tipo di società vogliono e...

Scusi, La Malfa: lei dice di saperlo, però anche lei si abbandona a parecchie incoerenze. Entra nel governo, ne esce, lo condanna, lo appoggia...

Eh, cara amica! Eh! Il problema dei repubblicani è quello d'esser legati alla sorte del sistema, malgrado sia un sistema che declina e degenera. Siamo in questa doppia posizione: ci agitiamo e predichiamo nell'ambito del sistema però non possiamo abbandonare il sistema. Perché non possiamo abbandonare il sistema democratico. In altre parole, sappiamo benissimo che il sistema dei partiti costituzionali, i partiti della Resistenza, è in gravissima crisi, però non possiamo uscirne, sennò dove ci collochiamo? Sono d'accordo con lei: è una strana posizione la posizione di un partito che esce dal governo e continua ad appoggiarlo dall'esterno. Ma riflette il dramma di un partito il quale comprende che le cose non vanno bene e, allo stesso tempo, non trova un rimedio. A che vale gettare il grido d'allarme se non possiamo disimpegnarci dal sistema? Io mi batto, mi batto, e poi? Per esempio: sono andato al governo e ho cercato di far valere le mie idee, di avviare un'azione moralizzatrice, ma quando ho visto che non ci riuscivo me ne sono andato. Eh, eh! Perché crede che mi sia dimesso? Per la questione del prestito? Suvvia, quella è stata un pretesto! Avrei potuto dimettermi prima: sulla questione dei prezzi politici, oppure sulla questione delle pensioni di invalidità, su mille cose. La verità è che me ne sono andato per non essere corresponsabile di un deterioramento che non porterà a nulla di buono. Non potevo far altro. E ora non posso fare altro che starmene accantonato sulla collina insieme con il mio piccolo esercito repubblicano che non è una forza determinante ma è una forza democratica, starmene lì in posizione di attesa, a guardare l'incoscienza altrui, l'incapacità, a meditare su quel che posso fare tra due mesi, tre mesi...

Ci siamo. Lo sapevo che prima o poi Cassandra si sarebbe scatenata.

D'altronde, quando c'è un Parlamento che non ricorda nemmeno d'essere un organo di controllo dell'esecutivo... Quando c'è un Parlamento che sembra la Chiesa di Gerusalemme, un Parlamento dove si recita il rito comunista e ci vanno solo i comunisti, si recita il rito democristiano e ci vanno solo i democristiani, si recita il rito repubblicano e non ci va quasi nessuno perché siamo pochini e non ci ascolta nessuno... Quando c'è un Parlamento che è la negazione del Parlamento perché nessuno ascolta l'avversario, tutti ascoltano il proprio officiante e basta... Che altro posso fare?

La Malfa...

Perché nessuno fa il proprio dovere. Nessuno. Perché tutti sono contraddittori, incoerenti. Perché non vedono la realtà del paese. Perché mischiano la demagogia, l'ideologismo astratto, le convinzioni non maturate coi giudizi approssimativi. Perché i centri decisionali non funzionano. Perché s'è dilagato un cancro: il cancro dell'uso del potere. Il gioco cinico del potere. Il confondere le responsabilità col potere. Perché si fa il ministro, l'amministratore, il sindaco, senza sapere come si fa il ministro, l'amministratore, il sindaco. Perché si pensa solo al proprio interesse personale o politico dimenticando che la politica non può prescindere dalla moralità. Ma le pare giusto che, quando arriva un nuovo ministro, questi si porti dietro duecento persone?!? Io, quando sono andato al Tesoro, mi sono portato solo la segretaria e il capo di gabinetto e il capo dell'ufficio stampa. Loro, invece, duecento! E il clientelismo. E i favori. E le raccomandazioni. Ma un ministro non deve guardare in faccia nessuno! Nessuno! Non deve conoscere nomi e cognomi! Deve rivolgersi al cittadino e basta! È incominciato con la DC questo cancro. Ne ha abusato soprattutto la DC, fin dall'inizio. Ma poi ha contagiato anche i socialisti, sì: anche loro. E quando mi si dice: non sarà che gli italiani non vogliano esser governati?, mi arrabbio. Rispondo: gli italiani vogliono essere governati, la colpa non è loro, è di chi li governa col cinismo, col menefreghismo, con la mancanza di patriottismo civile. Perché sa che le dico? S'è dimenticata perfino la lezione risorgimentale e a volte mi sembra che esistano i partiti, esistano le correnti, ma non esista l'Italia come comunità.

La Malfa...

E aggiungo: se questo continua, se i fenomeni disgregativi si accelerano, noi andiamo a fluire in una crisi istituzionale. E torniamo al nostro passato. Eh! Io avevo vent'anni quando nasceva il fascismo e, osservando la sua violenza, pensavo: «Ma questi liberali che avevano l'Italia in mano, la libertà in mano, perché si sono fatti battere, si fanno battere dal fascismo?». Ebbene: dopo cinquant'anni di vita politica, mi trovo a pensare le stesse cose dall'altra parte della barricata. Perché tra quelli che avevano la libertà in mano ci sono anch'io. E mi trovo a domandarmi, soprattutto rispetto ai giovani, se non sono nella situazione di coloro che hanno perduto la battaglia contro il fascismo. Me lo domando ogni giorno. Il processo involutivo che sta subendo il paese è troppo grave, troppo. Le ripeto che il paese è malato, malato, malato! E tutto quello che scrivo, che dico, che faccio dire al Partito repubblicano è: «Se l'Italia deve andare verso una crisi istituzionale, almeno una forza politica, e cioè la nostra, non deve avere corresponsabilità». Io devo poter dire alle giovani generazioni: «Io, Ugo La Malfa, antifascista quando il fascismo sorgeva, non ho fatto nulla perché il paese cadesse in una crisi simile». Non posso far altro. Non posso perché non ho forze, non dispongo nemmeno di cinquanta deputati con cui potrei ancora evitare molte cose. Gli italiani non me li danno. Posso solo rendere nota questa mia consapevole non-corresponsabilità.

Davvero? Davvero lei è il solo innocente? Davvero lei non ha colpe? Non ci ha lavorato, ad esempio, coi democristiani?

Se non avessimo avuto questo Partito comunista, in Italia, non avrei lavorato coi democristiani. Se le cose fossero andate come volevo io, l'Italia sarebbe stata governata da una grande formazione laica e non dai democristiani. Non dimentichi come si sono presentati i comunisti in Italia. Non dimentichi tutta la complicazione internazionale che stava dietro di loro. Anche da un punto di vista internazionale, dovevamo o no tutelare la nostra libertà democratica? Il Patto atlantico, l'Europa, la costruzione europea erano sì o no la trincea in cui trovavamo respiro? Certo che anch'io ho le mie colpe. Una è d'aver creduto ai socialisti, d'aver voluto a ogni costo il centro-sinistra, senza accorgermi che tale svolta non era preparata concettualmente, senza accorgermi che non esisteva il senso della politica globale necessaria a incidere sulla nostra società. Ho voluto il centro-sinistra, anche vent'anni dopo, e il centro-sinistra ha fallito. Ah! Io ero sicuro che il centro-sinistra avrebbe portato avanti il paese facendogli fare un salto di qualità. Il paese era avviato, il centrismo aveva fatto riforme importanti: la riforma agraria, la riforma tributaria, la Cassa del Mezzogiorno, la siderurgia di Stato. Mattei aveva scoperto il metano, io avevo liberalizzato gli scambi con l'estero... E dicevo: ora, coi socialisti, faremo un salto di qualità. C'era stato un momento formidabile in Italia. C'erano stati gli anni del miracolo economico: gli anni in cui questo popolo considerato anarchico e disordinato aveva prodotto industrie, cinema, moda. Non c'era che da approfittare di quel momento creativo per spingerlo avanti. Non c'era che da accompagnare l'impulso. E invece, zac! Una battuta d'arresto.

Sì, ma perché?

Perché... gliel'ho detto. Perché non avevamo maturato una politica coerente di riforme. Perché la forza preponderante della DC ne condizionava l'esperienza. Perché la lotta per il potere aveva preso il sopravvento. Perché m'ero illuso che il Partito socialista portasse una ventata nuova, una ventata fresca. Perché sono mancati gli uomini giusti. Pensi cosa sarebbe stato il centro-sinistra con Riccardo Lombardi. Ci voleva un uomo come lui, capace di integrare Nenni con autorità nel campo economico. Io, quando cadde il governo Fanfani e si fece il governo Moro, andai da Lombardi e gli dissi: «È il tuo momento, Riccardo. Tocca a te, Riccardo. Anche Nenni mi ha strapregato perché ti dicessi d'entrare. Questo è un gioco di staffetta, Riccardo. Io ho fatto cento metri, ora continua tu». Non volle. Ebbe paura d'essere preso in una situazione moderata. Che strano. Quand'era nel Partito d'azione, con me, Riccardo non aveva affatto il complesso della sinistra. Quando morì il Partito d'azione sembrava che andasse con Saragat. Invece andò con Nenni e scivolò sempre più a sinistra. Gli venne il complesso della sinistra, dei comunisti, del chi-sta-più-a-sinistra.

Forse vi sono altre ragioni per cui il centro-sinistra ha fallito.

Sì: una classe dirigente sottosviluppata. Cioè una classe dirigente di uomini che non conoscevano il proprio mestiere. Parliamoci chiaro: Giolitti lavorò su un'Italia miserabile e Cavour su un'Italia inesistente. Al tempo loro questo paese non era che miseria, ignoranza, povertà. Non avevano proprio nulla per fare l'Italia. Eppure la fecero: su nulla. Invece il centro-sinistra ha preso l'Italia nel suo momento migliore, il suo momento creativo, e l'ha fatta marcire nel disordine e nell'anarchismo. Ho proprio sbagliato a credervi. E, visto che siamo qui a giudicare le colpe di La Malfa, le dirò che ho sbagliato in molte altre cose. Ho creduto alla nazionalizzazione, per esempio. Ho creduto che essa desse una strut-

tura capace di risolvere i problemi delle aree depresse. Non
ho capito che nel suo corpo si sarebbe inserito il clientelismo politico, la cattiva amministrazione. Non ho capito che
avremmo tolto i padroni del vapore per metterne altri. Le
esperienze dell'amministrazione pubblica sono state tutte
negative, tutte! Sono tutte degenerate nel clientelismo e nei
giochi di potere, tutte! Anche l'IRI, perfino l'IRI! Non basta l'ideologia dell'economia pubblica anziché l'economia
privata: bisogna vedere se quella pubblica ha un valore positivo o negativo per la società.

*Senta, La Malfa: ma a parte La Malfa non c'è proprio nessuno
in Italia a cui lei dia un po' di fiducia?*

Io ho avuto una grande stima di Moro. Una grande stima.
Poi, dopo il '68, quando lui si spostò repentinamente a sinistra, l'ho criticato. Abbiamo avuto anche uno scambio di lettere attraverso le quali lui s'è giustificato elencando i torti che
gli aveva fatto il partito. Ma io gli ho risposto che un uomo
politico, di torti, deve aspettarsene sempre. A mio giudizio,
Moro aveva qualità di riflessione politica. Adesso mi pare in-
fiacchito e direi che la sua posizione è troppo esposta. L'altro
uomo è Fanfani. Vivo, dinamico, attivo. Un cavallo di razza.
Come Moro, del resto. Infatti la definizione di Donat Cattin,
«Moro-e-Fanfani-sono-due-cavalli-di-razza», mi sembra giusta. Peccato che questi cavalli di razza abbiano fantini che li
fanno correre. I cavalli di razza non devono avere fantini, non
devono essere cavalcati da nessuno. Devono correre da sé. E
chi ha orecchi per intendere, intenda.

*Vedo che lei non condivide i timori di coloro secondo cui Fan-
fani mirerebbe a un colpo di stato istituzionale, a un minigollismo. Ma è vero che lei è legato a Fanfani?*

No, no. Io non sono legato a nessuno. Semplicemente penso che in Fanfani ci sia più forza che in altri. Penso che, nella nostra crisi economica e sociale, egli veda con un po' più chiarezza. Un po' di più... E poi penso che egli sia più deciso nei punti che bisogna affrontare. Tutto qui. Non a caso l'ho invocato al governo quando s'è rifatto il centro-sinistra, né ho nascosto che un ritorno al centro-sinistra con Fanfani presidente del Consiglio avrebbe dato più garanzie. Quanto ai timori che egli miri a instaurare un minigollismo, a essere il protagonista di una svolta autoritaria... io non posso... non devo anticipare giudizi di questo genere. Le cose, per affermarle, vanno viste... vanno controllate...

Ma come? Lei non è Cassandra? La Cassandra che prevede sempre tutto su tutti?

Oggi Cassandra dice soltanto che il paese attraversa un processo involutivo dal punto di vista economico, sociale, istituzionale. Dice soltanto che il referendum è un aggravamento di questa situazione, che il referendum può accelerare quel processo involutivo e peggiorarlo, che le conseguenze possono essere autoritarie. Ammenoché il paese non abbia un sussulto e quindi riacquisti consapevolezza, tenti di salvare le istituzioni democratiche. Bisogna vedere cosa accadrà dopo il referendum: questo sbagliatissimo referendum. Accettare il referendum in cambio del divorzio è stato un errore così catastrofico. Ma perché De Martino propose quella commedia all'italiana, io-ti-do-il-referendum-tu-mi-dai-il-divorzio?! Ma perché si fidò di quell'impegno all'italiana per cui i democristiani non si sarebbero appellati al referendum? I prossimi mesi saranno mesi molto importanti per l'avvenire dell'Italia. Saranno mesi definitivi. Ma in quale senso non so. Solo quest'estate sapremo quale sarà la diagnosi della malattia, in quale direzione marcerà il paese. Per ora devo sperare e basta: cioè sperare che le forze democratiche trovino l'energia necessaria a salvarci. Non ho nessuna voglia di chiudere la mia vita con la disperazione d'esser tornato davvero al passato.

Se non è vivo, è morto; e se non è morto, è vivo: dicevano i medici al capezzale di Pinocchio. Onorevole La Malfa, la prego: sia più esplicito. Quando parla di pericolo, a quale pericolo allude? A un golpe?

Mah! Mah! Le Forze Armate mi sembrano leali verso lo Stato... Mi sembrano una delle istituzioni che ancora conservano lealtà. Però, quando una situazione s'aggrava, anche certe realtà cambiano. Io non mi sono mai chiesto, non voglio chiedermi se... Mah! Se la situazione s'aggrava, tutto è possibile. Tutto. Non si può escludere niente. Niente. Perché vede... Io, nelle elezioni del 1970, concludevo i comizi dicendo: «Cos'ha fatto l'Italia in questi anni? S'è arrampicata sulle Alpi per guardare all'Europa. Stiamo attenti a non farla ricadere in pieno Mediterraneo, perché quello è un mare dalle sponde coperte con paesi più o meno totalitari». E le condizioni dell'Europa, oggi, non sono migliori di quanto fossero nel 1970. Sappiamo bene che, quando si è malati, gli interessi stranieri giocano con maggiore influenza e da ogni parte. Sappiamo bene che la nostra malattia si presta a quei giochi. Io non escludo niente, niente... Del resto devo anche dire che la democrazia ha bisogno di responsabilità, autorità: non possiamo sbracare da tutte le parti. A un certo punto la presenza democratica dev'essere autorevole, autoritaria...

Autoritaria? Che brutta parola. Intende forse dire che un golpe istituzionale sarebbe preferibile?

Io spero di non vedere questo. Io ho vissuto secondo certe convinzioni e, se credessi a questo, finirei subito la mia vita politica. Però non facciamoci illusioni: quella minaccia esiste. L'aggravarsi della situazione può portare anche a un golpe istituzionale. Il principio di autorità e di responsabilità s'è troppo perduto e la storia ci insegna che... Ad esempio, perché abbiamo questa enorme paura dell'inflazione? Perché sappiamo che l'inflazione non ha mai portato a sinistra: ha sempre portato a destra. E perché ci allarma l'idea che una legge giusta, civile come il divorzio possa venire abolita? Perché ciò sarebbe la conferma che l'Italia non è un paese di riforme ma di controriforme. Gliel'ho detto anche a Rumor: «Non vorrei offenderti, ma guarda che alle tue riforme io non ci credo. Il marchio del nostro paese è la controriforma».

Allora che facciamo? Diciamo una preghierina?

Io non posso, cara amica, non posso. Sono laico, io, assolutamente laico. Non ho mai avuto nessuna tentazione religiosa e le dirò: mia madre era religiosissima, così quand'ero bambino tentò di inculcarmi la sua fede. Ma capì che era inutile e vi rinunciò. Io, cara amica, il problema della preghierina non me lo sono mai posto. Nemmeno il problema di Dio. Sono laico al punto di credere che moriamo come le piante, e che sia bello così. Si va in terra, si concima altre piante, si nutre altra vita, si continua dunque a far parte di questa natura che muore e rivive e si trasforma... senza illudersi d'esser destinati ad altri mondi. Ah, il desiderio della sopravvivenza non esiste in me, anzi lo interpreto come viltà morale. Perché voler sopravvivere?

La Malfa, sono depressa.

Eh, cara amica! A chi lo dice!

Non si potrebbe chiuder quest'incontro parlando di cose più divertenti? Di archeologia, per esempio. So che lei è un esperto archeologo. Oppure di alpinismo. So che lei è un bravo alpinista. Guardi, si può parlare anche del compromesso storico purché non si parli più di...

E che? Il compromesso storico non sarebbe forse una disgrazia? Non aggraverebbe forse i problemi del paese? Non è forse un altro pericolo che incombe su noi? Eh! Eh! Ora ne parlano solo i comunisti, i democristiani dicono no. Ma il loro è un no tattico o definitivo? Un no che vuol dire no o un no che vuol dire sì? Eh! Eh, eh! Io non lo so. Però so che se lo fanno, questo compromesso storico, noi laici finiamo male. E i comunisti... Vede, in questi anni noi repubblicani non abbiamo mai fatto dell'anticomunismo. Abbiamo solo contrapposto la nostra visione della società alla loro visione della società: più o meno il discorso che aprii nel 1965 con Ingrao e con Amendola. Sì, quando gli chiesi di considerare una società diversa da quella sovietica. Coi comunisti funziona questo tipo di dibattito, io lo conducevo anche con Togliatti. Anzi con Togliatti mi piaceva particolarmente perché egli aveva una cultura liberale e con essa il senso della discussione parlamentare. Infatti, quando andai al governo, nel '49, mi mandò un bigliettino molto simpatico: «E ora con chi discuto?». I comunisti... Vede, io non posso cedere al pregiudizio che niente cambi nel Partito comunista. Partirono, sì, dall'esperienza russa. Su di essa si batterono fanaticamente, sì, e credettero che potesse esser ripetuta ovunque. Però, dopo, hanno corretto quell'impostazione. E io mi chiedo se tale cambiamento non sia avvenuto anche perché hanno discusso con noi per anni. Però anche loro si trovano nei guai.

Anche loro. Non si salva proprio nessuno.

Eh, sì, cara amica. Sì. E gliel'ho detto ad Amendola. Perché io voglio sempre bene ad Amendola. Per me non è nemmeno Amendola, è Giorgio. Gli ho detto: «Giorgio, in tutta serenità credo di poter pensare che il vostro processo non sia ancora compiuto: né da un punto di vista di politica interna né da un punto di vista di politica internazionale». Io non posso dire che i comunisti di oggi siano quelli del 1948 e non posso dire che i comunisti del 1980 saranno quelli del 1974. E m'ha fatto piacere che Saragat, nel suo discorso al congresso, abbia assunto verso i comunisti una posizione che non è del suo solito anticomunismo viscerale. Però anche i comunisti sono nei guai. Perfino internazionalmente. Eh, sì. Perché vede: quando l'Europa occidentale era compatta, quando la costruzione europea procedeva, i comunisti italiani se la cavavano meglio. Avevano più autonomia. Giorgio Amendola contava molto su quell'Europa, no? Mi sembra d'averlo capito anche dall'intervista che ha dato a lei. Si capisce: con un'Europa che funzionava, la politica dei comunisti italiani poteva sganciarsi dalla politica russa. Ma con l'Europa divisa, con l'Europa che scricchiola, l'autonomia dei comunisti italiani viene indebolita. Eh, eh! Non soltanto noi ci sentiamo indeboliti. Eh, eh! Perché cosa crede: che la crisi petrolifera sia stata una vittoria degli arabi? Eh, no, cara amica. È stata una vittoria sovietica. Per anni la Russia aveva avuto alle frontiere un Occidente che basava la sua politica sul benessere, sulle classi operaie che avanzavano. E in quelle condizioni, i suoi interessi li faceva male, la Russia. Ora invece...

Ho trovato!

Cosa ha trovato?

*Un argomento estraneo alle disgrazie, alle sciagure, alle cata-
strofi, ai pericoli, ai guai, alle previsioni infauste, alla morte.
Le donne!*

Le donne?!?

*Sì, le donne. Lei se ne intende quanto di politica, no? Lei non
è mica frenato dal puritanesimo di Amendola.*

Eh! Eh, eh! Eh! Sì, sono un po' lontano dal puritanesimo di
Amendola. I miei rapporti col mondo femminile sono... ecco: piuttosto buoni. Insomma, ci ho simpatia.

*Lo so, lo so. Non è sua quella frase: «Il successo con le donne
incomincia dopo i quarantacinque anni»?*

Eh! Si vede che fino a quella mia età non hanno avuto tempo
per occuparsi di me. O meglio: non si sono accorte di me.

Come dice Kissinger, il potere è un grande afrodisiaco.

E non ha tutti i torti. Però, più che di potere, io parlerei di
rappresentatività. Il fatto di distinguersi, di uscire dalla folla, l'individualizzazione insomma. Che, poi, è un discorso
valido per tutti e anche per voi donne. Anche voi siete più
interessanti quando vi individualizzate col tempo. Parliamoci chiaro: sia negli uomini che nelle donne, ciò che provoca
interesse è la fantasia... l'esperienza... la cultura. Io ricordo
quando feci quel viaggio in Grecia e mi mostrarono il monte

Citerone. Me l'ero immaginato imponente e invece era un montagnotto qualsiasi: in un'altra parte del mondo non m'avrebbe detto nulla. Ma visto lì, impreziosito dal pensiero che era il monte delle Muse, m'ha incantato. Che vuol farci? Rivestiamo la fantasia di valori così e, dopo i quarantacinque anni, anche un uomo brutto diventa il monte Citerone.

Eh, eh! È vero che lei è molto goloso?

Che c'entra? Perché?

Così. Per capirla.

O per pura perfidia? Perché chiedermi se sono goloso dopo aver parlato delle donne mi sembra perfidia. Ebbene, sì: sono goloso. Molto goloso. Un dolce siciliano, ad esempio, anche se è un po' pesantuccio, me lo mangio sempre volentieri. Assaporare è un'esercitazione notevole, legata alla curiosità e... Ma lo sa, lei, d'essere perfida?

La Malfa... Ero una ragazzina, ma c'ero anch'io nel Partito d'azione.

Roma, aprile 1974

Giancarlo Pajetta

Guardalo mentre mi parla, pacato e suasivo, controllando un distacco che sfiora la tristezza, misurando un sorriso che nasconde la timidezza, quasi un milord che discute sul tempo e i cavalli: niceday-today, my-horse-however-is-not-very-well. Ascolta la voce indulgente, elegante, da ricco, tenuta sui toni bassi per non ferirti le orecchie; il garbo con cui riconosce che i diciannove milioni del No appartengono a tutti e a nessuno, quel voto è stato un voto moderato, quella vittoria una vittoria della libertà. Poi dimmi se costui ti sembra Giancarlo Pajetta, il feroce Pajetta che spaventava il prossimo con le sue sfuriate, le sue invettive, i suoi balzi di gatto che graffia, e infiammava le piazze come un Lenin. Che gli è successo? È ammalato, è invecchiato, gli hanno dato il bromuro? Niente di tutto questo. Di salute sta bene, a parte gli acciacchi inevitabili in uno che ha vissuto quattordici anni nelle galere fasciste. Di età ha solo sessantatré anni sebbene la calvizie, le spalle curve, la celebrità gliene attribuiscano molti di più. Di bromuro non ne ha bisogno perché è sempre stato così, anche quando faceva paura. Un signore malinconico, educato, un po' snob, e a cui i beceri danno fastidio. Può permettersi il lusso di gettare la maschera, ormai. L'epoca in cui i comunisti si mostravano rudi è finita, il PCI non parla più di rivoluzione. Parla di compromesso storico, democrazia parlamentare, riformismo.

Però in fondo ai suoi occhi luccica un diavoletto. O un onesto avvertimento? Non perdere di vista quegli occhi, insieme maliziosi e spietati. Lui non è il tipo che abiura, che indebolisce una fede solo perché cambiano le strategie. Al partito si iscrisse bambino, al partito donò la giovinezza trascorsa dietro le sbarre, il dolore di una madre adorata, la vita di un fratello appena diciottenne, un'esistenza di sacrifici e di rischi. E la scelta fu per lui un sacramento valido fino alla morte. Non lo scorderà mai, proprio come un monaco non scorda mai il suo dogma. In fondo è un monaco, legato perinde ac cadaver al comunismo. E il suo convento è la sede di via delle Botteghe Oscure, la sua cella è l'ufficio in cui lavora dalle otto del mattino alle nove di sera, con una specie di misticismo, cercando ogni possibile via che serva a portare sulla Terra il Regno dei Cieli. In tale misticismo non dà importanza al mangiare, al bere, al vestire, e ignora il valore dei soldi, delle piccole realtà quotidiane, delle grandi debolezze umane. È già molto che lo perseguiti ancora una fama, non so quanto esagerata o usurpata, di donnaiolo. Infatti se ne dispiace nella misura che conviene a un monaco, all'accusa arrossisce indignato, si turba.

Perché è «colpevole»? Perché è «innocente»? Certo è un monaco particolare, tormentato dalla tentazione di mille eresie. Non ci vuole molto, per esempio, a capire che la sua fede deve litigarsi continuamente con la sua intelligenza, la sua cultura europea, la sua libertà di giudizio, il suo senso dell'humour. Ne ha quanto nessuno. I comunisti di solito sono noiosi, non sanno ridere, non sanno prendere o prendersi in giro. Lui ci riesce, invece, come un Bernard Shaw: mischiando una candida sincerità al paradosso, una sottile malignità al sarcasmo, un gaio divertimento alla vendetta. E a chi tocca, tocca. In questa intervista è toccato ad Amendola, suo amico e compagno nella Direzione centrale, colpevole di presentarlo come un Casanova. Dopo Amendola è toccato a Fortebraccio, il corsivista dell'«Unità». E poi a Barzini, a Malagodi, Almirante. È cattivo perfino con Nenni. L'unico che si salva è Andreotti, cui dedica una sconcertante dichiarazione d'amore. Per il gusto di scandalizzare, sbalordire? Forse. O forse Andreotti gli piace davvero: le sue simpatie non hanno etichette. Negli uomini cerca l'intelligenza, la coerenza, e il mio sospetto è che non gli interessi troppo la bontà.

Imprevedibile, strano, simpatico Pajetta. Intervistarlo è un'avventura che può condurre ovunque: addirittura a invaghirti, col cervello, di lui. Ma più che un'avventura è un'esperienza. Leggiamo con attenzione ciò che ci dice su di sé, sui comunisti, su quest'Italia che gli piace tanto e al diavolo le nevi di Mosca. È un documento intriso di storia. E di antifascismo vero.

ORIANA FALLACI. *Non ci credo.*

GIANCARLO PAJETTA. Non ci credi? Come non ci credi? A cosa non credi?

A questo serafico distacco, a questa tenera imperturbabilità. Suvvia, scherziamo? Dove sarebbe andato a finire il tremendo Pajetta, l'iracondo Pajetta, il leggendario Pajetta che faceva tremare la gente con le sue invettive spietate, i suoi pugni chiusi, il suo...

Ma io, guarda, io non sono mai stato cattivo!

No...?

No, te lo assicuro. No. Quel Pajetta lì è un personaggio inventato. E io non mi sono mai riconosciuto in quel Pajetta lì. Ne ho provato perfino dispetto, a volte. Ci ho perfino sofferto a sapere che mi consideravano come tu affermi. Ricordo il giorno in cui andai con Togliatti ai Castelli Romani. Mi si avvicina un cameriere e, con profonda convinzione, dichiara: «Qui siamo tutti pajettiani». Allora io, che non ho mai appartenuto a nessuna corrente, tantomeno l'ho guidata, chiedo: «Cosa vuol dire?». E lui, serissimo: «Guarda, quelli che vogliono spaccare ogni cosa, vuol dire». Bè, ci rimasi male... Non sono mai stato uno di quelli che vogliono spaccare ogni cosa, mi sono sempre considerato un moderato, un realista preoccupato di contenere ogni forma di massimalismo e di estremismo: non potevo credere che agli occhi di un compagno apparissi così. Eppure quel mito mi ha inseguito ovunque e... Io, credimi, per anni, quando entravo in una sezione del PCI, trovavo un compagno che mi annunciava felice: «A me mi chiamano il Pajetta di qui!». E, invariabilmente, si trattava di un tipo cui non avrei voluto assomigliare. Una volta attraversai Bari alla testa di un corteo, insieme a Di Vittorio. Al nostro passaggio, le grida Viva-Di-Vittorio si alternavano a urla del genere: «Viva Giancarlo Pajetta, il Guerin Meschino della Camera!». E il mio imbarazzo si mischiava alla rabbia perché... Ecco, perché io sono sempre stato così tollerante.

Tollerante? Ho capito bene? Tollerante?

Oh, sì. Io ho sempre pensato che le vie del Signore sono infinite, come diceva mia madre, e che le strade per una politica giusta possono essere diverse, e che l'unità è fatta di tante differenze ma specialmente di tanta tolleranza. Io, figurati... Recentemente ho incontrato Scelba e gli ho parlato. Una volta, anni fa, parlai perfino con Almirante. Fu quando mi disse che subito dopo il 25 aprile voleva diventare comunista. Sì, sì: diventar comunista. E io lo ascoltai, tranquillo. Io non ho mai tenuto conto degli odi personali. Ricordo una guardia carceraria che si comportava in modo particolarmente odioso, e io l'avrei ammazzata senza alcun rimorso, ma allo stesso tempo mi dava fastidio dover registrare tanta passione e pensavo: pazienza, morirà anche lui, è fatto di cellule anche lui. Lo stesso quando seppi che Mussolini era stato appeso pei piedi a piazzale Loreto. Mi trovavo a Milano dov'ero giunto, da Roma, un paio d'ore prima che arrivassero le truppe alleate. Ma non andai a vederlo. Non perché mi desse noia. Infatti, se avessero avuto bisogno di me per appenderlo, mi sarei offerto subito: da ragazzo sognavo sempre di mettergli la testa dentro un formicaio di formiche rosse. Non ci andai perché... Io credo nella storia, non negli interessi turistici e personali. Non nelle passioni individuali.

Capisco. Ma quei berci in Parlamento? Quelle interruzioni crudeli?

Senti, da ragazzo, quando avevo tredici o quattordici anni, ero innamorato del Parlamento. E la ragione per cui ero innamorato del Parlamento era che mi piacevano le interruzioni parlamentari, soprattutto quelle di un certo Maffi che col suo sarcasmo mandava in bestia i fascisti. Allo stesso tempo volevo fare la rivoluzione, mi sembrava impossibile che entro trent'anni non avvenisse la rivoluzione, così il mio bisogno di imitare il Maffi era turbato da un pensiero: quando avrò l'età per diventare deputato, non potrò diventare deputato perché sarà avvenuta la rivoluzione e il Parlamento non esisterà più. Eh! Non immaginavo davvero che la vita mi avrebbe concesso il piacere di diventare deputato, interrompere gli altri, strillare... Invece me lo concesse e me lo godei. Prima usava così, la battaglia politica si conduceva così. Era una moda, una strategia. Poi è finita quella moda, quella strategia, e m'è dispiaciuto. Me ne dispiace. E non perché mi divertissi... un soldato non si diverte mai quando spara alla guerra... ma perché l'assenza di litigi e di berci ha talmente svilito la vita parlamentare. Le ha infuso un tale grigiore. Una volta lo dissi anche a un presidente della Camera che mi rimproverava d'essere violento. Non ricordo quale presidente... io non ho la memoria di Amendola che rammenta perfino cosa mangiò una sera di luglio di trent'anni fa. Non scriverò mai la storia della mia vita come fa lui... Comunque gli dissi: «Caro presidente, se non accadessero certe cose in Parlamento, vorrebbe dire che la gente non crede più alle sue idee. Io non capisco cosa ci guadagni un Parlamento a essere composto di gente più educata e meno sincera».

Come succede oggi. E se anche Pajetta gioca a fare l'agnellino...

Non è che gioco a fare l'agnellino. È che le sfuriate non si usano più e io non sono ciò che sembravo. I personaggi appaiono sempre secondo la commedia o il dramma che rappresentano. Io rappresentavo una certa commedia, un certo dramma... Oggi faccio la mia parte in una situazione diversa. D'accordo: bisogna ammettere che, se uno è visto in un modo, qualche responsabilità deve averla. E ho abbastanza autocritica da rendermi conto che un po' di colpa è mia. Quella vivacità di espressione... quel gusto della rissa... non solo in Parlamento ma nei comizi... Se avessi dato retta a mia madre che mi consigliava di fare meno comizi e scrivere un poco di più su «Rinascita», m'avrebbe fatto bene. Anche nei comizi ero un po' acceso, ammettiamolo. Lo sono perfino oggi. E non è mica bene, sai? Pensa a quel libro di Sciascia dove il maresciallo dei carabinieri dice all'arrestato: «Parla, parla, tanto non mi incanti. Io ho sentito parlare anche Terracini!». Voglio dire: quando si è considerati virtuosi dell'oratoria o della polemica, si rischia di indebolire la forza del ragionamento. E a me è sempre interessato far ragionare la gente, non esaltarla. Non mi piace chi si lascia andare, non mi piace perdere la testa. Se per caso mi accade, poi me ne vergogno come di una debolezza. Io neanche la sera del 13 maggio mi abbandonai a gesti scomposti di gioia. Non a caso uso dire che funziono coi terremoti: è nei periodi tranquilli, quando non succede nulla né in bene né in male, che divento irritabile. Gli avvenimenti grossi mi lasciano calmo. E la vittoria del No era un avvenimento troppo grosso, troppo importante, perché potessi permettermi il lusso di non restare calmo.

Eppure non è stata una vittoria dei comunisti. O dei comunisti e basta.

No, non lo è stata. Non è stata la vittoria di un solo partito, o di alcuni partiti, o dei divorzisti. È stata la vittoria della libertà, della ragione. Mi fanno ridere quelli che sostengono, su certi giornaletti ad esempio, che il No è stato un voto di classe. Ma come si fa a dire che è stato un voto di classe quando in alcune città s'è votato No al settantanove per cento?! Al massimo si può dire che il voto di classe è stato unanime, che la classe operaia ha votato No all'ottanta e forse al novanta per cento, che s'è dimostrata in grado d'assolvere un compito nazionale e civile. Ma di qui a dire che hanno vinto gli operai e il PCI, ce ne corre! Io... la cosa che mi ha fatto più piacere sai qual è? La conferma che gli italiani sono davvero più avanti degli uomini che li governano. Nessuno che si sia azzuffato prima, nessuno che sia andato a fischiare dinanzi alla canonica dopo... E poi mi ha fatto piacere scoprire che non avevo torto a ripetere: bisogna avere fiducia nell'elettorato. E non solo nel nostro: anche in quello degli altri. Questi cattolici che ci vengono presentati come bigotti, come baciapile: invece sono uomini e donne che pensano. Questi democristiani che, a giudicare dai loro capi, sembrano incapaci di discutere. Invece sono persone che ragionano, persone con cui è possibile avere un dialogo. E per concludere, guarda: mi ha fatto piacere avere la prova che i voti del

MSI non vengono da un elettorato fascista ma da un elettorato fluido, scontento.

Senta, Pajetta...

Senti, Pajetta.

Senti, Pajetta... senta, Pajetta: passata l'ubriacatura, io ci ho pensato a questa faccenda. E mi sono chiesta se non abbiano ragione coloro che sostengono che molti No sono stati dati da gente incapace di capire come il No fosse un no al fascismo. Insomma gente che ha votato No nello stesso spirito con cui avrebbe risposto all'abrogazione dell'automobile.

Ecco una cosa che mi fa arrabbiare! Lo sai chi dice questo? Chi parte dall'idea che la gente in Italia non sia avanzata come ha dimostrato! Chi crede che, se facessimo un referendum sulla pena di morte, la gran maggioranza degli italiani voterebbero a favore della pena di morte! Io mi offendo a udire certe cose! Io mi... D'accordo: non tutti hanno votato No per dire no ad Almirante e al fascismo. Le motivazioni sono state tante. C'è chi ha votato No per la legge e basta. Anzi sono incline a pensare che la maggioranza dei No sono venuti da gente che pensava di mantenere il divorzio e basta. C'è chi ha votato No per semplice odio verso il fascismo, disinteressandosi della legge sul divorzio. C'è chi ha votato No per opporsi alla dittatura di Fanfani, e qui alludo ai No che sono venuti dalla DC. C'è chi ha votato No perché, pur essendo cattolico, non accetta che la Chiesa condizioni i diritti del cittadino. Ciascuno ha avuto la sua motivazione personale e aveva ragione il compagno del direttivo che dopo la vittoria mi disse: «Questo è stato il voto più libero che gli italiani abbiano mai dato. Libero da ordini di partito, da clientele, da fanatismi». Però, in ogni caso, è stato un No alla prepotenza. È stato un No in nome della libertà. E anche il fascista che ha votato No riservandosi di votare MSI alle prossime elezioni si è comportato inconsapevolmente da antifascista. In quanto ha disubbidito ad Almirante, s'è opposto alla costrizione e all'ignoranza.

Pajetta... se dico una cosa, si arrabbia?

No, perché? Come diceva mia madre, le vie del Signore sono infinite e...

...bisogna essere tolleranti. Ebbene: per voi comunisti, la vittoria del No è stata una sorpresa e...

Sì, ma solo nella sua portata. Infatti fino all'ultimo momento noi abbiamo evitato le profezie quantitative. Non potevamo farne perché... prendi l'elettorato missino: gran parte di esso ci sfugge. Non abbiamo contatti. Oppure prendi l'elettorato del ceto medio in certe zone urbane: non lo conoscevamo abbastanza. Non sapevamo come si sarebbero comportati, ad esempio, il «Corriere della Sera» e «La Stampa». Ignoravamo quale sarebbe stato l'atteggiamento dei quotidiani di informazione. Ignoravamo addirittura fino a che punto essi avrebbero influito sui piccoli borghesi di Torino e di Milano. Ci limitavamo a dire che il nostro elettorato avrebbe tenuto bene e che le donne avrebbero tenuto bene. Le donne... Non abbiamo mai sottovalutato le donne, noi. È Fanfani che ha sbagliato a insultarle con tante volgarità e ricatti. Ovvio, anzi umano, che gli si rivoltassero contro per indignazione. Eh, lui pensava che inventando un grande pettegolezzo nazionale e inventando alcune bugie su Togliatti o su Marx ci avrebbe confuso. Noi invece abbiamo mobilitato i nostri attivisti perché conducessero una battaglia intelligente, colta. Gli abbiamo fatto studiare la legge sul divorzio con tanta minuzia che, poverini, si lamentavano di doversi preparare su cose troppo scritte e troppo difficili. Bisognava ripetergli: «Dovete avere pazienza. Non si tratta di battersi su parole d'ordine o volantini o slogan. Si tratta di battersi sul piano della razionalità. Chi è contro il divorzio non è necessariamente un cretino. A volte parte da motivi tradizionali, da motivi logici, da motivi che potrebbero indurre anche voi a dubbi o a preoccupazioni...».

Sì, però io stavo per chiederle un'altra cosa e...

E poi abbiamo dovuto spiegargli che non intendevamo monopolizzare la campagna, che non volevamo farne una battaglia di partito: niente falce e martello, solo ragionamenti. Il PSI ha diffuso tutti i manifesti col simbolo del PSI, noi neanche uno con la falce e il martello. Guarda, noi ci siamo preparati con scrupolo: la prima riunione dei segretari federali avvenne prima che si decidesse il referendum. E Fanfani, al solito, la credette una bugia. La credette una manovra per fargli credere che non eravamo contrari al referendum. Perché lo sai qual è stato l'errore fondamentale di Fanfani? Mostrare disprezzo per la maturità civile, politica, democratica degli italiani e contare su uno scontro a cornate coi comunisti. Sì, disprezzo è la parola giusta. Non saprei definire altrimenti le sue minacce apocalittiche, i suoi insulti, le sue mistificazioni, il suo ricorrere a un anticomunismo da 1948. Perché da dove è partito Fanfani per imbarcarsi in quella sua avventura tremenda? Dall'ostinazione con cui noi comunisti abbiamo cercato di evitare il referendum. Noi avevamo sempre detto di non volere il referendum perché non volevamo una lacerazione del paese, uno scontro frontale.

Infatti i laici, per questo, hanno sospettato a lungo che fossimo tiepidi divorzisti o che non volessimo dare battaglia per paura di perdere. Ma anche Fanfani ha pensato che avessimo paura di perdere. Non ci ha creduto quando gli dicevamo: bada che, se il referendum si fa, noi diamo battaglia sul serio e possiamo vincere. Ha fatto un calcolo piccino: se-i-comunisti-hanno-paura-di-perdere-non-bisogna-accettare-la-loro-proposta-d'accordo-e-bisogna-dargli-contro. Non s'è informato a sufficienza, lui che poteva contare sull'apparato della Chiesa e dello Stato per sapere tutto. Ha scambiato la prudenza politica per paura elettorale e, bugiardo com'è, non ha creduto che altri potessero dire la verità. Gretto com'è, ci ha attribuito grettezza.

Ecco il vero Pajetta. Ma io stavo per dire...

Il vero Pajetta, perché? No, che c'entra? Figurati. È sempre antipatico giudicare chi cade e non sarò io a fornire alla DC il pretesto per difendere Fanfani. Però sono anni che dico queste cose su lui perché sono anni che Fanfani dà la prova dei suoi limiti. Lui crede sempre di poter molto perché disprezza gli altri. Li considera deboli, incapaci di reagire. È un egocentrico senza rispetto per il prossimo. E così ne pensa tante ma, al momento di raccoglierne il frutto, resta con le mani vuote. O addirittura si rompe la testa contro il muro. Ha fantasia, sì. Ha capacità di lavoro, varietà di interessi, passione: però questi sono elementi napoleonici e Napoleone non mi è mai stato molto simpatico. Dice che Napoleone, una volta, essendo passato sul molo di Anversa e avendoci visto due cannoni, si fece dare l'elenco di tutti i cannoni dell'impero. Poi disse: «Qui mancano i due cannoni sul molo di Anversa». Sai, per far credere che conosceva per nome tutti i cannoni dell'impero. Fanfani ha lo stesso difetto: vuole far credere di sapere anche ciò che non sa, o saper fare anche ciò che non sa fare. Ad esempio, dettare il regolamento della Comédie-Française mentre va a Mosca con la slitta. Ebbene, per mettere insieme un impero non basta dettare il regolamento della Comédie-Française mentre si va a Mosca con la slitta. Tantomeno basta controllare gli impiegati di Palazzo Chigi buttandogli all'aria gli uffici. Napoleone diventò imperatore perché c'era stata la Rivoluzione francese e, se l'epoca storica non è quella, certi napoleonismi non servono a nulla. O servono solo a rompere le scatole ai colleghi del Parlamento, del ministero, del proprio partito. Lui pensava che, giocando la carta del referendum, avrebbe raggiunto un potere plebiscitario sulla DC e poi la direzione dell'intero paese. Molti se n'erano addirittura convinti perché c'è sempre stata quest'idea che Fanfani fosse, anzi sia, il padrone d'Italia. Ma io l'ho sempre detto che era un rompiscatole e basta. Anzitutto pei suoi colleghi di partito che, alla fine, gliel'avrebbero fatta pagare.

Sì ma, come stavo per dire, per voi comunisti non sarebbe stato meglio se Fanfani avesse perso meno? Perdendo meno avrebbe potuto venire a patti con voi e... mi sbaglio o il dover spartire con gli altri la vittoria del No rende più difficili i vostri progetti di compromesso storico?

Perché? Il compromesso storico non è mica un accordo diplomatico tra Fanfani e Berlinguer. Non è nemmeno un venire a patti con la DC. È un costringere la DC a mutare la sua politica dalle fondamenta, a vedere in altro modo la società italiana. Noi non vogliamo che Fanfani venga a patti col PCI, noi vogliamo discutere con milioni di italiani che sono cattolici. Vogliamo che la gente si muova. E, più gente si muove, per noi meglio è. Così, e se lo si intende come una convergenza di forze attive, cioè di grandi componenti della tradizione italiana, il compromesso storico è più possibile oggi di quanto lo fosse prima del referendum. Mi spiego meglio ed ecco. Da cosa partiva la nostra proposta? Dal fatto che noi non neghiamo la realtà storica della DC, dal fatto che noi la vediamo come un movimento articolato, un movimento che non può restare immobile. E cosa ha dimostrato il referendum? Che la DC è un movimento articolato, un movimento che non resta immobile. In altre parole, se tutti i democristiani avessero obbedito all'ordine di votare sì, noi avremmo concluso che il compromesso storico era una possibilità lontana. Dopo quel che è successo, invece, siamo autorizzati a pensare che il processo di convergenza è più avanti di quanto avessimo creduto.

Non capisco. Ma come?! Abbiamo appena detto che la vittoria del No non è stata una vittoria personale dei comunisti, e sappiamo che è stata una grossa sconfitta dei democristiani. Allora perché, proprio ora, voi due dovreste spartirvi il potere?!?

Noi non abbiamo mai detto di volerci spartire il potere con la DC. Noi abbiamo sempre parlato delle tre grandi componenti storiche: la DC, il PCI, il PSI. E abbiamo sempre parlato di pluralismo: sappiamo benissimo che nella vita politica e culturale italiana v'è una molteplicità di forze anche autonome. Gli scrittori, i magistrati, gli intellettuali in genere, ad esempio, lo dimostrano. E, se questo referendum ci ha insegnato qualcosa, è proprio la vitalità di quel pluralismo. Se questo referendum ci ha ripetuto qualcosa, è proprio la forza elettorale e politica che ancora oggi rappresentano i repubblicani, i socialdemocratici, i liberali. Però non possiamo mica mettere sullo stesso piano il Partito repubblicano e la Chiesa cattolica, il Partito comunista e la socialdemocrazia! Non possiamo mica dare ai gruppi autonomi lo stesso peso che diamo al PCI, al PSI, alla DC! Quanto al Partito comunista, guarda: noi ci rendiamo conto che, in un paese come l'Italia, la trasformazione della società non può avvenire attraverso un partito e basta. Cioè attraverso il Partito comunista e basta. Ci rendiamo conto che essa può avvenire solo attraverso un processo che includa altre forze. Ci rendiamo conto che la vittoria del No è un voto moderato e non un voto rosso, che solo una parte di quella vittoria è dovuta al voto rosso, che il problema di amministrare quei diciannove milioni di voti non si pone per nessuno e quindi nemmeno per il Partito comunista. Tuttavia...

Tuttavia?

Tuttavia sappiamo anche che i comunisti hanno avuto una parte immensa in questa vittoria, così come ce l'ebbero nella lotta della Liberazione. E sappiamo che la nostra forza è più forte del pluralismo. E poiché a contare non sono quelli che gridano più berci o scrivono scritte più rosse sui muri, poiché a contare sono quelli che hanno forze organizzate, di noi comunisti non si può fare a meno. Chi fa più paura ai conservatori e a certi democristiani? Noi comunisti. Chi intralcia una svolta autoritaria a destra? Noi comunisti. Chi oppone una barriera compatta ai fascisti? Noi comunisti. Chi ci vuole per far riuscire uno sciopero o risolverlo? Noi comunisti. Chi ancora oggi permette al PSI di reggere e mantenere certe posizioni? Noi comunisti. Lo sapete anche voi che ci guardate col sopracciglio all'insù. E, se non fosse così, quale senso avrebbe la nostra proposta di compromesso storico? Chiunque sarebbe autorizzato a pensare: «Ma guardalo questo partito di opposizione che ha combattuto con tanto accanimento e ora alza le mani, cede le armi! Ma sono folli i democristiani a non accettare!». Non sono folli. Esitano perché sanno che siamo coscienti della nostra forza. Sanno che la nostra non è una capitolazione. Sanno che non ci accontentiamo né ci accontenteremo di una fettina di potere e che vogliamo un cambiamento profondo, una rottura profonda. La più profonda che sia mai stata concepita.

Già.

Allo stesso tempo siamo gente pratica, noi. Non diciamo: «O tutto o nulla». Abbiamo capito che a una società nuova, cioè una società senza divisioni di classe, una società che non ha più bisogno degli Agnelli né come padroni della Fiat né come padroni dello Stato, si arriva lentamente. Con le conquiste parziali, le modifiche sociali, i diritti sindacali...

Con la partecipazione al governo...

Per il momento, la questione dei comunisti al governo non mi sembra una questione di attualità. Ma è più difficile, ora, trattare i comunisti come gente da escludere in perpetuo dal governo. Come ti dicevo, i comunisti hanno dimostrato d'essere una realtà troppo decisiva, troppo indispensabile per affrontare i grossi problemi del paese. Se i comunisti non vanno al governo, non si risolve la crisi e la democrazia italiana resta davvero in pericolo. Sai perché cadono i governi in Italia? Perché non affrontano i problemi di fondo tenendo conto della base popolare che è rappresentata dai comunisti. Se al governo ci fossero i comunisti, i governi avrebbero maggiore stabilità. Non dico che sarebbero governi incapaci di cadere... ma certo avrebbero maggiore stabilità. Infatti, quando pensiamo alla collaborazione con altre forze, pensiamo a creare condizioni nuove in cui le altre forze si comportino in modo nuovo e... Si parla tanto di incapaci, di mediocri, di ladri che ci governano. Boh! Secondo me, ogni individuo ha la sua parte di responsabilità. Però egli è anche ciò che la Storia gli permette di essere, o lo costringe ad essere. E sebbene vi siano uomini troppo provati perché esista una speranza di vederli migliorare, io non me la sento di condannare nessuno. E credo che se ne potrebbe utilizzare parecchi. Il problema è se in Italia si arriverà o no a un governo di cui i comunisti possano far parte: non si può certo pensare che i comunisti diano il cambio ai repubblicani e, se si tratta di sostituire il ministro Pieraccini, ognuno di noi sta dov'è. Così... io non so cosa accadrà nei prossimi mesi. Tuttavia penso che finiremo coll'andarci al governo.

E la rivoluzione?

Che rivoluzione?

Quella che lei voleva fare da ragazzo.

Non sono più un ragazzo. Ormai so che le strade per cambiare il mondo sono molte e che, in un paese come questo, esse non includono necessariamente la rivoluzione. Ormai so che certi processi si realizzano in modo diverso da paese a paese: il fatto ch'io creda ancora in un'organizzazione socialista del mondo non è più legato all'ingenuità di quand'ero ragazzo. Sì, vi sono altre maniere per tener fede a un'idea e ricordare la frase di Mazzini: «Uomini, tenete fede ai sogni della vostra giovinezza». Per il mio sedicesimo compleanno, mia madre mi regalò un libro di Nello Rosselli, *Mazzini e Bakunin*. E ci scrisse quella frase di Mazzini come dedica. E non credo di averla tradita, anche se faccio l'onorevole da trent'anni e non penso più alla rivoluzione. Le rivoluzioni non si inventano. Non si impongono. O avvengono o non avvengono. In Italia, anziché la rivoluzione, è avvenuta una trasformazione democratica cui hanno partecipato le forze operaie: non s'è posto il problema di una rottura in quel senso. Non ci siamo trovati neanche dinanzi a un'alternativa: o la soluzione democratica o la scorciatoia della rivoluzione. La soluzione democratica s'è imposta da sé, spontaneamente. La storia ci ha dimostrato che era possibile far parte della realtà senza scontri sanguinosi, attraverso un equilibrio, e noi abbiamo accettato la storia invece di ricorrere alla scorciatoia. Per esempio, la scorciatoia di...

... una soluzione iugoslava.

Io, durante la Resistenza, avevo una concezione «iugoslava» di quel che sarebbe stato il processo rivoluzionario. Non la ritenevo ineluttabile ma pensavo che la rivoluzione fosse l'unica alternativa per impedire un ritorno a forme di dittatura borghese. Invece la rivoluzione non c'è stata e... Mi potresti chiedere perché non c'è stata. Non c'è stata perché non rappresentavamo le forze che erano rappresentate dai partigiani in Iugoslavia, perché facevamo parte di una minoranza che si batteva contando sull'arrivo degli alleati. Il nostro non è stato il caso di un partito che si trova in mano un paese pronto alla rivoluzione e vi rinuncia per viltà o cretineria. È stato il caso di un partito che si trova dinanzi altre strade e capisce come la dittatura del proletariato si ponga diversamente da paese a paese. Così sarebbe ingiusto accusarci d'aver perso trent'anni: abbiamo fatto tante cose in trent'anni. D'accordo: se fossimo stati al potere, avremmo fatto di più. Per esempio, avremmo educato attraverso le scuole. Ma stando all'opposizione non abbiamo forse educato? Io, tante cose che avrei potuto fare come ministro di un paese socialista, le ho fatte come dirigente del PCI. Dice: la mancanza di una rivoluzione ha dato al capitalismo maggiore vitalità e capacità di durare. Sì, ma nello stesso tempo ha dato al movimento operaio e democratico una maggiore capacità di avanzare. E se oggi gli operai di Napoli sono così maturi, se oggi in Emilia si vota in un certo modo, si deve anche a noi comunisti che in certo senso abbiamo governato. A noi comunisti che ci siamo innestati in un intreccio di riforme-rivoluzione e...

E siete diventati un partito riformista.

Un grande partito riformista. Siamo un grande partito socialista perché siamo un grande partito riformista. Cioè capace di intervenire nella realtà, nella vita quotidiana. Bisogna capire cos'è la politica oggi. Non è più un tessuto di sogni, speranze, attese, letture, come quando ero ragazzo io. È un cercar di incidere nella realtà, nella vita quotidiana, e riuscirci: scrivendo la Storia. Capisci, quando ero ragazzo io, non scrivevamo la Storia: aspettavamo che la storia si svolgesse secondo i suoi tempi e ne venivamo travolti. Non si finiva in Parlamento o al governo: si finiva nelle liste dei condannati dal Tribunale speciale, nelle appendici segrete dei ricercati dalla Questura. Noi appartenevamo a una minoranza eroica, sì, ma incapace di farsi sentire e isolata dalla realtà. Far politica, allora, significava isolarsi dalla realtà anziché parteciparvi. In carcere non incontravi mica più la gente, non parlavi mica più. Prendi un tipo come me che è stato in carcere quindici anni e ha incominciato a fare il comunista da ragazzo...

Ecco, parliamo un po' di Pajetta. Come andò che...

... divenni comunista da ragazzo? Guarda, è come chiedere a un ebreo perché è nato ebreo. Un ebreo nasce ebreo e si comporta da ebreo perché i suoi genitori sono ebrei, quindi sa di appartenere agli ebrei. Io sono nato in una famiglia dove era naturale essere comunisti, dove un bambino aspettava l'età giusta non per cresimarsi ma per iscriversi al Partito comunista. Al comunismo, in casa mia, si credeva per istinto prima che per ragione. Mia madre era una comunista attiva sebbene non fosse iscritta. Mio padre, dopo essere stato socialista, era diventato simpatizzante comunista. Ed entrambi ti educavano a occuparti dei fatti altrui come se fossero tuoi. Io non ebbi pace fino al giorno in cui mi iscrissi al partito, e quel giorno venne quando compii i quattordici anni. I miei fratelli lo stesso. Sia Giuliano che Gaspare. Gaspare... quello che morì a meno di diciott'anni... combattendo con una brigata comunista in Val d'Ossola... Sai, quand'eravamo ragazzi noi, non era comodo essere comunisti: come minimo, voleva dire essere buttati in galera. Però ci sembrava normale finire in galera. Io, la prima volta, ci finii a sedici anni dopo essere stato espulso da tutte le scuole del Regno. Poi ci finii di nuovo a diciotto anni, dopo essere stato espulso di nuovo da tutte le scuole del Regno perché agli esami di maturità m'ero rifiutato di fare il saluto fascista. E infine ci finii a ventidue anni quando venni condannato all'ergastolo. Ma a quel tempo non ero più un comunista istintivo e ignaro. Ero stato sei mesi a Mosca per l'Internazionale, ero ormai un dirigente, credevo al comunismo con razionalità e cioè come ci credo oggi...

Senza mai un dubbio, un ripensamento?

Mai. Te l'ho detto che il mio caso è il caso di un ebreo che ha sempre vissuto da ebreo. O dovrei dire di un cattolico che ha sempre vissuto da cattolico? D'accordo, vi sono i cattolici preconciliari e postconciliari: però se ti dicessi che durante la mia vita di comunista c'è stato un momento in cui ho sfiorato la possibilità di cambiare idea o correggerla, mentirei. Io sono come quei cattolici che dopo il Concilio s'accorgono d'essere postconciliari, però non sono tra quelli che anticipano il Concilio. Non ho mai promosso revisioni. Sono stato stalinista, ad esempio, come tutti. E come tutti ho creduto che Stalin avesse fatto e facesse grandi cose, avesse grande intuito politico. Come tutti ho scoperto quanto ci fosse di irrazionale e arbitrario in lui: ma solo dopo che il Ventesimo congresso ce l'ha rivelata. Ora sono contrario a ogni tentativo di riabilitazione perché penso che Stalin abbia fatto molto male e non vedo come gli si possa perdonare d'avere agito in modo così ingiusto verso tanti buoni comunisti, ma ciò non cambia molto e... Sì, sono proprio chiuso a chiave nel partito. Ti sorprende?

No. Ho sempre sospettato che gli enfants terribles del PCI, ritenuti più aperti degli altri, fossero in fondo più rigidi e chiusi a chiave degli altri. Anche Amendola, quando lo intervistai...

Eh, sì. Io, Amendola... Siamo uomini di partito. Siamo così.

Preti che non si spretano mai.

Nel PCI ci sono stati anche preti che si sono spretati. Noi siamo tra quelli che hanno resistito. Intendiamoci: un poco, col tempo, ci siamo laicizzati anche noi... Ma superficialmente. Ti racconto un episodio. Una volta, in carcere, mi tolsero la messa. Perché non volevo inginocchiarmi alla messa, e dicevo d'essere ateo. Così venne da me il cappellano, un gesuita, e mi chiese spiegazioni. Gli dissi che, se si accontentavano di portarmi in chiesa, poteva anche farmi piacere: uscivo un'ora dalla cella e mi regalavo una passeggiatina. Però non potevano pretendere che mi inginocchiassi perché non ero credente: ero comunista. E il gesuita: «Cosa vuol dire per te essere comunista?». Risposi: «Essere come voi». E lui: «Cioè?». E io: «Perinde ac cadaver». È il motto di sant'Ignazio. Significa: legato come un cadavere. Il gesuita ne rimase irritato e forse non mi credette. Avrebbe dovuto. Perché era proprio così ed è ancora così: al Partito comunista, a questa chiesa chiamata Partito comunista, io sono sempre rimasto legato come un corpo morto. Perinde ac cadaver.

È terribile. Disumano.

Eh, sì. Un poco sì. È anche un po' monotono. Io sono davvero monotono. Sono perfino d'accordo su ciò che ti ha detto Amendola a proposito del nostro puritanesimo, del nostro rigore pretesco. Per esempio, e a parte gli elementi di egualitarismo che ho maturato in carcere dove ci si divideva ogni possesso fino all'ultima briciola, io ho un disprezzo profondo per le proprietà materiali. Un disprezzo che rasenta lo snobismo: non posso sopportare che uno abbia l'Alfa Romeo invece della Fiat, mi pare che il fatto di scegliere un'automobile o averne una più lucida e più veloce sia una cosa deteriore. Parlare di una bella mangiata mi urta come una volgarità, e così saper scegliere le qualità dei vini. Io ho sempre mangiato e bevuto quello che mi hanno messo davanti, senza chiedermi se fosse carne o pesce. I soldi, non parliamo dei soldi perché quelli che li mettono da parte per comprarsi la casina li guardo come se fossero criminali. Mi sono lasciato sistemare in un appartamento troppo grande per me che vivo solo e ne provo una specie di vergogna, di colpa. Quanto ai vestiti, guarda: questo vestito che indosso m'è stato comprato da altri. Io non vado mai a comprarmi i vestiti, metto sempre quel che mi dicono di mettere. Sono trasandato e mi piace. Niente m'irrita quanto chi si accorge che ho cambiato cravatta o chi mi dice Giancarlo-hai-una-cravatta-che-non-si-combina-col-vestito. Non mi sembra una cosa seria cercare la cravatta che combina col vestito. E forse tutto questo è davvero snobismo ma è uno snobismo ai limiti del puritanesimo che è in me, che è in noi comunisti.

Anche in ciò che riguarda le donne? Si parla di Pajetta come di un chercher-la-femme, un irriducibile Casanova...

Chi?! Chi ne parla così?

Tanti, tutti. Per esempio, Amendola.

Leggende. Io... no, assolutamente... voglio dire... insomma non è che questa leggenda abbia grandi giustificazioni perché... Leggende forse legate al fatto che... io... ecco... non ho mai temuto lo scandalo. Non mi è mai importato nulla di quel che diceva la gente in quel senso... Dico in quel senso e non in senso politico perché, se a un politico non importa quel che dice la gente di lui in senso politico, può anche cambiare mestiere. Io, guarda... Guarda, è una cosa di cui parlo malvolentieri, ma quel che voglio dire è semplice: non sono l'eccezione di cui parla Amendola, e Amendola poteva farne a meno di tirar fuori questa storia. Io non capisco perché i comunisti si divertano sempre a citarmi come esempio della loro liberalità. Sembrano una famiglia bigotta che vuole apparire moderna e allora strizza l'occhio: però-abbiamo-anche-un-ragazzo-che-è-un-vero-scavezza-collo. Uhm...! Si vede che a un certo momento hanno convenuto sulla necessità di spargere la voce: «In fondo anche da noi, vedete, ce ne sono di tutti i tipi. C'è Sereni che conosce l'arabo e il cinese, c'è Pajetta che va a donne...». Sì, sì, Amendola ha tirato fuori il mio esempio per comodo, per dimostrarti che il PCI ammette le differenze. Lui e gli altri. Pajetta non era attribuibile a nessuna corrente fuori della linea del partito, sicché bisognava cercare una caratteristica per Pajetta, e allora gli si è data la croce di un personaggio iracondo, attaccabrighe, donnaiolo, insomma eretico. Sono diventato l'eroe delle loro leggende perché gli serviva.

A questo, quasi quasi ci credo.

Come quasi quasi?

No, no, via: ci credo. Senta, Pajetta: è divorziato, lei?

Io no.

Capisco. Separato e basta. Ma quando si sposò?

Quando uscii di carcere, subito. A trentadue anni. Era mia cugina. Non esisteva altro legame tra noi ma, in carcere, avevo sempre pensato che se fossi uscito avrei sposato lei. Volevo una famiglia e... Io non vedo come tu possa tirare fuori un discorso filato da una chiacchierata così, dove si salta continuamente di palo in frasca.

Non si preoccupi. Anche con Amendola feci a questo modo. Si parlò liberamente, mica coi punti e le virgole.

Ne sono convinto. Lui è sempre stato debole in grammatica.

Questo lo dice anche Malagodi.

Se lo dice Malagodi, non è vero.

Non è vero e suvvia: lo perdoni, povero Amendola. Se lo perdona, non parliamo più delle donne. Anzi parliamo solo della donna più importante della sua vita: mamma Pajetta. Non fu mamma Pajetta il vero artefice di Giancarlo Pajetta?

Sì, in fondo sì. Anche se sono stato poco con lei perché me ne andai di casa a sedici anni e poi rimasi tutto quel tempo in carcere, non è sbagliato dire che sono stato formato da mia madre. Non era il tipo di madre che piange: non-scendere-in-piazza-lì-sparano-è-pericoloso. Era tutto il contrario, sia per me che per i miei fratelli. Ci insegnò lei a scegliere ciò che ci sembrava giusto e non ciò che era comodo. Il problema della coerenza, in lei, diventava un elemento di fatalità. Diceva: «Noi siamo fatti così, e il periodo in cui siamo nati è diverso da noi. Ma dobbiamo fare questa parte e non c'è scelta». Politicamente era più impegnata di mio padre. Non si piegò mai. Quando fui arrestato la prima volta, arrestarono anche lei. Volevano che mi convincesse a fare i nomi dei compagni, ad abbandonare ogni attività sovversiva. Rispose che non aveva allevato suo figlio per diventare una spia e aggiunse che suo nonno era stato in prigione sotto i Borboni: sarebbe stato fiero d'avere un nipote come me. In carcere mi scriveva un giorno sì e un giorno no: era il mio unico punto di riferimento col mondo di fuori. E vedi: quando si sta troppo in prigione, non si fa che pensare alla vita vissuta prima della prigione. Sicché le cose successe prima acquistano grande importanza. Infatti, nella mia gioventù è stato più lungo il tempo in cui ho rimuginato la vita che il tempo in cui l'ho vissuta. Così in prigione non facevo che rimuginare gli anni trascorsi con lei e fu allora che mi convinsi di quanto fosse straordinaria, di quanto mi avesse influenzato con la sua cultura e le sue idee. Inoltre la sentivo vicina anche come carattere. L'ironia e il sarcasmo, ad esempio, li ho ereditati da lei. E un certo gusto per l'oratoria. Dopo la Liberazione, mia madre si iscrisse al partito e si mise a fare comizi, sebbene fosse vecchia. Avrà fatto centinaia di comizi, da Torino a Palermo, ed era talmente brava che ovunque andassi mi tormentavano con la medesima frase: «Sei un oratore, ma tua madre parla meglio di te». Morendo lasciò un diario che mia figlia, legittima erede, non ha voluto pubblicare. Ed è un diario così bello che io... non so perdonare a mia figlia di tenerlo per sé.

Non c'è lo stesso legame tra lei e i suoi figli, vero?

No. La maggiore, che fa la dottoressa, è consigliere comunale per il PCI a Milano e non si può dire che s'occupi attivamente di politica. Il secondo è iscritto al PCI ma la politica interessa poco anche lui. La terza, quella del diario, appartiene a un gruppo extraparlamentare e per questo siamo stati molto tempo senza vederci. Senza parlarci. Mi disturbava troppo che fosse extraparlamentare. Sai, il caso del cattolico che vede suo figlio diventare protestante. O, semplicemente, non andare più all'oratorio.

Senta, Pajetta, ma lei è proprio italiano?

Piemontese, perché?

Perché a momenti sembra un inglese.

Una volta era un complimento venire scambiato per un inglese ma, da quando Barzini ci tiene, non lo è più. Non usa nemmeno più. Forse passo un po' da inglese perché mi piace la letteratura inglese: la società inglese m'ha sempre interessato, fin da ragazzo. Anche questo per via di mia madre che voleva sempre farmi leggere *Il circolo Pickwick*. E va da sé che, per via di Barzini, ho dovuto mettere da parte *Pickwick*. L'ho sostituito con Proust. Insieme ad Anatole France, Proust era uno dei classici che mia madre raccomandava. Poi ho liquidato perfino Proust. Ho scoperto che in fondo scrive come Fortebraccio e la cosa, capirai, ha aumentato la mia stima per Fortebraccio però ha diminuito la mia stima per Proust. Sempre quei salotti, quei tè, quelle signore col profumo, quel mondo di Fortebraccio. Bellissimo, sì, acutissimo, sì: ma è come leggersi un entomologo. Ti viene voglia di gridare: «D'accordo, gli insetti sono interessanti, ti daranno il Nobel per l'entomologia, ma ogni tanto voglio occuparmi degli elefanti!». Sai, io mi sono sempre bevuto Tolstoi, Dostoevskij, Turgheniev: la mia cultura è assai legata alla cultura russa. Il russo lo parlo, lo leggo: io potrei addirittura viverci in Russia. Anzi coltivo una fantasia: finire la mia vita a Mosca come un personaggio di Gogol, insieme a una ragazza russa cui insegnare l'italiano e far credere che le poesie di Leopardi le ho scritte io... Questo non lo pubblicare, eh?

Certo che lo pubblico.

Avevi promesso!

Io? Io non avevo promesso nulla.

Non è giusto fare un favore ad Amendola. Amendola è cinico. Ecco cos'è: un cinico.

A me sembra più cinico un signore pelato che vuole imbroglia-
re una povera ragazza russa dandole a bere d'avere scritto le
poesie di Leopardi. E a proposito di vivere a Mosca: davvero
potrebbe? E quel problemino che ha nome libertà?

Lo so che al signor Solgenitzin non lasciano pubblicare il suo
libro, lo so che in Russia non si è ancora arrivati alla libertà di
espressione. Però vent'anni fa non si sarebbe nemmeno parlato di Solgenitzin perché sarebbe morto in un campo di concentramento e nessuno avrebbe saputo che egli era esistito. A
mio giudizio, insomma, è già qualcosa che Solgenitzin sia vivo
e possa andare in Svizzera per pubblicare il suo libro. Dimostra che la Russia sta attraversando una fase interlocutoria,
cioè una fase in cui non si permette a un autore di pubblicare
cose invise al regime ma non si fa sparire l'autore. È un bel
passo avanti considerando le realtà di quel paese: non è che ai
tempi di *Guerra e pace* in Russia ci fosse più libertà d'oggi. La
storia è fatta di processi, e i processi compiuti non esistono.
Non esistono neanche i comunismi immaginati: esiste il loro
realizzarsi e il loro avanzare. Quando ero ragazzo io, credevamo che si potesse stabilire una data sul calendario. Credevamo
di raggiungere subito ciò che sognavamo e la nostra utopia si
poneva addirittura il problema del dopo: «E dopo? Cosa faremo? Come farà il mondo a procedere?». Ora invece abbiamo visto che non ci si ferma mai, mai...

Sì, sì. Ma, visto che la Russia è stata un vostro modello e par-
late di andare al governo per realizzare pazientemente il vo-
stro sogno, io sono un po' preoccupata. Chi mi garantisce che,
dopo, mi lascereste scrivere quello che voglio?

La situazione è diversa, in Italia. La società è diversa. Alla
trasformazione socialista stiamo avviandoci in modo diver-

so. E il problema della libertà individuale è un problema essenziale per noi. È un problema che viene prima di qualsiasi altro problema: proprio perché non abbiamo vissuto come vivevano in Russia prima della rivoluzione e perché consideriamo il socialismo in termini che non copiano quelli russi. Anche in altri paesi socialisti si pongono limiti alla libertà, però si tratta di limiti causati da precedenti storici che non ci appartengono. Quel che pensiamo sulla libertà, noi comunisti italiani, mi sembra provato dalla lotta che abbiamo condotto contro il fascismo. E anche dall'opposizione democratica che abbiamo fatto in questi trent'anni. E anche dal modo in cui ci siamo comportati durante la battaglia per il referendum. Si torna al discorso di prima: a me non sembra davvero che i comunisti italiani si siano comportati male in questi trent'anni. E mi sembra che ci si possa fidare di loro, anche se hanno commesso qualche errore.

Per esempio?

L'errore del 1948, quando credemmo che la situazione fosse più avanzata di quello che era e ci illudemmo che bastasse una parola d'ordine per vincere le elezioni e giungere al potere. Non avremmo dovuto pensarlo due anni dopo che la monarchia aveva perso per soli due milioni di voti. Non avremmo dovuto dimenticare di trovarci dinanzi a un paese borghese, appena uscito dalla Resistenza dove i socialisti e i comunisti erano una minoranza scarsamente forte. Infatti spaventammo il corpo elettorale, ne solleticammo gli istinti conservatori, e inducemmo anche i moderati a farci diga con la DC. Eh, la lezione del 1948 fu una grande lezione. Noi la comprendemmo così bene che, da allora, ci preoccupammo ostinatamente di spiegare agli italiani che non rappresentavamo una minaccia e, al contrario, servivamo ad arginare altre minacce. Non lavorammo neanche per una rivincita nel 1953: ci battemmo solo per impedire alla DC di trasformare la sua maggioranza relativa in una maggioranza assoluta grazie alla legge truffa. Ci presentammo insomma come ci presentiamo oggi: gente che garantisce le istituzioni parlamentari e si impegna a proteggere la libertà. Infatti, negli anni Cinquanta, dimostrammo assai bene che non era possibile schiacciare le forze democratiche e tornare indietro. In seguito dimostrammo anche di saper educare le masse, e mi fanno ridere quelli che ci definiscono borghesi o socialdemocratici...

Non lo siete?

Cosa, borghesi? Io non riesco a pensare un periodo nel quale il PCI è stato più proletario di adesso. E, se si fanno considerazioni sul modo di vivere, bisogna tener conto di come s'è trasformato il paese e di come s'è trasformata la classe operaia in questi anni. Quanto all'accusa di socialdemocrazia, guarda: socialdemocratico è colui che vuole una situazione più conveniente pei lavoratori ma rinuncia a modificare la società borghese dicendo che la società sarà sempre divisa in classi e la Fiat sarà sempre in mano di qualche Agnelli. Comunista è colui il quale pensa che le riforme preparino una trasformazione della società e crede che, quando la divisione delle classi non esisterà più, non ci sarà più bisogno degli Agnelli: né come padroni della Fiat né come padroni dello Stato. No, no: noi corrispondiamo a una classe operaia che rifiuta la socialdemocratizzazione. E, per finire il discorso che mi hai interrotto, se noi comunisti non avessimo insegnato a leggere i giornali, a controllare i conti della cooperativa, a stare attenti che il sindaco si comporti bene, se non avessimo esercitato tanta preoccupazione riformista, oggi la classe operaia non sarebbe così matura. Non che intenda far risalire i meriti di ogni elemento positivo al PCI...

No...?

No. Sarebbe cretino. Io, quando i democristiani ci dicono allora-a-noi-che-abbiamo-governato-trent'anni-non-riconoscete-proprio-alcun-merito, rispondo: ve lo riconosciamo però vi chiediamo come potreste immaginare l'Italia d'oggi se non ci fossimo stati anche noi comunisti. Quest'Italia così matura, così cresciuta, così viva, dove gli studenti del ginnasio si leggono i libri sulla Fiat per contestare il governo e i comunisti. Ai miei tempi la Fiat non veniva neanche nominata al ginnasio e al liceo! Bisogna ricordare cos'era l'Italia anche prima del fascismo: un paese arretrato, demoralizzato, schiacciato dalle umiliazioni, ai margini dell'Europa... Perché, se c'è una cosa su cui mi trovo d'accordo con Amendola, è il rifiuto di guardare al passato come a una specie d'epoca d'oro. E io scherzavo, sai, con la storia di finire i miei giorni a Mosca per far credere a una ragazza russa che le poesie di Leopardi le ho scritte io. Macché Mosca! Io, se non fossi nato in Italia e dovessi scegliere un paese per finirci i miei giorni, sceglierei proprio questo qui.

Non è straordinario? Ogni volta che parlo con un comunista, il discorso finisce con l'apoteosi degli italiani.

Prendila come ti pare ma nessuno può contestare il fatto che l'Italia sia uno dei paesi più avanzati nei rapporti civili e nella partecipazione politica. Ma guarda in quale misura gli italiani vanno a votare! Lo sai che in Svizzera si grida al successo se a votare in un referendum ci va il quaranta per cento dell'elettorato? Ma guarda in quale misura la gente protesta contro le violenze fasciste e va ai comizi! Io quando salgo su un palco e vedo la folla pronta ad ascoltarmi esclamo: «Sono proprio bravi, sono proprio gentili». E mi commuovo pensando che dopo trent'anni vengono ancora ad ascoltare me o un altro. Dovrebbero averne fin sopra i capelli, poverini, e invece! Giorni fa udii un tale che diceva a un altro: «Come sta tua madre?». E l'altro: «Invecchia. Mi ha pregato di spiegarti che non è venuta a farvi visita perché non si muove più: non va nemmeno più ai comizi di Pajetta». Ma dove lo trovi un popolo così?!? E come si fa ad affermare che gli italiani sono poco seri? Io li trovo serissimi. Serissimi! Ma pensa ai libri che si vendono in Italia. Pensa all'unità che riesce ad avere il movimento operaio. Pensa alla coscienza che v'è ovunque del dramma meridionale, alla mancanza di razzismo tra i lavoratori del Nord e i lavoratori del Sud. Pensa alla difficoltà di trovare giornalisti fascisti...

Pensa agli scandali, alle debolezze, alle viltà, ai magistrati che firmano un documento illegale per salvare la vita di uno dei loro e poi lasciano ammazzare gli ostaggi ad Alessandria...

Tutto ciò è vero ma dimostra soltanto che i gruppi dirigenti sono rimasti indietro nei confronti di una società che avanza. Non è il punto della crisi? Non è anche il punto che ci impedisce d'essere riformisti e basta? Inoltre non è il punto che ci induce a non sottovalutare i pericoli ancora esistenti dopo la vittoria del No? Non ho mica detto che la democrazia italiana è solida come la democrazia svedese o svizzera. Non ho mica detto che la vittoria del No ha sistemato le cose e scongiurato le minacce. Essa ha solo scombinato certi piani, li ha solo resi meno imminenti. Il rischio di un deterioramento rimane, eccome, il pericolo di svolte autoritarie rimane, eccome, i piani eversivi ci sono ancora, eccome. Infatti mi guardo bene dal dirti che il 12 maggio è stata una data storica: ti do appuntamento fra dieci anni per dirti che è stata una data storica. E te lo ripeto: a me piacciono gli italiani, mica i tipi che li amministrano. Mi sono simpatici gli italiani, mica quei...

Una curiosità un po' banale, Pajetta. Chi è l'uomo politico che le resta più antipatico in Italia?

Se te lo dico, ti arrabbi. Perché, guarda: una delle mie antipatie più forti è Pietro Nenni. E anche una delle mie delusioni. Io per anni l'ho considerato uno degli uomini cui l'Italia doveva di più, quello che aveva garantito l'unità delle sinistre e della classe operaia, e vederlo smarrire come s'è smarrito... D'accordo: ha pagato con tali amarezze che non gli si può negare la soddisfazione di concludere la vita avendo nuovamente in mano la sua autorità e il suo prestigio. Però io non me la intendo troppo con Nenni. Non c'entra nemmeno il fatto che lui sia anticlericale e io no. C'entra che non m'è simpatico, ecco. Però ce n'è un altro che non posso soffrire: Malagodi. Soprattutto quando parla di antifascismo e mette alla pari i fascisti coi comunisti. Se il signor Malagodi fosse stato così antifascista quando c'era il fascismo, invece di scappare nell'America Latina a vedere se vincevano gli americani o i tedeschi, forse avrebbe un diritto a parlare dei comunisti. Io contesto al signor Malagodi il diritto di parlare dei comunisti e confutare ciò che essi pensano della libertà. Sì, mettilo pure al primo posto degli antipatici, il signor Malagodi.

E al primo posto dei simpatici?

Se te lo dico, non ci credi.

Ci credo.

Non ci credi. Comunque, guarda: uno degli uomini che trovo più simpatici in Italia è Giulio Andreotti.

Non ci credo.

Te l'avevo detto? E invece devi crederci perché è vero. Mi piace per la sua cultura, per il suo modo di fare. Lo trovo così intelligente, così pacato, così equilibrato. Non nego che vi sia odio in lui, che vi siano rancori anche profondi. Ma non gli piace manifestarli in modo plateale, e ciò conta. Mi si risponderà: ma è uomo di destra. E con questo? Io quando giudico gli uomini non guardo mica se essi sono di destra o di sinistra: cerco comprensione nella loro intelligenza. E siccome la gente intelligente non abbonda, quando per caso la trovi non ti fermi certo a pensare se è di destra o di sinistra. Ciascuno vive il proprio destino, il destino di Andreotti è quello d'essere un uomo di destra. Pazienza. Ci mancherebbe altro che mi fossero simpatici i comunisti e basta. A parte il fatto che... sai: non si può mica dire che i comunisti siano molto simpatici!

Senta, Pajetta: io me ne vado senza aver capito se lei è un politico o un umorista o un angelo, o un diavolo, o un...

Io spero d'essere un politico perché dall'età di quattordici anni non ho fatto altro nella mia vita, non so fare altro, non saprei mai fare altro, e sarebbe terribile se a sessantatré anni scoprissi di colpo che ho sbagliato tutto. Certo dipende da cosa si vuol dire con la parola «politica». Amendola ad esempio t'ha raccontato che la politica è cultura. Uhm! Che c'entra la cultura? Anche l'archeologia è cultura. E di archeologico in lui vi sono soltanto le malignità che sparge su di me. Non gli dare retta: la politica non è cultura. La politica, guarda, è quella cosa per cui uno si occupa dei guai degli altri come se fossero propri, e a volte ne muore. E se io, che sono così stanco ormai della politica, resto nella politica, è perché non posso rinunciare a occuparmi dei guai degli altri come se fossero miei. A costo di morirne.

Oddio, è un santo!

Un santo?

Un santo.

Bè, non mi dispiace. Ci credi davvero?

No, non ci credo. Non mi piacciono i santi.

Roma, giugno 1974

Enrico Berlinguer

Da *Oriana Fallaci intervista sé stessa - L'Apocalisse* (2004): «Mi piaceva, Berlinguer, perché era un gran signore. Un aristocratico nel senso migliore del termine. Un uomo serio, raziocinante, elegante, e in più premuroso. Il tipo che se hai la febbre ti telefona per farti gli auguri. Una volta ebbi un brutto attacco di malaria. Lo seppe e mi telefonò. "L'ho avuto anch'io ed è un tormento. Ma Lei è una stoica, l'ho capito. Rimanga tale. Nella vita lo stoicismo è una necessità"... V'era un fondo di liberalismo, nella sua psiche. Un giorno gli feci un regalo. Un bel disegno del Settecento, un quadretto che ritraeva un Conclave di cardinali. Lo avevo comprato da un antiquario di Stoccolma, e glielo detti pronunciando una frase provocatoria: "L'ho comprato perché questi pretacci mi ricordano il Suo Comitato Centrale". Esplose nella risata più divertita che abbia mai udito, e commentò: "Ha proprio ragione". Inoltre non era vanesio, non era presuntuoso. Virtù rara tra i comunisti».

ORIANA FALLACI. *Onorevole Berlinguer, questa vuol essere un'intervista sul PCI vis-à-vis della crisi internazionale, cioè d'una realtà che rischia di precipitare nella Terza guerra mondiale. Quindi i temi da trattare sono molti e il primo, mi sembra inevitabile, riguarda i vostri rapporti con l'Unione Sovietica. Lo affronto anche pensando all'attacco che la rivista sovietica «Tempi Nuovi» ha scagliato recentemente contro Pajetta: un attacco furibondo, col quale gli chiedevano addirittura da che parte stesse, e suppongo diretto più a lei che a Pajetta. Eppure Pajetta è andato ugualmente a Mosca e, dopo l'incontro con Kirilenko, Ponomariov, Zimianov, Zagladin, ha detto ai giornalisti «che non c'era stato nessun armistizio perché non c'era nessuna guerra in corso». Scusi la domanda brutale: insomma, non rompete mai coi sovietici? Ogni volta sembra che stia per succedere chissà quale terremoto, chissà quale scisma, e invece, passato il temporale, torna a splendere il sole.*

ENRICO BERLINGUER. Proprio sole non direi né direi che splende. Basti ricordare le posizioni che in questi sei mesi sono state assunte dal partito sui problemi internazionali: la nostra condanna dell'invasione sovietica in Afghanistan, la nostra mancata partecipazione alla conferenza dei partiti comunisti europei promossa dal PC francese e dal PC polacco, il nostro viaggio in Cina per ristabilire i rapporti col Partito comunista cinese. Prese di posizione alle quali i sovietici hanno reagito coi toni aspri che lei ha rilevato. C'erano stati altri attacchi diretti e indiretti negli ultimi anni, ad esempio sulla questione dell'eurocomunismo, ma niente di simile a quello di «Tempi Nuovi». Però non abbiamo rotto, è vero. E alla sua domanda rispondo: perché è la politica che noi seguiamo. Affermare la nostra autonomia, dire la nostra senza esitazioni, e al tempo stesso mantenere il filo dei rapporti, cioè il dialogo aperto. Coi cinesi non abbiamo fatto così? Eppure le nostre posizioni rimangono diverse anche da quelle dei cinesi, e oggi siamo uno dei pochi partiti comunisti che hanno rapporti sia coi sovietici sia coi cinesi.

A proposito: ma Breznev lo sapeva che sareste andati in Cina?

Sapeva che era nostra intenzione andarci. Glielo dissi l'estate scorsa quando accettai un vecchio invito dei sovietici e portai la mia famiglia a passare le vacanze laggiù. Lo incontrai a Mosca, si parlò di molte cose, della situazione interna dell'Unione Sovietica, dei problemi internazionali e cioè della distensione, del disarmo, del SALT 2, della Cina, e gli dissi che era nostra intenzione ristabilire i rapporti col Partito comunista cinese.

E Breznev?

Rispose: sono affari vostri ma...

Ma...?

Ovvio che la cosa non gli facesse piacere. Sappiamo come i sovietici giudicano la politica cinese.

Sì, ricordo quel viaggio in Crimea, sorprese un po' tutti. Così anche per questo le chiedo: e se il filo di cui parla fosse un cordone ombelicale? In tal caso la verità sarebbe un'altra: i comunisti italiani non rinunciano al filo dei rapporti perché non riescono a tagliare il cordone ombelicale che ancora li lega all'Unione Sovietica.

Bisogna vedere che cosa intende per cordone ombelicale. Se intende che il nostro partito, come gli altri partiti comunisti, è in gran parte sorto dalla Terza Internazionale di Lenin, cioè sotto l'influsso e l'influenza della Rivoluzione d'Ottobre, allora le rispondo che questo è un dato della nostra storia. Un dato che non intendiamo rinnegare sebbene lo si sia esaminato e lo si continui ad esaminare criticamente. Se invece intende vincoli e catene che ci impediscono di agire con indipendenza, allora le rispondo che sbaglia. No, non poniamo mai limiti alla nostra libertà, non ci preoccupiamo

434

mai d'essere in contrasto con la politica estera sovietica. Io non nego che in passato vi siano stati atteggiamenti acritici, dico che negli ultimi anni l'indipendenza del PCI è diventata sempre più evidente. Tuttavia non vogliamo rompere.

Più o meno quel che disse la Trilateral. Nel 1977 la Trilateral fece uno studio sull'argomento e concluse: «Malgrado l'autonomia strategica dalle direttive sovietiche e le distanze prese dal modello sovietico, i partiti comunisti europei non hanno rinunciato a un atteggiamento di fondamentale solidarietà con l'Unione Sovietica, vista come il paese della rivoluzione socialista».

Sì, ma quel discorso contiene una piccola malizia, cioè l'insinuazione che la fondamentale solidarietà si prolunghi nel tempo e qualunque sia la politica dell'Unione Sovietica. Al contrario. Noi giudichiamo la politica sovietica per quello che è.

Sempre in tono pacato o cauto o rispettoso, però. Mai con la passione o lo sdegno che per decenni avete rovesciato sugli Stati Uniti. E questo anche se parlate dei gulag o delle cliniche psichiatriche dentro cui chiudono i dissidenti. In fondo ha ragione Brzezinski quando dice: «I comunisti italiani criticano l'Unione Sovietica per qualcosa, non il regime nella sua interezza».

Ce la sentiamo rivolgere da anni quest'accusa, ed è un'accusa ingiusta. Chi conosce gli articoli, i saggi, i libri, i convegni che abbiamo dedicato all'Unione Sovietica e ai paesi socialisti, alla loro storia, sa che non ci fermiamo sui singoli episodi ma che cerchiamo di analizzare gli aspetti profondi del sistema, scoprire la radice dei fatti negativi. Tuttavia ci rifiutiamo di considerare l'Unione Sovietica solo per i gulag e gli ospedali psichiatrici. Non si può ridurre l'intera storia e l'intero regime sociale di un paese a un gulag e basta, a un ospedale psichiatrico e basta. Non si può condannare l'URSS in toto, metterla all'indice con una specie di scomunica storica. Tantomeno liquidarla come vorrebbe Brzezinski. Brzezinski è un nemico del socialismo, del comunismo, e vorrebbe che l'Unione Sovietica fosse cancellata dalla faccia della Terra. Io no, io questo non posso volerlo. Perché è vero che nell'Unione Sovietica vi sono state pagine nere, delitti terribili, ma io non dimentico che lì è avvenuta la prima rivoluzione vittoriosa dei poveri, degli sfruttati, che lì sono avvenute anche grandi conquiste sociali. Le avrà pur viste se c'è stata.

Io nell'Unione Sovietica ci sono stata una volta sola perché dopo non mi ci hanno voluto più. Anche quest'anno, l'anno delle Olimpiadi, mi hanno rifiutato il visto come a una criminale. Comunque quella volta vidi cose nient'affatto esaltanti, e non solo nel campo della libertà. Ma se il salario di un operaio non bastava a comprare un paio di stivali!

Lei deve considerare le condizioni in cui si trovava l'Unione Sovietica dopo la Prima guerra mondiale, i venti anni durante i quali l'Unione Sovietica è vissuta nell'accerchiamento delle potenze capitalistiche che cercavano di soffocare la Rivoluzione d'Ottobre, i quattro anni della Seconda guerra mondiale, i suoi venti milioni di morti. A ciò aggiunga gli errori e le degenerazioni del periodo staliniano, le spese militari per mantenere parità di armamenti con gli Stati Uniti, e capirà perché le sue conquiste sociali sono limitate. Se poi vuole che le dica quel che non va nell'Unione Sovietica, glielo dico.

Sì, mi piacerebbe.

Un regime politico che non garantisce il pieno esercizio delle libertà, anzitutto. Il che non è cosa da poco, anzi è la cosa più grave, ed è ciò che ci spinge a cercare una via al socialismo diversa da quella. Poi gli aspetti che riguardano la vita dello Stato e del partito, la scarsa partecipazione dei lavoratori alla vita politica del paese. Infine gli interventi militari in Cecoslovacchia e in Afghanistan. Entrambi assai gravi.

Perché, quello in Ungheria non fu grave?

Fu un caso un po' diverso. Infatti noi comunisti italiani non esprimemmo dissenso. Considerammo che fosse in atto un tentativo pericoloso per la situazione internazionale, cioè che l'insurrezione rischiasse di portare alla guerra, come dimostrò il quasi contemporaneo intervento anglo-francese a Suez, e... Sì, lo so che si trattava di operai, di studenti, di popolo. Lo so. Ma l'insurrezione stava passando nelle mani di forze reazionarie, pensi al cardinale Mindszenty, e comunque l'atteggiamento del PCI fu quello. Un atteggiamento che a ventiquattr'anni di distanza può anche essere criticato sebbene dicessimo: «Questa è l'ultima volta che accettiamo di veder risolvere le cose militarmente». E mantenemmo la parola: per la Cecoslovacchia avremmo assunto una posizione ben diversa. Da un certo punto di vista il caso della Cecoslovacchia fu il più grave perché lì era in atto un esperimento di grande interesse, mantenere un regime socialista allargando il processo democratico, e i sovietici lo soffocarono. Da un altro punto di vista invece è più grave il caso dell'Afghanistan perché lì le Forze Armate sovietiche si sono spinte fuori dell'area contenuta dal Patto di Varsavia. Ma sull'Afghanistan suppongo che abbia molte cose da chiedermi.

Sì e, per incominciare, il fatto che non tutti nel PCI la pensino come lei e gli altri dirigenti. Soprattutto alla base, ma non solo alla base. Ho qui l'intervista che «Rinascita» fece in gennaio a Ingrao, e guardi: più Ingrao si esprime contro l'intervento, più l'intervistatore insiste nel ricordargli che molti compagni non approvano la condanna e approvano l'intervento. Sì, nell'intervista si dice sempre «intervento», mai «invasione». Sicché uno potrebbe chiedersi: ma è Berlinguer o è il PCI contro l'invasione dell'Afghanistan?

Berlinguer?! Ma come Berlinguer?! Il PCI si è espresso nettamente e subito! Prima attraverso la direzione del partito, poi attraverso il Comitato Centrale, poi attraverso le segreterie delle federazioni, i comitati federali, le sezioni, tutte le varie organizzazioni. Tutte. D'accordo, c'è un certo numero di compagni che non approvano. Ma secondo me sono molti di meno di quanto lei crede, e il fatto che esistano non ha influito sulla chiarezza della nostra posizione. Inoltre penso che il loro dissenso si sia manifestato soprattutto all'inizio e che dopo sia diminuito notevolmente. Sa, non ci vuol molto a capire che un regime rivoluzionario non si regge con un esercito di occupazione. Lo dimostra la forte resistenza che il popolo oppone in tutto il paese.

Regime rivoluzionario, rivoluzione o colpo di stato?

Secondo me, quella che chiamano «rivoluzione dell'aprile 1978» fu piuttosto un colpo di stato, un colpo di mano. Secondo me, questa rivoluzione afghana era già allora una cosa estremamente discutibile. Errori estremistici, avventuristici, riforme attuate in modo troppo radicale come la riforma agraria che suscitò l'opposizione perfino dei pastori e dei contadini. Poi la politica antireligiosa, e in un paese così religioso. Infine, la sanguinosa lotta per il potere tra le due fazioni del partito. Data questa situazione, il comportamento dell'Unione Sovietica è inspiegabile anche da un punto di vista razionale. Che bisogno c'era di forzare la situazione e renderla internazionalmente pericolosa? Perfino ai tempi del re la politica dell'Afghanistan era di buon vicinato con l'Unione Sovietica, e nel 1973 c'era stata una rivoluzione repubblicana che aveva portato riforme liberali e democratiche. Quasi ciò non bastasse, c'era stato il colpo di stato del 1978, fatto da ufficiali che avevano studiato nelle scuole sovietiche come Taraki ed Amin.

Onorevole Berlinguer, perché non ammette che la spiegazione esiste, cioè che l'Unione Sovietica è la solita vecchia Russia degli zar e Breznev vuole occupare l'Afghanistan come volevano occuparlo gli zar, vuole giungere al Golfo Persico come volevano giungervi gli zar. Riporti il discorso indietro di cento o centocinquant'anni e vedrà che resta il medesimo.

No, perché ritengo che il regime sovietico sia radicalmente diverso dal regime zarista. Non ci sono più i grandi proprietari del latifondo, non ci sono più i grandi capitalisti cioè le forze che sostenevano l'espansionismo zarista, non ci sono più quelle forme di miseria e arretratezza e ignoranza. E non si può dire che la politica estera di Breznev sia uguale a quella degli zar. Che poi l'Unione Sovietica si comporti da grande potenza ed ambisca a influenzare la realtà mondiale, bè, su questo non c'è dubbio.

Chiamiamo le cose col loro nome, onorevole Berlinguer. Diciamola questa parola che voi comunisti usate sempre per gli Stati Uniti, e a ragione, però mai per l'Unione Sovietica: la parola imperialismo. E che, l'Unione Sovietica non è imperialista?

Se per imperialismo lei intende politica di grande potenza, allora si può parlare di imperialismo per tanti paesi, fin dai tempi più antichi. Ma nell'analisi scientifica che di questo concetto hanno fatto i marxisti, e non solo i marxisti, l'imperialismo è legato alla formazione dei monopoli capitalistici e allo sfruttamento economico degli altri paesi.

Dunque, a parer suo, l'Unione Sovietica non è imperialista. Ah, quel cordone ombelicale! Ed io che credevo di trovarla arrabbiata con l'Unione Sovietica, io che credevo di ascoltare solo risposte capaci di convincermi che il PCI non è più il partito di «Ha da veni' Baffone!».

Infatti non lo è. Ma è un partito comunista, non è un partito liberale. Noi siamo comunisti, lei lo dimentica. Lo siamo con originalità e peculiarità, distinguendoci da tutti gli altri partiti comunisti: ma comunisti siamo, comunisti restiamo. Siamo nati e viviamo per combattere il capitalismo, cancellarlo, e lei non può portarmi a ragionare non dico come Brzezinski ma come un liberal americano. O come un socialdemocratico tedesco o come un laburista inglese. Anche se in me vi sono alcuni punti di contatto coi liberal e coi socialdemocratici e coi laburisti, ripeto: rimango un comunista. Quanto all'essere arrabbiato, e a parte il fatto che io non mi arrabbio mai, lei vorrebbe spingermi all'invettiva. Ma io le invettive non le lancio contro nessuno, non mi piace scagliare anatemi, gli anatemi sono espressioni di fanatismo e v'è troppo fanatismo nel mondo. Ognuno si porta addosso il fardello delle sue ideologie, le sue religioni, le sue convinzioni, giudica le cose in quella prospettiva e basta, e anche per questo il mondo va male. Bisogna sforzarsi di ragionare in termini logici, storici, critici.

Non si tratta di lanciare invettive, scagliare anatemi, onorevo-

le Berlinguer. Si tratta di dire imperialismo quando di imperialismo si tratta.

Ma io cerco sempre di evitare giudizi drastici, sia che parli dell'Unione Sovietica sia che parli degli Stati Uniti o della Cina. Io non mi spingo mai su posizioni estremiste: «I sovietici sono i nuovi zar, no, i sovietici sono puri e scevri da ogni desiderio di dominio. Gulag o regime di libertà?». L'Unione Sovietica non è né l'una né l'altra cosa, è una realtà complessa e contraddittoria che include progresso e repressione, difesa della pace e fisionomie di grande potenza, che vuole allargare la propria area di influenza. Tutta la vita è così. Anche la vita degli uomini, dei gruppi sociali. La vita è fatta di bene e di male, e vedrà che quando parleremo degli Stati Uniti mi esprimerò nello stesso identico modo.

Intanto concludiamo sui sovietici che secondo lei non sono imperialisti però stanno in Afghanistan dove non hanno mantenuto nemmeno la promessa di ritirare diecimila truppe, ne hanno ritirate soltanto tremila sostituendole con truppe fresche e addestrate all'antiguerriglia, e questo mentre Mosca continua a dire che «i colloqui sull'Afghanistan potranno incominciare soltanto quando non vi saranno più interferenze straniere in quel paese». Ma ci prendono tutti per cretini?

In realtà, ne convengo, è un po' curioso parlare di interferenze straniere quando si sta lì con un esercito. E va da sé che le interferenze di altri paesi esistono: interferenze di Stati vicini e, dietro questi, anche gli Stati Uniti. Comunque chiedere il ritiro delle truppe non basta: bisogna cercare una soluzione politica. Cioè una soluzione che restituisca al popolo afghano la sua sovranità, il suo diritto a scegliere il governo che vuole, e che al tempo stesso tenga conto d'un dato di fatto: la necessità che ha l'Unione Sovietica di sentirsi sicura ai confini. In altre parole, bisogna che l'Unione Sovietica sia tranquillizzata sul regime che succederebbe all'attuale regime di Kabul: bisogna che il nuovo regime non le sia ostile. Discorso che vale anche per il Pakistan e l'Iran, Stati confinanti.

Ma questo significa tre Stati comunisti! Tre invece di uno!

No, vi sono paesi che hanno regimi non comunisti e che tuttavia garantiscono la sicurezza dei loro vicini. L'Austria ad esempio. L'Austria è un paese neutrale, nessuno può dire che sia sottoposta a interferenze esterne, e tuttavia ha uno status quo internazionale che viene considerato soddisfacente sia dagli Stati Uniti e dai paesi appartenenti alla NATO sia dall'Unione Sovietica e dai paesi appartenenti al Patto di Varsavia.

E lei crede davvero che l'Unione Sovietica si accontenterebbe di un Afghanistan neutrale come l'Austria?

Bisogna provarci tenendo conto che la situazione è quella che è. Perché, se l'Unione Sovietica non si sente tranquilla ai confini, il suo esercito di occupazione rimane dove sta.

E se per garantirsi tale sicurezza l'Unione Sovietica finisse col prendersi anche l'Iran? Hanno ammassato decine di migliaia di truppe lungo i confini di quel paese, sia dalla parte del Mar Caspio che dalla parte dell'Afghanistan, e Krusciov diceva: «L'Iran è una pera marcia, basta aspettare che cada».

Non so che cosa intendesse dire, con quella frase, Krusciov. Certo, la situazione in Iran è tale che potrebbe accendere la scintilla della Terza guerra mondiale. Ad esempio, se il blitz americano fosse riuscito, con molte probabilità sarebbe esplosa la guerra.

Non diamo sempre la colpa agli americani, o agli americani e basta, onorevole Berlinguer! Prima di quel ridicolo tragico blitz nel quale non sono morti che americani, gli americani erano stati molto pazienti.

Sì, c'è stata molta pazienza. Però sono mancati gli atti positivi, cioè le iniziative adatte a risolvere il problema degli ostaggi. Tutti abbiamo chiesto la liberazione degli ostaggi, tutti. Ma, di nuovo, chiedere non basta. Anche prima che l'ambasciata americana venisse occupata, il governo americano non ha fatto nulla per riconoscere la nuova realtà dell'Iran, la rivoluzione avvenuta. Non dico che sia una realtà che debba necessariamente piacere, non piace neanche a me, però rimane il fatto che una rivoluzione c'è stata e che gli iraniani dopo essersi liberati dello scià continuano a sentirsi profondamente offesi dagli Stati Uniti. Lei viene dagli Stati Uniti, quindi sa meglio di me che il popolo americano si sente profondamente offeso per la faccenda degli ostaggi, però mi dica: cosa ha fatto il governo americano per spiegare al popolo americano che anche gli iraniani si sentono profondamente offesi per la politica fatta per tanti anni dagli Stati Uniti in Iran?

Sta dicendo che Carter avrebbe dovuto restituire lo scià a Khomeini?

No, questo no. Non lo avrei fatto nemmeno io. Ma nessun atto positivo è avvenuto e sei mesi di pazienza sono stati cancellati da un blitz assurdo.

Eccoci dunque arrivati al tema dei rapporti fra il PCI e gli americani. Esaminiamoli ricordando che tali rapporti erano del tutto chiusi al tempo di Nixon e che Kissinger diceva: «Nessun partito comunista è mai stato organizzato democraticamente, nessuna organizzazione comunista è mai stata in contrasto con l'Unione Sovietica in politica estera, nessun partito comunista ha mai diviso il potere con altri partiti».

Mi consenta di premettere che noi comunisti italiani non viviamo nell'ansia di ricevere riconoscimenti dai dirigenti degli Stati Uniti né, ripeto, dell'Unione Sovietica o di altri paesi. Possiamo comprendere le preoccupazioni che gli americani hanno riguardo all'Alleanza atlantica: sono preoccupazioni anche nostre; possiamo essere interessati a conoscere i loro giudizi su di noi perché sono giudizi legati ai buoni rapporti che l'Italia deve avere con l'America e quei buoni rapporti ci premono: però non viviamo nell'ansia che ho detto e rifiuto i verdetti di Kissinger secondo il quale la partecipazione al governo d'un partito comunista occidentale significherebbe necessariamente un punto a favore dell'Unione Sovietica. Gli americani che ragionano come lui hanno un'idea vecchia e deformata del PCI, e non solo sul tema dei nostri rapporti con l'Unione Sovietica ma sulla nostra concezione del socialismo. Non capiscono o non vogliono capire che rispettiamo l'Alleanza atlantica e che il nostro obiettivo non è prendere il potere da soli come Partito comunista: è partecipare a una coalizione di governo con altre forze democratiche e di sinistra secondo le regole della democrazia e della Costituzione.

Però siete comunisti. Non siete liberali, non siete socialdemocratici, non siete laburisti; siete comunisti e restate comunisti: me lo ha ricordato lei. Ed è una verità sacrosanta che, quando un Partito comunista è andato al potere, c'è rimasto. Sicché, è lecito temere o sospettare che voi fareste lo stesso.

È successo anche che dal potere fossimo cacciati con la forza. È successo in Spagna dove eravamo al governo con altri partiti democratici, è successo in Ungheria nel 1919. Comunque in questi dubbi, in questi ragionamenti, c'è qualcosa di metafisico. Perché partono tutti dalla natura del Partito comunista, senza considerare che in politica la natura non esiste. O esiste ma non è immutabile: neanche per i comunisti. Tante cose che non sono mai avvenute possono avvenire e anzi avvengono: trent'anni fa chi avrebbe previsto comunismi ostili all'Unione Sovietica? Pensi alla Cina. Noi comunisti italiani siamo ciò che di noi ha fatto la storia italiana, l'esperienza italiana, le nostre riflessioni sul comunismo internazionale. Riflessioni grazie alle quali abbiamo concluso che la sola via per giungere al socialismo è la democrazia.

Quando intervistai William Colby, l'ex capo della Cia, e gli dissi che i comunisti italiani sono sempre stati al gioco democratico, mi rispose secco: «Tattica, tattica».

Colby può pensarla come vuole ma sta di fatto che se deviassimo un solo istante dalle regole che abbiamo predicato e praticato per anni, cioè il rispetto per la democrazia e l'osservanza più rigorosa della Costituzione, perderemmo non soltanto l'elettorato non comunista ma anche le nostre masse. Chi crede che vi sia in noi chissà quale arrière pensée, fine nascosto, dovrebbe chiedersi: come si fa a trascinare le masse a credere in una bugia per tanto tempo? Senta, io non ho dubbi sulla nostra buona fede, a incominciare dalla mia.

445

Neanch'io dubito della sua buona fede ma se essa non fosse la buona fede di tutto il suo partito, Berlinguer potrebbe diventare il Kerenski della situazione.

Questa poi! Lei si rifà sempre al periodo di «Ha da veni' Baffone», quando molti militanti si illudevano che il comunismo in Italia potesse vincere anche attraverso l'aiuto dell'Unione Sovietica. Ma le loro illusioni non corrispondevano alla politica del partito, e la politica del partito non era un trucco. Dopo s'è ben visto che non lo era. E poi lei dimentica un fatto: i partiti comunisti che andando al potere hanno cacciato o soppresso gli altri partiti appartengono tutti all'Europa orientale, al blocco sovietico. Noi comunisti italiani apparteniamo all'Europa occidentale, all'Alleanza atlantica. Non è una garanzia?

Anche Marchais appartiene all'Europa occidentale, eppure guardi che voltafaccia ha fatto: com'è tornato all'ovile. E che dire di Cunhal?

Secondo me Marchais non è tornato all'ovile. Sul problema dell'Afghanistan ha certamente preso posizioni diverse dalle nostre, ma escludo che le abbia prese dietro pressioni sovietiche. Quanto a Cunhal, è vero che le sue concezioni sono diverse dalle nostre ma non mi pare che il PC portoghese rifiuti le regole della democrazia.

Onorevole Berlinguer, lo sa che cosa dice Brzezinski sui partiti comunisti dell'Europa occidentale? Dice: «Il PC portoghese è nel migliore dei casi in una fase di destalinizzazione ma in maniera ambigua. Il PC italiano sta più avanti ma è ancora presto per dire se ha completato il processo di destalinizzazione e andrà oltre. Il PC spagnolo è il più avanti di tut-

ti. Ma nessuno di loro ha incominciato il processo di destalinizzazione».

A parte il fatto che io non accetto la pagella di Brzezinski, che non mi riconosco nei voti che egli ci dà come se fossimo bambini a scuola, Carrillo più bravo di me e io più bravo di Cunhal, ho l'impressione che Brzezinski sia ossessionato dal sistema sovietico e che pensi qualcosa di analogo a quello che pensava Foster Dulles per cui uno scopo finale della politica americana doveva essere il ritorno del capitalismo nei paesi socialisti dell'Europa orientale. Bè, una cosa è andare verso la liberalizzazione e la democratizzazione, una cosa è tornare al capitalismo, sicché temo proprio che il signor Brzezinski parta da categorie mentali e metri di misura del tutto opposti ai miei. Io non ho alcuna intenzione di iscrivermi alla DC, e neanche di diventare craxiano se egli preferisce Craxi alla DC. Non ho intenzione nemmeno di iscrivermi al Partito liberale. Inoltre Brzezinski ignora che a partire dal 1956 noi abbiamo incominciato la revisione critica dell'opera e del pensiero di Stalin. E, recentemente, anche la revisione critica dell'opera e del pensiero di Lenin.

Vuol chiarire che cosa intende per revisione di Lenin?

Sì. Noi non identifichiamo Lenin con Stalin, perché pensiamo che nel patrimonio teorico di Lenin vi siano insegnamenti validi. Insegnamenti, badi bene: niente di più. Infatti nel nostro ultimo congresso abbiamo tolto dallo statuto l'espressione «marxismo-leninismo» e ora il preambolo dice: «Riaffermando il carattere laico e razionale, il PCI si riconosce nella tradizione ideale e culturale che ha la sua matrice e ispirazione nel pensiero di Marx ed Engels e che dalle idee innovatrici e dall'opera di Lenin ha ricevuto un impulso di portata storica. All'arricchimento di tale patrimonio il PCI contribuisce, nel solco di riflessione critica tracciato dagli scritti di Antonio Labriola e dall'opera teorico-politica di Antonio Gramsci e Palmiro Togliatti, con la sua elaborazione originale sempre aperta al confronto con tutte le correnti del pensiero moderno». Mi sembra un notevole superamento di ogni carattere ideologico del partito: parlare di «patrimonio ideale» a proposito di Lenin non significa riferirsi a qualcosa di fisso, di immutabile. Del resto, in altre occasioni, ho parlato anche di Vico, Cavour, Machiavelli...

Chissà che salto avrà fatto Colby: «Visto? Machiavelli, Machiavelli!».

Temo anch'io che molti americani non conoscano bene Machiavelli, che in Machiavelli vedano colui che vuole usare la politica come inganno e non il fondatore della politica moderna, cioè della politica intesa come scienza autonoma dalla religione e dall'ideologia. E in quel senso Machiavelli ha per noi grande valore.

Onorevole Berlinguer, avevo incominciato citando Kissinger e Brzezinski per arrivare al fatto che durante l'amministrazione Carter qualcosa è cambiato nei confronti dei comunisti italiani, europei. Napolitano e Pajetta hanno avuto il visto per recarsi in America, ad esempio, e così molti altri. A un certo punto sembrava che ci andasse anche lei: lo seppi dalla New York University che l'aveva invitata. Invece tutto naufragò. Perché?

Ho ricevuto anche altri inviti da altre università in questi anni. Per dare conferenze, partecipare a dibattiti. Non li ho mai accolti perché ho giudicato che il momento non fosse maturo. Vorrei andare in America quando un contatto con gli ambienti accademici e anche politici risulti più utile di quanto lo sarebbe stato in passato o in quest'anno di elezioni. Sì, bisogna che ci vada quando una mia visita rappresenti un vero passo avanti nei rapporti tra i comunisti italiani e l'opinione pubblica americana.

Chissà come sarà contenta, quel giorno, la rivista sovietica «Tempi Nuovi».

Le assicuro che il giudizio di «Tempi Nuovi» non mi interessa proprio. Del resto mi pare che il mio viaggio in Cina non abbia fatto molto piacere ai dirigenti sovietici: vedermi andare in America non sarebbe più grave per loro che vedermi andare in Cina.

E, politica a parte, non è curioso di conoscere l'America?

Guardi, l'America come paese ha sempre interessato i dirigenti comunisti: anche nei primi tempi della rivoluzione sovietica. Già allora sapevamo che in America ci sono molte cose da imparare: l'efficienza, lo spirito di iniziativa, le enormi possibilità di studio e non solo nel campo delle ricerche scientifiche. Inoltre non dovremmo dimenticare che il femminismo in Europa deve molto al femminismo americano: le prime idee sono venute di lì. Sulla realtà sociale non vorrei pronunciarmi prima di averla vista coi miei occhi ma, certo, a parte il vantaggio di spiegare la nostra politica agli americani e ascoltare quel che essi hanno da dirci, ho per l'America una grandissima curiosità. Personale e culturale. Sa qual è una delle cose che mi incuriosiscono di più? Capire perché la gran maggioranza della classe operaia americana non aspirà a cambiare il sistema sociale. Un motivo deve pur esserci.

E poi mi incuriosisce l'alienazione dell'operaio. È un'alienazione che si direbbe nasca anche dal benessere. Queste cose vanno studiate.

Scusi ma qui devo aprire una parentesi che forse a lei sembrerà un poco frivola. Una volta chiesero a Tito che cosa sarebbe diventato se fosse emigrato in America, come voleva fare da ragazzo. E Tito rispose, serio: «Un miliardario, naturalmente». Lei che cosa sarebbe diventato se fosse emigrato da ragazzo in America?

Un miliardario certamente no. Anzitutto perché ritengo immorale essere miliardari, poi perché non ho mai desiderato diventare ricco. Mai. Capisco lo spirito in cui Tito pronunciò quella battuta ma, lo stesso, inorridisco all'idea che avrei potuto diventar miliardario ed escludo che quello sarebbe stato il mio destino. Forse sarei diventato, non so, vediamo...

Professore in qualche università. Professore di matematica.

Non c'è andata lontano perché, se mi chiede che cosa volevo fare da ragazzo e cioè prima di darmi alla politica, le rispondo: il filosofo. E oggi poche scienze sono conciliabili come la matematica e la filosofia. In Italia questo filone, incominciato con Galileo, morì in parte per colpa di Vico e poi di Croce. In America invece è stato sviluppato come doveva. Sì, negli Stati Uniti, come del resto in Inghilterra, s'è compiuto un gran passo avanti nel superamento della filosofia intesa come scienza esclusivamente umanistica.

Questa sua risposta mi incanta perché ho sempre l'impressione, a osservarla, che lei dica a sé stesso: «Ma guarda dove sono

*capitato, ma guarda in quale ambiente mi ritrovo». Insomma,
io la vedo più come uno studioso, un teorico, che come un politico e un segretario di partito. E a volte mi chiedo: ma quel-
l'uomo è contento di fare quello che fa? Gli piace?*

Sono relativamente contento di fare il segretario del partito
nel senso che non ho mai cercato questa carica, non l'ho
mai desiderata, ed è una carica pesante: una carica che porta molti inconvenienti. Però sono contento di fare il mili-
tante comunista, e stare in politica mi piace. Per usare le
sue parole, sì, è un'attività brutale. Ma non vorrei aver fatto
un'altra cosa e non ho mai avuto rimpianti d'aver scelto
questa via.

*Chiusa la parentesi che, vede, non è poi risultata tanto frivola.
E mi dica: come commenta la simpatia che Washington dimostra da qualche tempo per i socialisti italiani? Laggiù si dice
che Washington punti su di loro, ormai.*

Se è così le ricordo che aver puntato su Soares, in Portogallo,
non ha portato fortuna a Soares: la sua è stata una parentesi
effimera. Il fatto è che i dirigenti americani sono ossessionati
dall'idea di evitare a ogni costo la partecipazione dei comunisti italiani al governo e così si orientano sempre sulla bussola
erronea di quale-uomo-o-partito-possa-maggiormente-con-
tribuire-a-quel-fine. Per lunghi anni l'ago della bussola ha
puntato sulla DC, e credo che tutto sommato ci punti ancora,
ma oggi guardano con interesse a Craxi pensando che attraverso l'alleanza con la DC egli possa impedire o ritardare l'avvento dei comunisti al governo. Il mio commento non può
essere che questo: gli americani hanno compiuto moltissimi
errori nei confronti dell'Italia e dell'Europa occidentale. Per
non parlare di quelli commessi nell'America Latina. Pensi al

Cile. E questo dovrebbe renderli più attenti, più realisti. Ma dicendo ciò non voglio creare equivoci, far credere che io sia alla ricerca di avalli americani. Questo sia per ragioni di principio sia perché mi rendo conto che è lontano il giorno in cui gli americani grideranno: «Viva il Partito comunista italiano».

Certo non si può dire che quel giorno lontano possa diventar meno lontano grazie alla mediazione del PSI e del suo segretario. Mi sbaglio o in quel comizio a Milano egli vi ha attaccato con mano pesante e vi ha minacciosamente avvertito che «chi va contro il PSI si rompe la testa»?

I rapporti tra i due partiti stanno attraversando una fase difficile. Perché è in atto un tentativo di portare il PSI fuori del suo filone tradizionale, cioè di un partito socialista di sinistra, e non sono poche le critiche che noi gli muoviamo. Per esempio il fatto che, pur restando al governo e con molti ministri, il PSI non abbia mai fatto nulla per far sentire la sua voce sia in politica estera sia interna. Non si è mai distinto in niente dalla DC. Inoltre, e noti il linguaggio misurato che sto usando, il PSI ci sembra un po' troppo lanciato a rincorrere posizioni di potere: non solo nel governo ma nei vari gangli della vita pubblica ed economica. Voglio dire, invece di battersi contro il sistema di potere della DC, il PSI cerca di inserirvisi per prendere la fetta più grossa possibile. Senza contare altri fatti strani come la politica che fa coi radicali. A me sembra perlomeno bizzarro che un ministro socialista della Difesa firmi la richiesta di un referendum per abolire i tribunali militari. Altrettanto bizzarro che, su questo, egli pensi di presentare in Parlamento un progetto di legge. Comunque il dialogo col PSI noi lo teniamo aperto, continuiamo a tendere la mano come facciamo con le forze cattoliche progressiste. Ma non vorrei che que-

ste parole fossero interpretate come un atto di condiscendenza.

*E alle prossime elezioni americane come guarda? Glielo chie-
do pensando a una battuta che circola da tempo negli Stati
Uniti: «Carter o Reagan? Rispondi o sparo». E il cittadino risponde: «Spara».*

Avrà capito che «questo o quello o sparo» non è il mio modo di metter le cose. Perché non è realistico, non è razionale. E poi sa, in America è sempre stato difficile far previsioni
sul candidato che vincerà e sul modo in cui si comporterà da
eletto. Vi sono stati presidenti che hanno promesso tante
belle cose e poi non le hanno mantenute, presidenti che hanno fatto buone cose senza averle promesse: sia in politica interna che estera. Infatti se mi chiede qual è il presidente migliore che gli americani hanno avuto nel corso della nostra
vita, la risposta è scontata perché le dico Franklin Delano
Roosevelt: l'uomo del New Deal e del grande impegno americano per schiacciare il nazismo e il fascismo. Ma se mi chiede un altro nome dopo quello di Roosevelt, sono certo di
sorprenderla. Perché quel nome è Gerald Ford.

*Ford?! Lo sa che cosa dice Ford? Dice che il vostro eurocomu-
nismo non è comunismo dal volto umano ma stalinismo ma-
scherato e tirannia travestita.*

Chiunque ha il diritto di sbagliare e dire assurdità. Resta il
fatto che da un punto di vista internazionale Ford è stato un
presidente abbastanza saggio. Perché aveva capito quel che
Carter non ha capito, che Brzezinski non ha capito: per mantenere la pace nel mondo, l'America deve avere buoni rapporti sia con l'Unione Sovietica sia con la Cina. Non deve

giocare né la carta cinese contro l'URSS né la carta sovietica contro la Cina.

Questo Kissinger lo aveva capito. Fu lui ad aprire il dialogo con la Cina mantenendo quello con l'Unione Sovietica.

Sì, lo aveva capito. Ma non aveva capito altre cose: lui seguiva il concetto, poi chiarito in modo brutale da Sonnenfeldt, secondo cui l'Unione Sovietica poteva fare ciò che voleva nella sua area e gli Stati Uniti nella loro. La suddivisione delle sfere d'influenza, insomma. E non so immaginare una politica più negativa anche perché, alla lunga, non regge alla realtà multipolare che sta prendendo il posto della realtà bipolare. Realtà, questa, che Cyrus Vance sembra aver compreso assai bene. Oggi molti paesi non accettano che le loro sorti siano decise dagli Stati Uniti o dall'Unione Sovietica. Anche alla Conferenza dell'Avana, alla fine, ha prevalso una linea di non allineamento rigoroso.

C'è modo e modo di non allinearsi. C'è quello di Tito e quello di Castro.

Bisogna vedere quel che intendono fare gli Stati Uniti per evitare che l'indipendenza di Cuba rimanga legata così strettamente al sostegno anche economico dell'Unione Sovietica. Non mi pare che gli Stati Uniti facciano molto in quel senso. E io credo che Castro tenga soprattutto all'indipendenza di Cuba. Castro ha ereditato un passato di miseria, sì, ma anche di dipendenza dall'America. E non vuole ricaderci.

Non le chiedo nulla di Castro altrimenti devo chiederle anche che cosa pensa della fuga dei cubani da Cuba, poi della fuga dei vietnamiti dal Vietnam, poi delle guerre che i paesi comu-

nisti si fanno fra loro, e quindi se le capita mai di pensare che il socialismo sia fallito alla prova. Un simile tema ci porterebbe lontano.

Questo si chiama mettere le cose in modo duro. Bè, anzitutto non è che i paesi comunisti siano comunisti e basta: sono nazioni coi loro conflitti di interessi, rivalità, risentimenti, senza contare le loro diverse formazioni ideologiche e i loro fanatismi. Se pensa a quel che è stata la Rivoluzione culturale in Cina, se pensa che anche Pol Pot credeva d'essere comunista e nessuno può concepire una forma più aberrante e più ripugnante della sua ideologia comunista... Ma il discorso ci porterebbe lontano, ne convengo. Così le rispondo soltanto no, non penso che il socialismo sia fallito alla prova. Perché il socialismo anzi il comunismo come lo vedo io non esiste in nessuna parte del mondo e quindi non penso che questa prova ci sia veramente stata. Il socialismo è ai suoi primi albori, vive la sua prima giovinezza, e quella che può essere guardata come la sua prova iniziale gronda drammi, sì, contraddizioni, vizi, ingenuità, delitti, ritorni indietro, tragedie come quelle avvenute durante le rivoluzioni borghesi, sì. Ma sono le tragedie che accompagnano il sorgere di un mondo nuovo.

Dopo le risponderò qualcosa su questo, ora voglio concludere sugli americani. Onorevole Berlinguer, voi comunisti li accusate spesso di avere incrinato la distensione prima che i russi invadessero l'Afghanistan. Ma prima dell'Afghanistan io ricordo soltanto il sequestro dei diplomatici a Teheran.

Invece c'è qualcos'altro. In primo luogo, la campagna per i diritti dell'uomo lanciata in modo unilaterale da Carter agli inizi della sua presidenza. Quando i diritti dell'uomo vengono invocati soltanto nei confronti dell'Unione Sovietica e dei paesi socialisti senza toccare i regimi che schiacciano l'uomo in tanti altri paesi, nell'America Latina ad esempio e cioè nei paesi protetti dagli Stati Uniti, i diritti dell'uomo vanno a farsi friggere. Inoltre, l'iniziativa serve soltanto a guastare i rapporti con l'Unione Sovietica. E che, in Cile e in Bolivia e in Argentina e in Guatemala e a Haiti i diritti dell'uomo sono rispettati? In secondo luogo, la questione del Medio Oriente. Perché qui si è passati dalla dichiarazione di Vance-Gromiko, cioè dalla ricerca di una soluzione cui avrebbe partecipato anche l'Unione Sovietica, agli accordi di Camp David cui ha partecipato solo una potenza estranea alla zona, cioè gli Stati Uniti. Lei può obiettarmi: «Che c'entra l'Unione Sovietica», ma allora io le rispondo: «Che c'entrano gli Stati Uniti». Non dovrebbero entrarci né gli uni né gli altri, ma visto come vanno le cose mi sembra difficile risolvere un conflitto di quella portata senza la partecipazione delle due massime potenze. Risultato, Camp David ha peggiorato i rapporti con l'URSS senza risolvere il problema. In terzo luogo, la mancata ratifica del SALT 2. Quando un presidente non riesce a far ratificare un accordo simile dal suo Senato e un giorno dice una cosa, un altro giorno ne dice un'altra, oscillante, è lecito dire che egli non contribuisce alla distensione.

Gli americani pensano che oggi il SALT 2 ratificherebbe uno squilibrio a favore dell'Unione Sovietica perché, mentre i Pershing e i Cruise non sono stati ancora installati, neanche fabbricati, i sovietici stanno installando gli SS 20 al ritmo di quattro o cinque al mese. Senza contare le centosessantamila truppe di cui il Patto di Varsavia è in vantaggio rispetto alle truppe della NATO.

Non accetterei la tesi semplicistica secondo la quale l'equilibrio sarebbe alterato dagli SS 20. E questo perché bisogna calcolare anche gli armamenti nucleari inglesi e francesi, poi i sommergibili nucleari americani che si trovano nel Mediterraneo e lungo le coste atlantiche. Non sappiamo quanti sono ma sappiamo che possono colpire i paesi del Patto di Varsavia. Guardi, secondo me, oggi come oggi, l'equilibrio strategico esiste. Però quel che lei dice non è da escludersi. Quindi, e a maggior ragione, vale la proposta che noi comunisti facemmo in Senato: sospendere la costruzione dei Cruise e dei Pershing, sospendere la fabbricazione e l'installazione degli SS 20, e fare la verifica. Non mi pare che ciò significhi dar ragione a Breznev.

Alcuni sostengono che, tutto sommato, la posizione dei comunisti italiani è analoga a quella di Giscard d'Estaing e di Schmidt.

A quella di Giscard d'Estaing, proprio no. Del resto non siamo d'accordo neanche con la sua idea di fabbricare la bomba al neutrone. Ci avevano rinunciato perfino gli Stati Uniti ed ecco che la fanno i francesi. La Francia aspira troppo a diventare una grande potenza, basti pensare alla politica che sta facendo in Africa. Quanto a Schmidt, dico che il suo viaggio a Mosca è servito non solo all'Europa ma agli Stati Uniti e all'Unione Sovietica perché ha riaperto la possibilità di dialogare sui missili. E se non si mantiene un dialogo, se non si torna alla distensione, la crisi diventa irreversibile. Come ha detto lei all'inizio di questa intervista, si va dritti alla guerra. Ci vogliono coloro che, come Schmidt, non accettano la logica delle esasperazioni e svolgono un'opera di moderazione senza venir meno agli obblighi del Patto atlantico: gli americani devono capirlo. Io non credo che si possa accusare Schmidt di non preoccuparsi della difesa dell'Occidente. C'è qualcuno in America che lo accusa di questo?

*Forse c'è qualcuno che lo crede più interessato alla riunifica-
zione della Germania e pronto a pagarla col prezzo della neu-
tralità. E comunque vi sono molti cui non piace l'asse Parigi-
Bonn.*

Il fatto che in Europa possano sorgere due potenze egemoni
non piace neanche a me, e così il fatto che la Francia pensi di
assumere e garantire la sicurezza dell'Europa occidentale.
Tale sicurezza non è concepibile oggi senza l'ombrello atomi-
co americano. La Francia non potrà mai raggiungere la potenza militare dell'Unione Sovietica e del blocco appartenen-
te al Patto di Varsavia: le sue pretese sono perlomeno vellei-
tarie. Ma questo è quel che succede quando l'Europa non
funziona e la Comunità europea non ha iniziative autonome:
arrivano due paesi forti come la Francia e la Germania e in-
tervengono per conto loro. Del resto a me non piace nemmeno l'idea di una forza armata europea che facendo a meno
dell'appoggio americano si contrapponga al Patto di Varsavia. Significherebbe coinvolgere anche i nove paesi della Comunità nella corsa agli armamenti. Sarebbe pazzesco.

*E del fatto che Breznev non voglia la Spagna nella NATO che
ne pensa?*

Neanche Carrillo e Gonzales cioè neanche i comunisti e i socialisti spagnoli lo vogliono. Perché altererebbe l'equilibrio
ormai stabilito, proprio come se l'Italia uscisse dalla NATO
o come se la Iugoslavia entrasse nel Patto di Varsavia. Cosa
che escludo.

Quindi su questo dà ragione a Breznev.

Io preferisco dire che hanno ragione Carrillo e Gonzales.

Onorevole Berlinguer, il PCI ripete sempre che vuole restare nella NATO e ora lei me ne dà un motivo: gli equilibri. Però sappiamo che ve n'è un altro: lei si sente più sicuro a stare da questa parte della barricata perché, a stare da questa parte della barricata cioè con la NATO, non rischia di fare la fine che fece Dubcek. Vero o no?

Sì, ho detto molte volte che nel blocco sovietico non ci lascerebbero fare il socialismo come noi lo vogliamo. Questo senza dimenticare, s'intende, gli ostacoli formidabili che nell'Europa occidentale e in Italia ci vengono opposti dalle forze capitalistiche. Sa, in certo senso, stiamo giocando una partita d'azzardo. Una indispensabile partita d'azzardo.

Lei ha detto anche che, se l'Unione Sovietica ci attaccasse militarmente, i comunisti italiani sarebbero in prima linea a difendere l'indipendenza del nostro paese.

L'ho detto e lo ripeto.

Bene. Allora perché parla sempre di autonomia e di dialettica all'interno della NATO? I paesi del Patto di Varsavia non parlano di autonomia e di dialettica, nel Patto di Varsavia ci stanno in modo assai disciplinato, infatti sappiamo bene cosa gli succederebbe altrimenti. E, come il Patto di Varsavia, la NATO è un patto militare. E, in un patto militare, o ci si sta o non ci si sta. Non ci si può stare contestando o ponendo limiti.

Non ci si può stare nemmeno come in una caserma e cioè senza dissentire mai dagli americani o dimenticando che la NATO è un patto difensivo con un'area geograficamente limitata, quindi aderirvi non equivale a seguire le iniziative americane al di fuori di quell'area. Appartenere alla NATO significa essere alleati degli americani, sì, significa adempiere gli obblighi che garantiscono la sicurezza dei paesi aderenti, sì. Però se gli Stati Uniti ci chiedono di seguirli in iniziative politico-militari nel Golfo Persico o in Medio Oriente o in Asia o in Africa, dobbiamo rispondere no. E lo stesso se ci chiedono o ingiungono di partecipare a sanzioni e ritorsioni contro un paese.

Io dico che non si può stare nella NATO perché ci fa comodo, perché sennò facciamo la stessa fine dell'Ungheria o della Cecoslovacchia o dell'Afghanistan, e poi rifiutare solidarietà contro un tiranno che tiene i diplomatici in ostaggio.

E io dico che non si può seguire la logica delle sanzioni, delle ritorsioni, sennò si va dritto alla guerra. La guerra mondiale, la guerra nucleare. E su questo argomento aggiungo: oltre al dialogo, la trattativa, la distensione, a me interessa il disarmo. Sì, il disarmo. Perché è avvenuto un fatto nuovo nell'umanità. Un fatto che si chiama «armi nucleari». Ed io non sono d'accordo con chi dice che la guerra non sarebbe una guerra nucleare, sarebbe una guerra convenzionale. Le guerre si fanno per vincerle, e per vincerle si usano le armi di cui si dispone. Le armi di cui si dispone sono armi nucleari e... Insomma, bisogna ridurlo questo equilibrio del terrore che fino a ieri ha servito a evitare la guerra ma a lungo andare rischia di provocarla. Ma si rende conto che gli arsenali atomici di cui dispongono di qua e di là sono in grado di distruggere sette volte l'intero pianeta? Ha ragione il Papa quando dice: attenti, se continuate a fabbricare armi a un certo punto le userete. E sarà la fine dell'umanità. Il resto sono chiacchiere, illusioni, fanatismi.

Onorevole Berlinguer, ecco la risposta che le ho annunciato prima. Lei condanna molto i fanatismi e questo è bello. È consolante. Ma quando dice: «Siamo nati e viviamo per combattere il capitalismo, cancellarlo», quando dice di credere ciecamente all'avvento finale del comunismo inteso come toccasana di tutto, Città del Sole, non pecca di fanatismo anche lei?

No, perché il mio non è un atto di fede a un'ideologia, a una religione. È una convinzione che deriva da un ragionamento.

Onorevole Berlinguer, non ricordo dove Karl Marx ha scritto che la più alta virtù dell'uomo è il dubbio. Ma il dubbio non la sfiora mai?

Certamente. Il dubbio nel senso del pensiero moderno, occidentale, critico, che incominciò nel Cinquecento con Galileo e Bacone. Il dubbio che bisogna avere per sottoporre a verifica continua le proprie convinzioni. Bisogna sempre ragionare col dubbio. Ma il dubbio che mi possa condurre a non essere più comunista, quello no. Finora non mi ha mai colto ed io spero che non mi colga mai.

Certo, se questo fosse avvenuto o stesse per avvenire, non lo direbbe a me.

Ma lo direi a me stesso.

Roma, luglio 1980

461

Deng Xiao-ping

Che cosa avviene in Cina del mito Mao Tse-tung, della leggenda che sconvolse anche la nostra vita travolgendo i giovani senza criterio, seducendo gli intellettuali senza intelletto, generando la moda estetica e filosofica, non di rado opportunistica, da cui sarebbe nato l'estremismo che oggi terrorizza e uccide? Che cosa è rimasto della cosiddetta Rivoluzione culturale, dell'aggettivo maoista, del Libretto Rosso che i laureandi di architettura (dopo aver picchiato gli insegnanti) agitavano come tesi per costruire le case e i ponti che non avrebbero mai costruito? Che cosa significa l'apertura all'Occidente fatta da questa Cina straordinaria e imprevedibile che dal feudalesimo balzò direttamente al comunismo sbalordendo il mondo e straziando sé stessa? Quali altri cambiamenti si preparano al vertice della sua leadership così complessa e per anni arroccata su posizioni intoccate e intoccabili? Quali perplessità si nutrono laggiù sui comunisti italiani, francesi, spagnoli, portoghesi, quali giudizi si danno su di loro? E quali sono i veri motivi del conflitto cinese-vietnamita, quali drammi finora inconfessati nasconde? Ma, soprattutto, quanto è irriducibile l'ostilità che brucia tra la Cina e l'Unione Sovietica, che cosa intendono i cinesi quando parlano di inevitabilità della guerra, la Terza guerra mondiale?

A queste domande risponde, con una intervista durata ben quattro ore e avvenuta in due giorni diversi, il vice premier Deng Xiaoping: veterano della Grande Marcia, tre volte abbattuto e tre volte risorto alla guida del proprio paese, cervello ed artefice della incredibile svolta avvenuta dopo la morte di Mao Tse-tung. Concedendomi un'udienza ufficiale di cui l'agenzia Nuova Cina avrebbe dato notizia sulla stampa e alla televisione, Deng Xiao-ping mi ricevette giovedì 21 agosto e sabato 23 agosto al Palazzo del Popolo di Pechino. E non vi fu domanda, neanche la più scomoda, la più insolente, alla quale egli non rispondesse con disinvoltura e franchezza, anzi candore, spesso sorridendo e magari ridendo, sempre buttandomi in faccia quegli occhi intelligentissimi, duri e tendendo gli orecchi: «Sono un po' sordo, fisicamente». Personaggio storico, esperienza unica, irripetibile, perfino in senso umano. Infatti, nella severità dell'incontro, capitarono perfino momenti di buonumore, nel testo non riportati.

Il primo fu quando gli feci gli auguri per il suo compleanno che cade il 22 agosto. «Il mio compleanno?! È il mio compleanno domani?!» «Sì, l'ho letto nella sua biografia.» «Uhm! Se lo dice lei... Io non lo so mai quando è il mio compleanno e comunque, se è il mio compleanno, non è mica il caso di congratularsi. Significa che compio settantasei anni. E settantasei anni è un'età decadente.» «È l'età di mio padre, signor Deng, e se dico a mio padre che la sua è un'età decadente mi tira uno schiaffo.» «E fa bene! Non vorrà mica dire a suo padre una cosa simile, eh!» Il secondo fu quando lo vidi per la seconda volta. Giovedì avevamo avuto un piccolo battibecco su Stalin, nato da una mia osservazione sui mastodontici ritratti di Marx, Engels, Lenin e Stalin che campeggiavano in piazza Tien An Men, e sabato mattina, attraversando la piazza per recarmi di nuovo al Palazzo del Popolo, ero rimasta stupefatta nel notare che i ritratti non c'erano più. Una coincidenza banale oppure, con quel battibecco, gli avevo ricordato che andavano tolti? «Signor Deng! Stamani Stalin non c'è più! Nemmeno Marx, Engels e Lenin. Non li avrà mica tolti per me, non sarà mica colpa mia?» «No, no, si tranquillizzi. Stiamo semplicemente tornando alla vecchia pratica, come le ho spiegato ieri l'altro. Quando sarà necessario li rimetteremo. Anche quello di Stalin.» «Peccato, ero così contenta! Mi sarebbe piaciuto tanto vantarmi d'aver fatto togliere Stalin da piazza Tien An Men!» «Lo so, lo so. L'ho capito, l'ho capito. Ma io questa soddisfazione non gliela do.»

Ed ecco l'intervista che io feci in inglese, Deng in cinese, scrupolosamente tradotta dalla signora Shi Yanhua, Rondine che vola sul Fiore, già interprete di Mao Tse-tung.

ORIANA FALLACI. *Signor Deng, in un articolo pubblicato dai giornali occidentali lei ha scritto che la Cina è a una svolta paragonabile a una seconda rivoluzione. E infatti il viaggiatore che giunge a Pechino oggi, fine estate 1980, ha la sensazione quasi fisica di un gran cambiamento: niente uniformi, niente slogan, niente spreco di rosso. Quanto ai ritratti di Mao Tsetung, si contano sulle dita di una mano: finora ne ho visti solo tre, incluso quello che sta all'ingresso della Città Proibita e che guarda le immagini di Marx, Engels, Lenin, Stalin. Scelgo questo particolare per porle la prima domanda: quei rari ritratti di Mao resteranno oppure no?*

DENG XIAO-PING. Resteranno sicuramente. Resteranno per sempre, incluso quello in piazza Tien An Men. In passato v'erano troppi ritratti del presidente Mao, ve n'erano tanti che anziché solenni finivano col risultare banali, addirittura irrispettosi, e perciò li abbiamo tolti ma... Guardi, il presidente Mao ha commesso errori, sì. Però è stato anche uno dei principali fondatori del Partito comunista cinese e della Repubblica popolare cinese. Quindi, valutando i suoi meriti come i suoi errori, noi pensiamo che i suoi errori vadano messi al secondo posto, i suoi meriti al primo. E questo significa che il contributo da lui dato alla rivoluzione cinese non può essere dimenticato, che il popolo cinese custodirà sempre la sua memoria, penserà sempre a lui come a uno dei fondatori del partito e della Repubblica.

Sì, è noto che tutte le colpe, oggi, vengono attribuite alla Banda dei Quattro. Cioè a Chiang Ching, la vedova di Mao, e agli altri tre che guidavano la Rivoluzione culturale. Ma ciò corrisponde alla verità storica, signor Deng? Mi è stato detto che molti cinesi, quando si parla della Banda dei Quattro, alzano le cinque dita aperte e rispondono adirati: «Sì, sì, quattro!».

(Sorride). Allora devo spiegarle subito, e chiaramente, la differenza che passa tra gli errori, anzi la natura degli errori commessi dal presidente Mao e i crimini perpetrati sia da Lin Piao sia dalla Banda dei Quattro. Devo ricordarle meglio che il presidente Mao ha dedicato la maggior parte della sua vita alla Cina, ha salvato il partito e la rivoluzione nei momenti più critici, insomma ha dato un contributo tale che senza di lui, come minimo, il popolo cinese avrebbe impiegato molto più tempo a trovare la sua strada nel buio. Non dimentichiamo nemmeno che fu il presidente Mao a combinare i principii del marxismo-leninismo con le realtà della storia cinese, e poi ad applicare quei principii, creativamente, non solo alla politica ma alla filosofia, all'arte, alla letteratura, alle faccende militari. Sì, prima degli anni Sessanta, o per essere esatti fino alla seconda parte degli anni Cinquanta, alcune idee del presidente Mao erano in massima parte giuste. Del resto erano stati molti dei suoi principii che ci avevano condotto alla vittoria e fatto conquistare il potere. Poi, sfortunatamente, negli ultimi anni della sua vita egli commise gravi errori. L'errore della Rivoluzione culturale, anzitutto. E molte disgrazie ne vennero al partito, al paese, al popolo.

Mi consenta di fare una messa a punto, signor Deng: quando dice «le idee del presidente Mao» si riferisce a ciò che viene definito «Pensiero di Mao Tse-tung»?

Sì, durante la guerra rivoluzionaria, quando il partito era ancora a Yen Nan, riunimmo tutte le idee e i principii avanzati da Mao Tse-tung, li definimmo «Pensiero di Mao Tse-tung», e decidemmo che questo pensiero avrebbe guidato d'ora innanzi il partito. Come in effetti avvenne. Ma, naturalmente, il pensiero di Mao Tse-tung non fu creato da Mao Tse-tung e basta. Voglio dire: sebbene la maggior parte delle idee fossero sue, anche altri vecchi rivoluzionari contribuirono alla formazione e allo sviluppo di quei concetti. Ciu En-lai, Liu Sciao-ci, Zu Den, tanto per citare i più importanti.

E lei non ci si mette?

Io non conto, ma ovvio che feci anch'io la mia parte. Non sarei un vecchio rivoluzionario, altrimenti, non sarei un veterano. (Ride). Poi, le dicevo, negli ultimi anni della sua vita, il presidente Mao contraddisse sé stesso, i buoni principii che aveva formulato. E idee malsane, ragionamenti ingiusti emersero attraverso il suo comportamento e le sue azioni. L'idea più malsana di tutte, l'idea dell'ultrasinistra. Mah! Forse il fatto d'avere vinto aveva cancellato in lui ogni prudenza, o forse aveva perduto contatto con la realtà. Sa, a causa di tutto ciò che aveva fatto per la rivoluzione, egli godeva di grande prestigio nel paese e così riceveva troppe lodi, troppe lusinghe. Finì con l'ignorare anche il centralismo democratico, cioè la direzione collettiva che aveva sempre predicato. E questo fu uno dei guai più gravi sebbene anche altri rivoluzionari, in quel senso, abbiano avuto la loro parte di responsabilità. Incluso me stesso. E fu così che il metodo patriarcale prese a svilupparsi in lui: la vita del partito e la vita del paese persero ogni normalità. Come vede, siamo sempre sul tema degli errori.

Sì, ma allora non è il caso di riconoscere che gli errori incominciarono assai prima, signor Deng, quasi subito anzi, e che anche il Grande Balzo fu un errore?

Certo, e scegliendo la seconda parte degli anni Cinquanta come l'inizio di tutti gli sbagli avrei dovuto chiarire che mi riferivo al Grande Balzo. Ma anche qui non è giusto attribuire tutta la responsabilità al presidente Mao, anche qui noi veterani avemmo la nostra parte di colpa: quella di agire contro le leggi della realtà, e pretendere di affrettare lo sviluppo economico con metodi che ignoravano le leggi economiche. Perché è vero che il maggior responsabile fu il presidente Mao, però lui fu anche il primo a capire lo sbaglio, suggerire proposte per correggerlo. E nel 1962, quando intervennero altri fattori negativi e le proposte non furono applicate, pronunciò un'autocritica. Ma neanche quella ci bastò, neanche da quella traemmo la lezione che avremmo dovuto. E così ci fu la Rivoluzione culturale.

Ma a che cosa mirava, in realtà, con la Rivoluzione culturale?

A evitare la restaurazione del capitalismo in Cina. Sì, l'intenzione era quella. L'intenzione del presidente Mao, voglio dire, non di coloro che sarebbero diventati la Banda dei Quattro. Però, e malgrado i buoni propositi, tale intenzione nasceva da un errato giudizio della realtà cinese. Insomma, ancora una volta, il presidente Mao sbagliò. Sbagliò anche nello scegliere l'obiettivo da colpire, disse che l'obiettivo dovevano essere i seguaci dei capitalisti, i compagnons de route dei capitalisti che esistevano nel partito e con questa accusa fece attaccare un gran numero di veterani d'alto livello: uomini che non solo avevano contribuito alla rivoluzione in modo egregio ma che avevano profonda esperienza. E tra costoro c'era il premier Liu Sciao-ci, poi arrestato ed espulso dal partito. Risultato, tutti i quadri rivoluzionari furono decimati. Un anno o due prima di morire, lo stesso presidente Mao lo riconobbe. Fu quando disse che la Rivoluzione culturale aveva commesso due sbagli: decimare i quadri rivoluzionari e provocare una guerra civile a largo raggio.

Dunque fu davvero una guerra civile.

Se lo fu! Il popolo era diviso in due fazioni che si ammazzavano. E poiché i vecchi rivoluzionari erano stati spazzati via, soltanto coloro che si dichiaravano «ribelli» riuscirono ad emergere. Come Lin Piao e la Banda dei Quattro. Eh! Ne morirono tanti in quella guerra civile.

Quanti?

Un calcolo esatto non è possibile. Non sarà mai possibile perché morirono per cause varie e perché la Cina è un paese così vasto. Ma guardi: ne morirono abbastanza da permetterci di dire, oggi, che non foss'altro per questo motivo la Rivoluzione culturale non doveva essere fatta. Comunque, quelli del presidente Mao furono errori politici. Ciò non li alleggerisce, no, tantomeno li giustifica, ma una cosa sono gli errori politici e una cosa sono i crimini che si giudicano in tribunale. Cioè i crimini per cui processeremo la Banda dei Quattro e, postumo, Lin Piao: i due gruppi della Rivoluzione culturale che noi chiamiamo controrivoluzionari. Certo... Bè, certo fu il presidente Mao che permise a Lin Piao e alla Banda dei Quattro di sfruttare i suoi errori politici per usurpare il potere...

Ecco il punto, signor Deng. Perché lo capisco che voi, leader di una nuova Cina, state vivendo un dramma terribile: ridimensionare e possibilmente cancellare il mito di Mao senza distruggerlo, buttare via tutto buttando via il meno possibile. In fondo, quel che è stato definito «il dilemma di scegliere tra un passato da accettare e un passato da rinnegare». Ma, ammeno di non riscriver la Storia bruciando le biblioteche, come farete? A dirigere la Banda dei Quattro c'era la moglie di Mao e a

468

scegliere Lin Piao, come un imperatore che investe il principe ereditario, fu Mao. Anche questo un «errore»?

Io lo definisco un errore e lo allineo con gli altri errori che ho citato. Poi... ovvio che l'investitura di Lin Piao non fu giusta. Ovvio che scegliere il proprio successore come un erede al trono è, da parte di un leader, una pratica feudale. Però bisogna anche tener conto del fatto che non esisteva più il centralismo democratico, che non avevamo più un sistema per evitar cose simili.

Conclusione, al prossimo congresso del Partito comunista cinese non accadrà quel che accadde al Ventesimo congresso del Partito comunista sovietico quando Krusciov denunciò Stalin. O mi sbaglio?

Non si sbaglia. Al congresso valuteremo in modo obbiettivo i meriti e gli errori che hanno caratterizzato la vita del presidente Mao, affermeremo i suoi meriti dicendo che sono di primaria importanza, riconosceremo i suoi sbagli dicendo che sono di secondaria importanza e, nel rendere pubblici gli errori che il presidente Mao commise negli ultimi anni, adotteremo un atteggiamento realistico. Ma, certamente, continueremo a seguire il Pensiero di Mao Tse-tung, vale a dire ciò che costituisce la parte giusta della sua vita. Eh no, non è solo il suo ritratto che rimane in piazza Tien An Men: è la memoria di un uomo che ci portò alla vittoria e in sostanza fondò un paese. E questo non è poco, e per questo, ripeto, il Partito comunista cinese e il popolo cinese guarderanno sempre a lui come a un simbolo, a un tesoro molto prezioso. Lo scriva, noi non faremo a Mao Tse-tung ciò che Krusciov fece a Stalin col Ventesimo congresso del PCUS.

Ma oltre al congresso ci sarà il processo postumo a Lin Piao e alla Banda dei Quattro e... Perché il processo si farà, vero?

Di sicuro. Lo stiamo istruendo. Dovrebbe svolgersi alla fine dell'anno.

Gliel'ho chiesto perché sono almeno tre anni che annunciate questo processo e poi non lo fate mai.

Si farà, le dico che si farà. Tutto questo tempo è stato necessario a prepararlo: i crimini di cui essi sono accusati sono tanti! E ormai il paese agisce nella legalità socialista.

E i Quattro sono vivi, vero? Chiang Ching è viva, vero?

Mangia, e molto, dorme. In prigione naturalmente. E da ciò può dedurre che è viva.

Bene. E, siccome è viva, parlerà. Siccome anche gli altri tre sono vivi, parleranno. E faranno il nome di Mao, diranno molte cose di Mao. Quindi dal processo potrebbe uscire una condanna morale di Mao, cioè un verdetto assai diverso dall'assoluzione a priori con cui si concluderà il congresso.

Le assicuro che il processo alla Banda dei Quattro non infangherà in alcun modo la memoria del presidente Mao. Certo contribuirà a dimostrare che egli ebbe varie responsabilità, ad esempio che usò la Banda dei Quattro, ma niente di più. I crimini per cui la Banda sarà giudicata sono così evidenti che non vi sarà alcun bisogno di coinvolgere il presidente Mao per dimostrarli.

Sono veramente sorpresa, signor Deng. Perché da una parte lo

accusa, dall'altra lo difende, però lo difende anche quando lo
accusa, e lei è stato deposto due volte con l'approvazione di
Mao.

Non due, tre. Però non direi con l'approvazione del presidente Mao. (Ride). Sì, ho avuto tre morti e tre resurrezioni.
Mai udito il nome di Wang Min, cioè colui che nel 1932 dirigeva il Partito comunista cinese e guidava la fazione degli
opportunisti che si definivano di estrema sinistra? Eh! La
mia prima caduta avvenne nel '32, proprio grazie a Wang
Min. Mi accusò di sobillargli contro il gruppo di Mao Tse-
tung, mi defenestrò, e dovetti aspettare tre anni per essere
riabilitato. Cosa che avvenne nel 1935, durante la Grande
Marcia, al congresso di Zuen Yi. Perché, a Zuen Yi, gli opportunisti dell'estrema sinistra vennero sconfitti, Wang
Min messo da parte, e Mao Tse-tung riprese in mano il partito facendomi segretario generale. La seconda caduta invece, si sa, avvenne all'inizio della Rivoluzione culturale,
quand'ero ancora segretario del partito e uno dei dirigenti
del Comitato Centrale oltreché vice primo ministro. E anche stavolta il presidente Mao tentò di proteggermi. Senza
riuscirci, però: Lin Piao e la Banda dei Quattro mi odiavano troppo. Meno di Liu Sciao-ci, infatti io non venni arrestato e lasciato morire in prigione, però abbastanza da essere spedito nella provincia di Jang Xi a fare il manovale due
ore al giorno. E quando, nel 1973, il presidente Mao mi richiamò a Pechino...

Mao Tse-tung o Ciu En-lai?

Il presidente Mao. Lo so, alcuni credono che sia stato il premier Ciu En-lai. Ma non fu Ciu En-lai, fu il presidente Mao.
Ciu En-lai era già malato seriamente a quel tempo e, poiché

il governo posava quasi esclusivamente sulle spalle di Ciu En-lai, il danno che la sua malattia portava al paese era grave, il presidente Mao mi fece tornare, mi chiese di sostituire Ciu nei lavori quotidiani e poi mi affidò la carica di vice premier. Disse che nei miei riguardi bisognava applicare il principio del trenta per cento-settanta per cento: il trenta per cento pei miei errori e il settanta per cento pei miei meriti. E ciò le dimostra che anche la mia seconda resurrezione la dovetti al presidente Mao. Eppure a quel tempo era seriamente malato anche lui, non poteva incontrare nemmeno i membri dell'Ufficio Politico, non vedeva che quelli della Banda dei Quattro. Quanto alla mia terza caduta, avvenne nell'aprile del 1976: tre mesi dopo la morte di Ciu En-lai e cinque mesi prima della morte del presidente Mao. E poiché l'ottobre seguente la Banda dei Quattro venne arrestata, non c'è da meravigliarsi che sia risorto una terza volta.

Io mi meraviglio invece. Tre volte! Signor Deng, ma come si fa a cadere e a rialzarsi tre volte? C'è un segreto?

(Ride tutto contento). Non c'è. A un certo punto gli servivo di nuovo e mi tiravano fuori di nuovo. Tutto qui.

E durante quelle purghe non temeva d'essere ucciso?

D'essere ucciso sì. Durante la Rivoluzione culturale, Lin Piao e la Banda dei Quattro volevano sempre ammazzarmi. Non lo fecero perché il presidente Mao glielo impedì. Guardi, anche quando venni spedito a fare il manovale nella provincia di Jan Xi, il presidente Mao si preoccupò che qualcuno vegliasse sulla mia sicurezza. Eh! Gli amici stranieri mi chiedono spesso come abbia fatto a sopravvivere a tanti processi, a tante tribolazioni, e io gli rispondo sempre: «Perché sono un ottimista, perché non mi scoraggio mai, e perché so che la politica è un'altalena con cui si va su e giù». Ma è una risposta incompleta. La verità è che in fondo al cuore ho sempre sperato nel presidente Mao. Perché ho sempre saputo che mi conosceva bene.

Io ho sempre letto che non la poteva soffrire, che si lamentava continuamente di lei: «È sordo ma alle riunioni si mette lontano da me», «Mi tratta come un antenato morto, non mi chiede mai nulla», «Non si cura mai di sapere come la penso, fa sempre di testa sua».

È vero, è vero, anche se quelle cose non le diceva soltanto di me. Lui si lamentava sempre di tutti e con tutti, sostenendo di non venire ascoltato, consultato, informato. Ma io lo facevo veramente. Perché non mi piaceva il suo modo di comportarsi, il suo atteggiamento da gran patriarca. Agiva come un patriarca, non voleva mai conoscere le idee degli altri, anche se erano giuste, le opinioni diverse dalle sue. Si comportava in modo malsano, ecco, feudale. Se non capisce questo, non capisce perché gli fu possibile lanciare la Rivoluzione culturale.

Sono molte le cose che non capisco, signor Deng. E la prima riguarda Ciu En-lai. Come si spiega che l'unico a non venire travolto dalla Rivoluzione culturale sia stato Ciu En-lai? Come si spiega che, pur essendo l'uomo nobile che tutti sappiamo, non abbia mai cercato di impedire le infamie che avvenivano sotto i suoi occhi, ad esempio l'arresto scandaloso di Liu Sciao-ci?

Incominciamo col dire chi era Ciu En-lai: un uomo che per tutta la vita ha lavorato come un mulo senza mai lamentarsi. Guardi, v'erano giorni in cui lavorava anche dodici o addirittura sedici ore su ventiquattro. Lo afferma uno che lo conosceva bene: entrammo nella Rivoluzione quasi contemporaneamente, io e Ciu En-lai, e in Francia dove ci trovammo insieme negli anni Venti lo consideravo una specie di fratello maggiore. Inoltre era un uomo rispettato da tutti, dagli amici e dai nemici, dai compagni e dal popolo. E ciò spiega almeno in parte perché, mentre tutti gli altri vennero travolti dalla Rivoluzione culturale, Ciu En-lai rimase al suo posto di premier. Cosa che, sia detto per inciso, per molti fu una gran fortuna. Un gran vantaggio. Ebbene, durante la Rivoluzione culturale Ciu En-lai esercitò sempre una influenza moderatrice, fu sempre un cuscino per attutire i colpi troppo violenti, e così salvò molte persone. Però si venne a trovare, per anni, in una posizione molto difficile. Estremamente difficile. E spesso disse cose che non avrebbe voluto dire, fece cose che non avrebbe voluto fare, sebbene a lui tutti perdonassero tutto. Agì spesso contro la sua volontà, insomma. Quando Liu Sciao-ci venne espulso dal partito e imprigionato, il rapporto sui cosiddetti crimini di Liu Sciao-ci venne letto da Ciu En-lai.

Da Ciu En-lai?

Sì, da Ciu En-lai. Naturalmente il rapporto era stato scritto da altri, ma lo lesse Ciu En-lai. Né avrebbe potuto far diversamente: dovette leggerlo.

Tremendo. Deludente e tremendo. Perché dimostra, ancora una volta, che le rivoluzioni non cambiano l'Uomo e che dopo una rivoluzione vale il proverbio: «Tutto cambia e rimane come prima».

Uhm! Posso risponderle soltanto che si può impedir queste cose, o tentar di impedirle, stabilizzando un sistema che sia

davvero nuovo. Poco fa ho pronunciato la parola «feudale».
Ecco, alcuni sistemi del nostro passato recente risentivano
proprio del feudalesimo. Anzi, si portavano addosso le stigmate del feudalesimo: il culto della personalità, il modo patriarcale di condurre le cose, le cariche a vita per i dirigenti.
La Cina ha una storia di feudalesimo lunga migliaia di anni e
per questo la nostra rivoluzione ha sofferto tanta mancanza
di democrazia socialista, di legalità socialista. Ora stiamo
tentando di cambiare, di effettuare una vera riforma del sistema, di stabilire finalmente una vera democrazia socialista,
una vera legalità socialista e... Senta: non c'è altro modo per
evitare episodi come quello di Liu Sciao-ci.

*Bè, a pensarci bene anche la storia di Chiang Ching è una sto-
ria feudale. Un motivo per cui nessuno osava opporsi a Chiang
Ching non sta forse nel fatto che essa fosse la moglie di Mao?*

Eh, sì. Questo è uno dei motivi, sì.

Ma era dunque così accecato da lei, dominato da lei?

Guardi, quando le dico che il presidente Mao commise molti errori, alludo anche all'errore che ha nome Chiang Ching.
Si tratta di una donna molto, molto cattiva. Così cattiva che
qualsiasi cosa cattiva si dica di lei non è abbastanza cattiva e,
se mi chiede di darle il voto come facciamo in Cina, le rispondo: non posso. Perché non c'è voto per Chiang Ching.
Quella Chiang Ching è mille volte mille al di sotto dello zero. Eppure il presidente Mao le permise di prendere il potere, di formare una sua fazione, di usare i giovani ignoranti
per costruirsi una base politica, di servirsi del nome Mao
Tse-tung come di una sua bandiera personale per i suoi interessi personali... Anche dopo: quando erano ormai separati

da anni. Sì, separati. Non lo sapeva che da anni il presidente Mao e sua moglie Chiang Ching vivevano separati? Bè, neanche dopo la separazione il presidente Mao intervenne mai per fermarla o almeno impedirle di usare il suo nome.

E per arrestarla, arrestare gli altri tre, si dovette aspettare la morte di Mao. Anzi che Mao fosse sepolto da un mese. Signor Deng, chi organizzò tale arresto? Voglio dire, fino a che punto lei ne fu responsabile sebbene fosse esautorato dal potere?

La decisione fu presa collettivamente e sapendo che esisteva l'appoggio delle masse. Che l'appoggio esistesse lo si era ben visto il 5 aprile in piazza Tien An Men quando l'esasperazione popolare aveva preso la forma di una protesta per una mancata cerimonia per commemorare la morte di Ciu En-lai. Io non potevo fare molto, in quei giorni, visto che non godevo di nessuna libertà; però la mia influenza s'era esercitata nel 1974 e nel 1975, quando stavo al governo e senza posa mi scontravo direttamente coi Quattro, facendo di tutto per mostrarne il vero volto. Però devo dire che, poco prima di morire, anche il presidente Mao s'era espresso in termini duri contro di loro, anzi era stato lui a definire il gruppetto «Banda dei Quattro» e poi a scegliere Hua Kuo-feng per evitare che Chiang Ching e i suoi complici diventassero suoi successori. Tutte cose che credo abbiano influito notevolmente sulla decisione di arrestarli. Decisione non facile, sa? La Banda dei Quattro era molto forte subito dopo la morte del presidente Mao, aveva perfino tentato di rovesciare la nuova leadership guidata da Hua Kuo-feng.

Allora devo proprio fargliela questa domanda un po' imbarazzante, signor Deng. E voglia scusarmi, tener conto che noi occidentali non comprendiamo certe sottigliezze cinesi. Ecco qua. Perché il 18 settembre 1976, ai funerali di Mao, pronunciando l'orazione funebre, Hua Kuo-feng disse: «La grande Rivoluzione culturale che lo stesso presidente Mao ha voluto e diretto, ha spazzato via i complotti di restaurazione orditi da Liu Sciao-ci, Lin Piao, Deng Xiao-ping, e permesso di conquistare nuovamente il potere da essi usurpato all'interno del partito e della struttura statale»?

(Sorride). Sa, in quei giorni la gente non aveva tempo di tirare le somme, riflettere accuratamente. La cosa importante era alzare la bandiera di Mao Tse-tung per fronteggiare la Banda dei Quattro. Soltanto dopo, quando ci si accorse che al popolo quel discorso non era piaciuto... Bè, diciamo pure che non fu un discorso molto meditato. Diciamo che fu un discorso alquanto sempliciotto, e che le parole del compagno Hua Kuo-feng furono dettate dalla preoccupazione di mantenere una stabilità. Hua Kuo-feng non è forse uno dei leader che il mese dopo decisero l'arresto della Banda dei Quattro? E va da sé che, in precedenza, erano state fatte cose non sgradevoli ai Quattro, addirittura in contrasto con la volontà del presidente Mao.

Per esempio?

La decisione di costruire il mausoleo. Negli anni Cinquanta Mao Tse-tung aveva detto che tutti i dirigenti cinesi, alla loro morte, dovevano essere cremati e che solo le loro ceneri dovevano essere conservate. Niente tombe, niente mausolei per loro. L'idea era nata dalla lezione impartitaci dall'Unione Sovietica dopo la morte di Stalin, e s'era materializzata in un documento scritto che il presidente Mao aveva firmato per primo. Poi lo avevano firmato gli altri, compreso me, e infatti il premier Ciu En-lai fu cremato. Il documento esiste ancora.

Sta dicendomi che il mausoleo verrà abbattuto?

No, non abbiamo tale intenzione. Ormai sta lì e non mi sembra proprio il caso di demolirlo: se lo facessimo, molta gente se ne offenderebbe e le chiacchiere sarebbero troppe. Sì, lo so, qualcuno va dicendo che il mausoleo verrà demolito. Ma, per quel che riguarda il mausoleo, io non sono d'accordo con chi vorrebbe cambiare le cose.

Signor Deng, ovviamente ha capito perché poco fa le ho fatto quella domanda un po' imbarazzante. Perché molti pensano che vi siano contrasti fra lei e il premier Hua Kuo-feng. Vi sono o no?

No. L'attuale linea politica è stata presa con l'accordo di tutti. Naturalmente, su alcuni problemi specifici, l'accordo può mancare a volte. Ma ora che la leadership collettiva è stata ristabilita, discutiamo in gruppo tutti i problemi importanti, quindi le speculazioni sulle cosiddette «lotte di potere» non hanno alcun senso. Almeno per quel che mi riguarda. Il potere non mi interessa affatto. Presto mi dimetterò dalla carica di vice premier, nel 1985 conto di fare il consigliere e basta, e ascolti: ho settantasei anni, nel 1985 ne avrò ottantuno, e quando un uomo passa gli ottanta il suo cervello non funziona più come prima. Inoltre da vecchi si tende a diventare più conservatori, sicché è meglio limitare il nostro ruolo a quello di consiglieri.

Mi sembra una bella frecciata a Mao Tse-tung. Voglio dire, Mao la pensava diversamente.

(Ride). Anche alcuni dei miei coetanei. Infatti non vogliono le mie dimissioni e, per tagliar corto, sono sceso a un compromesso. Ho detto: bè, vediamo quel che succede allora, quando avrò ottantun anni. Ma l'ho detto continuando a pensare che farò bene a dimettermi prima di quell'età, anche per dare l'esempio. Basta con questa storia dei vecchi che continuano a governare fino al giorno della loro morte, basta coi leader a vita. Non è scritto su nessuna carta che i vecchi debbano imperare, che i leader debbano essere leader a vita, eppure questa piaga continua a dominare il nostro sistema e a costituire una delle nostre deficienze. Perché impedisce ai giovani di farsi avanti, impedisce al paese di rinnovare la sua leadership. E la Cina ha bisogno di avere una leadership più giovane. Sì, è giunto il momento che i vecchi si facciano da parte, che si tolgano spontaneamente di mezzo.

Certo è difficile immaginare la Cina d'oggi senza di lei, visto che lei è stato ed è il cervello di questo cambiamento, signor Deng. E sebbene lei sia soltanto vice primo ministro... A proposito, mi tolga una curiosità: com'è che un uomo come lei è sempre rimasto gerarchicamente al secondo posto, ha sempre fatto il vice di qualcuno?

(Ride ancora di più). Eh! Eh! Come vede, il fatto di stare al secondo posto non mi impedisce di agire. Ma, tornando al discorso di prima, le annuncio che non solo mi dimetterò io: si dimetteranno anche molti colleghi della mia età. I vice primi ministri Chen Yuan, per esempio, Li Xian Nian, Xu Xiang Qian, per esempio, e altri. Quanto a Hua Kuo-feng, non sarà più primo ministro e capo del partito al medesimo tempo. Per il posto di primo ministro il Comitato Centrale ha già preso la decisione di raccomandare il compagno Zhao Ziyang.

Dunque il discorso della nuova leadership riguarda anche Hua Kuo-feng.

Sì, sebbene egli non abbia ancora sessant'anni: credo che ne abbia cinquantanove. Perché neanche il posto che manterrà, cioè il posto di presidente del partito, è una carica a vita. No, Hua Kuo-feng non può restare presidente del partito a vita, non è previsto dal nuovo sistema. Hua Kuo-feng può restare per altri due termini, al massimo tre, poi basta. E sulla stessa questione dei termini, del rinnovo del mandato, dovremo decidere.

Davvero ne succedono di cose nuove in Cina! E, a proposito di cose nuove, parliamo un po' della vostra apertura all'Occidente capitalista. Un'apertura soprattutto economica, necessaria a realizzare il programma delle Quattro Modernizzazioni. Poiché tale apertura introdurrà in Cina capitali stranieri, è lecito sospettare che provocherà una certa diffusione della proprietà privata. Ma questo non significa l'alba di un capitalismo sia pure miniaturizzato?

Diciamo subito che i principii ai quali ci atteniamo per la ricostruzione del paese sono in sostanza gli stessi formulati a suo tempo dal presidente Mao: puntare sulle nostre forze e considerare l'assistenza internazionale come un fattore sussidiario e basta. In qualsiasi misura ci apriremo al mondo, in qualsiasi modo useremo i capitali stranieri e accetteremo l'assistenza degli investimenti privati, tale assistenza coinvolgerà soltanto una piccola parte dell'economia cinese. In altre parole, il capitale straniero e perfino il fatto che gli stranieri costruiranno fabbriche in Cina non influenzerà in alcun modo il nostro sistema che è un sistema socialista e cioè basato sulla proprietà pubblica dei mezzi di produzione. Malgrado questo, ci rendiamo conto che un'influenza decadente del capitalismo si svilupperà inevitabilmente in Cina. Ebbene, io penso che non sia poi così terribile. Penso che non sia proprio il caso di averne paura.

Intende dire che il capitalismo non è poi tanto brutto?

Dipende dal modo in cui si guarda il capitalismo. In ogni caso è sempre superiore al feudalesimo. Né possiamo dire che tutte le cose sviluppate nei paesi capitalisti siano di natura capitalistica. La tecnologia, ad esempio, la scienza, il metodo di dirigere l'economia, che in fondo è un'altra scienza, non portano stigmate classiste. E noi intendiamo imparare queste cose da voi per servircene nella costruzione del socialismo.

Però alla fine degli anni Cinquanta, mi pare, e cioè quando vi accorgeste che il Gran Balzo era stato un fallimento, lei riconobbe che l'Uomo ha bisogno di un incentivo per produrre. Io direi per esistere. Ciò non significa mettere in discussione il comunismo stesso?

Secondo Marx il socialismo, che è il primo stadio del comunismo, copre un periodo assai lungo. E durante questo periodo ci atterremo al principio: «Da ciascuno secondo le sue capacità, a ciascuno secondo il suo lavoro». In altre parole, combineremo gli interessi degli individui con quelli del paese. Non c'è altro modo per mobilitare nelle masse l'interesse a produrre, ammettiamolo. E poiché l'Occidente capitalista ci aiuterà a superare l'arretratezza in cui ci troviamo, la povertà che ci affligge, non mi pare il caso di guardar tanto per il sottile. Comunque vadano le cose, gli effetti positivi saranno più numerosi degli effetti negativi.

«Non importa che il gatto sia bianco o grigio, purché mangi i topi» lei disse una volta. Applicherete quel pragmatismo, anzi

quella tolleranza, anche alla vita politica? Glielo chiedo pensando a una risposta che lei dette durante il suo viaggio in America: «In Cina dovremo eliminare la dittatura e allargare la democrazia». Ma di quale democrazia parlava? Di quella che si basa sulle libere elezioni e sul pluralismo dei partiti?

Io non ho mai dato quella risposta! Si tratta di un equivoco. Però posso dirle che, dopo aver cacciato la Banda dei Quattro, abbiamo enfatizzato molto la necessità di promuovere la democrazia socialista. Senza venir meno, s'intende, alla dittatura del proletariato. Democrazia e dittatura del proletariato sono due aspetti della stessa antitesi, e la democrazia proletaria è di gran lunga superiore a quella capitalistica. Stiamo sottolineando l'importanza dei Quattro Principii cui bisogna aderire: il principio del socialismo, il principio della dittatura del proletariato, il principio del marxismo-leninismo elaborato dal Pensiero di Mao Tse-tung, il principio della leadership sostenuta dal Partito comunista cinese. Sicché, come vede, anche il principio della dittatura del proletariato rimane intoccato e intoccabile.

Ecco perché in piazza Tien An Men, proprio di fronte al ritratto di Mao che sovrasta l'ingresso alla Città Proibita, vi sono ancora i ritratti di Marx, Engels, Lenin e Stalin.

Bè, prima della Rivoluzione culturale quei ritratti venivano messi soltanto nelle occasioni importanti. Era questa la pratica. Ma durante la Rivoluzione culturale fu deciso che dovessero starci sempre e per questo sono ancora là. Comunque intendiamo tornare alla vecchia pratica.

Occasioni importanti o no, avete proprio bisogno di tenere anche il ritratto di Stalin?

Noi pensiamo che il contributo dato da Stalin alla rivoluzione superi di gran lunga gli errori che Stalin commise. Per usare il metodo cinese, il voto a Stalin è trenta per cento e settanta per cento. Trenta per i suoi errori e settanta per i suoi meriti. Del resto anche il presidente Mao gli aveva dato quel voto, e dopo il Ventesimo congresso del PCUS, noi del Partito comunista cinese esprimemmo un giudizio molto chiaro su Stalin. Dicemmo che avremmo sempre continuato a considerare i suoi scritti come opere classiche del movimento internazionale comunista. Sa, Stalin commise errori anche nei riguardi della rivoluzione cinese: ad esempio, dopo la Seconda guerra mondiale, non voleva che rompessimo col Kuomintang e che incominciassimo la guerra di liberazione. Ma neanche questo cambia il nostro giudizio su di lui.

E Krusciov?

Krusciov?!? Che ha fatto di buono Krusciov?!?

Ha denunciato Stalin.

E questa le sembra una cosa buona?!?

Non buona, santa. Perbacco, ha ammazzato più gente Stalin che tutta la Rivoluzione culturale messa insieme.

Di questo non sono affatto sicuro. Affatto. E comunque si tratta di un paragone impossibile a farsi.

Insomma, in ogni senso lei preferisce Stalin a Krusciov.

Ma se le ho appena detto che noi cinesi non faremo mai al presidente Mao quel che Krusciov ha fatto a Stalin!

E se io le rispondessi che in Occidente la chiamano il Krusciov cinese?

(Ride). Senta, in Occidente possono chiamarmi come vogliono ma io Krusciov lo conoscevo bene, per dieci anni ebbi personalmente a che fare con lui, e le assicuro che paragonarmi a Krusciov è una bestialità. Krusciov ha fatto solo del male a noi cinesi, Stalin invece ha fatto anche qualcosa di buono per noi. Dopo la fondazione della Repubblica popolare ci aiutò a costruire tutti i complessi industriali che da allora stanno alla base dell'economia cinese. Non ci aiutò gratis, d'accordo, dovemmo pagare: però ci aiutò. E quando Krusciov andò al potere, tutto cambiò. Krusciov strappò tutti gli accordi fatti tra la Cina e l'Unione Sovietica, tutti i contratti firmati al tempo di Stalin. Centinaia di contratti. Oh, questa discussione è impossibile. Parte da premesse troppo diverse. Facciamo così: lei si tiene il suo punto di vista, io mi tengo il mio, e di Krusciov non parliamo più.

Bene, così si parla dell'eurocomunismo e di Berlinguer. Signor Deng, so che in passato lei era assai scettico sull'eurocomunismo e sui comunisti italiani. Diceva ad esempio che qualsiasi partecipazione dei comunisti italiani al governo, anche un governo di coalizione, avrebbe favorito l'Unione Sovietica. Lo pensa anche dopo la visita in Cina di Berlinguer?

Abbiamo cambiato opinione sui comunisti italiani. E abbiamo fatto questo anche in coerenza al Pensiero di Mao Tsetung che dice: «In ogni paese il partito comunista deve combinare i principii del marxismo-leninismo con le condizioni pratiche nelle quali viene a trovarsi; non v'è altro modo per imboccare la strada giusta». In altre parole, noi pensiamo che nessun partito comunista debba copiare l'esperienza rivoluzionaria di un altro partito comunista, anche se quest'ultimo ha fatto la Rivoluzione cinese o la Rivoluzione d'Ottobre. Quanto alla domanda specifica che lei mi ha posto, le dirò: me la pose anche il compagno Berlinguer durante la sua visita. E io gli risposi che spettava ai comunisti italiani giudicare secondo le loro esperienze.

Nella mia intervista a Berlinguer, poco più di un mese fa, sostenevo che i comunisti italiani, come tutti i comunisti europei del resto, non sono ancora riusciti a tagliare il cordone ombelicale che li lega a Mosca. Ne conviene o no?

Guardi, i motivi per cui abbiamo ristabilito i rapporti con il PCI sono che il PCI ha un pensiero indipendente. Però ciò non significa che noi approviamo tutte le opinioni dei comunisti italiani. Non pretendiamo nemmeno che essi approvino le nostre, intendiamoci, ma... Bè, diciamo che su un punto ci trovammo d'accordo noi e i comunisti italiani: in passato il PCI esprimeva sul PCC un giudizio inesatto e il PCC faceva altrettanto col PCI.

Non mi sembra un gran che. E mi sembra di poter dedurre che il reciproco disaccordo sui rapporti del PCI con l'Unione Sovietica sia rimasto irrisolto. Infatti non ci fu il comunicato congiunto che molti aspettavano. Ma secondo lei qual è il motivo che impedisce ai comunisti italiani di staccarsi definitivamente dall'Unione Sovietica?

In parte si tratta di fattori storici, in parte... Guardi, non è corretto che io esprima giudizi azzardati sugli altri, posso commentare soltanto argomenti specifici. Per esempio, se mi chiede dell'Afghanistan, le rispondo: è molto consolante che i comunisti italiani abbiano condannato l'invasione dell'Afghanistan, ed è proprio deplorevole che i comunisti francesi l'abbiano invece giustificata. Ma sa: i partiti comunisti europei sono talmente diversi fra loro. Infatti coi comunisti italiani abbiamo ristabilito i rapporti e coi comunisti francesi non li abbiamo ristabiliti per niente. Né vedo alcun segno di interesse, da parte loro, per ristabilirli.

E Santiago Carrillo? E Alvaro Cunhal?

I comunisti spagnoli hanno proposto di ristabilire i rapporti ma, per ora, sono avvenuti soltanto contatti iniziali. Stiamo a vedere se si sviluppano o no. Coi comunisti portoghesi non abbiamo nessun rapporto diretto. Nessuno.

Certo non si può dire che il movimento comunista internazionale brilli per internazionalismo.

Sa, è anche bene che nessun partito comunista si senta patriarcalmente al centro del movimento: cioè che non vi sia nessun centro, nessun padrone. All'inizio c'era il Partito comunista sovietico ma esso non è più il partito guidato da Lenin. Non a caso consideriamo l'Unione Sovietica un paese imperialista e... Sì, imperialista. Socialimperialista. E poiché il paese guidato da quel partito è divenuto un paese imperialista, è discutibile che quel partito possa essere ancora considerato un partito comunista.

Sì, ma io non alludevo tanto a questo, quanto al fatto che oggi, nel mondo, i soli conflitti armati sono quelli tra i paesi comunisti. Perbacco: arabi a parte, dall'altra parte della barricata non v'è un solo paese che nutra per un altro paese l'irriducibile odio che divide i paesi comunisti tra loro. Unione Sovietica contro Cina e viceversa, Cina contro Vietnam e viceversa,

*Vietnam contro Cambogia e viceversa... Lo dissi anche a Ber-
linguer.*

Vuol parlare dei vietnamiti? Guardi, da un punto di vista
globalmente strategico, i vietnamiti non fanno che rical-
care le orme dell'Unione Sovietica. Come ricordo sempre, sono diventati la Cuba dell'Est. Non basta, a dimostrarlo, che abbiano già occupato il Laos e la Cambogia?
Cos'altro ci vuole per chiedersi: che razza di paese sono?
Noi cinesi non riusciamo assolutamente a capire perché
si sono messi contro di noi. Durante la loro lotta di indipendenza li abbiamo aiutati tanto. Non li abbiamo abbandonati mai. Mai. Né abbiamo mai interferito nelle loro faccende interne. Ma lo sa quale aiuto abbiamo dato in
quegli anni ai vietnamiti? Un aiuto che, complessivamen-
te, ammonta a venti miliardi di dollari. E senza chiedergli
nulla in cambio. Dico: venti miliardi di dollari sono tanti
per un paese povero come la Cina.

*Ma poi vi siete reciprocamente ammazzati in un conflitto che
era una piccola guerra.*

Sì, è vero che abbiamo lanciato un contrattacco difensivo
contro di loro. Ma, a giudicare dai risultati, non direi che sia
stato molto efficace. Lo contenemmo troppo. Vedemmo che
molti paesi ci erano contrari e così lo contenemmo troppo.
Ma l'episodio dimostrò quanto siamo decisi a sculacciare il
sedere della Tigre. E ci riserviamo il diritto di sculacciarla
ancora.

*È uno dei traumi del nostro tempo, signor Deng. Perché tutti
piangemmo per il Vietnam, tutti ci battemmo contro la guerra in
Vietnam. E oggi qualcuno si chiede: sbagliavamo, sbagliammo?*

No! No, no, non sbagliavamo, non sbagliammo. Noi cinesi non ci pentiamo affatto di essere stati dalla loro parte. Fu giusto aiutarli e lo faremo ogni volta che un popolo si batterà contro un'invasione straniera. Ma oggi in Vietnam la situazione s'è rovesciata. E con quella bisogna trattare.

Sì, ma un rimprovero ve lo meritate anche voi, signor Deng. Come è possibile che stiate dalla parte di Pol Pot?

Senta, noi guardiamo la verità in faccia, dritto in faccia. Chi liberò la Cambogia? Chi cacciò sia gli americani che il regime di Lon Nol sostenuto dagli americani? Non fu forse la Cambogia democratica, il Partito comunista cambogiano guidato da Pol Pot? A quel tempo il principe Sihanuk non aveva alcuna forza: era stato spodestato dalla sua stessa gente. Noi continuammo a sostenerlo, tuttavia, e lo ospitammo a Pechino col suo governo in esilio. Ma a battersi in Cambogia non c'era Sihanuk: c'era il Partito comunista cambogiano. Fu quello che vinse, e quasi senza aiuti dall'esterno. Sa perché? Perché tutti i nostri aiuti alla Cambogia venivano confiscati dal Vietnam. La Cina non ha confini con la Cambogia, per aiutare i cambogiani dovevamo spedire attraverso il Vietnam, e i vietnamiti si prendevano tutto. Nulla raggiunse mai la Cambogia, nulla.

Ma Pol Pot...

Sì, lo so che cosa vuol dirmi. È vero che Pol Pot e il suo governo hanno commesso errori gravissimi. Non ne siamo ignari. Non lo eravamo neanche allora e, guardando indietro, posso ammettere che forse avemmo torto a non parlarne con lui. Lo abbiamo detto anche a Pol Pot. Il fatto è che la nostra politica è sempre stata quella di non commentare le faccende degli altri partiti, degli altri paesi: la Cina è un grande paese e non vogliamo dare l'impressione di volerci imporre. Comunque, oggi, la realtà da affrontare è un'altra. E la domanda da porre è la seguente: chi combatte i vietnamiti? Sihanuk continua a non avere forza, i gruppi come il gruppo di Son Sann sono troppo deboli, i soli che riescono a condurre una resistenza efficace contro i vietnamiti sono i comunisti guidati da Pol Pot. E il popolo cambogiano li segue.

Non ci credo, signor Deng. Come è possibile che i cambogiani seguano chi li ha massacrati, smembrati, distrutti col sangue e col terrore? Lei parla di sbagli, signor Deng. Ma un genocidio non è uno sbaglio, ed è questo che Pol Pot ha compiuto: un genocidio. Un milione di creature sono state eliminate da Pol Pot.

La sua cifra non è affatto sicura. Lei non crede che il popolo cambogiano segua Pol Pot, e io non credo che Pol Pot abbia ucciso un milione di persone. Un milione su quattro o cinque? È una cifra insensata, una pazzia. Sì, ha ucciso molta gente: ma non esageriamo. Ha fatto anche una cattiva politica strappando la gente alle città: ma non esageriamo. E le dico che il sostegno delle masse ce l'ha: le sue forze crescono ogni giorno di più. Poi le dico che opporsi a Pol Pot, volerlo disintegrare, serve ai vietnamiti e basta. Eh! C'è gente, al mondo, che vive proprio fuori dalla realtà. A chi ha sbagliato non consente neanche di correggersi.

Temo di essere tra coloro che vivono fuori dalla realtà, signor Deng: per farci credere che vuole correggersi, Pol Pot dovrebbe resuscitare tutte le creature che ha trucidato. Ed è in questa mancanza di realtà che mi permetto di porle un'altra domanda scomoda. Capisco il vostro realismo, ma come fate ad avere rapporti con certa gente? Perché Pol Pot non è mica l'unico. Quando morì il generalissimo Franco, i primi fiori che giunsero sulla sua bara furono quelli dei cinesi. E portavano la firma di Ciu En-lai.

Guardi, i fiori che mandammo ai funerali di Franco... Quel che avevamo in mente era il popolo spagnolo, il desiderio di migliorare i rapporti col governo spagnolo. Il giudizio che abbiamo su certi personaggi non deve influenzare le nostre azioni e, a proposito di Franco, le giuro che il nostro giudizio storico su di lui non è cambiato. Non è cambiato neanche quello sull'imperatore del Giappone, eppure abbiamo buoni rapporti col Giappone. Il fatto è che non possiamo proiettare i problemi del passato sulla realtà del presente.

Pinochet non è il passato, è il presente. I dittatori argentini non sono il passato, sono il presente. Però avete rapporti anche con loro e con Pinochet.

Il caso dell'Argentina è diverso: l'Argentina è sotto un governo militare. E noi trattiamo con l'Argentina come paese, conduciamo una politica che serve gli interessi della Cina con quel paese. Quanto a Pinochet, lo so che molti amici progressisti non comprendono il nostro comportamento nei suoi riguardi ma, parlando candidamente, le dirò che la nostra presenza in Cile s'è tradotta in buone cose. E le spiego che intendo. Allende era un amico della Cina, infatti la sua memoria ci è molto cara. Era un amico anche se si lasciava influenzare fortemente dall'Unione Sovietica, e a questo proposito Ciu En-lai gli aveva dato un consiglio sincero: non seguire i sovietici in tutto ciò che gli dicevano, non adottare una politica di estrema sinistra, altrimenti avrebbe finito col restare isolato. Ebbene, dopo che Allende fu ucciso e le forze democratiche di quel paese si trovarono nelle tremende difficoltà che sappiamo, meditammo a lungo se fosse il caso di mantenere una rappresentanza diplomatica in Cile oppure rompere ogni rapporto. Ma scegliemmo di restare. Sa, quando si giudica certe faccende bisogna avere una mentalità aperta ed esaminare secondo criteri che si allungano nel tempo. Bisogna anche considerare gli interessi globali, insomma bisogna essere molto cauti, molto prudenti. E, sebbene le scelte cui lei si riferisce siano state fatte dal presidente Mao e dal premier Ciu En-lai, non da me, io ritengo che siano state giuste. Mi ascolti bene: lei è un giornalista, uno scrittore, così può dire quello che vuole sulle faccende internazionali. Può scegliere liberamente. Ma quando si dirige un paese... è tutt'altra faccenda.

Ecco una risposta convincente, signor Deng. Ed è a questo punto che affronto l'ultimo argomento su cui sono venuta ad intervistarla: la guerra mondiale. O meglio, ciò che voi cinesi definite l'inevitabilità della guerra mondiale.

La guerra è inevitabile perché esistono le superpotenze e perché esiste l'imperialismo. E non siamo i soli a pensarla così: in ogni parte del mondo, oggi, molti sono convinti che la guerra scoppierà negli anni Ottanta. I prossimi dieci anni sono molto, molto pericolosi. Sono terrorizzanti. Non dovremmo mai dimenticarlo perché solo in questo modo possiamo impedire che la guerra scoppi subito o presto, solo in questo modo possiamo posticiparla. Ma non con le chiacchiere sulla pace e sulla distensione. È dalla fine della Seconda guerra mondiale che gli occidentali parlano di pace, di distensione. L'Unione Sovietica anche. Ma dov'è la pace, dov'è la distensione? Di anno in anno, se non di giorno in giorno, aumentano i punti caldi, i fattori che condurranno alla Terza guerra mondiale, e quelli parlano di distensione, di pace.

Il fatto è che i più non lo capiscono, non vogliono capirlo. O non ci credono, non vogliono crederci. Soprattutto in Europa.

Si illudono che la guerra possa essere evitata. E così chiudono gli occhi, ogni volta inghiottono il rospo. È uno degli elementi che condurranno alla guerra: questa cecità, questa remissività, questa arrendevolezza. Prima della Seconda guerra mondiale tutto ciò divenne celebre con una parola: appeasement. La usavano Chamberlain e Daladier per spiegare il loro atteggiamento passivo nei riguardi di Hitler che si stava mangiando l'Europa orientale. Oggi alcuni paesi europei, come altri paesi del resto, si comportano esattamente come alla fine degli anni Trenta si comportavano Chamberlain e Daladier. Ma cosa ne ricavarono Chamberlain e Daladier? A cosa servì il loro appeasement? La Seconda guerra mondiale scoppiò proprio perché il pericolo era stato sottovalutato, perché certi leader europei si illudevano di evitarla reagendo passivamente e facendo concessioni a Hitler. Questo nuovo appeasement non serve che a indebolire l'Occidente, l'Europa. I sovietici lo sanno bene e per questo lo incoraggiano. Per questo diventano ogni giorno più arroganti.

Intende dire che Schmidt e Giscard d'Estaing stanno facendo il gioco dell'Unione Sovietica?

Intendo dire che certa gente non è consapevole del pericolo. Intendo dire che i metodi adottati da certa gente non sono saggi. Intendo dire che certa gente sta giocando a dadi, sfidando la sorte, e ciò non è saggio. Noi cinesi non ci comportiamo così. Quando affrontiamo problemi come quello del Vietnam lo facciamo nell'interesse di tutti: secondo le regole della strategia globale.

Signor Deng, quali sono a suo parere i punti caldi che oggi possono avviare la guerra?

Potrei citare anzitutto il Medio Oriente, e poi l'Indocina. Ma le zone pericolose ormai sono ovunque e non è facile stabilire dove si accenderà la miccia. È facile, invece, dire *chi* accenderà la miccia. Vede, per lungo tempo i cinesi hanno ripetuto che solo due paesi sono in grado di lanciare una guerra mondiale: gli Stati Uniti e l'Unione Sovietica. Però, dopo la Seconda guerra mondiale, voglio dire dopo la guerra in Corea e la guerra in Vietnam, la potenza americana è andata sempre più declinando e gli Stati Uniti hanno continuato a ritirarsi. Oggi sono sulla difensiva e ammettiamolo: gli Stati Uniti hanno paura dell'Unione Sovietica. Quasi ciò non bastasse, dispongono d'un sistema politico che non gli consente di prendere decisioni immediate. L'Unione Sovietica, al contrario, è all'offensiva e per prendere una decisione non ha che da riunire pochi membri del Politburo. È successo così anche per l'Afghanistan: pochi membri del Politburo si sono riuniti e hanno deciso di invaderlo. Comunque, guardi: il punto focale della strategia sovietica è l'Europa, rimane l'Europa. E quella realtà non cambierà.

Quindi la guerra potrebbe scoppiare in Europa? Ho capito bene?

No, non necessariamente in Europa: *per* l'Europa. Dico che la Terza guerra mondiale scoppierà *per* L'Europa. Perché in Europa sta l'economia forte, in Europa sta l'influenza politica, in Europa sta la forza militare, e di tutto ciò v'è bisogno per dominare il mondo. Neanche se occupano la Cina, neanche se occupano il resto del pianeta, i sovietici possono stabilire l'egemonia globale a cui mirano, se non hanno l'Europa. L'egemonia globale si stabilisce soltanto quando si ha in mano l'Europa. Ma, naturalmente, quando affermo che il punto focale della strategia sovietica è l'Europa, intendo includere il Medio Oriente, le coste settentrionali dell'Africa, il Mediterraneo, insomma.

Non ha citato il Golfo Persico, tra le zone pericolose.

Ma anche quello, anche l'invasione dell'Afghanistan, cioè la marcia dei sovietici verso l'Oceano Indiano, fa parte della loro strategia per accerchiare l'Europa con una manovra a tenaglia! Chiaro che, con l'invasione dell'Afghanistan, l'Unione Sovietica intende raggiungere l'Oceano Indiano e poi ottenere il controllo del Medio Oriente! E quando questo piano si completerà, l'Europa si troverà dinanzi al suo momento critico. Perché cosa può fare l'Europa, una volta che i sovietici hanno conquistato i pozzi petroliferi del Medio Oriente? Quando l'allora primo ministro Callaghan venne in Cina, discussi a lungo questi fatti con lui. Gli dissi che il momento critico dell'Europa sarebbe giunto quando i sovietici avrebbero conquistato i pozzi petroliferi del Medio Oriente e gli rivolsi una domanda precisa: «Che cosa farete quando la marcia sovietica verso l'Oceano Indiano avrà raggiunto il Golfo Persico e il Medio Oriente? Perché a quel punto non avrete che due scelte, signor primo ministro: o inginocchiarvi ai piedi dell'Unione Sovietica e nel caso migliore lasciarvi finlandizzare, il che sarebbe la soluzione più onorevole, oppure combattere». E Callaghan rispose: «Esisterebbe un'unica scelta». Non mi disse quale scelta, però lo compresi e replicai: «Quindi è meglio che facciate quella scelta subito, signor ministro. È meglio che non aspettiate». Mi ascolti bene: scegliere subito significa fermare il fronte in Afghanistan e in Cambogia e... Capisce ora quel che dicevo sulla Cambogia...? Se per qualche anno si riesce a bloccare l'Unione Sovietica in Afghanistan e in Cambogia, la Terza guerra mondiale è posticipata.

E poi? Se la Terza guerra mondiale è inevitabile, rinviarla serve a ben poco.

Poi... si vedrà. Fra qualche anno le cose potrebbero anche migliorare. L'importante è posticipare la guerra, guadagnare qualche anno.

E l'Iran? C'è chi sostiene che l'Afghanistan è una specie di prova generale per invadere prima o poi l'Iran.

Sono sicuro che l'Unione Sovietica non si fermerà in Afghanistan, se non ce la fermiamo noi. E il suo prossimo obiettivo non può essere che l'Iran o il Pakistan. E, sebbene non sia possibile prevedere quale dei due paesi sceglierà per primo, penso che si debba concentrare l'attenzione sull'Iran.

Ma non trova che il dramma degli ostaggi americani, il caos in cui sta affogando l'Iran, la follia di Khomeini e dei suoi seguaci, insomma quel che avviene da dieci mesi in quel paese, vada a vantaggio dei sovietici?

Senta, io non capisco molto bene quel che accade laggiù. Posso risponderle soltanto che l'Iran non è un punto caldo, è un punto bollente. Non dimentichiamo che l'Unione Sovietica ha un'influenza molto forte in Iran. Eh! Molto forte.

E questo le spiega perché abbiamo tutte le intenzioni di mantenere i migliori rapporti possibili con l'Iran. Qualsiasi cosa accada in Iran, vedrà che avere un'ambasciata cinese a Teheran serve parecchio.

Agli americani non è servito.

Gli americani sono completamente incapaci di fare una qualsiasi cosa in Iran. Ma il cuore del mio discorso non è l'Iran, è la guerra. L'inevitabilità della guerra. Io non sto discutendo l'Iran, sto affermando che la guerra scoppierà prima o poi. E chi pensa il contrario commette un tragico errore perché rinuncia a prendere misure efficaci. Ma insomma! L'Unione Sovietica non fa che parlare degli accordi SALT, e intanto continua ad armarsi. Il suo ammontare di bombe atomiche ed armi nucleari è incredibile ormai, e nei suoi depositi si ammucchiano sempre di più gli armamenti convenzionali. Questi armamenti non sono cibo, non sono scarpe, non sono vestiti, roba che si consuma o va a male. Prima o poi verranno usati.

Ciò mi permette un'osservazione, signor Deng. Voi cinesi dite sempre di non temere l'Unione Sovietica: d'essere pronti ad affrontarla. Ma come potete pensar di competere con la tremenda efficienza della macchina militare sovietica?

(Ride). Eh! La Cina è povera e il suo equipaggiamento militare è arretrato: ne convengo. Ma abbiamo le nostre tradizioni, sa? È da molto tempo che, disponendo di equipaggiamenti inadeguati e miserrimi, coltiviamo l'arte di sconfiggere i nemici bene armati. Il nostro territorio è vastissimo, e in questo territorio vastissimo la gente ha imparato ad avere la resistenza necessaria a condurre una lunga guerra, a piegare l'altrui forza con la propria debolezza. Chiunque voglia invader la Cina deve tener presente questa verità, ed io credo che i sovietici lo sappiano bene. Molta gente continua a predire che il prossimo obiettivo dell'Unione Sovietica sarà la Cina, e alcuni amici ci forniscono anche informazioni per dimostrarci che i sovietici stanno ammassando truppe lungo le frontiere con la Cina e nelle regioni vicine alla Cina. Ma noi gli rispondiamo che non è mai stato un segreto per noi, e che invader la Cina è un passo molto grosso per loro. Perfino se occupassero Pechino e tutta l'area a nord del Mare Giallo, per noi non sarebbe che l'inizio della guerra. No, non bisogna mitizzare la superiorità militare sovietica quando ci si riferisce alla Cina. I guerriglieri afghani sono molto attivi in Afghanistan, sa? E in Cina abbiamo tanto posto, ripeto, tanta gente.

Ho capito a quale tradizione allude, signor Deng. A quella, che consiste nel muovere il ditino e dire dolcemente: «Venite, cari, venite. Accomodatevi. Poi vedrete quel che vi succederà: chi vi ritrova più?».

(Ride forte). Guardi, io di tante cose non me ne intendo. Neanche di economia mi intendo molto. Ma di guerra me ne intendo un po'. Lo so come ci si batte.

Il fatto è che probabilmente nessuno avrebbe il tempo di battersi, signor Deng. Perché la guerra con la Cina significa guerra mondiale, la guerra mondiale significa guerra nucleare, e la guerra nucleare significa la fine di tutto.

Sono d'accordo sulla prima parte dell'assioma: se l'URSS ci invade, non è una guerra locale. Non sono d'accordo sulla seconda parte, invece: non è detto che la Terza guerra mondiale sia una guerra nucleare. Secondo me, proprio perché entrambe le parti dispongono di armi nucleari, esiste una forte possibilità che la Terza guerra mondiale sia una guerra convenzionale.

Grazie, signor Deng. Ho finito, signor Deng.

Grazie a lei, e per favore faccia capire bene tutto ciò che le ho detto. Spieghi bene che bisogna fare una valutazione obbiettiva del presidente Mao, e prima considerare i suoi meriti, dopo i suoi errori. Spieghi bene che continueremo a seguire il Pensiero di Mao Tse-tung ma che saremo anche molto chiari nel dire dove ha sbagliato. E infine spieghi bene che alcuni di quegli errori furono anche nostri, anche miei!

Lo farò, signor Deng, e mi consenta un'ultima domanda: quali voti darebbe a sé stesso?

Uhm! Senta: gli errori li ho commessi, sì, e a volte anche seri. Però non li ho mai commessi per cattivi scopi: li ho sempre commessi con buone intenzioni. Quindi non c'è niente nella mia vita per cui mi senta la coscienza sporca. Uhm! Senta: io direi che potrei darmi il cinquanta per cento. Sì, il cinquanta per cento va bene.

Pechino, agosto 1980

Lech Walesa

Breznev si accingeva a inaugurare il Ventiseiesimo congresso del PCUS e ad affermare che in Polonia i nemici del socialismo stanno tentando la controrivoluzione, minacciando i pilastri dello Stato, ma i comunisti polacchi possono contare sui loro amici e alleati, l'URSS non abbandonerà mai la Polonia socialista, quando Lech Walesa mi disse: «Noi non siamo ostili al governo Jaruzelski, intendiamo lasciarlo lavorare. Ma se fallisse, se non ce la facesse, se si dimettesse, allora dovrebbe essere Solidarnosc a governare. Ed io per primo dovrei prendere in mano la situazione». Credendo di aver capito male, l'indomani chiesi di rivederlo e di confermarmi la frase. Walesa me la confermò tale quale, aggiungendo che si trattava di una eventualità fantastica ma che, come eventualità, possibilità, essa esisteva. Anzi, in quel caso, non ci sarebbe stata altra scelta. E questo fu l'avvio di un discorso che il leader di Solidarnosc non aveva mai compiutamente affrontato: il discorso sulla minaccia di un intervento sovietico.

Eccolo, scorporato dal resto della lunga intervista che egli mi dette a Danzica in due incontri di tre ore ciascuno.

ORIANA FALLACI. *Lech, v'è un armistizio di tre mesi fra voi di Solidarnosc e il governo. Ma non tutti gli armistizi finiscono con un trattato di pace, e la gente si chiede: dopo che succederà?*

LECH WALESA. Anzitutto noi di Solidarnosc non abbiamo affatto firmato un armistizio. Abbiamo detto soltanto che non avremmo assunto una posizione ostile verso il nuovo governo. C'è bisogno di un governo forte in Polonia, cioè un governo che veramente governi, e Jaruzelski può esserne capace. Perché è un soldato: un generale, quindi è abituato a dar ordini, farsi rispettare. Con un esercito se necessario. Inoltre, come soldato, è abituato alla disciplina anche con sé stesso: dovrebbe avere le mani pulite, cioè le carte in regola per ripulire il paese dai farabutti con le mani sporche. Bisogna lasciarlo lavorare. Però se le ostilità ci verranno da lui o dal suo governo, ci batteremo. Oh, se ci batteremo! La stragrande maggioranza dei polacchi ne ha abbastanza, e le cose devono cambiare. Che piaccia o non piaccia a qualcuno.

Cioè i sovietici. E se, con tutte le sue buone intenzioni, le vostre buone intenzioni, Jaruzelski fallisce?

Se fallisce e i nostri *fratelli* non ci *aiutano*, se fallisce e i nostri alleati non si intromettono, allora dovrebb'essere Solidarnosc a governare. È la situazione meno probabile, così poco probabile da apparirmi fantastica, ma è una possibilità. Sì, come possibilità esiste. Sia chiaro: io non voglio andare al governo, Solidarnosc non lo vuole. Noi vogliamo soltanto controllare, affinché la povera gente mangi un poco di più e sia un po' più soddisfatta. Controllare e non governare, ripeto, non fare politica. Ma se non ci fosse altra scelta, quella è la scelta. Se a un certo punto il governo dicesse: «Questo è un bordello, qui non si può governare, ci dimettiamo», la responsabilità del governo dovremmo assumercela noi. E io per primo dovrei prendere in mano la situazione. Questo posso affermarlo con sicurezza e aggiungere: la Polonia del dopo agosto 1980 non sarà mai più quella di prima. Mai più.

Scusi, Lech, voglio essere sicura d'aver capito bene perché non vorrei farle del male, sia pure involontariamente. Ha detto

che, se questo governo fallisse, Solidarnosc dovrebbe sostituir-
lo e lei prendere in mano la situazione?

Sì, l'ho detto.

Non scherzava dunque. E... crede che ne sarebbe capace?

Sì, lo credo.

Crede anche che il partito, il Partito comunista di un regime
comunista, sarebbe disposto a una capitolazione simile? Ieri a
Varsavia un alto esponente del governo, peraltro uno che è con-
siderato fra i più liberali, mi ha detto con durezza: «Non siamo
affatto disposti a dividere il potere e tantomeno a cederlo».

E quale altra soluzione avrebbe se il governo di Jaruzelski
fallisse? Eh! Oggi dicono così, domani si vedrà. Grandi im-
peri sono caduti nella storia dell'Uomo.

E quali sarebbero le conseguenze coi vostri «fratelli», i vostri
alleati, i sovietici insomma? Come può illudersi che essi vi per-
metterebbero di andare al governo, che non si intrometterebb-
bero per «aiutarvi»?

Quello è il punto. Quello è il problema. Per questo ho parlato di una possibilità alla quale non credo, di una eventualità fantastica.

Meno fantastica di un intervento sovietico, Lech. Ed è giunto
il momento di parlarne, di pronunciarle queste due parole che
voi polacchi non pronunciate mai, comunque mai chiaramen-
te, quasi che tacerle servisse a qualcosa, magari a fare scongiu-
ri: intervento sovietico, intervento sovietico. Breznev ne parla

invece. E la «Pravda», la «Tass», la «Isvestia». Ne ha parlato anche Kania. Più volte, pubblicamente.

Ahi, ahi, ahi! Quante volte la gente alza la voce per fare paura? Forse che noi dell'opposizione non facciamo lo stesso? Io non credo che un confronto violento servirebbe a qualcosa, e credo che anche loro lo sappiano. Quindi non lo faranno. O meglio... Senta, tempo fa qualcuno mi disse che tutto sarebbe incominciato qui, in Polonia, e che avremmo ottenuto tutto o quasi tutto, ma poi di colpo avremmo perduto tutto. Per risorgere, un giorno, e riscoprirci uomini. Ebbene, io non accetto certe previsioni, però ammetto che anche tale possibilità esista. E poiché esiste rispondo che non vogliamo pagare un prezzo così alto. Proprio perché non vogliamo pagare un prezzo così alto stiamo seguendo un cammino così tortuoso, proprio perché non vogliamo pagare un prezzo così alto io mi batto con tanto fervore con le teste calde che vorrebbero cambiare la linea moderata di Solidarnosc, e parlo di pazienza politica quando litigo con gli intellettuali e coi contadini che fanno scioperi inutili, pericolosi. E mi esprimo con tanta cautela con lei.

Ma cosa vuole che importi a Breznev del modo in cui parliamo noi due! Non sono le parole che contano, Lech, sono i fatti! E quando Kania e Jaruzelski sono costretti a venire a patti con lei, quando...

Quante volte ha visto i carri armati sovietici in Polonia? Quante volte i carri armati sono venuti qui da agosto in poi?

Che c'entra, che importa? In Cecoslovacchia attesero circa otto mesi.

Importa perché quella soluzione non è mai stata applicata in Polonia. Almeno quattro volte qui ci siamo trovati in situazioni tragiche, nel 1956, nel 1968, nel 1970, nel 1976, eppure ne siamo usciti senza i carri armati sovietici. Andrà così anche stavolta. La Cecoslovacchia non è la Polonia.

Non è nemmeno l'Ungheria, però anche in Ungheria i carri armati sovietici arrivarono. Non è nemmeno l'Afghanistan, però l'Afghanistan è invaso dai sovietici. Mettiamola così: Lech, è vero o non è vero che molti giornali del partito accusano lei e Solidarnosc di voler fare politica anziché sindacalismo, di voler sovvertire il paese e il sistema esigendo ad esempio l'abolizione della censura e la liberazione dei detenuti politici?

Eh! Sì, è vero.

È vero o non è vero che gli studenti polacchi hanno chiesto e ottenuto, almeno sulla carta, che l'insegnamento obbligatorio della lingua russa e del marxismo venisse abolito nelle università?

È vero.

È vero o non è vero che, se l'accordo non verrà rispettato e gli scioperi degli studenti non saranno presi in considerazione, gli operai di Solidarnosc sciopereranno per loro?

È vero. Solidarnosc approva ciò che gli studenti stanno facendo e li appoggerà fino in fondo. Noi siamo con loro, io sono con loro. E l'unico motivo per cui non mi trovavo all'università di Lodz durante lo sciopero è che dovevo stare con i contadini a Rzeszów. Il problema dei contadini era più urgente. Durava da cinquantatré giorni, e avevano occupato quei locali... Però a Lodz avevo tutto il tempo i miei esperti e ogni due ore telefonavo per sapere, per consigliare. Del resto son io che ho fissato l'incontro degli studenti col vice primo ministro Rakowski.

Bene. E come crede che i russi reagiranno a questo rifiuto di imparare la loro lingua e la loro ideologia? Fino a quando accetteranno che tale eresia rimanga impunita?

Nié, nié, nié! E lei cosa si aspetta da noi? Che rinunciamo? Che ci fermiamo? Che torniamo indietro a quel che eravamo dicendogli scusate, è stato tutto uno scherzo, d'ora innanzi non lo faremo più? Quale altra soluzione abbiamo fuorché quella di continuare, sia pure con prudenza, a essere uomini? Non vogliamo pagare il prezzo di un conflitto violento, ripeto. Ma se fosse necessario pagarlo, nessuno potrà dire che siamo vigliacchi. Personalmente, sono più che pronto a morire. E aggiungo: non sono altrettanto pronto a uccidere, io non so uccidere, non so nemmeno ammazzare una gallina per farci il brodo e mi si rovescia lo stomaco a guardare chi lo fa. Ma se si trattasse di difendere il mio paese, la mia casa, i miei bambini, i miei compagni lavoratori, non esiterei. Oh, perché mi fa dire questo? Non voglio parlare di questo, mi viene il mal di testa. Ora ho il mal di testa.

Ce l'ho anch'io, Lech. È venuto, anche a me, Lech. Sicché teniamocelo e affrontiamo l'ultima domanda difficile: ma c'è proprio bisogno dei carri armati sovietici? Non bastano quelli polacchi?

Nié, nié, nié! A quelli non voglio pensare neanche un minuto! Io mi rifiuto di credere che i nostri bonzi siano incapaci di trovare una soluzione priva di sangue, io mi rifiuto di credere che i nostri soldati ucciderebbero i nostri operai! Risolveremo tutto senza dolore, in modo proficuo per le due parti! Perché mi dice una mostruosità simile?

Perché quell'alto esponente del governo ieri, a Varsavia, mi disse anche questo: «L'esercito polacco è al mille per cento devoto al partito».

Ecco l'unico punto al quale non posso rispondere: in questa casa ci sono troppi microfoni. Sì, microfoni. È dal 1972 che mi ascoltano, Dio sa in quanti, coi loro maledetti aggeggi. Nell'altra casa li ho visti togliere due settimane dopo il trasloco. E ora li hanno messi qui.

* * *

È una domenica pomeriggio in una Danzica fredda, intrisa di neve e di angoscia. Lech Walesa è appena tornato da un faticoso soggiorno nel Sud della Polonia dove ha lavorato come un pompiere a spegnere gli incendi di Bielsko Biala e di Rzeszów, cioè gli scioperi degli operai e dei contadini sordi al pericolo di un intervento sovietico. Nelle stanze accanto al salottino in cui mi riceve, i suoi sei bambini corrono, piangono, fanno fracasso, e la voce di sua moglie si leva imperiosa: «Basta!». Walesa barcolla di stanchezza, di sonno, di malumore, e non si fida di questa straniera che, gli hanno detto, getta il chador in faccia a Khomeini. Incomincerà dunque con una specie di rissa. Però andrà avanti con un'intesa piena di rispetto reciproco e l'indomani si concluderà con una grande amicizia: «Grazie. Se vado in Paradiso, le tengo il posto». Quest'uomo puro, sincero, un po' pazzo, questo tribuno geniale, su cui alita nero il fiato della tragedia.

LECH WALESA. Un momento, prima di incominciare bisogna chiarire le cose. Non sono un diplomatico io, non sono un cerimoniere, e tantomeno un intellettuale. Sono un rozzo, io, un operaio, non ho mai letto un libro in vita mia, e sono un uomo con un obiettivo da raggiungere, non me ne importa nulla di certe cose. Né di libri, né delle interviste, né della sua intervista, né del Premio Nobel, né di lei. Non ho complessi, io. Né coi generali, né coi primi ministri, né con lei. Posso tirare un pugno sul tavolo di un primo ministro, piantare in asso un generale senza dirgli nemmeno buongiorno, e quanto a lei la prima domanda la pongo io: che ci perdo, io, quanto ci perdo a far questa intervista? E poi perché mi guarda, che guarda?

ORIANA FALLACI. *La guardo perché assomiglia a Stalin. Glielo ha mai detto nessuno che assomiglia a Stalin? Fisicamente, intendo. Sì, sì: stesso naso, stesso profilo, stessi lineamenti, stessi baffoni. E stessa altezza, credo, stessa corporatura.*

Nié, nié, nié! No, no, no, non me lo ha mai detto nessuno e non mi interessa. Non voglio saperlo, non mi interessa, e lei non ha ancora risposto alla mia domanda sicché gliene faccio un'altra: questa intervista come la scrive? Domanda e risposta, domanda e risposta, o tutta di seguito coi commenti dentro? Perché coi commenti dentro a me non piace. Non è onesto, i commenti deve farli il lettore, decidere lui se quello è un fesso o no.

Senta, Walesa, le interviste io le scrivo a domanda e risposta: sempre. Se a far questa lei ci guadagna o ci perde, io non lo so in quanto dipende da ciò che mi dirà. E le domande le faccio io, quindi incominciamo. Sette mesi fa nessuno conosceva il suo nome fuori della Polonia e ben pochi, credo, nella stessa Polonia. Oggi lei è uno degli uomini più famosi del mondo e con il suo Solidarnosc manda pazzo il Cremlino, fa licenziare

Gierek, toglie il sonno a Kania. Quando viene in Italia è rice-
vuto come un capo di Stato o una diva...

Stop, stop, stop, stop!

Perché, che succede?

Succede che lei ha uno stile autoritario, tipicamente dittatoriale, e siccome ce l'ho anch'io, qui si pone un problema. Il problema di trovare un modus vivendi, venire a patti insomma. Facciamo un accordo: d'ora innanzi io sarò
gentile con lei, lei sarà gentile con me. Sennò ci si sbrana,
va bene?

Va bene. E continuo: ma dinanzi a tanta gloria, tanto potere
che le è caduto sopra le spalle, non le capita mai di dirsi miod-
dio, questo è troppo per me, non ce la faccio?

Yé, yé, yé! Sì, sì, sì, mi capita eccome. Sono stanco, male-
dettamente stanco, e non solo nel corpo perché non riposo
mai e il mio cuore non funziona più come dovrebbe, mi fa
male, mi toglie il respiro. Stanco dentro, nell'anima. Questa non è vita per me. Incontrare la gente per cui bisogna
mettere la cravatta, conoscere il galateo, ascoltare le raccomandazioni: non far quello, non fare quell'altro, sorridi...
La cravatta mi strangola e perché devo sorridere se non ne
ho voglia, se non mi va? E poi nulla mi è permesso, oramai.
Non posso bere un bicchiere, non posso arraffare una ragazza sennò casca il mondo. Dicono che la gazosa mi ha
dato alla testa. Non è giusto. Lei deve dirlo che non è giusto, che gli uomini restano uomini anche quando sono in
politica, e tutti gli uomini son peccatori, commettono i loro peccatucci.

Sì, ma io intendevo un'altra cosa, Walesa. Intendevo la responsabilità che si è presa dinanzi al suo paese e alla storia. Non le capita mai di esserne spaventato, di sentirsi inadeguato?

Nié, nié, nié! Perché sono un uomo di fede e perché so che in questo momento c'è bisogno di me. Un tipo come me che sa prendere le decisioni con giudizio, risolvere i problemi in modo prudente. Non sono una testa calda, io. Lo capisco io, che in questi trentasei anni si sono accumulate troppe ingiustizie in Polonia, che quindi le cose non possono cambiare dalla mattina alla sera e ci vuole pazienza, ci vuole saggezza, bisogna controllarla la rabbia sacrosanta che il popolo vorrebbe esplodere come una bomba. E io so fargliela controllare, perché so ragionare. Anche se non sono istruito, so dire le cose e trovare le parole giuste. Come giorni fa per lo sciopero di Jelenia Góra, quando ho gridato: «Cretini, state facendo una cosa sbagliata, una cosa stupida, siete cretini, un record di cretineria, sono contro di voi!». E trecento persone son rimaste di sasso, si sono calmate. Eh! Parlare alla folla non è sempre l'arte di andare con la folla, a volte l'arte di andare contro la folla... Le sembro presuntuoso?

No, perché?

Perché a volte do questa impressione. Invece non lo sono, sa, sono un tipo che vuole aiutare la gente. Per esempio se lei mi chiede un favore, «Portami qui o portami là», io mi faccio subito in quattro. E ce la porto anche se dopo mi costa dei guai e gli amici mi dicono: «Ma che ti impicci, di che t'impicci?». A me piace impicciarmi. Fu così anche nel dicembre 1970 e nell'agosto 1980, quando feci quello che feci perché nessuno voleva farlo. E quando lavoravo nell'opposizione, ché se uno non voleva andare a una riunione ci andavo io, se uno non voleva parlare parlavo io. E oggi è lo stesso. Perché io lo so quanto si può andare lontano con le nostre richieste, le nostre pretese, io lo so in che paese viviamo e quali sono le nostre realtà, lo conosco il sentiero lungo il quale si può camminare. E il pericolo è che questo sentiero non sia più seguito, che la linea del movimento sia abbandonata da quelli che non capiscono, dalle teste calde. E devo star qui a controllare, spiegare che le cose non si ottengono mai alla svelta, che le richieste vanno avanzate al momento opportuno, senza impazienza. Guardi il monumento che abbiamo eretto a Danzica per i nostri operai ammazzati dalla polizia nel 1970. Se lo avessimo costruito allora o due anni dopo non sarebbe che un ramo d'albero facile a tagliarsi. Oggi è invece un albero forte, robusto, con radici così profonde che nessuno può estirparlo più. E se lo tagliassero rifiorirebbe.

Ma dove ha imparato, Lech, a ragionare così? Chi glielo ha insegnato?

Io non lo so. Gliel'ho detto che non ho mai letto un libro, non ho mai letto nulla. Magari ci provo ma alla quinta pagina non vado avanti, mi annoio. Non ho neanche avuto maestri, esempi da imitare. Ho sempre risolto i problemi da solo. Perfino quelli tecnici come riparare il televisore o il lavandino. Ci penso su e li aggiusto a modo mio. In politica è uguale; ci penso su e trovo la soluzione. O almeno una soluzione. Però le posso dire che questa linea la maturai dopo le sconfitte del 1968 e del 1970. Fu allora che compresi la necessità di non lavorare a casaccio altrimenti ci saremmo rotti la testa. Lo compresi in prigione quando conclusi: Lech, un muro non si abbatte a testate. Bisogna muoverci un poco per volta, scientificamente, sennò ci rompiamo la testa e il muro resta lì. Sa, io sono stato arrestato un centinaio di volte, all'incirca, quasi sempre fermi di quarantott'ore ciascuno, e in prigione si riflette bene perché si è soli e non ci sono rumori. È in prigione che imparai a mettere il dubbio nel cervello dei carcerieri per renderli nervosi e fargli capire che avevano torto anche verso sé stessi. Ed è in prigione che scoprii il sistema di informare la gente che ero stato arrestato, perché è inutile che uno venga arrestato se poi la gente non lo sa.

E qual era questo sistema?

Bè, quando mi scarceravano io mi mettevo dinanzi alla fermata di un autobus o del treno per tornare a casa. E anche se avevo i soldi per comprare il biglietto, dicevo di non averli. E li chiedevo alla gente in coda spiegando che ero stato arrestato e perché. E la gente si interessava, mi comprava il biglietto. Allora salivo sull'autobus o sul treno e lì continuavo il discorso, facevo una specie di comizio scaldando gli animi dei passeggeri. L'ho fatto per anni. Ovunque andassi dicevo qualcosa e facevo succedere qualcosa.

Ma questo è un lavoro da grande politico, Lech.

Nié, nié, nié! Macché politico, io non sono un politico, non lo sono mai stato. Forse un giorno lo sarò, ho appena incominciato a guardarmi intorno, capire i loro calcoli, i loro trucchetti, ma oggi come oggi non lo sono e le fornisco la prova. Se fossi un politico mi piacerebbe far quello che faccio oggi, non ne avrei mai abbastanza. Invece ne ho le scatole piene e glielo dico io cosa sono. Sono un uomo con una gran rabbia in corpo. Una rabbia che ho sempre avuto dentro, fin da ragazzo, fin da giovanotto. E quando di questa rabbia ne accumuli tanta quanta ne ho accumulata io, finisci col saperla amministrare. Con cervello. Il che spiega perché io so controllare la folla e gli scioperi. Eh! Bisogna essere molto arrabbiati per saper controllare la rabbia sacrosanta del popolo. Bisogna saper vivere con la rabbia. Io, guardi, con quella rabbia avrei potuto andare avanti almeno altri cinque anni, fino al 1985. La feci scoppiare lo scorso agosto perché mi accorsi che l'occasione era più grossa di quanto avessi mai sperato. E saltai dentro i cancelli dei cantieri Lenin.

Parliamo di questo, Lech, del giorno in cui saltò i cancelli.

Guardi, molto prima che accadesse, cioè molto prima che i liberi sindacati esistessero, avevamo considerato la possibilità che prima o poi accadesse a Danzica quello che accadde in agosto. Nelle riunioni segrete degli operai eccetera, quando si studiava la storia della Polonia e le regole sul sindacalismo. Niente di sovversivo, intendiamoci. Avevamo buoni istruttori, si parlava con gente informata. Infatti m'ero preparato a evitare una situazione eccessiva e avevo detto che in caso di bordello dentro i cantieri volevo essere avvertito immediatamente. E quando mi avvertirono compresi che il bordello era scoppiato in anticipo perché la situazione era matura, quindi dovevo entrare lì dentro. Il guaio è che quattro signori cioè quattro poliziotti mi sorvegliavano giorno e notte. Li seminai, non dico come perché certe trovate possono sempre servire, e giunsi ai cantieri e saltai dentro i cancelli. Arrivai in un momento cruciale. Perché stava svolgendosi un'assemblea di duemila operai e, con la promessa di esaudire le loro richieste, il direttore gli chiedeva di sospender lo sciopero, tornare al lavoro. Senza che nessuno si opponesse. Alcuni avevano già raggiunto la porta. Mi andò il sangue al cervello. Mi feci largo, mi piazzai davanti a lui, e conosce il gergo della boxe? Con un destro poi con un sinistro lo stesi subito al tappeto quel signor direttore, lo feci quasi ruzzolare dal ring. Gli gridai che gli operai non avrebbero sospeso un bel nulla, che non credevano alle sue bugie, che non si sarebbero mossi finché non avessero avuto la certezza di non essere ancora imbrogliati. E allora gli operai si fecero forti e divenni il loro leader e lo sono ancora.

Lech, cosa significa essere un leader?

Significa avere determinazione, essere decisi dentro e fuori, cioè con sé stessi e con gli altri. Io sono sempre stato così, anche da ragazzo quando ero un povero campagnolo e volevo diventare aviatore. Sono sempre stato il capobanda come il caprone che guida il gregge, come il bove che guida la mandria. Ci vuol quel caprone, ci vuole quel bove, altrimenti il gregge e la mandria vanno per conto loro, chi di qua e chi di là, ovunque ci sia un po' d'erba da mangiare. E nessuno prende la strada giusta. Una mandria senza un animale che guida è una roba senza senso, senza futuro. Però io non lo so se sono davvero un leader. Io so soltanto che intuisco le cose, le annuso, e che quando la folla tace comprendo cosa vorrebbe dire. E allora lo dico io, con le parole giuste. Mi carico come una batteria. Ora voglio sapere una cosa da lei. Perché lei viaggia tanto e conosce tanta gente e può togliermi una curiosità. Che dice la gente di me, che dice? All'Occidente, che pensano di me?

Bè, si chiedono chi è, questo Walesa.

Eh! Quello se lo chiedono anche all'Est: ma chi è questo tipo che da sei mesi ci fa dormire i soldati coi piedi negli scarponi? Un generale? E va da sé che la risposta, loro, se la sono già data.

Sì. È un anarchico, dice la «Pravda». Un controrivoluzionario, un nemico del socialismo.

E io replico che è soltanto un uomo, un uomo che vuole un po' di giustizia, un tipo che vuole rendersi utile anche a loro, al di là delle frontiere, dei colori, delle ideologie. La lepre affamata non ha frontiere, non segue le ideologie. Va dove trova il mangiare di cui ha bisogno e le altre lepri non le sbarrano il passo coi carri armati. Bisognerebbe imparare dalle lepri. Ma non parliamo dell'Est, parliamo dell'Occidente. Che dicono di me all'Occidente?

Alcuni dicono che Walesa è un democristiano, altri che è un nipotino di Rosa Luxemburg, altri ancora che è un socialdemocratico bacchettone. E c'è perfino chi dice eurocomunista. Che gli rispondiamo?

Nulla perché io mi rifiuto di esprimermi coi loro termini, le loro etichette, destra e sinistra, capitalista e comunista, democristiano e luxemburghiano. Io mi esprimo coi miei termini: buono, cattivo, migliore, peggiore. E dico: se serve alla gente, è buono; se non gli serve, è cattivo. Certo bisogna vedere come e in che senso gli serve. Un giorno io ho diviso un pezzetto di pane con una ragazza gentile, e mi sono sentito felice; un altro giorno mia moglie mi ha buttato davanti un bel piatto di salsicce, me lo ha buttato con tanto sgarbo che mi sono sentito infelice e non ho potuto mangiarle. Voglio dire, aver da mangiare non basta e a volte un pezzetto di pane consumato felicemente è meglio d'un piatto di salsicce ricevuto sgarbatamente. Allo stesso tempo bisogna ammettere che se non c'è nemmeno quel pezzetto di pane non si può conoscere la felicità. Quindi bisognerebbe costruire un sistema che combini le due cose: il mangiare e la libertà. E poi dico: si vive su questa Terra cinquanta o sessant'anni, poco più, e da una parte ci stanno i ricchi che diventano sempre più ricchi, dall'altra ci stanno i poveri che diventano sempre più poveri. Questo non va. Bisogna dividerci quello che c'è. Ma che accumulano i ricchi che non vogliono dividere quello che c'è? Tanto poi muoiono e devono lasciare tutto agli eredi che non sono contenti lo stesso e non fanno che maledire il morto!

Queste cose, più o meno, le dicono anche i socialisti, e i comunisti.

Nié, nié, nié! No, no, no, no! L'ho detto e lo ripeto che non voglio usare quelle parole, gli slogan inventati da loro!

Lech, sta tentando di dire che il comunismo è fallito?

Eh! Dipende dal metro che si sceglie per misurare il concetto di buono, cattivo, migliore, peggiore. Se per metro si sceglie l'esempio di quel che noi polacchi abbiamo nelle nostre tasche e nei nostri negozi, allora rispondo che il comunismo ha fatto ben poco. Se invece si prende l'esempio di quel che c'è nella nostra anima, allora rispondo che il comunismo ha fatto parecchio perché nella nostra anima c'è tutto il contrario di quanto volevano loro. Volevano che non credessimo in Dio e invece le nostre chiese son piene. Volevano che fossimo materialisti incapaci di far sacrifici e invece siamo antimaterialisti bravissimi a far sacrifici. Volevano che avessimo paura dei fucili e dei carri armati e invece non ne abbiamo paura.

E la libertà? Parliamo un poco della libertà, delle salsicce sen-
za libertà.

La libertà si ottiene un po' per volta, a gradi. La libertà è un
cibo che va amministrato con immensa cautela quando se ne
ha molta fame. Per esempio, supponiamo che noi di Solidarnosc si ottenga accesso alla Tv e lì ci si metta a gridare: via i
ladri, i farabutti, i banditi che ci hanno derubato e oppresso
per tutta la vita. Che farebbe la gente? Reagirebbe esigendo
di tagliare teste, allagare le strade di sangue. E sarebbe il
caos, l'anarchia. È già successo qualcosa di simile nelle campagne, l'ho visto coi miei occhi. D'un tratto il governo si mise a vendere apparecchi televisivi ai contadini, la Tv entrò
nelle loro case con programmi che mettevano in dubbio la
fede religiosa, e le conseguenze furono disastrose. Molti
contadini persero la fede e alcuni diventarono atei. Nié, nié,
nié! Le cose non possono cambiare all'improvviso. È troppo
pericoloso. Lei che ne dice?

Io dico che non bisogna mai avere paura della libertà perché
c'è una sola cosa che educa alla libertà, ed è la libertà stessa.
Guai a centellinarla come un brodino nello stomaco dei de-
nutriti.

Uhm... D'altra parte non si può neanche esagerare come
fate voi occidentali con tutti quei partiti che non si sa cosa
vogliono, sicché i socialisti ce l'hanno coi comunisti, i comunisti ce l'hanno coi democristiani, i democristiani ce
l'hanno coi liberali, e ciascuno disturba l'altro, non gli lascia fare le cose, però l'uno sostiene l'altro... Che roba è? A
me sembra un bordello e basta, non ci capisco nulla. Senza
contare che in Polonia non sarebbe possibile avere tanti
partiti perché qui le cose stanno come stanno. Qui il con-

trollo va fatto coi sindacati. E se ci riusciremo, serviremo il popolo meglio dei vostri partiti che passano il tempo a mordersi fra loro, prendersi in giro, insultarsi, accusarsi, raccogliere pettegolezzi su quello che è andato a letto con quella, quella è andata a letto con quell'altro eccetera. Non mi pare che abbiano combinato un gran che, i partiti, nel resto del mondo. E in tutto quel bordello hanno chiarito una cosa sola: dicono di volere una cosa e poi ne fanno un'altra, si definiscono in un modo e poi sono tutto il contrario. Dico bene?

Splendidamente. Però, se i sindacati sostituiscono i partiti, non c'è più pluralismo: c'è una semplice divisione di potere tra il partito unico e i sindacati. Non lo volete il pluralismo?

Nié, nié, nié! Lo vogliamo eccome! Ogni persona, ogni gruppo, l'intera società deve avere il diritto di esprimersi! Ma c'è proprio bisogno di imitare i partiti e usare la parola partito? Si può dire associazione, circolo, club! Il Club della gente che alleva canarini, per esempio, il Circolo della gente che sgrana il rosario! E poiché il grano non cresce sulle pietre, insomma poiché in Polonia non si possono avere altri partiti politici, poiché l'uomo deve sapersi adattare, lasciamo che gli allevatori di canarini si mettano insieme e abbiano uno statuto, un regolamento che magari si auguri la formazione di altri club, il Club Allevatori di Conigli, il Club Allevatori di Fagiani, e diventiamo tutti allevatori di canarini, conigli, fagiani, oche, galline e che so io! L'importante è che questi gruppi diversi esistano liberamente, e che servano alla società, e che al buonumore del Padrone corrisponda il buonumore degli Allevatori. Io la penso così. E lo dico. Dico sciocchezze?

No, Lech, non dice affatto sciocchezze.

Bè, forse sì. Non me ne intendo molto io di queste cose, non ho mai tempo io di riflettere su questi concetti, e poi ci sono tante cose che devo assestare nella mia mente. In fondo, con lei, penso a voce alta. Però mi piace, oh, mi piace! Perché a me capita così raramente di parlare con qualcuno che ponga le domande che mi fanno pensare. Ed è parlando con qualcuno che a volte vengono in mente le idee e uno si dice: perbacco, com'è che non ci ho pensato prima? Sì, nascono così le idee. E questa dei canarini potrebb'essere un'ottima idea.

Però è bella anche l'idea di piantare il grano sulle pietre.

Yé, yé, yé... Il guaio è che prima bisognerebbe rimuover le pietre. E se poi sotto le pietre non c'è il terreno adatto a far crescere il grano? Se poi il grano cresce nano e deforme?

Meglio che nulla.

Non so. Forse ha ragione e forse no. Però credo che abbia torto e glielo dimostro dicendo una cosa cattiva. Se lei vuole un bambino, e lo vuole fortemente, disperatamente, con tutto il cuore, preferisce averlo nano e deforme oppure non averlo affatto? Oh, vorrei essere meno stanco per esprimermi bene. Vorrei... Deve capire che io ho fatto tre anni di scuola professionale e basta. Non ho mai avuto tempo di pensare le cose come fate voi. Solo in carcere ho avuto un po' di tempo per pensare, infatti a volte ho una gran nostalgia del carcere, mi dico: ah, se potessi avere due fermi di quarantott'ore ogni quindici giorni! Mi riposerei, penserei! Ma lasciamo perdere e andiamo avanti. Però con domande più facili perché queste mi fanno venire il mal di testa. Che vuol sapere, ora?

Vorrei sapere perché porta quell'immagine della Madonna Nera sul risvolto della giacca. Non è un'etichetta anche quella?

Nié, nié, nié! Non è un'etichetta, è un'abitudine. O meglio una benedizione. Per noi polacchi la Madonna Nera è una specie di benedizione e questa... Non ricordo nemmeno chi me l'abbia data, e quando. Per voi occidentali non è facile capirlo, lo so. Da voi la Chiesa non è mai stata ciò che è sempre stata per noi, un simbolo di lotta, l'unica istituzione che non ha mai piegato il capo dinanzi all'oppressore. E senza la Chiesa tutto questo non sarebbe avvenuto, il mio stesso caso non esisterebbe, ed io non sarei quello che sono. Dico di più: se non fossi stato credente non avrei resistito. Ho subìto tante minacce, sa? Tante. Hanno perfino ucciso il mio migliore amico.

Ma è sempre stato tanto religioso, Lech?

Yé, yé, yé! Sempre, sempre, sempre! Posso dimostrarlo coi testimoni, lo chieda al vescovo! Anche a scuola! Quando ci insegnavano il comunismo e io non prestavo attenzione! Soltanto fra i diciassette e i diciannove anni mi sono allontanato dalla fede. Eh, mi misi nella vita. Feste, ragazze, alcool. Poi successe una cosa. Successe che un giorno avevo freddo ed ero stanco e cercavo un posto per sedermi. E siccome da quelle parti non c'era che una chiesa entrai nella chiesa. E sedetti su una panca, al caldo, e subito mi sentii così bene che a partire da quel momento non feci più lo scioperato. Non che ora sia un angelo. Per carità. Gli angeli non esistono e io non sono un angelo. Sono piuttosto un

Satana. Però vado in chiesa tutte le mattine, e mi comunico tutte le mattine, e se ho qualche peccatuccio più grosso da confessare, mi confesso anche. Dico così perché sono un brav'uomo, tutto sommato, non ho molte colpe da rimproverarmi. Dacché sono al mondo mi sono ubriacato soltanto due volte, una quand'ero soldato e una quando andavo alla scuola professionale, e per quel che riguarda le ragazze... Senta, mia moglie non è cattiva. Anzi devo dire che per me è la donna ideale, con un'altra a quest'ora sarei divorziato o morto ammazzato con un coltello da cucina in pancia. Sicché non ho ragioni per tradirla. E poi il fatto d'avere sei figli dimostra che andiamo d'accordo e facciamo bene l'amore. Molto e bene. Certo, si capisce, insomma, quando mi trovo solo per qualche settimana com'è successo durante lo sciopero dei contadini, le tentazioni ci sono. Eh! Gliel'ho detto che non sono un santo, che sono fatto così.

Speriamo che il Papa non ci legga.

Ma il nostro Papa è intelligente, gli uomini li capisce! Infatti non mi sono neanche intimidito a incontrarlo. Mi sono sentito morire soltanto quando ho voltato le spalle e ho visto tutti quei fotografi, quei giornalisti. Perché non avevo preparato nessun discorso, neanche un appunto, io non li preparo mai, e ho capito in che razza di situazione mi trovavo e mi son detto: ora come te la cavi, Lech? E m'è presa una gran paura di mettere il Papa nei guai. Per questo il mio discorso è stato così breve, alla buona. Dopo, quando ho rivisto il Papa a tavola, è stato più semplice. In quanto avevo un gran mal di testa, non potevo neanche mangiare, e ho detto agli altri: «Parlateci voi col Papa, fate la vostra parte». E son rimasto lì quieto a ripetermi: guarda che disdetta, Lech, ti capita di far colazione col Papa e hai questo mal di testa e non puoi neanche mangiare.

Ce l'aveva anche coi sindacalisti italiani il mal di testa, Lech?

Nié, nié, nié! Con loro noddavvero, e senta: io non li capisco questi sindacalisti italiani, questi sindacalisti occidentali con la cravatta! Non li capisco i loro scioperi, tutti quegli scioperi che fanno fare ai lavoratori! Perché c'è una bella differenza tra i loro scioperi e quelli che facciamo noi in Polonia dove ci arrestano! No, non li capisco proprio. Si fanno pagare per fare i sindacalisti e poi non sono nemmeno capaci di risolvere i problemi e lasciano che la situazione si deteriori fino al crack. Io gliel'ho detto che quello non è il modo di fare i sindacalisti. Infatti non credo che siano rimasti molto contenti di me. Ci sono state discussioni impetuose tra me e loro, a botta e risposta che era un piacere, sembrava una partita di ping-pong. E gliel'ho cantata dura sebbene non gli abbia detto tutto, non abbia sputato tutto quello che c'era da sputare. Perché era la prima volta che venivo all'estero e perché mi trovavo a Roma dove c'è il nostro Papa, e non volevo procurare guai al nostro Papa.

Loro tuttavia ci tenevano lo stesso a farsi vedere con Walesa, fotografare con Walesa. Se n'è accorto?

Yé, yé, yé! Me ne sono accorto eccome! E non solo i sindacalisti, un mucchio di gente avrebbe voluto servirsi di me. Quando scesi dall'aereo, qualcuno mi venne incontro con un gran mazzo di garofani rossi. E me lo mise in mano. Se quei garofani fossero un simbolo io non lo so, e non me ne importa. Però so che li scaricai subito dandoli a una ragazza, e che dopo non mi occupai più di chi me li aveva dati.

Senta, Lech, io ho una curiosità. È noto che il suo patrigno vive in America e che sua madre è morta laggiù, qualche anno fa. È mai successo che la invitassero a raggiungerli, ha mai pensato di emigrare anche lei?

Nié, nié, nié, mai! Io non potrei mai vivere lontano dalla Polonia, mai! Del resto ho sempre pensato che un uomo debba vivere dov'è nato e cresciuto, per restituire al suo paese quel che il suo paese gli ha dato. Sì, il mio secondo padre mi ha invitato molte volte... Lo chiamo il mio secondo padre perché sposò mia madre dopo la morte di mio padre. Mio padre morì nel 1945 per gli stenti che aveva sofferto nel campo di sterminio dove lo avevano messo i tedeschi. «Vieni quaggiù, che ci fai laggiù?» mi scriveva sempre il mio secondo padre. Ma a parte il fatto che non lascerei mai la Polonia, io sentivo che quegli inviti non venivano dal suo cuore: venivano dai dollari che s'è messo in tasca. E non mi sbagliavo perché, quando l'ho rivisto a Roma, non l'ho riconosciuto. In Polonia era povero ma sempre pronto a far sacrifici per gli altri, dividere con gli altri il poco che aveva, ora invece non pensa che ai soldi, ai divertimenti. I dollari gli hanno dato alla testa, e così non andiamo più d'accordo. Sì, è bene avere denaro, il denaro che ci vuole per vivere decentemente e crescere i propri figli dandogli da mangiare e mandandoli a scuola, ma il denaro non è tutto e non dà la dignità. Al contrario, dà un mucchio di tentazioni. E spesso rende cattivi. Io non vorrei mai diventare un milionario, un capitalista. Mai! E quando andrò in America...

Quando ci andrà, Lech?

Entro sei o sette mesi, entro l'anno. Cioè appena avrò messo un po' d'ordine nel movimento e mi sarò riavuto dai lividi che la folla romana mi ha fatto coi suoi sbaciucchiamenti. La Polonia ha bisogno di aiuto. Non aiuto in dollari: aiuto politico, aiuto economico. Per ottenerlo bisogna aver contatti con l'Occidente. E poi in Occidente c'è troppa gente che fa calcoli freddi, che vorrebbe risolvere le proprie faccende sul sangue della Polonia. Sì, devo andarci in America a dire che quei calcoli non mi piacciono affatto.

Mi pare che il mal di testa le sia passato, Lech, e che si possa riprendere le domande un po' difficili. Questa, ad esempio: non pensa mai al pericolo d'essere manipolato? Per esempio ieri, a Varsavia, un alto prelato mi ha detto: «Walesa non fa mai quel che il cardinale non vuole».

Un momento: per quel che riguarda il cardinale Wyszynski è vero. Non farei mai nulla contro la fede, contro la Chiesa, e a maggior ragione contro il cardinale. È un grand'uomo, e la sua saggezza è profonda, e il suo appoggio è stato definitivo. Sempre e ovunque. La gente non sa che fu lui a render possibili i nostri incontri con Gierek e con Kania, e anche nei giorni scorsi è stato lui a darmi una mano coi contadini e gli operai a Rzeszów e Bielsko Biala. Da solo non ce la facevo, dovetti chiedere l'aiuto dei suoi preti. Oh, nessuno immagina quel che il cardinale ha fatto per me, per noi. Sarebbe cretino, quindi, se facessi cose a lui sgradite. Del resto neanche lui permetterebbe che qualcuno facesse qualcosa contro di me. Neanche qualcuno con la sottana nera. Ma se qualcuno con la sottana nera cercasse di usarmi... Mi ascolti bene: io non posso giurare che, da tutte le parti, nessuno ci provi. Però posso giurare che non permetto e non permetterò mai a nessuno di manipolarmi, neanche di influenzarmi, e se uno ci prova si rompe il muso. Anzi, se me ne accorgo, il muso glielo rompo io.

E gli intellettuali?

Dagli intellettuali e dai contadini libera nos Domine, dico io. Oh, quanto mi hanno fatto arrabbiare i contadini coi loro scioperi! Non facevo che gridargli: egoisti, ottusi, testardi, quale diritto avete di comportarvi così? Gli intellettuali sono un po' come loro: non sanno adattarsi. Durante la lotta erano bravissimi, infatti li rispetto molto, ma ora non sanno adattarsi: vorrebbero continuare coi metodi di allora. E non si può! Io non faccio che dirglielo, magari litigando: siate realisti, non si può! E questo prova che non sono manipolato da loro. Né dalla Chiesa né da loro. Mica appartengo al KOR, io, appartengo a Solidarnosc. Allora perché tiene tutti quei professori, quei docenti eccetera, come esperti, come consiglieri, mi dirà. Eh! Perché se li tenessi fuori si metterebbero a scavar sottoterra come le talpe e arriverebbero qui lo stesso, attraverso il tunnel. Meglio dirgli entra, accomodati. Senza contare che sono persone intelligenti, e le persone intelligenti fanno sempre comodo: l'importante è non aver complessi, nei loro riguardi. Io non ce li ho, sa perché? Perché gli intellettuali a capire le cose ci mettono un mucchio di tempo. E a prendere le decisioni ci mettono ancora di più. E di solito sono decisioni deboli. Sono strani gli intellettuali, a volte uno si meraviglia che siano così intelligenti. Stanno lì, discutono, e dopo cinque ore arrivano alla stessa conclusione cui sono arrivato io in cinque minuti o in cinque secondi.

E il regime, Lech? Io mi son sempre chiesta perché il regime abbia consentito che un Walesa arrivasse così in alto e così alla svelta. Per servirsene forse? Per usarlo come alibi o capro espiatorio? O forse per assorbirlo?

Nié, nié, nié! Quella d'essere assorbito dal potere è una possibilità che non prendo nemmeno in considerazione. Se lo avessi voluto lo avrei fatto prima, quando ero il signor Nessuno. Le occasioni non sono mancate, glielo assicuro, lei non ha idea delle offerte che ho ricevuto! E ora, anche se volessi, non potrei mai permettermi una simile bestialità. Spararmi in testa sarebbe meglio: la dignità è più importante della vita. Guardi, mi hanno lasciato emergere perché non avevano altra scelta. Letteralmente. Ma ciò significa che... Voglio dire, in Polonia non basta considerare la realtà interna. Bisogna considerare anche quella esterna: siamo un paese controllato, ancora non è possibile dire quale prezzo pagheremo, e temo che le vittime non potranno essere evitate. La gente mi chiede sempre: «Non hai paura d'essere ammazzato, Lech?». E come risposta mi stringo nelle spalle. Non faccio neanche molto per proteggermi. Alcuni amici tentano, mi vengono dietro, ma a cosa serve? Non si ammazza solo con le rivoltelle, e in certe cose bisogna essere fatalisti. Se deve succedere, succederà. Vuol dire che andrò in Paradiso.

Lech, quanto durerà Walesa?

Vuol dire se non mi ammazzano, se tutto va bene? Uhm! Secondo un calcolo freddo, direi che d'ora innanzi posso andare soltanto in discesa: gradualmente o di colpo. Le spiego perché. Perché non sono un uomo adatto ai tempi normali e non so piegarmi alle regole, ai giochi. Perché sono mortalmente stanco e il mio cuore è fregato, la mia salute è a pezzi; perché non posso ripetermi, cioè ripetere ciò che ho fatto in agosto e finora. E infine perché, se avverrà il bordello in Polonia, tutta la rabbia del popolo si rovescerà sulle mie spalle. E gli stessi che mi applaudivano, che mi erigevano altari, mi prenderanno a sassate. Mi calpesteranno. Dimenticheranno perfino che agivo per il loro bene e in buona fede. Ah, se fossi furbo o egoista, mi taglierei i baffi e tornerei in fabbrica. Ma non me ne andrò, finché mi vogliono, no. Non posso. Non devo. Perché d'ora innanzi la situazione diverrà sempre più dura, più complicata, e ci prenderemo delle gran botte. Sì, delle gran botte. Devo quindi restar dove sono. A battermi, a spegner gli incendi come un pompiere, a...

Ad allevare canarini che cinguettino bene... Grazie, Lech. Buona fortuna, Lech.

Grazie a lei, con tutto il cuore. È stato bello passare queste ore con lei, anche se mi ha fatto venire il mal di testa almeno due volte. È stata gentile con me, non ci credo a quello che mi avevano detto, che lei butta il chador in faccia a Khomeini e alla gente. Lei mi ha dato tante idee su cui riflettere! Io non la dimenticherò mai. E se la censura polacca lascerà pubblicare il suo libro, io lo leggerò. E sarà il primo libro della mia vita. Ci rivedremo mai? Se vado in Paradiso le tengo il posto. Così si parla del grano che cresce sulle pietre.

Danzica, marzo 1981

Mieczyslaw Rakowski

ORIANA FALLACI. *Ricorda, signor Rakowski, il giorno in cui ci incontrammo qui a Varsavia, esattamente un anno fa, lei era stato appena nominato vice primo ministro e io andavo a Danzica per intervistare Walesa? Le chiesi: «Che cosa accadrebbe se i sovietici intervenissero in Polonia?». Mi rispose: «Tutti i polacchi si solleverebbero». Allora le chiesi: «E se invece dei sovietici intervenisse l'esercito polacco?». E lei mi rispose: «In tal caso accetterebbero e zitti». Bè, signor Rakowski, non hanno accettato affatto, non accettano affatto. Non sono stati zitti per niente, non stanno zitti per niente. Guardi le scritte che sbocciano sui muri di ogni città: «A voi l'inverno, a noi la primavera». E guardi come hanno reagito nelle miniere della Slesia, nelle fabbriche di Katowice, nei cantieri di Danzica. O mi sbaglio?*

MIECZYSLAW RAKOWSKI. Si sbaglia, in parte. Infatti l'esercito e la milizia non hanno trovato molta resistenza, e la stessa risposta vale per il presente, per il futuro. Io non sono tra coloro che si aspettano una resistenza, tantomeno massiccia. Non ne vedo il potenziale. Sì, i primi giorni qualcosa c'è stato: ma non su larga scala. Le spiego perché. Uno, l'operazione congiunta dell'esercito e della polizia ha funzionato perfettamente. Due, tutti sono stati colti di sorpresa. Non avrebbero dovuto. Verso la fine dell'anno li avevamo

avvertiti un paio di volte che, se fosse continuata quell'a-
narchia, quello smembramento dello Stato, saremmo ricorsi alla forza. Ma non fummo creduti. Gli estremisti di Solidarnosc s'erano convinti che, quando la situazione si sarebbe infiammata fino all'uso della forza, l'esercito e la milizia
avrebbero scelto di schierarsi con loro. Contavano sul fatto
che molti soldati appartengono a Solidarnosc. Quale ingenuità. Malgrado le voci diffuse dalla stampa occidentale,
non un militare s'è opposto all'operazione. Non uno. Il
guaio è che l'ingenuità non si fermava alle frontiere della
Polonia: si estendeva all'Occidente. Troppi fra voi si illudevano che in qualche modo la Polonia sarebbe riuscita a
staccarsi dall'ordine politico e strategico cui appartiene da
trentasette anni. E questo senza considerare che vi sono due
blocchi nel mondo, che ad essi bisogna adattarsi. Ma che
cosa vi aspettavate?

*Il peggio, signor Rakowski, il peggio. Ricordavamo bene quel
che era successo in Ungheria nel 1956, in Cecoslovacchia nel
1968, e siamo meno ingenui di quanto lei creda. Quel giorno
di un anno fa io non ero venuta proprio per intervistare Walesa:
ero venuta per vedere i carri armati sovietici nelle strade di
Varsavia.*

Sovietici? Allora devo dire subito qualche parola in difesa
dei nostri amici sovietici: non abbiamo agito per loro. Certo
non posso negare che accanto a noi vi sia questo grosso alleato, ma non posso neanche accettare la tesi americana:
«La colpa è dei russi, la colpa è dei russi». Dalla Cecoslovacchia in poi sono avvenuti molti cambiamenti nei paesi
socialisti e nella stessa Unione Sovietica: i russi non si oppo-
nevano alle riforme che stavamo realizzando. No, signora,
proprio no. Seguivano il fenomeno con una certa preoccu-

pazione, d'accordo, e dal loro punto di vista vi scorgevano anche la minaccia. Allo stesso tempo, però, tenevano conto delle nostre abitudini, delle nostre caratteristiche, insomma cercavano di capire. Le dico di più: all'inizio non ritenevano affatto che il fenomeno fosse incompatibile coi principii del socialismo. Nell'ottobre del 1980, quando Kania andò a Mosca, Breznev non gli chiese di strozzare Solidarnosc. Gli chiese soltanto di prendere in mano la situazione per controllarla socialmente e politicamente. Sa, c'è una duplice tendenza nell'Unione Sovietica: una filopolacca e una antipolacca. Breznev è della prima. Ama la Polonia. La capisce. Mi creda.

No, non le credo. Perché quindici giorni dopo l'incontro Kania-Breznev, Zamiatin denunciò alla televisione i «gruppi antisocialisti» della Polonia. E in dicembre i vari rappresentanti del Patto di Varsavia si riunirono a Mosca per ricordare agli immemori che «la Polonia era socialista e sarebbe rimasta socialista». E nel febbraio del 1981, al Ventiseiesimo congresso del PCUS, Breznev disse che «in Polonia il socialismo era in pericolo». E due mesi dopo lo ripeté a Praga mentre la TASS definiva «insurrezionale» la realtà polacca. E da allora fu un susseguirsi di accuse, minacce, insulti come «orgia di reazionari», mentre le manovre militari si svolgevano ai confini della Polonia.

I fatti che lei cita sono veri, e l'Unione Sovietica non era sola a preoccuparsi. Anche gli altri vicini, Cecoslovacchia e Germania dell'Est, erano spaventati. E le manovre militari erano un modo per informarcene, d'accordo. Però una cosa è brontolare, protestare, avvertire, e una cosa è passare alla pratica. Sa, gli interessi strategici d'oggi non sono più quelli di venti anni fa quando alla frontiera sovietico-polacca non esistevano gli SS 20.

Signor Rakowski, se la cintura di castità composta dagli SS 20 era sufficiente a sventare i pericoli, perché Suslov venne in Polonia alla fine di aprile? Per cogliere rose a Cracovia?

No, per esporre le sue osservazioni anzi le sue critiche sullo sviluppo degli avvenimenti. Era suo diritto, e trovo comprensibile che tali avvenimenti preoccupassero un ideologo come Suslov. Tuttavia egli si limitò a presentare il suo punto di vista, non disse: «Fate questo o quello», e il suo viaggio non creò un'altra situazione in Polonia. Non interruppe le innovazioni, mi creda. Per favore, mi creda. Nelle faccende interne siamo più liberi di quanto lei pensi.

Però alla fine di novembre, quando le cose erano andate troppo lontano e avevano incluso dimostrazioni antisovietiche, venne il generale Kulikov. E, suppongo, disse: «O lo fate voi o lo facciamo noi». Poi rimase a seguire l'autoinvasione.

Signora! Protesto! Protesto con forza per il suo vocabolo «autoinvasione»! Il 13 dicembre non ci siamo autoinvasi, ci siamo salvati! E Kulikov non venne a portare alcun diktat. Venne per tutt'altre ragioni.

Capisco. Venne per vedere la sua ragazza e portarla a pescare nel fiume Vistola.

Diciamo che venne per ricordarci che era il capo del Patto di Varsavia, e non-osate-dimenticarlo. E forse non venne nemmeno per ricordarlo a noi del governo, venne per ricordarlo alle teste calde di Solidarnosc. Ma loro non ci fecero attenzione, se ne fregarono. Si sentivano troppo sicuri che i sovietici fossero psicologicamente e politicamente pronti ad accettare qualsiasi cambiamento in Polonia, troppo sicuri del fatto che Solidarnosc stesse per diventare il potere numero uno della Polonia. Credevano addirittura che, una volta al potere, i sovietici avrebbero patteggiato con loro. Ma lei non mi crede. Oh, lo sapevo che non mi avrebbe creduto! E, poiché non mi crede, a che serve continuare?

A trovare la verità, signor Rakowski. Piano piano, un po' per volta. Ora mi dica: Kulikov o no, Suslov o no, quando decideste di imporre la legge marziale? In primavera? In estate? In autunno?

No, no, no! Non è vero che preparavamo l'operazione da mesi! Non è vero! Jaruzelski non voleva inghiottire quel rospo! Aveva abbastanza fantasia per immaginare che cosa avrebbe significato! È un militare molto particolare, è un uomo sensibile, intelligente. Un umanista. Jaruzelski cercava una soluzione pacifica. Per questo gli proponemmo un Fronte di conciliazione nazionale. Per questo il 4 novembre si incontrò con Walesa e con Glemp, insieme discussero la possibilità di far partecipare Solidarnosc al governo. E i sovietici avrebbero accettato, mi creda.

Lui sperava tanto di farcela. Anzi ne era sicuro. Ogni volta che quelle teste calde respingevano quel che proponevamo e ci sputavano in faccia i loro no, no, no, lui diceva: «Proviamo di nuovo». Ogni volta che andavo da lui ed esclamavo: «È impossibile, non vogliono, non ascoltano, io ci rinuncio», lui rispondeva: «Provi di nuovo».

E lei ci provava?

Eccome! È noto che ero io a negoziare con Solidarnosc, perché ero io che avevo lanciato l'idea della partnership. Cioè l'associazione tra il governo e Solidarnosc. Ci credevo talmente. Ma alla fine d'agosto, quando nel corso di una conferenza stampa i giornalisti chiesero come procedesse la partnership, il portavoce di Solidarnosc signor Onyszkierwicz rispose: «Quale partnership? Questa parola non esiste nel nostro vocabolario». Compresi allora che era la fine di un sogno, il funerale di un'idea, e dissi a me stesso che forse mi ero fidato troppo di loro, forse gli avevo attribuito intenzioni che non avevano mai avuto, forse fin dall'inizio si erano preparati a uno scontro diretto esclusivamente alla presa di potere, e feci quella dichiarazione all'agenzia PAP: «La partnership è finita». Ma Jaruzelski disse: «Provi di nuovo». E provai di nuovo, provammo di nuovo, mentre il paese era scosso dagli scioperi, dalle tensioni, dalle manifestazioni, dagli assenteismi, e ogni appello al lavoro veniva considerato un suono privo di senso. Vede quella carta geografica sul muro? Era letteralmente coperta di bandierine. Ogni bandierina uno sciopero. Lei parla bene perché vive a New York dove i negozi scoppiano di cibo, di merce, e può comprare tutto quello che vuole. Ma qui! Nell'agosto del 1980, quando nacque Solidarnosc, nei nostri negozi c'era ancora qualcosa da comprare, nell'agosto del 1981 erano già vuoti. La produzione era scesa del venticinque per cento, il carbone mancava, il cibo mancava, e noi eravamo diventati i mendicanti dell'Europa. Nessun paese, in Europa o altrove, voleva più rischiare un soldo per noi. E perché avrebbe dovuto? Non avevamo nulla da dare in cambio. Nulla fuorché la parola libertà. Se lo metta bene in testa: Solidarnosc non era più un sindacato, era ormai un movimento guidato da un branco di anarchici.

Era una rivoluzione, signor Rakowski. E spontanea.

Noi diciamo controrivoluzione.

E quando mai avete fatto una rivoluzione, voi?! La vostra non fu una rivoluzione, fu una presa di potere resa possibile da un imbroglio di Stalin che aveva tradito le promesse fatte a Yalta!

Lei è un'anarchica. Un'anarchica!

Se vuole. Ma non discutiamo su questo, per carità. E risponda, la prego, alla mia domanda sulla legge marziale. Gliela ripropongo con parole diverse: quando incominciaste a pulire le scarpe dei soldati che avrebbero partecipato all'operazione?

Dopo Radom. Intendo dire dopo la riunione a porte chiuse che Solidarnosc tenne a Radom alla fine di novembre. Quella dove dissero che bisognava reclamare apertamente il potere, e lo stesso Walesa dichiarò: «Lo scontro è inevitabile e lo scontro faremo. I dialoghi erano soltanto parole per metterli nel sacco. D'ora innanzi vedremo chi mette nel sacco chi». Sì, il momento di rottura fu Radom. Non prima, quando al congresso di Solidarnosc avevano chiesto le libere elezioni amministrative e perfino discusso l'appartenenza al Patto di Varsavia. Cosa che non ci piacque, ovvio, ma che non ci spaventò come ci avrebbe spaventato Radom. Radom ci spaventò. Semplicemente, ci spaventò. Perché a Radom non furono dette parole e basta, a Radom incominciarono a organizzare una milizia operaia che avrebbe operato nelle fabbriche, nelle miniere, nei cantieri, e annunciarono anche uno sciopero generale con dimostrazioni nelle strade. Le teste più calde erano quelle della Masovia, la periferia di Varsavia. A quelli, il cervello aveva dato completamente di volta. Il 28 novembre, quando Jaruzelski chiese ai leader di Solidarnosc di frenare gli scioperi altrimenti avrebbe fatto passare una legge antisciopero, ebbe in risposta una grassa risata. Gli dissero: «Se il governo tenta di varare una legge antisciopero, sciopero sarà». Poi lo fissarono per il 17 dicembre. Oh, nessun dubbio che il 17 dicembre sarebbe avvenuto lo scontro annunciato a Radom. Lo scontro e il massacro reciproco. La guerra civile. Sicché a quel punto la sola alternativa alla legge marziale era alzare le braccia e lasciare che tutto andasse distrutto. Tutto. Le basi stesse dello Stato. Mi creda.

No, non le credo, perché è impossibile che una operazione complessa e difficile come quella di rompere le ossa a una rivoluzione sia stata preparata in neanche due settimane.

Ancor meno, che ci creda o no. Lei deve tener conto del fatto che il piano per l'applicazione della legge marziale era in una cassaforte fin dal luglio del 1944, cioè fin dalla nascita del nostro Stato, e che tale piano era costantemente rinnovato perché, sfortunatamente, la Costituzione polacca non prevede lo stato di emergenza. Sì, proprio per questo tutto era pronto quando il pomeriggio di venerdì 11 dicembre Jaruzelski mi chiamò nel suo ufficio. Non dimenticherò mai quel pomeriggio, quel momento. Jaruzelski stava alla scrivania e il suo volto era chiuso, serio, più serio di sempre. Alzò gli occhi, li fissò nei miei, e disse: «Il giorno è arrivato. È per dopodomani, il 13 dicembre». Io annuii e risposi: «Capisco». Non c'era altro da aggiungere, anche psicologicamente ero preparato, e dopo parlammo soltanto di cose tecniche come il discorso che aveva già scritto e che avrebbe letto domenica mattina alla radio.

Signor Rakowski, dormì bene quella notte?

Non dormii affatto.

Perché il numero 13 porta male?

No, perché avevamo fallito, perché questa era una decisione necessaria ma tragica, un disastro nazionale. Perché ero triste, insomma, e anche conscio del fatto che stavamo per fare un passo storico, scrivere un capitolo nuovo nella storia della Polonia e...

... e mandare in galera persone cui aveva stretto la mano per quasi un anno, deludere tutti coloro che la credevano un liberale e che d'ora innanzi la avrebbero odiata, tradire sé stesso, cioè l'uomo che pochi mesi prima aveva pubblicamente dichiarato: «Metodi diversi dal dialogo e dalla soluzione politica potrebbero causare un disastro nazionale. Una profonda rivoluzione sta avvenendo in questo paese, un mutamento storico del quale non possiamo fare a meno». Signor Rakowski, ma perché non dette le dimissioni quel pomeriggio? È proprio così irresistibile il dolce profumo del potere?

Questo è ingiusto. Inutilmente crudele e ingiusto. Chiunque sa che per esercitare potere io non avevo bisogno di questo potere. Per venti anni sono stato un giornalista potente, il direttore di «Politika», cioè del miglior settimanale politico della Polonia e uno dei più importanti dell'Europa orientale. Un milione di lettori. La mia opinione contava, e attraverso i miei articoli ho combattuto prima di chiunque altro i cretini del mio partito e del mio governo. Ho predicato prima di chiunque altro, molto prima di Solidarnosc, il bisogno di riforme e di sindacati autonomi! Un'intera generazione politica è stata formata da «Politika»! Ma nessuno di quei demagoghi, di quegli anarchici, me ne ha mai dato credito. Nessuno di loro mi ha mai detto: «Signor Rakowski, lo sappiamo che lei era in prima linea». Nessuno, nessuno, nessuno, non una volta! Quando mi stringevano la mano non c'era che odio nei loro occhi. Escluso Walesa, forse. E le giuro

che non me ne importa un accidente di quelli che ora mugu-
gnano: «Rakowski era un tal liberale, ora è membro di un
gruppo militare». E non me ne importava quella notte. Il
complesso di colpa che lei vorrebbe scoprire non c'era, no, e
neanche per un attimo pensai a dimettermi. Con la coscienza pulita tornai in ufficio la mattina dopo. Con la coscienza
pulita ci rimasi tutto il giorno. Con la coscienza pulita, la sera, andai a un party con mia moglie.

Un party?

Sì, un party del cosiddetto establishment di Varsavia. Avevo promesso da tempo di andarci e, naturalmente, dovevo
comportarmi come se nulla di nuovo stesse accadendo. Così andai, chiacchierai con gli invitati, una trentina di persone che la pensavano in mille modi, anche persone di Solidarnosc, e alle undici dissi che dovevo andarmene perché
avevo da fare in ufficio. Alle undici e un quarto ero qui con
Jaruzelski e gli altri. Poco dopo tutto incominciò.

*Signor Rakowski, mi spieghi: quella coscienza pulita rimase
pulita in tutti voi anche quando foste informati sulle brutalità
commesse dalla milizia, per non parlare dei minatori ammazzati quattro giorni dopo a Wujek?*

Senta, la stampa occidentale ne ha dette molte su questo. Ha
parlato di gente picchiata, portata via di notte nel freddo, tenuta sulla neve o in locali gelati. Si è trattato d'una vasta operazione e può darsi che qualcosa di spiacevole sia avvenuto.
Ma anche se lei mi cita caso per caso io rispondo: ovvio che
quel caso è importante per l'essere umano che l'ha sofferto,
ma nell'insieme non conta. Perché in politica l'individuo
non conta. I morti di Wujek invece costituiscono un episo-

dio tragico che poteva e doveva essere evitato. L'ordine era di non sparare. Quando avvenne lo scontro tra i minatori e la milizia, alle undici di sera del 16 dicembre, due volte fummo chiamati affinché dessimo l'autorizzazione a usare le armi. E due volte Jaruzelski rispose no, no, no. Poi i minatori attaccarono di nuovo e qualcuno perse il controllo di sé stesso. Vi furono otto vittime, sette sul posto e un'ottava che morì all'ospedale. Vi fu anche un morto a Danzica e uno a Varsavia. Dieci in tutto. Molti, troppi se penso che potevamo farcela senza una sola vittima. Eppure avrebbe potuto succedere di peggio. Ieri un cattolico molto importante mi ha detto: «Signor Rakowski, come pessimista io mi aspettavo duemila morti. Come ottimista, almeno cento».

Carino. Misericordioso. Ora perdoni la «mia» brutalità e mi dica: proprio nessuno tra voi del potere ha fatto un pensierino sul particolare che «quegli individui che non contano» erano gli stessi lavoratori, gli stessi proletari che il vostro sistema dice di rappresentare? Nessuno di voi s'è detto che quei poveri cristi armati soltanto di un'ascia e di un piccone si battevano per un po' di dignità, un po' di libertà?

Libertà, libertà, libertà! Sono duecento anni che i polacchi non vendono che questa parola: libertà. La libertà e Chopin. La libertà e la Polonaise! Quale libertà è una libertà che non dà nulla da mettere nello stomaco? Le teste calde di Solidarnosc hanno riempito la testa di quei poveri lavoratori con le idee più irrealistiche sulla libertà, e guarda dove siamo arrivati! D'accordo, forse questo sistema non è e non era un granché, forse siamo colpevoli di molte colpe, ma un po' per volta ci stavamo muovendo. La Polonia era un paese aperto, nell'Europa dell'Est: un paese nel quale si poteva viaggiare, andare all'estero e tornare, un paese dove si poteva leggere qualsiasi libro, dove le opinioni diverse erano accettate, e quei disgraziati hanno sciupato tutto. Ma non la conoscevano la carta geografica? Non lo sapevano dove si trova la Polonia? Non se ne ricordavano che il mondo è diviso in due? La libertà va vista nel contesto di una situazione, di una realtà. E le ripeto che il sangue sarebbe scorso a fiumi se non avessimo imposto la legge marziale il 13 dicembre! Sarebbe scoppiata la guerra civile! E le forze del Patto di Varsavia sarebbero intervenute. Sì, in tal caso sarebbero intervenute! Perché una guerra civile non sarebbe stata una faccenda privata della Polonia e dell'Unione Sovietica: avrebbe sconvolto l'equilibrio esistente nel mondo, con Dio sa quali conseguenze. E allora il mondo ci avrebbe strillato: che cavolo di politici eravate? Perché non siete ricorsi a qualche provvedimento speciale invece di causare questa catastrofe? Non potevate prevenire tutto con una legge marziale che bloccasse l'intervento delle forze del Patto di Varsavia?

L'ha detto. Finalmente l'ha detto. Ma voglio essere sicura d'aver capito bene: se la legge marziale non fosse stata imposta, sarebbe scoppiata la guerra civile e i sovietici sarebbero intervenuti.

Io preferisco dire le forze del Patto di Varsavia.

Le forze del Patto di Varsavia. Bè, forse non avete agito per loro ma, di sicuro, avete agito per paura di loro. O dovrei dire per zelo?

Né l'una né l'altro. Per saggezza.

No, diciamo per Yalta. Per la maledetta Yalta che ha spaccato la Terra in due.

Io non sono sicuro che per noi polacchi Yalta abbia costituito una tragedia. Perché ha spostato il nostro territorio di alcune centinaia di chilometri verso l'Occidente, perché tra la frontiera polacca e Berlino ora ci sono soltanto ottantacinque chilometri, perché...

E per poche centinaia di chilometri avete perduto il paese?

Perché abbiamo perduto il paese? Al contrario. Ora siamo una nazione unita, non ci litighiamo più coi nostri vicini, non soffriamo più il dramma delle minoranze e delle divisioni. Ma insomma! Per cinque secoli non abbiamo fatto altro che tagliarci la gola per ogni singolo chilometro di terra, qui il nazionalismo cresceva come le rose di maggio, e ora almeno questo è finito! Le pare poco?

E le pare poco aver diviso l'Europa in due tronconi? Le pare poco aver diviso la Germania in due Germanie? Ma non c'è nessuno in questo paese che maledica quei tre bastardi che sedevano a Yalta, non c'è nessuno che dica insieme a Mitterrand: «Il faut sortir de Yalta, bisogna uscire da Yalta»?

Numero uno, quei tre bastardi hanno salvato il mio paese e la mia famiglia. Se non ci fossero stati loro a quest'ora parleremmo tutti tedesco e magari non parleremmo per niente perché saremmo morti o mai nati. Numero due, non sono io che lo dico ma è Malraux che l'ha detto: «Se invece di due Germanie ce ne fossero tre, sarei contento lo stesso». Numero tre, se al posto di quei «bastardi» come lei li chiama ci fosse stata lei col suo caratteraccio, invece che in due parti l'Europa sarebbe divisa in dieci.

Toccata... Ma non mi sembra il caso di insistere, su una que-

stione così personale. Concludiamo sui sovietici, piuttosto. Bè,
suppongo che ora i vostri rapporti con loro siano deliziosi. Non
più insulti, non più minacce, non più avvertimenti...

Io sono un sostenitore molto convinto della necessità d'a-
ver stretti rapporti con l'Unione Sovietica. Naturalmente
ho il mio orgoglio nazionale, voglio essere indipendente e
voglio essere trattato da uguale, ma dico che la Polonia dovrebbe restare molto vicina all'Unione Sovietica. Lo dico
come realista, non solo come comunista. I russi sono un
popolo slavo, sono ricchi e rappresentano un mercato fantastico. È una Siberia carica d'oro, quella là: ne abbiamo
bisogno. In quale altro paese troveremmo le materie prime
che troviamo nell'Unione Sovietica? Quale paese in Occidente potrebbe venderci tutto quel petrolio grezzo, quel
ferro, quel cotone eccetera? Le teste calde di Solidarnosc
disprezzavano l'Unione Sovietica. Non posso immaginare
un irrazionalismo più insensato, una stupidaggine più grossa. La medesima del nostro passato quando tutta la nostra
filosofia e il nostro commercio guardavano all'Occidente.
Inoltre, che c'è di male ad appoggiarsi a quella superpo-
tenza e a fare una politica che non la disturbi troppo? Che
c'è di male a essere forti con loro? Stalin voleva che la Polonia fosse forte perché, diceva, una Polonia forte era utile
all'Unione Sovietica. Bè, aveva ragione. La Polonia è una
terra larga e piatta dove i venti soffiano forte, in ogni direzione. E, quando questo succede, non solo i cappelli vola-
no via: anche le teste. E poi questi sono i territori attraverso i quali sono passati tutti gli eserciti che andavano a invadere la Russia. Questa faccenda deve finire una volta per
sempre.

Lei ama molto i sovietici, vero?

Sì, e non solo per interessi economici. Alcuni dei miei migliori amici stanno a Mosca. Soprattutto tra gli intellettuali. Trascorro serate incantevoli a bere vodka con loro e a discutere, quando vado laggiù. Mi piace Mosca. Vede, anche in Polonia esistono due correnti storiche: una filorussa e una antirussa. Comprensibili entrambe a causa delle spartizioni che abbiamo dovuto sopportare per secoli. Per secoli due ombre ci hanno tenuto nel buio: l'ombra della Prussia e dell'Austria, e l'ombra della Russia. Ebbene, io appartengo alla corrente filorussa perché, suppongo, sono nato e cresciuto in una regione dove l'ombra della Russia non arrivava. Lì c'era l'ombra della Germania. Nel 1939, quando avevo dodici anni, mio padre fu fucilato perché colpevole d'essere un patriota polacco. E a fucilarlo furono i tedeschi, non i russi. I russi ci liberarono, cinque anni dopo.

Questo spiega molte cose... Ma mi tolga una curiosità: odia gli americani tanto quanto ama i russi?

Oh, no! Mi piacciono gli americani, mi sono simpatici. E adoro New York. Sono così moderni, proiettati verso il futuro, e soprattutto pratici. Gli americani... Strillano e berciano contro la legge marziale non perché gliene importi davvero della Polonia ma perché la Polonia serve il loro bisogno di attaccare i sovietici. Ma prima o poi cambieranno politica nei nostri riguardi. Vedrà.

Non sono soltanto gli americani a strillare contro la vostra legge marziale, signor Rakowski. Anche gli europei la ritengono un oltraggio, come ben sa. Soltanto i tedeschi vi hanno in parte assolto.

Perché sono più intelligenti.

No, perché sono divisi in due e hanno paura di finire divisi in tre come piacerebbe a Malraux. Ma cambiamo argomento. Come sta Lech Walesa? Che intendete fare di lui?

Walesa sta bene, benissimo. Vive in quella villa fuori Varsavia dove ha a sua disposizione tre comode stanze, e non è affatto trattato come un cane sconfitto di quinta categoria. Mi creda. Oh, mi creda! È ben servito, trattato rispettosamente: con tutti i riguardi che la sua posizione di capo sindacale esige. Mangia bene, legge i giornali, guarda la Tv, riceve le visite della moglie e del fratello e dei figli ogni volta che vuole, e ha contatti giornalieri con esponenti della Chiesa. Monsignor Ursulich in particolare. Spesso vede anche Stanislaw Ciosek, il ministro del Lavoro. Sono in buoni rapporti, loro due, e fino a oggi si sono visti almeno cinque volte, ogni volta per due o tre ore. Io non l'ho visto. Due giorni dopo che l'avevano portato da Danzica andai alla villa ma si rifiutò di ricevermi. Così non ci ho provato più sebbene ora dica che fu un equivoco, che non aveva capito il mio nome. E non so se ci riproverò. Credo di no, perché non credo alla storia dell'equivoco. Naturalmente comprendo come in quei giorni le sue condizioni di spirito fossero particolari, ma... Ciosek dice che all'inizio era come stupefatto e anche molto sorpreso che i lavoratori non si sollevassero in difesa della sua persona. Dico persona... Continuava a chiedere di incontrarsi coi suoi consiglieri, Geremek e Mazowiecki. Ora non più. Dopo tutti quegli incontri con Ursulich e l'influenza che la Chiesa esercita ancora su lui, sembra più disposto a discutere il futuro di Solidarnosc senza di loro.

Non lo processerete mica per i fatti di Radom, per quel che disse a Radom?

Assolutamente no. Infatti non è in stato di arresto. È soltanto internato. I processi colpiscono solo coloro che hanno violato la legge marziale.

Kuron e Michnik non hanno violato alcuna legge marziale perché li avete arrestati prima di chiunque altro. Eppure si dice che andranno sotto processo.

Il loro caso è diverso. Quei due hanno molte cose da spiegarci.

Ma se Walesa non ha commesso alcun crimine contro la legge marziale, perché lo tenete in un luogo segreto come un ostaggio americano in Iran? E perché lo tenete isolato dagli altri? Perché ha la varicella e temete che la attaccherà ai bambini o perché sperate di farne un collaborazionista, magari con l'aiuto dell'episcopato?

Anzitutto non lo teniamo come un ostaggio, e poi il collaborazionismo non c'entra. Né con la Chiesa né senza la Chiesa. Oltretutto non sembra molto disposto a collaborare sulle basi propostegli dalla Chiesa, e la Chiesa incomincia a essere stanca di lui. Stanca di spiegargli che deve fare i conti con la realtà e seguire i consigli. Il guaio è che Walesa non ascolta il cardinale Glemp come ascoltava Wyszynski e io credo alle voci secondo le quali la Chiesa starebbe considerando l'opportunità di lasciarlo cadere. Sa, non dovrebbe essere difficile trovare tra i dirigenti di Solidarnosc qualcuno che sia pronto a rimpiazzare Walesa. Negli ultimi tempi la sua stella era in declino, al congresso ebbe molte difficoltà a farsi rieleggere. Ottenne meno voti di Kania al Comitato Centrale. Detto questo, però, deve aggiungere che nessuno può far previsioni perché attualmente Walesa è in una fase di ripensamento e non ci vuole molto a capire che gli piacerebbe continuare a essere il capo dei sindacati. Lei lo conosce: ama fare il leader, il bove che guida la mandria, come le disse nell'intervista. Inoltre è ben consapevole di essere ancora un mito per molta gente, e a volte accettare la fine del proprio mito è cosa assai dolorosa.

Così tenete Walesa nell'armadio con l'intenzione o la speranza di usarlo prima o poi come un vecchio cappotto.

Non lo so. Nessuno può saperlo. Tutto dipende dal tipo di sindacato che avremo in futuro. Oggi come oggi tutto è in movimento, in ogni campo si cercano soluzioni, e chi potrebbe affermare con certezza che di Walesa accadrà questo o quello? Come ho già detto, neanche Walesa ha preso alcuna decisione in un senso o nell'altro: stare con noi oppure no.

Le è proprio antipatico, eh?

No, perché? Pover'uomo, è un uomo così infelice. Ha sempre lavorato sotto la terribile influenza dei suoi consiglieri, è sempre stato manipolato da tutti sebbene credesse d'essere un vero leader... Intendiamoci: leader era. Nessun dubbio su questo. Tuttavia a me sembra che non sia stato all'altezza degli eventi. Vede, non si può negare che l'uomo sia intelligente. È furbo, e ha istinto. Ma l'istinto non basta quando non è razionalizzato e... Ecco, la mia opinione è che Walesa incominciasse a credere nella propria grandezza. Le racconto un episodio. Il 4 dicembre ordinammo un'operazione molto importante a Varsavia, qualcosa che Walesa e gli altri di Solidarnosc avrebbero dovuto prendere sul serio perché dimostrava che non scherzavamo a dirci pronti all'uso della forza. La milizia irruppe nella scuola dei pompieri e mise fine allo sciopero che essi portavano avanti da tempo. Ciò avvenne alle dieci del mattino e, prima delle dieci, Ciosek andò da Walesa che stava nel suo albergo a Varsavia. Ci andò per informarlo, provargli che giocavamo a carte scoperte. Ma Walesa rispose: «Bè, signor Ciosek, questa è la fine. Visto che fate così, saremo costretti a prendere il potere». Poi, mentre Ciosek si dirigeva verso la porta: «Ma non si preoccupi per sé stesso, signor Ciosek. Lei è un brav'uomo. Le troverò un impiego». Irrazionalismo, furberia, ingenuità: tutto mischiato insieme. Come quando tornò dal Giappone e venne qui a dirmi che bisognava insegnare ai giapponesi il modo di costituirsi in sindacati: «Molto bravi, gente in gamba, ma bisogna dargli una mano coi sindacati». L'ho osservato bene in questi dieci mesi. La sua natura di contadino mi affascinava. Come un contadino imbrogliava sempre il suo interlocutore, sicché questi non riusciva mai a trovare un linguaggio comune. Un'altra volta, stava seduto proprio dove sta seduta lei ora, gli dissi: «Signor Walesa, lei ha ottenuto tanto. Perché non si riposa un po' per consolidare quello che ha ottenuto? Dia retta a me, lo faccia. Perché questi scioperi stanno sfuggendo di mano anche a lei». Mi rispose: «Nié, nié, nié! Non sono stanco, signor ministro, mi sento bene. Non è mica così brutto come sembra, sa?». Il fatto è che Walesa ha capito troppo tardi ciò che i suoi consiglieri non gli hanno mai spiegato: in politica non si può essere sempre aggressivi. Quando lo comprese, alla fine, era tardi. Aveva perso il controllo della sua gente.

E tuttavia non mi dice che Walesa è finito.

No, non lo dico.

Signor Rakowski, parlando di Walesa ha detto cose molto interessanti sulla Chiesa. Mi sbaglio o i vostri rapporti col nuovo primate procedono benino?

Sa, hanno bisogno di noi quanto noi abbiamo bisogno di loro. Il compromesso che cercano non mira soltanto a proteggere Solidarnosc ma a ristabilire per sé stessi la piattaforma che hanno perduto il 13 dicembre. Fino al 13 dicembre erano in cima alla piramide della vita pubblica, qui in Polonia. Contavano come non avevano mai contato in nessun paese, inclusa l'Italia e la Spagna. Se vogliono riguadagnare quello status, devono accettare un compromesso. Nessun dubbio che collaboreranno con noi, almeno fino a un certo punto. Sanno bene che ci troveranno disponibili.

Il Papa non sembra pensarla come l'episcopato polacco. Vi ha frustato parecchio dalla sua finestra in San Pietro. Quasi ogni giorno.

Sì, è vero. E lo ha fatto malgrado tutte le spiegazioni che gli abbiamo inviato attraverso i canali più diversi, anche malgrado la lettera che gli ha scritto Jaruzelski. Conosco la lettera, e diceva molto. Ma lui non ci ha ascoltato lo stesso. Per colpa della gente che ha intorno, suppongo. Ad esempio, quelli di Solidarnosc che ora stanno all'estero. A quanto pare, hanno molta influenza su di lui. Però dopo il viaggio a Roma del primate Glemp il suo comportamento potrebbe cambiare. Molto, molto interessante la predica che Glemp ha fatto in quella chiesa di Roma. Ogni parola denunciava uno spirito di compromesso. E ha incominciato parlando del Salvador.

Ciò significa forse che Papa Wojtyla potrebbe tornare in Polonia com'era in programma prima della legge marziale?

E chi potrebbe fermarlo? Come?

Glielo dico io come: ricevendolo come fu ricevuto in Turchia.
Mi dica: se quel viaggio avvenisse, sarebbe ricevuto come ven-
ne ricevuto la prima volta o come venne ricevuto in Turchia?

Per il momento non ho risposte a questa domanda. Tutto dipende da quel che accade nei prossimi due o tre mesi, diciae-
mo. La seconda visita del Papa doveva avvenire in agosto, e
sei mesi sono un periodo di tempo molto lungo per noi. E
mi faccia dir questo: io non sono d'accordo con chi ritiene
che l'elezione di un Papa polacco e la sua visita in Polonia
abbiano costituito il ruolo più importante nella nascita di
Solidarnosc. Sì, i due elementi fornirono un'arma morale
che funzionò in modo considerevole, ma le ragioni della crisi che condusse alla nascita di Solidarnosc avevano profonde radici nella struttura politica e nella situazione economica della Polonia.

Accidenti! E questo non dimostra forse che il vostro sistema
non funziona, che gli uomini non possono vivere senza un ci-
bo chiamato libertà, che con l'ideologia non si mangia e non
si riscaldano le case, che il vostro socialismo è una parola lo-
gora e basta? Perché ciò che avete stroncato in Polonia, si-
gnor Rakowski, lei lo sa bene, non era un'insurrezione di
borghesi o di intellettuali: era una rivoluzione di operai. E
quegli operai non si rivoltavano a Maria Antonietta o allo zar
o a Rockefeller: si rivoltavano a un regime che usa la carta da vi-
sita del proletariato. Guardi, c'è scritto anche su questa bancono-
ta da cento sloti: «Proletaryat».

Ma fino a questo momento non ho detto una sola parola
contro i lavoratori che agivano come ribelli contro il regime e il suo modo di esercitare il potere! Se agivano da ribelli significa che il socialismo polacco non andava bene,

che la classe dirigente del paese era incapace, che i cambiamenti erano indispensabili. Non avevo dato il mio benvenuto a Solidarnosc? Non ho sempre detto che Solidarnosc era necessario in Polonia e non solo come sindacato ma come organismo per controllare il potere? Certo che ne avevamo bisogno: anche un angelo diventa una puttana se non è controllato quando entra nella chiesa del potere. Però deve considerare anche altri fattori. Ad esempio, il particolare che ci voglia tempo a sviluppare il socialismo. Questo sistema funziona soltanto da trentasette anni, e venne al potere quando il paese era socialmente arretrato, economicamente rovinato... Anch'io sono figlio di un contadino, e le assicuro che nessun membro della mia famiglia s'è mai laureato all'École d'Administration de Paris. C'è stata troppa impazienza in quelli di Solidarnosc, hanno perso la testa troppo presto. Il cardinale Wyszynski lo aveva capito. «Compatrioti, non tutto subito!» gli ripeteva. E non dimentichiamo che l'impazienza, come la mancanza di realismo, sono caratteristiche tipicamente polacche. Non è la prima volta nella storia della Polonia che un movimento destinato a diventare la forza propulsiva della nazione finisce quasi subito col distruggere le basi dell'esistenza nazionale.

Sarà. Ogni paese ha i suoi difetti storici. Però nei paesi del socialismo reale succede sempre la medesima cosa, sia che si tratti della Polonia sia che si tratti della Cecoslovacchia o dell'Ungheria o della Romania o della Bulgaria o dell'Unione Sovietica. Andate al potere promettendo il paradiso e questo paradiso non arriva mai. E guai se qualcuno chiede: «Ma questo paradiso dov'è, quando viene, datemene un poco mentre aspetto». Gli rispondete tutti offesi domani, non essere impaziente, non essere irrazionale, domani. Poi, se quello insiste, chiamate la polizia e l'esercito. Nei casi migliori fate una purga o cercate un capro espiatorio che nel caso polacco può chiamarsi Gomulka o Gierek o Kania. E lo arrestate.

I capri espiatori si trovano sempre in politica: esistono sia da noi che da voi. I partiti che perdono le elezioni e i governi che cadono non sono forse capri espiatori? L'esempio di Gomulka appartiene a un passato morto e sepolto, cioè al passato stalinista. Gierek non è in prigione: è internato come Walesa. Lo abbiamo internato altrimenti avrebbero detto che lo proteggevamo, e fin oggi non è stato accusato di alcun crimine che possa condurlo agli arresti. Quanto a Kania, è libero. Così libero che sarà presto nominato vicepresidente del Consiglio di Stato: un considerevole passo in avanti. E anche se lei avesse ragione, anche se toccasse a me fare il prossimo capro espiatorio, ciò non scalfirebbe la mia certezza che nel socialismo sia il futuro dell'umanità. I miei dubbi toccano la prassi, mai l'ideologia.

Se toccano la prassi, non le capita mai di chiedersi se il sistema che lei rappresenta abbia il diritto di restare al potere? Yalta a parte, s'intende. Non vi è servita a nulla la condanna di altri partiti comunisti e soprattutto del Partito comunista italiano?

Il Partito comunista italiano è un partito molto creativo, molto interessante nelle sue enunciazioni teoriche e non gli contesto il diritto di giudicarci per quel che abbiamo fatto. Ma l'atteggiamento che Berlinguer ha assunto contro di noi e l'Unione Sovietica mi ha sorpreso tanto quanto lo sdegno con cui s'è espresso. Mi chiedo se ciò non sia dovuto al suo temperamento meridionale piuttosto che alla conoscenza del nostro passato, delle nostre condizioni, e alle stesse leggi della Storia. Berlinguer dovrebbe saper bene che il socialismo ha bisogno di tempo per svilupparsi, che il capitalismo quel tempo lo ha avuto, che le condizioni da noi affrontate erano quelle cui ho accennato prima. Ammenoché egli non sia rimasto scioccato dall'uso dell'esercito in un paese socialista.

No, no. Come ciascuno di noi, ormai c'è abituato: dentro e fuori la Polonia. Berlinguer dice semplicemente che il vostro socialismo non è socialismo, che i paesi dell'Europa orientale non servono più come modello di socialismo, e che il socialismo non può realizzarsi senza libertà e senza democrazia.

Allora Berlinguer dovrebbe spiegarmi che cos'è la democrazia, quali forme e contenuti deve avere a un certo punto della Storia, e che cos'è la libertà, e quali sono i suoi limiti. Il difetto di tutti i movimenti comunisti di oggi, e di quelli europei in particolare, è che si preoccupano di sé stessi e basta. I loro ripensamenti sono basati sugli interessi politici, non sulla teoria. I loro atteggiamenti sono determinati dalla tattica, non dalle convinzioni sincere. Specialmente nel caso del PCI, questa verità non può essere taciuta più. Tattica. Nient'altro che tattica. Berlinguer parla di tattica. Quando all'inizio degli anni Settanta si accorse che il suo concetto del socialismo non avrebbe mai portato il PCI al potere in Italia, disse a sé stesso: bisogna cambiarlo. E lo cambiò sposando le vostre idee di pluralismo, di libertà. Lo dico da osservatore, non da pubblico accusatore. E aggiungo: non gli credo. Un uomo educato nell'ideologia del materialismo storico deve collocare la libertà nel contesto della realtà e non viceversa. Ah! Conosco Berlinguer più di quanto lui conosca me, e non credo che la sua visione della società coincida con quella dei borghesi italiani. Ancora meno credo che egli sarebbe stato disposto ad accettare l'anarchia da cui eravamo sconvolti qui in Polonia. Le giuro che se Berlinguer fosse stato al potere e avesse dovuto fronteggiare una crisi come la nostra, avrebbe imposto la legge marziale molto prima di noi.

Non credo ai miei orecchi, signor Rakowski: sta dicendo dei comunisti italiani ciò che ne dicono gli americani. E non vedo l'ora di ascoltare quel che risponderà Berlinguer. Però una parte della risposta gliela posso anticipare, credo. Dovrebbe suonare più o meno così: «Il mio partito è forte, e il tuo è disintegrato».

Disintegrato, sì. Mi sembra indiscutibile dal momento che i militari hanno dovuto sostituirlo al governo. Chi oserebbe negare che l'establishment del Partito comunista polacco è andato in bancarotta sia intellettualmente che politicamente, che è stato incapace di organizzare la società e di impedire il disastro, che non gli è riuscito neanche di proteggere lo Stato? In fondo lei ha ragione a difendere Solidarnosc: siamo noi da biasimare, non Solidarnosc. Però questo partito esiste ancora, con le sue idee, i suoi iscritti, e non è tutto da buttar via. Tanto più che qualcosa di buono l'ha fatto, e può ancora farlo. Ha ricostruito il paese quand'era distrutto dalla guerra, ha costruito ex novo un sistema educativo, e rappresenta l'entità politica più progressista che ci sia oggi in Polonia. Alla fine supererà la sua sconfitta.

In che modo, signor Rakowski? Sembrate tutti così confusi, incerti, vaghi: ciechi che camminano nel buio. Si direbbe che non sappiate che fare, dove andare. Non sapete che fare con Walesa, non sapete che fare coi sindacati, non sapete che fare col partito, e forse non sapete nemmeno che fare con la legge marziale, come uscirne.

Ci crede davvero così cretini? No, non siamo ciechi che camminano nel buio e se manteniamo la legge marziale è perché non l'abbiamo imposta per scherzo, cioè per continuare la splendida anarchia polacca. Splendida per lei, sia chiaro, non per noi. Ne usciremo, stia tranquilla. Ma a poco a poco, di passo in passo. Primo passo, guarire l'economia. E la guariremo proprio grazie alla legge marziale. Secondo passo, ricreare i sindacati e resuscitare Solidarnosc: col diritto di sciopero e non di prepotenza. Terzo passo, offrire proposte concrete alle varie forze politiche. Fino a oggi 1880 persone sono state rilasciate ma più di 4000 rimangono internate o arrestate, e ciò non può durare. Prima o poi dovremo tornare a viverci insieme, ristabilire l'unità nazionale e...

Un giorno dovrete spiegarci come si fa a ristabilire l'unità nazionale dopo aver umiliato un paese come lo state umiliando voi. Un paese non è un bambino cattivo da mettere in castigo per le sue marachelle e poi perdonare con una carezza. «Ora che sei pentito, dammi un bacino e prometti di non farlo più. Ma guai se disubbidisci di nuovo, eh?»

Allora lei non mi ha capito, non mi capisce. Perché non vuole capire, ed è inutile che continui a spiegarmi. Altre domande?

Una, signor Rakowski. Più che una domanda, un dente da togliere. Farà male, l'avverto, e la cosa non mi diverte. Ma non posso ignorare l'argomento di suo figlio che dopo la legge marziale ha chiesto asilo politico al governo di Bonn. E ciò sebbene sappia che ne è rimasto schiantato.

Schiantato... certo. Molto... moltissimo. Schiantato. Quando la notizia che Arthur aveva «scelto la libertà» mi giunse attraverso la stampa, subito dopo il mio viaggio a Bonn, il colpo fu terribile. Terribile... Né servì a nulla sapere che la cosa era stata gonfiata per rappresaglia al successo dei miei incontri con Genscher e Schmidt, per vendetta al fatto che li avessi convinti a sostenere una tesi sgradita agli americani. Immediatamente previdi la gioia dei miei nemici, sia quelli di Solidarnosc che quelli del mio partito, immaginai le perfidie che avrebbero sputato su di me: «C'è qualcuno qui nel governo che vorrebbe fare il maestro e che non è stato nemmeno capace di educare suo figlio in modo patriottico». «Lui ci arresta e poi suo figlio si schiera dalla nostra parte.» Tuttavia non fu questo, non è questo a schiantarmi. È che... che... io amo mio figlio! Lui è mio figlio! Mio figlio! E non è un disertore come i due ambasciatori che hanno chiesto asilo politico a Washington e a Tokyo! Perché loro appartenevano all'establishment del paese, e non avevano mai detto una parola, fatto un gesto contro il regime. Specialmente quello di Washington: un impiegatuccio ubbidiente che faceva qualsiasi cosa gli venisse ordinata dal ministero degli Esteri. Mio figlio invece... Poi venne la notizia che anche l'altro figlio, Vladimir, aveva «scelto la libertà» in Spagna. Questo non era vero, come mi avrebbero assicurato le autorità spagnole, però ne rimasi schiantato ancora di più. Schiantato due volte e... Sto facendo una gran confusione, mi scusi. Ora le spiego meglio... Mi scusi.

Mi scusi lei. E lasci perdere se le fa troppo male.

No, devo. Bisogna. Dunque: io ho due figli, entrambi nati dal mio matrimonio con Wanda Wilkomirska, la violinista. Il maggiore, Vladimir, ha ventotto anni e insegna il russo a Barcellona. Un ragazzo fantastico. Pensi, s'è scoperto un talento per le lingue e ne parla correttamente otto, incluso il cinese e il giapponese. Il secondo, Arthur, ha ventiquattro anni ed è sposato con un bambino. Arthur era il mio preferito... Sono stato sempre così indulgente, così tenero con lui... Una cosa che Vladimir non ha mai dimenticato, purtroppo... Ma dopo il mio divorzio con Wanda, sei anni fa, anche i miei rapporti con Arthur divennero sporadici. Ci incontravamo di rado, non sapevo nemmeno che cosa intendesse fare della sua vita. Mi aveva detto soltanto che non intendeva usare la laurea in giornalismo presa all'università di Varsavia: aveva in mente di recarsi in Australia. Poi, qualche mese fa, mi scrisse una lettera. Molto dura. Molto accusatoria. Una lettera in cui mi attaccava per le mie scelte politiche, per le mie convinzioni ideologiche, per il mio modo di negoziare con Solidarnosc... Gli risposi. Ma ero così stanco in quei giorni, così oppresso da mille problemi, e anche un po' offeso dalla sua requisitoria. E, forse, non mi spiegai come avrei dovuto. Non ci provai neanche, lo ammetto: non ho mai avuto alcuna influenza politica su di lui, ho sempre pensato che la politica non lo interessasse. Capisco ora che mi sbagliavo e che seguiva le opinioni di sua madre. Io e Wanda non siamo mai andati d'accordo politicamente. Lei è sempre stata attiva con quelli del KOR. Soprattutto per questa divergenza ci separammo e poi divorziammo nel 1976. Ora è tra i firmatari della carta contro la legge marziale... Bè, devo ammettere di non avere molti sostenitori in famiglia. Anche la mia seconda moglie, Elisabeth, era molto arrabbiata per la legge marziale. Lo è ancora. Elisabeth non è iscritta al partito, non è comunista. Appartiene a Solidarnosc. Odia ogni abuso, ogni gesto di forza, e... Solo da qualche giorno sembra un po' più incline ad accettare il mio status. Perché facendo l'attrice, è attrice di teatro, vede molta gente e ascolta molti discorsi, anche quelli contro di me, e la scorsa settimana mi ha detto: «Mah! Se ti odiano tanto da entrambe le parti, vuol dire che forse non sei tanto cattivo».

Che personaggio tragico è lei, signor Rakowski. Vede, non la capiscono neanche coloro che l'amano e che lei ama. Eppure non vuole ammettere di aver torto.

No, perché sono convinto di aver ragione, di fare la cosa giusta. Perché sono testardo, suppongo. Anche mio padre lo era. Le ho raccontato come andò che i tedeschi fucilarono mio padre? Ecco qua. Nel 1939, quando i tedeschi invasero la Polonia, lasciammo il nostro villaggio ai confini con la Germania e andammo nella Polonia centrale. Qui fummo fermati e rimandati indietro, però mio padre rimase perché la gente diceva: «Se torna laggiù, i tedeschi lo ammazzano». Due settimane dopo, era notte, qualcuno bussò alle finestre della casa al villaggio. Era mio padre. «Ora i tedeschi ti troveranno, ti ammazzeranno! Perché sei tornato, perché?» gridò mia madre piangendo. «Perché non ho fatto nulla di male» rispose mio padre. E così lo presero, lo fucilarono.

Varsavia, marzo 1982

Ariel Sharon

ORIANA FALLACI. *La prima parte della guerra, anzi della sua guerra, generale Sharon, è finita. I palestinesi di Arafat se ne vanno da Beirut. Però se ne vanno a testa alta, dopo aver resistito quasi due mesi e mezzo al potente esercito israeliano, e circondati da una simpatia che prima non esisteva o esisteva soltanto in parte. Pur non dimenticando che erano stati loro a invadere per primi il Libano e agirvi da padroni, ora tutti sono concordi nel riconoscere che questo popolo deve avere una casa, una patria, e non a torto Arafat parla di vittoria politica. Non a torto molti sostengono che, politicamente, lei gli ha fatto un regalo. È questo che voleva?*

ARIEL SHARON. Io volevo che se ne andassero da Beirut, dal Libano, e ciò che volevo l'ho ottenuto in pieno. Arafat dica quel che gli pare: non conta. Sono i fatti che contano, e gli sviluppi, le conseguenze che tali fatti avranno in futuro. Forse lui crede sul serio d'aver vinto politicamente, ma il tempo gli dimostrerà che la sua sconfitta è soprattutto politica. Politica, non militare. Militarmente, sa... se io dovessi analizzare questa guerra per conto di Arafat, non la giudicherei una sconfitta militare. L'esercito israeliano è davvero potente, i terroristi dell'OLP non erano che diecimila, siriani compresi, e contro quei diecimila abbiamo scatenato una pressione notevole. Politicamente, invece, la sua sconfitta è completa.

Assoluta, completa. E le spiego perché. La forza dell'OLP consisteva nell'essere un centro internazionale del terrorismo, e tale centro poteva esistere soltanto disponendo d'un paese dentro cui installare uno Stato nello Stato. Questo paese era il Libano. Dal Libano partivano per agire in ogni parte del mondo, in Libano avevano il loro quartier generale militare e politico. Ma ora che si sparpagliano in otto paesi lontani l'uno dall'altro, dall'Algeria allo Yemen, dall'Iraq al Sudan, non hanno nessuna speranza di rifare quel che facevano. Nessuna. Ci accingiamo a vedere una situazione del tutto nuova in Medio Oriente, qualcosa che ci consentirà di arrivare a una coesistenza pacifica coi palestinesi. L'altra sera mi ha telefonato Henry Kissinger, e mi ha detto che un'era nuova sta incominciando in questa regione: nuove possibilità stanno aprendosi per la soluzione del problema palestinese. Israele, mi ha detto, avrà dai dodici ai diciotto mesi di tempo per trovare quella soluzione prima che l'OLP si riprenda.

Dunque anche Kissinger ritiene che l'OLP non sia annientata. Non lo è. E in compenso Arafat ha avuto la sua piccola Stalingrado, è riuscito a commuovere il mondo nella stessa misura in cui lei è riuscito a indignarlo mettendo a ferro e fuoco una città che ora non esiste più, i rapporti tra Israele e gli americani si sono guastati... Avrà vinto lei, generale Sharon, ma a me sembra proprio la vittoria di Pirro.

Si sbaglia. Da un'inchiesta recente risulta che le simpatie per Israele sono aumentate. E va da sé che la cosa non è importante perché, sebbene la simpatia del mondo ci interessi, quando si tratta della nostra sicurezza e della nostra esistenza possiamo farne benissimo a meno. Quanto ai rapporti tra Israele e gli americani, non si sono guastati. Sì, con gli americani abbiamo avuto scontri molto duri, discussioni molto amare. Gli americani ci hanno imposto anche molte pressioni psicologiche, e prima che incominciasse la guerra non riuscivo a stabilire con loro un interesse comune, uno scopo comune. Ora invece condividono i nostri obiettivi, concordano sui nostri programmi, e comunque sa cosa le dico? Preferisco subire quelle pressioni, quelle discussioni, quegli scontri, piuttosto che evacuare con l'elicottero dal tetto dell'ambasciata americana a Saigon. La ritirata degli americani da Saigon fu un oltraggio, e quell'oltraggio io non l'ho sofferto. L'ho fatto soffrire agli altri.

Non mi sembra esatto, generale Sharon. La partenza dell'OLP da Beirut è stata piuttosto dignitosa, fin oggi. Lacrime, sì, sciocche sparatorie, sì, ma in sostanza era un esercito che partiva: con le sue uniformi, i suoi Kalashnikov, le sue bandiere. Perché è così spietato, generale Sharon? Era dunque solo disprezzo quello che sentiva mentre dall'alto della collina di Bab'da li guardava col suo potente canocchiale?

No, sentivo quel che dice la Bibbia: «Non gioire quando il nemico cade». Perché anche se erano killer, e lo sono, anche se erano assassini, e lo sono, anche se erano stupratori, e lo sono, anche se erano sanguinari terroristi e... No, non mi interrompa! Mi lasci rispondere a modo mio! Anche se erano sanguinari terroristi, dicevo, e lo sono, si trattava di esseri umani. E non gioivo. Quanto allo spettacolo che hanno messo insieme recitando la commedia della vittoria, sapevamo benissimo che sarebbe successo. C'erano i nostri servizi di informazione a Beirut Ovest, e conoscevamo i loro preparativi. Sapevamo che avevano ricevuto ordini severissimi sul modo di comportarsi dinanzi ai giornalisti e alla Tv, che a ciascuno era stata data una uniforme nuova o pulita... Gli era stato perfino raccomandato di esibire il fucile, visto che Begin non si era opposto al fatto che si portassero via i fucili... Però è inutile che lei continui a usare la parola partenza. Non è stata una partenza. Non è stata nemmeno una ritirata, nemmeno una evacuazione. È stata una espulsione. I terroristi dell'OLP avrebbero potuto parlare di evacuazione se noi avessimo accettato ciò che pretendevano: ad esempio che lasciassimo Beirut. Invece hanno dovuto piegarsi a ciò che esigevamo, inclusa la nostra presenza, e la loro è una cacciata. Una espulsione.

Se vuole. Ma prima di andare avanti, devo fare una parentesi. Perché li chiama terroristi? Terrorista è colui che distribuisce terrore tra gli inermi e gli indifesi, uccidendo un cittadino che cammina per strada ad esempio, o facendo saltare in aria un'automobile, un treno, un edificio. E non v'è dubbio che di queste carognate, di queste porcherie, l'OLP ne abbia commesse in abbondanza. Anni fa lo dissi, nella mia intervista, ad Arafat e Habbash. Però a Beirut non facevano i terroristi. A Beirut erano soldati che vi affrontavano da soldati: artiglieria contro artiglieria, mitragliatrici contro mitragliatrici.

Lei mi ricorda Habib che, ogniqualvolta pronunciava o leggeva la parola «combatants», combattenti, mi lanciava un'occhiata e frenava un sorriso. Perché conosceva la mia reazione. Combattenti, soldati? Nossignora, quelli non erano combattenti e soldati. Neanche a Beirut. Chi entra nella sala chirurgica di un ospedale dove i medici stanno operando un ferito e disconnettendo i tubi dell'ossigeno ordina di buttar via il ferito, sostituirlo con quello che portano loro, non è un soldato. È un terrorista, un assassino. Chi confisca un convoglio della Croce Rossa e ruba il latte in polvere destinato ai bambini, sghignazzando, non è un soldato. È un terrorista, un ladro. Ecco come si comportava la marmaglia di Arafat a Beirut. I siriani non si comportano a quel modo, i giordani non si comportano a quel modo, gli egiziani non si comportano a quel modo. Gli uomini di Arafat sì. Sempre, da sempre. Ai confini tra Libano e Israele avevamo decine di installazioni militari. Eppure non le attaccavano mai. Mai! Attaccavano sempre i kibbutz, uccidevano sempre la gente inerme, i bambini, i vecchi, le donne. Non sono un esercito. Sono una banda di vigliacchi, di terroristi. Mi chieda tutto ma non mi chieda di chiamarli soldati.

Il fatto è che lei usa la parola terrorista come un insulto. E a ragione. Ma voi che altro eravate quando vi battevate contro gli arabi e gli inglesi per fondare Israele? L'Irgun, la Stern, l'Haganà non erano forse organizzazioni terroristiche? La bomba con cui Begin uccise settantanove persone al King David Hotel di Gerusalemme non era forse un'azione terroristica? Lo ammette anche lui. Tempo fa, a New York, durante una colazione in suo onore, incominciò il suo discorso dicendo: «Sono un ex terrorista».

L'organizzazione diretta dal signor Begin non attaccava i civili. E il signor Begin faceva un punto d'onore nel raccomandare ai suoi uomini di non colpire i civili. La bomba al King David Hotel era diretta contro i militari inglesi e la colpa di quell'episodio ricade tutta sullo High Commissioner inglese che era stato avvertito mezz'ora prima ma invece di evacuare l'albergo scappò. Noi non eravamo terroristi, eravamo dei «Freedom Fighters», combattenti per la libertà. Noi ci battevamo contro l'occupazione inglese.

Anche gli uomini di Arafat si definiscono «Freedom Fighters», combattenti per la libertà, e sostengono di battersi con-

tro l'occupazione israeliana. Parentesi chiusa. Ora mi dica, generale Sharon: non le dispiace di non essere entrato a Beirut e di non averli fatti fuori tutti, ammazzati tutti, questi suoi nemici? Anche come generale, non si sente derubato di qualcosa, insoddisfatto?

Senta, non è più un segreto che lo scorso gennaio, per l'esattezza il 18 gennaio, andai clandestinamente a Beirut per studiare la situazione. Io faccio sempre così, mi preparo, perché detesto le improvvisazioni. Un viaggio assai avventuroso, peraltro, sia all'andata che al ritorno... Andai, vi rimasi due giorni e una notte, girai per la città spingendomi fino al porto dove parlai con la gente, e poi dall'alto del grattacielo che divide la sezione mussulmana da quella cristiana osservai bene la città. V'era qualcuno con me, e a questo qualcuno dissi subito ciò che avrei detto al primo ministro Begin rientrando a Gerusalemme: «Se o quando dovremo andare in Libano, vorrei evitare di entrare a Beirut». Sa perché? Perché, anche occupata dai siriani, anche invasa dai terroristi, Beirut restava la capitale. Una capitale abitata da centinaia di migliaia di civili. Miss Fallaci, affermo di non aver mai voluto entrare a Beirut. Affermo di avere sempre pensato che non bisognava entrare a Beirut se non in caso di assoluta necessità. E mi ascolti bene: se fossi stato davvero convinto che bisognava entrare a Beirut, nessuno mi avrebbe fermato. Democrazia o no, ci sarei entrato anche se il mio governo l'avesse vista diversamente. Li avrei persuasi che dovevo farlo e lo avrei fatto.

Se è così, perché ci ha provato tanto? Durante l'ultima parte dell'assedio ero a Beirut, generale Sharon. Ci ero andata proprio per vedere, preparare questa intervista. E, come tutti, posso testimoniare che ogni giorno lei ci provava. Ogni giorno c'era battaglia al museo, all'ippodromo, nella foresta dei pini. Per andare da Beirut Est a Beirut Ovest, l'ho attraversata quella foresta dei pini dove israeliani e palestinesi si guardavano praticamente in faccia, e ho guardato bene. Perbacco, vi battevate per il possesso di cento metri, cinquanta metri. Venticinque! E non riuscivate ad avanzare.

Miss Fallaci... mi creda. Militarmente potevamo entrare in qualsiasi momento. Nell'eventualità che la cosa si rendesse necessaria, avevamo fatto tutti i preparativi per entrarci. Non dimentichi che abbiamo uno degli eserciti migliori del mondo, che da trentacinque anni non facciamo che combattere, che siamo stati in guerra con tutti i paesi arabi, che abbiamo moltissima esperienza.

Ma, forse, non l'esperienza del combattimento in città, casa per casa. Generale Sharon, mi sbaglio o una delle ragioni per cui non siete entrati a Beirut Ovest era che quel tipo di combattimento vi sarebbe costato troppi soldati: almeno mille?

La guardo negli occhi e le rispondo no, no, no. Anzitutto non avremmo avuto i morti che lei dice. Neanche una cifra paragonabile a quella che lei cita. Ce la saremmo cavata con alcune dozzine di soldati morti nei combattimenti casa per casa: questo è ciò che anche il capo di Stato Maggiore disse al primo ministro Begin. Poi ci siamo fermati tutte quelle settimane perché sapevamo che l'OLP aveva capito di non potercela fare e avrebbe finito con l'andarsene. Miss Fallaci, Beirut non è Stalingrado e l'OLP non è l'Armata rossa: mettiamo le cose nelle giuste proporzioni. Poco fa lei ha parlato di una piccola Stalingrado. Ma c'era lei a Stalingrado?

Io no, e lei?

Neanche io. Però so tutto di Stalingrado, ho letto tutto su Stalingrado, e le dico che nemmeno a far le debite proporzioni si può paragonare Beirut a Stalingrado. Anzitutto a Stalingrado la popolazione e l'Armata rossa combattevano spalla a spalla contro i tedeschi. A Beirut invece la popolazione era tenuta in ostaggio dai terroristi. Poi a Stalingrado l'Armata rossa e la popolazione combatterono eroicamente, fino alla morte. I terroristi di Arafat invece hanno combattuto quel poco che bastava per dare l'impressione di combattere. Non hanno mai combattuto fino in fondo. Mai! Spesso non hanno combattuto per niente. Infatti abbiamo impiegato appena quattro giorni per arrivare dal confine ai sobborghi di Beirut. Hanno combattuto pochissimo anche all'aeroporto e nei campi. È sorprendente il numero esiguo di perdite umane che abbiamo avuto occupando il campo di Ouzai, il campo di Bouj Barajne, il campo di Hagshalum. E anche per questo io non li rispetto, non rispetto Arafat. Rispetto gli egiziani per come si sono battuti in tutte le guerre contro di noi, rispetto i giordani per come si sono battuti nel 1967 a Gerusalemme, rispetto i siriani per come si sono battuti in molte occasioni e anche in questa. Ma non rispetto i terroristi di Arafat perché non si sono battuti in Libano e a Beirut. E le ripeto che, se fosse stato per loro, avremmo potuto entrare comodamente a Beirut.

Ma non ci siete entrati. E se il motivo non è quello che ho detto, dev'essere un altro. Mi sbaglio o quest'altro motivo potrebbe chiamarsi presidente Reagan, americani? Mi sbaglio o il presidente Reagan, gli americani, non volevano che entraste? Mi sbaglio o non potevate ignorare l'ira e la condanna dei vostri protettori e alleati? Gli americani erano arrabbiati fin dall'inizio, si sa. Basti pensare alla freddezza con cui Reagan accolse Begin che aveva imposto la sua visita a Washington.

Anzitutto Begin non impose affatto la sua presenza a Washington. Lei non conosce Begin. Poi per fare questa guerra non avevamo bisogno del permesso di nessuno, inclusi gli americani. Abbiamo mai chiesto il loro permesso per fare ciò che abbiamo fatto in questi trentacinque anni? Abbiamo forse chiesto la loro autorizzazione per annunciare lo Stato di Israele, per dichiarare Gerusalemme capitale di Israele, per portare il governo e il Parlamento a Gerusalemme, per passare il canale di Suez nel 1973, per fare il raid di Entebbe, per bombardare il reattore nucleare iracheno? Siamo uno Stato indipendente, prendiamo le nostre decisioni liberamente e di nostra spontanea volontà. Infine abbiamo alleati, non protettori. Non ci servono i protettori. Così non dico che si possa ignorare l'opinione dei nostri alleati, però dichiaro che non prendiamo ordini da nessuno. Il motivo per cui non sono entrato a Beirut è quello che ho detto prima. In parole semplici, non volevo colpire la popolazione civile.

Ah, no, generale Sharon! No! Che razza di storia è questa? Per settimane lei l'ha bombardata in modo feroce quella popolazione civile. Feroce! Posso dirglielo io che ho seguito quasi tutte le guerre del nostro tempo e per otto anni quella in Vietnam. Neanche a Hué, neanche a Hanoi ho visto bombardamenti feroci come quelli di Beirut. E ora vuol darmi a bere che non è entrato a Beirut per risparmiare a quella povera gente qualche fucilata in più?

Lei è dura, troppo dura. Sì, lo so che c'era e che ha visto. Però so anche che non abbiamo mai bombardato intenzionalmente la popolazione civile. Non abbiamo mai bombardato per colpire la popolazione civile. Mai! La maggior parte dei bombardamenti, e dico la maggior parte perché la guerra è guerra, sono avvenuti nelle zone dove i terroristi

avevano le loro basi e i loro quartieri generali, cioè a sud del
Boulevard di Mazra, nell'area di Fakhani. Parlo di Sabra,
Chatila, Ouzai, Bouj Barajne...

*Ora Coventry, Berlino 1945. Ma non bombardavate solo lag-
giù, bombardavate anche il centro. Le case, gli ospedali, gli
uffici dei giornali, gli alberghi, le ambasciate. Lo chieda a chi
era dentro. Lo chieda ai giornalisti che stavano all'hotel Com-
modore.*

Noi non bombardavamo quei luoghi, bombardavamo le po-
stazioni militari installate accanto a quei luoghi. Bombardavamo gli obiettivi militari che i terroristi mantenevano cri-
minalmente nel centro della città riparandosi dietro la popolazione, tenendo in ostaggio la popolazione! Osservi queste
fotografie scattate dai nostri aerei. Guardi qui: a centoventi
metri dall'ambasciata del Vaticano, una batteria di mortai da
82 mm. A quindici metri dall'ambasciata d'Egitto, un'altra
batteria identica. A trecento metri dall'ambasciata sovietica,
buona parte dell'artiglieria pesante e dell'artiglieria a media
gittata. A poche decine di metri dalle ambasciate del Giappone e del Cile, altra artiglieria a lunga e media gittata. Accanto all'ambasciata di Spagna, un cannone da 130 mm. Intorno all'ambasciata americana, carri armati. Crede davvero
che volessimo colpire le ambasciate del Vaticano, dell'Egitto, dell'Unione Sovietica, del Giappone, del Cile, della Spagna, degli Stati Uniti? E ora guardi dove sono i loro carri armati: qui, qui, qui, qui, qui...

*D'accordo. Potrei replicare che, negli ultimi giorni, a Beirut
Est, anche voi tenevate i carri armati a pochi metri dall'hotel
Alexandre e dall'ospedale Hotel Dieu. Sicché ogni notte e ogni
mattina era una pioggia di Katjusce palestinesi, un inferno.*

Ma preferisco dirle: d'accordo, in quello ha ragione. In alcuni casi l'OLP ha fatto di peggio: ha messo l'antiaerea sul tetto di un ospedale. Ma il punto non è questo. È l'esagerazione, la sproporzione, la ferocia, ripeto, dei vostri bombardamenti. Ogniqualvolta volava una mosca su Beirut, rispondevate con tonnellate di fuoco. Se non fosse così, come spiegherebbe l'indignazione dello stesso presidente Reagan?

Con l'esagerazione con cui lei mi descrive la nostra esagerazione. La stessa esagerazione, o inaccuratezza, che è stata comunicata a Reagan. Sì, perché a un certo punto il presidente Reagan disse che il simbolo di questa guerra era una bambina di pochi anni con le braccia amputate. Qualcuno gli aveva messo sulla scrivania la foto di una bambina fasciata come una piccola mummia, sicché sembrava che avesse le braccia amputate, e lui venne fuori con la storia del simbolo. Bè, abbiamo cercato questa bambina e l'abbiamo trovata. Anzitutto non era una bambina, era un bambino. Poi non aveva le braccia amputate, aveva un braccio ferito. Era stato fasciato a quel modo perché...

Generale Sharon, se vogliamo batterci a colpi di fotografia, posso inondarla, soffocarla con fotografie di bambini morti o feriti sotto quei bombardamenti. Ne ho per caso una in borsa che volevo farle vedere, che non ho più voglia di farle vedere, e...

Me la faccia vedere.

No, perché ora non voglio rivederla io. Mi fa male. E mi fa arrabbiare troppo.

Io voglio vederla lo stesso.

565

Le ho detto no, non è necessario.

Sì, invece. Devo vederla.

E va bene.

(Apro la borsa e ne estraggo una fotografia. Ritrae un gruppo di bambini morti. Età, all'incirca, un anno, tre anni, cinque anni. La cosa più spaventosa però non è che sono morti: è che sono ridotti a pezzi, maciullati. E qua c'è un piedino che manca al cadavere del più piccolo, qua un braccino che manca al cadavere del più grande, là una manina aperta quasi a implorare pietà. Ariel Sharon la prende con mano ferma, decisa, poi la fissa e per una frazione di secondo il suo volto si contrae, i suoi occhi si irrigidiscono. Subito dopo si ricompone e mi restituisce la fotografia, un po' imbarazzato).

Mi dispiace... Mi dispiace molto. Molto... Mi dispiace molto. Mi dispiace tanto che quasi non mi importa dirle: questa fotografia assomiglia a quelle dei nostri bambini ammazzati nei kibbutz dai terroristi di Arafat. E poi a che serve? Da qualsiasi parte della barricata avvenga, ogni morte è una tragedia, e la morte di un bambino è sempre una tragedia intollerabile. Ma lei deve credermi quando ripeto che abbiamo cercato di evitare queste cose il più possibile. Nessuno, nelle ultime guerre, ha mai tentato quanto noi. Né gli americani, né i francesi, né gli inglesi, né i russi, per non dire dei tedeschi. E non starò a ricordarle Hiroshima, cioè il caso di un paese democratico che per finire una guerra non esita a provocare centinaia di migliaia di morti tra la popolazione civile. Ma una cosa è uccidere la popolazione civile di proposito e una cosa è ucciderla senza volerlo. Nella riunione che ebbi coi miei ufficiali il 6 giugno, cioè prima di entrare nel Libano, detti disposizioni precise affinché i civili fossero risparmiati. Due giorni dopo andai al fronte e seppi che la maggior parte delle nostre perdite erano dovute proprio alle mie disposizioni. Così riunii di nuovo i miei ufficiali e dissi: «Le scelte da fare son due, proseguire nello stesso modo o metterci a bombardare». Il dibattito durò da mezzanotte all'alba, drammaticamente, e si concluse con una decisione unanime: proseguire come prima. Ai bombardamenti ricorremmo soltanto quando compresi che per indurre i terroristi palestinesi a lasciare Beirut bisognava premere in modo massiccio.

Sì, ma allora perché continuò a bombardare anche dopo che avevano annunciato di andarsene? V'erano giorni in cui gli emissari di Habib non potevano passare da est a ovest, e viceversa, per via dei bombardamenti, e lo stesso Habib diceva che era lei a sabotare le trattative: «Tutti i problemi mi vengono da Sharon». E perché, quando l'accordo era stato praticamente raggiunto, l'11 agosto, impose il bombardamento più feroce di tutti, dodici ore ininterrotte, dalla terra, dal cielo, dal mare?

Perché Arafat continuava a fare giochetti, imbrogli. Perché continuava a mentire e a prenderci in giro, quel vigliacco, quel bugiardo. Non ci si può mai fidare di lui, di loro. Vivono sulla furbizia, tradiscono sempre i giuramenti, gli impegni. Anche ora. Prima di imbarcarsi, ad esempio, dovevano dare i nomi. Non li hanno dati. Non dovevano portare a bordo i carri e le jeep. Cercano di portarle. E l'11 agosto esigevano ancora il nostro ritiro da Beirut, la sostituzione delle nostre truppe con quelle delle forze internazionali. Allora li bombardammo, sì. E in che modo... in che modo... Ma funzionò. La notte seguente, cioè la notte tra il 12 e il 13, si piegarono alle nostre condizioni. E io cessai di bombardare.

O cessò di bombardare perché il suo stesso governo glielo impose?

Miss Fallaci, quei bombardamenti non erano iniziativa personale di Sharon: erano decisi e approvati dal governo. Perciò, quando il primo ministro e l'intero gabinetto decisero di cessarli, il governo pose fine a qualcosa che esso stesso aveva voluto, aveva approvato, aveva sottoscritto.

Sta negando che questa guerra sia la sua guerra, la guerra di Ariel Sharon?

Esattamente. Questa guerra non è la mia guerra, è una guerra di Israele.

Però Sharon l'ha concepita, sognata, desiderata, voluta, preparata e condotta in tutti i particolari. Cioè a modo suo. E per condurla a modo suo non s'è curato nemmeno di irritare i suoi alleati. Generale Sharon, come spiega che il nuovo segretario di Stato George Shultz abbia rifiutato in questi giorni di riceverla a Washington e che un suo funzionario abbia detto chiaro e tondo: «La presenza del ministro della Difesa Sharon non è gradita a Washington»?

È corsa questa notizia, sì, ma poche ore dopo il portavoce di Shultz ha aggiunto che non era vero, che il ministro della Difesa Sharon era sempre benvoluto a Washington, che tuttavia era meglio continuare i contatti con Habib a Beirut. Del resto io non ho mai chiesto d'essere invitato a Washington: né da Reagan, né da Weinberger, né da Shultz sebbene desideri moltissimo conoscere Shultz. È vero invece che tale incontro è stato chiesto da Begin, attraverso il nostro ambasciatore in America. Era il primo ministro che voleva mandarmi a Washington: non perché scavalcassi Habib ma perché riteneva utile che dessi personalmente al governo americano alcune informazioni su quel che sta succedendo in questa parte del mondo.

Capisco, e come spiega il fatto che gli americani vi abbiano tenuto il muso per tutta la durata della guerra?

Con la loro paura che il successo dell'impresa andasse perduto. La lunghezza di questa guerra preoccupava molto gli americani. Non volevano capire che andava per le lunghe perché non intendevo entrare a Beirut, e temevano che il tempo sciupasse tutto. Sa, il Libano è una faccenda complicata: in Libano non ci sono soltanto i libanesi e i terroristi dell'OLP. C'entrano anche i siriani, i sovietici... Senza contare voi della stampa e della televisione. Siete diventati una parte decisiva nella valutazione degli avvenimenti e soprattutto delle guerre. Il modo in cui le interpretate, cioè le cose che scrivete e le immagini che mostrate, è spesso determinante. Voglio dire, nei paesi in cui esiste la democrazia, siete voi a creare l'opinione pubblica. Così un presidente democratico deve tener conto dell'opinione pubblica, e se pensa che in America ci saranno le elezioni a novembre... Comunque io non drammatizzerei l'irritazione degli americani. La nostra alleanza con gli americani è basata su interessi reciproci, e gli americani lo sanno. Israele ha contribuito alla sicurezza degli Stati Uniti non meno di quanto gli Stati Uniti hanno contribuito alla sicurezza di Israele, e qualche screzio non cambia nulla.

In altre parole, avete bisogno di loro quanto loro hanno bisogno di voi. Ma quando li informò, esattamente, che stava per invadere il Libano?

A parte il fatto che alla parola invasione preferisco la parola operazione, io non ho mai informato gli americani che avrei invaso il Libano. Non ho mai parlato con loro di piani veri e propri, di date, di orari. Però per quasi un anno, e cioè dal settembre del 1981, ho discusso con loro l'eventualità che l'operazione avvenisse. Ne ho discusso varie volte con l'allora segretario di Stato Alexander Haig quando veniva qui, ne ho discusso col ministro della Difesa Weinberger quando sono andato a Washington in novembre, ne ho discusso ripetutamente con l'ambasciatore Habib... Guardi, Haig e Weinberger e Habib io li vedevo soltanto per discutere il problema del terrorismo, dell'OLP. E, pur guardandomi bene dal fornirgli il mio piano, non ho mai tenuto segreti, alimentato misteri. Al contrario. Poiché il bombardamento della centrale nucleare in Iraq li aveva colti di sorpresa e se n'erano lamentati, «Please don't catch us by surprise, per favore non prendeteci di sorpresa», parlando del Libano non facevo che ripetergli: «Non ditevi colti dalla sorpresa, se o quando ci decideremo. La situazione è tale che non possiamo frenarci più». Questo soprattutto dopo quello che dicevano i loro diplomatici in Arabia Saudita, cioè il paese che ha sempre sostenuto e finanziato il terrorismo dell'OLP più di qualsiasi altro a parte l'Unione Sovietica. Quei diplomatici dicevano che le attività terroristiche lungo le frontiere con Israele dovevano essere considerate violazioni al cessate il fuoco, ma le altre no. Così andai dall'ambasciatore americano in Israele, gli presentai lo scenario di quel che sarebbe successo e ripetei: «Non sorprendetevi quando succederà».

E che cosa le risposero, come giudicarono il suo «progetto»? Non le dissero: «Con questo progetto lei rischia di far scoppiare la Terza guerra mondiale»? E lei non si è mai chiesto se con questa guerra avrebbe scatenato la Terza guerra mondiale?

Naturalmente avevamo considerato le varie possibilità di un intervento sovietico, anche parlando con gli americani. Sappiamo bene che, se scoppiasse la Terza guerra mondiale, essa non colpirebbe soltanto gli Stati Uniti e l'Unione Sovietica: travolgerebbe tutti e noi per primi. Ma sa... abbiamo anche noi servizi segreti, e ben funzionanti, oltretutto. Sappiamo anche noi raccogliere notizie, vagliarle, assorbirle. Così avevamo messo insieme molte informazioni, le avevamo esaminate con cura, prudenza, e avevamo concluso che l'Unione Sovietica non avrebbe mosso un dito.

Tuttavia Alexander Haig giudicò l'intera faccenda con l'aggettivo «insane». Folle. Lo ha dichiarato uno dei suoi aiutanti.

Non ricordo questa parola. Folle? No, nessuno mi ha mai detto questa parola. Però erano contro, sì. Assolutamente contro, devo ammetterlo. Pur conoscendo la situazione, la misura in cui essa si deteriorava, non volevano darmi ragione. Continuavano a dire, ricordo, la frase seguente: «Why do you need this war? Perché ha bisogno di questa guerra?». Poi dicevano che, se fosse stato necessario fare qualcosa, questo avrebbe dovuto essere proporzionato all'atto terroristico e niente di più.

Glielo chiedo anch'io, generale Sharon: «Why did you need this war?». Perché aveva bisogno di questa guerra? Dov'era la minaccia impellente, il fatto nuovo che metteva in pericolo la vostra esistenza? Non lo capisce nessuno.

Lei ragiona come Haig quando mi diceva: «Frenatevi, non rispondete alle provocazioni». Oppure: «Dovrebbe trattarsi di una provocazione precisa». Un giorno mi spazientii e chiesi a Haig quello che avevo già chiesto a Habib: «Qual è la provocazione precisa quando si tratta degli ebrei? Un ebreo assassinato nel campo o per strada è una provocazione precisa, sufficiente? Oppure ce ne vogliono

due? O tre, o cinque, o dieci? Se uno perde in un attentato le gambe, no, gli occhi, basta o no?». Da anni siamo tor-
mentati, ammazzati. Ciò, per me, è più che sufficiente, è
più che preciso.

*Generale Sharon, io ho parlato con diversi giovani qui in
Israele, ragazzi che venivano da Beirut, e una buona percentuale mi ha detto che questa è una guerra, se non ingiusta, almeno ingiustificata.*

Se parlasse con tutti, scoprirebbe che quasi tutti, invece, hanno accettato questa guerra e la trovano più che giustificata.

*Possibile: siete diventati così bellicosi. Sempre a parlare di
guerra, sempre pronti a fare la guerra, a espandervi. Non siete
più la nazione del grande sogno, il paese per cui piangevamo.
Siete cambiati, ecco. Uno di quei ragazzi mi ha detto: «Stiamo
diventando la Prussia del Medio Oriente».*

Non è vero. Abbiamo tante cose da fare, oltre che combattere. Ad esempio sviluppare la nostra educazione, la nostra cultura, la nostra agricoltura, la nostra industria, la nostra scienza.
Ad esempio assorbire gli ebrei che arrivano continuamente
da più di settanta paesi, fare una nazione con loro. E non
partecipiamo a nessuna corsa alle armi: stiamo solo tentando di migliorare le nostre capacità di difesa per essere pronti a reagire quando ce n'è bisogno.

*Quel ragazzo ne dubitava. Il suo eroe era il colonnello Gheva,
quello che ha rifiutato di comandare i suoi uomini nell'assedio
di Beirut.*

Povero Eli, lo conosco bene. Lo conosco da quand'era bambino e mi dispiace per lui. Non voleva entrare a Beirut. Bè, ha perduto il comando della sua brigata, ha perduto una brillante carriera nell'esercito, e non siamo entrati a Beirut. Un eroe? Non direi proprio: per colpa sua la guerra è durata più a lungo e abbiamo avuto più perdite. Tutto quel parlare di lui... tutte quelle manifestazioni pacifiste che a causa di lui l'opposizione inscenò... Per un po' la cosa ridette forza ai terroristi. E non servì a nulla che gli dicessi: «Eli, Eli, è una questione morale! Le tue truppe sono in combattimento, migliaia di soldati credono in te! Ti rendi conto di quel che stai facendo, Eli? Senza volerlo aiuti il nemico!». Glielo disse anche il primo ministro, glielo disse anche il capo di Stato Maggiore. Perché questa è davvero una democrazia, perbacco! Una democrazia così democrazia che più democrazia di così non si può. In quale altro esercito si sarebbe reagito così?!? Ma non ci fu nulla da fare. Ripeteva che non voleva entrare a Beirut, che ciò avrebbe ucciso troppe persone da una parte e dall'altra. La cosa straordinaria è che nei primi giorni della guerra brontolava perché non bombardavamo abbastanza. Voleva più bombe, più artiglieria, più fuoco...

Oddio! Sta dicendo che aveva ragione Sadat quando affermava che in Israele non esistono falchi e colombe ma falchi e superfalchi?

Quando si tratta della nostra sicurezza siamo uniti, non c'è dubbio. Non ci sono né falchi né colombe ma ebrei. Né Partito laburista né Partito Likud ma ebrei. Ecco la mia risposta.

Generale Sharon, a volte nasce il sospetto che anziché di sicurezza, difesa, si tratti di ambizioni molto ambiziose. Dico così pensando al discorso che lei scrisse per la conferenza dell'Insti-

tute of Strategic Studies tenuta nel dicembre scorso a Tel Aviv. E in questo discorso, partendo dal problema dell'espansionismo sovietico e descrivendo la sfera degli interessi strategici israeliani, lei dice che tali interessi non «si limitano ai paesi arabi del Medio Oriente, al Mediterraneo, al Mar Rosso. Sicché, per ragioni di sicurezza, negli anni Ottanta essi devono allargarsi e includere paesi come la Turchia, l'Iran, il Pakistan, nonché regioni come il Golfo Persico e l'Africa. Particolarmente i paesi dell'Africa centrale e del Nord». Raggelante.

Uhm! Vedo che s'è preparata bene. Il fatto è che Israele è un paese molto particolare. E per motivi particolari, che poi si riassumono nelle persecuzioni, deve affrontare problemi globali di sicurezza globale. Tali problemi sono racchiusi in tre circoli. Primo circolo, il terrorismo palestinese. Secondo circolo, il confronto coi paesi arabi che a tutt'oggi ci oppongono tredicimila carri armati. Terzo circolo, l'espansionismo sovietico che per molti anni è andato allargandosi in Medio Oriente e in Africa. Il punto è come difendere il nostro diritto a esistere in quei tre circoli senza diventare la Prussia del Medio Oriente, come dice lei.

Ma chi vi minaccia in Africa, in Turchia, in Iran, in Pakistan? E a che cosa mirate in realtà? Non capisco. Io non vorrei che l'invasione del Libano fosse l'inizio di una operazione più vasta che non si fermerà affatto in Libano. Non vorrei che la cacciata dell'OLP da Beirut facesse parte di un piano più complicato, diciamo napoleonico.

La risposta è no. Definitivamente no. Lei parla come se volessimo occupare i territori dove abbiamo interessi strategici. Parla come i turchi quando ci accusano di includere la Turchia nella sfera dei nostri interessi strategici perché vogliamo invaderli. La faccenda è ben diversa e gliela spiego con una domanda. Se i russi arrivassero alle spiagge del Golfo Persico, ciò riguarderebbe o no la posizione strategica di Israele? Se i russi assumessero il controllo delle risorse petrolifere nel Golfo Persico, ciò toccherebbe o no la sfera dei nostri interessi strategici? Se la Turchia diventasse un paese controllato dai sovietici, ciò avrebbe o no un effetto su di noi? Non abbiamo quindi il diritto di preoccuparcene? Preoccuparsi non significa mica voler conquistare la Turchia, l'Iran, il Pakistan, il Golfo Persico, l'Africa centrale e del Nord!

Generale Sharon, ma chi è il suo vero nemico? Arafat o l'Unione Sovietica?

Miss Fallaci, si metta in testa che senza l'aiuto dell'Unione Sovietica i paesi arabi non avrebbero fatto la guerra a Israele nel 1948. Si scatenarono contro di noi perché alle spalle avevano l'Unione Sovietica, militarmente e politicamente. Quanto all'OLP, esso è sostenuto dall'Unione Sovietica perché l'Unione Sovietica ha capito benissimo che nell'era atomica il terrorismo è l'unico modo per fare la guerra senza rischiare il conflitto nucleare. Per sviluppare il suo espansionismo l'Unione Sovietica ha *bisogno* dell'OLP, di Arafat. E se lei replica che Arafat non è comunista, io le rispondo: ai sovietici che importa? A loro importa soltanto che egli sia uno strumento del gioco, che rimanga nelle loro mani. È forse comunista la Siria? No, eppure l'Unione Sovietica ha dato alla Siria milleduecento carri armati, centinaia di pezzi di artiglieria, numerosi e modernissimi jet. È forse comunista la Libia? No, eppure l'Unione Sovietica ha dato alla Libia millenovecento carri armati, artiglieria, jet. Tutti parlano degli americani, delle armi americane. Le assicuro che le armi distribuite dall'Unione Sovietica in questa parte del mondo superano mostruosamente quelle che Israele compra dagli americani.

Sì, ci credo, ma torniamo al Libano.

Non vogliamo neanche un centimetro quadrato del Libano!

Neanche al Sud, nella regione del Litani? Cito il Litani perché nel 1955, come lei ben sa, Ben Gurion aveva un piano, poi perfezionato da Moshe Dayan, secondo il quale Israele avrebbe dovuto invadere il Libano, comprarsi un libanese maronita per farlo eleggere presidente, instaurare un regime cristiano, farselo alleato, e infine ritirarsi annettendo la regione del fiume Litani.

Guardi, vi sono due correnti di sionismo: quella politica di Weizmann e quella pratica di Ben Gurion, Golda Meir, Moshe Dayan, la vecchia generazione insomma. Infatti se interroga mia madre che a ottantadue anni vive sola nella sua fattoria coltivando avocado, scopre che crede nell'azione e basta. Io però appartengo alla corrente politica, cioè alla corrente che crede negli accordi, negli impegni, nei termini legali. E, poiché tale corrente è anche quella del governo attuale, le assicuro che non abbiamo alcuna intenzione di tenerci un centimetro quadrato del Libano.

Ma non c'è mica bisogno di prendere nulla. Basta far «eleggere» presidente un giovanotto di trentaquattr'anni, ad esempio un falangista che si chiama Bachir Gemayel, e tener lì l'esercito per «ragioni di sicurezza». Basta farne una colonia di fatto, insomma, come i sovietici in Afghanistan.

Lei è una signora molto carina e voglio essere educato. Non

voglio gridare, non voglio strepitare, ma perbacco! Non ho mai udito tante calunnie, tanti insulti! Lei mi calunnia, mi insulta!

Perché? Lo sanno tutti che la sua carta era Bachir Gemayel presidente. Lo sanno tutti che nel Libano passerete almeno l'inverno. Avete perfino distribuito le scarpe speciali ai solda-ti. Generale Sharon, non finirete mica col restarvi quindici an-ni come nel Sinai?

No, credo proprio che questa volta durerà molto meno.

Malgrado la vostra necessità di proteggere il nuovo governo alleato?

Le risponderò in stile minigonna, cioè in modo abbastanza lungo da coprire l'argomento e abbastanza breve da renderlo interessante. Non vogliamo interferire con le faccende interne del Libano ma sarebbe un'ipocrisia affermare che accetteremmo un governo disposto a ospitare nuovamente i terroristi e i siriani. Oggi come oggi l'esercito libanese non è abbastanza forte da potersi permettere di stare solo. La Siria occupa ancora quasi la metà del Libano, i terroristi sono ancora a Tripoli e nella valle di Al Bekaa con i siriani, e il nuovo governo è un bambino appena nato grazie a un parto cesareo. Può un bambino appena nato grazie a un parto cesareo affrontare l'odierna situazione nel Libano? No, e dico di più: se i siriani rimangono così vicino a Beirut, se noi abbandoniamo il controllo della strada Beirut-Damasco, il neonato non sopravvive.

E se a forza di stare su quella strada vi ritrovate a Damasco?

Non è necessario arrivare a Damasco. Non dev'esserci bisogno di andare a Damasco. Non desideriamo spingerci fino a Damasco. Non ci teniamo, non ci abbiamo mai tenuto. Io penso addirittura che dovremmo evitare perfino lo scontro nella vallata di Al Bekaa. Ma, se i siriani non si muovono, non ci muoviamo nemmeno noi. E diventa una brutta storia perché le nostre truppe nella vallata di Al Bekaa sono, in linea d'aria, a venticinque chilometri da Damasco. E ciò significa che Damasco è fin d'ora sotto il tiro della nostra artiglieria. Sì, si sono rovesciate le posizioni: prima della guerra l'artiglieria siriana, coi suoi cannoni da 180 in grado di colpire con un raggio di quarantadue chilometri, poteva bombardare i sobborghi di Haifa e le nostre industrie a nord di Haifa; ora, con cannoni meno potenti, noi possiamo bombardare Damasco. E l'idea non ci piace. Perché ricorrere sempre alla guerra per sistemare le cose?

Toh! Credevo che la guerra le piacesse, che ci si trovasse a suo agio.

È l'errore più grosso che la gente fa su di me: dipingermi come un guerriero, un ossesso che si diverte a sparare. Io odio la guerra. Soltanto chi ha fatto tante guerre quante ne ho fatte io, soltanto chi ha visto tanti orrori quanti ne ho visti io, soltanto chi vi ha perduto amici e vi è rimasto ferito come vi son rimasto ferito io può odiare la guerra nella misura in cui la odio io. E se vuol sapere quali sono stati gli anni più felici della mia vita, le dico: i tre anni che ho passato qui nella mia fattoria, a guidare il trattore e allevare le mie belle pecore.

A sentirla parlare così, chi crederebbe al ritratto che fanno di lei?

Quale ritratto?

Bè, dovrebbe saperlo: lei non ha certo la reputazione di un angelo, generale Sharon. Se le elencassi tutti i cattivi giudizi che ho udito su di lei, potrebbe anche perdere lo straordinario controllo che finora le ha permesso di essere così educato e paziente con me.

Dica, dica.

Ecco, per esempio... un killer, un bruto, un bulldozer, un rozzo, un avido di potere...

Altri mi chiamano in modo del tutto diverso.

Lo so. I soldati che le sono devoti la chiamano re d'Israele, re Ariel. E dicono che è un gran leader, un uomo molto coraggioso, leale. Ma l'immagine più diffusa è quella che ho detto prima. Come mai? Da che nasce? Deve pur esserci una ragione. Che sia l'episodio di Qibia?

Miss Fallaci, lei è così brava a dipingere un ritratto perfido di me che per un minuto ho creduto che fosse lei a dare un'intervista su Sharon, non io. Eppure sa bene che raramente l'immagine di un uomo corrisponde a quella che ne danno i giornali. Sa bene che una volta lanciata una calunnia, inventata una bugia, questa viene ripetuta e copiata, infine accettata per verità. Vuol parlare di Qibia? Parliamo di Qibia. 15 ottobre 1953, Operazione Susanna: dal nome della bambina israeliana uccisa col fratellino e la mamma dai terroristi arabi che a Qibia avevano il loro rifugio. L'Operazione Susanna consisteva nel fare saltare le case che ospitavano i terroristi, e io la comandavo entrando personalmente in ogni casa per evacuare la gente prima di sistemare l'esplosivo. Incominciammo alle undici di sera e continuammo fino alle quattro del mattino, quando caddi addormentato per la stanchezza. Nel pomeriggio, svegliandomi, seppi che la radio giordana aveva dato notizia di sessantanove morti: tutti donne e bambini. Non credevo ai miei orecchi perché prima di andarmene avevo contato le perdite del nemico, ed erano una dozzina di soldati giordani. Dov'erano stati trovati, dunque, quei sessantanove corpi di donne e bambini? Sotto le macerie di una casa, mi fu detto, in cantina. Evidentemente si erano nascosti e nel buio non li avevo visti. Mi... mi dispiacque molto. Mi dispiacque tanto che, dopo un altro raid in un villaggio chiamato Mahlin, l'anno dopo, non volli farne più. Anzi raccomandai che quel tipo di operazioni venisse annullato. Che altro?

Bè, scegliamo l'episodio di Gaza. Quello dove uccise trentasette soldati egiziani che stavano dormendo.

Le assicuro che non stavano affatto dormendo. Comunque: Gaza, 1955, Operazione Freccia Nera. Anche stavolta io comandavo il raid, con la famosa unità 101. Dormivano così poco quegli egiziani che fu un corpo a corpo duro e sanguinoso: tornammo indietro con otto morti e dodici feriti. Ciascuno di noi un morto o un ferito sulle spalle. Non c'è bisogno di dire nulla in più. C'è gente che mi odia, lo so, e gente che ha paura di me: specialmente tra i politici. Perché dico sempre quello che penso e faccio sempre quello che voglio, perché non mi muovo con delicatezza, perché non riesco a legarmi coi gruppi che cercano reciproca protezione. Infatti ho cambiato partito cinque volte. Però se quelli che mi odiano o hanno paura di me fossero la maggioranza, come avrei fatto ad avere tanta influenza nel mio paese per tanti anni? Come avrei fatto a fondare un nuovo partito, il Likud, che ha vinto le elezioni due volte e ha provocato una svolta storica nel paese? Da che cosa mi sarebbe venuto il potere di cui dispongo? Gliel'ho detto: c'è la democrazia in Israele.

Un deputato che si chiama Ayer Maur, mi pare, ha detto: «Se Sharon diventa primo ministro, mi chiedo che ne sarà della democrazia in Israele». E un altro ha aggiunto: «Sorgeranno i campi di concentramento».

Senta, lei sta facendo una discussione seria. Non la degradi usando quel nome.

Va bene, sceglierò il nome di Golda Meir che diceva: «Se Sharon si avvicina al ministero della Difesa, faccio il picchettaggio per impedirgli di entrare».

Eh! I miei rapporti con Golda erano buoni quando stavo nel suo partito, il Partito laburista. Ma quando lo lasciai per fondare il Likud, un'impresa che lei considerava politicamente infantile, non me la perdonò. Prese a odiarmi in modo incredibile, con tutta la forza di cui era capace. E Dio sa se Golda era forte, come tutti quelli della sua generazione. Ora che vuol sapere di me?

Voglio sapere se è vero che lei mira a diventare primo ministro, come dicono tutti.

Anzitutto credo che il signor Begin resterà primo ministro per molti anni perché sono convinto che vincerà le prossime elezioni. Il paese, vi ho già alluso, è con lui: se le elezioni avvenissero ora, vincerebbe senza muovere un dito. Poi non ho una voglia pazza di diventare primo ministro: quello che faccio ora mi va benissimo, vi sono tante cose da fare con il ministero della Difesa. Per incominciare, che lei mi creda o no, c'è da sistemare politicamente, cioè pacificamente, il problema dei palestinesi. Noi non abbiamo fatto la guerra ai palestinesi, l'abbiamo fatta ai terroristi dell'OLP, e l'aver risolto il problema del terrorismo dell'OLP significa aver fatto soltanto una parte del lavoro.

Risolto? Ma lei è proprio sicuro d'averlo risolto, generale Sharon? E se invece d'averlo risolto lo avesse moltiplicato, intensificato? Nascerà una generazione di odio dagli uomini che sono stati cacciati, strappati alle loro famiglie, sparpagliati in otto paesi diversi. E d'ora innanzi il terrorismo si abbatterà ovunque, più cieco di sempre, più ottuso di sempre. Sono uomini molto arrabbiati quelli che lei crede d'avere sconfitto. E tutt'altro che rassegnati. Arafat ha appena detto che la lotta continuerà come prima.

Io non parlerei di queste ipotetiche, disastrose eventualità. Infatti non credo che nei paesi dove sono stati accolti essi potranno fare ciò che facevano a Beirut. Sia in Siria che in Egitto che in Giordania non ci sono riusciti, finora, anzi sono stati tenuti lontani dai confini con Israele, e in nessuno di quegli otto paesi esiste un governo disposto a farsi travolgere come a Beirut. Senza contare che, in un caso simile, noi non ce ne staremmo con le mani in mano. Arafat ha detto che continuerà come prima? Al posto suo non ci proverei nemmeno. Gli ho regalato la vita, a quegli assassini. Sono vivi perché io ho scelto di lasciarli vivi. Ma tanta fortuna non costituisce affatto una garanzia per il futuro. Guai a loro se riprenderanno le loro attività sanguinose, anche in paesi lontani da Israele. Guai a loro.

E i quattro milioni di palestinesi che non appartengono all'OLP, che vivono sparsi per il mondo oppure ammucchiati nelle capanne di latta e in tuguri di cemento dei cosiddetti campi in Siria, in Libano, nella West Bank, a Gaza? Che cosa vuol farne di loro, di questi nuovi ebrei della terra, condannati a vagare in una diaspora crudele come quella che voi avete sofferto? Possibile che proprio voi non comprendiate la loro tragedia? Possibile che proprio voi non vogliate ammettere il loro bisogno di avere una casa, il loro diritto ad avere una patria?

Ma la patria ce l'hanno. È la Palestina che ora si chiama Giordania, anzi Transgiordania.

La Giordania di re Hussein?

Certo. Senta, io ci penso da dodici anni e, più ci penso, più concludo che la soluzione può essere soltanto quella. Lo dicevo anche a Sadat. Mi spiego. Fino al 1922 la terra d'Israele, che gli inglesi chiamavano Palestina, si componeva di due parti: la Cisgiordania che voi definite West Bank, e cioè la terra che si estende dal fiume Giordano al Mediterraneo, e la Transgiordania cioè la terra che Churchill dette al padre di Hussein per sistemare il regno ascemita. In Transgiordania il settanta per cento della popolazione è composta da palestinesi, la maggioranza dei membri del Parlamento sono palestinesi, quasi tutti i ministri e i primi ministri sono palestinesi. Il resto, neanche il trenta per cento, sono beduini. I beduini di Hussein. Davvero una soluzione perfetta.

Quindi tutti i palestinesi dovrebbero far le valigie e trasferirsi in Giordania.

Ma ci vivono già!

No, parlo dei profughi ammucchiati in Libano, in Siria, a Gaza, nella West Bank...

Alcuni potrebbero restare nei paesi dove si trovano attualmente, altri potrebbero trasferirsi laggiù.

E di re Hussein, allora, che ne facciamo? Lo ammazziamo, lo mandiamo a Montecarlo a dirigere il casinò?

I casi personali non mi interessano, Hussein non mi riguarda. Può anche restare dov'è, perché no? I greci si scelsero un re anglo-tedesco, perché i palestinesi non dovrebbero tenersi un re ascemita?

Capisco. E i beduini? Quelli dove li mettiamo? Li sterminiamo, li buttiamo a mare come i vietnamiti sgraditi a Hanoi così i giornali riprendono a parlare dei boatpeople, oppure li disperdiamo come i palestinesi di oggi affinché facciano l'Organizzazione di Liberazione Beduina, OLB invece dell'OLP?

I beduini fanno parte della popolazione giordana, anzi transgiordana. Come Hussein, possono restare dove sono. I casi personali, ripeto, non mi interessano. A me interessa soltanto il fatto che la Palestina esiste già, che uno Stato palestinese esiste già, che quindi non v'è bisogno di farne un altro. E le dico: non permetteremo mai un secondo Stato palestinese. Mai. Perché è questa la soluzione a cui tutti mirano: la costituzione di un secondo Stato palestinese, di una seconda Palestina, in Giudea e in Samaria: ciò che voi chiamate Cisgiordania o West Bank. E a ciò rispondo: non avverrà. La Giudea e la Samaria non si toccano. E neanche Gaza.

Ma sono terre occupate, generale Sharon. Ciò che voi avete ri-battezzato Samaria e Giudea sono zone conquistate da Hussein e abitate da quasi mezzo milione di palestinesi, a parte i trentamila israeliani che dopo il 1967 si sono installati lì come colonizzatori. Lo dicono tutti che dovete restituirle! Perfino gli americani!

Non si restituisce ciò che ci appartiene. E la Giudea e la Samaria ci appartengono: da migliaia, migliaia di anni. Da sempre. La Giudea e la Samaria *sono* Israele! E così la Striscia di Gaza. E anche se la Bibbia non contasse, anche se il sentimento non esistesse, v'è la questione della nostra sicurezza e della nostra sopravvivenza. È una questione cruciale perché in quella regione abitano due terzi della popolazione israeliana: senza la Giudea, senza la Samaria, saremmo spazzati via. No, lo ripeto, non permetteremo mai di installarvi un secondo Stato palestinese. Mai! Non fatevi illusioni.

Generale Sharon, lei crede in Dio?

Bè, non sono religioso. Non lo sono mai stato sebbene segua certe regole della religione ebraica come non mangiare il maiale. Non mangio il maiale. Però credo in Dio. Sì, penso di poter dire che credo in Dio.

Allora lo preghi, anche per quelli che non ci credono. Perché ho una gran paura che lei stia per cacciarci tutti in un guaio apocalittico.

Tel Aviv, settembre 1982

APPENDICE

Note biografiche

NGUYEN NGỌC LOAN nasce a Thu Duc, in Vietnam, l'11 dicembre 1930 e muore a Burke, in Virginia, il 14 luglio 1998. Militare e politico vietnamita, capo della Polizia Nazionale della Repubblica del Vietnam, passa alla storia per aver giustiziato sommariamente Nguyen Van Lem, un prigioniero vietcong, di fronte a un cameraman dell'NBC e a un fotografo dell'Associated Press, Eddie Adams, il 1° febbraio 1968. La foto e il filmato diventano due delle più famose immagini giornalistiche che iniziano a cambiare l'opinione pubblica americana riguardo all'intervento nella Guerra del Vietnam. Nella foto, Nguyen Van Lem è prigioniero, le sue mani sono legate ed è di fronte ai giornalisti. Il generale Loan, estratto il suo revolver, uccide freddamente il prigioniero con un singolo colpo alla tempia destra. Durante la caduta di Saigon, nel 1975, il generale Loan lascia il Vietnam e si rifugia in Virginia dove muore di cancro il 14 luglio 1998.

MEHDI BAZARGAN nasce nel 1907 e muore il 20 gennaio 1995. Studia termodinamica e ingegneria all'École Centrale des Arts et Manufactures di Parigi, torna in Iran dove diventa il responsabile del primo dipartimento di ingegneria dell'Università di Teheran negli anni Quaranta. Nel 1951, quando il governo di Mohammad Mossadeq nazionalizza le attività petrolifere iraniane, Bazargan è nominato capo della Compagnia Nazionale Iraniana del Petrolio. Dopo la caduta di Mossadeq, partecipa alla fondazione del Movimento di Liberazione Iraniano e finisce diverse volte in prigione sotto Reza Pahlavi. Nel

1979 la rivoluzione costringe lo scià a lasciare il paese, e il 5 febbraio Bazargan è incaricato di presiedere il governo dall'ayatollah Ruhollah Khomeini. Le sue idee democratiche e liberali lo portano in collisione con il clero e con lo stesso Khomeini, e si oppone all'istituzione dell'Assemblea degli Esperti e della Repubblica Islamica. Dopo l'inizio della crisi degli ostaggi all'ambasciata americana, il 5 novembre del 1979 Bazargan e il suo gabinetto rassegnano le dimissioni. Anche se vengono interpretate come un atto di protesta contro l'assalto all'ambasciata, quelle dimissioni sono il segno che Bazargan si era ormai convinto che nella nuova repubblica non c'era posto per le riforme democratiche da lui progettate. Muore nel 1995 per un attacco di cuore.

RUHOLLAH KHOMEINI nasce in Iran da una famiglia di modeste condizioni, originaria di Nishapur. La data di nascita è dibattuta: per alcuni il 1902, secondo altre fonti il 1900. Rimane orfano di padre sei mesi dopo la nascita, perché il genitore è ucciso per aver preso le difese dei contadini più poveri contro gli oligarchi della zona. La madre muore nel 1918, lasciandolo solo col fratello maggiore. Dopo aver studiato il Corano e le basi della logica e della retorica grazie al fratello e ai parenti, nel 1920 è mandato a studiare ad Arak. Da lì segue il suo maestro a Qom, dove rimane dal 1923 al 1962 completando gli studi in giurisprudenza e affiancandovi quelli di filosofia e di gnosticismo. Ancora giovanissimo fa parte del Partito religioso islamico, una unione di stretti osservanti dell'Islam – più conosciuta come movimento dei taleban (pl. di taleb, ossia studente di «scienze religiose») – che vuole imporre un governo improntato a costumi tradizionalistici. Quando Reza Pahlavi diventa scià nel 1925, l'associazione viene messa fuorilegge e Khomeini costretto alla clandestinità. Organizza insieme ad altri diverse congiure, peraltro fallite, contro lo scià. Reza Pahlavi è deposto nel 1941 e suo successore è il figlio Mohammad Reza Pahlavi (1919-1980), all'epoca ventiduenne. Khomeini vede diminuire l'ostracismo nei suoi confronti, tanto da essere reintegrato nella scala gerarchica religiosa, ascendendo al grado di ayatollah. Nel 1953 Reza Pahlavi assume i poteri assoluti e riprende l'opera di laicizzazione del paese e di contrasto dell'elemento religioso avviata dal padre. Khomeini è uno dei principali oppositori di questa politica e nel 1963 organizza contro lo scià una nuova congiura che fallisce in pieno, costringendolo all'esilio, dapprima a Bursa, in Turchia, quindi in Iraq (a Najaf) e infine in Francia, a Parigi. Mentre in Iran cresce l'opposizione allo scià anche a causa della dura repressione governativa (tra il 1970 e il 1978 si calcola siano state incarcerate 100.000 persone, 10.000 torturate e tra le 4000 e le 5000 uccise), Khomeini dall'estero fomenta la rivolta in attesa dell'occasione di dar vita a una rivoluzione. Il 7 gennaio 1978 la rivolta popolare esplode, il 16 gennaio 1979 lo scià è costretto a fuggire dall'Iran mentre Khomeini, tornato il 1° febbraio dall'esilio, instaura la «Repubblica Islamica», diventandone la guida spirituale. Inizia la repressione contro i collaboratori del deposto scià: migliaia sono arrestati e fucilati dopo processi sommari, altri mandati in esilio o imprigionati e i rimanenti fuggono dal paese. A seguito di un'incursione dei pasdaran nell'ambasciata statunitense a Teheran, 54 persone sono prese in ostaggio e minacciate di morte qualora gli Stati Uniti, accusati di proteggere Reza Pahlavi, non consegnino l'ex scià. Gli Usa non si piegano alla trattativa, tentano un blitz militare aereo ma ottengono alla fine la liberazione degli ostaggi. Nel 1979 Khomeini indice le elezioni, riservandosi tutti i poteri con la carica di «Guida della Rivoluzione». Fra le nuove leggi, l'abolizione del divorzio e la proibizione dell'aborto, oltre alla pena di morte per adulterio e bestemmia. Da quel momento l'Iran rifiuta ogni rapporto commerciale o politico con gli Stati Uniti. Khomeini resta capo spirituale e politico del suo paese dal 1979 al 1989, con un governo di stampo religioso islamico sciita, impostato su uno stretto moralismo di linea fondamentalista. Sofferente per un cancro all'intestino, Khomeini muore il 3 giugno 1989. Ai suoi funerali sono presenti almeno 11 milioni di persone.

MUAMMAR GHEDDAFI nasce a Sirte, in Libia, si presume nel giugno 1942, figlio di nomadi beduini. Scarse le notizie sulla sua famiglia. All'età di 6 anni perde due suoi cugini e rimane ferito a un braccio a causa dell'esplosione di una mina italiana risalente al periodo coloniale. Tra il 1956 e il 1961 frequenta la scuola coranica di Sirte, in cui conosce le idee panarabe di Gamal Abd el-Nasser, cui aderisce con entusiasmo. Nel 1968 si iscrive all'Accademia Militare di Bengasi. Conclude il corso con successo e dopo un breve periodo di specializzazione in Gran Bretagna è nominato capitano dell'esercito all'età di 27 anni. Insoddisfatto del governo guidato dal re Idris I, considerato troppo servile nei confronti di Usa e Francia, il 26 agosto 1969 guida un colpo di stato contro il sovrano, che porta il 1° settembre dello stesso anno alla proclamazione della Repubblica, guidata da un Consiglio del Comando della Rivoluzione composto da 12 militari di tendenze panarabe filo-nasseriane. Gheddafi, che nel frattempo è nominato colonnello, si mette a capo del Consiglio instaurando un regime dittatoriale in Libia. Fa approvare dal Consiglio una nuova Costituzione, da lui definita araba, libera e democratica. In nome del nazionalismo arabo, nazionalizza la maggior parte delle proprietà petrolifere straniere, espropria ed espelle la comunità italiana residente nel paese, chiude le basi militari statunitensi e britanniche. Nel primo periodo del suo governo cerca di coniugare i principi del panarabismo con quelli della socialdemocrazia. Espone i suoi principi politici e filosofici nel Libro Verde, pubblicato nel 1976. Il titolo prende spunto dal colore della bandiera libica, che richiama la religione musulmana, essendo il verde il colore preferito di Maometto e quello del suo mantello. Tra le riforme effettuate da Gheddafi in questo periodo, l'innalzamento del salario minimo, la possibilità per gli operai di partecipare alla gestione della loro azienda, la soppressione dell'alcol (già vietato come precetto islamico), la chiusura dei locali notturni, la restaurazione della sharia. Inoltre, per cercare di ridurre al minimo le spese, rifiuta il lusso dormendo sempre (anche per motivi di sicurezza personale) in una base militare di Tripoli. In politica estera, finanzia l'OLP di Yasser Arafat nella sua lotta contro Israele e propone un'unione politica tra i tanti Stati islamici dell'Africa. Nel 1977, grazie ai maggiori introiti derivanti dal petrolio, Gheddafi fa costruire nuove strade, ospedali, acquedotti e industrie. Sull'onda della popolarità, nel 1979 rinuncia a ogni carica politica, pur rimanendo l'indiscusso unico leader del paese con l'appellativo onorifico di «Guida della Rivoluzione». Negli anni Ottanta la sua indole anti-israeliana e anti-americana lo porta a sostenere gruppi terroristi, quali l'irlandese IRA e il palestinese Settembre Nero. Dall'intelligence statunitense è accusato di aver organizzato attentati in Sicilia, Scozia e Francia, ma lui se ne dichiara estraneo. Rimane un mistero l'esplosione nel cielo sopra Ustica del DC9 dell'Itavia, con la morte di 81 persone. Divenuto il nemico numero uno degli Stati Uniti d'America, è progressivamente emarginato dalla NATO. Il 15 aprile 1986 Gheddafi è attaccato militarmente per volere del presidente statunitense Ronald Reagan: il massiccio bombardamento ferisce mortalmente la figlia adottiva di Gheddafi, ma lascia indenne il colonnello, avvertito dell'azione da Bettino Craxi, allora presidente del Consiglio in Italia. Il 21 dicembre 1988 esplode un aereo passeggeri sopra la cittadina scozzese di Lockerbie: muoiono tutti i passeggeri a bordo (259), oltre a 11 cittadini di Lockerbie. L'ONU attribuisce alla Libia la responsabilità dell'attentato e chiede al governo di Tripoli l'arresto di due suoi cittadini accusati di esservi direttamente coinvolti. Al netto rifiuto di Gheddafi, le Nazioni Unite approvano la Risoluzione 748, che sancisce un pesante embargo economico contro la Libia, la cui economia è già in fase calante. Nel 1999, con la decisione della Libia di cambiare atteggiamento nei confronti della comunità internazionale, Tripoli consegna i sospettati di Lockerbie: Abdelbaset Ali Mohamed al-Megrahi è condannato all'ergastolo nel gennaio 2001 da una corte scozzese (poi rilasciato nell'agosto 2009 in quanto malato terminale di cancro), mentre Al Amin Khalifa Fhimah viene assolto. Nel 1999, a seguito di un diverso atteggiamento di Gheddafi e grazie anche alla mediazione di Nelson Mandela, l'ONU ritira l'embargo alla Libia. Nei primi anni Duemila si assiste a un riavvicinamento della Libia agli Usa e alle democrazie europee, con un parallelo allontanamento dall'integralismo islamico. Il presidente statunitense George W. Bush elimina la Libia dalla lista degli Stati Canaglia e ristabilisce i rapporti diplomatici tra i due paesi. Nel giugno 2009 Gheddafi è in visita di stato in Italia e nel settembre 2009 interviene per la prima volta all'Assemblea generale dell'ONU a New York.

PARTE SECONDA

ROBERT FRANCIS KENNEDY, chiamato Bob o Bobby, nasce a Brookli-
ne, Massachusetts, il 20 novembre 1925 e muore a Los Angeles il 6
giugno 1968, vittima di un attentato. Settimo dei nove figli di Joseph
P. Kennedy e di Rose Fitzgerald, è fratello di John Fitzgerald (1917-
1963), presidente degli Stati Uniti, morto in un attentato a Dallas, e
di Edward Moore detto Ted (1932-2009), senatore del Partito Democratico e sostenitore di Barack Obama. Sposa in giovane età
Ethel, da cui avrà undici figli, e si dedica alla carriera politica dimos-
trandosi un convinto sostenitore dei diritti civili. È ministro della
Giustizia durante la presidenza del fratello John, nel 1964 viene eletto al Senato e nel 1968 annuncia la propria candidatura alla presidenza degli Stati Uniti d'America per il Partito Democratico. Ha
l'appoggio dei pacifisti, dei nonviolenti e degli afro-americani. Muore all'indomani della sua vittoria nelle elezioni primarie di California e South Dakota, colpito da una pallottola al cuore sparata da
Sirhan B. Sirhan, un giordano di origine palestinese di cui non si
chiariscono mai le reali motivazioni. La notizia della sua uccisione,
dopo quella del fratello John e di Martin Luther King, avvenuta nel-
l'aprile di quello stesso anno, suscita una profonda emozione nel
mondo intero che ancora ricorda Bob come un uomo giusto, dalla
parte dei più deboli.

JAMES LEONARD FARMER, JR., nasce il 12 gennaio 1920 a Marshall,
Texas, e muore il 9 luglio 1999 a Fredericksburg, Virginia. Il padre,
James L. Farmer, Sr., è professore al Wiley College, autore di saggi,
teologo e il primo texano afro-americano che consegue un dottorato
(alla Boston University). Farmer Jr. è uno dei quattro leader a capo
del movimento americano in difesa dei neri negli anni Cinquanta e
Sessanta del secolo scorso, insieme a Roy Wilkins, al reverendo Martin Luther King Jr. e a Whitney M. Young Jr. Nel 1942 è tra i fondatori del Committee of Racial Equality, poi divenuto Congress of Racial Equality (CORE), un'organizzazione che lotta per la fine della
segregazione razziale in America attraverso l'uso della non-violenza.

Si fa interprete di numerose iniziative per attirare l'attenzione dei media e della popolazione sui diritti dei neri. Nel 1966 è docente alla Lincoln University e nel 1968 gli vengono affidati incarichi governativi nei settori di salute e istruzione dal presidente Richard Nixon. Lasciata la politica crea nel 1975 il Fund for an Open Society, convinto della possibilità di attuare la più ampia integrazione nella società americana. Nel 1985 pubblica la sua autobiografia *Lay Bare the Heart*, ha incarichi di insegnamento dal 1984 al 1998. Dal presidente Bill Clinton riceve la Presidential Medal of Freedom. Muore nel 1999, per complicazioni dovute al diabete.

TENZIN GYATSO nasce come Lhamo Dondrub il 6 luglio 1935 a Qinghai, un villaggio nel Nord-Est del Tibet. A 2 anni è riconosciuto come la reincarnazione del XIII Dalai Lama e per effetto di ciò proclamato XIV Dalai Lama, massima autorità spirituale del buddismo tibetano. Nel 1950 è nominato capo dello Stato del Tibet, ma non ha possibilità di esercitare il suo potere politico perché dall'ottobre di quell'anno il paese è sotto l'occupazione cinese. Nel 1959 fugge in India e si rifugia a Dharamshala, dove risiede tuttora con il governo tibetano in esilio. È il primo Dalai Lama a dover operare dall'estero e a far conoscere con pubblicazioni, conferenze e video il diritto all'autodeterminazione del suo popolo e i principi del buddismo. Ha la simpatia del mondo occidentale e il sostegno di molte celebrità di Hollywood. Spesso i suoi viaggi nei paesi europei e negli Stati Uniti suscitano imbarazzi diplomatici che si risolvono con la cancellazione degli incontri ufficiali cui fanno seguito proteste pubbliche. È considerato tra le personalità più influenti del pianeta e ha ricevuto numerose e importanti onorificenze; nel 1989 gli viene conferito il Premio Nobel per la Pace per il suo rifiuto dell'uso della violenza e la continua ricerca di soluzioni pacifiche in nome della tolleranza e del rispetto reciproco, per preservare il retaggio storico e culturale del suo popolo.

RASCIDA ABHEDO, palestinese nata a Gerusalemme nel 1947, entra a far parte del Movimento nazionale arabo nel 1962. Nel 1967 si trasferisce ad Amman e si iscrive a un gruppo di donne addestrate dal Fronte Popolare per la Liberazione della Palestina: insieme a lei Amina Dahbour, Laila Khaled, Sheila Abu Mazal. Si rende responsabile nel 1969 dello scoppio di due bombe in un supermercato di Gerusalemme e dell'esplosione di un ordigno nella cafeteria dell'Università Ebraica. Vive per un breve periodo in clandestinità e poi fugge in Giordania. Di lei non si hanno altre notizie.

FAROUK EL KADDOUMI nasce nel 1931 nella cittadina di Jinsafut vicino a Nablus nella West Bank. Lui e la sua famiglia si trasferiscono a Giaffa, in Israele, ma nella guerra del 1948 sono espulsi dai militari israeliani e fanno ritorno a Nablus. Nei primi anni Cinquanta è in Arabia Saudita, dove lavora per la compagnia petrolifera arabo-americana, l'ARAMCO. Nel 1954 va in Egitto, studia economia e scienze politiche all'Università del Cairo e aderisce al partito Baath. Nel 1960 si unisce ad Al Fatah e alla fine di quel decennio è figura di spicco nell'OLP, l'Organizzazione per la Liberazione della Palestina, assumendo nel 1973 la guida del settore politico, da Damasco, in Siria. Nonostante un tentativo di opposizione ad Arafat, mantiene sempre un ruolo di rilievo. Rifiuta di aderire agli accordi di Oslo del 1993 e non riconosce l'Autorità Nazionale Palestinese costituita nel 1994, in applicazione degli accordi tra OLP e Israele, per disciplinare il controllo di determinate aree nella Striscia di Gaza e in Cisgiordania. Le sue dichiarazioni, che negano a Israele il diritto di esistere, lo mettono in conflitto con Abu Mazen, successore di Arafat alla guida dell'Autorità Nazionale Palestinese. Alla morte di Arafat, El Kaddoumi è nominato capo di Al Fatah, ala militare dell'ex OLP oggi in costante conflitto con l'organizzazione radicale islamica Hamas.

ALESSANDRO PERTINI detto SANDRO nasce a Stella San Giovanni, il 25 settembre 1896, e muore a Roma, il 24 febbraio 1990. Politico, giornalista e antifascista, è il settimo presidente della Repubblica Italiana, dal 1978 al 1985, oggi ricordato come il «presidente più amato dagli italiani». Durante la Prima guerra mondiale combatte sull'Isonzo, con medaglia d'argento al valor militare conferitagli nel 1917. Nel dopoguerra aderisce al Partito Socialista Italiano, è perseguitato per il suo impegno politico contro Mussolini e nel 1925 condannato prima all'esilio in Francia poi al confino. Nel 1943, alla caduta del regime fascista, difende Roma dall'occupazione tedesca, è catturato dalle SS e condannato a morte, riuscendo a salvarsi grazie a un intervento dei partigiani dei GAP. Personalità di primo piano della Resistenza italiana, nell'aprile 1945 partecipa agli eventi che portano alla liberazione dal nazifascismo, organizzando l'insurrezione di Milano e votando il decreto che condanna a morte Mussolini e altri gerarchi fascisti. Nel 1946 sposa Carla Voltolina, sua compagna da due anni. Deputato all'Assemblea Costituente nell'Italia repubblicana, senatore nella prima legislatura e deputato in quelle successive, sempre rieletto dal 1953 al 1976, dal 1968 al 1976 è presidente della Camera dei deputati e l'8 luglio 1978 è eletto presidente della Repubblica Italiana. Nel periodo della sua permanenza al Colle contribuisce a fare della figura del presidente l'emblema dell'unità del popolo italiano. La sua statura morale permette il riavvicinamento dei cittadini alle istituzioni, in un momento difficile e costellato di avvenimenti delittuosi come quello degli anni di piombo. Il momento forse più cupo fu il funerale dopo la strage di Bologna, il 2 agosto 1980. In seguito al terremoto in Irpinia del 23 novembre 1980, denuncia pubblicamente l'impotenza e l'inefficienza dello stato nei soccorsi in un famoso discorso televisivo a reti unificate, in cui sottolinea la scarsità di provvedimenti legislativi in materia di protezione del territorio e di intervento in caso di calamità. Particolarmente commossa la sua partecipazione ai funerali di Enrico Berlinguer. Il suo mandato presidenziale è caratterizzato da una forte impronta personale; il suo modo di intervenire direttamente nella vita politica del paese rappresenta una novità assoluta, accrescendo il prestigio di cui gode tra i cittadini e i capi di stato all'estero. Negli anni successivi alla presidenza, eletto senatore a vita, non svolge alcuna attività politica. Si spegne per una complicazione in seguito a una caduta, a 93 anni.

GIOVANNI FRANCESCO MALAGODI nasce a Londra il 12 ottobre 1904 e muore a Roma il 17 aprile 1991. Il padre Olindo, scrittore e giornalista, deputato liberal-giolittiano e nazionalista, per le sue idee antifa-sciste fu esule in Francia. Negli anni Trenta è collega e discepolo di Ugo La Malfa alla Banca Commerciale Italiana di Raffaele Mattioli, il banchiere umanista amico di Togliatti. Rappresentante della borghe-sia liberale e imprenditoriale, è incoraggiato dagli ambienti industria-li a lui vicini a candidarsi alle elezioni del 1953 nelle liste del Partito Liberale Italiano, di cui diventa uno dei maggiori esponenti. Ne è se-gretario nazionale dal 1954 al 1972, presidente dal 1972 al 1977 e presidente onorario dal 1977. Nel 1955 subisce la scissione dell'ala sinistra del partito, ispirata dal «Mondo» di Mario Pannunzio, che dà vita al Partito radicale. Seguono anni in cui sotto la segreteria di Malagodi il partito si orienta su posizioni liberiste, vicine agli inse-gnamenti di Luigi Einaudi, con una storica opposizione alla naziona-lizzazione dell'energia elettrica e in generale alla formula del centro-sinistra. Un periodo felice per il partito, che vede salire i consensi e ottiene nel 1963 il miglior risultato elettorale della sua storia, il 7 per cento alle elezioni politiche. Ha poi inizio un irreversibile declino elettorale, nonostante il ritorno dei liberali al governo con Malagodi ministro del Tesoro nel secondo governo Andreotti (1972-1973). Nel 1977 lascia la presidenza del PLI, in contrasto con la linea del nuovo segretario Valerio Zanone. Senatore nelle legislature VIII, IX e X, è presidente del Senato della Repubblica dal 22 aprile al 1° luglio 1987, al termine della IX legislatura. Ancora oggi è considerato uno dei simboli della cultura liberale in Italia.

UGO LA MALFA nasce a Palermo il 16 maggio 1903 e muore a Roma il 26 marzo 1979. Nel 1933 è assunto da Raffaele Mattioli a Milano, nell'ufficio studi della Banca Commerciale Italiana. In quegli anni la-vora intensamente, soprattutto con funzioni di raccordo fra i vari gruppi dell'antifascismo, per costituire una rete che confluisca nel Partito d'azione, di cui è uno dei fondatori. A Roma rappresenta il Partito d'azione in seno al CLN, Comitato di Liberazione Nazionale. Nel 1945 assume il dicastero dei Trasporti nel governo guidato da Ferruccio Parri. Nel seguente governo di Alcide De Gasperi è nomi-nato ministro per la Ricostruzione e in seguito ministro per il Commercio con l'estero. Nel febbraio del 1946 lascia il partito e nel settembre aderisce al Partito Repubblicano Italiano (PRI). Nel 1947 è designato a rappresentare l'Italia al Fondo Monetario Internazionale. Rieletto parlamentare nel 1948, viene confermato in tutte le successive legislature e sarà ministro in vari governi concorrendo a favorire il «boom» economico italiano. Nel marzo 1965 è eletto segretario del PRI. Sempre al centro della vita politica italiana, si batte per la moralizzazione del comportamento dei partiti. Nel 1975 assume la presidenza del PRI. Nel 1978 la sua azione risulta determinante nella decisione italiana di aderire al Sistema monetario europeo. Nello stesso anno, durante il sequestro di Aldo Moro, è uno dei più attivi sostenitori del cosiddetto «fronte della fermezza». Nel luglio del 1978 contribuisce all'elezione di Sandro Pertini alla presidenza della Repubblica. Il 24 marzo 1979 è colpito da emorragia cerebrale e muore dopo due giorni.

GIANCARLO PAJETTA nasce a Torino il 24 giugno 1911 e muore a Roma il 13 settembre 1990. Si iscrive giovanissimo al Partito Comunista Italiano e per questo nel 1927 è espulso per tre anni da tutte le scuole del paese e condannato a due anni di reclusione. Nel 1931 va in esilio in Francia e con lo pseudonimo di «Nullo» diventa segretario della Federazione Giovanile Comunista, direttore di «Avanguardia» e rappresentante italiano nell'Organizzazione Comunista Internazionale. Nel 1933, in missione segreta a Parma, è scoperto dalla polizia fascista e condannato a 21 anni di carcere per attività eversiva. Liberato a seguito della caduta del fascismo nell'agosto del 1943, prende parte alla Resistenza partigiana, entrando a far parte con Longo, Secchia, Amendola e Carini del Comando generale delle brigate d'assalto Garibaldi. Nel 1944 è nominato, con Parri e Pizzoni, presidente del Comitato di Liberazione Nazionale dell'Alta Italia: da questa posizione intraprende trattative diplomatiche con gli alleati anglo-americani e con Ivanoe Bonomi, futuro presidente del Consiglio. Diviene anche capo di Stato Maggiore delle forze militari partigiane. Nel 1948 entra nella segreteria nazionale del partito. È deputato al Parlamento dal 1946 fino alla morte, e al Parlamento europeo dal 1984.

Esponente della corrente riformista, più volte direttore dell'«Unità» e, per breve tempo, di «Rinascita», molto amato dai militanti, è ricordato per la sua intelligenza, la grande abilità dialettica e la leggendaria capacità oratoria. Inutile la sua opposizione al progetto di Achille Occhetto, la trasformazione del PCI in Partito Democratico della Sinistra. Muore all'improvviso la notte del 13 settembre del 1990 nella sua casa di Roma.

ENRICO BERLINGUER nasce a Sassari il 25 maggio 1922 e muore a Padova l'11 giugno 1984. Cresce in un ambiente culturalmente evoluto, con il nonno Luigi fondatore del giornale «La Nuova Sardegna» e amico di Garibaldi e di Mazzini. Nel 1943 si iscrive al Partito Comunista Italiano (PCI) e ne organizza la sezione sassarese. Con il padre Mario va a Salerno, per incontrare Palmiro Togliatti. Nel maggio del 1945 è inviato a Milano, dove collabora con Longo e Pajetta. Di nuovo in Sardegna, vicesegretario del PCI, e poi a Roma, chiamato da Togliatti. Nel 1949 è nominato segretario della Federazione Giovanile Comunista Italiana, carica che manterrà sino al 1956 e l'anno seguente diventa segretario della Federazione Mondiale della Gioventù Democratica, un'associazione internazionale di giovani marxisti. Durante l'esperienza come segretario della FGCI non si allontana mai dall'impostazione filo-sovietica e stalinista prevalente nel PCI e fondamento della politica di Togliatti. Nel 1956 risulta favorevole all'invasione sovietica dell'Ungheria, coerentemente alla politica del partito. Eletto per la prima volta deputato nel 1968, per il collegio elettorale di Roma, si fa portavoce della corrente progressista e popolare. Nominato, nel corso del XII congresso, vicesegretario nazionale (durante la segreteria di Luigi Longo), guida nel 1969 una delegazione del partito ai lavori della Conferenza internazionale dei partiti comunisti che si tiene a Mosca; in disaccordo con la linea sovietica, rifiuta di sottoscrivere la relazione finale. Memorabile la sua presa di posizione: rinfaccia a Leonid Brežnev che l'invasione sovietica della Cecoslovacchia, la «tragedia di Praga», ha evidenziato le radicali divergenze nel movimento comunista su temi come la sovranità nazionale, la democrazia socialista e la libertà di cultura. Nel 1972 è segretario del PCI con l'impegno da un lato di collaborare con la DC nella prospettiva di realizzare riforme sociali ed economiche che considera indispensabili, e la convinzione dall'altro della necessità di rappresentare un nuovo comunismo indipendente dall'URSS, l'eurocomunismo. Con Berlinguer segretario il PCI raggiunge il suo massimo storico, il 34,4 per cento del 1976, successo dovuto anche a una buona gestione amministrativa delle giunte locali. Quello stesso anno il partito muove verso il famosissimo strappo, la rottura politica con il PCUS (Partito Comunista Sovietico): in occasione di un congresso a Mosca, Berlinguer parla in aperto contrasto con le posizioni ufficiali e descrive l'intenzione di costruire un socialismo «necessario e possibile solo in Italia». La seconda metà degli anni Settanta segna l'affanno della crisi economica-energetica, della disoccupazione, gli scioperi, il terrorismo. Nell'ottobre 1977 diventa di pubblica notorietà una privata corrispondenza di Berlinguer con il vescovo di Ivrea, monsignor Luigi Bettazzi, che avrebbe dovuto testimoniare della possibilità di un dialogo intellettuale e sociale fra cattolici e comunisti. Nel 1978, dopo un incontro con Bettino Craxi, Berlinguer pare individuare in Aldo Moro l'interlocutore più adatto alla costruzione di un progetto concreto, il compromesso storico. Nel marzo si prepara il governo Andreotti, cui il PCI avrebbe dovuto fornire appoggio esterno, in attesa di una fase successiva nella quale entrare definitivamente e a pieno titolo nelle coalizioni. Il 16 marzo Moro è rapito (e sarà poi ucciso) dalle Brigate Rosse. Durante il sequestro, Berlinguer prende posizione insieme al cosiddetto «fronte della fermezza». Con il tragico epilogo della vicenda Moro, il PCI resta fuori della maggioranza e torna al suo ruolo di opposizione, senza che nulla cambi con l'elezione di Sandro Pertini a presidente della Repubblica. Dopo una legislatura da parlamentare europeo (eletto nel 1979 per le liste del PCI), in vista delle successive elezioni del 1984 Berlinguer si reca a Padova il 7 giugno e sul palco di piazza della Frutta, dove effettua un appassionato comizio, viene colpito da un ictus. Muore dopo essere stato ricoverato in ospedale. Il giorno delle elezioni europee, il 17 giugno 1984, il PCI, nonostante la scomparsa di Berlinguer, decide di lasciare il suo segretario capolista e chiede di votarlo in modo ple-

biscitario. Le elezioni decretano la vittoria del PCI che, per la prima
e unica volta nella storia, sorpassa seppur di poco la DC, affermandosi come primo partito italiano.

DENG XIAO-PING nasce a Guang'an il 22 agosto 1904 e muore a Pechino il 19 febbraio 1997. Da giovane studia in Francia e in Russia,
dove approfondisce le teorie di marxismo e leninismo, torna in Cina
nel 1927, attivo nella lotta politica. Veterano della Lunga Marcia, diventa segretario generale del Consiglio Centrale del Partito Comunista e organizza importanti campagne militari durante la guerra con il
Giappone. Si impegna nella Guerra Civile contro il Kuomintang e
nel 1949, alla nascita della Repubblica Popolare Cinese, è primo segretario con responsabilità sulla regione sudoccidentale, con un ruolo importante nei rapporti con i leader tibetani. Sostenitore di Mao
Tse-tung, ricopre importanti posizioni nel nuovo governo ed è segretario generale del Partito Comunista dal 1957 al 1966. Durante la Rivoluzione culturale perde consensi e si ritira da tutte le cariche. Subisce, insieme alla sua famiglia, le persecuzioni delle Guardie Rosse.
Torna in politica nel 1974 e osteggia il gruppo politico radicale conosciuto come la Banda dei quattro, che lo mette in difficoltà alla morte di Ciu En-lai. Segue un nuovo periodo di epurazione dal quale riemerge alla morte di Mao, nel 1976, riuscendo a imporsi sul successore designato. Ripudia la Rivoluzione culturale e lancia la Primavera
di Beijing, con una critica aperta degli eccessi che hanno devastato il
paese. Si rende fautore dell'abolizione del sistema delle classi, vince
progressivamente tutti i suoi oppositori politici, riceve il supporto
della popolazione. Dal 1987 è capo della Commissione Centrale Militare del Partito Comunista. Sotto la sua direzione, migliorano le relazioni con l'Occidente. Incontra il presidente Carter alla Casa Bianca nel 1979 e favorisce nuovi rapporti con il Giappone. Si accorda
con la Gran Bretagna perché Hong Kong torni alla Repubblica Popolare Cinese nel 1997 e con il Portogallo per la restituzione della colonia di Macao. Restano invece difficili le relazioni con l'Unione Sovietica. È fautore delle Quattro Modernizzazioni, agricoltura, industria, scienza e tecnologia, apparato militare, per conseguire l'obietti-

vo di una nazione moderna, industriale, programma che realizza grazie a consistenti fondi stranieri, al mercato, a tecnologie innovative e a esperienze manageriali, accelerando lo sviluppo economico del paese. Nel 1989 la sua responsabilità è cruciale nella feroce repressione delle proteste di piazza Tien An Men, per Deng una misura necessaria per garantire la stabilità sociale e il progresso economico. Quello stesso anno lascia le sue cariche e nel 1992 si ritira dalla scena. Continua a essere considerato il «capo supremo», «l'architetto delle riforme economiche e della modernizzazione socialista della Cina». Dal 1994 non compare più in pubblico per le sue condizioni di salute. La sua morte viene annunciata ufficialmente nel febbraio 1997.

LECH WALESA nasce a Popowo, in Polonia, il 29 settembre 1943. Impiegato come tecnico elettrico nei cantieri navali di Gdańsk, si impegna fin da giovane nel sindacato e combatte per la difesa dei diritti dell'uomo. Nel 1970 prende parte a uno sciopero illegale che viene duramente represso e finisce nel sangue, con oltre 80 lavoratori uccisi dalla polizia. È arrestato, accusato di comportamento antisocialista e condannato a un anno di prigione. Nel 1976 perde il lavoro e subito dopo crea un'organizzazione segreta. Nel 1980 è leader dello sciopero con l'occupazione dei cantieri navali di Gdańsk e convince i lavoratori a sostenere lo sciopero generale in Polonia. Nel settembre di quell'anno il governo comunista firma un accordo per permettere la nascita di una organizzazione legale di sindacati liberi, che diventa il NSZZ Solidarność (Associazione sindacale indipendente e autogestita). Il primo ministro comunista Jaruzelski decreta la legge marziale e Walesa è posto agli arresti domiciliari. Nel 1983 gli viene attribuito il Premio Nobel per la Pace, che non potrà ritirare. Seguono anni di lotta fino a uno sciopero durato 80 giorni nel 1988 in cui i lavoratori si battono per la legalizzazione di Solidarność. Il governo accetta di aprire le «Trattative a tavola rotonda». Nel 1989 Solidarność si trasforma in partito politico e vince le elezioni parlamentari, mentre Walesa favorisce la formazione di un governo non comunista. Attraverso il movimento operaio cattolico, dopo una lunga e difficile stagione di confronto col regime comunista, Walesa è eletto presidente nel 1990, portando a termine una rivoluzione pacifica che, muovendo da comuni radici cattoliche, restituisce la libertà al popolo polacco. Durante la sua presidenza, la Polonia cambia radicalmente, da paese comunista oppresso dallo stretto controllo sovietico e con una debole economia a paese indipendente e democratico con un'economia di mercato in rapida crescita. Walesa porta a compimento il mandato presidenziale nel 1995, non viene rieletto ma dà il suo sostegno per la formazione di una nuova organizzazione politica. Nel 2000 si ritira dalla politica attiva e si dedica all'attività di conferenziere, con lezioni di storia e politica in varie università straniere. Riceve molti premi internazionali e gli viene conferita la laurea honoris causa da parte di diverse università europee e statunitensi.

MIECZYSLAW RAKOWSKI nasce il 1° dicembre 1926 a Kowalewko, in Polonia, e muore l'8 novembre 2008 a Varsavia. Ufficiale dell'Armata Popolare Polacca dal 1945 al 1949, comincia la sua carriera politica nel 1946 come membro del Partito Polacco dei Lavoratori. Dal 1948 al 1990 è membro del Partito Polacco dei Lavoratori Uniti (PZPR), attivo nel Comitato Centrale dal 1975 al 1990. Studioso di storia, con un dottorato conseguito all'Istituto di Scienze Sociali di Varsavia nel 1956, è il penultimo primo ministro comunista polacco, dal settembre 1988 all'agosto 1989, e l'ultimo capo di stato comunista dal luglio 1989 al gennaio 1990. È al governo nel periodo in cui vengono attuate misure di repressione del movimento di Solidarność, ma svolge un ruolo importante nel passaggio del paese dal comunismo alla democrazia e nel processo di riforme. È noto per aver fondato e diretto dal 1958 al 1982 il settimanale «Polityka», ancora tra i più influenti nel paese. Malato di cancro, muore a 81 anni.

ARIEL SHARON nasce il 27 febbraio 1928 nella cooperativa agricola di Kfar Mala, nel Mandato britannico della Palestina (oggi Israele), da una famiglia di ebrei lituani immigrati. A 10 anni entra nel movimento giovanile sionista Hassadeh e a 14 si unisce al Gadna, un battaglione giovanile paramilitare. In seguito aderisce all'Haganah, la forza paramilitare ebraica sotterranea, precursore delle Forze di Difesa Israeliane. Membro dell'esercito clandestino ebraico Haganah a 15 anni, combatte come capoplotone nella guerra del 1948-49, dove è gravemente ferito. Diventa capitano a 21 anni e ufficiale dei servizi segreti a 23. Maggiore, è comandante negli anni Cinquanta dell'Unità 101, una forza speciale dell'esercito creata per reagire con rappresaglie agli attacchi terroristici sul suolo israeliano. L'unità viene sciolta dopo una condanna dell'ONU ma poi ricostruita come Brigata Paracadutisti 202. Generale all'età di 28 anni, combatte la Guerra del 1956 ma in un'azione durante la battaglia di Mitla muoiono 40 suoi soldati. È costretto a stare fuori dall'esercito per 6 anni. Torna all'università per laurearsi in legge. Nel 1962 è nominato Comandante della Scuola di Fanteria e Responsabile dell'Addestramento. Durante la Guerra dei Sei Giorni (1967) è comandante di una divisione corazzata. Nel 1969 viene posto a capo del Comando Sud. Nel 1972, quando il ministro della Difesa Moshe Dayan blocca la sua nomina a capo di Stato Maggiore, lascia l'esercito ed entra in politica scegliendo il Likud, in opposizione al laburista Dayan. Nel 1973, per la Guerra del Kippur, è richiamato in servizio al comando di una divisione corazzata della riserva. Ottiene risultati brillanti, ma il governo preferisce il negoziato alla vittoria sul campo. Lascia definitivamente l'esercito e quando il Likud vince per la prima volta le elezioni, diventa ministro dell'Agricoltura, svolgendo un ruolo di primo piano nel programma di costruzione di insediamenti ebraici a Gaza e in Cisgiordania. Nel 1982, come ministro della Difesa, è l'artefice dell'invasione del Libano. Per la strage di Sabra e Chatila Sharon è messo sotto inchiesta dalla Corte Suprema israeliana, che lo considera responsabile di non averla impedita. Costretto alle dimissioni, ottiene un ministero senza portafoglio nel 1983-84, per poi andare al Commercio e Industria tra il 1984 e il 1990 e all'Edilizia tra il 1990 e il 1992. Di nuovo ministro delle Infrastrutture tra il 1996 e il 1998 e degli Esteri tra il 1998 e il 1999 con Benjamin Netanyahu premier, dopo la sua sconfitta diventa il nuovo leader del Likud. Nel settembre 2000 si reca sulla spianata delle moschee di Gerusalemme con una massiccia scorta militare. Il suo gesto provoca conseguenze nefaste presso la popolazione araba, che scatena contro Israele quella che è stata chiamata «Seconda Intifada». Vince le elezioni, è nominato primo ministro (incarico che tiene dal 2001 al 2006) e confina Yasser Arafat a Ramallah. Nel 2003 avvia la costruzione di una barriera difensiva al confine con la Cisgiordania per ridurre gli attentati suicidi. Nel febbraio 2004 annuncia la sua intenzione di lasciare la Striscia di Gaza. Il piano è attuato, tra le numerose resistenze da parte dei coloni, nell'agosto 2005. Nel novembre esce dal Likud e fonda un nuovo partito, il Kadima (che in ebraico significa «avanti!»), cui aderisce anche il Premio Nobel per la Pace Shimon Peres. Nel gennaio 2006, colpito da una grave emorragia cerebrale, è sottoposto a due lunghi interventi ma rimane in coma ed è ufficialmente destituito da ogni incarico. Resta ricoverato in ospedale in stato vegetativo persistente.

Indice

Nota dell'Editore   5

PARTE PRIMA
Intervista con il Potere

Prologo   13
Capitolo Primo   37
Capitolo Secondo   145

PARTE SECONDA
Interviste

Robert Kennedy   215
James Farmer   229
Dalai Lama   244
Rascida Abhedo   262
Faruk El Kaddoumi   283
Sandro Pertini   303
Giovanni Malagodi   338
Ugo La Malfa   367
Giancarlo Pajetta   398
Enrico Berlinguer   432
Deng Xiao-ping   462
Lech Walesa   499

Mieczyslaw Rakowski   526
Ariel Sharon   555

Appendice
Note biografiche   589

Finito di stampare nel mese di ottobre 2009 presso il
Nuovo Istituto Italiano d'Arti Grafiche - Bergamo

Printed in Italy